副田義也

増補版

内務省の社会史

東京大学出版会

A Social History of
the Ministry of Home Affairs
in Modern Japan
[Revised Edition]
Yoshiya SOEDA
University of Tokyo Press, 2018
ISBN 978-4-13-050194-1

内務省の社会史／目次

第六章　内務省の凋落

1932. 5. 26–1945. 9. 2

序章　主題と方法

1　内務省と内務行政

本書の主題は、内務省の社会史あるいは歴史社会学である。

内務省は、大日本帝国と自称した戦前期の日本国家において、政府のなかで内政を専管したひとつの省である。それが創設されたのは一八七三年（明治六年）、廃止されたのが一九四七年（昭和二二年）であるから、実質的に七四年あまりの歴史をもった。その歴史のすべてとまではいわないが、長い期間にわたって、内務省は政府各省のなかでとくに強い影響力をもち、「役所のなかの役所」という異名があった(1)。現代風にいえば、「政府のなかの政府」ということになるだろうか。ほかに、内務省は国家を代表する中枢部局であり、ほかの各省は専門部局であるというようないいかたもあった(2)。内務大臣は、内閣のなかで総理大臣につぐ副総理格の存在であると位置づけられており、内務大臣を経験するということが、総理大臣になるための経歴の重要なステップのひとつとみなされた時期もあった(3)。内務省ではたらく内務官僚は、大蔵官僚と並んで官僚のなかの官僚と自他によって認められており、国家官僚のなかでもとくに有力な存在であった。

内政という言葉をもっとも広義に解するならば、国家の統治活動は内政と外交、軍政にわかれる。内務省が専管した内政は、この最広義の内政の一定の範域であるが、それは歴史の経過のなかでさまざまに変動しており、それらを一々追っていたのでは、その基本的性格を見定めがたい。そこでつぎの方法で、内務省が専管した内政の範域とその基本的性格を仮説構成的にとりだしてみる。

これまでのところ、内務省の通史として唯一存在するのは、大霞会編『内務省史』全四巻（地方財務協会、一九七一年）である。総ページ数が四〇〇〇ページを超えるこの大著は、官製史の限界をもつものの、歴史資料として絶大な効用をもっている。その限界と効用についてほかの場所で何度か論じる。ここでは、その巻末の詳細をきわめた「年表」（明治元年―昭和二二年）と「内務省及び地方庁の機構の変遷」によって、[4] つぎの工夫をしてみる。

「年表」は、その最初に内務省が専管した内政を一七領域にわけている。それらを紹介したうえで、各領域を担当した内務省の寮や局などの名称とその各組織が存続した期間を「変遷」によって付記する（複数の組織があいついで担当したばあい、期間の始点は先行する組織が出現した時点であり、その終点は後続する組織が消滅した時点とする）。これによって、内務省が専管した内政のうち、特定の局などが長期にわたって所管した諸領域とそうでないものとが区分されることができる。

すなわち、

(1) 内務行政、地方長官会議をふくむ＝内務省（一八七三―一九四七年）。存続期間（端数は四捨五入する）七四年。

(2) 神社行政＝社寺局、神社局、神祇院（一八七七―一九四六年）。六八年。厳密にいうと、神社行政と区別される宗教行政がほかにあり、社寺局・宗教局によって、一八七七年から一九一三年まで、三六年間、所管されている。

(3) 地方行財政、選挙管理・北海道開発をふくむ＝県治局、地方局、北海道局（一八八五―一九四七年）。六三年。

(4) 警察行政＝警保寮、警保局、警視局、警保局（一八七四―一九四七年）。七四年。

(5)　土木行政、災害復旧をふくむ＝土木寮、土木局、国土局（一八七四―一九四七年）。七四年。

(6)　都市計画行政、震災復興をふくむ＝都市計画局、計画局、復興局、復興事務局（一九二二―一九三二年、一九三七―一九四一年）。一四年。

(7)　防空行政＝防空局、防空総本部（一九四一―一九四五年）。四年。

(8)　衛生行政＝第七局、衛生局（一八七五―一九三八年）。六三年。

(9)　社会および労働行政＝社会局（一九三四―一九三八年）。三年。

(10)　駅逓行政＝駅逓寮、駅逓局（一八七四―一八八一年）。八年。

(11)　鉄道行政＝鉄道庁（一八九〇―一八九二年）。二年。

(12)　戸籍行政＝戸籍寮、戸籍局（一八七四―一八八六年）。一二年。

(13)　殖産行政、授産行政＝勧業寮、勧商局、勧農局（一八七四―一八八一年）。七年。

(14)　監獄行政＝監獄局（一八七九―一八八五年、一八九七―一九〇〇年）。九年。

(15)　外地行政＝台湾事務局、管理局（一八九八年、一九四二―一九四六年）。四年。

(16)　地理行政＝地理寮、地理局（一八七四―一八九一年）。一八年。

(17)　気象行政＝地理局（同局観測課、気象課の所管とみるならば、一八八六―一八九一年）。五年。

いずれ本論でさらにくわしく論じることだが、生じうる誤解を避けるためにいっておけば、右記の期間は、記入された組織の所管期間であって、各行政の実施された期間ではない。多くの行政は、その期間の前後、内務省の内外でなんらかの形式でおこなわれていた。たとえば、筆頭の内務行政は、内務省が設置されるまでは、実質的には民部省、大蔵省などによって所管されていたので、内務省前史はそれらの省の歴史をとりあつかわねばならない。

また、内務省が廃止されたあとは、それまで同省が専管していた内務行政の各部分は自治庁のちに自治省、国家公安委員会と警察庁、建設院のちに建設省、その他の省庁に継承された。神社行政、衛生行政は文部省から内務省に移管されてきたものである。衛生行政、社会および労働行政は、厚生省が新設されると、内務省から厚生省に移管されていった。駅逓行政は内務省から農商務省に、鉄道行政は内務省から逓信省に移管された。戸籍行政は戸籍局が廃止されたあとは、内務省のなかで総務局ほか三局の戸籍課によってあいついで所管されたのち、最終的には司法省に移管されている。きわだつ例外としては神社行政があり、これは神祇院が廃止されたあと、ＧＨＱが発した神道指令によって内政の領域から完全に排除された。

以上の記述によってみれば、内政の一七通りの領域のうち、内務省あるいはその局などの所管期間が半世紀、五〇年を越えるのは、内務行政、神社行政、地方行財政、警察行政、土木行政、衛生行政の六つである。半世紀という基準はまったく便宜的に設けたものでしかないことは重々認めるのだが、内務省が専管する内政の主要領域として、さしあたって以上の六領域を考えてもらうことにする。各行政を担当した主要組織は、内務省、神社局、地方局、警保局、土木局、衛生局、すなわち内務省自体と五局である。

ここで、後続する論議のために、これら主要五局の所掌事務をおおまかに紹介しておきたい。あらためていうまでもないが、それらの事務も歴史的にみると変化している。ここでは、内務省の各局の業務がほぼ定まった一九世紀末から二〇世紀初頭のあたりで、それらをみることにする。より厳密な紹介は本論でおこなう。

神社局＝すべての神社にかんする事項と神官、神職にかんする事項を所掌する。それらのうちでは国家神道の教義の整備の比重が次第に高くなってゆき、教義は歴史理解の原理となり、国家神道は国教化した。

地方局＝議員選挙、府県行政、郡行政、市町村公共組合の行政などにかんする事項を所掌する。ここでいう行政は議会、経済、その他すべての行政をふくむ。ほかに、賑恤と救済、徴兵など。

警保局＝行政警察、高等警察にかんする事項を所掌する。高等警察とは政治警察のことであり、具体的には秘密結社、政治集会、選挙運動の違反の取り締まり、思想犯罪・政治犯罪の監視・摘発など。

衛生局＝公衆衛生、検疫、医師と薬剤師の業務や薬品の取り締まり、衛生会と地方病院にかんする事項などを所掌する。ここでいう公衆衛生とは、伝染病・地方病の予防や種痘その他である。

土木局＝内務省直轄の土木工事、府県経営の土木工事、その他の公共の土木工事、直轄工費や府県工費補助の調査、水面埋め立てなどの事項を所掌する。ここでいう土木工事は河川、砂防、港湾、道路、上下水道などの工事である。(5)

以上で内務省の主要五局の所掌事務をかいつまんで眺めた訳だが、それらに共通する本質を内務官僚の管理として抽出したうえで、各局の管理対象をキャッチ・ワード風に二語ずつあげて要約を試みる。

神社局＝宗教（歴史）の管理。
地方局＝民衆（社会）の管理。
警保局＝政治（秩序）の管理。
衛生局＝身体（生命）の管理。
土木局＝国土（自然）の管理。

（1）「内務省を語る　第二部座談会」大霞会編『内務省史』（以下『内務省史』と略記する）第四巻、地方財務協会、一九七一年、二四五ページ。「役所の中の役所」は、辻清明の発言中にある。

（2）「内務省を語る　第一部対談」同右、一七七ページ。
（3）同右、一七九ページ。
（4）「年表（明治元年―昭和二二年）」同右、（以下「年表」と略記する）九〇三（58）―七五一（210）ページ。「内務省及び地方庁の機構の変遷」同右、七四九（212）―七四〇（221）ページ。なお、内務省の局としては、前出のもの以外にいくつかのものがあるが、そのすべては本章の図0-1〜0-4でみられたい。
（5）一八九八年（明治三一年）の「内務省官制」に主としてよる。ただし、神社局については、一九〇〇年（明治三三年）の同官制の改正による。『法令全書』第三一巻三号、原書房、一九八一年、三六六―三六九ページ。『法令全書』第三三巻三号、一九八三年、一九七ページ。なお、厳密にいえば、一九〇〇年の時点では、靖国神社のみは陸軍省、海軍省の共管であった。内務省が両省と三省で靖国神社を共管したのは、一八七九年から八七年のあいだである。これについては『内務省史』第二巻、二七ページの記述は三省共管の時代を無視して不正確である。

2　民族革命と帝国主義

内務省の社会史あるいは歴史社会学というさいの、その社会史あるいは歴史社会学という概念について、必要最小限のコメントをつけるところからはじめよう。

まず、歴史という概念についてはは慣用にしたがう。そのように呼ばれる現実、歴史的現実があり、それが歴史として理解されており、私もそのように理解する。歴史の内部は、社会生活の分野の区分におうじて、政治史、経済史、文化史、あるいは教育史、美術史、家族史などとわかれる。われわれの以下の作業にとって、これらのうちとくに重要なのは政治史であるが、そこには、行政府、立法府、司法府の歴史や内閣、政党、選挙制度などの歴史がふくまれており、これらの概念についても慣用にしたがう。これを時間的・空間的に限定して、戦前期の日本の政治史と特定化すると、内務省の歴史のほとんどはそのなかにおさまる。正確にいえば、内務省は敗戦後も二年あまり存続するのだが。

以上を前提にしていえば、社会史あるいは歴史社会学とは、社会学の方法によって叙述された歴史である。社会学の方法は社会学の概念や理論といいかえられる。叙述は分析と研究をふくむ。社会学研究者としての私は、社会学の方法のなかでも社会的行為の概念や理論をとくに重用する。したがって、前節末尾のキャッチ・ワード風のいいかたをさらにつづければ、本書は社会学の行為理論によって研究された内務省の歴史である。社会史および社会的行為にかんする多少まとまった方法論議は先行する文献でおこなっているので、必要があれば、そちらをごらんいただきたい(1)。ただし、私としては、読者諸氏に、内務省の社会史の叙述そのものを、つかわれている方法を意識することなく、観賞していただきたいと期待しているのだが。

以上をややあらっぽくまとめるならば、内務省の歴史は、その内容をよりつよく意識すれば政治史に属し、その方法をよりつよく意識すれば社会史に属するということになる。ただし、それほど厳密な言葉のつかいわけをするつもりはなく、歴史、政治史、社会史は、かなり互換可能なものとしてつかわれることになるだろう。

さて、内務省の歴史は戦前期の日本の政治史のなかにほとんど包摂されるといった。二つの歴史は、後者が前者を根底から規定しつつ、前者も後者にしばしば独自の働きかけをしている。この事情によって、第一の歴史を叙述、考察するにあたっては、まず、紙幅が許す最小限の範囲にせよ、第二の歴史に言及しなければならない。その歴史を、人びとの政治的行為の集積、連関としてかんがえるならば、その行為は無限に膨大である。それらの行為から、その歴史の本質にかんする説明に有効性が高いことを判断基準として、二とおりの行為群をとりだしてみる。それらは民族革命と帝国主義である。これはより平易ないいかたをすれば、戦前期の日本の政治史は、民族革命と帝国主義という二つの基本的視座からながめるとき、その本質部分がもっともよく理解されるということである。あるいはまた、本質というような観念臭がつよい言葉を避けたいということならば、戦前期の政治史を理解するにあたり、基本的仮説として民族革命と帝国主義が骨格を形成するとかんがえると、多くの政治的事実が理解しやすくなるといってもよい。

民族革命は、私が知るかぎり、政治史家・岡義武が、明治維新をさしてつかった言葉である。例示すれば、岡は、主著『近代日本政治史』において、つぎのように述べた。「このようにして、江戸幕府の瓦解・明治新政府の成立という巨大な政治的革命は、その一面においてはいわゆる民族革命であったということができる。ここにいう民族革命とは、民族の独立確保あるいは民族の対外的勢力拡大を目的としてなされる国内政治体制の変革をいう(2)」。なお、引用文中の「いわゆる民族革命」といういいかたには、あるいはこれに先行する岡以外の研究者の用例があったかもしれないとおもわせるが、私はそれを知らない。

岡の著作にかぎってみれば、この民族革命という言葉がはじめてあらわれたのは、一九四六年の「明治維新と世界情勢」においてであった。この論文はタイトルが示唆するとおり、明治維新を当時の世界情勢の産物であるとみる基本的視角をとっている。そこで岡は民族革命という概念に必要な注解をほぼ充分にあたえているようにみえる。要約・紹介する。明治維新という民族革命は、ヨーロッパ近代史にみられる諸革命と比較するならば、「特異なる革命」であった。その特異性は、第一にこの革命の担当勢力によっている。それは薩長両藩の下級武士層であった。かれらは、反逆する被支配層でなく、支配的地位にいた封建勢力の自己分裂の結果であった。第二に、担当勢力の綱領の貧困に注目しなければならない。王政復古という抽象的目標はあったが、具体的な政策綱領はないまま革命はおこなわれた。しかし、明治政府が成立すると、政策綱領は外からあたえられた。外とは世界政治における日本の地位である。欧米列強の極東への進出に対抗して、近代国家と統一民族を形成しつつそれらの独立をはかることが至上命令となったのである。近代国家の形成とは、封建制度を廃絶して、中央集権的政治制度を樹立することであった。統一民族の形成は、尊皇論や攘夷論の形式での民族意識の主張にはじまった。当時の時代的標語として「文明開化」、「富国強兵」などがあったが、それらの政策努力も基本的には国家と民族の存在を保障したいという要求に根ざしていた(3)。

近代国家の形成にあたっては、その一要素として「平等・自由の原則」がある程度まで国家体制のなかにとり入れられる。明治維新のばあいにもそれは確認される。一八六九年（明治二年）の版籍奉還によって、封建社会において長く維持されてきた士・農・工・商のきびしい身分的不平等が撤廃されて、華族、士族、平民というゆるやかな差別のみが残った。七一年（明治四年）には穢多、非人という呼称が廃止されて、そう呼ばれてきた最下層被差別民は法的には平民に編入された。こうして、一定程度の身分的平等が実現されたのである。同年、廃藩置県とともに居住の自由が許された。また、店賃、賃金にかんする契約の自由、営業の自由が認められ、旧武士階級によるいわゆる斬捨御免がかたく禁じられた。七二年（明治五年）には人身売買も禁止されている。こうして多面的に「平等・自由の原則」が実現されていったが、政治的自由にかんしていえば、きわめて不充分にしかその制度化が進まなかった。明治政府は「公議与論」による政治を最初に宣言したが、官選議員への諮問がおこなわれた程度で、民衆の政治参加の実現はおくれにおくれた。のちにいくらかくわしくみるが、民族革命によって強力な統一国家の建設をめざしたことは、政治的自由の制度化を妨げる結果をまねいた。これには、革命家たちが旧来の支配階級の一部であったという先述の事情も作用していよう。(4)

さて、明治維新を民族革命とみる岡の所説をややくわしく紹介したが、この革命はいつごろ完成にいたったのか。岡自身は、不平等条約が改正された一九一一年（明治四四年）をひとつのめどにしている。(5)のちにもふれることなので、簡略化していうが、幕府は国際的重圧のもとで一八五八年（安政五年）、欧米諸国にたいして治外法権制度をゆるし関税自主権をもたない通商条約を結ばされ、それは明治政府にうけつがれた。民族革命が民族と国家の独立を目標とするならば、この不平等条約があるかぎり、その革命は完成したとはいえない。明治政府はこの条約の改正のためにおおいに努力して、四〇年以上の時間をついやして、その改正に成功したのであった。

不平等条約の改正の前後で民族革命の成就のための指標となる政治的事件をひろうならば、それに二〇年あまりさきだって、一八八九年（明治二二年）には、大日本帝国憲法が発布されている。革命の政治学理論においては、革命政権が反革命勢力の反撃をしのいで政治的に安定し、根本法としての憲法を制定して国家の新形態をととのえることが、革命のひとつの段階であるとかんがえられている。[6] 当時、日本は不平等条約の軛きのもとにあったが、憲法を発布して、ともかくも近代的な立憲君主国の体裁をとったのであった。また、不平等条約の改正のあとならば、一九二〇年（大正九年）の国際連盟の発足にともない、日本がそれに加盟して常任理事国になったことや、その翌年におわったワシントン会議で海軍の主力艦、航空母艦の保有総トン数を、アメリカ、イギリスはそれぞれ五、日本は三とさだめられたことがあげられる。これらは、国際政治において日本が強国のひとつとして認められたという証明であった。[7] ワシントン会議の結果には日本の軍部の一部につよい不満があったが、民族革命の観点からみれば、日本はこのころまでに充分に成功していた。

さて、つぎに帝国主義であるが、これはきわめて多義的な概念である。その学説史の検討に深入りするための能力は私にはない。ここでは、戦前期の日本の政治史を研究するさいの道具として使い勝手がよいことだけを評価基準として、つぎのようにかんがえる。帝国主義には二つの層がある。基底層は、歴史の各時代をとおして存在する帝国主義であり、J・A・シュンペーターが社会学的に定義した帝国主義はその一例である。上部層は、資本主義の特殊な発展段階としての帝国主義であり、V・I・レーニンがマルクス主義的に定義した帝国主義はその一例である。

シュンペーターはつぎのように定義した。「帝国主義とは、国家の際限なく拡張を強行しようとする無目的的な素質である」。[8] かれは、そのような帝国主義は、太古の時代にも、中世にも、近代にもみられるという。かれは、とくに一七世紀、一八世紀のヨーロッパ各地の絶対主義国家における帝国主義をくわしく論じて、その政治的、社会的遺産として、資本主義のもとでの帝国主義を説明している。かれが、歴史上の事実を分析することから導き出した帝国主義の三つの特性はつぎのとおりである。

第一、なんらはっきりした目標にしばられない「無目的的」な武力による拡張への傾向――すなわち戦争や征服を求める無合理的な非合理的な純粋に本能的な性向――が人類の歴史においてきわめて大きな役割を演じる、という確かな事実がある。

第二、この戦争を求める必要性ないし意欲の説明は、単に「衝動」や「本能」に言及するだけでは終らず、民衆や階級が生き残るためには戦士にならざるをえなかった生活上の要請のなかに求められる。また、遠い昔に形成されたその心理的素質と社会的構造は、その必要がなくなったあとも、いつまでも力をもちつづける。

第三、それらの素質と構造の存続を助長する第二次的諸要因が二つある。(1)支配階級の国内政治上の利害関係が好戦的傾向を助長する。(2)戦争政策によって経済的あるいは社会的にそれぞれ個人として利益を受ける人びとのもつ影響力が一定の役割をはたす。(9)

レーニンはつぎのように定義した。「帝国主義は、資本主義一般の基本的諸特質の発展およびその直接の継続として生じた」。「資本主義が資本主義的帝国主義になったのは、やっとその一定の、きわめて高度の発展段階においてである」(10)。かれ自身は、資本主義はこの段階から社会主義に転化するとみていたが、われわれはそれは、歴史による裏付けがないので無視することにする。かれは、一九世紀後半から二〇世紀初頭の先進諸国の歴史上の事実を分析して、つぎの五つの標識で帝国主義を描写した。

第一、生産と資本の集積。これが高度の発展段階に達して、経済生活で決定的な役割を演じている独占体をつくりだすまでになったこと。

第二、銀行資本が産業資本と融合し、この「金融資本」を基礎として金融寡頭制がつくりだされたこと。金融寡頭制とは少数の指導者による金融資本の支配をいう。

第三、商品輸出とは区別される資本輸出が、とくに重要な意義を獲得していること。先進諸国において生成した膨大な「過剰の資本」の後進国への輸出は、金融資本の経済政策であり、独占体に有利な契約をともなう。

第四、資本家の国際的独占団体が形成されて、世界を分割していること。カルテル、シンジケート、トラストはまず国内市場を分割し、ついで世界市場の分割に進む。

第五、資本主義的最強国による地球の領土的分割が完了していること。前項の政治的反映として、世界の領土的分割、植民地の獲得競争がおこなわれた。それらは「帝国主義的戦争」、「帝国主義的平和」として現象した。[11]

戦前期の日本の政治史において、民族革命と帝国主義はたがいに求めあい、呼びあう二つの魂である。両者はその政治史の冒頭から並存していた。もちろん、歴史的時間の経過にともなって、最初のうちは民族革命をめざす動機がより強力であり、後代になるにつれて帝国主義をめざす動機がより強力になるという変化はあったが。

明治維新直後、一八七三年（明治六年）ごろに高揚した征韓論、七四年（明治七年）の台湾出兵などは、くわしくはいわないが、民族革命では燃焼しきれなかった政治的エネルギーの帝国主義的発現である。あらためていうまでもないが、当時の日本の資本主義経済は幼弱なもので、商品や資本を輸出するための帝国主義戦争などを必要としていなかった。このころの日本の帝国主義を理解するための思考の道具としては、レーニンの帝国主義論よりシュンペーターの帝国主義論がはるかにふさわしい。そこでは帝国主義の基底層が露出している。一八九四年（明治二七年）から翌年にかけての日清戦争、一九〇四年（明治三七年）から翌年にかけての日露戦争のそれぞれの性格にも、民族革命と帝国主義という二つの魂は、祖国の防衛戦争と隣国への侵略戦争として投影している。それらのばあい、日本の帝国主義は、清の帝国主義とロシアの帝国主義が呼び起こしたものという一面をもっていた。E・H・ノーマンはいった。「とにかく日本に関するかぎり、征服国となるか被征服国となるかの中間に妥協点がなかった」[12]。征服国になるとは民族革命と帝国主義の双方で成功することである。被征服国になるとはその双方で失敗することである。

さて、戦前期の日本政治において、民族革命をめざす動機より、帝国主義をめざす動機がより強力になったのはいつごろであろうか。これは、非力な私としては、仮説構成風にいうとすればと重々断ってから、いうほかないのだが、一九一五年（大正四年）の対華二一ケ条要求、一九一八年（大正七年）のシベリア出兵、一九一九年（大正八年）のパリ講和会議などが、その境界線としてかんがえられる。三つの政治的事件のそれぞれについては、のちにわずかにふれる。

このあと三〇年あるいはそれにおよばない歴史的時間のなかで、日本は亡国にいたる自爆戦争に突進する。その経過の基本構造はつぎのとおりであった。日本の帝国主義は蒙古、満州に領土的野心をもち、一部では、日本とそれらにまたがるひとつの大国家の建設を夢想していた[13]。これには国際的抵抗が多く、日本軍は一九三一年（昭和六年）に満州事変をおこし、翌年、傀儡国家・満州を建国した。このころ、日本の帝国主義は、シュムペーター流の性格とレーニン流の性格をあわせもつようになっていた。そこでは、帝国主義の基底層と上部層が一体化してあらわれている。それは、一方では領土の拡大をひたすら求めたが、他方では商品、資本、さらには労働力人口の輸出をつよく求めていた。しかも、日本の権力エリートも、大衆の多くも、この帝国主義は民族革命の成功の当然の帰結であるとかんがえていた。日本民族は優秀であるから、アジアの盟主となり、世界を支配するべきだという政治的妄想が、かれらをとらえていたのである。アメリカを機軸とする国際社会は、日本による満州国建国を容認せず、国際連盟は日本軍の満州国からの撤退を勧告する。これにたいして、日本は国際連盟から脱退し、一九三七年（昭和一二年）には日中戦争をはじめ、一九四一年（昭和一六年）にはアメリカ、イギリスなどに宣戦して、太平洋戦争に突入、たちまち一九四五年（昭和二〇年）に降伏による敗戦にいたり、しばらく国家的独立を奪われた。帝国主義の過剰が民族革命の果実を失わせたのである。

さて、すでに定義した民族革命と帝国主義は、たがいに関連しあうさまざまな組織・集団、個人と諸個人、民衆・大衆・群衆などの社会的行為およびその相互関連としてとらえることができる。戦前期の日本の政治史を研究してきた経験によって判断すると、その主要な行為主体は、つぎの六つないし七つである。

(1)　日本にとっての国際環境を形成する諸外国。欧米列強はアメリカ合衆国、イギリス、ロシア（のちのソヴィエト連邦）、オランダ、フランス。東アジアからは清（のちの中国）と朝鮮。民族革命は欧米列強の開国を迫る圧力にたいする日本民族の政治的独立のための反応であった。日本の帝国主義が中国を侵略するにおよんで、アメリカが日本軍の撤兵を要求し、日米は開戦した。

(2)　内閣・政府。軍部独裁時代をふくんだ最後の十数年をのぞき、内閣とその下の政府が政治の主導権をほぼ一貫してとった。内閣・政府は、明治維新から不平等条約の改正までで民族革命を申し分なく完成させたが、帝国主義による領土の拡大を国際的に咎められて、亡国にいたった。

(3)　元老。前項の内閣・政府にかんする記述は基本的に正確であるが、一定の期間にかぎって、最高権力が元老と内閣に二重化していた。元老の正確な定義はのちにゆずるが、これは明治後期から昭和初期にかけて、首相候補者の推薦そのほかで天皇を補佐した、国政の最高機関であった政治家たちである。

(4)　宮廷。天皇と侍従など側近の官僚たち。戦前期の日本は、公式的には「大日本帝国憲法」のもとで立憲君主制をとったとされる。しかし、宮廷の内外からその制度に逸脱する動きがあった。もっとも極端な逸脱が、軍部独裁時代における国家権力がおこなった天皇現人神説による天皇機関説の否定である。

(5)　軍部。戦前期の日本の政治史の基本的な流れは、軍部がシビリアン・コントロールの制約からはなれて、ついには国家中の国家のような存在になり、独裁して、満州事変、日中戦争、太平洋戦争に突入、自爆したというところにある。この軍部独裁の思想的・制度的根拠とされたのが統帥権の独立である。

(6)　議会と政党。議会制度は憲法のもとで成立したのだが、内閣、元老、宮廷、軍部の重圧によって幼弱のままであった。たとえば議会は首相候補者の選出が許されなかった。そのうえ、総じていえば、政党は腐敗しやすく、議員となった政党政治家たちは国家官僚たちに比較して、統治能力が劣っていた。

(7)　民衆。民族革命を支持した民衆は少数派であった。国家権力は政治的無関心層が多数派である民衆を愛国心をもつ国民に仕立てなおさねばならなかった。やがて帝国主義は民衆レヴェルの広範囲の支持をえるようになる。日本の帝国主義には、軍部の帝国主義、国家官僚の帝国主義とならんで、民衆の帝国主義がある。民衆のなかの国家権力への批判分子、抵抗分子はきわめて少数であった。

（1）副田義也「方法ノート」副田『生活保護制度の社会史』東京大学出版会、一九九五年、三〇二―三二二ページ。副田「社会的行為」北川隆吉監修、佐藤守弘ほか編『現代社会学辞典』有信堂、一九八四年、一〇二―一四五ページ。
（2）岡義武「近代日本政治史Ｉ」『岡義武著作集第一巻　明治政治史Ｉ』岩波書店、二〇〇一年、七九ページ。
（3）岡「明治維新と世界情勢」同右、二八〇―二八一ページ。
（4）同右、二八四―二八五ページ。
（5）岡「国民的独立と国家理性」『岡義武著作集第六巻　国民的独立と国家理性』岩波書店、二〇〇一年、二四六ページ。
（6）中野実『現代政治学叢書４　革命』東京大学出版会、一九九三年、二一ページ。ただし、同書は、明治維新を革命とはっきりみなしたうえでの論議を慎重に避けているようにみえる。わずかに一度、中央権威にたいする反乱の一例として、明治維新政府にたいする西南戦役があげられている。それにさきだって、反乱には革命に近似するもの、反革命に近いもの、両者と無縁のものがあるというコメントがある。同書、二四四、二三八ページ。これによって、西南戦役が反革命であれば、明治維新は革命ということになると示唆されているらしい。少なくとも一部の政治学者たちにとって、明治維新は革命であるかという問いは、たいそうデリケイトな扱いをしなければならないものであることがうかがわれるのである。

（8）J・A・シュンペーター、都留重人訳「諸帝国主義の社会学」シュンペーター、都留訳『帝国主義と社会階級』岩波書店、一九六九年、三〇ページ。

（9）同右、一一四―一一五ページ。

（10）V・I・レーニン、マルクス＝レーニン主義研究所訳「資本主義の最高の段階としての帝国主義――平易な解説」ソ同盟中央委員会付属マルクス＝レーニン主義研究所編『レーニン選集』第6冊、大月書店、一九六〇年、七五ページ。

（11）同右、七六ページ、四〇、五二、五五、五六―五七、一〇三ページ。

（12）E・H・ノーマン、大窪愿二訳『日本における近代国家の成立』岩波書店、一九六一年、二六三ページ。

（13）たとえば、石原莞爾「現在及将来ニ於ケル日本ノ国防」稲葉正夫ほか編『太平洋戦争への道　別巻資料編』朝日新聞社、一九六三年、七三ページ。石原「国運転回ノ根本国策タル満蒙問題解決案」前掲書、八六ページ。

3　時期区分の問題

内務省史の時期区分にかんする論議にうつりたい。

きわめて一般的な発想によれば、この時期区分の指標としては、内閣あるいは政権の性格がある。政治史の時期区分でよくとられる手法として、一定の時間域において順次組織されるいくつかの内閣に共通の属性をみいだし、その時間域をひとつの時代とみなすという試みがみられる。後述する桂園時代とか政党内閣時代というのは、その実例である。内閣の下に政府があり、内務大臣は内閣の一員であり、内務省はその内務大臣を長とする政府のひとつの省であるから、そのような時代区分のもとに内務省の歴史をかんがえてゆくことは、その歴史の理解にとって有意義であろう。

ただし、実際にこの方法をとってみると、内閣あるいは政権の性格による時代区分で、ひとつの時代が終り、つぎの時代がはじまったからといって、内務省の性格が急激にかつ全面的に変化するのが認められる訳ではない。その変化はゆるやかに、多方面で、また早かったり遅かったりしながら、おこる。われわれは、その変化を、内務省の組織、財政、政策などにおいて観察することができる。それをくわしく述べるのは本論の仕事であるが、ここでは、さきの内閣の性格による時期区分と対応させて、内務省自体の歴史の時期区分を、やや強引にキャッチ・ワードをつかって、つぎのようにおこなっておく。

第一、内務省前史。一八六七年（慶応三年）一二月九日から一八七三年（明治六年）一一月九日まで。起点は「王政復古の沙汰書」が出された日であり、終点は内務省が設立された日の前日である。この時代に明治政府の内政機構はめまぐるしく変化しているが、その一部は本論で紹介する。六八年閏四月以降、明治国家の最高官庁は太政官であった。つぎの時代に内務省が所管した政策の主要部分は、太政官のもとでは、内国事務と会計事務の各科(局)、内国事務局と会計事務局、会計官、民部官と会計官、民部省と大蔵省が所管した。なお、民部省と大蔵省は合併と分離をくり返して、それは当時の政治問題のひとつであった。この時期の内政の主要政策としては、朝廷改革、東京遷都、版籍奉還、廃藩置県などがあり、欧米諸国にモデルをもとめて警察行政、衛生行政の初期形態もはじまっていた。また、宗教政策では祭政一致の幻想が早々に破れた。この時代をつうじて、内政を担当する官僚としては、大久保利通が急速に力をつけていった。なお、この時代の最後の二年半で、内務省を設置する準備がおこなわれた。

第二、内務省の創出期。一八七三年(明治六年)一一月一〇日から一八八五年(明治一八年)一二月二二日まで。約始点は太政官のもとに内務省が設置された日であり、終点は太政官制度が内閣制度に切り換えられた日である。約言すれば、太政官のもとに内務省が設置されていた時代といってよい。初代内務卿は大久保利通であった。当時、太政大臣は三条実美であったが、実質上の最高権力は大久保に集中しており、太政官は事実上の大久保政権であった。ただし、大久保は一八七八年(明治一一年)五月に暗殺されている。発足時の内務省の組織は、主力は勧業寮、警保寮、土木寮、戸籍寮、地理寮、駅逓寮の六寮体制で、これに総務、庶務などの五課がついていた。その後、文部省の医務局が内務省に移って医務局ついで第七局となり、のち衛生局と改称され、勧業政策とその関連政策を所管する局の分立も一因として、一八七八年(明治一一年)四月には一五局体制にまで膨脹するが、やがて経済政策を所管する勧商局、勧農局、ほか三局は大蔵省、農商務省にうつされた。なお、この時期の終りちかく、一八八五年(明治一八年)六月、のちの地方局となる県治局が新設されている。この時期の内政の最大の課題は、成就したばかりの民族革命にたいする反革命としての旧武士階級の反乱、農民一揆などを鎮圧して、民族革命を防衛することであった。士族の反乱の最大規模のものは一八七七年（明治一〇年）の西南戦争である。鎮圧の主力は誕生したばかりの国軍であったが、内務省が所管する警視庁巡査の抜刀隊も大きな貢献をしている。ほかに、内政の主要政策としては、地方議会など地方統治制度の形成、医術開業試験と伝染病対策、築港と疏水、国家神道の形成などがあった。なお、先述の局構成の変化からもうかがえることだが、この時期の最初、内務省の省務の首座におかれた勧業政策は、時期の途中で大蔵省、農商務省などが分担、所管することになった。

第三、内務省の確立期。一八八五年（明治一八年）一二月二二日から一九〇一年（明治三四年）六月二日まで。起点は内閣制度がはじまった日である。明治維新に大きい功労があった革命家たちのうち、この時代まで生き残った人びとが元勲と呼ばれたが、かれらがつぎつぎに政権を掌握し、内閣を組織していった。伊藤博文、黒田清隆、山県有朋、松方正義などが元勲の代表的存在である。主としてかれらが組織した内閣がつづいた時代を元勲政権時代と呼ぶことにしよう。ほかに元勲相互交代政権（時代）というようないいかたもある。さきの起点は第一次伊藤内閣の初日であり、終点は第四次伊藤内閣の最後の日である。この時代を代表する内務大臣は山県有朋であった。内閣制度が発足したときの内務省の組織構成は大臣官房、総務局、会計局、地理局、社寺局、県治局、警保局、土木局、衛生局で、一官房八局体制であった。その後の大きい動きとしては、造神宮支庁の設置、警保局からの監獄局の分立、県治局が地方局と改称されたこと、社寺局の神社局と宗教局への分立、一時的に北海道局や台湾事務局が設置されたことがある。のちにわれわれは、内務省の社会史を論じて五局史観をとりたいという。その五局は地方局、警保局、衛生局、土木局、神社局であるが、それらはこの時代に出揃った。そのあたりを意識しつつ、この時代を内務省の確立期と呼んでいる。この時期の内務行政の主要政策は「保安条例」などによる自由民権運動の弾圧、「治安警察法」などによる労働運動の抑圧、市制、町村制、府県制、郡制などの地方制度の形成、日本人技術者による河川行政の新しい展開、急性伝染病にたいする防疫体制の形成、神社局の設置と筆頭局化などがある。なお、衆議院議員選挙がこの時代からはじまったが、内務省はしばしば政府がおこなう選挙干渉の有力な拠点となった。

第四、内務省の発展期。一九〇一年（明治三四年）六月二日から一九三二年（昭和七年）五月二六日まで。これは約三一年の長さになるので、便宜的に前半と後半に二分して論じる。

内務省の発展期（一）。一九〇一年六月二日から一九一八年（大正七年）九月二九日まで。起点は桂園時代がはじまった日であり、終点はポスト桂園時代が終った日である。桂園時代の名称の由来は、桂太郎と西園寺公望が交代で総理大臣をつとめたことにある。桂は山県閥の有力政治家で貴族院を地盤とし、西園寺は伊藤博文が初代総裁であった政友会の二代目の総裁で衆議院を地盤としていた。これだけからでも、桂園時代が藩閥政権時代から政党内閣時代への過渡期的性格をもっていたことがわかる。ポスト桂園時代は、桂園時代のあと、政党内閣時代がはじまるまでの時間をさす。この時代を代表する内務大臣は原敬である。この時代の始点における内務省の組織構成は、大臣官房、総務局、神社局、宗教局、地方局、警保局、監獄局、土木局、衛生局の、一官房八局体制である。しかし、まもなく、監獄局は司法省に移管され、総務局は大臣官房に吸収された。ここから宗教局が文部省に移管されて抜け、神社局、地方局、警保局、土木局、衛生局の五局体制が出現する。この時期の内務省の主要政策は、大逆事件をきっかけに特高警察を誕生させ政治警察を格段に強力化したこと、軍事救護法によって対象を軍人遺家族にかぎってであるが近代的な救貧政策を展開したこと、検疫制度を整備してコレラ、ペストなどの海外からの侵入を防止したこと、全国規模の港湾行政、治水行政を展開したことなどにみられる。また、この時代から、政党のつよい影響のもとで地方官人事がおこなわれ、衆議院議員選挙がおこなわれるようになった。

内務省の発展期（二）。一九一八年（大正七年）九月二九日から一九三二年（昭和七年）五月二六日まで。この時代には政党政治家が総理大臣をつとめることが多かった。原敬、加藤高明、若槻礼次郎、浜口雄幸、犬養毅などが代表的存在である。ただし、犬養をのぞけば、残りのかれらは高位の国家官僚から政党政治家に転じた人びとであり、官僚と区別される政党人とはいいがたい。さきの起点は原が原内閣を組織した日であり、終点は犬養内閣の犬養が軍人たちによって五月一五日に暗殺され、そのあとをついだ臨時代理の高橋是清の任期が終った日である。私は、それらのあいだの期間を政党内閣時代と呼んでおくが、その言葉の別の用法についてはのちに本論でふれる。この時代を代表する内務大臣をひとり選ぶことは難しい。前代までの大久保、山県、原のような存在感の大きい内務大臣は、この時期ではみいだしがたい。しいてあげれば、普通選挙法と治安維持法を抱きあわせて成立させた若槻か。この時代の始点の内務省の組織構成は、さきにみた一官房五局体制のままである。その後の大きい変化としては、一九二〇年（大正九年）八月の社会局設置と二年後のその外局化、二四年（大正一三年）二月の外局・復興局の設置がある。社会局は社会政策・労働政策を所管した。復興局は関東大震災で壊滅した首都の再建を所管し、のち復興事務局に変わって、この時代の終りに廃止されている。ほかに短い期間、都市計画局が設置されたことがある。この時代の内務省が所管した主要政策は、恒久的なものとしては普通選挙制度と治安維持政策があった。普通選挙制度は国内の民衆から内発してきた民主主義の要求に対応し、治安維持政策は海外からコミンテルンによって送りこまれてくる共産党分子の活動を抑圧した。一時的なものとしては首都の再建事業があり、年度によっては内務省の総力のおよそ半分がこの事業に傾注された。ほかに近代的な救貧行政、労働行政、保険行政の端緒が形成された。

第五、内務省の凋落期。一九三二年（昭和七年）五月二六日から一九四五年（昭和二〇年）九月二日まで。起点は、斎藤実内閣の初日であり、終点は日本がアメリカをはじめとする連合国に降伏する調印式がおこなわれた日である。この時代は軍部が独裁権力をもち、軍人が総理大臣をつとめることが多かった。そこでは一七代の総理大臣が出ているが、そのうち一〇代が軍人出身である。代表的存在は東条英機で、三代、三年ちかく首相をつとめた。軍人出身ではない首相として近衛文麿などがいるが、いずれも軍部勢力の傀儡的存在でしかなかった。この時代も代表的内務大臣をひとり選ぶのが困難である。総じていえば、内務大臣が小粒になってしまった。内務省の地位と権力は、軍部にたいしても、大蔵省や外務省にたいしても、大幅に低下した。この低下を意識して、この時代を内務省の凋落期と呼んでいる。この時代の始点における内務省の構成は、大臣官房、神社局、地方局、社会局、警保局、土木局、衛生局の一官房六局体制であった。その後の大きい変化としては、一九三七年（昭和一二年）一〇月に計画局が設置されて、都市計画と防空を所管したこと、一九三八年（昭和一三年）一月に厚生省が設置されて、内務省から社会局と衛生局が移管されたこと、一九四〇年（昭和一五年）一月、神社局が外局・神祇院に昇格したこと、一九四一年（昭和一六年）九月、土木局が国土局に改称され、計画局の一部を吸収したこと、同時に防空局が新設され、のち外局・防空総本部に昇格したこと、などがある。この時代、軍部が主導して、日本は亡国の自爆戦争に突入していったのだが、内務省はその軍部にたいして、わずかな批判、反撥をみせるものの、基本的には支持、協力の姿勢をとりつづけた。治安維持法政策の展開、侵略戦争のイデオロギーとしての神道史観の形成と宣伝、防空政策の破綻などが、その実例である。ただし、この時期の内務省の独自の政策として、戦後の地方交付税交付金につらなる地方分与税の創出は注目にあたいする。

第六、内務省の解体期。一九四五年（昭和二〇年）九月二日から一九四七年（昭和二二年）一二月三一日まで。

敗戦後、日本はアメリカ軍を機軸とする連合軍の占領下におかれ、その総司令部・GHQによって政治的に支配された。占領政策の基本的目的は、日本を民主化、非軍事化して、ふたたびアメリカ合衆国の脅威となることがないようにするところにあった。その民主化の一環として、内務省は四七年一二月末日に解体された。敗戦時の内務省の組織は、大臣官房、防空総本部、地方局、警保局、国土局、管理局、神祇院、であった。一九四六年（昭和二一年）一月に管理局は外務省に移管され、神祇院は廃止された。解体時の内務省の組織は、大臣官房、調査局、地方局、警保局、国土局、であった。

なお、ここで『内務省史』第四巻の巻末に掲載されている内務省の組織の歴史的変化を示す四図を転載しておくことにする（図0-1、0-2、0-3、0-4）。

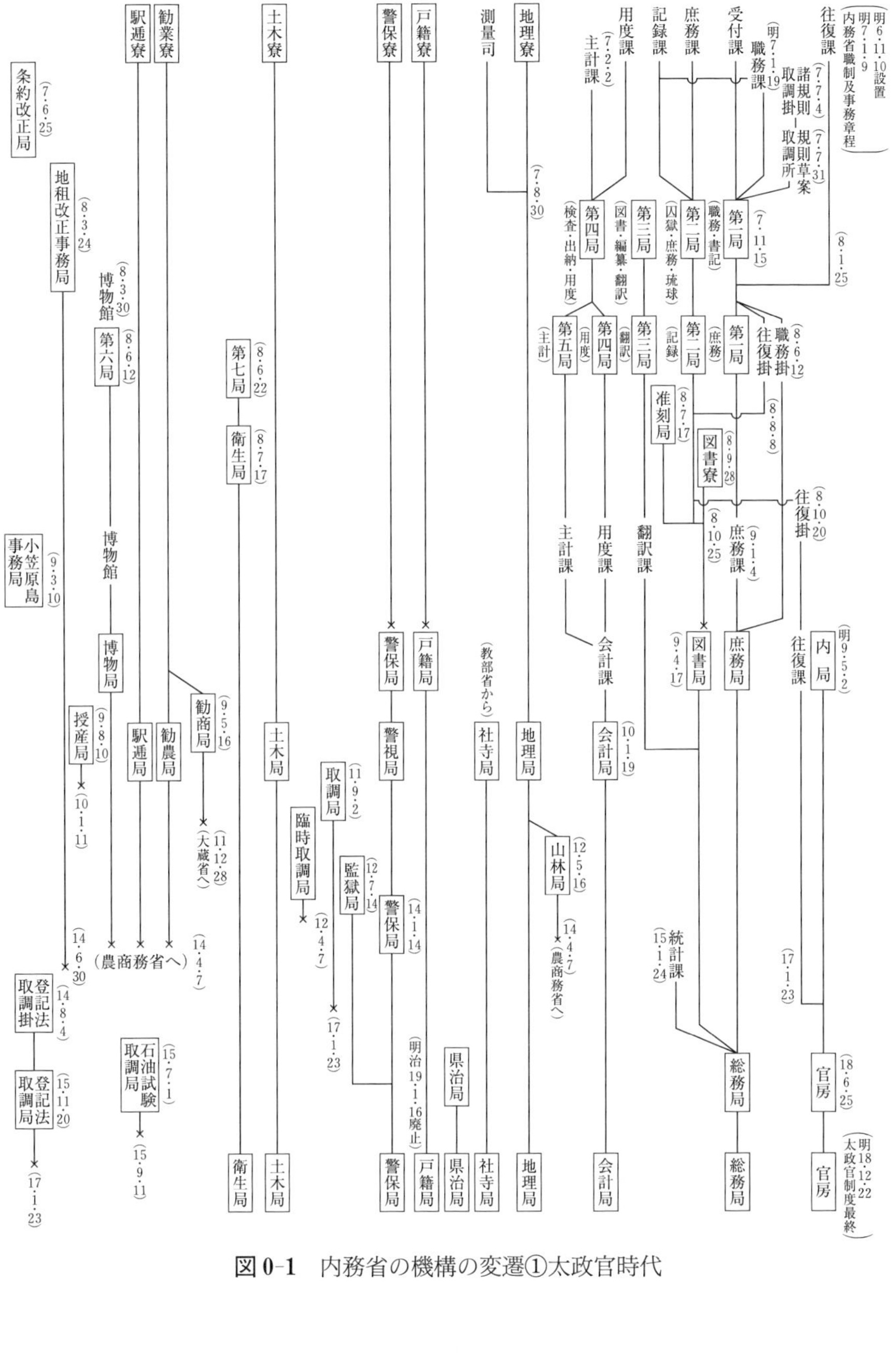

図 0-1　内務省の機構の変遷①太政官時代

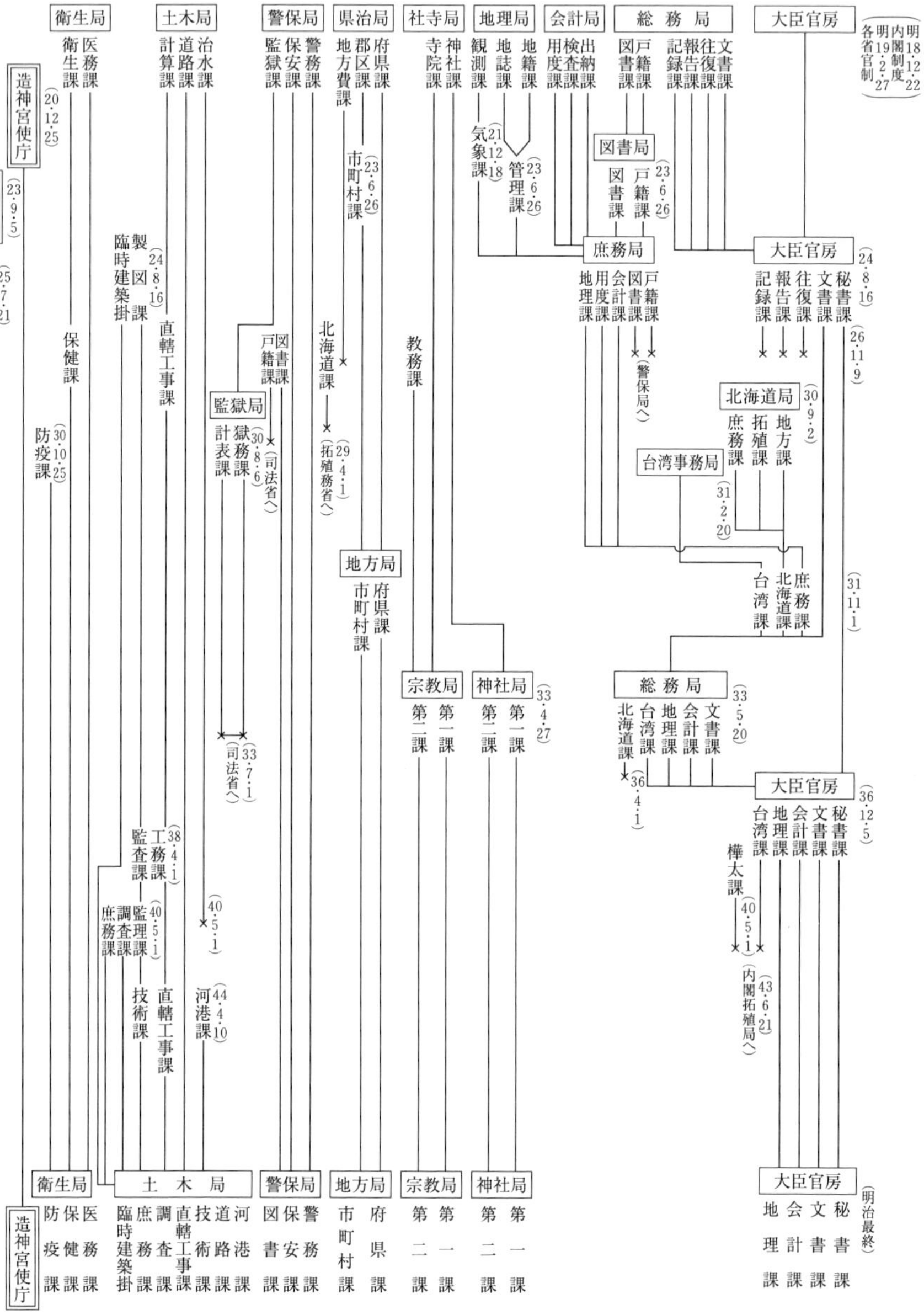

図 0-2　内務省の機構の変遷②内閣官制後—明治

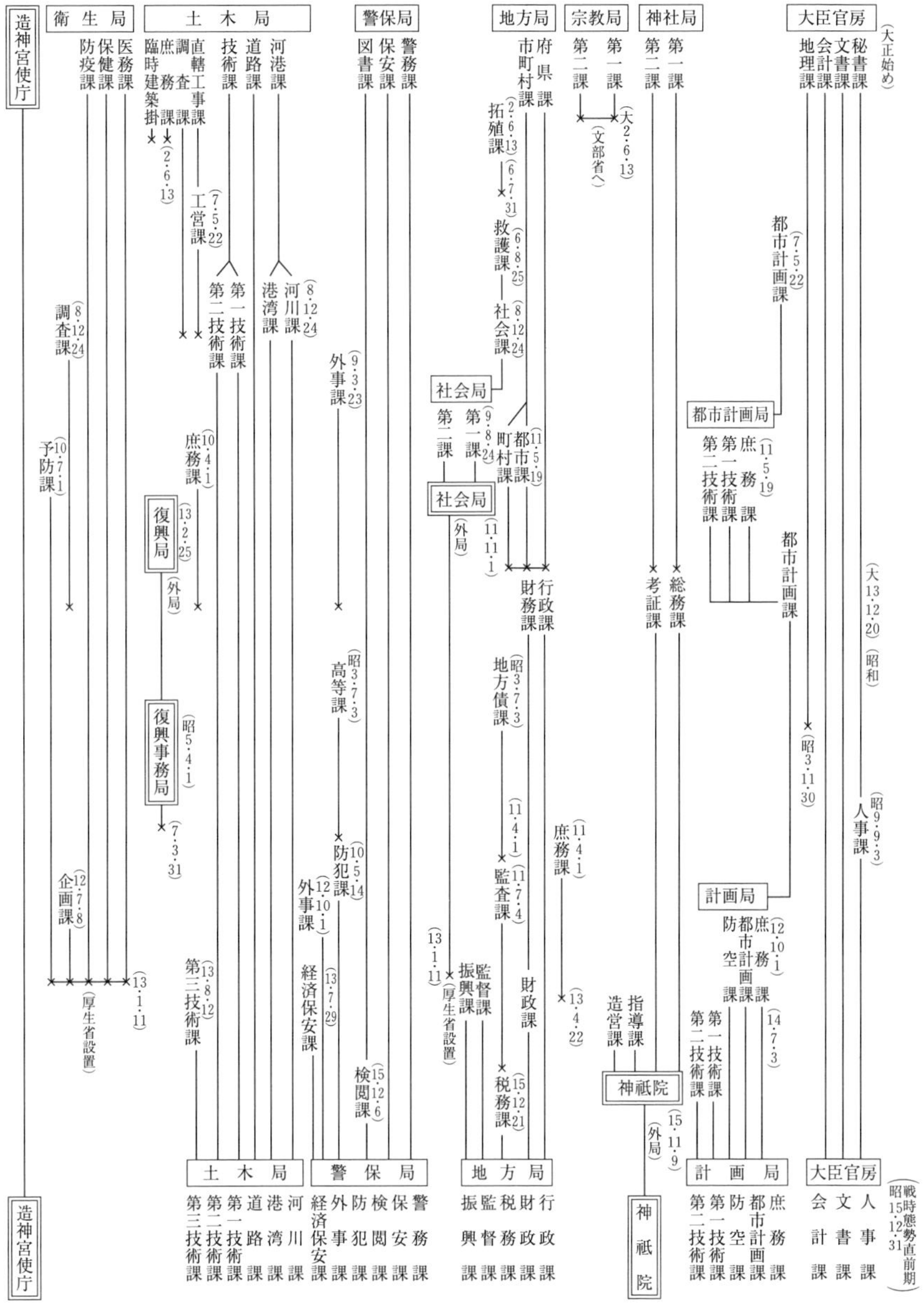

図 0-3　内務省の機構の変遷③大正・昭和 1

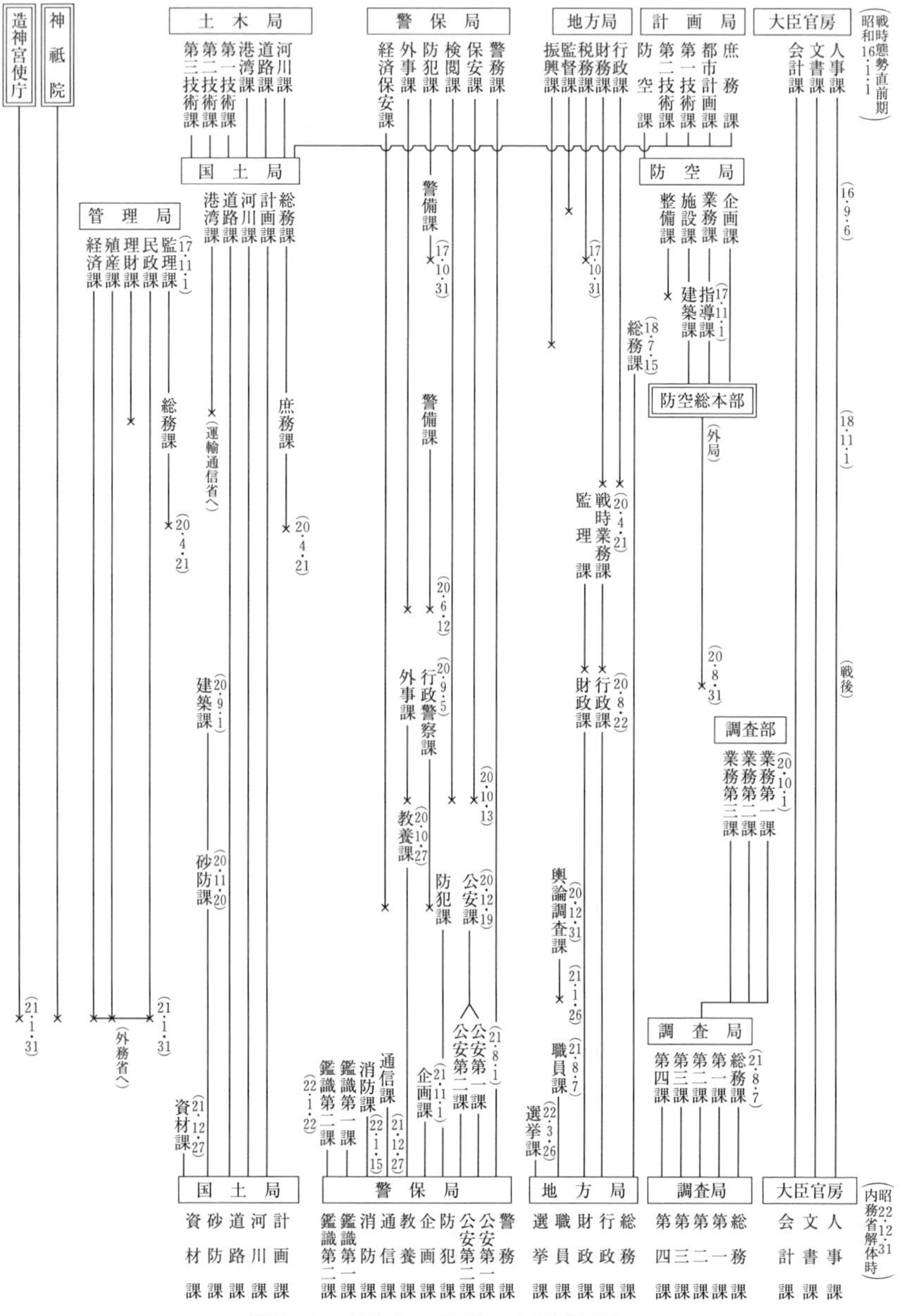

図0-4　内務省の機構の変遷④昭和2

4　二局史観の優勢

『内務省史』第四巻には「内務省を語る」と題して、対談と座談会がひとつずつ収められている。対談は後藤文夫と堀切善次郎によるものであった。かれらはともに一八八四年（明治一七年）生まれで、東京帝国大学法科大学を卒業し、後藤は一九〇八年（明治四一年）に内務省に入り、堀切はその翌年に内務省に入って、いずれも開明派の官僚として知られ、のちに内務大臣をつとめている。かれらは、それぞれの経歴からみて、内務省史の後半部分を、その内部あるいは間近にいて同時代史として経験してきた人物である。対談にあらわれたかれらの内務省観には、その経歴ゆえのバイアスがないとはいわないが、当事者のみが認識しえた真実も多くふくまれており、われわれが内務省の社会史を研究するにあたって、有力な仮説とみるべき見解もしばしばみいだされる。対談の冒頭、後藤は、内務省が内政全般にわたってもった影響力の大きさの主要な理由を四つに整理している。すなわち、

(1)　内務省は地方官を任免する権限をもった。地方官は知事から属官にいたるまで、地方自治の執行機関であると同時に国家の官吏であった。これは中央政府の意向を民衆に徹底させるのに大きい働きをした。

(2)　前項でいった性格によって、内務省が内政の中枢となった。その大きい理由のひとつは、他省も各地方で民衆を統治するさい、内務省が人事権をもつ地方官の手によらねばならなかったことである。これによって、内務省は各省の行政を総合する役割をはたすことになった。

(3)　内務省は警察権を握っていた。治安維持、民心の状況を知っていること、それらをつうじての体制維持などによって、内務省は行政上、政治上、大きい影響力を発揮した。

(4)　内務省は選挙を管理した。国会が開設されてからの国会議員の選挙、それと前後しての地方議員の選挙がおこなわれるようになってからは、この選挙管理によって、内務省は政治上、行政上、重要な役割を演じた。(1)

以上の後藤の見解は本論でより具体的な検証をうけるが、それにさきだって、ここで二点の注解をつけておきたい。

第一。(1)および(2)の記述は、大筋ではそのとおりであるが、いくらかより正確にいえば、つぎのとおりである。明治政府は、幕藩体制の封建制度を打破し、中央集権と国民を直接に結びつける近代国家を構築しなければならなかった。そのためにつくられた地方制度が府県制、郡制、市町村制である。統治は国家による官治と民衆による自治にわかれる。戦前期、市町村は自治にまかされたが、府県と郡は官治と自治の組み合わせにゆだねられた。その官治は地方官によっておこなわれた。明治憲法のもとでは、官吏は勅任官、奏任官、判任官に区分される。それぞれについて辞書的定義をあたえるならば、勅任官は、天皇が親署して任命する親任官と天皇の勅命によって任ぜられる一等、二等の高等官である。奏任官は内閣総理大臣の奏薦によって任ぜられる三等以下の高等官である。判任官は本属長官が任免を専行する最下級の官吏である。地方官のばあい、形式的には勅任官、奏任官は、内務卿、内務大臣が任免を具申することになっていた。この具申は事実上の決定であった。形式的には一例をいえば、地方長官のばあいは閣議で決定された。政党内閣の時代には、この決定に政党の影響が生じることがあった。ただし、閣議のまえや最中に首相やほかの閣僚から意見が出ることがあっても、内務大臣から出された地方長官人事の意向が通らなかった例は、後藤も堀切も聞いたことがないといっている。(2)

また、内務大臣が実質的に人事権を行使した地方官の範囲はおおむね、つぎのとおりであった。高等官では知事、書記官、高等試験に合格した課長級の地方事務官と地方警視、高等試験に合格しているが、まだ奏任官にならず判任官である者、当時は見習とよばれた。だれを課長にするかは知事の権限に属したが、特別高等警察課長、外事課長、防空課長などは、内務省が指定してきた者の範囲からしか任命できなかった(3)。

第二。(3)と(4)の記述からは、内務省の各局のなかで警保局と地方局がとくに有力であるという見方が引き出せる。この見方にもとづく内務省の歴史の記述を、以下では二局史観と呼ぶことにしたい。

前出の座談会は田中二郎東京大学名誉教授、石田雄、辻清明、林茂の三人の東京大学教授、それに五人の元内務官僚による読みごたえがあるものだが、そこで田中はつぎのように発言している。かれは、一九〇六年（明治三九年）生まれで、一九二九年東京帝国大学法学部卒業、一九三七年から母校において行政法の講座を担当し、敗戦後は行政改革でよく働き、最高裁判所の判事をもつとめた。

「内務省の所掌事務は非常に広汎にわたっていましたから、内務省へはいろうとする人にもいろいろな人がいたことでしょうし、また、仕事の内容もバラバラですから、内務省全体を一本にまとめて内政全体の方針をたて、筋を通していこうというようなことは、案外なかったのかもしれないですね。しかし、私どもが、外部から第三者として見ていますと、当時は内務省といいましても、いまとちがって『衛生局』とか『社会局』とか『土木局』とかの関係はみなかすんでいるような感じで、内務省の中心は、やはり警察を担当する『警保局』とか、地方行政一般を担当する『地方局』とかにあったように見えますね。そうして、内務省にはいる人も、衛生局とか土木局へはいきたがらないで、警保局とか地方局というところを志望しているように見えましたね。／そうしますと、大蔵省とか商工省とか農林省とかを志望する人は、むしろ行政の内容そのものになにか魅力を感じてやっていこうというのに対して、一般に内務省を志望する人は、権力を握ってバリバリやっていこうという気持が割合につよかったのじゃないかという感じがするのです(4)」。

表 0-1　『内務省史』第二篇第一部第二章以下の構成

	ページ数	百分率
第二章　神社行政	61	3.9%
第三章　地方行政	500	32.3
第四章　警察行政	372	24.0
第五章　土木行政	177	11.4
第六章　都市計画行政	29	1.9
第七章　衛生行政	126	8.1
第八章　社会行政	152	9.8
第九章　防空行政	34	2.2
第十章　その他の当初の所管行政	99	6.4
計	1550	100.0

のちに実証的にあきらかにするが、東京帝国大学法学部は、内務官僚の最大の供給源であった。内務官僚になることをめざす学生たちがとくに関心を集中して聴く講義のひとつが行政法の講義であっただろう。それを担当する法学部の看板教授が、ただの「第三者」であったはずがない。田中はたしかに内務省の「外部」にいたが、間近な位置からその観察者であったにちがいない。そのひとがこういうのである。ここにも二局史観の明瞭な表出の一例がみられ、しかもそれが内務官僚の権力志向の端的な指摘と結びついているのである。

この二局史観の徹底は超大著『内務省史』全四巻の全体をつうじてもいえることである。ここでは二つの事実を指摘しておく。

(1)　同書第一巻には『第一篇通史』が収められているが、これは歴史学者・大久保利謙が執筆したものである。これは五五二ページにおよぶ長大な作品で、概算によると四〇〇字詰原稿用紙で一二〇〇枚余りの分量になる。管見のかぎりでは、これがもっともくわしい内務省の通史であるが、徹底した二局史観によって構成されている。すなわち、内務大臣、内務省と地方局、警保局を機軸にして、通史が叙述されている。ただし、内務省にかんしては地方長官会議はくわしく、全省の組織の変遷はひととおり述べられているが、全省の財政、官吏数には一切ふれないという、アンバランスな記述になっている。したがって、内務省の全体像ははなはだしく見えにくくなっており、地方局と警保局の仕事をつうじて内務省のありかたをうかがうという趣向になっていると感じられる。なお、「第二篇内務省の行政」の第一部「第一章概説」に人事や予算をあつかう節があるが、それぞれ数年分のデータを例示しているだけで、その分析もおこなわれておらず、内務省の全体像の歴史的変化をうかがわせるものになっていない。(5)

(2)　第二篇第二章から第一〇章までが各局の行政を記述しているが、各章のページ数とそれぞれがそれらの合計に占める百分率は、表0-1のとおりである。もっとも大きい分量の章は「第三章地方行政」で、五〇〇ページ、三二・三％である。これにつぐのが「第四章警察行政」で三七二ページ、二四・〇％である。これらにたいして「第五章土木行政」は一七七ページ、一一・四％、「第七章衛生行政」は一二六ページ、八・一％、である。「第二章神社行政」にいたっては、六一ページ、三・九％にしかすぎない。われわれが内務省の主要な五局とみたもののうちで、地方局と警保局が重く、他の三局が軽くあつかわれており、そこに二局史観の反映がみられる。これにかんする問題は、歴史のなかで内務省の全体像を追跡してゆくにあたって、このような方法が適切であろうかということである。

（1）後藤文夫・堀切善次郎「内務省を語る　第一部対談」『内務省史』第四巻、地方財務協会、一九七一年、一七一―一七二ページ。
（2）同右、一八〇―一八一ページ。
（3）伊藤隆監修、百瀬孝『事典昭和戦前期の日本――制度と実態』吉川弘文館、一九九六年、一〇六ページ。
（4）田中二郎・石田雄・辻晴明・林茂ほか「内務省を語る　第二部座談会」二五一―二五二ページ。
（5）大久保利謙「第一篇通史」（以下「通史」と略記する）大霞会編『内務省史』第一巻、地方財務協会、一九七一年、一―五四九ページ。

5　五局史観の提唱

われわれは本書で、二局史観にたいして距離をおき、あえていえば五局史観とでもいうべきものを採ることにしたい。五局は、さきにみたように、神社局、警保局、地方局、衛生局、土木局である。われわれは、内務省の社会史を、内務省の全体とそれら五局、それに時代によってはもう一、二局の歴史的経過によって描写する。二局史観は、地方局と警保局が国家権力のなかでとくに重要な役割をはたしていたこと、それゆえに権力志向のつよい内務官僚がそれら両局にあつまりがちであったことに由来する。われわれはその事実を軽視するものではない。しかし五局がそろって半世紀以上存在したのはなぜかと問うてみることにも意義がある。内務省と主要五局、さらには時代によってもう一、二局が、国民生活にとってどのような政治的役割をはたしてきたかを追跡することによって、われわれは、内務省の社会史をより全体的に物語りたい。

そこで以下の叙述の整理枠組をつくるために、政治社会学の文献から役に立ちそうな対概念を選んでおこう。セイモア・マーティン・リプセットは、一九五九年の著作『政治のなかの人間』において、政治体制の安定性、有効性、正統性という概念を組み合わせた理論図式を提示している。すなわち、ある特定の政治体制の安定性は、その体制の有効性と正統性に依存するというのである(1)。この図式のなかの主要概念について、リプセットがあたえる定義は統一されていないが、それを一々批判的に検討しない。われわれは、われわれの作業が必要とするようにそれらを整序しつつ、以下に示す。

政治体制。政治制度と互換的にもちいられている。リプセットは、政治体制を民主主義に特定してつかったり、民主主義国家と独裁制国家に二分してつかったり、さらにはそれらを安定しているか不安定であるかで再区分したりしている。(2)

安定性。安定は存続と不安定は失敗と互換的にもちいられている。リプセットは、ヨーロッパ諸国の民主主義の安定性の判断基準として、第一次大戦以来、政治的民主主義が中断することなく存続してきたこと、および過去二五年にわたって、民主主義的な「ゲームのルール」に対立する大規模な政治運動がなかったこと、をあげている。(3)

有効性。「実績達成度、すなわち政治体制が、住民の大部分と、大企業ないし軍隊のような体制内部の強力な諸集団が期待している基本的な統治機能を充足する程度」、「有効性は、基本的には手段の問題である」。われわれは、このリプセットの定義は、以下でそのままつかうことにする。ただし、かれ自身には経済的発展を政治体制の有効性と区別してつかったり、前者を後者にふくまれるとしてつかったりする混乱がみいだされる。(4) われわれは、さきの定義にしたがって、経済的発展は政治体制の有効性の重要な部分であると理解する。

正当性。「現行政治諸制度がその社会にとって最も適切なものであるという信念を生ぜしめ、また持続せしめるその体制の能力をふくんでいる」。この定義でいう「信念」の持ち主は、前段でいうところの「住民の大部分と、大企業ないし軍隊のような体制内部の強力な諸集団」であるとかんがえる。「正当性は（基本的には）評価の問題である」。(5) このリプセットの定義も、以下でそのままつかう。

この政治体制の正当性と有効性のアイディアを利用して、アメリカの社会学者たちがよくやる試みだが、リプセットは四つのカテゴリーをつくり、政治体制の類型と変動を記述している。すなわち、正当性と有効性のそれぞれの有無をプラスとマイナスであらわすと、図0-5のように、A・B・C・Dの四つのカテゴリーがえられる。『政治のなかの人間』の刊行された年ゆえに、以下の実例はいずれも二〇世紀前半のものである。Aに位置する国家は

正当性＼有効性	＋	－
＋	A	B
－	C	D

図 0-5　政治体制の類型

アメリカ、イギリス、スウェーデンなどで、正当性も有効性も高度である安定した政治体制である。Dに位置するのはハンガリー、東ドイツで、正当性は低く、有効性は危機に直面している不安定な政治体制である。ただし、リプセットがこれらの国家で体制の正当性が低いとする根拠はかならずしもあきらかではない。かれの定義どおりにかんがえれば、「体制内部の強力な諸集団」としての共産党や軍部はその体制の正当性を高く評価していたはずである。リプセットは、正当性の評価が国内で大きく分岐する事態を充分にかんがえていないようにみえる。一九三〇年代のドイツ、オーストリア、スペインはAからBに移行して、民主主義的自由を失った。Cに位置するのは統治がうまくいっている植民地で、その政治体制は正当性を欠くが有効性は高い(6)。

以上にみられるとおり、リプセットのこの理論図式における鍵概念は正当性と有効性である。これらはかれのまったくの独創の産物ではない。議論のわき道に入るが、社会学史における親近性が高い対概念を指摘するだけでもしておくと、ロバート・マッキーヴァー『政府の構造』（一九四七年）には、「神話」と「技術」という対概念があり、それぞれが「価値をふくんだ信条および観念」と「知的手段」といいかえられている。この対概念にもとづくマッキーヴァーの論議は、リプセットの前掲のそれと酷似した発想をみせる(7)。マックス・ウェーバー『権力と支配』（一九二五年）には、「支配」と「行政」という対概念があり、支配は行政の形式をとってあらわれるとされ、支配は「正当性」との関連で、行政は「量的発達」、「質的変化」との関連で論じられている。この「量的発達」と「質的変化」は、行政の有効性を規定する二条件であろう。[8] カール・マルクスは『資本論』第三部（一八九四年）において、「階級支配」と「共同事務」を対概念として、現実には後者は前者と切りはなしがたいと説いた。ここでいう階級支配は、マルクスによれば、正当性をもつと見せかける政治体制のかくされた本質である。また「共同事務」は、人びとが集住する共同体の存続のための仕事であり、政治体制の有効性をもたらす機能である。[9] さらに、アレクシス・トックヴィルは『アメリカの民主政治』第三巻（一八四〇年）において、民主主義の理念と公的行政の中央集権化は因果の関係にあるという展望を語っている。ここでいわれる「民主主義の理念」は政治体制の正当性のシンボルであり、「公的行政の中央集権化」は政治体制の有効性の増大に通じる。[10]

さて、リプセットの論議にもどり、そこから示唆をえつつ、戦前期の日本の政治体制をかんがえてみる。それは形式的には立憲君主制の天皇制国家であったが、実質的には官僚統治国家であり、末期には軍部官僚が独裁する国家となった。リプセットがいう民主主義国家と独裁制国家の二分法を適用して、戦前期の日本の政治体制に一貫した性格をみいだすことは困難である。民主主義にかんしていえば、その政治体制は成熟しないにせよ議会制度をもつかぎりで、部分的に民主主義の要素をもっていた。この日本の政治体制は安定していたといってよいか。リプセットのいう第一次大戦以来、世紀半ばまでの時間域、あるいは四分の一世紀という時間域を参考材料とするならば、あくまでも相対的にみてのことであるが、戦前期日本の政治体制は明治維新以来、一〇年ほどの過渡期を経過したあと、五〇年あまり安定しており、その条件として正当性と有効性を高度にもちあわせており、のちに決定的な失敗の破局に落ちこんだというべきだろう。

その政治体制の歴史は、リプセットがつくった四つのカテゴリーを利用すれば、つぎの五段階を経過した。

第一段階、DからAへ、明治維新直後、政治体制は不安定で、正当性も有効性もきわめて微弱であった。それらが一定程度に強化され、体制が最小限度の安定にいたったのは、西南戦争終了後である。

第二段階、A、政治体制は安定しており、正当性と有効性をもっていた。西南戦争終了後から不平等条約が改正されて民族革命が成功したのち、五・一五事件あたりまで。

第三段階、AからBへ、政治体制は安定から不安定に向った。正当性にさきだって有効性が大幅に失われていった。帝国主義にもとづく日中戦争、太平洋戦争の時代、国民生活の窮乏化が進行した。

第四段階、D、政治体制は不安定の極限に突き落され、正当性も有効性もまったく失われた。すなわち、敗戦。これにともない、天皇の神格は否定され、軍隊は解体され、国民は飢餓線上をさまよった。

第五段階、C、政治体制は不安定のままで、正当性は欠落しており、有効性はわずかに回復しはじめた。外国軍隊の占領下、間接統治をうけつつ、国民生活はわずかずつ水準を上昇させていった。

この戦前期から敗戦直後にかけての日本の政治体制の歴史のなかに内務省と主要局の歴史をおいてみよう。それは、すでにみた政治の主要行為者のレヴェルでいえば、諸外国、内閣・政府、元老、宮廷、軍部、議会と政党、民衆の七者の関係のなかに、内閣の一員である内務大臣と政府の一省である内務省、およびその主要局をおいて考察するということである。

内務省の局レヴェルでは、これもあくまで相対的にみてのことだが、神社局は政治体制の正当性を担当し、衛生局と土木局は政治体制の有効性を保障している。地方局と警保局は、それらの中間にあって、正当性と有効性の双方を確保しようとしている。いくらか具体的にみておこう。

神社局は宗教（歴史）を管理するのであった。その宗教は国家神道の神々の物語と祭祀である。歴史は天照大神の子孫である歴代の天皇の統治の記録である。その宗教と歴史をつうじて、天皇制が神聖化され、それを機軸にした政治諸制度が正当化される。この正当化は、天皇現人神説によって極限化され、日本は神国であるとか、世界を征服して、諸国をあるべき階層秩序に位置づけるという政治的妄想をうみだし、軍国主義や侵略戦争のイデオロギーとなった。

衛生局は身体（生命）を管理するのであった。「医制」は最初から医政は人民の健康を保護し、疾病を治療し、医学を興隆させる仕事であるとしていた。生命の管理は、コレラが代表する急性伝染病の予防から結核が代表する慢性伝染病の予防へと比重を移してゆく。身体の管理は、健康の維持から次第に体力、体位の改良に進み、やがて民族の身体の向上までがかんがえられる。身体（生命）の管理は、通文化的に、人びとにとっての政治体制の有効性の代表的形態のひとつである。

さらに、土木局は国土（自然）を管理するのであった。これは治山治水の古典的形態からはじまり、河川交通、港湾、道路などの交通手段の整備、さらには上下水道から電力事業におよぶ。自然の管理は、土木工事をつうじての自然災害の防御から出発した。国土の管理は、産業化、都市化にふさわしい生産と生活の基盤づくりであり、国土の改作・改良である。国土（自然）の管理も、通文化的にみて、人びとにとっての政治体制の有効性の代表的形態のひとつである。

警保局は政治（秩序）を管理する。政治の管理は政治警察の任務であり、基本的に政治体制の正当性の暴力による保障である。この仕事において警保局は神社局と連携する。神社局は天皇統治を神聖化＝絶対化し、警保局は天皇統治とその内実としての官僚統治への批判と反抗を抑圧する。秩序の管理は市民警察の任務であり、犯罪の予防や捜索などでみるかぎり、政治体制の有効性の一形態である。警察行政においては、つねに、政治警察は市民警察にたいして優先的にあつかわれてきた。

地方局は民衆（社会）を管理する。民衆の管理は、成人男子にたいして衆議院議員の選挙権、地方議員などの選挙権をあたえることでおこなわれた。のちにくわしく述べるが、議会制度は官僚統治の実質をゆるがすにいたらず、国民の国政への参政権は大幅に制約されていた。地方統治の実態は、道府県では官治と自治が組み合わされ、官治が自治に優越する力をもった。市町村は自治にゆだねられた。それでも、これらの選挙権は民主主義の観点からみた政治体制の正当性の根拠とされた。社会の管理は、各種の労働政策、社会政策をつうじておこなわれ、政治体制の有効性の内実を形成していった。

約言すれば、戦前期の日本の政治体制は安定していた時代があり、その正当性と有効性はそれなりに高度であった。満州事変、日中戦争、太平洋戦争をつうじて、日本の政治体制は有効性を大幅に失ってゆく。敗戦と外国軍隊による占領によって、それは極限的に不安定になり、正当性と有効性は決定的に失われた。それらの歴史の全体的ヴィジョンとの関連において内務省の社会史を叙述するためには、われわれの用語でいえば、二局史観では不充分であり、五局史観が必要である。

（1）S・M・リプセット、内山秀夫訳『政治のなかの人間』東京創元新社、一九六三年、七四ページ。
（2）同右、七四、七八ページ。
（3）同右、五二ページ。
（4）同右、七四、七九ページ。
（5）同右、七四ページ。
（6）同右、七八―七九ページ。
（7）R・M・マッキーヴァー、秋永肇訳『政府論』勁草書房、一九六九年、四―一四ページ。

（8）M・ウェーバー、浜島朗訳『権力と支配』みすず書房、一九五九年、一六四、四一八、一七〇ページなど。
（9）K・マルクス、長谷部文雄訳『資本論』（全五分冊）青木書店、一九五四年、第四分冊、五四五ページ。
（10）A・トックヴィル、井伊玄太郎訳『アメリカの民主政治』下巻、講談社学術文庫、一九九一年、五一二―五五二ページ。

第一章　内務省前史

1867. 12. 9–1873. 11. 9

1　政治史素描

さきに述べたように、内務省前史の時代区分は、一八六七年（慶応三年）一二月九日から一八七三年（明治六年）一一月九日までとする。すなわち、起点は「王政復古の沙汰書」が出された日であり、終点は内務省が設置された日の前日である。この約六年間の内政のうち、つぎの時代には内務省が所管することになる範域、およびそれと関連がつよい重要な範域を、本章はとりあげる。

まず、その論議の前提として、その時代の政治史における主要な五つの行為主体をひととおりながめておこう。

第一は、アメリカ合衆国をはじめとする欧米諸国である。一九世紀前半にはじまるそれらの諸国が海から日本列島におよぼす圧力によって、幕府は開国に追いこまれた。その結果、明治維新という民族の政治的独立をめざした民族革命が生起し、日本に民族国家＝近代国家が誕生したのは、前章で述べたとおりである。その圧力をおよぼしてきた欧米諸国のうち、主要なものは、一八五八年（安政五年）の「安政五ヶ国条約」でいえば、アメリカ合衆国、オランダ、ロシア、イギリス、フランスであった。これらの諸国との条約は、関税自主権の喪失と治外法権の許容によって特徴づけられる不平等条約であった。この不平等条約はその後の日本を経済的にも政治的にも苦しめた。それを平等な性格のものにする改正は、明治政府の最大の外交課題となったが、それが完了するまでには四〇年あまり、条約締結から数えれば半世紀を超える時間が必要であった。

この前史の時代にも、一八七一年（明治四年）一〇月から七三年九月にかけて約二年間、明治政府は岩倉具視使節団を欧米諸国に送り、巡行させ、不平等条約の改正交渉と諸国の国情視察をおこなわせている。この使節団には、木戸孝允、大久保利通、伊藤博文などがくわわっていた。不平等条約の改正交渉はまったく成功しなかった。ただし、使節団の成員が一様に日本の後進性を認識し、国内の制度改革、産業育成の必要を痛感したのは大きい収穫であった。同使節団の巡行先は、アメリカ合衆国、イギリス、フランス、ベルギー、オランダ、プロシア、ロシア、ゲルマン連邦、デンマーク、スウェーデン、イタリア、オーストリア、ハンガリー、スイス、スペイン、ポルトガル、そのほかであったが、日本の将来の設計のための準拠国家としては、ビスマルクが指導するプロシアが、大久保たちの注目をひいていた。(1) なお、のちにいくらかくわしく述べるが、大久保はこの巡行においてアメリカ合衆国、イギリス、フランスの内務省、大蔵省の職掌を調査しており、ロシアの両省の情報をも同国に留学中の人物に依頼して集めさせている。(2)

第二は、明治政府である。もっとも明治政府とはのちの通称であり、この時期の名称はつぎのとおりである。まず、「王政復古の沙汰書」では、摂政、関白、幕府などを廃絶して、総裁、議定《ぎじょう》、参与の三職を置くとされた。一八六八年（慶応四年、明治元年）一月一七日、三職のもとに神祇事務、内国事務など七課を置いた。この三職七課の制度が明治政府の最初の形態である。この制度は短い期間に転々と変化する。まず、二月三日には三職のもとに総裁局、内国事務局など八局が置かれる三職八局の制度に変化する。ついで閏四月二一日に「政体書」を定め、全体としての統治システムを太政官と称し、太政官を議政、行政、神祇、会計、軍務、外国、刑法の七官にわけた。この太政官の構成は、行政官＝行政機関、議政官＝立法機関、刑法官＝司法機関の三権分立をふくんでおり、行政官のもとに神祇、会計、軍務、外国の四官がおかれていた。一八六九年（明治二年）四月八日には、太政官のなかに民部官が置かれている。その年の七月八日、「職員令」が定められ、これによって、神祇官、太政官が置かれ、後者のもとに民部、大蔵、兵部、刑部、宮内、外務の六省と、待詔院、集議院、大学校（教育行政官庁）、弾正台などを設けた。二官六省の制度である。[3] これは、往古の律令官制に似通う形式をとっているが、さきの「政体書」による三権分立的な統治体制を全面的に改めて、「中央集権による行政権の強化」[4] をはかったものであった。

一八七一年七月二九日、「太政官職制並事務章程」が公布されて、これによって太政官の体制はようやく安定した。太政官には正院、左院、右院を置いた。正院は天皇が臨御して政務をとる所で、太政大臣と納言（のちに左右大臣）が天皇を補佐し、参議が大臣、納言を補佐した。実質的には、これが実力派の参議たちによる政策決定の最高機関であった。左院は正院に従属する機関で、立法について審議し、その議決を正院に上申して、採否をあおぐとされており、正院が任命した議員によって構成された。右院も正院に従属する機関で、行政上の連絡・調整をおこなうとされ、各省の長官と次官によって構成された。この太政官の下には、制度発足時には大蔵省、工部省、兵部省、司法省、宮内省、外務省と文部省の七省が置かれた。神祇官は八月八日に神祇省に改められ、太政官のもとに置かれた。七二年（明治五年）二月二八日、兵部省が廃止されて陸軍省、海軍省が設けられた。また、三月一四日には神祇省が廃止されて教部省が設けられた。[5]

政府機構の変遷を追うのに紙幅をついやしすぎた。その実質は、約言すれば、明治維新という民族革命を遂行した、薩長土肥出身の革命家たちの連合政権であり、かれらのうちでもとくに有力な政治家たちは鹿児島藩の西郷隆盛、大久保利通、山口藩の木戸孝允である。升味準之輔は、当時の政局を大久保、木戸、西郷の「三傑構造」と呼んでいる。そこでは、三傑が「同心合力」して、政府の「根軸確立」が可能になっていた。なお、三傑以外の有力政治家たちとしては、仮に前記の「政体書」が出たのちの議政官上局の参与をみるならば、三人以外に鹿児島藩の小松帯刀、岩下方平、山口藩の広沢真臣、高知藩の後藤象二郎、福岡孝弟、佐賀藩の副島種臣、福井藩の由利公正、熊本藩の横井平四郎（小楠）などがあった(6)。公家、大名で維新早々に政府の要職についた者は少なくなかったが、急速に淘汰されて、太政官制度が安定したあとに残った主要人物は三条実美と岩倉具視くらいであった。

岩倉使節団が欧米諸国を巡行しているあいだに、留守政府は西郷のつよいリーダーシップのもとに征韓論に大きく傾斜した。帰国した使節団の主要成員は内治優先を唱え、征韓論に反対した。閣議は一度は征韓を決議したが、大久保は岩倉の協力をえて、陰謀でその決議をひっくり返してしまった。これに抗議して、一八七三年（明治六年）一〇月二四日、西郷、江藤新平、副島、板垣退助、後藤の五人は参議を辞職した。この経過のくわしい紹介は他書にゆずる(7)。升味のいう「三傑構造」の一角は崩れた。この政変にあいついで内務省創設の動きがあり、一一月一〇日に同省の設置が布告され、同月二九日に大久保が初代内務卿に就任している。なお、翌年四月には台湾出兵がおこなわれ、翌五月にはこれに抗議して木戸が参議を辞職した。「三傑構造」は崩壊して、大久保がひとり権力をにぎって、下野した西郷と木戸とにらみあう「三傑対峙」の形成となった。

第三は、天皇と皇族、公家などが構成する宮廷である。当時の用語では、それは朝廷と呼ばれた。徳川時代、長期にわたって、朝廷は、政治に直接関与することがなかった京都地方の弱小勢力であった。その存在を京都地方の民衆は認知していたが、ほかの地方の民衆は関心をもっていなかった。幕末、欧米列強の圧力による内外の政治情勢の激動によって、朝廷は政治に直接関与するようになり、公家体制そのものが変質、解体していった。民族革命をめぐる革命派、反革命派の入説と呼ばれた働きかけにより、公家たちは分裂した。政争のなかで偽勅が出されて、詔勅・勅命の権威が失われた。革命家たちは、勅命や天皇を自分たちの都合にあわせて利用するべきものと割り切っていた。大久保は、勅命は至当の筋をえてこそ勅命であるといい、都合の悪い勅命は無視するべきだと言外にいっている。木戸は、機会があるたびに先んじて、玉（天皇）をうまく我方へ抱えておくのが大事だといった(8)。

王政復古が成ったとき、政府は朝廷を三つの基本的な方法で改造あるいは再生してゆくことになった。すなわち、(1)朝廷の公家秩序を打破する。政府にとって政治家として利用価値がある三条、岩倉など少数の公家をのぞき、多数の公家を権力中枢から排除する。公家は旧大名といっしょに新しく華族として再編成され、貴族院などに配置されて、権力の外郭として利用される。(2)天皇と太政官との関係を密接化する。明治国家は天皇親政のタテマエを唱えつつ、実質は民族革命に成功した革命家たちが国家官僚となって統治する国家であった。このタテマエと実質を矛盾なく統合するために、天皇は太政官と一体化して行動しなければならなかった。(3)天皇の権威を創出し、国家の内外に受容されるようにする。国内では、太政官を頂点とする権力機構と統治される民衆に天皇の権威を浸透させる。国外では、外交界をはじめとする国際社会に天皇の権威を認知させる。(9)

第四は、軍隊である。この時代、新政府は直轄する固有の軍隊をもっておらず、その建軍は最大の政策課題のひとつであった。正確にいえば、いわゆる草莽の士たちを親兵に仕立てたり、一八六八年から六九年にかけての小規模の徴兵による京畿常備兵があったが、その戦力は微弱であった。この時代に政治勢力としてつよい影響力をもった軍隊は二つあった。ひとつは、六八年一月の鳥羽伏見の戦いにはじまり、六九年五月に函館で榎本武揚たちが降伏しておわった戊辰戦争の勝者、官軍である。その実体は尊皇派の諸藩連合軍であり、各藩の軍隊の兵権は藩主がもっていた。この官軍は戊辰戦争後は解体して各藩に帰った。いまひとつは、六八年一一月に西郷隆盛が鹿児島に帰り、下級武士中心の改革をおこない、その一環として形成した常備隊である。それは、士族一万二〇〇〇、郷士三万二〇〇〇で組織されており、藩権力批判、政府権力批判の姿勢を示し、周辺の諸藩の不平士族の期待をも集めていた。この鹿児島の常備隊の存在に新政府は危機感をつのらせた。(10)

一八七〇年（明治三年）一二月、政府は岩倉を勅使として、大久保、山県などを随行させ、鹿児島に送った。西郷を政府に呼び戻して、この危機を解消しようとしたのである。そのさい、山県は西郷に天皇を護衛する軍隊が必要であり、その軍政の首班は西郷であるべきだと説いた。これにたいして、西郷は薩長土の三藩の兵力で御親兵を組織しようと提案し、山県自身は徴兵論者で士族兵制度には反対であったのだが、危機の切り抜けのために、この提案に同意した。一八七一年（明治四年）二月、天皇が三藩に親兵の貢献を命じ、約八〇〇〇の中央軍がはじめて誕生した。ついで四月には東山、西海に二つの鎮台がおかれ、それらにも旧藩士族の常備兵が配置された。この親兵の存在があり、その軍事的威力を利用することで、同年七月の廃藩置県は可能になったといわれる。[11]

話をすこし以前にもどすが、この時代の建軍構想には二つの主要な系譜があった。ひとつは大村益次郎の構想で、かれは農民から徴兵して常備軍をつくるべきだとかんがえており、士族で中央軍をつくるのに反対であった。いまひとつは大久保利通の主張で、かれは薩長土の三藩の征討軍を中心にして常備軍をつくるべきだとかんがえていた。大村は一八六九年に暗殺されるが、そのあとも、兵部省においては山田顕義などを中心とする大村派と黒田清隆などを中心とする大久保派の対立がつづいた。山県は一八七〇年八月にヨーロッパから帰国して兵部少輔に就任するが、かれは徴兵論者であった。そのあとの大勢の推移は、親兵の実現によって大久保派の主張がひとまず結実したようにみえたが、山県は徴兵制度を計画、成立させて、常備軍の基盤とした。一八七二年、かれは「主一に賦兵を論ず」という意見書を発表し、志願兵制度を廃棄し、徴兵制度を建設しようといった。男子は二〇歳で徴兵によって二年間の常備兵役に服する。その後、四年間の予備兵役に服し、合計六年の兵役が義務づけられる。この意見書の骨子は、翌年六月に公布された「徴兵令」にすべて取り入れられた。[12]

第五は、民衆である。旧士族は支配階級としての特権を失いつつあるのだから、新政府にたいして不満であった。すでにふれたように、鹿児島には藩と政府に批判的な士族軍、郷士軍があり、周辺の諸藩にも不平士族の不穏な動きがあった。また、一八六九年には山口藩で革命軍の諸隊の解散、精選をはかったところ、遊撃隊が脱出、反乱し、農民一揆が連動した。(13)これらの地方軍の藩権力にたいする不満の一因は、経済的処遇の水準の低さにあった。それは藩の側からいえば、その兵力をかかえていることが財政的に苦しくなっているということであった。西郷が提案した親兵のシステムは、その兵力の一部を国家の傭兵にして藩の財政的負担を軽減するとともに、将兵の経済的不満を解消する効用をもっていた。(14)六九年から翌七〇年にかけて、全国各地で世直し一揆と呼ばれた農民一揆が多発した。また、一八七二年一一月には「徴兵告諭」、翌七三年六月に「徴兵令」、七月に「地租改正条令」が公布されるが、これらに反発して、全国各地で大規模な農民一揆が多発した。このとき、「徴兵告諭」の文中の「血税」という用語が誤解されて、徴兵制度は「生血を絞りとる」ためのものとかんがえられ、一揆の有力な一因となったことは広く知られている。(15)

(1)　久米邦武編、田中彰校注『特命全権大使、米欧回覧実記（三）』岩波文庫、二〇〇〇年、二九八ページ。大久保利和ほか編『大久保利通文書』第四、日本史籍協会発行、一九二八年、四八四ページ。
(2)　同右、四八六ページ。
(3)　内閣制度百年史編纂委員会編『内閣制度百年史』上巻、大蔵省印刷局、一九八五年、七―一四ページ。
(4)　大久保利謙「第一篇通史」（以下「通史」と略記する）大霞会編『内務省史』第一巻、地方財務協会、一九七一年、三七ページ。
(5)　『内閣制度百年史』上巻、一五―一七ページ。
(6)　「太政官制一覧」加藤友康ほか編『日本史総合年表』二〇〇一年、吉川弘文館、一〇五一―一〇五二ページ。
(7)　勝田孫弥『複製版　大久保利通伝』下巻、一九七〇年（初版刊行、一九一〇年）、臨川書店、九四―一五三ページ。

毛利敏彦『大久保利通』中公新書、一九九二年、一八二―一八六ページ。
（8）日本史籍協会編『木戸孝允文書』二、東京大学出版会、一九七一年覆刻（一九三〇年刊）三三八ページ。大久保利和ほか編『大久保利通文書』第一、日本史籍協会発行、一九二七年、三一一ページ。
（9）遠山茂樹「解説」加藤周一ほか編『日本近代思想大系2　天皇と華族』岩波書店、一九九六年、四五三、四六六―四六九ページ。
（10）戸部良一『日本の近代9　逆説の軍隊』（以下『逆説の軍隊』と略記する）中央公論社、一九九八年、二六―二九ページ。由井正臣「明治初期の建軍構想」加藤周一ほか編『日本近代思想大系4　軍隊　兵士』岩波書店、一九九六年、四二三―四二四、四三四ページ。
（11）「明治初期の建軍構想」四三七―四三八ページ。
（12）同右、四二八―四二九、四四〇ページ。
（13）同右、四三二―四三三ページ。
（14）毛利敏彦『大久保利通』一七二ページ。
（15）『逆説の軍隊』四二―四三ページ。

2　内政担当組織の変遷

明治国家における内務省の源流は、一八六八年（明治元年）一月一七日に設置されたいわゆる三職分課職制のもとの七課に属する内国事務および会計事務にまでさかのぼることができる。(1) これが明治期の日本国家における最初の内政担当部門であった。内国事務総督は議定・松平慶永ほか四名、同事務掛は参与・大久保利通ほか七名である。会計事務総督は議定兼副総裁・岩倉具視ほか二名、同事務掛は参与・由利公正ほか二名である。内国事務総督の所管は「京畿庶務及諸国水陸運輸駅路関市都城港口鎮台市尹ノ事ヲ督ス」とされ、つまり首都管轄と諸国運輸などの民政であった。また、会計事務総督の所管は「戸口賦役金穀用度貢献営繕秩禄倉庫ノ事ヲ督ス」とされ、おおまかにいえば財政と民政であった。ただし、大久保利謙によれば、これらの条文は「大宝令」の民部省、大蔵省、倉庫令などの所管規定をあわせてつくった「いわば作文」でしかないという。(2) また、前出の事務総督、事務掛の各人の実質的権限も、多くのばあいは確認のしようがない。ただし、大久保利通のばあいは、その後の朝廷改革、東京遷都などにかんする言動と影響を追跡してゆくと内政担当官僚として大きな仕事を遂行したことは確かである。その追跡に即してかんがえれば、かれが内国事務掛のひとりであったことと関連して、内国事務総督が首都管轄を所管していたことは、ただの作文のレヴェルに属する事柄ではない。

一八六八年、慶応四年、九月八日になって明治元年とあらたまるこの年は、明治国家の政府機構がめまぐるしく変化した。さきに述べたように、一月一七日に三職のもとの七課制が発足したが、二月三日にはそれを三職のもとの八局制に切り替えた。既設の総裁局にくわえて、七課のそれぞれの事務総督が事務局になり、内国事務総督は内国事務局に、会計事務総督は会計事務局にかわった。(3) 大久保は一月二七日付で総裁局顧問を兼務している。(4) ついで閏四月二一日、「政体書」を制定して、権力の中央集中と三権分立制をとることにし、三職八局制をまったく改めた。「政体書」による太政官が七官を総括していたのは前節で述べたとおりである。念のためにいうが、これは後出の「職員令」による太政官とは別物である。(5)

「政体書」によるこの太政官組織のなかで、内政を担当するとされたのは、規定によれば、行政官とその下の会計官である。行政官の長官には三条実美と岩倉の二人の輔相があてられた。輔相の職掌は、天皇を補佐し、国内事務を監督し、宮中庶務を総括するとされていた。また、会計官のなかには、出納・用度・駅逓・営繕・税銀・貨幣・民生の七司がおかれた。会計官の後身は大蔵省であるが、同省が一時的に内務行政全般を管掌した制度的由来はここにある。(6) 会計官の知事には万里小路博房が任命されたが、八月二二日には中御門経之と交替している。(7)

議政官は上局、下局にわかれ、上局は議定、参与と史官で構成され、法制制定、機密政策、高等官の人事、外交政策などをうけもち、下局は議長と諸藩貢士で構成され、上局の命令によって財政・通商・軍事・藩間訴訟などを審議する。大久保は最初にえらばれた八人の参与のひとりとなり、議政官の上局に属した。(8) このかぎりでは、かれは内政を直接担当する行政組織からはなれたことになるが、実質的にはそれまで以上に内政につよい影響をもつようになったとみてよい。

その理由は二つある。

(1)　この太政官組織の実権は議定と参与に集中していた。その人選は最終的には岩倉がおこなったが、岩倉はそれにさきだって大久保に候補者の推挙をもとめた。大久保は、議定の候補者一一名、参与の候補者一三名を推薦した。岩倉は、議定には大久保が候補者とした一一名から八名をえらび、ひとりだけ別の人物をくわえた。また、参与には大久保が候補者とした一三名から六名をえらび、二人だけ別の人物をくわえた。その二人は、大久保本人と薩摩藩家老で大久保の僚友・小松帯刀であった。[9] これは、大久保が遠慮してあげなかった自身とその僚友を、岩倉がそのあたりを心得て起用したということであろう。この太政官組織の機軸部分は実質的には大久保がつくり、それを岩倉が完成し、権威づけているとみえる。

(2)　このとき、参与のひとりとなった肥後藩の横井平四郎（小楠）が同藩士の米田虎雄に送った手紙で、このときの制度改革についてかいている。現代語訳で大意のみつたえると、維新以来の政治は、いろいろ古い習慣にとらわれて、公卿をはじめ能力がない者がやたらに役付きになり、役人が多すぎたし、各組織が勝手をして、どうしようもなかった。今度の改革は、その任にたえない無能の人物は公卿、諸侯ともすべて退け、広い範囲から有能な人物を求めて、諸役に任じられた。こう前置きして、議定・参与などの顔ぶれを紹介している。[10] 革命家出身の国家官僚による官僚支配の体系がほぼ完成し、大久保は、その全体をかれの影響下においたのである。

ただし、この三権分立の構想自体は時期尚早であった。一八六八年九月一九日、議政官は一時廃止されて、実力者の議定と参与はそのままの資格で行政官に入った。権力の集中が必要とされたのであろう。翌年五月には議政官は法制度でも廃止されている。

さて、一八六九年（明治二年）四月八日、太政官のなかに民部官が設置された。さきにふれた内国事務総督、会計事務総督、あるいは行政官、会計官などが内政を担当する行政組織の萌芽形態であるとすれば、この民部官はのちに民部省を経由して内務省に連続してゆく本格的な内政専務組織である。民部官の職制は「府県事務の総判、戸籍、駅逓、橋道、水利、開墾、物産、済貧、養老などを掌どる[11]」と定められた。職制の最初に府県事務の総判をあげているところには、新政府が内政の第一目標を地方統治とかんがえていたことがうかがわれる。それまで府県事務、駅逓などは会計官が管掌していたので、民部官の新設は会計官の職制を分割することになった。民部官には順次、聴訴司、庶務司、駅逓司、土木司、物産司などがおかれ、のち開墾局がくわえられた。民部官の首脳人事では、四月八日付で知事には議定の蜂須賀茂韶、副知事には参与の広沢真臣が就任したが、民部官の設置とその実務をもっぱら主導したのは広沢であった。蜂須賀は五月一五日に松平慶永と交代している(12)。

七月八日、太政官は「職員令」を出して、その構成をまたあらためた。その骨格は、さきに述べたように二官六省の制といわれ、六省のひとつが民部省である。太政官には長官として左大臣、ほかに右大臣、大納言、参議などをおいた。各省には卿（大臣相当）、大輔（次官相当）、少輔などの官職を設けた。民部省は民部官を継承するものであったが、管掌する行政の範囲はいくらかせまくなっており、民部卿の職掌は「戸籍、駅逓、橋道、開墾、物産、済貧、養老などの総判を掌どる(13)」とされている。この文言からは府県事務が消えているが、七月二七日制定の「民部省規則」の冒頭に「民政は治国の大本、もっとも重要なことである。つつしんで五ケ条の御誓文にもとづき、この上なくあわれみ深いお気持を体して、府藩県と協力、心をひとつにし、教化を広くし、風俗を良くし、生業を奨励し、民をいつくしみ育てて、慈恵の準備をし、上下の気持が通いあうようにして、人びとが安心できるようにするべきである(14)」といっているところをみれば、府県事務が最重視されていることはあきらかである。民部省のなかには、地理、土木、駅逓の三司が設けられた。民部卿は松平慶永、民部大輔は広沢で、この顔ぶれは民部官当時とかわらない。

さて、この民部省設置から一八七三年（明治六年）一一月一〇日の内務省設置まで四年四カ月の時間が経過するのであるが、そのあいだに民部省は大蔵省と合併と分離、再度の合併をくり返した。これは一般に民蔵合併、民蔵分離と呼ばれる。その合併は実質的には大蔵省による民部省の吸収であったが、まず一回目の合併・分離の事実を確認しておこう。

「職員令」は主として副島種臣が起草したのであるが、六月二三日に公表されたその草案には民部省はなかった。それまでの民部官は会計官とあわせて大蔵省になるとされていた。この構想が出てきた原因は、二カ月ほどまえに設置された民部官が会計官とはげしい権限争いをしたことらしいと、大久保利謙は推測している[15]。この構想に民部官副知事の広沢などが猛反発し、七月八日の「職員令」には民部省が筆頭省として入った。そこで前述のとおり、同月同日の民部省発足となるのだが、大蔵官僚の大隈重信、井上馨などは事実上の民蔵合併を画策しつづけた。七月二二日に広沢が参議となって民部省を離れ、大蔵大輔の大隈が民部大輔に就任したのが、その伏線となる人事であった。ついで八月一一日、事実上の民蔵合併が強行された。それは、民部省と大蔵省を並立させておきながら、民部卿の松平慶永が大蔵卿を兼任し、民部大輔の大隈が大蔵大輔を兼任するという形式をとった。この結果、実質的には大蔵官僚が両省を支配することになり、大蔵省の権限が大幅に拡大された[16]。

当時、大蔵省は、大隈、井上のほか、伊藤博文、渋沢栄一などの人材が集中しており、その拡大した権限とあいまって、鉄道の敷設など近代化を急ぐ多くの新政策が打ち出された。大蔵省の力が太政官を圧倒する状況がしばしばみられるようになった。木戸孝允は大隈を参議にして、民蔵の事務を統括させ、太政官の権力を強化するという解決策をかんがえたが、反大蔵省派の参議たち、大久保、広沢、副島などは、それでは大蔵官僚の勢力を統御することができないと大隈の昇格に反対した。この対立は政府の分裂にまで発展する恐れがあると木戸自身が認めざるをえなかった。また、大蔵省の新政策が急進的にすぎて地方の実情にあわないと地方官が反発するという事情もあった。この背景には、六九年から七〇年にかけての各地方の凶作、農民一揆の多発がある。これら諸局面をもつ政治危機を回避するために、七〇年七月一〇日、太政官達によって民部省と大蔵省の分省が命じられることになった[17]。

分省後、民部省は卿を置かなかったが、岩倉、大久保、広沢が御用掛となり、大久保を頂点とする反大蔵省派の拠点となった。両省はそれぞれに寮司掛を改変し、民部省は、地理司、土木司、駅逓司、鉱山司、庶務司、聴訟掛、社寺掛、鉄道掛、伝信機掛、燈明台掛、横須賀製鉄所掛の五司六掛となった。これにたいして、大蔵省は、造幣寮、租税司、出納司、用度司、営繕司、監督司、度量衡改正掛、通商司の一寮六司一掛であった(18)。このあと、閏一〇月二〇日、工部省が創設されて、工部卿に伊藤が就任し、民部省から鉱山司と四掛が工部省に移された(19)。これは木戸派の大久保派にたいする報復の意味があったとおもわれる。その後、民部省は寺院寮と地理、駅逓、土木、庶務の各司による一寮四司の体制となった。

この分省から約一年ののち、一八七一年（明治四年）七月二七日、廃藩置県の直後、二回目の民蔵合併がおこなわれた。その本質はやはり民部省の廃止と大蔵省への合併であり、中心となって画策したのは大隈・井上たちであった。その伏線として、六月二七日、大久保大蔵卿、大隈同大輔の人事があった。井上は大久保に民蔵合併の必要を説くとき、廃藩置県後、各藩が幕末以来かかえてきた膨大な負債と乱発してきた藩札を始末して、大きい社会不安を引きおこさないためには、民蔵が合併した新大蔵省がこれに当たらなければならないと主張した(20)。それでも大久保は、その日記によると、七月二四日には井上の説得にたいして合省を拒否しており、二五日にさらに由利と会って相談したうえでようやく折れている(21)。

（1）「通史」一四ページ。いくらか厳密にいうと、「三職分課職制ヲ定ム（明治元年正月一七日）」という文書のなかでの分課は内国事務以下六課で、神祇事務総督および同掛は、同日付で別に任命されている。内閣制度百年史編纂委員会『内閣制度百年史』下巻、一九八五年、大蔵省印刷局、二〇ページ。同、上巻、六九六ページ。別に任命された理由はわからない。
(2) 同右、一五ページ。
(3) 「通史」一四ページ。
(4) 勝田孫弥『大久保利通伝』一九七〇年複製(一九一〇年初版)臨川書店(以下『大久保利通伝』と略記する)中巻、四三七、四五〇ページ。こまかいことだが、『内閣制度百年史』上巻六九六ページでは、三職八局制が定められた一八六八年二月三日に総裁局が設けられたとされている。しかし、上記の伝記では、それ以前の一月二四日に、大久保が同局顧問になったとあり、そこに抄録されている大久保の日記では一月二七日に同局顧問になったとある。後者が正しいと推測されるが、いずれにしても、総裁局は他の七局に先行していたとおもわれるので、本文のように書いた。
(5) 「通史」一七ページ。
(6) 同右、一八ページ。
(7) 「年表」八九九―九〇〇ページ。
(8) 『大久保利通伝』中巻、五二五、五三二―五三三ページ。
(9) 同右、五二九―五三三ページ。
(10) 同右、五三四―五三五ページ。
(11) 「通史」三四ページ。
(12) 同右、三四―三五ページ。
(13) 同右、三九ページ。
(14) 同右、四一ページ。
(15) 同右、三八―三九ページ。
(16) 同右、四二ページ。
(17) 同右、四三ページ。松尾正人『廃藩置県――近代統一国家への苦悶』中公新書、一九九七年、七一ページ。

（18）「通史」四三―四四ページ。
（19）「年表」八九五ページ。「通史」四四ページで、工部省創設にともない、民部省から四司一掛をこれに移したというのは誤りである。
（20）「通史」五三ページ。
（21）『大久保利通伝』中巻、八六九ページ。

3　朝廷改革

七課の制度が発表され、内国事務掛に就任したその日、一八六八年一月一七日、大久保利通は、総裁・熾仁親王の諮問にこたえて、朝廷の弊習を一掃するにため天皇は大阪に仮御所をつくって移り住むべきだという意見を述べ、翌一八日には正式に大阪遷都論を主張し、岩倉具視、広沢真臣、後藤象二郎の賛成をえ、二三日には上議事所において大阪遷都の提案をおこなったが、公卿たちの多数が反対して否決された。これにたいして、大久保は、大阪遷都の建言書をつくり、岩倉の副書をつけて、議定・参与に上申した(1)。建議は、明治維新の変革事業ははじまったばかりだといってから、天皇のありかたの改変をつよく主張する。

「是迄之通、主上ト申シ奉ルモノハ玉簾ノ内ニ在《おわ》シ、人間ニ替ラセ玉フ様ニ纔《わずか》ニ限リタル公卿方ノ外《ほか》拝シ奉ルコトノ出来ヌ様ナル御サマニテハ、民ノ父母タル天賦ノ御職掌ニハ乖戻《かいれい》シタル訳ナレバ、此御根本道理適当ノ御職掌定リテ、初テ内国事務之法起ル可シ。右ノ根本推窮《すいきゅう》シテ大変革セラルベキハ、遷都ノ典ヲ挙ゲラル、ニアルベシ。如何《いか》ントナレバ、弊習トイヘルハ理ニアラズシテ勢ニアリ、勢ハ触視スル所ノ形跡ニ帰ス可シ。今其形跡上ノ一二ヲ論ゼンニ、主上ノ在《おわ》ス所ヲ雲上トイヒ、公卿方ヲ雲上人ト唱ヘ、竜顔ハ拝シ難キモノト思ヒ、玉体ハ寸地ヲ踏玉ハザルモノト余リニ推尊奉リテ、自ラ分外ニ尊大高貴ナルモノ、様ニ思食《おぼしめ》サセラレ、終《つい》ニ上下隔絶シテ其形今日ノ弊習トナリシモノナリ。敬上愛下ハ人倫ノ大綱ニシテ論ナキコトナガラ、過レバ君道ヲ失ハシメ、臣道ヲ失ハシムルノ害アルベシ。仁徳帝ノ時ヲ天下万世称讃シ奉ルハ外ナラズ、即今《そっこん》外国ニ於テモ帝王従者一二ヲ率シテ、国中ヲ歩キ万民ヲ撫育《ぶいく》スルハ実ニ君道ヲ行フモノト謂ベシ。然レバ更始一新、王政復古ノ今日ニ当リ、本朝ノ聖時ニ則《のっと》ラセ、外国ノ美政ヲ圧スルノ大英断ヲ以テ、挙ゲ玉フベキハ遷都ニアルベシ。(中略)。

一、遷都之地ハ浪華《なにわ》ニ如《し》クベカラズ。暫ク行在《あんざい》ヲ被レ定《さだめられ》、治乱ノ体ヲ一途ニ居《す》ヘ、大ニ為スコト有ベシ。外国交際ノ道、富国強兵ノ術、改守ノ大権ヲ取リ、海陸軍ヲ起ス等ノコトニ於テ地形適当ナルベシ。(中略)。

右内国事務ノ大根本ニシテ、今日寸刻モ置クベカラザル急務ト奉レ存候。此儀行レテ、内政ノ軸立チ、百目ノ基本始テ挙ルベシ。若シ眼前些少ノ故障ヲ顧念シ、他日ニ譲リ玉ハヾ行ハルベキノ機ヲ失シ、皇国ノ大事去《さる》ト云フベシ[2]」。

大意をとった現代語訳をつける。個々の字句の現代語へのおきかえにこだわらない。以下、同じ。

「これまでどおり、主上とお呼びするかたは美しい簾のなかにいて、人間におかわりになる有様を、わずかな公卿たちのほかはみることができないようでは、民の父母である天から授かった御仕事にそむきもとる訳であるから、この根本道理にかなう御仕事が定まってから、はじめて内国事務の方法も新しく生じることになる。右の根本深くたずね調べたうえでの大変革として、遷都の儀式をあげられるべきである。なぜならば(宮中の)弊習というものは道理ではなくて、圧力であり、圧力は感性によって知る形跡に由来する。いまその形跡の一、二をいってみると、主上がいらっしゃるところを雲上といい、公卿たちを雲上人と呼び、天皇の顔はみてはならぬものとおもい、天皇の体は土地を踏むことはないとあまりに尊びすぎて、(天皇が)自らを過大に尊大高貴であるとおかんがえになり、ついに上下の間が切りはなされて、その結果が今日の弊習になったのである。もちろん、上を敬し下を愛するは人の踏みおこなうべき道の基本であるが、それが過度にわたると、君主の道義も臣下の道義も損なわれるにちがいない。(民の竈の煙をみて民情を察し税を軽減したという)仁徳帝の治世が広く時代を越えて称賛されるのはこの君主の道義のゆえであり、現代の外国において帝王が一、二の従者をつれて国内を歩き人民をいたわるのも君主の道義の実践である。そうであってみれば、古いものを改め、新しくはじめて、王政復古の今日にあたり、わが国の聖時を模範とし、外国の美政を上まわる大英断をもって、おやりになるべきは遷都である。(中略)。

一、遷都の土地は大阪が最適である。しばらく天皇の旅行時の仮御所をかの地につくられ、反乱の鎮圧の様子をひたすらに見守り、大いにやることがあるだろう。外交をおこない、富国強兵の政策をほどこし、軍事の大権をとり、海陸軍をつくるなどにとって、(大阪の)地形は適当である。(中略)。

右は内国事務のもっとも根本の仕事であって、現在、ただちに着手するべき急務とかんがえている。これがおこなわれて、内政の機軸ができ、ほかの施政の諸項目の基礎がはじめておかれることになる。もし目前の小さな故障に気をとられて、これを他日に延期するならば、その実行の機会を失い、皇国の大切な仕事が失われてしまうというべきであろう」。

一々くり返さないが、大久保は、新生の明治国家の内政が最初におこなうべき事業として京都から大阪への遷都を主張したのであった。その主張の基礎には、第一に天皇親政の要求があり、その裏付けとして、天皇と民衆のあいだの隔絶をもたらしてきた、天皇個人をふくんだ朝廷の好ましくない慣習のありかたにたいするきびしい批判がある。第二に、外交と内政、建軍のための首都のありかたとして、京都より大阪が地理的にふさわしいとする判断がある。大久保のこの遷都構想はかねてからのものであった。くわしくはいわないが、前年九月、島津久光に命じられて山口にゆき毛利藩主父子や木戸孝允と王政復古の決挙を協定したおり、木戸に問われて大久保は、決挙後の大阪遷都の見通しを口にしている(3)。

公卿たちの大阪遷都の建議にたいする反発ははげしかった。かれらには、天皇が京都御所から出てゆくことが、かれらの天皇の独占の否定であり、ひいてはかれら自身の権威の否定であるとおもわれた。参与兼大和鎮撫総督の久我通久は、二五日、岩倉に面会して、大久保の遷都論は薩摩藩の陰謀であり、天皇を大阪につれてゆき、薩摩藩と長州藩だけで独占して、天下を制そうとしているのだ、後藤は表面上はこの提案に賛成しているが、内心ではこの陰謀を知ってわざとそう振舞っているのだなどと、攻撃した。久我家と岩倉家は本家と末家の関係にあり、岩倉は久我の非難を放置しておくこともできず、翌日、大久保を呼んでこれをつたえ、かれに弁明の機会をあたえた。(4)その日、大久保は京都に出てきた木戸にあい、建議への賛成をとりつけている。このようにして大久保は岩倉などの支持をえてその主張をひっこめず、二七日に大久保側と公卿側の妥協案として、親征、八幡行幸、大阪巡幸が決定した。これによって、天皇は三月二一日に大阪に赴き、閏四月七日に京都に還った。この間、四月九日に、大久保は天皇からはじめて謁見をうけている。無位無官の藩士が公的な場面で天皇に会ったのは、これが最初であったといわれている。(5)

大久保の「大阪遷都建白書」をさして、佐々木克は「遷都論であると同時に天皇論である」(6)といっているが、これは至言である。明治国家の国土経営の第一着手は新しい首都を定める遷都であったが、それはそのまま新しい天皇制と天皇個人のありかたを求める朝廷改革であった。この改革は、最終的には「大日本帝国憲法」において完成するのであるが、さしあたっては、遷都以前に進行したその一般的性格を二つの文書でみておきたい。

前節であつかった七課制が発表された二日後、一月一九日の日付の「宮・堂上・諸官人等ヲ戒メ」という書き出しの達がある。あらためていうまでもないが、宮はひろく皇后、中宮、皇子、皇女ならびに皇族の尊称であり、ばあいによっては一家をたてた皇族の尊称である。堂上はひろくは公卿をさし、限定すれば三位以上、あるいは、三位以上および四位、五位のうち昇殿をゆるされた人びとをいう。このばあいは後者か。官人は朝廷の下級職員、初位から六位までの者である。これは要するに、朝廷の全構成員、皇族、公卿から下級職員までを一律に対象にした戒告である。王政復古早々、かれらはなにを戒められるのか。

「宮・堂上・諸官人《かんにん》等ヲ戒メ、文武ヲ兼修シ、軟眉ノ風アラザラシム。

宮・堂上及諸官人へ達

一、今般賊徒追伐被二仰出《おおせいだされ》一、皇威漸《ようや》ク盛ニ被レ為レ成候ニ付テハ、上《かみ》親王・公卿ヨリ下《しも》非《ひ》蔵人《くろうど》・諸官人ニ至ル迄、感激奮発、朝廷ノ御為擲二身命一忠勤可レ仕《つかまつるべき》ノ処、傍観坐視尺寸《せきすん》ノ功モ無レ之輩、剰《あまつさ》ヘ自己ノ利録ヲ貪《むさぼ》リ、行々《ゆくゆく》大禄ヲモ可レ賜哉《たまわるべきや》抔《など》ト噂仕居候者モ有レ之《これある》哉ニ相聞、以ノ外ノ事ニ候。諸家世襲ノ禄ニ至リ候テハ、時宜《じぎ》ニヨリ被レ為二減少一候トモ加増被二仰出一候儀ハ但此等奉公ノ廉《かど》ニヨリ功労有向《あるむき》ハ身限リ加禄ヲモ可レ賜儀ニ候。官位ニ至リ候テモ同様、世襲ノ旧弊ハ御改革被レ遊、人材ニ応ジ御補任《ぶにん》可レ被レ為レ在儀ニ候間、一同其心得ニテ文武ノ事業、精々勉励可レ仕候。従前在朝ノ人々、武ハ只武家ノ業ニテ、於二朝廷一御用ニ不レ被レ為レ有《あらせられざる》事ト存ジ、一切致二廃業一候而已《のみ》ナラズ、文芸ニ至リ候テモ固陋拙劣、草莽布衣《そうもうふい》ノ士ニハ万々不二相及一。徒《いたずら》ニ軟眉《なんび》ノ風ヲ喜ビ、上品抔《など》ト称シ、花奢風流ヲ専《もっぱら》ト致シ候ニヨリ、満朝婦人ノ如ク、遂ニ紀綱衰弛、皇道陵夷《りょうい》ニ至リ候段、実以可レ愧《じつもってはずべく》可レ歎ノ至リニ候。向後《こうご》読書撃剣ヲ始メ文武ノ大道ニ至リ、旦夕《たんせき》講究可レ仕、精熟ノ上ハ応二其材一夫々《それぞれ》御登庸可レ被レ為レ有思召ニ候間、無二懈怠《けたいなく》一可二心掛一候。尤《もっとも》此御時節ニ至リ、官武差別無レ之儀ニ候間、武家輩ニ対シ倨傲不遜《きょごうふそん》万一確執ヲ生ジ候テハ、不二容易一儀ニ候間、呉々《くれぐれも》可二相心得一、家来下部《しもべ》等ニ至ル迄、朝廷ノ御威光ヲ仮《か》リ、勤王ヲ口実トシテ、世人ヲ欺キ金穀ヲ貪リ候者モ可レ有レ之哉ニ付、急度《きっと》可二申付一候。且今般赦令被レ行、有罪ノ者モ夫々寛大ノ御処置被レ為レ有候ヘドモ、尚《なお》此上怠惰悖戻《はいれい》ノ徒ハ不レ撰二貴賤一厳罰可レ被二仰付一儀ニ候間、此旨兼テ可二相心得一様御沙汰候事」[7]。

「宮、堂上、諸官人などを戒め、文武両道を修めさせ、軟弱の気風を禁じる。

宮、堂上および諸官人への達。

一、今般、賊徒の追伐が下命され、天皇の御威光がようやく盛んになり、上は親王、公卿から下は雑用掛、諸官人にいたるまで、感激発奮して、朝廷のために身命をなげうってでも忠勤するべきところ、なにもせず、わずかな功もない人びとが、そのうえ自己の利得を貪り、将来は大禄をいただけるだろうなどと噂する者もいると聞くが、もってのほかのことである。諸家世襲の禄にいたっては時によっては減少され、加増を命じられるのは、奉公で功労がある者に一代限りで加禄があたえられるのである。官位も同様で、世襲の旧弊は改められ、才知・貢献に応じて、適切な地位に任じられることになる。したがって、一同、それを心得て、文武の事業に懸命に勉励されたい。従前は朝廷にいる人びとは、武芸は武家の仕事で、朝廷における用事ではないと、一切やらないのみならず、文芸にいたっても古いことに頑迷に執着して見聞がせまく、拙劣で、庶民の仕事に及ばない。いたずらに優美の傾向をよいとし、上品などといって、華やかにおごること、みやびやかなことのみを尊んで、朝廷のすべての人びとが女性のようになり、ついに規律が弛み、天皇の御政道が衰えていったことは、実に恥ずべき、嘆くべきことのきわみであった。今後は読書撃剣をはじめ文武両道を日々研鑽して、それらに熟達すればその才幹に応じて御登用くださる御考えであるから、怠けず精進するべきである。ただし、公卿と武家の差別がなくなった時代であるから、武家の人びとにたいして傲慢不遜の振舞いで不和となっては困ったことになるので、くれぐれも注意するように、また、家来や従僕にいたるまで、朝廷の御威光を利用し、勤王を口実にして、世人を欺いたり金品を貪ったりする者もあるにちがいないから、そういうことがないように厳重に申し付けておく。今般の大赦で、有罪の者もそれぞれ寛大な御処置をうけたが、なおこのうえ怠惰、反抗する者たちは貴賤を問わず厳罰に処せられることになるので、この旨かねてより心得ておくように申しつたえる」。

発足直後の新政府から天皇をのぞく宮廷の全構成員にあてられたこの戒告は、当時の政治権力の内部構造の一端をよく物語っている。明治維新は、欧米列強による開国の圧力にたいして近代国家の建設をめざす武力革命であった。革命軍の中核的指導者たちの多くは西南雄藩の下級武士たちであり、かれらは王政復古を革命戦争のスローガンとして、幕府軍を打ち破りつつあった。その戦争の過程で革命家たちの多くは死んだが、生き残った者が政府を形成した。新しく成立した政治権力は、政府と宮廷という二重の構造をもっていた。両者は、その権力の外部環境にたいしては、交戦相手の幕府軍、局外中立の外国勢力、統治対象としての民衆のいずれにたいしても一枚岩の構造を自己演出していたが、権力それ自身の内部では深刻に対立している(8)。政府は革命政府であり、近代国家の建設をめざし、それに適合的な天皇制のありかたを模索していた。王政復古における天皇統治の性格は、革命戦争の過程ではきわめて不充分にしかかんがえられておらず、その本質の考察は「大日本帝国憲法」でようやくはたされることになる(9)。これにたいして、宮廷の公卿たちの多くは、王政復古を文字通りに解釈して、支配階級に復帰した気分でおり、近代国家の建設にたいしては無関心であるか、その内実は薩長支配の貫徹であるとみて拒絶的であった。その拒絶の一端は、さきの遷都の建議への反対の噴出にみられる。

それにしても、さきの戒告の執筆者はだれであろうか。それはいまとなっては確かめようがないのであるが、この達の文体は、公文書の一般的、中立的なそれとは対照的で、王政復古の大号令につづいた宮廷人たちの軽佻浮薄ぶりにたいする、書き手の苦々しげな心情がにじんでいる。革命戦争に功績がまったくなかった連中が利得だけは不当にうけとっているという。そこからさらに進んで将来はもっと大きい報酬が手に入りそうだなどと噂しあっている者もいるらしいが、もってのほかのことというあたり、苛だちが下世話のレヴェルに堕ちすぎた印象さえある。

しかし、この苦々しさ、苛だちは、ほとんどの革命家たちが共通して感じていたものであっただろうことは、まず間違いあるまい。王政復古によって増禄を期待する者には、世襲の禄はときに減少されることがあると冷水をあびせているが、それはほぼ三年後、一八七〇年一二月、「禄制改革につき宮、華族への口達」によって現実のものとなった。すなわち、華族などの家禄・賜米は一律二五％に削減して現石で支給されることになった。[10]

つぎは、最初の文書の約四カ月後、閏四月二二日の日付で出された、天皇自身が毎日表御座所において政務を親裁することを明らかにした布告である。端的にいえば、これによって、新政府は天皇の日常生活の新しいルールをさだめ、その教育をつうじて、親政にふさわしい天皇の人格の形成をはかった。

「主上御幼年ニ被レ為レ在《あらせられ》、是迄《これまで》後宮御住居之御事ニ候処、先般御誓約《（セイヤク）》之御旨趣モ有レ之《これあり》、旁《（カタ〳〵）》之思食《おぼしめし》ヲ以テ、以来御表御住居被レ為レ遊《あそばせられ》、毎日御学問所へ出御《しゆつぎよ》、万機《（バンキ）》之政務被レ為ニ聞食《きこしめさせられ》一候間、輔相《（ホソウ）》ヨリ遂ニ相聞《（トゲソウモンヲ）》一候様被ニ仰付一候。尤《もつとも》時々八景之間へ臨御《（リンギヨ）》モ被レ為レ在、御清暇《（カ）》ニハ文武御研窮《（ケンキウ）》、申《さる》ノ刻入御之御順序ニ御治定被ニ仰出一候事[11]」。

「天皇は御幼年であられたので、これまで女官が奉仕する奥向きの殿舎に居住しておられたが、先般の五ケ条の誓文の誓約の趣旨（朕躬ヲ以テ衆ニ先ジ、をさす）もあり、かねてよりの御考えで、これからは表の御座所に居住され、毎日御学問所におでましになり、すべての重要な政務についてお聞きになるので、輔相より奏上するようにと御下命があった。もっとも、ときどきは輔相の詰め所におでましになることもあり、御暇のおりには文武の御研究をおこなわれ、午後四時ごろに内裏にお入りになる順序を御決定になった」。

この布告の原型は、二月に大久保が三条と岩倉に呈した朝廷改革の意見である。その大要はさきの布告と同じであるが、ほかに、表の御座所には後宮女房の出入を厳禁するとか、天皇などに学問を教授する侍読を新しく人選して内外の情勢について勉強させるべきだとか、外の空気を吸い身体を鍛えるために天皇に馬術の訓練をうけさせるべきだとか、より具体的な提言が多くついていた(12)。それらはいずれも実行された。これらの改革に共通しているのは、長い歴史をもつ朝廷の慣行の否定である。それは京都に住みついた公卿たちや社寺勢力の抵抗を引きおこさずにはいない。その抵抗を打破するために、遷都という荒療治が必要とされていたのである。これは別のいいかたをすると、その荒療治ができるのであれば、遷都先は大阪でなくともよいということになる。大久保はまもなく東京遷都論に転じることになった。

(1)『大久保利通伝』中巻、四四一―四四五ページ。
(2) 大久保利通「大坂遷都の建白書」『大久保利通文書』第二、日本史籍協会、一九二七年、一九二―一九四ページ。
(3)『大久保利通伝』中巻、一五八ページ。
(4) 同右、四四八ページ。
(5) 同右、五〇六ページ。
(6) 佐々木克『江戸が東京になった日／明治二年の東京遷都』二〇〇一年、講談社選書メチエ、八五ページ。
(7)「宮、堂上、官人へ戒告」遠山茂樹ほか編『日本近代思想大系2　天皇と華族』一九八八年、岩波書店、五―六ページ。
(8) 副田義也『教育勅語の社会史――ナショナリズムの創出と挫折』一九九七年、有信堂、第Ⅰ章でくわしく論じた。
(9) 同右、第Ⅱ章でくわしく論じた。
(10)「禄制改革につき宮・華族への口達」前掲『日本近代思想大系2　天皇と華族』三二一―三二二ページ。
(11)「万機親裁の布告」同右、九ページ。
(12) 大久保利通「宮廷改革に関する意見書」『大久保利通文書』第二、二二七―二三〇ページ。

4　東京遷都と地方行政

さて、大久保利通が東京遷都をかんがえはじめたのはいつごろか。それは確定できないが、前出の勝田孫弥の伝記によれば、一八六八年閏四月六日、徳川処分について協議にきた西郷隆盛を相手に大久保はつぎのように語っている。「江戸は関東の要地である。全国を統治するには、まさにこの地に拠らなければならない。だからこれを東京として、ときどき天皇が行幸して大政を親裁される位置の土地にあて、徳川氏の封土はほかの土地から撰定しなければならない[(1)]」。談話中の東京は東の京の意味で、京都を西の京とみて、それと一対の扱われかたになっている。一月一七日に大阪遷都論を打ち出してから四カ月たらずで、大久保は東京遷都論を主張しはじめたのである。この急テンポの見解の変化はなにによっているか。主要な契機はつぎの三つである。

第一、政治状況の変化。四月一一日、西郷と勝海舟の交渉によって、江戸城の無血開城がはたされた。彰義隊が上野の山にたてこもっており、その掃蕩戦は五月のことになるが、江戸が新政府の版図に入ることは確実になった。くわえて、東北地方の諸藩が連合して新政府に武力で対抗する機運がたかまりつつあった。まず、奥羽諸藩が政府の会津、庄内両藩にたいする討伐命令に反発し、大久保が西郷に東京遷都を語った日の五日後、閏四月一一日、仙台藩白石城で会合、協議している。五月三日には奥羽列藩同盟が結ばれ、のちに越後諸藩も参加し、合計三三藩が反政府勢力として結集した。おそらくはこれらの機運の展開を予告する情報がつぎつぎにもたらされるなかで、大久保は東京遷都を主張したのである。そこには、東北地方の諸藩の武力反抗を鎮定するためには、東京遷都が必要であるという判断がはたらいていたとおもわれる。それはまもなく革命家たちの共通の認識となってゆく。アーネスト・サトウは『一外交官の見た明治維新』の第三二章で、八月三日、岩倉といっしょに討幕運動で奔走してきた井上石見に会ったおりのことをかいている。「井上の話の中で、最も重要で興味があると思ったのは、江戸へ天皇《ミカド》を移して、これを帝都としなければ、北方の諸藩の反逆をしずめることは不可能だということだった」。(2)

第二、前島密の江戸遷都論。大久保の大阪遷都論が一般に知られると、それに刺激されて江戸遷都論がいくつか出てくるが、そのなかでとくにすぐれたものが、前島の江戸遷都論であった。(3)前島は幕臣で開成所教授、幕末期の代表的知識人たちのひとりであったが、江戸城が開城された四月一一日から二〇日ごろまでのあいだにその建議を執筆し、本人がそれを持参して、大阪にいた大久保に届けている。これは長文のものなので、現代語訳のみを提示する。

「一、政府が所在する帝都は、帝国中央の地である必要がある。蝦夷地（北海道）を開拓したあとは、江戸が帝国の中央となる。しかも蝦夷地の開拓は急がなければならない。この開拓事務を管理するのに江戸は好都合であるが、浪華はそうではない。

二、浪華は運輸便利の地であるといわれる。しかし、これは、小さい和船の時代にいえることである。現代は西洋の大艦の時代である。運輸の便利とはこれを入港させ、また修理することができる土地をいうのである。浪華はこれを入港させる安全港を築造することができないし、また修繕の施設もない。これにたいして江戸湾は、すでに築かれた砲台を利用して容易に安全港を造ることができ、それによって大艦巨船を繋ぐことができる。また横須賀が近いので、修理の作業も容易にできる。

三、浪華は市外四通の道路が狭く、郊外の野が宏大ではないので、将来の大帝都を置く地ではない。江戸の地の八道の道路は広く、四方の高峰は遠くにある。地勢は豪壮、風景は雄大、実に大帝都を置くのに必適の地である。

四、浪華の市街は狭小であり、車馬を走らせるのに適当でなく、王公・軍隊の往来が織るようであるのを可能にする施設ではない。これを改築するなら、必要とされる経費の大きさ、民役の多さは測り知れない。江戸の市街はそれとは異なり、ひとつの工事を起すこともなく、さきにあげた事柄のいずれもが可能である。

五、浪華に遷都すれば、皇居、官庁、邸宅、学校などみな新築しなければならない。江戸にあっては、官庁はすでにあり、学校は大きい。諸侯の藩邸、高官の邸宅、いずれもすでに足りている。皇居も目下とくに新築しなくても、江戸城を少し修築すれば、使えるであろう。いまは国費も民役も最小限におさえるべきである。

六、浪華は帝都にならなくとも衰退する心配はなく、依然我国の大都市である。江戸は帝都にならなければ市民は四散して、関東地方のさびれた小都市になろう。江戸は世界的な大都である。この大都を荒涼とした一貧市にしてしまうのは、はなはだ惜しいことである。幸い、ここに遷都すれば、内では百万の市民が安堵し、外にたいしては世界著名の大都を保存し、天皇の国家統治の偉大さを示すことになる。経済的にみても、国際的にみても、これは重大な問題である」。

一々要約してくりかえすことをしないが、東京遷都の必然性を多方面から論証して、間然するところがない出来栄えの建言であった、現代の読者のために最後の項目における見通しについてのみわずかに補足すれば、江戸は徳川幕府のお膝元であり、各藩の江戸在勤の武士たちが多数生活し、かれらの消費生活を支えることによって、市民の生計が維持されてきた。明治維新以後、その武士たちのほとんどが国許に引き揚げ、それによって江戸は消費都市の機能を大幅に失ってしまった。このままでは、生計にゆきづまって市民の多くは江戸を捨てることになるだろうといっているのである。

第三、大木喬任と江藤新平の東西両都論。四月、大木は軍務官判事として京都にいたが、東征大総督府軍監であった江藤が江戸から帰ってきたのに会い、江戸や関東の事情を聞いた。その結果、両人は東西両都の必要で一致し、大木が草稿をかき、江藤がそれに部分的修正をおこない、両都論の建議をまとめて、閏四月一日、岩倉に提出した。(4)岩倉は、これをただちに大久保に回覧したとおもわれる。これも長文のものなので、主要部分を大意のみとって、現代語訳で示しておく。

「一橋慶喜にはなるべく別城をあたえ、江戸城は急いで東京と定められて、天皇が関東以北を経営される根拠地としていただきたい。江戸城を東京としたうえで、東西両京のあいだは鉄道を引いていただきたい。それがないと、我国は将来二分される懸念があるとかんがえる。関東以北は天皇の徳に感化されることなく数千年がたっているので、現在において江戸城が東京と定められる御目的が大事であるとかんがえる。（中略）右のとおり、公然と御布告されて、江戸を東京とすれば、関東以北の人民も安心しておおいに悦ぶだろうし、そうすれば皇威を伸長し、関東以北を鎮定し、将来を安定させることは、これから当分のあいだの御処分によって決まることで、深くおかんがえいただきたい。天皇が関東に下向されることがなくては、この機会は去ってしまうだろう」。

この建議では遷都という言葉はつかわれていない。江戸城は、建造物としての城ではなく、地名としての江戸と同義である。江戸を東京とし、関東以北を支配するための首都とする。京都は西京として首都として残し、両京のあいだは鉄道で結んで、天皇はこの鉄道によって両京を往来しつつ統治する。関東以北は天皇の徳によって感化されてこなかったので云々は、王政復古ののちに広まったイデオロギー的主張で、それゆえ、徳川家や東北地方の諸藩は朝廷に逆らったのだといっている。

閏四月六日、大久保が西郷に語った前出の首都構想は、前島の東京遷都論と大木・江藤の東西両京論の折衷論であった。それは前島にしたがって関東に拠った全国支配をいい、大木たちにしたがって天皇が西京から東京にときどき行幸するといっている。しかし、その後の現実政治の経過は、天皇の二度にわたる東京行幸を織りこんで、なしくずし的に東京遷都がはたされることになった。そのいきさつをてみじかに述べる。

閏四月二一日の「政体書」による太政官制発足のあと、五月二三日、政府は大久保に、江戸にゆき、徳川家の領土の収容などにあたっている大監察・三条の補佐と関東地方の鎮撫をおこなうようにと命じた。これは、大久保がかねてからその必要を説き、自らその仕事をしたいと志願していたものであった。翌五月二四日、大久保は江戸を東京に改め、天皇をそこに臨幸させることを岩倉に謀って、同意をえた。大久保は六月二五日、江戸に到着、二七日から三日間、木戸、大木、大村益次郎などと会議をひらき、東京の発表、天皇の東幸、関東の官制などを議定した(5)。これをうけて、京都の朝議は、七月一七日、江戸を東京と改めること、江戸の鎮台を廃して鎮将府を置き、関東以北の政務をとらせること、三条を鎮将とすることなどを決定した(6)。大久保は、鎮将のもとの議政局のただひとりの参与になり、実質的には鎮将府による統治の中心人物となった。

その統治の主要局面は二つあった。ひとつは東北諸藩の討伐のための将兵、軍資、武器の動員・調達であり、いまひとつは混迷していた東京府政の基本的方向づけであった(7)。後者にかんしていえば、このころ、大久保は事実上の東京遷都を決心したのだとおもわれる。勝海舟は、後年の「氷川清話」のなかで、一五〇万の江戸市民の生計が立つように東京への遷都をしてもらいたいと、かれが大久保にくわしく話して頼み、大久保がそれを決断してくれた、これが東京の今日の繁栄の基因であると述べている。この記述には、晩年の勝にありがちな自慢話の脚色がないとはいえないが、江戸城の無血開城で「江戸が無事に終ったのは、西郷の力」、遷都の断行によって「東京が今日繁昌して居るのは、大久保の力(8)」という勝の結論は大筋で正しいとおもわれる。

天皇の第一回目の東幸は、九月二〇日京都発、一〇月一三日東京着、一二月八日東京発、一二月二二日京都着の日程でおこなわれた。この東幸にたいしては京都の公卿たち、市民たちの反対がつよく、政府の決定はおくれにおくれ、ついに大久保が東京から京都に乗りこみ、その決定を強行させることとなった。東幸の往路では数々の天覧イベントがおこなわれ、天皇到着後の東京、帰還後の京都では華々しい祭典がひらかれた。民衆は飲み、食い、歌い、踊り狂った。天皇のほうは着京早々の一〇月二〇日から、猛烈なカリキュラムの帝王教育をうけはじめたが、よくこれに適応していった。(9) 第二回目の東幸は、翌一八六九年（明治二年）三月七日京都発、同月二八日東京着、この日、東京城は皇城と名を改め、天皇はそれ以後、京都に帰らなかった。しかし、政府は法令や声明で東京遷都にいっさいふれずじまいであった。京都の人心への配慮、反権力分子の動向にたいする用心のためであるといわれている。(10)

首都から地方に目を転じたい。まず、王政復古から東京遷都までの期間、明治政府は地方行政組織をどのように整備していったか。大政奉還によって新政府の支配権がおよぶことになったのは幕府の直轄地であった天領のみであった。諸藩は従来どおりに領地を保有していた。一八六八年（慶応四年、明治元年）一月一〇日、天領を朝廷の直轄地にするとの布告が出され、新政府はその各地に、鎮台ついで裁判所を設置していった。裁判所のばあいでいうと、同月二七日の大阪裁判所をてはじめに、つづいて四月までにかけて、兵庫、長崎、京都、大津、横浜、箱館、笠松、新潟、但州府中、佐渡、三河の一一裁判所を設置した。(11) この裁判所は、司法機関ではなく、行政・司法の両方を担当する地方民政組織の当時の名称である。

四月二一日、江戸無血開城のあと、閏四月二一日に前述の「政体書」が出て、地方の行政制度は府・藩・県の三治制をとるとされた。すなわち、朝廷の直轄地には府か県をおき、藩は大名領としてのこすという、幕藩体制から府県制に向かう移行期の中間段階ともいうべきシステムである。これによって、一月以来設置されてきた裁判所は府あるいは県に改められた。まず、閏四月二四日、京都府と箱館府が設置され、五月二日、大阪府、同月一二日、江戸府が設置されている。江戸府は七月一七日に東京府に改められた。一八六八年中に設置された府は一〇、県は一三であったが、この設置のいきさつからして、それらの府県は、箱館府以外は、現在の地名でいえば関東・甲信越以西に設置されている。なお、一〇府は六九年七月一七日、東京、京都、大阪の三府をのぞき、すべて県になった。(12)

新政府は、これらの裁判所・府・県などに最高責任者として総督あるいは知事を派遣した。知事でいえば、最初は有力公卿が多かったが、次第に西南雄藩出身の有力官僚に交代していった。たとえば、東京府知事に大木喬任、大阪府知事に後藤象二郎、神奈川県知事に寺島宗則、兵庫県知事に伊藤博文、佐渡県知事に井上馨、日田県知事に松方正義などである。これらの知事人事のねらいは、幕府からの没収地である要地の統治を固める必要、および、神奈川、兵庫、大阪は外交問題の折衝地であったので外国人との交渉をおこなうことができる開明派の人材を配置しておく必要をみたすところにあった。(13)

六九年二月五日、太政官の行政官は各府県にたいし、「府県施政順序」(14)を通達した。これは、東北地方の戦役に勝利したあと平時の内政をはじめるにあたっての「明治政府最初の内政綱領」というべきものであった。現代語に訳して示すが、その順序はつぎの一三項目であった。

「一、府県知事の職掌の大規則を示すこと。

一、平年の租税の収入額を量り、府県の経常費を定めること。

一、統治のための議事の方法を決めること。

一、戸籍を編成し五人組をつくること。
一、地図を精密につくること。
一、凶作時の備えをすること。
一、民衆の善行を顕賞すること。
一、窮民を救済すること。
一、法制度を整備し風俗を正すこと。
一、小学校を設立すること。
一、地方を振興し富国の道を開くこと。
一、商業を盛んにし次第に商税を取立てること。
一、租税の制度を改正するべきこと」。

各項目には簡単な解説がついており、最後に、「右は施政大綱である。その細目にいたっては、さらにくわしく検討するべきである。法令を公布することは易しいが、その実行は難しい。着実に実施することが必要である。したがって、一件を施行してやや効果が挙がってから、次件に進むべきである」という。すなわち、この文書は、新政府がおこなおうとしている内政の大枠とその各項目の優先順位を示すものであった。ここでは、中央政府と地方の府県の権限関係、前者の後者にたいする統制はまだふれられていない。それが大きくとりあげられるのは、六九年七月、民部省設置後にだされた「府県奉職規則」(15)においてであった。

新政府は、このようにして地方行政機構としての府県の設置で新政策をうち出していったが、その下部に位置づけられる町村行政では、急激な改革を避ける漸進主義をとった。たとえば各地方の税法はしばらく旧慣によるのを原則としている。「府県施政順序」でも、租税制度の改正は最後の一三番目にあげられている。これは、新政府が末端行政の抜本的変革にまで手がまわらなかったこと、および新政権への民衆の政治的反抗をなるべく最小限に押さえこむことなどのためであったとおもわれる。ただし、東京府、京都府など大都市部では、旧来の名主制度による住民自治を府の下級吏員による官僚管理にあらためる変化などがあった。(16)

明治政府は、このようにして、直轄地の府県制を整備していったが、藩にたいしても旧制度をそのまま残したのではなかった。六八年四月二一日の「政体書」の段階で、府藩県三治の制を制定するにあたり、藩主が藩内の行政をおこなうことは認めたが、法令制定、栄誉授与、通貨鋳造、外交などの権限は明示的に停止して、それらを政府に吸収し、封建的領主制の解体の第一歩を踏み出している。(17)ついで一〇月二八日は「藩治職制」を定めたが、これによると、各藩は画一的に執政、参政、公議人の三職をおくこと、執政、参政が藩の行政にあたること、三職は門閥・家格によって選ばず、人材登用につとめ、なるべく公選制によること、藩政と藩主の家政は明確に分離すること、藩議会を設置して公議人はその議員になること、とされた。これによっても、従来の各藩独自の藩政は解体され、中央政府による集権化・統一化がさらに進むことになった。(18)

(1)『大久保利通伝』中巻、五一一ページ。
(2)アーネスト・サトウ、坂田精一訳『一外交官の見た明治維新』下、一九九一年、岩波文庫、二一一―二一二ページ。
(3)前島密『前島密自叙伝』一九九七年、日本図書センター（復刻版、初版一九二〇年）六五―六六ページ。
(4)「大木民平、江藤新平連署シテ輔相岩倉具視ニ呈スルノ書」東京市編『東京市史稿・皇城篇第四』一九一一年、四九一―五〇〇ページ。

(5)『大久保利通伝』中巻、五四五―五四六ページ。
(6) 同右、五五二ページ。
(7) 同右、五五六ページ。
(8) 勝海舟著、江藤淳・松浦玲編『氷川清話』二〇〇〇年、講談社学術文庫、三七九ページ。
(9)『江戸が東京になった日』一四六―一五五ページ。
(10) 同右、一六七―一七〇、一七二―一七三ページ。
(11) 大霞会編『内務省史』第二巻、一九七〇年、地方財務協会、三六六ページ。
(12)『廃藩置県――近代統一国家への苦悶』二二八―二四七ページ、「廃藩置県前後の府県沿革」にもとづき算出。
(13)「通史」二四―二五ページ。
(14) 同右、二九―三〇ページ。
(15)「府県奉職規則」由井正臣ほか編『日本近代思想大系3　官僚制　警察』一九九六年、岩波書店、一〇〇―一〇二ページ。
(16)「通史」二五―二六ページ。
(17) 同右、一九ページ。
(18) 同右、一九ページ。

5　版籍奉還

内務省前史に属する政治的出来事のうちで、のちの内務行政におよぼす影響が最大であったものは、あらためていうまでもなく、一八六九年（明治二年）六月一七日の版籍奉還と七一年（明治四年）七月一四日の廃藩置県である。版籍奉還とは、それまで各藩の藩主が私有していた領土＝版と人民＝籍を天皇に奉還することであり、廃藩置県は政治体制の地域的単位として封建制の藩を廃止して中央集権制の府県を設置することであった。これによって新政府は、前節でみた旧天領にかぎっておこないはじめた府県行政を、全国で統一的におこなうことができるようになってゆくのである。内務省はその府県行政の主要部分を担当することになる。明治維新は近代国家を形成するための民族革命であるとすれば、幕府から朝廷への大政奉還は第一の革命であり、版籍奉還と廃藩置県は第二の革命である。

明治維新の革命家たちは、大政奉還前後から版籍奉還、廃藩置県の意見を、藩主にたいして、あるいは革命家の仲間同士で、さらには新政府にたいして述べていた。主な例のみあげても、一八六七年一一月二日、薩摩藩の郷士・寺島宗則（松木弘安）は藩主・島津忠義にたいして、諸侯は勤王の忠義をつくすためには「封地」と「国人」を朝廷に奉還して「庶人」になるべきだという意見書を提出している。寺島は蘭法医の出身でこのときすでに二度ヨーロッパに留学した経験をもっており、近代国家の形成の一環として封建制は郡県制に移行するべきだとかんがえていた(1)。この寺島の思想的影響は大久保利通につよくおよんでいる。六七年一二月九日「王政復古の大号令」にあたり、大久保が、幕府の土地と人民が朝廷に収納されなければ王政復古は有名無実に終るだろうと嘆いた。これにたいして、寺島は、政権を王室が握るためには、幕府のみならず、わが藩も土地と人民を奉還しなければならないと説いた。翌六八年二月一一日、大久保が画策して、薩摩藩が封土一〇万石を朝廷に献上したいという願いを提出したのは、そのひとつの帰結であった(2)。この願いの思想的論拠は日本の国土と人民は天皇の所有するものであるという王土王民思想であり、その意図は献上した土地を朝廷の親兵組織をつくるための費用にしてもらいたいとされていた。

また、一八六八年二月、長州出身の参与・木戸孝允は、副総裁の三条実美、岩倉具視にたいして、版籍奉還について建言し、すべての藩主がそれをやらなければ、維新の革命は成就せず、実権は各藩がもちつづけることになるといった。三条たちはその建言が正しいとしたが、それが外部にもれるとその実行が困難になるとみて、それをしばらく秘密にしておいた(3)。この処置を木戸自身は後述のように建言にたいする拒否ととったようである。なお、木戸は、閏四月一四日には藩主・毛利敬親にこの件について語り、藩主の同意をえている(4)。有力革命家のなかでは木戸がもっとも早くから、もっとも徹底して、諸藩の実権を新政府が奪取するべきだと主張していたのは、この藩内事情によるところが大きい。九月一八日には、木戸は大久保と京都で会談し、木戸から版籍奉還の必要を説き、大久保はそれに原則的に同意し、その日のうちに薩摩藩の藩論をその線でまとめるために小松帯刀、伊地知正治などと会合している(5)。

六八年一一月、姫路藩主・酒井忠邦は、単独で版籍奉還を願い出た。かれは、そこで天皇が諸侯の領地を受けとったあと、藩の名称を県に変え、あらためて諸侯に預けるように求めていた。この願い出には、朝敵藩の汚名をすすぐとともに、藩主に反抗する旧勢力を押さえて、天皇の権威を利用した支配の再建をはかるねらいがこめられていた(6)。この姫路藩の申し出をつたえきき、兵庫県知事・伊藤博文は、同月、姫路藩の土地と兵馬の権の返還を認め、藩主は公卿にして処遇するべきである、諸侯はこれに倣うだろうという建白をおこなった。[7] 酒井の願い出が藩体制の事実上の延命をはかっているのにたいして、伊藤は一挙に廃藩置県までを提唱しているのに注意しておきたい。さらに、翌六九年一月おそらくは早々、伊藤は京都に上り、中央集権の国家構想を示す「国是綱目」六ケ条の建議を朝廷に奉呈した。これは公表されると、「兵庫論」と呼ばれて、政権内部にたいしても、さらに広く政界、世論にたいしても、衝撃的影響をおよぼすことになった。その六ケ条のうち、版籍奉還・廃藩置県を事実上、主張しているのは第二条である。

「第二条、綱でいう、全国の政治と軍事の大権を朝廷のみが保有することを目的として、つとめてまちまちで不公平な制度を廃止し、万民の方向を一定させるべきである。

目でいう、海外諸国と並立して文明開化の政治をおこなわせ、天性同体の人民が賢い者も愚かな者もその居るべき所に居て、上下ひとしく天皇の徳にもとづく恵みにあずかろうと望むならば、ただ全国の政治を一様にそろえるのにしくはない。これを一様にそろえようとするのであれば、現在のように各藩がそれぞれ軍事権をもち、たがいに対抗しあう弊害を解消し、その権を朝廷に集め、政令と法律はすべて朝廷から発されて、いやしくもこれを犯す者がないということにならなければ、国内の人民に不公平な政令をまぬかれさせ、みなひとつの徳化にしたがわせることができない。それゆえ各藩に命令して軍事権を返還させ、その藩主を公卿とし、我が国の貴族と呼び、各国の政治のありかたに倣い、上院の議員とし、その藩士たちもそれぞれ適切な地位をえさせるべきである[8]」。

一八六九年一月一四日、大久保は薩摩藩代表として、長州藩代表・広沢真臣、土佐藩代表・板垣退助と京都の円山端寮で協議し、三藩主が版籍奉還を天皇に申し出ることを決定した。[9] のち、これに肥前藩主も参加することになった。一月二〇日、四藩主は天皇に版籍奉還を申し出て、それが二三日に発表された。このとき、提出されたかれらが連署した「版籍奉還の表」という文書がある。その末尾ちかくにある文章は、その奉還が当事者たちにどう理解されていたかを示唆する。

「そもそも臣たちがいる場所は天皇の領土であり、臣たちが治める相手は天皇の人民である。どうして私有するべきであろうか。いまつつしんで、版籍をまとめて、これを奉還する。願わくは、朝廷はそれをよろしく処理し、（藩主たちに）与えるべきものは与え、（藩主たちから）奪うべきものは奪い、すべて列藩の領地をさらによろしく勅命を下して、これを改め定めるべきである(10)」。

版籍奉還の思想的論拠は王土王民論である。国土も人民も天皇のものであるから、自分たちが私有するべきでないといい、だから版籍を奉還するといった直後に、朝廷は与えるべきものはそれを与え、奪うべきものはそれを奪うべきだといって、両義的な結末を示唆し、自藩は与えられる側になるという期待を言外ににじませている。木戸など少数の革命家たちは版籍奉還から廃藩置県にいたる必然の道筋を見通していたが、とりあえずは四藩の藩主と首脳陣に版籍奉還を納得させるために詐術まがいのこの文章をあてがったのであろう。諸藩の多くもこの文章をみて、版籍はいったん奉還しても、あらためて再交付されると期待し、四藩の申し出に追従した。五月三日までに二六二藩が版籍奉還を申し出た。六月一七日、奉還を願い出た諸藩には勅許が出され、少数の上表を出していなかった藩には政府から奉還が命じられた。合計二七四藩が版籍を奉還し、その藩主は知藩事に任じられた。

このような版籍奉還の主張にたいして、藩体制こそが正義であり、藩主家への忠誠こそが倫理的責務であると信じている旧武士階級の憤慨と憎悪は深刻であった。もっともラディカルにその主張を打ち出していた木戸の回顧談を例示する。

木戸は、廃藩置県の令が布告された日、日記に版籍奉還の建言以来の多くの辛苦を振り返って長文をつづっている。奉還の議を三条と岩倉に建言したが、おこなうことはできないといわれた。同志にはかってみても、沈黙で応じられるか、かならず難しいといわれた。そこで自分が謀略をたて、諸侯の領土は朝敵・徳川家が授与したもので、天皇の承認の印章がない、これでは大義名分が天下に立たないといって奉還の説を主張し、薩摩を説得し、土佐と肥前にも同意させ、ついに四藩の奉還となった。これにたいして天下に種々の議論があり、世間の見るところ自分を殺したいという意見が少なくなかった。同藩同志の武士たちといえども、危疑し誹謗する者があると聞いた。朝廷もこの奉還の奏請に勅許を出すのをためらい、六、七月になった。自分は必至の努力をつくしたが、事成らずして殺害されれば、この大事が成功しないと憂えて、進退出没に気をつけ、心思をもっとも労したものである(11)。

後日、木戸は英国留学中の知人にかいた手紙ででも、版籍奉還を企てたときのほうが廃藩置県の発令のときより、反発が激烈であったといってから、四藩主が奉還を建言したあとは四方の怨みと怒りが自分の一身に集中した。心中死を覚悟したが、できるだけ用心もして、はからずも今日まで生存しているといっている。よく生きのびたものよという感想がつたわってくる(12)。

また、多くの史書では四藩主の藩籍奉還のあとは、各藩が雪崩れるように奉還に走ったといっている。各藩の動きだけみればそのとおりなのであろうが、藩士たちのこの動きにたいする反感はしばしば烈しかった。伊藤のばあい、前出の兵庫論を出してまもなく四藩主による上表の提出となったのであるが、その後、出身藩の長州藩の藩士によるてひどい迫害をうけている。すなわち、伊藤の説は藩を滅亡させる曲論である、かれのような悪心がはたらく者は国家組織にいるべきではないとして、藩論の代表者と自称する連中が京都にきて、高官のあいだを奔走して、かれの排斥を企てた。その勢力が無視しえないほどに強かったことは、岩倉が伊藤を呼んで、しばらく隠忍して時機をまつべきであると忠告したことにあらわれている。[13] 伊藤自身も危害をくわえられる恐れがあるとみて、一時の引退を決意して木戸に斡旋をもとめた。その結果は、三月一八日、東京行きの辞令、四月一〇日、兵庫県知事の免官の辞令、同月一二日、兵庫県判事の任官の辞令、五月一六日、会計官通商司知事兼勤の辞令などとなった。[14] 伊藤ほどの存在でも、二カ月ほどの小休止を余儀なくされたのである。もっとも、伊藤は元気なもので、版籍奉還にともない旧藩主が藩知事になることになり、その職位は世襲といったん決定されたのに木戸が猛反対すると、伊藤も反対を唱えて辞表を出したりしている。その世襲の件はとり止めとなった。[15] また、この会計官入りは、結果的には、伊藤が行政官として急成長するきっかけとなった。

(1)『大久保利通伝』中巻、六〇六―六〇七、三五六ページ。
(2) 同右、六〇九ページ。
(3) 木戸公伝記編纂所『松菊木戸公伝』下巻、一九七〇年複製(初版、一九二七年)、臨川書店、一一〇五―一一〇八ページ。
(4) 同右、一一〇八ページ。
(5)『大久保利通伝』中巻、六一一―六一二ページ。
(6)『廃藩置県――近代統一国家への苦悶』一九九七年、中公新書、三一ページ。
(7) 春畝公追頌会『伊藤博文伝』上巻、一九四〇年、同会、四一五―四一八ページ。
(8) 同右、四二〇―四二一ページ。
(9)『大久保利通伝』中巻、六一五ページ。
(10) 同右、六一七ページ。

(11)　『松菊木戸公伝』下巻、一四八四—一四八五ページ。
(12)　同右、一四八六—一四八七ページ。
(13)　『伊藤博文伝』上巻、四二六ページ。
(14)　同右、四三六、四四七、四五一ページ。
(15)　同右、四五四ページ。

6 廃藩置県

版籍奉還のあと廃藩置県が実現するまでの政治諸勢力の動きは、大別して、新政府側と各藩側の二つでみることができる。

第一に政府側の動きであるが、まず、一八六九年七月二七日、「民部省規則」とともに「府県奉職規則」を定めた。後者にはさきにわずかにふれたが、中央集権的な地方体制の構築をめざすものであって、地方官のおこなう重要施策として、賞典、土地の開墾、水利、恤救事業、堤防・橋梁・道路の修築、駅逓、租税徴収などをあげて規定し、その一々について、民部省あるいは刑部省、大蔵省、兵部省などに「伺ヒ出、其決ヲ」「請フベシ」あるいは「受クベシ」などといっている(1)。この背景には東北地方などの凶作を一因として、府県などの政府直轄地において農民の減租嘆願や一揆が頻発し、地方官からは租税減免の要求が民部省、大蔵省にあいついで提出されていたという状況がある。地方官のなかには独断で任地の農民の減租をおこなった者がいたが、政府はこれをきびしく咎めて即時罷免している。たとえば、越後府判事・前原一誠(2)。また、地方官のなかから民部省・大蔵省などの強権的な地方政策を批判して、税制の抜本的変革を提言する者もいた。たとえば、日田県知事・松方正義(3)。

ついで藩にたいする規制のいっそうの強化は、七〇年九月一〇日公布の「藩制」にみられる。その原案の作成は六九年からはじまっていたが、七〇年五月二日に参議の大久保と副島がその原案の検討をおこない、同月二八日に集議院に提出され、逐条で可決されていった。これによると、諸藩は物成一五万石以上を大藩、五万石以上を中藩、五万石未満を小藩と三区分された。各藩一律に藩庁をもうけさせて、知事、大小参事などで構成させ、会計・軍事などの分課を設けさせた。藩財政では実収入の現米額の一〇分の一を知事の家禄とし、残りの一〇分の一を政府海陸軍費として提供させ、ほかは藩庁費、士族の家禄にあてさせた。藩庁は府県庁と並ぶ地方官庁とされた。増減禄、死刑などは朝廷の決定を乞うようにさせ、大参事のひとりは東京にいて集議院の議員になるとした。藩機構はこれによって行政区となった。(4) 集議院における「藩制」審議の過程において、鹿児島藩、高知藩、山口藩などの有力藩から反対意見・修正意見があいついだ。くわしくはいわないが、政府に提供する軍費の割合を縮小し、自藩の主体的な力をできるかぎり残そうとしたのである。(5)

このころ、有力藩の割拠主義を批判し、藩体制の解体をめざす意見書が、政府の高官や組織からあいついで発表されている。一八七〇年九月、大隈重信が参議に就任するさいの意見書「全国一致の論議」、同年一二月、大蔵省改正掛の「画一の政体」の立定をめざすべきだという建議などを例示しておきたい。後者の一節はつぎのとおりである。「全国の田地の石高は三千万石であるが、府県の所管するところはわずかに八百万石であり、その他の二千二百万石はすべて列藩の管轄に属している」。この数字を合計して国家財政を計画しなければ、海陸軍備の拡張、教育の統制、司法の整備、会計の周密をはかることができない。国権を確立して独立を維持しようとするならば、政府は集権化を断行し、列藩はそれに服従・賛成の意向を示すべき時期にきている。(6)

第二に各藩側の動きであるが、まず、多くの藩で財政が窮迫し、次第に体制の維持が困難になっていた。窮迫の主要な原因は、戊辰戦争に参加したことによる戦費の増大と家臣団の膨脹、一八六九年の凶作、物価の騰貴などである。この窮迫に各藩は藩制改革で対応しようとして、藩知事の家禄の一部を拠出して負債の償還にあてる、藩士の家禄の削減や均等化、さらには一部藩士の帰農、帰商など転業がみられた。(7) それでも体制維持が困難である藩は、廃藩という解体の道を自ら選択することになった。版籍奉還ののち廃藩置県までのあいだに自ら廃藩したものは一三藩あり、さきの「藩制」の区分によれば、それらは小藩一一、中藩二、となる。そのほとんどのばあいで、廃藩の原因は財政の極度の悪化であったが、中藩の盛岡藩のばあいは、藩内の保守勢力の反政府的な動きが新政府にきびしく咎められ、藩の解体に追いこまれたものであった。この糾弾にあたっては、民部省は弾正台とともに主役を演じている。(8)

つぎに有力藩の動向であるが、鹿児島藩、高知藩、山口藩などは、さきにわずかにふれたように、新政府に対抗する構えをくずさなかった。とくに鹿児島藩でそれが目立ち、一八七〇年九月には兵部省の配下に差し出していた常備兵二大隊を撤収させ、交代の兵力を差し出そうとせず、常備兵の解任を願い出た。このような反抗の基本原因は、西郷隆盛とかれを支持する士族たちが新政府の頽廃にたいして不満をつのらせているところにあった。ほかに藩主の父親・久光をはじめとする守旧派の藩制変革への反発、戊辰戦争ではたらき凱旋してきた下級藩士層による人材登用の要求などがあり、守旧派と下級藩士層は対立していた。山口藩でも戊辰戦争から凱旋してきた各隊の力がつよくなってきて、藩当局がそれらを統御することができなくなり、一大暴動が生じた。(9)明治政府がこの危機を解消して中央軍を誕生させたいきさつには、この章の冒頭でふれた。

前記三藩以外の有力藩の動きとしては、一八七一年（明治四年）四月の徳島藩、鳥取藩、熊本藩、名古屋藩の「大藩同心意見書」が注目される。四藩はそれぞれに、それにさきだって、廃藩をふくんだ国政改革、官制改革を建議していたが、その意見書での一致した建議の一部はつぎのとおり。藩名を廃して、州・郡・県を置き、大藩は州、中藩は郡、小藩は県とする。二万石以下の小藩は統廃合する。東京に州庁を建て従来の藩庁はそこに合併する。牧民は民部省、理財は大蔵省、兵制は兵部省、刑法は刑部省が、それぞれ統一的におこなう。農税を軽くし、商税を興し、重税を止めて、新しい税法を制定する。国政の費用は全国で一様に負担する。(10)これは廃藩置県そのものの建議ではないが、それに限りなく近い提案となっている。その背景には列強の外圧、藩財政のゆきづまりの認識があった。

このようにして、廃藩置県への機は、政府の側でも各藩の側でも熟していた。その政治的事件としての実行過程は、七一年六月三〇日にはじまり、七月一四日でおわっている。このいきさつの描写は徳富猪一郎・蘇峰『公爵山県有朋伝』中巻でもっともくわしい。発端は、六月三〇日、山県邸において、兵部少輔の山県が兵学頭・鳥尾小弥太、外務大記・野村靖と酒を汲んで時事を痛論し、廃藩置県の必要で意見が一致したことにあった。この意見の一致をふまえて、七月二日、山県が西郷を訪問して廃藩置県に着手するべきだというと、西郷は実にそうだと即座にいってから、木戸はどうかと訊いた。西郷はその日のうちに大久保に会い、大久保ももちろん、廃藩置県にただちに同意している。鳥尾と野村は大蔵少輔・井上馨をたずね、大事なことを話す、聴いてくれなければ刺し違えて死ぬつもりだと息ごんで前置きすると、いきなり廃藩置県のことだろうといい当てられてしまった。井上は大蔵省で財政のやりくりをしていれば、国家を統一しなければやってゆけないことがよくわかるといった。井上は七月七日に木戸に面会し、根まわしをし、木戸は廃藩置県が宿願だからもちろん賛成であった。ただし、前年、自分が廃藩置県を提唱したときには山県は時期尚早と反対したと、一言いやみをつけくわえたのは木戸らしかった(11)。

七月九日、木戸邸において、木戸、西郷、大久保、西郷従道、井上、大山弥助、山県などが会合し、廃藩置県の方法などを協議した。席上、西郷はこれに反抗する者があれば武力で鎮定するといいきって、廃藩置県の断行が決定した。その後、一〇日から一三日まで政府の組織改革の問題で木戸と大久保とが対立したが、山県が調停をして、西郷・木戸の両参議にくわえて、板垣、大隈が参議となり、薩長土肥の四藩協力体制を形成することになった。一二日には岩倉、三条に廃藩置県の件がうちあけられ、かれらも同意した。七月一四日、天皇は各知藩事を呼び出して、廃藩置県の詔書を下賜した[12]。

このとき、山口藩と鹿児島藩で対照的なエピソードがある。山口藩のばあい、木戸は参議として三条右大臣の側に座し、呼び出され平伏している五六人の知藩事のなかに若い藩主・毛利元徳がいるのを見ていた。木戸はかねてより廃藩の必要を元徳に説いており、この日の呼び出しの趣旨もまえもって告げてあった。若い藩主は木戸を信頼してくれており、すでに辞職願いを政府に提出ずみであった。その元徳の姿に、木戸は「実に私が絶大の高恩をうけた主君である、激情で胸が一杯になり、涙がおもわず流れた」とその日の日記に記している[13]。これにたいして鹿児島藩のばあい、山県の後年の談話によると、明日は天皇が知藩事たちを呼び出して廃藩置県の詔書を下賜するという七月一三日の夜、西郷は弟の西郷従道の屋敷に泊った。藩主の島津利義のところには太政官から明日は何時に登城しろという命令がいっている。これはなにのためかと、藩主の使者がやってきて聞かれると都合が悪いので、西郷はその夜は自邸に帰らなかった[14]。山県は、廃藩置県にかんする西郷の苦心の一例として、これを語っている。それはそのとおりだが、利義は翌日、寝耳に水で廃藩の命令を聞かされることになったにちがいない。木戸と西郷のそれぞれの藩主との人間関係、さらにはかれらのその後のライフ・コースが連想される。

廃藩置県によって、府藩県三治制は全面的に廃止され、全国で統一的な中央集権的地方制度を創出することが可能になった。その制度を裏付ける新しい法規範が一〇月二八日に公布された「府県官制」と一一月二七日に制定された「県治条例」である。「府県官制」は政府官僚と共通する職階を府県官僚にも定め、全官僚機構のなかに地方官を位置づけた。これによって、府県に知事ひとり、権知事（副知事相当）、参事ひとり、権参事などがおかれた。翌月の改正で、県知事は県令に、権知事は権令にあらためられている。「県治条例」は「県治職制」、「県治事務章程」、「県治官員並常備金規則」の三部から成っている。明治元年以来、法律は古令制の形式・条文をつかってきたが、この条例はそれを止め、新しい文体で新しい官治行政体制を規定した。「県治職制」は県令、権令の職務、職責をさだめ、県官の人事は奏任以上にかんしては太政官が掌り、判任以下は県令が専行するとした。県庁の事務は、庶務課、聴訟課、租税課、出納課の四課で分担した。聴訟課は行政警察のみならず、司法警察をも担当した。(15)なお、廃藩置県によって二六一藩が二六一県になったが、その後、再編成と統合が進み、「県治条例」が制定される直前の一一月二二日には、朝廷の直轄地に先行していた府県をあわせて、三府七二県が存在していた。(16)

廃藩置県前後から内務省の創立までのあいだに登場した、のちの内政行政としての地方行政に重要な意義をもつことになる新しい二つの制度、政策にてみじかにふれておきたい。

第一は、「戸籍法」と戸籍政策である。「戸籍法」は、一八七一年四月四日に公布され、翌七二年二月一日から実施されている。「戸籍法」の前文は、戸数・人員数をくわしく調べておくのは、政治がもっとも重視するところだという。なぜならば、政治の本務は人民の保護であるが、その対象をくわしく知っていなければ、その本務がはたせないからである。(17)これは「戸籍法」の目的の公式言明である。それも目的のひとつであろうが、ほかにも目的はあった。のちに井上毅は「戸籍法改正意見案」をかき、「戸籍法」の当初の目的は、第一に人民の逃亡を防ぎ浮浪を制することであり、第二に人員の統計をつくることであったといっている。(18)こちらは権力の率直な本音であった。七二年一月、新政府は「戸籍法」のための行政区画として、全国一律に「区」を設け、これを管轄する役人としての戸長、副戸長をおいた。この処置のなかで、伝統的に自治をおこなってきた町村は法制的に無視された。ところが、戸長、副戸長は戸籍事務以外にやがて町村事務をもとるようになり、新政府は七二年四月にそれを法的に追認して、さらに以前からの庄屋、名主、年寄などを戸長、副戸長と呼ぶことにした。「戸籍法」による区や戸長、副戸長という新しい制度と、自治をおこなってきた町村と庄屋などの伝統的な制度が、自然に融合したというべきか。

あるいは、各地の実情がこれを無視してつくられた法制をあらためさせたとみるべきか。[19]

第二は、「地券」法令と地券政策である。幕藩体制においては、すでに述べたように、領主は土地と農民を私有しており、農民は領主の土地で農耕をおこない、その収穫のなかから高額の年貢を納入し、その土地から退去することは極刑に処せられる重罪であった。領主の私有の対象としての農民の本質は農奴である。農民の土地にたいする権利は精々、耕作権、それが強化されたものとしての土地所有権にとどまった。[20]明治維新後、新政府は、地租改正によって、この封建的な土地制度、貢租制度を解体し、近代国家に適合的な土地制度、租税制度を形成した。その過程は、一八七二年二月からはじまった壬申地券発行、七三年七月の「地租改正法」公布、七五年五月から八一年六月にかけての地租改正事務局の活動などとして展開した。これらのうち、最初の二つは内務省創立以前の出来事であり、ここでわずかにふれ、最後の地租改正事務局は大蔵省と内務省が共同して所管したものであるので、次章で述べる。これらの動きは、一八七一年九月の大蔵卿大久保、大蔵大輔井上の「地所売買放禁、分一税法施設之儀」の太政官への上申と同年一〇月の両人による「三府下地券発行之儀」の太政官への伺いからはじまった。これらにもとづき、新政府は全国の土地を市街地と郡村地にわけ、前者については地券を発行し、区画の面積、所有者、地価などを特定し、地租を賦課、収納する。租率は地価の一〇〇分の一と定めた。[21]後者については、七二年二月一五日の太政官布告で「従来は地所の永代売買を禁止してきたが、今後は四民とも売買、所有を許される」と公布し、あわせて大蔵省達として地券発行の法令を発布した。太政官布告が意味するのは、農民が農地を私有することを法的に承認し、かれらを封建的拘束から解放し、すくなくとも法的には自由な経済活動の主体として措定したということである。郡村地の地券は土地所有の確証であるが、租税とは関係がないとされていた。新政府は、新税法はおって検討のうえ、決定するので、それまでは、旧租法によって収納するとしていたのである。農耕地の地券による課税は、「地租改正法」によって地価の一〇〇分の三とさだめられたが、その地価の確定は地租改正事務局の主要任務であった。(22)

(1)「府県奉職規則」前掲『日本近代思想大系3　官僚制　警察』一〇〇―一〇二ページ。
(2)松本健一『日本の近代1　開国・維新 1853〜1871』一九九八年、中央公論社、三三二ページ。
(3)坂本多加雄『日本の近代2　明治国家の建設 1871〜1890』一九九九年、中央公論社、一〇一―一〇二ページ。
(4)「通史」四〇―四一ページ。
(5)松尾正人『維新政権』吉川弘文館、一九九五年、一六一―一六四ページ。
(6)大蔵省百年史編集室『大蔵省百年史』上巻、一九六九年、大蔵財務協会、五一ページ。
(7)『維新政権』一六五―一六七ページ。
(8)『廃藩置県――近代統一国家への苦悶』八二、八八―九一ページ。
(9)『大久保利通伝』中巻、第九章、七七九―八五〇ページ。
(10)『維新政権』二〇七ページ。
(11)徳富猪一郎『公爵山県有朋伝』中巻、一九三三年、山県有朋公記念事業会、一二四―一三三ページ。
(12)同右、一三四―一四〇ページ。
(13)『松菊木戸公伝』下巻、一九七〇年複製(初版、一九七二年)、臨川書店、一四八五―一四八六ページ。
(14)『公爵山県有朋伝』中巻、一四五ページ。
(15)「通史」四九―五二ページ。
(16)同右、四八ページ。
(17)『法令全書』第四巻、一九九四年、原書房、一一五ページ。

(18)　井上毅「戸籍法改正意見案」井上毅伝記編纂委員会『井上毅伝　史料篇第一』一九六六年、国学院大学図書館、一六一ページ。
(19)　大霞会『内務省史』第二巻、一九七〇年、地方財務協会、一二一—一二二ページ。
(20)　福島正夫『地租改正』一九九五年、吉川弘文館、二一、二四、五四—五五ページ。
(21)　同右、九二—九三、九五—九六ページ。
(22)　同右、八〇、九五—九八、一五九—一六〇ページ。

7　軍政から警察行政へ

大久保利謙は「通史」の冒頭で、内務省が創立されるまでの明治国家による最初期の内政の基本的性格について、つぎのようにかいている。この時期の「内政の焦点は旧幕府の残存勢力の一掃に向けられ、その結果、軍事力の行政が先頭に立ったために、内政一般はいきおい軍政下におかれざるを得なかった」。その後、戊辰戦争で新政府軍が勝利し、一応国内統一の目的が達成されると、最初期の内政は「漸次軍政的性格を棄てて平時行政へと歩を転じ、これからは国内統治の体制を固める方向にすすんだ」[1]。この印象深い要約がもっともつよいリアリティをもってわれわれに迫るのは、警察行政の分野においてである。ただし、大久保がいうほどに最初期の内政の性格は軍政から行政に変化しきったであろうかという疑問は、ここでかきとめておきたい。私は、さきの要約が提示する軍政と行政という対概念がもつ分析上の有効性は、わが国の内政史研究においておもいがけず長い射程距離をもっているのではないかという予感を抱くものである。しかし、いまは、内務省創立までの警察行政のみを観察しよう。

まず、新政府のなかで警察行政を管掌する組織であるが、一八六八年（明治元年）四月の「政体書」の発布によって太政官に七官がおかれたが、そのうちの軍務官が地方の警備と凶徒の鎮圧など治安の権限をもち、刑法官が犯罪の捜索、検挙、裁判など司法の権限をもつとされた。翌六九年五月には、反政府的陰謀を征圧する政治警察制度として弾正台が設立されている[2]。一般に武力革命に成功した革命政権は、成立後、反革命勢力の抵抗、攻撃に直面して、政治警察制度をつくって対抗・自衛する。明治国家の新政権のばあいも例外ではなかった。その最初の反革命勢力は守旧派が支配するかつての朝敵藩と不平士族たちであった。前者の一例はさきにみた盛岡藩である。同年七月には「職員令」によって官制が改められ、軍務官は兵部省に、刑法官は刑部省となった。さらに七一年四月には、刑部省と弾正台が廃止され、司法省が新設されて、前二者の権限が後者に集中された。また、廃藩置県によって藩兵、府県兵の制度がなくなったので、兵部省がそれらによる警察の権限を失い、それもまた司法省に集中した。翌七二年八月には同省に警保寮がおかれ、これが後述する東京府邏卒をも直轄することになった。この警保寮は、のちの内務省警保寮、警保局の前身である(3)。

一八六八年、江戸に江戸府がおかれ、ついでそれが東京府となったが、その治安状況は極度に悪かった。浪人や反社会的分子による略奪・暴行があいついだ。新政府は最初、旧幕府の奉行所組織をつかって治安維持を試みたが、効果があがらず、閏四月一六日から薩摩藩、長州藩など一二藩の藩兵をつかうことにした。しかし、奥羽の戦いが終って引き揚げてきた官軍の兵士たちが暴行、略奪事件を多発させ、取り締まりの藩兵たちも徒党をくんで強盗、恐喝をおこなうなど、無警察状態がつづいた。東京府はたまりかねて、政府と相談したうえで、藩兵を解散して、一一月九日に派出されてきた忍藩の兵士たちを東京府御用兵とし、さらにこれに一二月五日に三〇藩に命じて派出させた兵士たちをくわえた。これが東京府の府兵のはじまりで、一八七〇年三月にはその数が約二五〇〇人となり、規律は厳正で治安も回復したと『警視庁史・明治編』はいうが(4)、これはどうだろうか。鈴木高重『大警視川路利良君伝』は、府兵にも種々の弊害が生じて、府民もこれを嫌悪していたといい、そのため、一八七一年一〇月、東京府は府兵を廃止して邏卒三〇〇〇人を置き、警保行政に従事させることにしたという。当時、川路は東京府典事の職位にいたが、出身藩の鹿児島藩に派遣されて、そのうちの一〇〇〇人の徴集と東京までの引率にあたった(5)。これが機縁で、川路は、のちに明治国家の警察機構の創始者となる。

川路利良は創立期の内務省における内務官僚たちの代表的存在のひとりであるので、そこにいたるまでの経歴をてみじかにみておきたい。かれは一八三四年（天保五年）、薩摩藩卒族の家に生まれた。あらためていうまでもないが、卒族は士族と庶民の中間に位置づけられる階級である。川路の経歴は、明治維新が門閥の打破という一面をもっていたから可能になったと、前出の伝記はいっている[(6)]。かれは西郷隆盛のもとで従軍して武功によって認められ、鹿児島藩兵器奉行をつとめたあと、一八七一年に東京府大属として新政府に入った。その年、さきに記したように出身地で邏卒の徴募にあたり、翌七二年五月、邏卒総長となった。同年八月、江藤新平が司法卿に就任し、司法省に警保寮がおかれ、東京府の邏卒を直轄するようになると、川路は、同寮の警保助兼大警視に任じられた[(7)]。ここまでの川路は、この時代の数ある有能な軍人、能吏のひとりであるにとどまる。

川路がそこから飛躍的に成長して、歴史的業績をあげる内務官僚のひとりになるきっかけは、西郷から推薦されて一八七二年九月八日からほぼ一年間、ヨーロッパ諸国の警察制度を視察、研究してきたことである。かれが訪れた国はフランス、ベルギー、オランダ、プロシア、ロシア、オーストリア、ハンガリー、スイスなどであるが、とくにくわしく視察したのはフランスの警察制度であった。時代は一八七〇年にはじまる第三共和政期であり、その年、普仏戦争がおこり、七一年二月にフランスは降伏し、三月にはパリ・コミューンに拠る市民の蜂起があり、「血の一週間」で鎮圧されていた。その一年半後、川路はフランスを訪れたのである。かれが中心的に研究したのは第三共和国の政治警察であったが、ほかにあわせて市場取り締まり、街娼取り締まり、古物商取り締まり、道路清掃の監視などを学習している[(8)]。当時のフランスの政治警察は、ナポレオン一世のもと、ジョセフ・フーシェが警務大臣として創出した伝統を七〇年あまり継承してきていた。その伝統の機軸は、情報の収集による反政府運動の征圧である[(9)]。

一八七三年九月六日、川路は帰国して、警察制度にかんする建議書を政府に提出した。これは、わが国に近代的な警察制度が確立されるために重要な貢献をはたした文献と評価されている。長文のものなので、現代語訳して要点のみを紹介する。(10)

(1)　警察は国家にとって平常の治療であり、個人の養生ににている。これによって、良民は保護され、国内の気力は養われる。国家を興隆させるには警察は必須の条件である。ナポレオン一世のフランスも、現在のプロシアもそうであった。

(2)　西洋諸国では、首都の警視庁は内務省に直属して府下の警察活動を所管する。その他の地方では地方長官が警察権をもっている。内務省のなかには治安局があって、全国の警察事務をとりあつかう。

(3)　司法警察と行政警察を区別するべきである。内務省を新設して、内務卿を全国の行政警察の長とする。これにたいして、司法卿は全国の司法警察の長となる。

(4)　邏卒に元軍人を採用するのは西洋諸国の通例である。それらの諸国では士族と平民の区別がないから、そうしている。わが国では武士がいるのだから、これを利用しないのは失敗の極みである。

(5)　邏卒は平常は警察活動に従事するが、止むをえないときは兵士となる。そのため、各国の警視庁は銃器を備えている。みだりに軍隊を動かすことは恥である。地方の一揆・暴動にたいしては、警視庁から人数を出す権限があるべきである。

(6)　消防は警察の所管である。各国の例にならい、首都の消防事務は警視庁に委任するべきである。

(7)　君主国は君権を盛んにするために、邏卒の制度を厳格にしなければならない。そのため、ロシア、プロシア、フランスはいずれも官費で邏卒を置くが、フランスでは半額は民費が負担している。かつてパリでは、警察長官は「王のポリス」と呼ばれ、毎朝、国王に謁見する習慣があった。

この建議が提出されてから約二カ月後、七三年一一月一〇日に内務省の設置が決定され、大久保利通が内務卿を兼任することになった。次章でくわしく述べるが、大久保は、ほぼ川路が建議したとおりに、内務省警保局と警視庁を組織し、川路を警視庁大警視に任じている。

なお、さきに江戸府、東京府の警察活動のみを述べて、川路の建議にまで論及してきたので、話は多少前後するが、この時期のほかの地方の警察活動にわずかにふれておく。旧天領で府県制がひかれたところでは、治安維持には藩兵、府兵があたり、弾正台出張所が設けられて政治警察活動をおこなっていた。司法警察のためには捕亡司がおかれた。居留地の横浜では「欧州風の警察」が出現し、これは、イギリス人が長官となり、イギリスやフランスの兵士と日本の下級士族による混合警察組織であったと報告されている。これは不平等条約による治外法権の制度的一環であり、川路は前出の建議書で、このようなことでは日本は完全な主権国家といいがたいと痛論している。

廃藩置県までの各藩では、旧藩主である知藩事が警察権をもち、治安維持は自藩の藩兵があたったが、その方法はまちまちであった[11]。ただし、戊辰戦争で新政府軍と戦い敗れた朝敵藩のばあい、他藩の藩兵部隊による軍政下に一時おかれた。また、かつて迫害した自藩の勤王派の勢力が苛酷な政治的取締まりをおこなった例も多かった[12]。一八七一年七月の廃藩置県のあと、同年一〇月の府県官制、同年一一月の県治条例についてはさきに略述したが、これらによって、新政府の政令が全国各地で一律におこなわれるようになり、警察制度も全国的に統一されていった。とくに七二年八月、司法省に警保寮がおかれると、その傾向は加速されることになった。

（1）「通史」三ページ。
（2）『内務省史』第二巻、五六八ページ。

（3）同右、五六八―五六九ページ。
（4）警視庁史編さん委員会『警視庁史　明治編』同委員会、一九五九年、一八―二一ページ。警視庁総務部企画課『警視庁年表』一九八〇年増補改訂版、一―三ページ。
（5）鈴木高重『大警視川路利良君伝』東陽堂、一九一二年、六ページ。
（6）同右、二ページ。
（7）同右、六ページ。
（8）大日方純夫「警察と民衆②川路利良、ヨーロッパへ――警察視察と改革構想」『法学セミナー』三六六号、有斐閣、一九八五年、八八―九一ページ。
（9）シュテファン・ツワイク、高橋禎二ほか訳『ジョゼフ・フーシェ――ある政治的人間の肖像』岩波新書、一九五六年、一二七―一三〇ページ。
（10）『大警視川路利良君伝』七―一二ページ。
（11）『内務省史』第二巻、五七一―五七二ページ。
（12）橋本虎之介『仙台戊辰物語』無一文館書林、一九三五年、三一六―三三四ページ。

8　衛生の発見

明治維新は革命であったという見方をとっている。それは欧米列強の極東進出による外圧にたいして、日本が自衛のために、封建制度としての幕藩体制を解体して、近代国家としての天皇制国家を建設する武力革命であった。この判断において、革命とはまず政治システム、経済システムの根元的変革である。しかし、明治維新は、あわせて文化システムのかなり徹底した変革をともなった。その主要部分は衛生、教育、芸術などであるが、変革がもっとも根元的であったのは、衛生・医療の分野である。それは漢法医学から西洋医学へのほぼ全面的な転換であり、それまで存在すら知ることがなかった衛生という社会生活の一分野の発見であった。この衛生・医療分野の変革を主導したのは、内務省前史の時期においては、文部省医務課のちには医務局に拠った国家官僚たちであった。この医務局がのちに内務省にうつされて衛生局となる。ただし、正確にいうと、内務省の六寮一司の組織構成がさだまったのは、一八七四年（明治七年）一月九日、文部省医務局の衛生行政が内務省にうつされるのが約一年半後の七五年六月二八日、これが第七局に改められ、この第七局が衛生局になるのが翌月の七月一七日である。(1)本節では文部省医務局時代までをあつかうことにする。

さて、一八六八年（明治元年）三月七日、新政府は、西洋医術はこれまで禁止されていたが、これからはその長所においては採用するという布告を出した。(2)この布告の歴史的背景としては、一八世紀以来のオランダ医学の浸透、蘭法医と漢法医のあいだの激烈なイデオロギー闘争、天然痘の予防法として牛痘接種法がひろがることをてはじめとして、オランダ医学の有効性が次第に認められてきたことなどがあるが、その叙述は他書にゆずる。(3)さきの布告の直接の動機としては、当時はじまっていた戊辰戦争における戦傷者の治療のために西洋医学の外科医を多数動員する必要があったといわれている(4)。六月二六日には、新政府は旧幕府医学所の跡に医学所を創立した（旧幕府医学所を接収したと記述する資料もある）。同月二九日には、旧幕府昌平黌をつかって昌平校を創立した。また、京都、横浜に軍事病院を設立していたが、七月二〇日に横浜の病院を医学所にうつして大病院と改称した。ほかに旧幕府医学館を種痘所とし、小石川養生所、白山などの薬園とあわせて、医学所に所管させた。これ以後、各地に設立されてゆく病院、医療教育機関については一々追わないが、医学所が初期医療行政の機軸となって機能しているとみえる。新政府は、六八年一二月七日、将来医師免許制度を確立する方針であると布告し、同月二五日、昌平校が医学所を管轄するとさだめた(5)。

一八六九年（明治二年）一月二二日、新政府は福井藩医・岩佐純、佐賀藩医・相良知安を医学校取調御用掛に任命し、医療改革を研究させることになった。つづいて二月には、医学所と大病院を合併させて医学校兼病院と呼ぶことにした。この二つの事実の時間的前後関係には疑問があるが、さしあたっては資料にしたがっておく。六月一七日、昌平校と医学校ほか一校をあわせて大学校とし、一二月一五日には大学校を大学とし、医学校を大学東校と改称している。この間、イギリス人医師W・ウィルスは戊辰戦争で軍医としてよく働き、オランダ人医師A・F・ボードウィンは大阪府病院で治療にあたっており、イギリス医学が優勢かとおもわれたが、相良はプロシアより医学教師を招聘することを建議し、ドイツ医学を推奨していた。これは、結局、翌一八七〇年（明治三年）二月一二日、政府がドイツ医学の採用を正式に決定して決着した（この時期についても異論があり、さらに調査する必要がある）。この年、各地で病院の設立、医学校の付設があいついだ。翌七一年（明治四年）七月一八日、大学を廃止して文部省を設置した。これは実態としては大学が文部省に組織変えをしたということのようである。医学教育機関としての大学東校は単に東校と改称されて、文部省が所管することになった。八月二三日、ドイツ人の御雇い外国人医学教師、B・ミュルレル（陸軍軍医外科）とT・ホフマン（海軍軍医内科）が東校に着任し、かれらはその後同校をドイツ式の医科大学にするためおおいに努力した(6)。

このころ、七月、長与専斎は長崎から東京に出てきて、文部少丞に任じられ、文部中教授を兼ねた。かれはのちに文部省医務局の二代目局長、ついで内務省第七局・衛生局の初代局長となり、一八七三年から九一年まで一八年間の長期にわたりそれらの職位にあって、わが国の衛生行政、医療行政の基礎と大綱をさだめた人物である。このひとも初期内務官僚の代表的存在のひとりであるので、そのころまでの経歴に簡単にふれておく。長与は、一八三八年（天保九年）大村藩の藩医の家に生まれた。祖父と父はいずれも漢法医であったが、中途から蘭法医となり、それゆえ迫害をうけたが屈しなかった。長与自身は一〇代で大阪の緒方洪庵の適塾に入り、二一歳で塾長となる早熟の才能の持ち主であった。のち、長崎にゆき、オランダ人医師、J・ポンペ、ついでボードウィンの教えをうけている。一八六八年、長崎病院長、長崎精得館医師頭取となり、同館を長崎医学校と改め、オランダ人医師、マンスフェルトと協力して、学制改革をおこない、成功した。この改革のさい、新政府が送ってきた長崎県判事（知事の補佐官）井上馨の知遇をえて、おおいに援助されている。長与は長崎医学校学頭に任じられ、同校が七〇年、大学の所管となって、大学少博士に任じられた(7)。

七一年七月の出京は、新政府の命令によるものであった。長与はまず井上をたずねたが、井上は、東京の医学社会はいっそう改善されるべきだとおもうので、文部卿の江藤新平に会いにゆけといった。そこで江藤に会うと、長崎での学制改革の成功ぶりはよく聞いている、東京でもひとつ尽力してほしいといわれた。長与はおおいに驚き、東京には優秀な先輩・後輩が多数あつまっており、議論もいろいろ岐れているようで、事情をよく知らない新参者がその渦中に入りこんでも、自分のためにも他人のためにもならないと、その申し出を固辞して帰ってきた。そのあとはどうしたらよいのかわからず、かれは、東校にも文部省にも出勤せずに無為の日日を送っていたという。そんなおり、ある日、かれは、友人から岩倉使節団が派遣されるという話を聞いた。不断はおとなしく、どちらかといえば引っ込み思案の長与が、このときはめずらしく自ら猛運動をして、井上、伊藤、木戸などに頼みまわり、使節団の随員たちのひとりに入れてもらい、医学教育の調査という役目をあたえられた(8)。

岩倉使節団は七一年八月二二日、日本を出発した。長与は途中からは、少人数の随員だけで、ときには単独で行動することもあり、医学教育の調査と衛生制度の研究にうちこみ、七三年三月九日に帰国した。かれは、ワシントン、ロンドン、パリ、ベルリンと視察をかさねていったが、ベルリンでおおいに調査・研究がすすんだ。医学教育にかんする理解も深まったが、衛生制度の存在に気がついたことの意義は大きかった。長与の自伝『松香私志』から、その一節を現代語に訳して引用する。

「英米を視察しているとき、医師制度の調査にさいして、サニタリー（sanitary）、ヘルス（health）などの語をしばしば聞いていた。ベルリンにきてからも、ゲズントハイツプレーゲ（Gesundheitspflege）などの語がいくたびも問答のなかに出てきたのだが、はじめのうちはただ字義どおりに解して深く心にとどめなかった。ところが調査が進むうちに、ただの健康保護という単純な意味のものではないことに心付き、次第に疑問をもち、探索するにおよんで、ここに国民一般の健康保護を担当する特殊の行政組織があることを発見した。これは、本源は医学に拠るが、理化工学、気象、統計などの諸科学を包摂して、これらを政策に運用し、人生の危害をのぞき、国家の福祉をまっとうするための仕組である。それは、流行病、伝染病の予防はもちろんのこと、貧民の救済、土地の清潔、上下水の引用と排除、市街家屋の建築方式から、薬品、染料、飲食物の用捨・取り締まりにいたるまで、およそ人間生活の利害にかかわるものは細大となくとりあげ一群の行政とし、サニテーツウェーセン(Sanitätswesen)、オッフェントリヘ・ヒギェーネ(öffentliche Hygiene)などと呼ばれ、国家行政の重要機関となっている。さても医学関係の事業にして、このような大事なものが目前にあるのに気付かず、米英以来半年以上ぼんやりして、うかうか看過したことは、いまさらながら口惜しく恥しく嘆息するほかない。しかし、過ぎたことを悔いても仕方がない。一旦、気付いたからには、十分にこれを研究して日本にもちかえり、文明輸入の土産としよう」(9)。

このあと、長与はオランダのアムステルダムにまわり、公衆衛生制度をさらに研究している。プロシアは普仏戦争の勝利の勢いに乗じて、ドイツ連邦という一大帝国を建設しようとしている。その公衆衛生制度を日本にいきなり持ちこむのには無理がある。オランダのその制度のほうが、わが国にとっては参考になるのではないかと、かれはかんがえた。オランダの関係者のなかには日本の事情にも多少通じている者がいて、その説明・指導はわかりやすかった(10)。

一八七三年三月、長与は帰国して、同月、文部省医務局長に任じられ、六月には太政官から医制取調べを命じられている。これがわが国の衛生事業の発端なのだと、かれはかんがえた。その仕事はすべて新しく創出されるものであって、頼るべき旧制・慣例はない。海外にいるあいだは、あれもしたい、これもしたいと想い描いたが、日本の現実に身を置いてみると、制約が多すぎる。かれは、自宅に閉じこもり、沈思して、数日をすごした。この国の文化水準では国家や公衆の観念さえ確かではなく、国民の健康の保護などといっても、どこにも通用しない。啓蒙のために働くはずの開業医師にいたっては、一〇人中八、九人が漢方医で、西洋が憎いという一念にこりかたまり、すべての新しい政治に反抗する。どう工夫したところで、欧米に模範をとった医制が円滑におこなわれるとはおもえない。そこで、日本の習俗にこだわらず、文明の理想のみを基準に医制をさだめ、最終的にめざすところを天下に示し、それを実際に施行するにあたっては、必要とされる多少の妥協をまじえて、長い目でみての成功を期待しよう。(11)

一八七三年一二月二七日、長与は、医制全七六条を完成して、太政官にその施行を上申した。医制の構成はつぎのとおり。

第一条―第一一条、全国衛生事務の要領、地方衛生およびその吏員の配置。
第一二条―第二六条、医学教育。
第二七条―第五三条、医術開業試験ならびにその免許。
第五四条―第七六条、薬舗開業試験ならびに免許および薬物の取り締まり。

一八七四年(明治七年)以降、医制の施行についてはつぎのような経過があった。三月二日、文部省は医制の施行について太政官に伺いをたてた。三月七日、左院は、医制は東京、京都、大阪の三府で徐々に施行し、ほかの地方では当分その施行を見合わせるように決議した。八月一八日、太政官は、三府に医制を達で通知した。七五年(明治八年)二月一〇日には、太政官は、医制による医術開業試験の施行について、三府に達で通知している。(12)これらをつうじて、将来、医師となる者にはきびしい教育と試験が課されるが、すでに開業している医師の既得権は完全に保障するという配慮がおこなわれた。

(1)　厚生省医務局編『医制百年史(資料編)』ぎょうせい、一九七六年、六四〇ページによる。ただし、「年表(明治元年―昭和二二年)」『内務省史』第四巻、八八三ページには若干ちがった記述がある。ここでは、前者を採った。

（2）厚生省医務局編『医制百年史（記述編）』ぎょうせい、一九七六年、六ページ。
（3）同右、四―五ページ。
（4）同右、五ページ。
（5）「年表」厚生省医務局編『医制百年史（資料編）』ぎょうせい、一九七六年、六六五―六六六ページ。
（6）同右、六六六―六六八ページ。ただし、この年表によれば、六九年一月二二日に相良たちは医学校御用掛および権判事を命じられているのに、その医学校自体は二月に医学所と病院が合併して医学校兼病院としてあらわれたことになっている。この病院は『医制百年史（記述編）』本文によれば大病院とされており、大病院が病院と改称されたという記述がこの二月時点までにみつからないので、本文にしたがって年表をあらためている。
また、この年表では、明治二年（一九六九年）二月一二日の項に「政府相良知安らの進言によりドイツ医学の採用を決定す」とある。ところが、本文では「明治三年に到り、相良知安等の進言に基づき一転してドイツ医学採用に方針が決まった」（本文七ページ）と記されている。実は同じ食い違いが『内務省史』の年表と本文のあいだにもある。「年表」では、明治二年（一八六九年）二月一二日の項に「独逸医学の採用を決定」（第四巻八九八ページ）とあるが、本文では「明治三年、相良知安らの進言に基づき、ドイツ医学の採用を決定した」（第三巻二一一ページ）とある。これについては、いちおう本文にしたがったが、年表のほうが正しい可能性もかんがえられるので、さらに調査したい。
（7）長与専斎「松香私志」小川鼎三・酒井シズ校注『松本順自伝・長与専斎自伝』平凡社、一九八〇年、一〇四―一二五ページ。なお、「通史」で大久保利謙が、「初代の医務局長長与専斎」（「通史」一〇五ページ）とかいているのは、めずらしい間違いである。初代の医務局長は相良知安で、長与は本文にあるとおり、二代目である。ただし、これについては、「松香私志」の長与の文章が誤解されやすいかきかたになっているせいもあるだろう。
（8）同右、一二六―一二八ページ。
（9）同右、一三三―一三四ページ。
（10）同右、一三五ページ。

（11）同右、一三六―一三七ページ。
（12）「年表」『医制百年史（資料編）』六七〇―六七一ページ。

9　祭政一致の幻想

戦前期の日本国家には宗教国家という性格が濃厚にみいだされる。その性格を説明するために、つぎのような分析枠組を工夫してみよう。宗教との関連において国家の二つの理念型をつくることにする。そのひとつは宗教国家であり、その国家権力が法によって特定の宗教を国教と定めている。国家による政治は国教が与える基本方針に従っておこなわれる。すべての国民はその国教を信仰することを法や暴力によって強制されており、信教の自由は法的に容認されない。いまひとつは非宗教国家であり、その国家権力は特定の宗教を国教と定めていない。国家による政治は特定の宗教との関連においておこなわれることがない。政教分離。国民は法によって信教の自由が容認されており、多様な宗教を信仰しており、無信仰の者もいる。この二つの理念型を一定の線分の両端に置くと、戦前期の日本国家はその線分上に、宗教国家にかなり近く、非宗教国家からかなり離れて位置づけられる。ただし、その位置は時代によって変動している。その変動は、明治維新から内務省社寺局が新設される一八七七年（明治一〇年）一月一一日までの期間において、もっともはなはだしかった。この節はその時代の宗教政策を神道政策を機軸にみたてつつ、あつかうことにする。

まず、後続する論議のために神道の歴史的本質を確認することからはじめたい。

村上重義は神道の概念にふくまれる五つの領域を区別した。すなわち、(1)神社神道。神社を中心にいとなまれる、古代以来の日本の民族的風習としての宗教信仰、これには呪術もふくまれる。(2)皇室神道。天皇家の宗教であり、古代天皇制国家の成立によって、国家的性格をもつ宮中祭祀となった。(3)学派神道。神道の教義形成の産物であり、日本神話を儒教、仏教、陰陽道などの教義を応用して解釈したもの。(4)教派神道。幕末維新期に神道を基盤として成立した一連の諸宗教。(5)民間神道。中世末から近世にかけて形成された民間の神道系の行事と習俗の総称。[1] なお、(3)はいわゆる国学者の手によるものであるが、(1)の本質をうかがわせるという見方（小林秀雄）と、(1)の本質とほとんど無関係であるという見方（津田左右吉）がある。[2] また、(1)の神社で働き、神道の行事に従事する者を、神官、神職と呼ぶ。

さて、序章や本章1節でわずかにふれたように、明治維新は、欧米列強の圧力に対抗して日本に生じた、民族国家の形成と独立をめざす民族革命であった。その革命を推進したナショナリズムの高揚は幕末期にはじまるが、その宗教的形態は、日本は神の裔である天皇が統治する神国であるから、欧米諸国にたいして絶対的に優越するという信念としてあらわれた。その主要な構成要素となったのは、前述の学派神道のうちの水戸学派や平田学派である。[3] また、その信念の先駆形態としては、徳川時代の半ばに生じた、日本は泰平の世であるがゆえに中国、朝鮮にまさるという皇国観念をかんがえることができる。[4] 有力な神職たちは、この信念にもとづき、明治維新の政治革命のプログラムを提供した。その主要な内容は、尊皇攘夷、王政復古、祭政一致などであった。これらについて一々辞書風の定義をつける煩雑さを避けるが、祭政一致についてのみわずかにいえば、神職たちはかれらが国政の基本的方針を決定することを夢想したのである。

明治維新という民族革命に成功したあと、政府は、神社神道と皇室神道を結びつけ、学派神道の一部をもとりこんで、国家神道という人工宗教を創始した。その時期はいちおう一八八〇年代以降とみることができる。[5] ここであつかう内務省前史の時代は、国家神道の形成にいたる過渡期である。そこでの試行錯誤を三点にまとめておく。

(1)　あらためていうまでもないが、神道は国政の基本方針に関与する能力を全面的に欠いていた。明治維新によって、日本は鎖国を解き、国際社会に入ってゆき、法、産業、軍備、教育などの諸制度を形成して、近代国家を形成するのである。尊皇攘夷などのプログラムは、討幕革命のための方便のイデオロギーでしかなかった。政府は新時代に入ってからの神道の政治的無能力を最初から知悉していた。宗教政策を担当する行政組織でいうと、一八六八年（慶応四年、明治元年）にあいついで設けられた神祇事務総督、神祇事務局、神祇官があり、六九年（明治二年）七月の官制大改革では神祇官、太政官の二官を置き、前者が官衛の首位にあると規定した。神職たちはそこに祭政一致の実現をみた(6)。しかし、現実には神祇官は太政官の外部に置かれていたのだから、そこに実現していたのは祭政一致ではなく、祭政分立であると、津田はいっている(7)。神祇官はさしたる仕事をしないまま、七一年（明治四年）八月、神祇省に格下げされ、諸省のひとつになった(8)。神職たちの祭政一致の幻想は二年とわずかで終ったのである。

(2)　明治政府の最初の政治的思惑では、神道は国教となり、日本民族の統一の宗教的基礎になることが期待された。六八年三月、太政官は江戸幕府の切支丹禁制を継承して、切支丹邪宗門禁止の高札を各地に掲げさせた。また、神仏判然令を発して、廃仏毀釈運動を全国に拡大させた。キリスト教を禁止し、仏教に打撃をあたえて、神道の国教化をめざしたのである。しかし、キリスト教の禁止にたいしては、欧米諸国から信教の自由の侵犯であるという非難がよせられ、政府は不平等条約の改正のためにその非難を回避しなければならず、七三年（明治六年）二月にはキリスト教布教の黙認に転じた。また、廃仏毀釈運動も、仏教を信仰する国民や僧侶たちの抵抗にあい、七〇年（明治三年）から七一年（明治四年）に絶頂期をむかえたあと、沈静化にむかった(9)。そのあと、明治政府の宗教政策は、すべての宗教勢力による国民教化の方向に変化してゆく。その政策を担当する行政組織としては、七一年四月以降は神祇省が民部省社寺係のちの寺院寮、さらにのちには大蔵省戸籍寮社寺課と協同した。ついで七二年（明治五年）三月、神祇省と社寺課が廃止され、教部省が新設されて、宗教政策を担当した。これは、具体的には、神道が仏教と合同布教する形態をとった。その布教の担い手として教導職がおかれ、全神官は無給の教導職に採用され、僧侶も順次、教導職に採用されていった。また布教のための中央組織としては東京に大教院が、地方では府県庁所在地に中教院が、さらに各地に小教院が設置された。ただし、教部省は名目上は独立した一省であったが、実質的にはわずかな勢力しかもっていなかった。七四年（明治七年）の各省の予算でみると、文部省一三三万円余、教部省七万円余。七七年（明治一〇年）一月一一日、教部省は廃止され、その事務は同日、内務省に新設された社寺局に移された。(10)

(3)　この時期にとられた神道にかんする政策的措置のうちで、のちの国家神道の形成にとって有力な契機のひとつとなったのは、一八七一年（明治四年）五月一日の太政官布告による神社は国家の宗祀であるという規定とそれにもとづく神社の社格の決定などであった。それまで神社はそこで働く神職が世襲によってうけつぐ、そのかぎりで私的性格をもった宗教施設であるとかんがえられてきた。これにたいして、前記の布告は神社は国家の宗祀＝尊び祭るものであり、公法人的性格をもち、したがって、神職は官吏か官吏待遇の身分をもち、世襲されてはならないと決定した。神社の社格は神宮、官国幣社、諸社に区分され、官幣社は官幣大社、同中社、同小社から成り、計三五社、神祇官が所祭し、国幣社は国幣大社、同中社、同小社から成り、計六二社で、地方官が所祭した。官幣社の経費のすべては大蔵省から支出され、国幣社の経費の一部は地方費から支出されると定められた。諸社は府社、藩社、県社、郷社から成り、地方官が所管した。ほかに郷社に附属するものとして村社があった。神官、神職は神社職員となり、神社の社格におうじて、その身分の名称が定められたが、その紹介は省略する。(11)

明治政府が神道のみを重視する政策をとるのにたいして、開明派の官僚たちのなかには、信教の自由について近代的センスにもとづく理解をもつ者もおり、公然と批判的言説を発表する者もいた。森有礼は、駐米代理公使をつとめていた一八七二年（明治五年）一〇月、「日本における宗教の自由」という題の英文の論文を発表している。これは太政大臣、三条実美への建白書の形式をとっているが、国民に信教の自由を保障することを要求していた。森は良心の自由と信仰の自由は人間固有の権利であって、人類に進歩と幸福をもたらす基本的・本質的条件であり、国家が文明の域に進むにはそれらの権利を保障する法と教育の制度が整備されなければならないと主張していた。かれは、この論理の延長上に、自立心をもつ主体的な人間を造出するためには、キリスト教を早急に移入するべきであるとまで述べている。(12)

一八七五年（明治八年）四月、教部省は仏教側の強硬な反対によって、神仏合同布教による国民教化運動の中止に、そのための組織としての大教院は解散に追いこまれた。これは宗教勢力として育成されつつあった神道には打撃となった。ついで同年一一月、教部省は神道・仏教の各教派の管長にたいして、信教の自由を保障する旨の口達を出し、祭政一致にかんする宗教界の誤解を解いた（ただし、その誤解はそれに先立って、政府が政策によってつくりだしたものであったが）。あわせて、諸宗教は人民を善導し、政治に協力して、政府に奉仕するべきだと命じられた。(13)内務省前史の時代の宗教政策は、神道国教化の試みにはじまり、試行錯誤をくり返して、天皇制政治の枠のなかにおさまるかぎりで、各宗教に信教の自由をあたえるところに落ち着いたのである。

（1）　村上重良『国家神道』岩波新書、一九七〇年、一四―一五ページ。
（2）　小林秀雄『本居宣長』新潮文庫、一九九二年、下巻、五五―二五三ページ。津田左右吉『津田左右吉全集第九巻　日本の神道』二四八―三一七ページ。

（3）藤谷俊雄「国家神道の成立」川崎庸之ほか『日本宗教史講座』第一巻、三一書房、一九五九年、二五四ページ。
（4）古田博司『東アジア・イデオロギーを超えて』新書館、二〇〇三年、七一ページ。
（5）『国家神道』七八ページ。
（6）同右、八四―八六、九一ページ。
（7）『津田左右吉全集第九巻　日本の神道』三五五―三五六ページ。
（8）『国家神道』九七―九八ページ。
（9）「国家神道の成立」二六二、二六六、二六七―二六九、二七二―二七三。
（10）『国家神道』一〇五、一〇六―一〇七、一一一、一一三ページ。
（11）「第二章　神社行政」『内務省史』第二巻、五―六、一六―一八、二八―二九ページ。
（12）「信仰自由論　RELIGIOUS FREEDOM IN JAPAN A MEMORIAL AND DRAFT OF CHARTER BY ARINORI MORI」大久保利謙編『森有礼全集』第一巻、宣文堂書店、一九七二年、一六―二七ページ。なお、同書には、氏名不詳氏の翻訳の要約がつけられている。完訳はつぎのものがある。大村益荒訳「日本宗教自由論」佐波亘『植村正久とその時代』第二巻、教文館、一九三八年（一九五一年復刻再版）、五〇―五七ページ。
（13）『国家神道』一一二―一一三ページ。

10　内務省創設への動き

さいごに、この時期に展開した内務省の設置をめざした政治的な動きをみておこう。その全体は、大久保利通が主導した動きと江藤新平が主導したそれとに二分されるが、現実の内務省の設置につながったのは前者なので、それを中心にみてゆき、後者には最小限の目配りをしておくことにする。

現在残されている資料によって判断すると「内務省」という名称のもっとも古い用例は、一八六九年（明治二年）七・八月ごろ、参議としての大久保が右大臣三条実美に提出した「政府ノ職制」にかんする「覚書」のなかにみいだされる。内務省の部分を抜き書きする。

「○内務省

卿一人

掌管内国庶務惣判戸籍地理駅逓橋道水利開墾物産工芸土木営繕済貧養老等乃事

大輔一人少輔一人」(1)。

この所管事務の範囲は、同年四月八日に設置された民部官のそれとまったく同一である。内務省という名称は、なにか先例から採られたのか、大久保の造語なのかよくわからない。大久保利謙は、民部官、民部省という名称が古代の令制の省名からきており、古くさい、すでに外務省があったので、それとの対応で内務省と呼んだのではなかろうかと推測している(2)。

このあと、さきにのべたように、民部省は大蔵省と合併、分離、合併をくり返す。そのさい、大久保は民部省の分離を推進し、二度目の合併には抵抗するなど、民部省の独立性を強調する立場をとった。この大久保の動きには、大蔵省に拠った開明派の有力官僚たち、井上馨、伊藤博文、大隈重信などと、かれらの背後にいる木戸孝允に対抗するという派閥力学が投影していた。

二度目の民蔵合併の直後、一八七一年（明治四年）一〇月、岩倉使節団が外遊に出発し、大久保はその欧米派遣全権副使たちのひとりであった。かれは多くの調査課題を自らかかえたが、そのうちのひとつに各国の内務省にかんするものがあった。その調査の進捗状況の一端は、外遊中の一八七三年（明治六年）一月二七日、パリに滞在していた大久保がロシアに留学中であった西徳二郎に送った書簡によって知られる。[3] 現代語訳で二カ所引用する。

「もしできるならば、ロシア国の政体の規則、地方官の規則を取調べて、翻訳して下さるよう、お願いいたします。イギリス、アメリカ、フランスなどはすべて取調べは出来ておりますが、（それらの国々はわが国に比較して）何段階も社会が進化しており、およばないことばかりです。よって、プロシア国とロシア国には（わが国にとって）標準であるべきことが多いだろうと考えておりますので、この両国のことに注目しております」。

「政体の規則のうち内務、大蔵の時〔事か？〕務章程を巨細に取調べてくださいますようお願いします。実地の研窮のことは、私がうかがって、その筋の人を探して質問するつもりです」（〔　〕内副田）。

大久保は、このあとブリュッセル、ハーグ、ベルリンとまわって、三月に留守政府からの帰国命令をうけ、五月二六日に横浜に着いている。これらから判断すると、岩倉使節団の一員として外遊しつつ、大久保が、アメリカ、イギリス、フランス、プロシア、ロシアなど各国の内政を担当する行政部門についてその構造と機能にかんする基礎的知識をもつにいたったとみられる。しかし、その具体的な内容を知るための資料はない。大久保はくわしい日記をつけているのだが、それが一八七二年（明治五年）一月五日から七三年（明治六年）一〇月一四日まで欠如している。ただし、左院副議長の江藤が主導する内務省創設の動きの一部として、左院少議官儀制課長の宮島誠一郎が「新設内務省ノ儀」という文書を後藤象二郎議長に提出しており、この動きが大久保が主導する動きと交錯するという出来事があり、これは大久保の内務省構想になんらかの影響をおよぼしたと推量される。

一八七二年（明治五年）三月二四日から五月一七日にかけて、大久保は条約改正全権委任状を請求するために、一時帰国していた。(4) そのころのことである。四月二日、宮島は、東京府権参事・三島通庸からつぎの報告をうけた。三島が西郷隆盛にたいして大蔵省批判をおこない、大蔵省が府県を支配する弊害を説いて、新しく内務省を設立して大蔵省の権限を削ぐことは急務であるというと、西郷は、急いでそのための策をたてよう、自分は死ぬ覚悟でやるつもりだといった（死ぬ覚悟とは大袈裟すぎるようにおもうが。ただし、西郷は政商と結託した井上を心底から嫌っていたのは事実である）。宮島はこれを板垣退助や後藤象二郎に話すと、かれらは喜んでいた。(5) 宮島は、四月二日に「立国憲議」を、ひきつづき三日に「新設内務省ノ議」を執筆した。前者は憲法制定の提案であり、後者は最初にかかれた内務省設置の提案であった。後者の全文はつぎのとおりである。

「方今政府諸省ノ外ニ府県ヲ置キ知事令ヲ設ケテ全国人民ノ撫育保護ヲ司トラシム府県合一スレハ即チ全国ニシテ政府ハ全国ヲ保護スルノ任ナリ故ニ諸省ヲ置テ外交ヲ修シ経済ヲ理シ軍備ヲ調ヘ文教ヲ盛ニシ工芸ヲ勧メ法律ヲ厳ニスル等ノ事総テ府県ヲ保護シテ全国ヲ治ルカ為ナリ然ルニ方今府県ニ於テ取扱フ凡百ノ事務大半ハ大蔵省ノ管轄ニ属シテ府県ハ猶大蔵省ノ管下ナルカ如シ其官員ヲ任選スル其治法ヲ与フル概子彼省ノ意見ニ出ツ是故ニ政府ノ気脉地方ニ通セス上下ノ情懸隔シテ地方ノ人民終ニハ政府ノ何物タルヲ不知様ニ相成モ畢竟撫育治産ノ道ト租税徴収ノ事ト一途ヨリ出テ其体裁不宜ヲ以テナリ護国ノ法何ソ之ヲ以テ足レリトセン夫レ金穀出納租税会計等総テ国家経済ニ属スル者ハ大蔵省ヲ掌ルナレトモ土地人民ノ上ニ関スル事ニ到テハ元来府県ノ掌ルヘキコト

ニテ是ヲ統轄スルハ政府ナリ宜ク更ニ内務ノ一省ヲ設ケテ之ヲ支配セシムヘシ然ル時ハ全国土地人民ノ事務ト全国ノ金穀会計ノ事務ト両般判然相分レテ人民保護ノ道始テ確立スヘシ仍テ速ニ内務省ヲ置レ度候事(6)」。

「現在政府は諸省のほかに府県を置き知事令を設けて全国人民の育成保護を司どらせている。府県が合一すれば全国であり、つまり、政府は全国を保護する仕事をしている。だから諸省を置いて、外交、経済、軍備、文教、工芸、法律などのことを充分におこなうのは、すべて府県を保護して、全国を統治するためである。しかし、現在府県においてとりあつかう万般の事務の大半は大蔵省の管轄に属して、府県はまったく大蔵省の支配するところのようである。官吏の選任、統治のしかたを決める、ほとんどがその省の意見によっている。これゆえに政府の気持は地方に通ぜず、上下の感情がへだたってしまい、地方の人民はついには政府がなにものであるかを知らないようになっている。結局は、育成活計の任務と租税徴収の仕事とがひとつの道から出ているので、一見して異質・不整合である。これでは護国の法として不充分である。財貨、出納、租税、会計などすべて国家経済に属するものは大蔵省がそれを管掌するのだが、土地、人民に関することは元来府県が管掌するべきことで、これを統轄するのは政府である。政府は内務省を設置して、これを支配させるべきである。そうすれば、全国の土地人民の事務と全国の財貨会計の事務とは二つがはっきりわかれて、人民の保護の道がはじめて確立するにちがいない。よって速やかに内務省を設置されたい」。

この文章の主張には二つのポイントがある。ひとつは、人民のための育成活計の任務と人民からの租税徴収の仕事を、あるいは広くいえば土地人民の事務と財貨会計の事務を、大蔵省というひとつの省でおこなうことは不適切であるという主張である。その理由としてあげられている「其体裁不宜」は、「一見して異質・不整合である」と意訳したが、もう一歩踏みこんで解釈すれば、大蔵省にそれらの双方をやらせると、財貨会計の事務と対比して土地人民の事務がないがしろにされがちになるとか、人民の側でも、財貨会計の事務に比較して土地人民の事務が認識されにくいとかいう含意があるのだろう。だから、内務省を新設して、土地人民の事務をもっぱら担当させればその事務はより充実しておこなわれ、人民の側でもそれがより充分に認識されることが期待されるということになる。

いまひとつは、政府が府県を置いて人民を保護しているのに、大蔵省が府県を支配しているので、人民は政府がなにものかを知らない。それは不当な事態であるから、内務省を新設して、府県を支配させよと主張している。この主張を理解するためには、文中の「政府」を「太政官」と解して、大蔵省はその太政官が自らの下位に建てた省であるが、太政官の構成部分ではないと解する必要がある。これによれば、大蔵省は政府の一部ではないことになり、それは現在の一般的な用語法とは反するが、そう解さないと、さきにいった不当な事態という判断が納得されえない。もっとも、この論理によれば、内務省も太政官の下位に建てられる省である。内務省が府県を支配しても、人民は政府のなにものであるかを知らないということにならないか。これについては、内務省を新設すれば、大蔵省がやっている仕事が二分されるので、両者の背後にある政府＝太政官が見えやすくなるという含意があるのだろう。

「新設内務省ノ議」は、宮島から左院議長の後藤に提出され、後藤はそれを活用することなく、握りつぶしたらしい(7)。したがって、この文書自体は、内務省の設置にかんして当時の左院のなかにあった気分をつたえるものでしかない。しかし、この文書は宮島を大久保に結びつけ、それ以後、大久保が内務省の設置にむかうための推進役のひとりとして、宮島ははたらくことになったという意味では重要である。まず、一八七二年（明治五年）五月、宮島は前記の一時帰国中の大久保に会い、この文書をみせている。大久保は、それを正院に提出するのを差し止めて、岩倉使節団が帰朝する日まで待ってくれといった。かれ自身が中心になって進めている各国政府の内政部門の調査が完了して、内務省の具体的構想がかたまってからにしてほしいということであったのだろう。七三年（明治六年）五月に大久保は最終的に帰国するが、そのあと、宮島はこの件で活発に大久保にはたらきかけている。七月二八日には宮島は大久保に書簡を送っているが、内務省の創立については別に具申しているから、ここではくり返さない、といっている。八月三日には両者は会談して、大久保が国内の治安問題について語っている。九月六日には宮島が大久保を訪問して、内務省の新設について語りあった。のちの宮島の覚書きによると、かれは前年五月の約束どおりに大久保が内務省の設置に着手してほしいといい出し、大久保はたいそう熱心にかならずやりましょうと応じた、ということである。このような過程があって、一〇月一三日、正院で内務省の設立が議題とされたのであった。(8)

ただし、この一〇月一三日の内務省の設立をめぐる協議については、二説がある。岩倉使節団の外遊中、留守政府は江藤の主導のもとに内務省の設置を審議し、最終結論を出すのを控えていた。それが、大久保や副島種臣が新しく参議となった正院で継続して審議されることになった。これがひとつである。いまひとつは、前段までのいきさつがあり、大久保の主導のもとに、新しく内務省の設立をめぐって協議がはじまったというものである。(9)私は、この二説のどちらをとるべきか判断する関心と能力を欠いている。事実のみをいえば、一〇月一四日から一六日にかけて征韓論政変がおこり、そのあと、大久保の完全な主導のもとに内務省が設置された。

ところで、同時代の政治状況のなかで、大久保が主導してきた内務省の設置をめざした動きはどのようにみられてきたか。主要例のひとつとして、木戸孝允のばあいを紹介しておきたい。木戸が西郷、大久保と並んで、明治革命政権の三巨頭であったことには、さきにふれた。かれは、岩倉使節団においては筆頭の特命全権副使であった。

木戸の帰朝は一八八三年（明治六年）七月二三日のことであるが、ただちに長期にわたる国政のありかたについて意見をつづり、太政官に提出して決裁を請願した。これは長文のものであるが、要点をかいつまんでいうと、ポーランドの亡国の歴史から説きおこし、その根本原因は憲法の不在にあったとする。欧州の通説では憲法は精神であり、官僚制は肢体である。また、一説には人民が精神でもあるという。結論の部分を現代語訳して抄録する。

「今日の急務はまず憲法を制定することである。憲法は五ケ条の御誓文に条例をくわえてつくり、さらに諸法を整備するべきである。それによって問題が生ずるのを防ぎ、かつ、つとめて人民を教育し、ゆるやかにかれらの品性を劣った水準から引き上げて、全国的に成熟させることを期待するほかない。人民の品性はすでに高く、政治家はかれらのあいだにあって国家のためにつくすならば、将来の幸福は多大であろう。万一、ゆるやかな成熟が期待できず、一、二の賢明な人物がひとりその身の栄達を望み、民意の向背にかかわらず、ひたすら功名を希望し、要路の一局によって、威権を一方的に把握したとする。国務は多いが、そのどれでも文明国の真似をして、軽々しくおこなっていれば、国運は危くなるであろう[10]」。

結論の前半は憲法の制定を急げといっている。いっそう具体的にいえば、立憲君主制のもとでの議会政治のすすめである。後半は、大久保が主導する内務省の創設と同省を機軸とする官僚統治の排撃である。賢明な人物とは大久保をさしているとみるほかなく、要路の一局とは内務省を意味する。木戸の政治的理性は、その後の日本政治の主要争点を的確に先取りしている。憲法制定を急ぐかおくれさせるか、議会政治か官僚統治か。木戸は大久保への敵意を、相手を名指しにこそしないが、かくそうともしていない。元来、木戸は幕末の政治経験から薩摩人を徹底的に嫌っていた。くわえて、岩倉使節団の外遊期間をつうじて、木戸は、大久保の内務省にかんする構想と意欲を次第に認識してゆき、自らの立憲君主制志向との対立をつよく感得するようになっていった。さらに、この期間中に木戸が自らの腹心たちのひとりであるとおもっていた伊藤博文が大久保に敬倒・心酔するようになってしまい、木戸は大久保につよく嫉妬するという事情もあった。このころ、大久保がおかれていた立場は容易なものではなかった。

(1) 『大久保利通文書』第三、日本史籍協会、一九二八年、二七五ページ。
(2) 大久保利謙「内務省機構決定の経緯」『内務省史』第三巻、九〇〇ページ。
(3) 『大久保利通文書』第四、日本史籍協会、一九二八年、四八三―四八六ページ。
(4) 『特命全権大使、米欧回覧実記・一』四二八―四二九ページ。
(5) 「内務省機構決定の経緯」、九〇九―九一二ページ。
(6) 「新設内務省ノ議」勝田政治『内務省と明治国家形成』吉川弘文館、二〇〇二年、二六―二七ページ。
(7) 「内務省機構決定の経緯」九一八ページ。
(8) 同右、九五三―九五五ページ。
(9) 『内務省と明治国家形成』一二六―一二七ページ。
(10) 木戸公伝記編纂所『松菊木戸公伝』下巻、臨川書店（複製版）、一九七〇年、一五六八―一五六九ページ。

第二章　内務省の創出

1873. 11. 10–1885. 12. 22

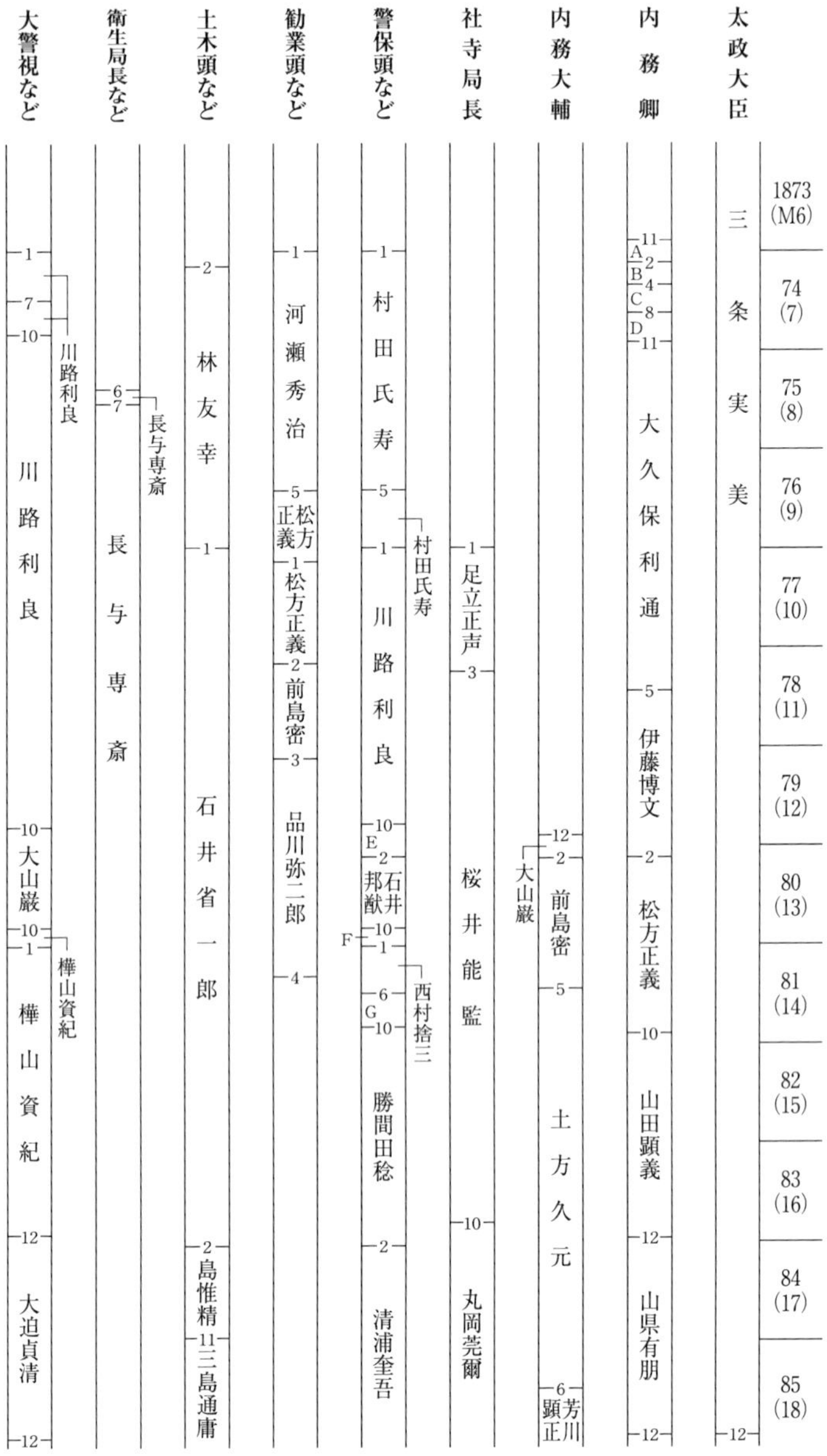

A：大久保利通　B：木戸孝允　C：大久保利通　D：伊藤博文
E：大山巌　F：樺山資紀　G：田辺良顕
警保頭など：警保頭、警保局長、警視局の長
勧業頭など：勧業頭、勧農局長（勧商局長は76年5月より78年12月まで河瀬秀治）
土木頭など：土木頭、土木局長
衛生局長など：第七局長、衛生局長
大警視など：大警視、警視長、警視総監
一部に兼任・併任・代理・業務取扱などを含む。

図 2-1　内務卿と内務省の主要局長など

1　政治史素描

内務省の社会史の二番目の時期区分を、一八七三年(明治六年)一一月一〇日から一八八五年(明治一八年)一二月二二日までとし、この時期を内務省の創出期と呼ぶことにする。始点の七三年一一月一〇日は、太政官のもとに内務省が設置された日である。終点の八五年一二月二二日は、太政官制度が内閣制度に切り換えられた日である。したがって、内務省の創出期は、同省が太政官制度のもとにあった期間といってもよい。その期間をつうじて、内務省は組織構成や専管する行政領域において、つぎの時代以降に同省がもつ特徴を次第に形成していった。

最初に例によって、この時代の日本の内外における政治史の主要な行為者を整理しておこう。

第一、欧米列強と東アジア。明治政府の外交は対欧米列強と対東アジアの二面外交であったが、(1)それがこの時期に入って明瞭になった。まえの時期では、まだ、欧米列強の圧力のみがきわだっていたが、この時期になると、日本は、欧米諸国からうけた外交的仕打ちを東アジア諸国、とくに朝鮮にたいしてくり返すという行動傾向を示すようになった。すでにふれた一八七三年の征韓論争、七四年の台湾征討、七五年の江華島事件、八二年の済物浦条約、八四年の甲申事変、八五年の天津条約はその代表例であった。江華島事件は、明治政府が朝鮮に開国を迫って軍艦を派遣し、示威運動をおこない、これに朝鮮軍の砲台が砲撃をくわえて、おこった武力衝突事件である。その結果、日本は賠償金と日朝修好条規の締結をえた。イギリスの駐日公使、パークスは本国への報告書のなかでこの修好条規をさして、「要するに、一八五八年の英日修好通商条約を、ほとんどそのまま繰返したものである。二つの条約を比較すると、実によく似ている」[2]といっている。当時、朝鮮は清の属国であったが、その独立をねらう独立派が存在しており、日本はこれと結んで朝鮮の改革をはかりつつ、朝鮮を支配することを企てたが、清の攻勢に押され気味であった。天津条約は、朝鮮における日本の清にたいする劣勢を固定化する条約であった。

欧米列強にたいする外交の第一課題は依然として不平等条約の改正であったが、この時期をつうじて明治政府はそれに成功しなかった。一八七四年から、松方正義租税頭は大隈重信大蔵卿に、税権回復を急ぐように主張してきた。その主要な理由はつぎの三つであった。①税権がないため、日本はつねに輸入超過である。②平均輸入税率はこれまでは三、四％で、関税収入が少なく、歳入は内国税に依存して、財政が困難である。③保護関税によって国内産業を振興し、外国品の輸入を減少させ、輸出税を全廃して輸出を増進させる必要がある。これらにくわえて、七七年一月から、農民一揆の圧力により地租が地価の三％から二・五％に切り下げられたことでも、日本の財政は窮迫していた。七六年、大蔵省の強い要望をうけ、寺島宗則外務卿は「海関税回復」の交渉に着手している。交渉の経過の紹介は省略するが、七八年、アメリカとのあいだでは、安政条約の部分的修正がおこなわれたが、これはほかの諸国との交渉が成立しなければ発効しないという条件がついていた。ヨーロッパ諸国との交渉は七八年からはじまったが、イギリスが各国に呼びかけて、最初から拒否されてしまった。寺島は七九年九月に外務卿を辞職し、後任の井上馨外務卿が八〇年から、関税率の引上げ、法権の一部回復をめざして各国別に交渉に入ったが、ふたたびイギリスの強硬な反対により挫折した。そこで八二年から外国公使団との条約改正予備会議を東京で開催したが、八五年までさしたる成果はえられなかった[3]。

第二、明治政府。内務省が設置されたさいの政府の構成は、太政官のもとに一〇省が置かれているというものであった。それにわずかに先立って、一八七三年（明治六年）五月二日に「太政官職制」の改正がおこなわれており、そこで官制上はじめて「内閣」という呼称がつかわれた(あらためていうまでもないが、これはのちの内閣制度の内閣とは別物である)。この太政官職制によれば、太政大臣、左右大臣が天皇を輔弼する責任を負い、参議は「内閣の議官」であって、国策国務の審議・立案にあたるとされた。太政官のなかでは正院の権限がそれまで以上に強化されていた。太政官のもとの一〇省は、大蔵省、工部省、陸軍省、海軍省、司法省、宮内省、外務省、文部省、教部省、内務省である。(4)

その後の太政官の組織構成の主要な変化をひろっておく。一八七五年(明治八年)四月、左院と右院が廃止されて、元老院と大審院が設置された。内閣と元老院、大審院によって、三権分立のおおよその形式がととのったが、行政部門の優位はいちじるしかった。一八七八年(明治一一年)一二月、陸軍省参謀局が廃止され、参謀本部が設置されて、軍令部機関が太政官から独立した。これは、後年、陸軍が国家を侵略戦争に駆りたて、亡国の結末にいたる遠因となる。これについてはのちにも再三ふれる。八一年(明治一四年)一〇月二一日、太政官のなかに参事院が設置された。これは来たるべき立憲政体の準備にあたる強力な政治機関で、内閣の企画機関、各省の統合機関であり、参事院議長には伊藤博文が参議のまま兼任で就任した。(5)

一八七三年(明治六年)一〇月、内務省が設置された直後の太政官の主要な構成員は、太政大臣三条実美、右大臣岩倉具視、参議兼内務卿大久保利通、参議兼工部卿伊藤、参議兼大蔵卿大隈などであった。かれらのうちでは、大久保が突出した政治的実力をもち、その太政官は事実上、大久保政権であった。(6)これは、内務省前史の時期の途中からのことであったのは、前章ですでにあきらかにしている。公式の地位関係では三条、岩倉は大久保の上位にいたが、かれらは大久保の意向にそって政権運営をしていた。また、伊藤、大隈も大久保を助けて働いていた。大久保は内務卿の地位に四年あまりいて、一八七八年(明治一一年)五月一四日に暗殺された。そのあいだ、七四年に二度、短い期間、木戸孝允と伊藤が内務卿を兼任したが、これは、佐賀の乱の鎮定のための現地行きと台湾問題交渉のための清国出張で、大久保が東京をはなれたときであった。大久保のあと、太政官時代の内務卿には、伊藤、松方、山田顕義、山県有朋が就任している。かれらのうち、内閣制度になってから、伊藤、山県、松方が総理大臣に就任している。

第三、宮廷。この時期において政府と宮廷の関係は、その前後のいずれの時期においてより緊張していた。岩倉使節団にくわわって欧米諸国の政治制度をみてきた経験から、木戸や大久保は天皇制の将来に危機感をもつようになっていた。木戸は、共和制が公然と議論されて、天皇制にたいしても忌憚のない評価が出はじめたのは、二、三年まえと大違いであるといっている(7)。大久保は、イギリスの隆盛を理想としつつ、日本において近代的な君主と人民の関係をつくり出す必要を主張した。そこでは人民の才能が伸ばされ、権利が守られねばならない。一八七三年一一月、内務卿に就任する直前、大久保は「立憲政体に関する意見書」で、つぎのように述べている。

「天智帝中興以来千有余年ニシテ其英国ノ隆盛ニ至ラサル者ハ他ナシ三千一百余万ノ民愛君憂国ノ志アル者万分有一ニシテ其政体ニ於テモ才力ヲ束縛シ権利ヲ抑制スルノ弊アルヲ以テナリ其国家ヲ負担スルノ人力ト其人力ヲ愛養スルノ政体ニ従テ国家ノ以テ隆替スル所ロノモノ昭々此クノ如シ抑我カ祖宗ノ国ヲ建ツル豈ニ斯ノ民ヲ外ニシテ其政ヲ為ンヤ民ノ政ヲ奉スル亦豈ニ斯ノ君ヲ後ニシテ其国ヲ保タンヤ(8)」。

「天智天皇の中興以来、千年あまりにして、英国の隆盛にいたらなかったのは、三千一百余万の民のうち、愛君憂国の志をもつ者はきわめてわずかで、その政体において才能、能力を束縛し、権利を抑制する弊害があるからにほかならない。国家を負担する人びとの能力と、人びとの能力を愛護・養成する政体によって、国家は隆盛に向い、交替するものであることは、このように明らかである。そもそも我が代々の君主が国を建て、どうしてその民を無視して政治をすることができようか。民が統治をうけるのに、またどうして君主をないがしろにして国を保つことができようか」。

木戸や大久保が代表する政府の主張にたいして、宮廷は別のあるべき朝廷像を主張して対抗した。一八七七年(明治一〇年)八月一五日、天皇と政府を一体化させるため、太政官は皇居内にうつされた。ついで同月二九日、侍輔の制度がつくられた。侍輔の中心人物は元田永孚であった。元田の政治思想は、約言していえば、古代中国の尭舜の政治を理想とするものであり、君主が徳をもって人民を治めるべきであるという儒学思想を根幹とした。西洋の民主主義における人民の権利の思想は全面的に否定されている。(9) 大久保が暗殺されたのち、侍輔たちは天皇制の深刻な危機を感じ、朝廷の独自の政治的任務を主張しはじめた。すなわち、天皇と太政官の大臣・参議のあいだで意志の疎通がない、この事態の打開のためには侍輔の権限が強化されるべきである、ついては、天皇が内閣に臨席するさいには、侍輔が侍座して、政務の報告をいっしょに聞くことにしたい。伊藤はこの要求に宮中・府中の別をみだす恐れがあると反対し、一八七九年(明治一二年)一〇月一三日、侍輔制度を廃止に追いこんだ。(10)

第四、軍隊。この時期、軍隊がひとつの政治勢力として形成された。徴兵令が施行されるのは、この時期の直前、一八七三年(明治六年)一月一〇日のことである。これによって、国民皆兵の理念のもとに陸軍が形成されるが、実質的には、それは、貧農の二、三男を中心とした鎮台常備兵と、そこから志願してきた精強な近衛兵にわかれた。七三年の年末、内務省が設置された直後の時点で、日本の中央軍事力は、陸軍が一万六二八六、海軍は少数の艦艇をもつのみで、治安警察軍のレヴェルのもので、外征の能力はなかった。これが大きく変化するのは、一八七七年(明治一〇年)の西南戦争のあとからである。一八八〇年(明治一三年)、山県参謀本部長は、対外軍事力の強化を要求した。この要求は、朝鮮支配をめぐる日清の対立の激化を契機として、次第に実現に向った。一八八五年(明治一八年）末、日本の軍隊の軍人数は、現役の陸軍軍人が五万七四四、現役の海軍軍人が八〇一二、であった[11]。

さきに太政官の組織構成の主要な変化のひとつとして、参謀本部の設置を位置づけておいた。軍隊の政治勢力化という観点から、それにさらにわずかに言及しておく。太政官は最初、軍隊の建設にあたってシビリアン・コントロールの原則を固く守っていた。木戸は、七三年六月に山県が陸軍中将という武官の身分で、陸軍卿という行政長官に就任することに反対したが、外遊中であったのでその反対は通らなかった。しかし、山県は武官であるという理由で参議になることができず、政策決定機関である閣議の構成員になることもできなかった。七四年、その閣議が、佐賀の乱を鎮圧するために軍隊指揮権をふくむ天皇の大権を文官である内務卿大久保にあたえた。山県はそれを非常に不快におもい、大久保から軍隊指揮権を奪い返すために陸軍省に外局の参謀局を設置させ、自らがその局長になるなどの手段をとった。このときは、大久保がすばやく佐賀の乱を鎮圧したので、山県の期待は空しく終ったが、西南戦争では、山県は陸軍卿として実質的な総指揮官である参軍に就任した[12]。

軍事全体は軍政と軍令にわかれる。軍政は軍備などの政務であり、軍令は用兵などの統帥である。参謀本部が設置されるまでは陸軍省が陸軍の軍政と軍令をあわせて所管していたが、参謀本部が設置されたあとは、陸軍省が陸軍の軍政を、参謀本部が陸軍の軍令を所管することになった。しかも、制度上、陸軍省は太政官のもとにあったが、参謀本部は天皇が直轄するとされたので、軍令は内閣の権限外となり、シビリアン・コントロールがまったく及ばない事項になった。このような参謀本部の設置を手がけたのは、山県直系の桂太郎少佐であった。かれは七〇年から三年間ドイツに留学し、七五年から三年間はドイツ公使館付武官をつとめていた。日本の参謀本部の組織モデルはドイツのそれである。山県は新設の参謀本部の初代本部長に就任した[13]。

第五、民衆。この時期の前半、各地で士族の武力反乱があいついだ。一八七四年（明治七年）二月の佐賀の乱、七六年（明治九年）一〇月の神風連の乱、秋月の乱、萩の乱、七七年（明治一〇年）の二月から一〇月にかけての西南戦争。旧武士階級は、廃藩置県、徴兵令公布、家禄奉還、廃刀令などによって、かつてもっていた特権を失い、新政府に根強い反感をもち、それがこれらの反乱となって噴き出したのであった。また、この時期の前半は、うちつづく農民一揆によっても特徴づけられる。七三年の農民一揆の高揚は前章の1節の末尾でふれたが、その後、七六年五月には和歌山で、一一月から一二月にかけては茨城、愛知、三重などで農民一揆が多発している。主要な動機は二つで、①徳川時代から変らぬ大きさの地租の負担への抗議と、②徴兵制の施行など新政府がおこなう改革への本能的反対であった。E・H・ノーマンは、①を革命的反抗、②を反動的反抗と約言して、農民一揆の急進主義にはこの二面があったことに留意するべきだという[14]。

士族の反乱が西南戦争における西郷軍の敗北で終ったあと、民衆の不満のなかから自由民権運動が生じた。その理論的指導層は土佐と肥前出身の士族たちであり、かれらのあいだでとくに高名であったのが、板垣退助と大隈重信であった。かれらはかつて太政官の参議であったが、板垣は征韓論を主張して辞職し、大隈は明治一四年政変で罷免されたのである。運動のほかの構成メンバーは、地方農村の大地主、小農民、小作農、都市貧民などであったが、運動の積極分子は大地主であった。これによって、自由民権運動の基本的性格は上流階級のための社会運動となり、地方ごとに孤立しがちで、地主と一般農民の対立が運動の闘争力を弱めた[15]。この運動から、一八八一年（明治一四年）に板垣が総理となる自由党が、翌年には大隈が総理となる改進党が生まれるが、両党は政府を攻撃しつつ、たがいに抗争することにも熱中し、政府からは烈しい弾圧をうけ、自由党はたちまち解党に追いこまれた。

（1）升味準之輔『日本政治史1　幕末維新　明治国家の成立』東京大学出版会、一九九一年、二六九ページ。

（2）F・V・ディキンズ、高梨健吉訳『パークス伝――日本駐在の日々』東洋文庫429、平凡社、一九九〇年、二〇一ページ。
（3）『日本政治史1　幕末維新　明治国家の成立』二七〇ページ。
（4）内閣制度百年史編纂委員会『内閣制度百年史　上巻』大蔵省印刷局、一九八五年、一六―一九ページ。
（5）同右、二〇―二五ページ。
（6）『日本政治史1　幕末維新　明治国家の成立』一五一ページ。
（7）日本史籍協会編『木戸孝允文書』第四、東京大学出版会、一九七一年覆刻（初版、一九三〇年）、三三九ページ。
（8）大久保利通「立憲政体に関する意見書」『大久保利通文書』第五、日本史籍協会、一九二八年、一八六ページ。
（9）遠山茂樹「解説」加藤周一ほか編『日本近代思想大系2　天皇と華族』岩波書店、一九九六年、四九五ページ。
（10）同右、四九六ページ。
（11）吉田裕「『国民皆兵』の理念と徴兵制」加藤周一ほか編『日本近代思想大系4　軍隊　兵士』岩波書店、一九九六年、四五二―四六〇ページ。
（12）大江志乃夫『日本の参謀本部』中公新書、一九九八年、二〇―三二ページ。
（13）同右、三一―三二ページ。
（14）E・H・ノーマン、大窪愿二訳『日本における近代国家の成立』岩波書店、一九六一年、九五ページ。
（15）同右、二二五―二三一ページ。

2　大久保利通

太政官時代の内務省において、その長官は内務卿と呼ばれた。この時代をつうじて太政大臣は三条実美、内務卿は就任順で、大久保利通、伊藤博文、松方正義、山田顕義、山県有朋の五人である。五人の任期と、その間の内務省の主要幹部たち、かれらの任期までを図示すれば、図2-1のとおりである。さきにふれた大久保内務卿時代における木戸と伊藤の兼任期間を無視して、五人の内務卿の在任期間を計算すると、大久保四年五カ月五日、伊藤一年九カ月一四日、松方一年七カ月二一日、山田二年一カ月二一日、山県二年、となる。このかぎりでは、大久保の在任期間がきわだって長い。くわえて、かれが最初の内務卿であったこと、以下で整理する多彩で重要な多くの治績をあげていることをかんがえあわせると、この時代の代表的内務卿として大久保をあげることにはだれも異論があるまい。さらに前章で述べたように、かれはさきだつ時代において内政の実質的な最高責任者であり、また、内務省の創設にあたっては最有力の推進者であった。初期の内務省は大久保の全面的な影響のもとに形成された。その影響はおもいがけない後代まで残ったとみるひともいるが、これには別の見方もある。

まえの段落で規定したような存在として、大久保をてみじかに論じてみたい。

大久保は一八三〇年（天保元年）に生まれた。政治家としてのキャリアは、一八五九年（安政六年）、二九歳、薩摩藩のなかで藩主の父親・島津久光に接近したあたりからはじまり、一八七八年（明治一一年）、四八歳で現職の内務卿として暗殺されたところで終っている。そのキャリアはほぼ二〇年である。この期間は大きく二つの段階に区分される。第一段階は民族革命家としての時代である。一八五九―一八六七年（慶応三年）の九年間。この時代にかれは久光に信頼され、薩摩藩の武力を背景に、西郷・木戸と協力して薩長連合を成立させ、一八六七年、京都で王政復古クーデタを成功させた。第二段階は国家設計者、内政担当者、および外政担当者としての時代である。一八六七―一八七八年の約一一年間。この時代、西郷は士族の反乱の巨頭として反革命の道を突き進んで自滅し、木戸は民主主義、立憲主義の理想をやや性急に追って次第に批評家風に傾いていった。成功した民族革命家の三傑のなかで、近代国家を建設する現実政治を主導したのは大久保ひとりであった。かれは伊藤、大隈、山県などの後継者たちと協同して、(反目もしたが)、その仕事を推進していった(1)。

第二段階は、国家機構の整備のされかたによって、内務省成立以前と内務省成立以後にわけられることができる。前者は一八六七―一八七三年の約六年間だが、その間、大久保が国家官僚としてどのような地位を歴任したかは前章でいくらかくわしくみた。それらによったかれの主要業績は、(1)朝廷改革、(2)東京遷都、(3)地券制度、(4)内務省創設を主導したこと、などである。(1)と(2)は天皇制国家の骨格を形成した。(3)では本質は農奴であった農民を土地所有者である自由民に転化した。(4)は官僚統治国家の機軸の準備である。これらを約言すれば、一君万民の理念にもとづく官僚統治、近代日本の政治体制の創出といってよい。

後者は一八七四年から一八七八年までの約四年半であるが、その間、大久保は内務卿であった。内務卿時代のかれの主要業績は、(1)地租改正、(2)殖産興業、(3)佐賀の乱、西南の役など士族の反乱の鎮定、(4)台湾征討の後始末のための清国との交渉などである。(1)は近代的な納税制度の形成であり、土地所有者を納税者とした。(2)は富国政策であって納税制度の基盤づくりであるが、国家主導の工業重視から民業奨励の農業重視に方向性を転換させていった。当時、(1)は内務省と大蔵省との共管事務であり、(2)は内務省の専管事務であったが、いずれも大久保没後、内務省の所管から切りはなされていった。このあたりを大久保内務省の本質的変化とみるかどうか。(3)は事実上の政権担当者としての大久保の仕事であり、(4)は外政担当者としての大久保の仕事である。[2] 大久保はきわめて有能な内務卿でありつつ、内務卿を大きく超える存在であった。

大久保のこのような政治家としてのキャリアを可能にしたのは、図式的にいえば、かれがもっていた政治家としての才能とかれがおかれていた政治的状況の性質との相乗作用による。一般的にいって、政治家の才能を言葉で表現するのは、芸術家の才能のばあいと同じく困難である。最後はただかれらのなしとげたことをつうじて知れというほかない。しかし、紙幅が大きく制約されているここでは、かれの才能についてのつぎのような要因分析にとどまる。(1)民族革命のためのナショナリズム。革命家としてのかれは、当時の用語でいえば、最初は公武合体論者であり、早くから開国を主張したが、国内の政治体制の抜本的変革の必要には次第に気付いていった。かれが武力倒幕に踏み切るのは一八六五年の薩長同盟の成立、あるいは一八六七年の薩長土宇四侯会議の失敗あたりからである。[3] (2)現実主義的政治観。かれは、政治体制として民主制と君主制を対比して、前者の原理的正当性を充分に認識していた。しかし、体制は歴史のなかで自然に成立するものであり、日本の人民は開化がおくれているから、立憲君主制を志向せざるをえないとした。[4] (3)権力と自由との調和。ただし、立憲君主制は専制的であってはならず、その下で人民の権利が充分に尊重されるべきだと、かれがかんがえていたのは、前節で指摘したとおりである。服部之総が大久保を絶対主義者と規定したのは、マルクス主義の公式を機械的に適用した嫌いがある。[5] (4)政治的行為における集中力、持続力のきわだつ高さ。有力な伝記作家の多くが、かれが政治的な構想力はとりたてていうほどでなかったが、実行力がだれよりも強かったという。[6] (5)政治的判断の冷然とした確実さ。くわしい論証は他書にゆずるが、佐賀の乱の鎮定のしかたにも西南の役の挑発のしかたにも、それはうかがわれる。[7] ほかに、(6)威厳の格別の強さ、[8] (7)藩閥にこだわらない人材の的確・公平な使いかた、(8)前記二項ととくに関連が深い、大組織の統率力などが、大久保がもつ政治家としての才能の諸特性であった。

これまでの記述において例示をする機会がなかった威厳の格別の強さについて、二、三の事例をあげる。いずれも『大久保利通伝』下巻からの引用である。

鮫島武之助の談話。森有礼が公使として赴任するにあたり、かれの築地の邸宅で送別の宴がはられた。当時の高官たちがほとんどやってきて、談笑がわくように、にぎやかであった。革命家あがりの連中のことゆえ、無遠慮な豪遊談が続出して、止みそうになかった。ところが、大久保公がお出になり、上座につかれると、いままで大声にわきかえっていた一堂がにわかに静粛になり、おごそかな集会となった。私は当時、青年でたまたま森家においてもらっていたのだが、偉人の威力はこれほどまでに強大なものかと、その印象が脳裡に深くきざみこまれた。これは、森の年譜からみてかんがえると、一八七五年（明治八年）一一月、森が特命全権公使に任ぜられて、清国在勤を命ぜられたころのことであろうとかんがえられる。大久保は内務卿に就任して二年ほどたったときのことであった。(9)

千坂高雅の談話。大久保公の威望の高さは前代未聞であった。われわれは内務省に入ると、公がいらっしゃるかいらっしゃらないかを問わないでも、省内の静粛であることで、公が出勤されていることを悟った。(10) なお、関連して、大久保が馬車で内務省につき、玄関に入ると、かれのカツカツとなる靴音があたかも一種の魔術的な力をもつようで、それが省内にひびきわたると、役人たちはただちに雑談を止め、笑い声を止め、あたかも水を打ったように静まったという別の談話もある。また、大久保のひとに対する態度、喋りかたにも独自性があった。佐々木高行の談話。大久保は居住まいが謹直方正で、何事にも丁寧であった。内務省にいるときには、はなはだ威厳があった。かれは椅子にすわって端然として事務をとっていた。同僚や外国公使などが大久保に要求があって、勢いこんで入ってきても、かれが中音で「なんですか」というと、その威厳に打たれてしまい、余計なことがいえない。必要な最小限を口にして、早々に帰り去るのが常であった。その官房の灰皿がいつも清潔であったのは、ひとが長話をしなかった証拠であった。[11]

一八七八年（明治一一年）五月一四日、大久保は暗殺された。その朝、福島県令山吉盛典が大久保を挨拶に訪れている。大久保は辞去しようとする山吉をひきとめて、つぎのように語った。これはかれの事実上の遺言として広く知られる。

「そもそも明治維新以来一〇年間がたったというのに、昨年にいたるまでは内戦外征の騒ぎがつづき、不肖利通は内務卿の職位に就任させていただきながら、まだひとつとしてその任務をはたしていない。（中略）いまや事態はようやく治まった。ゆえに、このさい、維新の立派な狙いを実現するつもりである。これを実現するには、三〇年をかけるのがかねてからの志である。仮りにこれを三分して、明治元年より一〇年までを第一期としよう。内乱など多かった創業の時期である。一一年より二〇年までを第二期としよう。この時期はもっとも肝要な時期で、内政を整え民産を殖するのはこのときである。利通は不肖であるが、そのために内務卿の任務を充分につくすことを決心している。二一年から三〇年までを第三期とする。この時期の事業を守る仕事は、後進の賢者たちの継承と修飾にまつことにする」[12]。

さて、創設時の内務省にもどって、その高官人事を概観しておきたい。このときの職制では、卿（大臣）のもとに大輔、少輔（意訳すれば一等次官、二等次官か）がおり、その下に大丞、少丞がいる。各寮の長官は頭といった。大久保内務卿は、最初、大輔、少輔をおかず、五人の大丞を各寮の最高責任者とした。すなわち、勧業寮＝河瀬秀治、警保寮＝村田氏寿、駅逓寮＝前島密、土木寮＝林友幸、戸籍寮・地理寮＝杉浦譲、である。前二者は頭不在で次席の最高責任者であり、後三者は頭であった。かれらのうちから、七五年（明治八年）三月に林が、七六年（明治九年）九月に前島が少輔に昇進している。このほか、東京警視庁には川路利良が大警視としており、のち、大山巌、樺山資紀も大警視にくわわった。大山は、七九年（明治一二年）一〇月、大警視に就任すると同時に内務大輔を兼官している。なお、七六年（明治九年）五月に内局が設けられると、大書記官として、品川弥次郎、松田道之が就任した(13)。

以上が創出期とくにその前半の内務省の幹部官僚であるが、大山、樺山は鹿児島藩士、川路は鹿児島藩郷士、林、品川は山口藩士の家に生まれており(14)、内務省に強力な薩長閥があったのはたしかである。しかし、このなかで大久保が省務の実務においてとくに重用したのは薩長閥の外部にいた前島であった。たとえば、内務省が省務を開始した一八七四年は、大久保は多忙をきわめ、二月から四月にかけては佐賀の乱の鎮定のため現地で指揮をとっており、乱の首領・江藤新平を死罪に処している。五月は長崎にいて西郷従道と台湾討伐を決定しており、その後始末のため、八月から一〇月までは全権弁理大臣として清国に出張し、台湾をへて帰国したのは一一月末であった。この年、かれが東京にいた期間は約五カ月で(15)、その不在中は、内務省の省務の実質的統轄はすべて前島にまかせていた(16)。また、七五年三月にはじまる地租改正事務局の仕事は、さきにいったように創出期の内務省の業務のうちでも格別に重要なものであったが、大久保は同局総裁となり、同局御用掛には内務省からは前島を起用している。大蔵省からは大隈大蔵卿と松方正義租税頭が同局御用掛となった(17)。さらに、七七年（明治一〇年）二月から七月にかけて、大久保が西南戦争の後方指揮のため京都、大阪に長期出張したおりには、前島は内務卿代理をつとめ、川路が九州の戦場に出ているあいだは警視庁の重要事務をも監督している。ほかに五月には、かれは東北地方に出張して、戦地に派遣するための巡査の募集を担当してめざましい成功をおさめた(18)。

前島密は、一八六八年（明治元年）に大久保に東京遷都を建言した人物として、すでに前章で登場している。かれは、新潟・高田藩士の子にうまれ、幕府の小吏の養子になり、開成所教授などをつとめて、その建言をしている。のち、かれは駿河藩につかえ、六九年に民部省に出仕、大蔵省をへて、内務省に入ったが、三省の経歴をつうじて、わが国の郵政事業の草創期をほとんどひとりで担った。七六年の春のある日、前島は大久保と対談していた。大久保は、維新の年に東京遷都の建議書を送られたのだが、その書はなくしてしまった、したがって、その書き手がだれであったかいまはわからない、本来ならその人物の名を歴史にとどめて感謝するべきなのだが、といった。前島は黙っていようかとおもったが、あまりにうれしく、それはいま御前のまえにいる前島密ですと応じた。大久保は前島をしばらくみつめ、やがて粛然と居住まいをただすと、テーブルを一打して、ああと嘆息した。君だったのか、私がうかつであった、許してくれ、もし建議書の手稿がまだのこっているなら、写しをくれないか。しかし、その写しを贈呈しないうちに、大久保は凶刃に倒れた。前島の自伝「鴻爪痕」の一節である[19]。この対談から大久保の遭難までに西南戦争をふくむ激動の二年がたっていた。

大久保のあとをついだ二代内務卿・伊藤のもとでも前島は重用された。三代内務卿・松方は、一八八〇年（明治一三年）二月二八日に内務卿に就任したが、その日、前島を内務大輔に昇進させている。ただし、この昇進は大久保が生前に予定していたもので、大久保の没後、薩摩閥、とくに黒田清隆が前島をうとんじる傾向があったといわれる。かれの内務大輔としての任期は一カ月たらずで、駅逓総官に移り、四代内務卿・山田のときに辞表を出し、一八八一年（明治一四年）一一月八日に内務省を去った[20]。山田のあと、一八八三年（明治一六年）一二月一二日、山県が五代内務卿となり、内務省に巨大な山県閥をつくりはじめる。これについては次章で論じる。

（1）大久保の伝記はつぎの二点をつかった。勝田孫弥『大久保利通伝』上・中・下巻、臨川書店、一九七〇年（複製版、初版一九一〇年）。毛利敏彦『大久保利通』中公新書、一九九二年。
（2）大久保の内務卿時代の主要業績はいずれも後出する。
（3）『大久保利通』七一、一〇一―一〇三、一〇九―一一〇ページ。
（4）大久保「立憲政体に関する意見書」一八三―一八四ページ。
（5）服部之総『明治の政治家たち――原敬につらなる人々』上巻、岩波新書、一九八八年、一三ページ。
（6）池辺吉太郎『明治維新三大政治家』新潮文庫、一九四三年、二三ページ。田中惣五郎『大久保利通』千倉書房、一九三八年。
（7）毛利『大久保利通』一八九、一九二ページ。
（8）『大久保利通伝』下巻、八〇三―八〇四ページ。
（9）同右、同ページ。
（10）同右、八〇三ページ。
（11）同右、八〇二―八〇三ページ。
（12）同右、八二五―八二六ページ。
（13）大久保利謙「第一篇通史」大霞会編『内務省史』第一巻、一九七一年、地方財務協会（以下「通史」と略記する）、六六―六七ページ。
（14）幹部官僚の出身藩などは、つぎの資料によって確認した。このあとも同種の作業はこれらの資料によるが、注でくり返して言及することはしない。戦前期官僚制研究会編、秦郁彦著『戦前期日本官僚制の制度・組織・人事』東京大学出版会、一九八一年。『日本人名辞典』全七巻、平凡社、一九七九年。『明治人名辞典』全二巻、日本図書センター、一九八七年（『現代人名辞典』第二版、中央通信社、一九一二年の復刻）。『明治人名辞典Ⅱ』全二巻、一九八八年、日本図書センター（『日本現今人名辞典』日本現今人名辞典発行所、一九〇〇年の復刻）。『大正人名辞典』全二巻、日本図

書センター、一九八九年（『大衆人事録』第二版、帝国秘密探偵社、一九二八年の復刻）。『昭和人名事典』全四巻、日本図書センター、一九八七年（『大衆人事録』第一四版、帝国秘密探偵社、一九四二年の復刻）。『現代日本人物辞典』旺文社、一九八六年。『政治家人名辞典』紀伊國屋書店、一九九〇年。

(15)『大久保利通伝』下巻、第一〇篇第六章―第九章による。

(16)「通史」六六ページ。

(17)同右、一〇六ページ。

(18)市来謙吉「後半生録」前島密『前島密「前島密自叙伝」』日本図書センター、一九九七年（復刻版、初版一九二〇年）一一六―一一七ページ。

(19)『前島密「前島密自叙伝」』六三ページ。

(20)「後半生録」一二二―一二三ページ。

3　初期内務省の組織

内務省が創設されるさいの事実経過として、一八七三年一〇月一四日から一六日にかけて征韓論政変がおこり、そのあと一一月一〇日に大久保利通の完全な主導のもとに内務省が設置されたということを、前章末尾ですでにあきらかにしている。これは征韓論政変と内務省創設が深く関連していたことを示唆する。勝田政治は、最近の業績において、この関連を明示的に論証した。以下、それを織りこんで叙述する。

岩倉使節団全体の帰国にさきだち、一八七三年（明治六年）五月二六日には大久保が、七月二三日には木戸孝允が、留守政府からのつよい要請で帰国している。かれらを待っていた政治状況は、江藤新平を中心とした肥前派が主導権をにぎり、これに板垣退助を中心にした土佐派が連合していた。江藤の司法省は長州派の山県有朋、井上馨の疑獄事件を摘発しつつあった。八月三日、西郷隆盛が、政府に反抗的な士族や近衛兵の不満を解消するために朝鮮への外征をおこそうとする「征韓意見書」を閣議に提出し、征韓論が大きな政治的争点となり、留守政府の主流の肥前派、土佐派はこれを支持した。八月中に留守政府は西郷を朝鮮に問責の使節として送ることを決めた。木戸と大久保は、征韓論に絶対反対であったが、留守政府主流との対決を避け、岩倉使節団の帰国を待った。その間、木戸は参議であったが正院の会議に欠席をつづけ、大久保は三条実美から参議への就任を求められながら、それに応じようとしなかった(1)。

岩倉使節団は七三年九月一三日に帰国した。このあと、大久保を中心とした薩摩派と木戸を中心とした長州派は連合して、征韓論に反対し、留守政府の主流と対決する。こまかい経過説明は省略するが、九月二〇日に予定されていた西郷の朝鮮への出兵は延期された。大久保は、一〇月一二日に参議に就任し、翌一三日の正院の閣議で内務省の設置の審議がはじまったが、翌々一四日、征韓論が暴発して、西郷は征韓をつよく主張した。(2) 一五日には、大久保が理論整然と反対論を展開したが、三条・岩倉は支持派の恫喝に屈して、西郷の言い分が通ってしまった。これにたいして、大久保は岩倉を責め、励まして、態度を改めさせ、天皇を利用した謀略によって、一〇月二三日、事態を逆転させ、征韓はとりやめとなった。同日、西郷はこの決定に抗議して、参議、近衛都督、陸軍大将などの辞任を申し出、翌二四日、江藤、板垣、後藤象二郎、副島種臣も参議と各省卿などの辞任を申し出た。かれらの辞任は二五日に承認されたが、西郷のばあい、陸軍大将の辞任は承認されなかった。(3)

一八七三年一〇月二五日以降、政府の実質は有力参議としての大久保、木戸を中心とする薩摩派、長州派の連合内閣である。ほかに参議として、大隈重信、勝安房、寺島宗則、大木喬任がおり、太政大臣・三条、右大臣・岩倉はそれまでと変わらず、大蔵卿は一〇月一二日付で、大久保の参議就任にともない、大隈と交代していた。(4) この内閣のもとで、一一月一〇日に内務省の設置が決定され、同月二九日、大久保の初代内務卿兼任が決定された。(5)

一〇月二四日、征韓の無期限延期を命じる天皇の勅書が出されたのだが、その理由の一節に「国政ヲ整ヘ民力ヲ養ヒ勉テ成功ヲ永遠ニ期スヘシ」(6) とあった。勝田政治はこれに着目して、征韓論政変にさいして表明された国家意志は第一に国政整備と民力養成であり、第二にそれらの目標を漸進主義で達成しようということであったという。また、その国家意志が形成された土台として、岩倉使節団の欧米体験があったという。それは留守政府が強行してきた皮相な文明開化への根源的な批判をともなっていた。勝田はこの国家意志との関連で、新しく設置された内務省とその一等寮としての勧業寮、警保寮の性格を説明している。それはおおいに説得力がある論議であるとおもわれる。(7)

「内務省職制及事務章程」は一八七四年（明治七年）は一月一〇日付の太政官達で、二月一八日に大幅に訂正されているので、訂正後のものをつかう。その冒頭はつぎのとおり。

「内務省ハ国内安寧人民保護ノ事務ヲ管理スル所其事務ヲ支分シテ六寮一司ト為ス　勧業寮、警保寮（以上一等寮）、戸籍寮、駅逓寮、土木寮、地理寮（以上二等寮）、測量司（一等司）

職制

卿

第一　本省及各寮司ノ官員ヲ統率シ省中一切ノ事務ヲ総判スルヲ掌ル

第二　全国人民ノ安寧ヲ謀リ戸籍人口ノ調査人民産業ノ勧奨地方ノ警備其他土木地理駅逓測量等其掌管ノ事務ニ於テハ大臣ニ請テ其現務ノ便否ヲ明弁スルヲ得ル而其事務ヲ調理スルニ於テハ天皇陛下ニ対シテ担保ノ責ニ任ス[8]」。

（中略）

「内務省は国内の治安と人民の保護の事務を管理する省であり、その事務を区分して六寮一司とする。

職制

卿

第一、本省および各寮司の官吏を統率し、省のすべての事務の統合・管理をおこなう。

第二、全国人民の福祉を目標とし、戸籍人口の調査、人民の産業の勧奨、地方の警備、土木、地理、測量などその管掌する事務においては、太政大臣に請議して、その仕事の適否を決定することができる。その事務の統合・管理においては、天皇陛下にたいして保障の責任を負う」。

国家意志としての国政整備と民力養成は、内務省の省務においては国内の治安と人民の保護に特定化されている。それはいっそう具体的には、人民の福祉を目標にした六寮一司のそれぞれの主要な仕事であるとされる。ただし、「本省および各寮司」といういいかたには、六寮一司の仕事につきない内務省の仕事があることが示唆されている。

「勧業寮事務章程」第一四条はつぎのとおりである。

「凡ソ勧業ハ民権及ヒ其貨財ヲ保護シ拘束ノ弊ヲ除キ万民ヲシテ寛裕安堵シテ各自其業ヲ勉励セシムルニ在レハ勤テ其障碍トナル者ヲ審察シ若シ其障碍ノ原由政法ニ在ル時ハ之ヲ改正スルノ方法ヲ審案シ若シ其原由民間ニ在ル時ハ之ヲ救正スルノ方法ヲ策シ卿ニ申呈スヘシ(9)」。

「おおよそ勧業は人民の民権と財貨を保護し、かれらを拘束から解放して、自由に安心して各人にその職業で勉励させることであるから、つとめてその障害となるものを研究し、障害の原因が政治や法律にあるならそれを改正する方法を工夫し、障害の原因が民間にあるならそれを解消する方法を計画し、卿に申し出るべきである」。

また、「警保寮事務章程」第一条はつぎのとおりである。

「警保寮ハ人民ノ凶害ヲ予防シ其権利ヲ保守シ其健康ヲ看護シテ営業ニ安ンシ生命ヲ保全セシムル等行政警察ニ属スル一切ノ事務ヲ管理スル所ナリ(10)」。

「警保寮は人民がこうむる凶害を予防し、かれらの権利を擁護し、かれらの健康を看護し、職業に安心して従事し、生命を保全させるなど行政警察に属するすべての事務を管掌するところである」。

勝田は、「勧業寮事務章程」が人民の民権を保護するといい、「警保寮事務章程」が人民の権利を擁護するというところに注目し、二つの寮の任務は民権＝人民の権利を守るところで一致しているという(11)。勧業寮は、その権利の保護を中心に、かれらの財貨の保護、自由の確保、職業での勉励の推進などをめざす。警保寮は、その権利の保護を中心に、かれらの犯罪被害の予防、健康の維持、営業に安心して従事させることをめざす。二つの寮のこれらの仕事の規定によって、内務省がおこなう「民力の養成」の輪郭はほぼあきらかになった。その本質は市民社会における市民の自由の多面的な保障であろう。勝田の業績は、内務省と二つの一等寮の「事務章程」を分析して、従来、無視されがちであった内務省の出発のさいの理念がもつ相対的に進歩的、近代的な一面をあきらかにしたことによって、評価されるべきである。ただし、あらためていうまでもないが、内務省の歴史的全体像はそこに尽きない。われわれは以下の仕事でそれを追うことにする。

創出期の内務省の組織はかなりめまぐるしく変化した。この変化の図示としては、前出の図0-1が便利である。[12] われわれがいう創出期は、この図の上端の一八七四年（明治七年）一月九日の「内務省職制及事務章程」にわずかにさきだって、前年一八七三年（明治六年）一一月一〇日にはじまり、この図の下端、一八八五年（明治一八年）一二月二二日までである。

内務省が創設されたとき、その組織は、六寮一司体制で、一等寮が勧業寮、警保寮、二等寮が戸籍寮、駅逓寮、土木寮、地理寮、それに測量司がついた。これらのうち、勧業、戸籍、駅逓、土木、地理の五寮は大蔵省から、警保寮は司法省から、測量司は工部省から移管されてきたものである。ほかに庶務課、記録課など五課があった。各寮の等級と順位については、「内務省事務章程」が出る直前の原案では、戸籍寮のみが一等寮で首位におかれ、勧業寮、警保寮が二等寮で二位、三位におかれていた。それが事務章程にみられる等級と順位に変更されたことは、内務行政の基本的性格が伝統的な民政主義から近代的な富国主義に切り換えられたことを意味すると、大久保利謙は、いっている。[13]

その後、この体制に新設される局があいついでくわわり、一八七六、七年ごろには開省時からの各寮も局となり、また分立した局もあって、一八八〇年（明治一三年）には局数は一六局におよんだ。そこから、他省に移管された局、内務省内の他局に吸収される局、廃止される局があいついで、一八八五年六月二五日時点には一官房九局体制になった。一六局のうち、内局が官房になったので、残りの一五局が八局にほぼ半減されて、それに新設の県治局がくわわって九局になったのである。この創出期における内務省の各組織のありかたと変化の主要な局面を追っておこう。

第一。この期間における内務省の組織のもっとも大きな変化は、勧業寮、駅逓寮など、産業政策およびその関連政策を担当する部門が大蔵省や農商務省など経済官庁にうつされたことである。とりわけ勧業寮は省設置時の筆頭寮であり、同寮が担当する殖産興業政策は内務行政の機軸であるべきだとかんがえられていた。しかし、同寮は、一八七六年（明治九年）五月一六日、勧商局を分立させ、本体は翌七七年一月一〇日、勧農局となるが、勧商局は一八七八年（明治一一年）一二月二八日、大蔵省に移管され、商務局となり、勧農局は八一年（明治一四年）四月七日、新設された農商務省に移管される。駅逓寮は、七七年一月一〇日に駅逓局となってから、八一年四月七日に前述の勧農局や博物局といっしょに農商務省に移管されている。これは、内務行政から産業行政、経済行政の性格が失われてゆく過程であり、内務行政の後年の性格へと純化がおこなわれる過程でもあった。

以上の叙述は基本的には、前出の図0-1によっているが、産業行政、経済行政を所管する諸局が、大久保の没後まもなく他省に移管されていったことを、充分に説明していない。最近の安藤哲の研究によれば、内務省勧農局と農商務省農務局は、人脈上で中枢部が継承されておらず、所管する事務も異質のもので、別組織とみるべきだという。勧農局は解体されて消失し、農務局が新設、出現したというのである。その背景には、大隈重信と伊藤博文の勢力争いがあった。大隈は農商務省を支配下に収め、腹心の河野利鎌を農商務卿に就任させていた。内務省勧農局長の品川弥二郎の前任者は松方正義で、伊藤―松方―品川がラインを形成していた。大隈・河野は品川を農商務省に引きとったが、無任所の農商務省輔に棚上げして、農務局長に任用しなかった(14)。この件のみにあまり深入りすることは避けたいが、ほかの諸局の移管についてもくわしい実証研究がおこなわれて、それらの全体を統一的に説明する枠組みが構築されることを期待したい。

第二。地租改正事務局は一八七五年（明治八年）三月二四日に設置され、八一年（明治一四年）六月三〇日に廃止されている。地租改正の明治維新、ひいては日本の近代化における基本的意義は前章で説いたとおりであるが、農民階級から収納する地租についての制度化の仕上げは、内務省発足後、地租改正事務局が担当した。同局については『内務省史』は「内務・大蔵二省をして管せしめ」たといい、図0-1にみるように内務省の機構図に入れている(15)。これにたいして、『大蔵省百年史』は、同局を「両省のいずれにも属さない『臨時独立ノ官庁』」といってお(16)り、二つの資料の表現には微妙な違いが感じられる。推測するに『内務省史』は、同局の総裁が大久保内務卿であったことから、同局を内務省にややひきつけて叙述しているのではないか。いずれにせよ、地租改正は租税政策であり、広義の経済政策に属する。われわれは、創出期の内務省がこの事務局をつうじて地租改正の制度的完成に貢献し、それは殖産興業での貢献と並べられるものだと理解したい。

第三。勧業寮、勧商局、勧農局などの仕事は創出期の終りちかくまでのものであった。後二局がそれぞれ大蔵省、農商務省に移管されると、開省時に勧業寮についで一等寮であった警保寮、その後身の警保局、警視局、一八八一年（明治一四年）一月一四日以降はふたたび警保局の省内における比重が増さざるをえない。のちにくわしくみるが、この時期、佐賀の乱から西南戦争まで旧武士階級の反乱があいつぎ、また、地租の軽減を要求する農民一揆が各地で多発した。新政府は革命の防衛と体制の維持のために、軍隊と警察を総動員しなければならなかった。警察機構はこの動員過程でつくられてゆくが、それは必然的に警察行政に軍政的性格をおびさせることになる。その機構と行政は首都・東京を中心に成立・展開した。一八七四年（明治七年）一月一五日、東京警視庁が発足するが、これは内務省に直属して、東京府庁に並列していた。東京警視庁の長官は大警視あるいは警視長であるが、その職制では行政警察とあわせて政治警察が任務とされていた。この政治警察は当時の用語では国事警察といわれ、警視庁の長官の権限はすべての国事犯を対象とするとされ、そのかぎりで全国におよんだ。これによって、後述の佐賀の乱や西南の役に警視庁の警察官が派遣されることになったのである[17]。一八七六年（明治九年）、東京警視庁と東京府庁のあいだで職務権限争いがあり、それが原因となって前者は翌年一月二七日、一時的に廃止され、内務省警視局東京警視本署になったが、一八八一年（明治一四年）一月一四日に警視庁として復活している[18]。

第四。創出期の内務省における地方行政＝府県事務を所管した組織は、当初は、戸籍寮と職務課であった。戸籍寮は固有の戸籍事務にあわせて地方事務一般を分担し、職務課が地方庁の人事を分担した。一八七六年（明治九年）五月二日、庶務課が庶務局に昇格する。七八年（明治一一年）七月二二日、いわゆる三新法が公布され、府県会の開設が予定され、地方税の制度が改まると、庶務局が府県会と地方税を所管することになり、地方事務は戸籍寮の手をはなれた。庶務局の事務は、このほか、府県庁費と判任官の俸給、備荒儲蓄法、区町村会、府県庁舎の営繕、戒厳令、その他であり、以上から、庶務局は地方事務の専管局であったとみられる。図0-1では、庶務局は、図書局や統計課といっしょになって総務局に吸収されたようにみえるが、大久保利謙は「通史」で、庶務局が拡大されて県治局になったという解釈を示している[19]。

第五。前章でわずかにふれたことだが、文部省医務局が一八七五年（明治八年）六月二八日に内務省に移管されて、のち第七局となり、翌七月一七日、衛生局となった。このときは文部省から、医務局の事務は文部省より内務省が所轄するべきではないかとの上申が太政官におこなわれて、この移管が実現している。移管にあたっては、当時の「医制」のうち、第一二条から第二六条までに規定された医学教育を文部省に残し、ほかを内務省衛生局が所管することにした。この衛生局には、庶務、製表、売薬、種痘、出納の五課を置いた[20]。なお「通史」が、このとき、医務課と衛生課を置いたとしているのは、一八八六年（明治一九年）二月二七日の衛生局の改組を、このときにおこなわれたとおもいちがえたと推測される[21]。衛生局はこれ以来、内務省の主要局のひとつとして定着し、一九三八年（昭和一三年）一月、厚生省の新設にともない、社会局といっしょに同省に移管された。

第六。社寺局は、一八七七年（明治一〇年）一月一九日、教部省から内務省に移管されてきた。この局自体は小さな存在であったが、のち一九〇〇年（明治三三年）四月、これが神社局と宗教局に分立し、神社局は形式上ではあるが内務省の筆頭局となり、同局が所管する国家神道は実質的には国教的存在として、日本の軍国主義化を推進する有力なイデオロギーとなる。一九四〇年（昭和一五年）一一月には、神社局は神祇院として外局となり、いっそう肥大・強化されて、軍部が狂気の自爆戦争に日本を追いこんでゆくさいの手足となってはたらく[22]。この神社局―神祇院の組織的系譜の萌芽として、社寺局の出現に注目しておきたい。

なお、この時代に内務省で働いた官吏の数であるが、『大日本帝国内務省第一回統計報告』によると、一八八四年（明治一七年）のデータがもっとも古い。それによると、本省の官吏は一一七三、集治監・仮留監の官吏は一三二二である[23]。

本省官吏の局課別構成の分析は、次章で一八八六年のばあいをややくわしくみることにする。集治監は一八七九年（明治一二年）東京と宮城に設置された内務省直轄の監獄である。その設置の最初の契機は、西南戦争で賊徒として懲役以上の刑に処せられた者が、当時の受刑者総数の五％以上に及んだことであるといわれる。以後、八一年

（明治一四年）に樺戸に、翌年に空知に、八五年（明治一八年）に釧路に集治監が設置された。そのころ、内務省で働く官吏数が年々増加した主要な原因は、集治監の増設であった(24)。

（1）井上清『西郷隆盛』下、一九九五年、中公新書、一八八―一八九ページ。
（2）大久保利謙「内務省機構決定の経緯」『内務省史』第三巻、九四九―九五三ページ。
（3）『西郷隆盛』下、一九二―一九六ページ。
（4）「II幹部職員変遷表3明治4年8月―明治19年3月」大蔵省百年史編集室『大蔵省百年史』別巻、一九六九年、大蔵財務協会、三六―三七ページ。
（5）『大久保利通伝』下巻、一九六ページ。
（6）宮内庁『明治天皇紀』第三、吉川弘文館、一九六九年、一五〇ページ。
（7）勝田政治『内務省と明治国家形成』吉川弘文館、二〇〇二年、九一ページ。
（8）「内務省職制及事務章程、七年一月十日同二月一八日訂正ノ分」『法規分類大全』第一一巻、官職門［2］（第一編7―9）原書房、一九七八年、七四―七五ページ。
（9）「同（勧業寮、副田補記）事務章程」同右、七三二ページ。
（10）「警保寮事務章程」同右、三五〇ページ。
（11）『内務省と明治国家形成』一四三ページ。
（12）「内務省及び地方庁の機構の変遷」、『内務省史』第四巻、七四六―七四七ページ。
（13）「内務省機構決定の経緯」、九七五―九七六ページ。
（14）安藤哲『大久保利通と民業奨励』御茶の水書房、一九九九年、一三三―一三七ページ。
（15）「通史」一〇六ページ。

（16）「統一国家の形成と大蔵省　第一期（明治2年〜明治14年）」大蔵省百年史編集室『大蔵省百年史』上巻、一九六九年、大蔵財務協会、五三ページ。
（17）「第二節東京警視庁の頃」警視庁史編さん委員会『警視庁史　明治編』一九五九年、同委員会、三六ページ。
（18）「通史」七六ページ。ただし、（17）の文献は、東京警視庁の廃止について別の二つの理由をあげている。すなわち、それは、政府が租税の減額をはかるために行政機関の整理統合をおこなったが、その一環としてであった。また、士族の反乱の危険が高まるのに、各地方の警察力が微弱であったので、内務省は全国の警察を統一して、すべての警察権力を一手に握るために、東京警視庁をまず解体した。「第三節東京警視本署の頃」『警視庁史　明治編』一二三―一二四ページ。この二番目の理由は、当時の内務省と東京警視庁の関係をかんがえると、説得力にきわめてとぼしい。ここは、歴史家の大久保の説にしたがっておく。ただし、大久保は、東京警視庁の廃止について、ほかの場所では、『警視庁史　明治編』の所説を採用している。「通史」一一四ページ。
（19）「通史」一六〇―一六一ページ。
（20）厚生省医務局『医制百年史　資料編』一九七六年、ぎょうせい、六七一ページ。
（21）「通史」一〇五ページ。
（22）村上重良『国家神道』一九七〇年、岩波新書、一六五―一六七、一九六―二一〇ページ。
（23）『内務省統計報告第一巻（底本・大日本帝国内務省第一回統計報告（明治二〇年三月発行））』日本図書センター、一九八八年、三―四ページ。
（24）『内務省史』第三巻、六〇四―六〇七ページ。

4　初期内務省の財政

『内務省史』全四巻は、これまでのところ、内務省の歴史社会学的研究にとって、その内容がもっとも充実している資料である。もちろん、「通史」と一、二の章をのぞく大きい部分は元内務官僚たちが執筆しているので、内務省の歴史的功罪にかんしては、功のみをかたって罪にふれないという偏向があるが、これは官製史一般に共通することであり、われわれは、そのような制約に留意しつつ、これを資料としてもちいればよいとおもう。

しかし、ひとりの社会学研究者として『内務省史』を通読したときに、その偏向とは区別される、いまひとつの、さらにきわだってはなはだしい偏向があることに気付かされる。それは内務省の財政への関心の極度の欠落である。事実に即して述べよう。『内務省史』全四巻は、本文のみで合計三〇九五ページの大著である。そのうち、内務省の財政をあつかっている部分は、「第二篇内務省の行政」の第一部、「第一章概説」のうち、「第六節内務省の予算」のみで、この節の分量は二〇ページである。三〇九五ページのなかの二〇ページ、財政をあつかう部分は、本文全体の〇・六%にすぎない。この節の内容は、一八七四年（明治七年）、七六年（明治九年）、八六年（明治一九年）度、一九一二年（明治四五年）度、二六年（昭和元年）度、四四年（昭和一九年）度の、つまり二つの年と四つの年度の内務省の経費の決算書の紹介と若干の用語の説明のみである。(1) 内務省財政をつうじての内務行政の性格の特定やその歴史的変化の追跡、国家財政全体のなかでのその位置づけなどはまったくおこなわれていない。

ちなみにいえば、さきにいった「第一章概説」は全体で二七八ページ、全七節から成るが、各節のタイトルを列記すると、内務省の所管事務、内務省の機構、内務省の人事、内務官僚の特徴、内務省の執務体制、内務省の予算、内務省の行政運用の実際、である。この章をよんでいるだけでも、内務官僚は権限、組織、人事などにつよい関心をよせるが、財政にはさして関心をもたないという印象がぬぐいがたい。予算の二〇ページにたいして、人事には七三ページがつかわれている。『内務省史』第四巻の「第三篇資料」は五八五ページになるが、内務大臣訓示集、歴代内務本省・地方庁幹部一覧などが主で、予算・決算のデータはいっさいふくまない。この資料自体は便利なものであるが、ここまできっぱりと財政にかんするデータを締め出しているのをみると、内務官僚の価値意識の特異な一面が示唆されるのである。内務行政は財政的裏付けによって制約されることが少ないと意識しているか、内務行政に必要な財政的裏付けはかならず提供されると意識しているか。

われわれは、内務省の歴史社会学的研究にとって、その財政研究が不可欠の一環であり、それは職制や事務章程、法律や条例、政策や実践の記録などの分析がもたらす知見とは異なった、独自の知見をもたらすとかんがえる。そこで以下の各章では、その章でとりあげた時期の内務省の財政を分析する一節をかならずおくつもりである。

この財政分析のための統計資料としては、内務省の存続期間のほぼ全体にわたるものとして、私が知るかぎり、つぎの二つがある。すなわち、

(1)　『日本帝国統計年鑑』第一回から第五九回まで、および『日本統計年鑑』第一回の「財政」の部における「歳出経常部」、「歳出臨時部」、「特別会計」の内務省に関連する部分。カヴァしている時間域は一八七五年（明治八年）度から一九四七年（昭和二二年）度まで。ただし、年度により、分類名称の変動、統計の精疎のはなはだしい変化がある。

(2)　『大日本帝国内務省統計報告』第一回から第五二回までの「本省所管経費」および「土木費」、「警察諸費」など。カヴァしている時間域は一八八四年（明治一七年）度から一九四二年（昭和一七年）度まで。ただし、第五

一回と第五二回は、各局の経費をふくまないので、実質的にカヴァしている時間域は、一八八四年度から一九四〇年度までとなっている。

(1)は(2)に比較して、カヴァしている時間域が一六年間長い。また、くわしくはいわないが、(1)は(2)に比較して財政統計が集約されており使いやすい。この二つの理由で、以下では(1)を材料にしながら分析をおこなってゆくことにする。

最初に『日本帝国統計年鑑』のデータのつかいかたについて、ひとつ取り決めをしておきたい。この年鑑では、同一年の内務省財政の歳出のデータが、複数回出てきて、その都度数字が異なるのがふつうである。たとえば、一八八一年度（明治一四年度）のデータは、年鑑の第一回（明治一五年刊）ではとくに限定されず、第二回（明治一六年刊）でもとくに限定されず、第三回（明治一七年刊）では現計で、第四回（明治一八年刊）では決算で提示され、各回の数値がみな異なっている。このような事態にたいしては、原則として、最後に登場する数字をつかうことにする。

さて、初期内務省の財政の説明にさきだって、当時の会計年度の区切りを紹介しておきたい。内務省が省務を開始した一八七四年（明治七年）一〇月、政府は会計年度を特定年の七月からつぎの年の六月までとさだめ、七五年（明治八年）度からそれを実施した。この会計年度は、八四年（明治一七年）度までおこなわれ、八五年（明治一八年）度は八五年七月から八六年三月までの九カ月間という変則的な過渡期になり、八六年（明治一九年）度から同年四月から翌年三月までの会計年度となった(2)。したがって、内務省の創出期は、その二年目からは七月から翌年六月までの会計年度で、最後の年度のみが七月から翌年三月までの九カ月間ということになる。

一八七五年度から一八八五年度まで一一年間の内務省財政のうち、経常歳出と臨時歳出は表2-1と2-2のとお

経常部（1875-85 年度）（1000 円未満四捨五入）

1880/M13		1881/M14		1882/M15		1883/M16		1884/M17		1885/M18	
	%		%		%		%		%		%
1,444	10.5	1,018	13.0	572	6.3	639	6.0	637	6.0	497	5.3
1,348	9.8										
3,026	21.9	525	6.7	937	10.2	1,199	11.3	1,074	10.2	1,216	13.0
5,231	37.9	3,816	48.6	4,576	50.0	5,628	53.3	4,178	39.6	3,551	37.8
2,628	19.0	2,344	29.9	2,393	26.2	2,408	22.8	2,501	23.7	1,826	19.5
130	0.9	143	1.8	151	1.7	154	1.5	154	1.5	116	1.2
32	0.0			1	0.0						
				519	5.7	536	5.1	647	6.1	485	5.2
								1,348	12.8	1,697	18.1
13,809	100.0	9,204	100.0	9,149	100.0	10,564	100.0	10,539	100.0	9,388	100.0

歳出（1875-85 年度）（1000 円未満四捨五入）

1880/M13		1881/M14		1882/M15		1883/M16		1884/M17		1885/M18	
	%		%		%		%		%		%
		20	100.0								
		20	100.0								

りである。これらについて若干のコメントをつけようとするとき、最初に出会う制約は、表側の各費目のいっそう具体的な規定があたえられないので、かなり大まかな議論にとどまらざるをえないということである。

まず、経常歳出の合計額であるが、それは九〇〇万円台から一三〇〇万円台のあいだに分布する。その推移を追って、最初に目につくのは一八八〇年から八一年にかけての変化である。合計額は八〇年に一三八〇万九〇〇〇円で最高値となり、八一年には七八四万六〇〇〇円で最低値におちこむ。これを説明するための充分な資料はない。しかし、有力の要因として、勧農局、駅逓局、博物局、山林局が八一年四月七日付で農商務省に移管されたということがあるだろう。

経常歳出の費目別分析も一応試みてみたい。各年度においての上位五位は、少数の例外はあるが、一位＝府県費、二位＝警察費、三位＝府県営繕土

表 2-1　内務省財政一般会計歳出

	1875/M8		1876/M9		1877/M10		1878/M11		1879/M12	
		%		%		%		%		%
内務省	2,372	22.2	2,978	28.9	1,147	10.3	924	8.3	1,413	12.0
駅逓局					1,034	9.3	1,121	10.1	1,088	9.3
府県営繕土木費	1,566	14.6	1,540	14.9	1,744	15.7	1,926	17.3	1,997	17.0
府県費	5,075	47.4	3,709	36.0	3,976	35.7	4,123	37.0	4,406	37.5
警察費	1,686	15.8	2,081	20.2	3,017	27.1	2,899	26.0	2,630	22.4
神社費					169	1.5	123	1.1	126	1.1
内務省製作					29	0.3	2	0.0	69	0.6
内務省牧畜					21	0.2	19	0.2	31	0.3
内務省山林							17	0.2		
集治監										
府県徴税費										
計	10,699	100.0	10,308	100.0	11,137	100.0	11,154	100.0	11,759	100.0

表 2-2　内務省財政・臨時

	1875/M8		1876/M9		1877/M10		1878/M11		1879/M12	
		%		%		%		%		%
北海道石狩川改良										
内務省製作					193	81.4	40	45.5	157	82.6
内務省牧畜					44	18.6	48	54.5	33	17.4
計					237	100.0	88	100.0	190	100.0

木費、四位＝内務省、五位＝駅逓局か集治監となっている。

駅逓局は一八七七年度にあらわれ、八一年度に消えている。これは、さきにいったように八一年度から農商務省に局が移管されたためである。

また、内務省に先行した独立の官庁として、開拓使という存在があった。これは北海道の開拓のための官庁であったが、一九八二年二月八日に廃止されて、北海道に函館、札幌、根室の三県がおかれている。八一年の歳出では開拓使一三五万八〇〇〇円、府県費三八一万六〇〇〇円、両者の小計は五一七万四〇〇〇円、八二年の歳出では開拓使の分は消えて、府県費が四七五万六〇〇〇円である。このばあいは、事実上、開拓使が内務省に吸収されたとみるべきだろう。

集治監の費目は八二年度からあらわれるが、集治監自体は、前節で述べたように、一八七九年からのものであった。集治監の費用は、そこに勤務

表 2-3　（表 2-1 と表 2-2 の）資料出所一覧
（『大日本帝国統計年鑑』による）

年　度	決算・予算・現計	年鑑回数	刊 行 年	引用ページ
1875/M8	—	第 1 回	1882 年	pp. 568-571
1876/M9	—	同　上	同　上	同　上
1877/M10	—	同　上	同　上	同　上
1878/M11	—	第 2 回	1883 年	pp. 626-629
1879/M12	決　算	第 3 回	1884 年	pp. 798-801
1880/M13	同　上	同　上	同　上	同　上
1881/M14	同　上	第 4 回	1885 年	pp. 780-783
1882/M15	現　計	同　上	同　上	同　上
1883/M16	同　上	同　上	同　上	同　上
1884/M17	予　算	同　上	同　上	同　上
1885/M18	同　上	同　上	同　上	同　上

注：この時代の国庫歳出の費目の表示は後代のそれと大きく異なっている．そこで後代の表示を参考にしつつ，この時代の国庫歳出のうち，内務省が所管したであろうと推定される部分を抽出して，表 2-1, 2-2 を作成した．

する官吏の人件費をふくんで、当初は内務省の費目に入っていたが、それが一八八二年度から別途に計上されるようになったと推定される。八一年度に内務省一三・〇%、八二年度に内務省六・三%、集治監五・七%。

府県徴税費は一八八四年度からあらわれるが、これは八三年度までは府県費にふくまれていたものだろう。八三年度の府県費は五三・三%、それが八四年度には府県費三九・六%、府県徴税費一二・八%となっている。

以上をかんがえあわせると、この時代の内務省の経常歳出の主要費目は四つのグループに大別され、その構成比の小計は時代の後半でおよそつぎのとおりである。

(1)　内務省、約五%—一〇%。
(2)　府県費、府県徴税費、約五〇%。
(3)　警察費、集治監、約二五%—三〇%。
(4)　府県営繕土木費、約一〇%。

なお、集治監の費用と警察費をあわせてひとつにしたのは、集治監の内務省における所管部局が、七九年（明治一二年）四月以降、警視局、監獄局などであり、この時期の最後、八五年度には警保局の所管となっていたのを勘案したからである。このころ、監獄、集治監を警保局の所管にしたのは、囚人の集団脱走、監獄襲撃事件などがつづいて、警察行政と監獄行政が連携する必要があったからだといわれていた。

また、警察費にかんして、この時代に「国費地方費連帯支弁の原則」が成立し、これはその後、内務省が解体されるまで一貫して守られたので、ここで説明しておきたい。この原則は一言でいえば、府県の警察費は国費と地方費（当時は官費と民費ともいった。収入源泉でいえば国税と地方税）でまかなわれるというものであった。表2-1の表側にある「警察費」は、あらためていうまでもないが国費が負担する警察費である。その内訳は、表では省略されているが、一八八一年（明治一四年）度以降、「警視庁」と「三府各県」にわかれており、それらは当時、府県警察費にたいする「国庫ヨリ下渡金」と呼ばれた。一八八〇年以前にも、府県警察費は、国費と地方費でまかなわれてきたが、その割合は統一されていなかった。これにたいして、八一年（明治一四年）、太政官布告第一六号によって、府県警察費にたいする国庫からの下渡金の割合が、東京府のばあい総額の一〇分の六、沖縄県をのぞく京都府・大阪府と各県は地方税支出高の一〇分の三、とされた[3]。

この下渡金はつぎの時代には「警視庁」および「府県費」のなかの「警察費連帯支弁金」と名称をかえている。また、府県警察費の総額のなかのその割合、比率も時代によって変化する。これらについては、その都度ふれることにしたい。

（1）『内務省史』第一巻、七三九―七五八ページ。
（2）『大蔵省百年史』上巻、四一ページ。
（3）『内務省史』第二巻、六六六ページ。

5　革命の防衛と体制の維持

一八七四年から八五年にかけての内務省の創出期において、同省が直面した最大の政治的課題は、明治維新という政治革命によって誕生した近代国家を反革命の諸勢力の攻勢からどのようにして防衛し、維持するかということであった。近代史において誕生早々の革命国家が反革命勢力によって反撃をうけ、軍隊と警察によって反革命勢力を抑止しようとする対抗図式は一般的である。この対抗図式において警察のなかから政治警察が登場し、強力化する。創出期の内務省における警保局と東京警視庁、就中、後者でもこの現象は典型的にみいだされる。

明治国家に敵対する反革命諸勢力の主要な担い手となる階級は、士族階級と農民階級であった。士族は、幕藩体制において保持していた身分的特権をうばわれ、生活に困窮する者も多く、新政府の統治を憎悪し、各地で武力による反乱をおこした。農民は、地租改正などによって農奴身分から解放されたが、地租の過重と徴兵をはじめとする新しい社会制度に不満で、やはり新政府の統治に反抗して、各地で一揆が多発した。警視庁の警官隊は草創されてまもない国軍に協力して、士族の反乱と戦い、その過程から当時は国事警察と呼ばれた政治警察が出現する条件がつくられてゆく。農民一揆の鎮定には国軍が主として当り、旧士族に協力させたこともしばしばであった。士族階級の武力反乱は西南戦争でおわり、その後、不平士族は政治的反抗を政治的参加をもとめる自由民権運動として展開する。また、農民階級でも豪農層は、経済的実力に裏付けられた政治的要求を自由民権運動で表現することになる。ほかに、小農民、小作農、都市の貧民などで自由民権運動に参加する者もあった。明治政府は、内務省の政治警察によってこれらの運動と対決しつつ、抑止と譲歩を織りまぜて、国会開設を機軸とした政治体制の形成へと移っていった。

一八七四年一月一五日、東京警視庁が設置され、その長官は最初、大警視、警視長などと呼ばれたが、川路利良がそれらの地位に任ぜられた。川路はそれらの地位にひきつづき五年半ほどいたが、警察にかんする独自の思想と知識によって、同時代の日本の警察制度に大きい影響をあたえた。川路の警察思想をつたえる文献としては、かれがフランスから帰国した早々の「警察制度につき建議」を前章で紹介している。ここではいまひとつ、一八七六年の「警察手眼」をみておこう。これは長文のもので、警察制度の本質にはじまり、警察官の心得、各級警察官の任務、捜索の心得などを説いている。冒頭の「警察要旨」の一部を現代語訳で紹介する。

「(一)　行政警察は予防をもって本質とする。すなわち人民が過ちがないように、罪をおかさないように、損害を受けないようにしてやり、それによって人民の福利を増進することが必要である。

(二)　海陸軍は外部にたいして護る武器である。警察は内部にむかって補う薬や食物である。(敵国と戦争するときには、国家は強壮健全な筋力によって武器を自在に使用しなければならない。不断から保養していないと、身体が虚弱になり、武器を使用する気力がない)。個人の健康も国家の健康も原理は同じで、その維持は平常からの治療にかかる。したがって、警察の仕事がさかんになることは、わが日本帝国の健康をおおいに養うゆえんである。

(三)　一国は一家である。政府は父母である。人民は子どもである。警察は子守り役である。わが国のような文明化が進んでいない人民は、もっとも幼い子どもとみなさざるをえない。この幼児を生育するためには子守り役の看護によらねばならない。だから、警察は今日のわが国の急務とならざるをえないのが当然である。

(四)　警察官である者はよく行政・司法両警察の権限を理解するべきである。その一例をあげよう。人びとが争闘している。これを止めさせて和解させるのは行政の仕事である。すでに殺傷をおかした者を捕縛するのは司法の仕事である。二つの仕事が関連しており、ひとり（の警察官）が両方をおこなうとしても、二つははっきりと別のものである。

（五）（以下略）[1]」。

この理論武装によって、川路は日本の警察組織を整備し、それからの士族の反乱の時代にたちむかっていった。（一）で行政警察の本質は予防であるという。この行政警察を政治警察に限定すれば、その本質は反革命運動を未然に防止することである。専制政治の国家は厳しい法の支配がおこなわれており、人びとは思うところを発表しないので、秘密警察と間諜によって証拠を集めねばならない。（二）は、国家の暴力機構における軍隊と警察の関係である。後半、軍隊にとっての警察の必要が強調されている。（三）は、四カ条のなかではもっとも根源的な規定であろう。文章は平明であるからくり返さない。一言で要約すれば、パタナリズム（家族主義、恩情主義）にもとづく政治観、警察観である。これによって人民は容易に無権利状態におかれる。川路の文章では人民は幼児、警察官は保育者という比喩は毎度のように出てくる。（四）は、内務省が行政警察と司法警察をあわせて所管するようになったので、いわれている。かつて川路は、行政警察は内務省が、司法警察は司法省が所管するという構想をもっていた。

東京警視庁は、川路警視長以下、幹部は一一階級にわかれ、その下に約五三〇〇人の邏卒、巡査、番人が配属された。なお、同月二七日には邏卒をも巡査と改称しており、二月二日には巡査の定員を六〇〇〇人とさだめ、番人の制度を廃止して、そのうちの成績優秀の者を巡査として採用している。組織としては、東京府下全域を六つの大区にわけ、一大区をさらに一六の小区にわけ、各大区に警視出張所を、各小区には邏卒屯所ひとつ、邏卒分配所若干を設置した。この邏卒屯所は、のちに巡査屯所、分庁署、方面署、警視分署と改称され、最終的には警察署に落ちつくのだが、これは後述の警視庁再設置のおりのことである。巡査屯所のしたには交番所を設置した。一交番所の巡査定員は一二名、一八八〇年（明治一三年）一二月で、交番所三四九カ所、巡査総員四一〇七名という記録がのこっている。交番勤務は三班三交代の輪番制であった(2)。

一八七四年の東京警視庁における制度、規則などの新設の経過をみていると、川路を中心とした上層部がもっていた問題意識の一端が察せられる。まず、第一は警視庁の巡査の品行の維持である。一月二七日、太政官特達で「巡査懲罰令」と「黜陟《ちゅっちょく》令」が出されている。前者は規則違反や職務上の過失にたいする処分の規定であったが、屯所内の宿泊が義務づけられており、ふつうの日の飲酒の禁止、外出時は制服か洋服を着用することなど、きびしいものであった。警視出張所長の高官が宴会に芸者を呼んだということで即日免官という有様であった(3)。二月二八日の警視庁達第三〇号は「巡査行状心得ノ事」を巡査自守盟約として制度化したもので、やはり日常生活をきびしく規律している。この心得はきびしすぎて、警官たちのあいだで不満がたかまり、退職者が続出したので、のち川路の二度目の洋行中にかれの許可をえずに廃止されるのだが、初期警視庁の人事管理の第一関心は成員の品行の維持にあったとみられる(4)。

ついで、第二は警視庁の軍事的機能の強化である。七四年二月一〇日、川路は内務省に、警視庁に兵器を貯蔵して、一旦有事のさいは巡査に使用させ、凶徒の鎮圧にあたることを許可されたいと上申して、二〇日に許可されている。それによって、陸軍から六〇〇〇挺の小銃を借りて巡査の軍事訓練がはじまり、一〇月四日にはその訓練機関として警備編成所が新設された。のちに西南戦争に参加した警視庁警視隊にはここで訓練をうけた者が多かった(5)。

第三は、首都の日常的治安の確保である。警察の日常業務の主要なものとしては、二月二二日から戸口査察がはじめられており、当時はこれを戸籍調査といったが、犯罪の捜索、風俗の取り締まり、家出人の発見などに役立った。八月一九日、のちに警察手帳となる手帳の交付、一〇月三日、「犯罪人逮捕心得」を出して、現行犯以外の犯人の逮捕のための逮捕状を制度化している(6)。

なお、東京警視庁の創設にともなって、東京府下の官設の消防事務のすべては同庁が管轄することになった。当時の官設消防組は、消防組一組七〇人、三九組、ポンプ組一組三八人、四組で、総人員数は二八八二人であった。このほか、土手組と呼ばれる私設消防組があり、こちらの組員は不断は鳶仕事や土木作業ではたらいていて、火事場にも出た。官設消防組は、手当が低く、規律ばかりきびしくて、士気がふるわなかった。これにたいして、土手組は手当がよく、活気があったので、官設消防組から移ってくる組員も多かった。そこで警視庁は七四年一二月七日、内務省から追加予算をえて、官設消防組の手当を引きあげ、土手組から人員を編入して、屯所を府下に二五カ所設け、当直警戒の体制をとった。この屯所が二年後に消防分遣所になる。ただし、夜間勤務は最初のうちは規則どおりに守られず、巡査の見廻りが必要であった(7)。

また、地方の警察組織については、一八七五年（明治八年）三月七日、太政官達第二九号「行政警察規則」が公布された。これは、約言すれば、東京警視庁で成立した警察の概念規定、職務規程を、いくらか修正して、東京府以外の府県の警察組織に適用を命じたものであった。この年四月、内務省は各府県にたいして、各地方の警察の実情調査のために警保寮係官を派遣すると通知した(8)。これによって推察すると、当時、警保局は、東京府以外の警察の実態を充分には把握していなかったということになる。その六年後、一八八一年の地方警察のデータについてはのちにわずかにふれる。

士族反乱としては、内務省が省務を開始した直後、まず、江藤新平が首領となった佐賀の乱があった。大久保利通が指揮をとったその鎮圧にはさきにふれた。ついで、一八七六年一〇月には熊本で神風連の乱、福岡で秋月の乱、山口で萩の乱があいついでおこり、鎮圧されている。いずれの乱においても、東京警視庁の巡査部隊が現地に急派され、戦闘に従事した(9)。同年の年末には、茨城県と三重・愛知・堺県で地租改正にかかわる地価算定問題をめぐって、大規模な農民一揆がおこり、県吏、町村吏、銀行などが襲撃された。これらは鎮台兵や旧士族によってかろうじて鎮圧されたが、処罰された者は五万人を越えた。内務卿兼地租改正事務局総裁の大久保は、この民衆の反抗を緩和するために、地租を地価の百分の三から百分の二に軽減する建議を、一二月二七日に提出した。翌七七年(明治一〇年)一月四日、地租額を地価の百分の三から百分の二・五に軽減するという詔が出された(10)。農民の武力反抗は、地租の比率を地価の三分から二分五厘に引き下げたのである。当時、この政治的事件は「槍で突き出す二分五厘」とうたわれた(11)。

この減租によって、国庫の歳入は一五〇〇万円の減収になると見込まれた。この減収に対応するためには、各院・省の予算定額を削減して行政整理をおこなうほかない。大久保は、さきの建議にひきつづき、行政改革の建議をおこない、それまでの欧米モデルの行政機構づくりが日本の実力に不相応な過重の外飾になっていたと批判し、内務省についても六点の改革を提案したが、そのひとつに「警視庁ヲ廃シ内務省中ノ一寮トナスコト」があった。この改革案全体がどうとりあつかわれたかをくわしく述べることは他書にゆずる(12)。ここでは、さきの行政整理に動機づけられた警視庁廃止の提案は、一八七七年一月一一日、東京警視庁の実際の廃止、同庁の事務の内務省への移管、それを警保局にあわせての警視局の新設、内務省直轄の東京警視本署の新設などという結果になったことをいうにとどめる。初代の警視局長には川路が就任した(13)。

二月、鹿児島士族が西郷隆盛を擁して決起し、最後かつ最大規模の士族の反乱、西南戦争がはじまった。西郷軍は、鹿児島士族のほか諸藩の不平士族も参加して、兵員総数は三万余であった。政府軍は陸軍五万八〇〇〇、海軍二〇〇〇、これにくわえて、内務省は合計九五〇〇人の警察官部隊を戦場に送った。これは巡査隊、警視隊などと呼ばれ、警視隊から選抜された抜刀隊は、政府軍に脅威であった西郷軍の抜刀隊とよく対抗して、戦功が大きかった。川路は、三月一九日、陸軍少将兼大警視第四旅団司令長官（のち第三旅団司令長官）に任ぜられ、警視隊を率いて、つねに第一線で戦った。(14) しかし、かれは、さきに述べたように鹿児島藩卒族の出身であったので、住民たちの反感がかれに集中した。西郷軍は九月二四日、城山で最終的に潰滅したが、それにさきだって、川路は戦場をはなれざるをえなかった。(15)

士族反乱とかかわる以上の歴史的経過は、警察組織に二つの大きい影響をおよぼした。ひとつは、警察権を内務省が恣意的に行使することにより、法の守護者としての警察の政治的中立性が守られにくくなっていた。いまひとつは、一万人ちかい警察官が戦場体験をしてきたことにより、かれらの言動・心理に武断的偏向が生じて、人民の守護者の本分が失われがちになっていた。川路はこれを憂慮して、東京警視庁の内務省からの分立を望み、警察組織の再編成を模索して、一八七九年（明治一二年）一月には、そのためのヒントをもとめて、少警視・佐和正など随員五人とヨーロッパ諸国の警察事情の視察に出かけた。かれは、その旅行の途上で病を得、一〇月八日、帰国、一三日、死去した。(16) しかし、随員たちはパリにとどまり、佐和を中心にフランスの政治警察を集中的に研究しつづけた。(17) 井上毅は佐和に書簡を送り、国会開設の要求の噴出、その開設は意外に早いだろうこと、その要求演説制止に地方官が苦闘していること、そのあたりをしっかり研究してほしいと述べている。(18)

一八八〇年（明治一三年）八月二一日、佐和たち一行は帰国した。(19) 当時の日本は、国会開設の要求をめぐり、自由民権運動が最高潮に達していた。この年三月には、反政府的性格がつよい不平士族と豪農の政治結社・愛国社が大阪で第四回大会をひらき、全国から代表一一四人が、国会開設を要求する八万七〇〇〇人の署名をもって集まった。このとき、同社は国会期成同盟と改称し、四月一七日、河野広中、片岡健吉を代表として「国会を開設する允可を上願する書」を太政官に提出して、受け取りを拒否されている。しかし、政府はそこに動員された大衆の規模に大きいショックをうけていた。太政官は、一一月五日、佐和に少書記官を兼任させ、警察機構の現状分析と改革案の作成を命じた。佐和は、国事警察と普通警察を区分し、前者を重視するべきだとしたうえで、内務省警視局について、過度の中央集権制と軍事機能の肥大を批判し、警視庁の再設置を提案した(20)。これをうけて、大警視・樺山資紀を中心にした佐和など部下たち、ほかの高官たちの協議がくり返され、閣議は一二月二七日、つぎの改革案を決定した。(1)警視局はふたたび警保局に改変する、(2)東京警視庁を独立＝再設置する、(3)陸軍に憲兵を設置する(21)。

あけて一八八一年(明治一四年)一月一四日、中央と首都の警察機構の改革が、憲兵制度の新設とならべて発表された。大日方純夫は、この改革の意味を「警保局庶務規定」などの文書、警視庁の機構配置などからくわしく論じているが、その結論のみを紹介する。警保局は国事警察を行政警察とあわせて管掌し、集会・言論活動の取り締まりに重きをおいた。同局には国事警察を担当する部門として、安寧課が新設された。警視庁では内局の第一課が「国事上一般ノ警察」を、第二課が「政治ニ関スル結社集会、新聞雑誌並図書ノ刊行」などをあつかうとされた。総じて、警保局も警視庁も政治警察を強化する方向をはっきりと打ち出した(22)。

東京警視庁が再設置された時点における警察の組織と人員にかんするデータはつぎのとおりである。警視庁の長官は大警視から警視総監となった。その管下は四〇区にわけられ、各区に警察事務を担当する警察署と警察執行を担当する巡査屯所を置いた。(のち、一八八五年(明治一八年)七月三日、巡査屯所は廃止され、警察署に併合、一本化されている)。一屯所のもとに八巡査交番所を置き、一交番所には巡査六人を配置して、隔日勤務の体制をとった。警視庁の巡査定員は六〇〇〇人から三一六〇人とほぼ半減された[23]。ただし、新設された東京憲兵隊の隊員定数は一六一二人で、その約半数、八五三人が旧警視局からの転出であった。かれらは軍事訓練をうけ、西南戦争に動員された連中で、この措置によって、警察と軍事の混沌状態の解消がはかられた[24]。なお、東京府以外の府県のばあい、警察署は四一九、巡査は約一万八二八〇人前後とみられる[25]。

その後の政治状勢は、一八八一年一〇月、一〇年後の「国会開設の詔」、明治一四年政変による大隈重信の下野、板垣退助を総理として自由党結成、翌八二年三月、大隈を総理とした立憲改進党結成と進んだ。内務省と東京警視庁はこれらの動きに警戒心をとがらせ、一時、大隈が政府の顚覆を企てているというデマが生じたときには、警視総監・樺山資紀は、大隈派や民権派に多数の密偵を放って動向を探索している。やがて自由民権運動は暴動化の傾向をつよめ、八二年一一月、福島事件、八三年三月、高田事件、八四年五月、加波山事件、同年一〇月から一一月にかけて秩父事件などがあいついだ。秩父事件のばあい、県は山県内務卿に軍隊の出動を要請し、内務省はそれに応じて、鎮台兵・憲兵を出動させた[26]。

(1) 川路利良「警察手眼」加藤周一ほか編、由井正臣・大日方純夫校注『日本近代思想大系3　官僚制・警察』岩波書店、一九九六年、二四五ページ。
(2) 『警視庁史　明治編』四〇―四三、一七一ページ。
(3) 同右、六七―七〇ページ。
(4) 同右、八六―八八ページ。
(5) 同右、八〇―八二ページ。
(6) 同右、八三―八六、九三―九五、九九―一〇一ページ。

（7）藤口透吾・小鯖英一『消防一〇〇年史』創思社、一九六八年、七四—七五ページ。
（8）「通史」七五—七六ページ。大日方純夫『日本近代国家の成立と警察』校倉書房、一九九二年、一〇五ページ。
（9）「通史」一〇一—一〇二ページ。『内務省史』第二巻、五八八ページ。
（10）「通史」一一一ページ。
（11）福島正夫『地租改正』吉川弘文館、一九九五年、一九一ページ。
（12）「通史」一一一—一一二ページ。
（13）同右、一一四—一一五ページ。
（14）『内務省史』第二巻、八〇一—八〇二ページ。
（15）同右、九一六ページ。
（16）『警視庁史　明治編』一六一—一六二ページ。
（17）『日本近代国家の成立と警察』一二四—一二八ページ。
（18）井上毅伝記編纂委員会編『井上毅伝　資料篇第六』一九七七年、国学院大学図書館、二七五ページ。
（19）『日本近代国家の成立と警察』一三〇ページ。
（20）『警視庁史　明治編』一六三—一六四ページ。
（21）『日本近代国家の成立と警察』一三三ページ。
（22）同右、一三三—一三五ページ。
（23）『内務省史』第二巻、六〇六ページ。『警視庁史　明治編』一七〇—一七一ページ、一六六ページ。
（24）『日本近代国家の成立と警察』一三六ページ。
（25）『大日本帝国内務省第壹回統計報告』六七ページ、および『警視庁史　明治編』一七〇—一七一、一六六ページによって算出した。
（26）「通史」一五三—一五四ページ。

6　地方統治と地方議会

創出期における内務省の地方統治を観察するさい、最初のトピックは、一八七五年（明治八年）六月二〇日から東京浅草の東本願寺別院を議場にして開催された地方官会議であろう。その開催までの経過を略述しておくと、前年の七四年（明治七年）一月、台湾出兵が大久保利通、大隈重信の両参議主導で決定されると、木戸孝允はそれにさきだつ征韓論反対の趣旨にもとるとして強硬な反対論を唱え、五月に参議を辞任して下野してしまった。これは、政府の運営にとって大きな痛手であったので、大久保は木戸の政府への復帰をもとめて、七五年一月、大阪で木戸との妥協をはかる会談をおこなった。そのさい、木戸は復帰の条件として、元老院・大審院の設置と地方官会議の開催による政体改革を提案した。政府＝行政府にたいして、元老院と地方官会議が上院・下院相当の立法府となり、大審院が司法府となって、三権分立がおこなわれるという構想である。大久保はこの提案をうけいれ、四月一四日、元老院、大審院の設置と地方官会議の召集を約束した立憲政体樹立の詔が発せられた。(1)

第一回の地方官会議で議題とされたのは、(1)地方警察、(2)道路と橋梁、(3)河港道路修築規則、(4)堤防法案、(5)地方民会、であった。(2)この地方民会とは、当時の地方議会の名称であったが、木戸によると当時、七〇府県中、二九県が民会を開設しており、二二県は区戸長がその議員であり、七県は公選に似た方法で議員を選挙していた。二府二五県は民会を開設しておらず、ほかの府県は不明であった。(3)木戸は、府県会、区会など民会の必要をつよく感じており、これを議題にしたのも、各地でのその開設をうながす契機としたいという狙いからであった。(4)その政治的意図は、自由民権運動への一種の安全弁として、地方の豪農たちに政治的発言の場を制度的にあたえようとするところにあった。[5]ただし、このときには、木戸は、町村は規模が小さいものが多いので、町村会を一般に開設することは無理であるとみていた。[6]

一八七八年（明治一一年）三月一一日、内務卿・大久保は、太政大臣・三条実美にたいして「地方之体制等改正之議上申」という文書を提出した。これは、それまでの政府の地方統治政策の転換を提唱して、いわゆる三新法が制定される契機になったといわれている。当時の政治情勢は、前節でみたように、地租改正反対一揆の頻発、自由民権運動の高揚などによって特徴づけられ、国家官僚たちは政府が危機的状況にあると感知せざるをえなかった。上申書は、政治の安定を回復するには、地方統治のばあい、それまでの旧慣をまったく無視した官僚統治の強行をあらため、固有の慣習を重視して住民自治をとりこんだ制度を形成するべきであると主張した。たとえば、戸籍法による戸籍調査のため、地方の区画として区、大区、小区などを設け、区長、大区長、小区長などを置いてきたが、それらは数百年来の慣習である郡制をこわし、人びとに馴染まず、便宜も利益もなく、弊害があるのみである。古来の郡制を復活させて、それを行政区とするべきである。また、これまでの制度は、「行政ノ区画」と「住民社会独立ノ区画」が区別されていないので、官民がたがいに権利をおかし、費用の分担でも混乱が生じた。府県郡市は二つの区画の性質をもたせ、町村は「住民社会独立ノ区画」の性質のみをもたせたらどうか。ほかに地方官への分権や地方議会の開設、地方税による地方費の支弁の仕方などについても、積極的な論議をしていた。[7]

この文書は実際の起草者は内務大書記官・松田道之であった。これが提出された約二カ月後、五月一四日、大久保は暗殺され、後任の内務卿は伊藤博文となった。この文書を原案として、それを法制局大書記官・井上毅が修訂・整理して、「郡区町村編成法」、「府県会規則」、「地方税規則」のそれぞれの法案を作成し、それらが四月に召集された第二回地方官会議に上程され、さらに元老院会議で審議・修正されたうえで、七月二二日、太政官布告第

一七、第一八、第一九号として公布された。これらが三新法である。(8)

「郡区町村編成法」は全六条から成る。

「第一条　地方ヲ画シテ府県ノ下郡区町村トス

第二条　郡町村ノ区域名称ハ総テ旧ニ依ル

第三条　（略）

第四条　三府五港其他人民輻湊ノ地ハ別ニ一区トナシ其広潤ナル者ハ区分シテ数区トナス

第五条　毎郡ニ郡長各一員ヲ置キ毎区ニ区長各一員ヲ置ク（以下略）

第六条　毎町村ニ戸長各一員ヲ置ク（以下略）(9)」。

戸籍法のための大小区制は全廃され、府県の下部区画は郡区町村と定められた。このとき郡がはじめて行政区画になった。郡町村の名称は旧によらせることにした。井上は、のちに「地方政治改良意見」をかいて、一八八六年（明治一九年）までの郡村制度の沿革を述べたおり、この「郡区町村編成法」には、つぎの三つの利益があったといっている。すなわち、(1)大区小区の重複を省いて民費を節約した、(2)郡町村の旧称を復活させて習慣と調和させた、(3)郡長の職任を重くした。また小区の戸長を改めて一村の戸長とすることで自治の慣習を尊重する方向がいくらかなりととられることになった。さらに内務省は一八七八年八月二六日の達乙第五四号によって、戸長はなるべく公選された者を任命するようにと地方官に命じている。ただし、この法には欠点もあった。戸長を一村のなかから選ぶとかならずしも有能な人材がえられない、そのため徴兵・徴税などの事務がおくれるなど。(10)

前出の戸長公選の達は、一八八四年（明治一七年）五月七日の太政官達によって改められた。すなわち、

「戸長ハ府知事県令之ヲ選任ス但町村人民ヲシテ三人乃至五人ヲ選挙セシメ府知事県令其中ニ就テ選任スルコ

トヲ得ヘシ此旨相達候事」[11]。

これにあわせて、内務卿・山県有朋はつぎの三点を訓辞した。(1)戸長の管轄地域を広くした。数村の連合から数十村の連合まで。(2)戸長の俸給を引きあげて、人材を得やすくした。(3)これらによって行政の効率があがることが期待される[12]。

井上は、前記の意見のなかで、戸籍法の実施にたいして、郡区町村編成法の実施を第二改革、そうしてこの明治一七年の達と訓示を第三改革と呼んでいる。かれは、この三つの変革をひとつの流れのなかに位置づけている。それを理解するためには、井上の地方統治観、地方自治観の全体を一瞥することが必要である。

井上は、明治政府の地方統治の成功の果実の確認からはじめている。初等教育の普及、警察による犯罪取締まりと災害救助、交通、病院、公園などの整備。しかし、物事には二面性がある。地方統治の失敗の一例として、貧民、流民の発生がある。井上は前年の夏、小田原までの東海道を多くの流民が、老人や子どもをまじえながら、東京にゆけば食ってゆけるだろうと、歩んでいたのを目撃していた。かれらは郷里を捨ててきたのである。関西では多くの乞食をみ、餓死者の実態を聞いた[13]（このあたりのなまなましい描写は、井上が残した文章群のなかでもめずらしいものである）。このように問題提起をしてから、井上は、かれの地方自治観、村落社会観を簡潔に述べる。

一村の団結はその自治の精神に基礎づけられており、自治の団体はその首領によって代表されるのが自然の習慣である。ところが明治維新以来、政府がやってきたことは一村の首領の性質を変えてしまうか、これを廃止するかであり、これは歴史上の奇談というほかない。その結果は、一村の団結、自治の精神の衰弱である。かつては一村には一村の石高（地価、玄米収穫量に重点をおく土地表示法）があり、その一部を他村の人間に売却することは一村の恥辱であった。また退転者（破産して土地を立ち退く者）が出ることは一村の不名誉とされた。だから、村民たちは相互扶助して、村の土地と名誉を守ることを心掛けてきた。維新以来の政治には良いところが多々あったが、一村の団結、自治の精神を衰弱させたのは惜しまれるところであった。[14]

以上の井上の論議では、私の言葉でいいなおせば、行政の効率をあげる管理の原理と村落の団結をもたらす自治の原理が拮抗している。行政の主目標は徴税と徴兵であり、団結の主目標は農業生産と相互扶助である。明治政権の政策官僚のトップに立つ井上は、その行政のありかたを当然とし、管理の原理を絶対視する。しかし、かれは、その管理の原理が自治の原理を腐蝕させて、農民が村を捨てた歴史の経過を認めざるをえない。自治の原理をどう救済するか。この問題意識によって、井上は、戸籍法に管理の原理の行き過ぎを認め、郡区町村編成法に自治の原理のわずかな復活をみいだし、明治一七年の太政官達と内相訓示に管理の原理のふたたびの強力な貫徹を認めるのである。かれは、東海道を東京に向かう流民の群れの描写によって警鐘を鳴らし、現行制度のなかで自治の原理をいくらかでも回復する「弥縫」(井上本人の言葉)策を提案するほかなかったのである。[15]

「府県会規則」は全三五条から成る。一部を抄録する。

「第一章　総則

第一条　府県会ハ地方税ヲ以テ支弁スヘキ経費ノ予算及ヒ其徴収方法ヲ議定ス

第二条　(略)

第三条　(前略)会議ノ議案ハ総テ府知事県令ヨリ之ヲ発ス

第四条　(略)

第五条　凡ソ地方税ヲ以テ施行スヘキ事件ハ府県ノ会議ニ付シ其議決ハ府知事県令認可ノ上之ヲ施行スヘキ者トス若シ府知事県令其議決ヲ認可スヘカラスト思慮スル時ハ其事由ヲ内務卿ニ具状シテ指揮ヲ請フヘシ

第六条―第九条（略）
第二章　選挙
第十条　府県会ノ議員ハ郡区ノ大小ニ依リ毎郡区ニ五人以下ヲ選フ
第十一条、第十二条（略）
第十三条　府県ノ議員タルコトヲ得ヘキ者ハ満二十五歳以上ノ男子ニシテ其府県内ニ本籍ヲ定メ満三年以上住居シ其府県内ニ於テ地租拾円以上ヲ納ムル者ニ限ル但左ノ各款ニ触ル、者ハ議員タルコトヲ得ス
第一款　風癲白痴ノ者
第二款　懲役一年以上実決ノ刑ニ処セラレタル者
第三款（略）
第四款　官吏及教導職
第十四条　議員ヲ選挙スルヲ得ヘキ者ハ満二十歳以上ノ男子ニシテ其郡区内ニ本籍ヲ定メ其府県内ニ於テ地租五円以上ヲ納ムル者ニ限ルヘシ／但前条ノ第一款第二款第三款ニ触ル、者ハ選挙人タルコトヲ得ス
第十五条以下（略）」[16]。

この府県会の特性は二つある。ひとつは、その議定の範囲が地方税による予算の範囲とその徴収方法に限定されて、立法権があたえられていなかったことである。いまひとつは、地方税にかんする議決にしても、府知事・県令が認可してから実施されるということで、府知事・県令が府県会にたいして監督権をもっていたということである[17]。その監督権の最終的な権力源は内務卿にあった。自由民権運動は地方官と対等の立場にある自主的な地方議会を希求していたが、この府県会はそのような地方議会ではなく、その運動が要求していた政治参加を最小限で容認しつ

つ、残りの参加を抑止する防波堤であった。なお、議員となることができる被選挙人と選挙人の資格は、第一三条、第一四条のように限定されていた。

「府県会規則」は一八七九年（明治一二年）四月一部改正、翌八〇年（明治一三年）四月全文改正、府県会は議長名で決算報告の異議を内務卿・大蔵卿に上申する権限をあたえられるなどして、その権限がやや拡大された[18]。しかし、府県会がひらかれて二年ほどのあいだで、各地で府知事・県令と府県会の抗争が激化した。その基本的原因は、府県会に議員として地方有志、とくに豪農層が多数登場したが、かれらは国家権力から疎外された者として自己規定をおこない、権力欲にもとづく自己主張を民権論に託したところにあった。太政官の有力参議たちは府県会のありかたにたいして否定的な見解に傾き、その帰結のひとつが、一八八二年（明治一五年）に「府県会規則」にいわゆる原案執行の制度の規定がつけくわえられたことであった。これは、府県会が法律上議定するべき議案を議定せず、また会期内に議定しないときは、府知事・県令は内務卿に具状して、その認可をえて、これを施行することができるという制度であった[19]。

政府の外部にいた福沢諭吉の言動の推移から、この時期の府県会の実情の一端を描写しておこう。福沢は、早くから、地方分権を推進する立場から、府県会の設置を待望していた。「分権論」（一八七六年、明治九年）においては、地方分権の大略を説き、「通俗民権論」（一八七八年、明治一一年）においては、府県会の開設をまずおこない、ついで国会を開設するという政治的プログラムが提案されている[20]。府県会規則が発布され、一八七八年（明治一一年）一二月に東京府会議員選挙がおこなわれると、福沢は立候補し、当選した。翌年一月には、副議長に選ばれているが、これはうけなかった[21]。府会で民権論者を自称する議員たちの権力欲や嫉妬心にもとづく反権力的言動の過剰は、福沢を呆れさせた。二年後の「時事大勢論」（一八八〇年、明治一三年）において、かれは、府県会の開設が早すぎたのを「後悔する」[22]というにいたっている。

もちろん、福沢のことであるから、民衆のなかの政治熱の昂進を「百年の大計に於て祝すべし」、長期的にみれば結構なことであるというのは忘れない。その基本的原因は三つある。すなわち、(1)府県会の開設、(2)廃藩置県・地租改正による農民の富裕化、(3)小学校教育の普及による民衆の紛争好み、である。[23]ただし、府県会の現状のみをみれば困ったものだというほかはない。福沢のあげた一例を紹介する。

「某県の県会議員はおおよそ四〇名で、日当は一名につき一円である。かれらが、地方税の費目三〇〇円を増減することについて議論をし、その議案のみの討論に一五日をついやしたという。議員の日当はもとより民費（地方税）から出されるのだが、四〇名に一円で日に四〇円、一五日では六〇〇円になる。六〇〇円の民費をつかって三〇〇円の民費について議論する。さらに一五日という日数も金銭となる。金銭をつかい、精神をはたらかせて、結果はただよく施政を難渋させただけである[24]」。

「地方税規則」は、それまで府県税と民費として徴収した府県費と区費を、地方税にあらためると前置きして、全七条から成っている。第一条、第三条、第四条が重要である。

「第一条　地方税ハ左ノ目ニ従ヒ徴収ス

一　地租五分一以内／一　営業税並雑種税／戸数割」。

「第三条　地方税ヲ以テ支弁スヘキ費目左ノ如シ

一　警察費／一　河港道路堤防橋梁建築修繕費／一　府県会議諸費／一　流行病予防費／一　府県立学校費及小学校補助費／一　郡区庁舎建築修繕費／一　郡区吏員給料旅費及庁中諸費／一　病院及救育所諸費／一　浦役場及難破船諸費／一　管内限リ諸達書及掲示諸費／一　勧業費／一　戸長以下給料及戸長職務取扱諸費

表 2-4　連帯・郡・区部別地方税支出（予算）

単位：千円（以下切捨）

区　分	連帯地方税支出			区部地方税	郡部地方税		区部負担総額	郡部負担総額	
	区部(A)	郡部(B)	計	支出(C)	支出(D)	計	(A)+(C)	(B)+(D)	合計
1879/M12	—	—	—	—	—	—	348	82	430
1880/M13	—	—	—	—	—	—	401	87	488
1881/M14	444	59	504	298	84	382	743	143	886
1882/M15	426	56	483	316	121	437	743	177	920
1883/M16	464	59	523	265	94	359	729	154	883
1884/M17	446	56	503	298	88	386	745	145	890
1885/M18	341	43	384	243	72	315	584	115	699
1886/M19	426	63	489	338	89	427	765	153	918
1887/M20	466	75	542	358	92	450	825	168	993
1888/M21	558	91	647	362	97	459	920	188	1,108

資料出所：東京都財政史研究会『東京都財政史』上巻，p. 273.

各町村限及区限ノ入費ハ其区内町村内人民ノ協議ニ任セ地方税ヲ以テ支弁スルノ限ニアラス」。

「第四条　其年七月ヨリ翌年六月迄ヲ一周年度トナシ府知事県令ハ其年二月迄ニ地方税ヲ以テ支弁スヘキ経費ノ予算並地方税徴収ノ予算ヲ立テ翌年度ノ定額トナシ其府県会ノ議決ヲ取リ其年五月ヲ以テ内務卿及大蔵卿ニ報告スヘシ（後略）」[25]。

この「地方税規則」は地方財政についての最初の統一的法規で、それまでの各地で不統一であった地方税体系がこれにより統一、整序された。この規則の制定が地方財政制度史上にもつ意義はつぎのように整理される。(1)税源を規定し、かつ統一した、(2)地方税によって支弁するべき費目を指示し、統一した、(3)区町村かぎりの費用は区町村人民の協議費として、地方税からきりはなした[26]、(4)地方税の徴収に公法的保護をあたえた、(5)地方税の徴収と支出にかんする予算の編成について規定した、(6)府県会の地方税予算の議定権を確立した[27]。

三新法が施行されたあと、地方の行財政の実態はどうであったか。ここでは東京府のばあいを例示して、その一端をうかがうことにする。「郡区町村編成法」にもとづき、東京府は一五区六郡の構成に

表 2-5　財政規模の変化　(単位：千円)

区　分	歳出総額	指　数	歳入総額	指　数
1879/M12	431	100	429	100
1880/M13	453	105	484	113
1881/M14	1,233	286	1,304	304
1882/M15	1,307	303	1,412	329
1883/M16	1,233	286	1,282	299
1884/M17	1,297	301	1,297	302
1885/M18	1,023	237	1,067	249
1886/M19	1,583	367	1,630	380
1887/M20	1,324	307	1,472	343
1888/M21	1,450	336	1,531	357

資料出所：『東京都財政史』上巻，p. 276.

表 2-6　重要経費別構成　(単位：円)

区　分	総　額		警察費		土木費		教育費		その他	
	金　額	構成比	金　額	構成比	金　額	構成比	金　額	構成比	金　額	構成比
1879/M12	430,579	100.0	76,025	17.7	83,864	19.5	24,342	5.6	246,348	57.2
1880/M13	453,417	100.0	50,034	11.0	119,310	26.3	20,092	4.4	263,981	58.3
1881/M14	1,233,073	100.0	632,781	51.3	171,855	13.9	7,441	0.6	420,996	34.2
1882/M15	1,307,002	100.0	667,844	51.1	189,473	14.5	5,514	0.4	444,171	34.0
1883/M16	1,233,270	100.0	688,190	53.4	166,580	13.5	12,417	1.0	366,083	32.1
1884/M17	1,297,156	100.0	685,173	52.8	179,035	13.8	22,463	1.7	410,485	31.7
1885/M18	1,022,655	100.0	503,812	49.3	179,035	17.5	14,108	1.4	325,700	31.8
1886/M19	1,583,195	100.0	665,834	42.1	222,943	14.1	17,062	1.1	677,356	42.7
1887/M20	1,323,608	100.0	691,209	52.2	210,422	15.9	30,498	2.3	391,479	29.6
1888/M21	1,449,899	100.0	750,582	51.8	229,557	15.8	58,698	4.1	411,062	28.3

資料出所：『東京都財政史』上巻，p. 277.

なった(28)。新たに任命された区長の多くは華士族で(29)、この点は農村部における自治の尊重と逆の傾向をみせている。「地方税規則」の施行にあたっては「三部経済制」がとられた。これは、府財政の内部で市部と郡部が別個に財政をおこない、ほかに市・郡に共通する事務は市郡連帯財政をおこなうという仕組みであった(30)。これは「郡区地方税分離条例」によって規定されたが、その必要の理由としては、(1)郡部は農村、区部は市街でそれぞれの社会状態が異なっており、別個の財政を必要とする。(2)一五区は旧江戸府内で、旧来より緊密な一体制をもち独立して財政をおこなう力をもっている。(3)六郡は土地は広く、地価は区部とほぼ同じだが、人家が少ない。郡区で同一の課税方法をとれば、郡部の負担が重すぎる。(4)首府としての公共施設の整備には莫大な費用がかかるが、郡区の財政を分離しておかないと、郡部の負担が重すぎる[31]。三部経済制が実施されたのは、東京府のほか大阪、京都の二府と神奈川、愛知、兵庫、広島の四県であった。それらの府県会では、区部と郡部のそれぞれから選出された議員のみから構成される区部会、郡部会を設置し、区部または郡部のみにかんする案件はそれらの部会で審議し、区部・郡部に共通する案件は府県会で処理した[32]。

東京府のばあいに戻って、連帯・郡・区部別地方税支出は、表2-4のとおりである。一八八二年（明治一五年）度を例示すると、総額九二万円、これを一〇〇％とすると、支出先別では市郡連帯に五二・五％、区部に三四・三％、郡部に一三・二％、となる。また、負担者別では、市部が八〇・七％、郡部が一九・三％、である。東京府財政の全体の財源のうち主だったものは、この地方税と国庫下渡金・補助金である。ほかに備荒儲蓄金、共有金、寄付金などによる経費があった[33]。財政規模全体の変化は表2-5のとおりで、一〇年間で、歳出は三・四倍、歳入は三・六倍に拡大している。一八八一年（明治一四年）度に大幅の増額がみられるが、この理由は、表2-6の重要経費別構成の年次推移からあきらかである。同年、警視庁が再設置されたのはさきに述べたとおりであるが、それまでは東京府の警察事務の費用のほとんどは国費でまかなわれていたのに、警視庁の費用は東京府経費でまかなわれるとされたのである。同年度の東京府の一般会計の歳出総額一二三万三〇七三円、そのうち警察費は六三万二七八一円、総額の五一・一％、これ以後、東京府経費の五〇％前後がつねに警察費として支出される。ただし、八一年度から八八年（明治二一年）度までは、東京府の警察費総額の一〇分の六は国庫下渡金であった[34]。

（1）『大久保利通伝』下巻、四〇一—四二〇ページ。

(2)「通史」九五ページ。
(3)『松菊木戸公伝』下巻、一八四七ページ。
(4)「通史」九七ページ。
(5)同右、九八ページ。
(6)『松菊木戸公伝』下巻、一八四四ページ。
(7)大久保利通「地方之体制等改正之儀上申」日本史籍協会編『大久保利通文書』一〇、東京大学出版会、一九六九年覆刻（一九二九年発行）、一一三―一二三ページ。
(8)「通史」一二六―一二七ページ。
(9)『法令全書第一一巻』一九七五年（復刻原本一八九〇年）、原書房、一一―一二ページ。
(10)井上毅「地方政治改良意見」井上毅伝記編纂委員会編『井上毅伝　史料篇第一』国学院大学図書館、一九六六年、四八二ページ。
(11)内閣官報局編『法令全書』（第一七巻―一）、原書房、一九七六年、一七三ページ。
(12)「地方政治改良意見」二三九ページ。
(13)「地方政治改良意見」四七四―四七六ページ。
(14)同右、四八一ページ。
(15)同右、四八二ページ。
(16)『法令全書』第一一巻、一二―一四ページ。
(17)「通史」一三〇ページ。
(18)同右、一三一ページ。
(19)同右、一四四―一四五ページ。
(20)福沢諭吉「分権論」富田正文ほか編『福沢諭吉選集』第五巻、岩波書店、一九八九年、四四―四八ページ。福沢

「通俗民権論」前出書、九八ページ。
(21) 「福沢諭吉年譜」福沢諭吉著、富田正文校訂『新訂　福翁自伝』岩波文庫、一九九六年、三四二―三四三ページ。なお、この副議長の件について、『内務省史』第一巻一三一ページで、大久保利謙が、福沢が議長に選ばれたと書いているのは誤りである。
(22) 福沢「時事大勢論」『福沢諭吉選集』第六巻、岩波書店、一九八九年、一〇ページ。
(23) 同右、一三―一四ページ。
(24) 同右、一八ページ。
(25) 『法令全書第一一巻』一六―一七ページ。
(26) 大石嘉一郎『近代日本の地方自治』東京大学出版会、二〇〇一年、二〇―二一ページ。
(27) 「通史」一二九ページ。
(28) 東京都財政史研究会『東京都財政史』上巻、二四八ページ。
(29) 同右、二四九ページ。
(30) 同右、二五三ページ。
(31) 同右、二六五ページ。
(32) 同右、二五四ページ。
(33) 同右、二七九ページ。
(34) 同右、二七八ページ。

7　医術開業試験と伝染病対策

一部をくりかえすが、長与専斎は一八七一年（明治四年）から七二年（明治五年）にかけて岩倉使節団の一員として、欧米諸国の医学教育を調査するうちに、「国民一般の健康保護を担当する特種の行政組織」が各国に存在することに気付いた。それは当時の日本では知られていなかった行政組織であった。帰国後、長与は、七三年三月に文部省医務局の二代目の局長に就任し、局の事業はその行政領域であるとおもいさだめ、最初の仕事として医制の作成にとりくみ、七四年（明治七年）八月、医制は公布されるにいたった。翌七五年（明治八年）六月二二日、文部省の医務局は内務省にうつされて医務局、のち第七局となり、七月一七日、衛生局と改称された。これにともない、長与は第七局長、初代衛生局長となった。ここまではすでに述べている。

この局名改称について、長与は、後年、自伝のなかでつぎのように述べた。元来、医務の二字は本局の事務にふさわしくないところがあった。まして医務局が文部省から内務省にうつされたとき、医制のうちの医学教育は文部省にのこしたので、ますます本局の事務の意味と医務という言葉はずれてしまった。医制を起草したおりには、原語を直訳して健康とか保健の文字をもちいてみたが、それでは露骨にすぎて面白味がない。ほかの妥当な語はないだろうかとおもいめぐらして、『荘子』の「庚桑楚編」に衛生という言葉があったのを思い出し、その原義からはややはなれるけれども、字面は高雅だし、発音しても悪くないので、これを健康保護の意味につかうことにして、衛生局という名称をさだめた。衛生は本局の事業の全般をさす言葉としたが、いまは一般に通用する言葉となっており、自然とその意味も人びとに広く滲透しており、この思いがけない成功に、私はこのうえない満足の想いで

ある。(1)

長与は、衛生局長の職位に、一八七五年（明治八年）から一八九一年（明治二四年）まで、実に一六年間いた。かれはその間、文字通り衛生局を牽引してはたらいたが、その初期の一〇年間はわれわれがいう内務省の創出期にほぼ属する。この一〇年間の衛生局の仕事のうち、主だったものは、コレラ、赤痢などの伝染病の大流行にたいする対策と、医術開業試験をつうじて西洋医学を学んだ医師を多数育成したこと、それに日本薬局方の制定であった。衛生局が設置されて最初の二年間は伝染病の流行がなかったので、長与たちが最初に問題として意識したのは、西洋医学を学んだ医師たちの出現にたいする全国の三万余の漢方医たちによる抵抗であった。

医制は医師の開業が許可される条件を四とおりにさだめていた。すなわち、(1)医学卒業の証書をもっている、(2)内科、外科、眼科、産科など専門の科目で二年以上実地の経験をもっている、(3)医師として従来開業してきている、(4)医制発行後に開業する者は試験（医術開業試験）に合格する、である。(2)その試験は一八七五年にまず三府でおこなわれ、七八年（明治一一年）にはほぼ全国でおこなわれるようになった。表2-7、2-8をみられたい。七五年には医師の総数は二万三二八四人で、試験に合格した者はわずかに二五人である。翌七六年には総数がいきなり三万一二六八人にはねあがっているのは、前記の条件の(2)、(3)による駆け込みの申請によるのではないか。七九年（明治一二年）と八〇年（明治一三年）のデータは、総数や前者の試験免許医と後者の内務省免許医が同数であるので、同一のデータであると推測される（たとえば、それを年度と年で二度つかっているとか）。八〇年のばあいでいうと、総数三万八三二二人、内務省免許医は二三七一人、総数の六・二％、そのうち試験に合格した者は一三九六人、試験不順者九七五人。試験不順者とは、一八七七年八月の内務省達「医術ヲ以テ奉職スル者ハ試験ヲ須ヒス免状交付」における、明治維新以来、医術によって官庁や公立病院に奉職し、主として医療あるいは教授の任に

表 2-7　医師数の推移（その1）（1874-79 年）

年　次	総数	試験免許	漢医	洋医	漢洋医	和医	和漢医	和洋医	和漢洋医	流派未詳
1874/M7	28, 262		23, 015	5, 274						
1875/M8	23, 284	25	14, 807	5, 097	2, 524	25	33	12	17	744
1876/M9	31, 268	200	20, 568	6, 402	4, 098	…	…	…	…	32, 361
1877/M10	33, 503	1, 142	…	…	…	…	…	…	…	34, 182
1878/M11	35, 999	1, 817	…	…	…	…	…	…	…	35, 951
1879/M12	38, 322	2, 371	…	…	…	…	…	…	…	…

資料出所：厚生省医務局『医制百年史（資料編）』1976 年，ぎょうせい，p. 571．表 2-8 も同じ．

表 2-8　医師数の推移（その2）（1880-83 年）

年　次	総数	内務省免許医			府県免許医	専門医			
		試験	卒業	試験不順者		歯科	眼科	産科	整骨科
1880/M13	38, 322	1, 396		975	35, 951				
1881/M14	37, 127	1, 762		837	32, 952	139	586	525	326
1882/M15	41, 612	2, 281	202	912	36, 373	191	701	565	387
1883/M16	39, 669	2, 833	393	919	33, 761	170	685	556	352

あたっている者は、志願によって試験をうけずとも免状をあたえるという規定によるものであろう[3]。この内務省免許医以外は府県免許医で、これは三万五九五一人、このうち約三万人余が漢方医で、前記の条件(3)によるものであろう。

　内務省免許医は、毎年数百人ずつ増加していっているが、一八八三年（明治一六年）でも四一四五人で、総計三万九六六九人の一〇・四%にしかすぎない。しかし、漢方医たちは西洋医学による医術開業試験にたいして、執拗に攻撃して止まなかった。これは社会が西洋医学の効果を次第に認識してゆき、漢方医学が衰運にむかっているからであった。長与は、さきの条件(3)によって、漢方医たちの診療活動を妨げないように配慮したが、その社会の大勢は必然的であった。かれは漢方医たちの攻撃の的になった苦しさを、つぎのように書き残している。

　漢方医たちは、中世以来、父子師弟相伝して医業を一家の私業としている。かれらは、みな深く家学を崇信し、西洋の事物はおしなべて忌み嫌い、頑迷な宗教信徒のようである。自分は、かれらが医師としてやってゆけるように配處したが、かれらは落ち目を自覚し、漢方医の系譜を保存するために朝野を奔走してきた。論難、哀訴、はなはだしいときには恐嚇の手段さえとるものがあり、皇族をふくんだ権力者にはたらきかけて、漢方医を見捨てるべきではない、漢方医のための資格認定をする国家試験の制度をつくるべきだといわせるものさえいる。数年のあいだ、自分は四面からの攻撃にさらされ、ひとりで論争、説明の責任者となり、疲れはててしまった。自分がやった仕事のうちで、医術開業試験の制定ほど意想外に心を苦しめ、苛だたせたものはない(4)。

効果的な医療がおこなわれるためには、有能な医師たちを養成するのにあわせて、良質の薬品が供給されねばならない。これについては当時の日本はつぎのような状態にあった。旧幕時代、オランダから輸入される薬品はオランダ政府が日本政府に送ってくる条約品で、きわめて良質のものであり、それを舶来といった。ところが、明治維新から数年たって、外国貿易が自由におこなわれるようになると、各地の港には利にさとい商人たちが集まり、薬品をはじめ、書籍、織物、器具、玩具、なんでも手あたり次第に外国人商人から買いとって、雑貨店をひらいて売りまくり、巨利をおさめた。なかでも西洋の薬品はもてはやされて、しかも取締まりがないので、日本人商人は廉価の薬品を注文する、外国人商人はこれにおうじて粗製あるいは贋造の品物を輸入する。舶来の薬品として粗悪なものが多量に売買され、東洋向き仕入れなどと呼ばれるにいたっていた(5)。

衛生局は、この状態を解消するために、東京府、京都府、大阪府などの司薬場で、薬品を購入しようとする者はだれでもそれをもちこんで無料で検査をうけることができるようにした。また、重要な薬品のいくつかをあげて、それらの粗悪品を販売した者は重い罰をうけることになるという布達を出し、そのほかにも薬品の取締まりにかんする規則をつくった。しかし、それらでは、粗悪品の弊害がひどくなりすぎるのを防止するのみであり、日本の薬局方の一定の標準がないので、検査のさいには他国の薬局方のひとつに合格していればすべて許可することになり、同一の薬品に強弱精粗の程度があることが避けられず、それが利用者にとって不便であり、危険であることとさえあった。このため、「自国供用ノ薬品ヲ定メ之カ品位強弱ノ度ヲ制スル」ため日本薬局方を定めて、医薬品の規格の統一をはかる必要が次第に認識されるにいたった。一八八〇年（明治一三年）一二月五日、内務省は中央衛生会に日本薬局方編纂掛をおいて、その仕事にとりかからせた。長与はこの編纂委員たちのひとりとしてはたらいた。そこでつかわれた原案は、前年に長与が司薬場の二人の外人教師に命じて起草させたものであった。日本薬局方が完成するのは、八六年（明治一九年）に入ってからのことである(6)。

さて、開国すれば、鎖国時代に比較して、外国からの伝染病の侵入の機会が増えることは必然的である。内務省創設以後、すでに一八七四年（明治七年）四月から天然痘の大流行などがあったが、きわだって猛威をふるったのは、七七年（明治一〇年）からのコレラの大流行であった。この年は、八月に清国厦門《アモイ》でコレラが流行し、これが長崎、横浜に伝播して、日本でもその年から三年にわたっての大流行となった。長与は清国駐在の日本領事から厦門での事態について急報をうけ、船舶検査の手続き、避病院の設置などを調べて、それらについて外務省に照会をした。ところが、英国公使が不平等条約によってこの船舶検査を拒否し、その交渉に時日をついやしているあいだに、病気が長崎、横浜に侵入してしまった(7)。日本の当時の国際的地位の低さが、コレラの伝播を防止しようとする衛生官僚たちの手足を拘束したのである。

くわえて、さきに述べたように、この年は西南戦争があり、九月に西郷軍は城山で潰滅したのであった。勝利をおさめた政府軍は、長崎から神戸に艦船で運ばれてきたが、その船中で多数のコレラ患者が発生した。政府は地方官に命令して将兵の上陸を阻止するため説諭をさせたが、凱旋の軍隊は享楽を望んで上陸を急ぎ、将官がその先頭に立つ有様で、コレラに感染した、さもなくともコレラ菌に汚染された多勢の将兵が、神戸港に上陸してしまった。

その結果、コレラは神戸、大阪、京都、大津と拡がり、ついには全国での大流行となった。(8)このときのコレラ患者については、七七年では総数一万三八一六人、そのうち死者は八〇二七人、総数の五八・一％、七九年では総数一六万二六三七人、そのうち死者は一〇万五七八六人、総数の六五・〇％という統計がのこっている。このあとも八二年（明治一五年）と八六年（明治一九年）にコレラが大流行し、それぞれで死者数は三万三七八四人、一〇万八四〇五人であった。(9)

このほか、一八七八年（明治一一年）には赤痢の流行もあった。これらの伝染病の大流行は国民的災厄であったが、衛生行政の発達の契機ともなった。一八七七年の「虎列刺《コレラ》病予防法心得」は伝染病予防の先駆となるもので、海港検疫、避病院、届出、交通遮断、消毒などのくわしい規定を設けている。その基本的発想は、海外から伝染病が入ってくるのを海港の検疫で防止し、伝染病患者が発生すると、医師はその旨を官憲に届出し、患者は避病院に隔離し、患者の住居や日用品・排泄物などは消毒し、交通を遮断して住民が避病院や患家に近づくのを禁止するというものであった。(10)この基本的発想はのちの伝染病予防法にうけつがれてゆくが、その種の法規の代表的存在が一八八〇年（明治一三年）の「伝染病予防規則」および「伝染病予防法心得書」であった。

「伝染病予防規則」は、伝染病としてコレラ、腸チフス、赤痢、ジフテリア、発疹チフス、天然痘の六つを法定し、そのほかの流行病も勢いが烈しいときには、この規則を適用するべきであるとした。規則の内容は、さきの「虎列刺病予防心得」のとおりである。(11)「伝染病予防法心得書」は、伝染病は一旦大流行すると救療しがたく、大量の死者を出す惨状となるので予防こそが大事であるといって、その方法が四つあるという。(1)清潔法、病毒の発生、蔓延の原因を除去する、(2)摂生法、体中にある病毒を拒否する機能を強化する、(3)隔離法、病体、死体、その排泄物などを隔離する、(4)消毒法、病毒を伝送するものを火や薬品で消毒する。この四つの方法が具体的にくわしく説明されている。(12) なお、予防のための実務の担当者としては、医師、衛生官吏、警察官吏、郡区町村吏、衛生委員などがあげられているが、警察官が主役となることが多かったようである。

（1）長与専斎「松香私志」小川鼎三・酒井シズ校注『松本順自伝、長与専斎自伝』平凡社、一九八〇年、一三九ページ。
（2）「医制」第三七条、厚生省医務局『医制百年史資料編』ぎょうせい、一九七六年、四一ページ。
（3）同右、五二ページ。
（4）「松香私志」一四五―一四七ページ。
（5）同右、一六〇―一六一ページ。
（6）同右、一六一―一六三ページ。
（7）同右、一六八―一六九ページ。
（8）同右、一六九ページ。
（9）厚生省医務局『医制百年史資料編』ぎょうせい、一九七六年、五四五ページ。
（10）「虎列刺病予防法心得」『医制百年史資料編』二三九―二四一ページ。
（11）「伝染病予防規則」同右、二五〇―二五一ページ。
（12）「伝染病予防法心得書」同右、二五二―二五四ページ。

8　築港と疎水

内務省の前史から創出期にかけてのわが国の国土開発政策、土木政策の基本的骨格を理解するにあたり、それらの政策が成立するさいの前提条件が二つあるとかんがえられる。そのひとつは、当時の日本経済が輸出・輸入をつうじて世界経済のなかで占めていた地位であり、いまひとつは士族階層の多数の経済的困窮とかれらに就業機会をあたえる授産政策の必要であった。

当時の日本経済は、不平等条約によって関税自主権をもてず、そのうえに自由貿易を強制されたので、低率の関税で欧米諸国の工業製品が大量に流れこみ、それによって、国内産業の崩壊、金貨の急速な流出などが生じ、貿易の不均衡とその結果に苦しんでいた。この状況のなかで、日本側の劣勢の輸出をそれでも辛うじて支えていたのが生糸、繭、養蚕などの生糸類であった。明治時代の最初の二〇年間で、日本からの輸出総額のうち生糸類の輸出額が占める構成割合は、表2-9のとおりである。その割合は、最初の五年間は平均して五六・八%であり、以後、低下してゆくが、各五年期とも平均四〇%台を維持していた。この生糸類の圧倒的大部分は横浜から輸出されていた。生糸類の各産物で全国輸出高のうちに占める横浜輸出高の割合は、内務省の省務が開始された一八七四年（明治七年）を例示すれば、生糸で九九・七%、のし玉（玉糸、屑糸をふくむ）六八・九%、真綿一〇〇・〇%、蚕種九九・九%、である。また、内務省の創出期の最後の年、一八八五年（明治一八年）を例示すると、さきの四産物の順序で一〇〇・〇%、九四・八%、八四・四%、一〇〇・〇%、である。そうして、これらの生糸類の地域別生産高では、生糸のばあいをいうと一八七六年（明治九年）から七八年（明治一一年）までの平均では、一位・上野《かみつけ》、二位・信濃、三位・武蔵、四位・岩代、五位・羽前で、上位三国が関東、つぎの二国が東北に属する。[1] 要するに、この時期、東日本の生糸類が横浜港から輸出されて、幼弱な日本経済の主力となっていた。

内務卿・大久保利通は、一八七八年三月六日、「一般殖産及華士族授産ノ儀ニ付伺」を太政大臣三条実美に提出した。以後の一〇年間の国土開発政策に大きい影響をおよぼした文書である。

前文では殖産興業と士族授産の必要が確認されている。すなわち、一国の物産を改良し、国民が産業に安心して従事することができるようにし、国家の活力を創出することが政治の最重要課題である。とくに農業はわが国の根

表 2-9　生糸類輸出額の輸出総額に占める割合

	①輸出総額（千円）	②生糸類輸出総額（千円）	②/①×100（%）
1868/M1	15, 553	10, 364	66. 6
1869/M2	12, 908	8, 639	66. 9
1870/M3	14, 540	7, 246	49. 8
1871/M4	17, 968	9, 919	55. 1
1872/M5	17, 026	8, 203	48. 1
1868-72			56. 8
1873/M6	21, 635	10, 898	50. 3
1874/M7	19, 317	6, 601	34. 1
1875/M8	18, 611	6, 469	34. 7
1876/M9	27, 711	16, 210	58. 4
1877/M10	23, 348	10, 667	45. 6
1873-77			45. 6
1878/M11	25, 988	9, 436	36. 3
1879/M12	28, 175	12, 191	43. 2
1880/M13	28, 395	11, 065	38. 9
1881/M14	31, 058	13, 428	43. 2
1882/M15	37, 721	19, 261	51. 0
1878-82			43. 2
1883/M16	36, 268	18, 562	51. 1
1884/M17	33, 871	13, 281	39. 2
1885/M18	37, 146	14, 473	38. 9
1886/M19	48, 876	20, 300	41. 5
1887/M20	52, 407	21, 920	41. 8
1883-87			42. 4
1888/M21	65, 705	28, 783	43. 8
1889/M22	70, 060	29, 250	41. 7
1890/M23	56, 603	16, 737	29. 5
1891/M24	79, 527	32, 175	40. 4
1892/M25	91, 102	39, 914	43. 8
1888-92			40. 4

資料出所：松浦茂樹『明治の国土開発史——近代土木技術の基礎』鹿島出版会，1992 年，p. 5.

源的基礎であるが、それが衰退しつつあるので、いますぐ回復の必要がある。また華士族の状態をみると、ほとんどが恒産をもたず、怠惰な生活をつづけ、鬱屈して不平ばかりいっている。いまこれを解消しなければ、いつか国家にははなはだしい災厄をもたらすであろう。そこで内務省に授産局を置いてその仕事にとりかかろうとしたところで、西南戦争がおこってしまい、それを遂行することができなかった。しかし、このたび戦争が終ったので、一般殖産の方法をたて、華士族に授産をすすめ、農事を改良し、国家の活力を振興し、成長させたい。経費の概計は六〇〇万円だが、九割はいずれ返済される予定である。財政が苦しいおりだが、将来のことをかんがえると、迷っている暇はない。

提案は三つにわかれているが、最初の二つは華士族（二族）救済のための開墾政策であった。(1)地方官に適当な土地を選定させ、行政がその開墾に必要な土木工事をおこない、家屋や農作業に必要な物品を備えたうえで、二族のなかで遠近から移住を望む者にそれらを給貸して、仕事をさせる。移住する戸数は一万三〇〇〇戸を目標とする。(2)また、二族でその居住地より一里内外で通うことができる場所で開墾をしたいと希望する者には、官有荒蕪地を貸与し、仕事をさせる。これらの開墾計画にもとづき具体的に進められた事業の代表例が安積《あさか》疏水事業であった。

また、三つ目は、一般殖産についての提案で、(3)資本金三五〇万円を内務省に備え、各地方の固有の物産の保護改良と運輸の便の整備につかうとした。後者については、やるべきことは沢山あるが、とくに重要なものが七つあるとして、それらを列挙している。すなわち、①宮城県の野蒜港の築港、②新潟港の改修、③越後から上野への道路の建設、④茨城県茨城郡北浦と湖沼をつなぎ那珂港にいたる大谷川運河の開削、⑤阿武隈川の改修、⑥新潟県の阿賀川の改修、⑦印旛沼より東京への運河の開削。(2)

これらの七つはいずれも東北地方の水陸運輸の便をはかるものであり、その前提としてこの時期、大久保が東北地方の開発を最重視していたことがあった。その重視の主要動機は三つあり、ひとつは生糸生産を中心とした農村工業の振興であり、二つ目は戊辰戦争の敗者となった奥州地方の懐柔であり、三つ目は奥州士族の反乱に備えて西日本から士族を移住させ屯田兵としても機能させようとしたことである。(3) 安積疏水事業では九州の旧久留米藩の士族が移住してきていた。なお、さきの七つの工事では、③のみが道路の建設であり、あとはすべて船舶による輸送体系のための港湾の築造・改修と河川の改修、運河の開削である。これらの事業の代表例は七つの筆頭にあげられた野蒜港の築港であった。

大久保は東北地方の開発構想においてオランダ人のお雇い土木技術者たちを重用した。かれらのなかの主だった人物のひとりがファン・ドールンであるが、かれは一八七二年（明治五年）に来日し、利根川・淀川などの低水工事（舟運整備）ではたらき、安積疏水事業に技術的権威づけをおこない、野蒜築港も計画している。内務行政の他分野では、医療ではドイツから、鉄道ではイギリスから、農業ではアメリカから技術者・専門家を招いたのに、河川・港湾のみで、なぜオランダ人を招聘したのだろうか。これについては松浦茂樹にくわしい考証があるが、大筋のみいうと、初代土木局長、石井省一郎―左院小議官、細川潤次郎―大阪府知事、後藤象二郎―オランダ人医師、A・F・ボードウィンという人脈によったということである。(4) ほかに、オランダが火山国インドネシアを植民地とし、水利開発を急速に進めていたことが、その招聘を必然的にしたともいわれている。

オランダ人技術者たちは船舶による輸送を推奨して大久保に重用されたが、これにたいして、イギリス人技術者たちは鉄道による輸送を推奨して、伊藤博文、大隈重信に重用された。もっとも、鉄道建設は巨額の費用を必要とし、伊藤たちが東京から横浜、京都にいたる鉄道に費用を注ぎこんだので、大久保は東北地方の開発のためには舟運に依存せざるをえなかったという見方もある。

内務省創出期における国土開発政策の代表的事業として野蒜港の築港と安積疏水の開削の過程をみておこう。

一八七六年（明治九年）六月から七月にかけて、大久保は明治天皇の東北巡行の先駆けとして、東北地方の視察をおこなったが、そのおり、鳴瀬川の河口部と外海を近くの山の上から見ている。(5) このとき、その河口部に港をつくるという案を聞いたのであろう。かれは帰京したあと、石井省一郎、ついでファン・ドールンを現地に派遣して調査をおこなわせた。翌年一月にドールンはもう一度現地にゆき、二月に鳴瀬川河口部に野蒜港を築港することが適当だという結論を上申した。また、この地域の港湾として歴史的に大きい役割をはたしてきた石巻港は、北上川から吐き出される土砂によって水深が安定を欠くという理由によって否定された。(6) 政府も、野蒜港のメリットとして、南は宮古島によって半分が外海から保護されている、西は松島湾に通じ三里で塩釜にゆける、東は石巻にゆくのに北上河口をとおって五里ほどである、鳴瀬川自体が改修すると水運に利用しうる、などといった。(7)

野蒜港の築港は、ドールンが計画・設計し、オランダから新たに招聘されたファン・マイトレクトが施工を指導した。その全体は七とおりの工事によって構成された。すなわち、(1)鳴瀬川の河口内における内港（繫泊地）の建設、(2)内港より海に通じる港口と運河の築造、(3)鳴瀬川の切替および締切り装置の設置、(4)野蒜より北上川に通じる北上運河の開削、(5)松島湾に通じる東名運河の開削、(6)新市街地の建設、(7)雑工事。一八七八年七月に北上運河の工事が、七九年七月に港口工事がそれぞれ着工された。港口の二本の突堤は、オランダ土木技術の特色である粗《そ》朶沈床《だちんしょう》でつくられている。これは粗朶をくみたて、それに石をのせて沈める工法である。現地は多くの工夫が集住し、かれらを相手にする歓楽街もにぎわって、華々しい開発ブームがおこった。第一期工事は八二年（明治一五年）にほぼ完成し、一〇月三〇日、内務卿、山田顕義が出席して、落成式が挙行された。築港費は最終的には六八万三〇〇〇円におよんだ。しかし、粗朶沈床という工法は外海に開いた波浪の烈しい深水海岸に適しておらず、工事中から沈床の流出がくり返しおこっていた。また、漂砂によって港口の水深が減少していた。[8] やがて、八四年(明治一七年)秋、台風による暴風雨のため、港湾の東側突堤の大半が破壊され、突堤間は土砂で閉塞され、船舶が出入りすることができなくなり、内港機能が失われてしまった。そのまま、野蒜港は放棄された。[9]

この放棄の原因については諸説がある。(1)石井省一郎は後年、一九二七年(昭和二年)の座談会で、その放棄は金がなかったからか、設計が悪かったからかときかれて、「金が無かったからです。金があれば出来たのです」と答えている。第二期工事に入って、外港をつくるために宮古島の端から突堤を出そうとしたら、予算が一七万円しかなく、とても足りないというと、政府はびっくりしていたといっている。[10] (2)しかし、広井勇は、ドールンが漂砂の存在を見落としていたことなど事前の調査の不充分さ、外港のための防波堤の長さを過少に見積もり、第二期工事にまわしたこと、不適切な粗朶沈床の工法をとったことなどから、かれの「築港ニ関スル知識ヲ疑ハサルヲ得サルモノナリ」と酷評している。[11] (3)また、田村勝正は、前記の二つの理由があったにせよ、いったんは完成した野蒜内港がただ一度の突堤流出で放棄されてしまった背景にはより本質的な問題があるという。それは「政府の港湾投資を受容できなかった、東北全体の後進地的構造と、それにもとづく経済力・起業力の弱さ」[12] である。

安積疏水事業のきっかけも大久保の東北地方の視察にあった。その途中、かれは、福島県典事、中条政恒が着手していた安積原野の一部の大槻原の開拓現場を視察し、中条から開拓の経過を聞いた。そのときに、猪苗代湖の水を山々にトンネルをうがって安積原野に引いてこれたらという地元農民たちの年来の夢についても聞かされたであろうとおもわれる。かれは帰京したのち、東北地方に有力な開墾地をもとめて、内務属・南一郎平と高畠千畝を派遣し、調査をさせた。かれらは青森県から栃木県にかけて現地調査をおこない、猪苗代湖から用水を導水しておこなう安積原野の開拓がもっとも有望であると大久保に報告した。その後、西南戦争がおこって、この件は一時中断されたが、戦役終了後、一八七八年（明治一一年）三月、大久保は、「原野開墾之儀ニ付伺」を太政官に稟議し、この仕事に着手し、奈良原繁を御用掛として現地に送った。(13)

現地では南が中心となり、調査・計画がおこなわれていた。その疏水計画の重要課題は二つあり、ひとつは安積原野と猪苗代湖のあいだの山地にどのようにして導水するかという技術的課題であり、いまひとつは猪苗代湖からの既存の灌漑用水取水者との水利調整という社会的課題である。松浦は、第一の課題の解決のためにドールンが主導的役割をはたしたという従来の定説を退け、南がその役割をはたしたこと、かれは、そのための能力、体験を一八六六年（慶応二年）から七〇年（明治三年）までの広瀬井堰疏水工事でえていたこと、つまり安積疏水の開削工事は改良された日本の伝統的技術によって可能になったこと、ドールンの指導はその技術に近代科学による権威づけをあたえたにすぎないことを、くわしく論証している。(14)また、第二の課題の解決は、江戸時代であれば各藩の利害が対立して困難であっただろうが、明治国家という中央集権国家の出現が重要な与件になったという。(15)

疏水の工事は、一八七九年（明治一二年）三月に着手され、八二年（明治一五年）一〇月一日に通水式がおこなわれて完成している。その後も付属工事がつづき、八四年（明治一七年）六月までに総費用、四〇万七一〇〇円が支出された。その成果は、八八年（明治二一年）三月で、灌漑面積が古田三三二一町歩、新田一八三九町歩、計五一六〇町歩となっている。(16)これは輝かしい成果というべきだろう。ただし、この疏水開設にともなう安積地域への入植計画では、当初、二四八五戸の入植が計画されていた。しかし、移住した士族の総戸数は四七二戸で、当初の計画戸数の一九・〇％、そのうち明治期末まで残留していたものは八七戸、当初の計画戸数の三・五％であった。(17)帰農による士族授産の困難さの一端がしのばれるのである。

(1) 松浦茂樹『明治の国土開発史――近代土木技術の礎』鹿島出版会、一九九二年、三―八ページ。
(2) 大久保利通「一般殖産及華士族授産ノ儀ニ付伺」『大久保利通伝』下巻、七四〇―七四四ページ。
(3) 前掲『明治の国土開発史』一六―一七ページ。
(4) 同右、四八―五七ページ。
(5) 同右、六五―六六ページ。
(6) 広井勇『日本築港史』一九二七年、丸善、二二ページ。
(7) 同右、二三ページ。
(8) 同右、二四―三〇ページ。
(9) 『明治の国土開発史』七三ページ。
(10) 「明治初年の築港座談会」『港湾』第七巻第一二号、港湾協会、一九二九年、三五ページ。
(11) 前掲『日本築港史』三四―三五ページ。
(12) 田村勝正『開発の歴史地理』大明堂、一九八五年、一四二ページ。
(13) 『明治の国土開発史』八五、八七―八八ページ。
(14) 同右、八四、八八、九三、九八―一〇二ページ。
(15) 同右、一〇一ページ。
(16) 農業土木学会『農業土木史』同学会、一九七九年、七一ページ。
(17) 同右、七二、七三ページ。

9　国家神道の形成

太政官時代の内務省の宗教行政にとってもっとも大きかった出来事は、神道界における祭神論争の処理とその帰結としての神道における祭祀と宗教の分離であった。のちに祭祀としての神道は国家神道、宗教としての神道は教派神道と呼ばれることになるので、この用語法にしたがえば、国家神道はこの時代に成立したことになる。国家神道は政府によって国教にかぎりなく近い扱いをうけ、国民生活に大きい影響をおよぼした。それによって、信教の自由が実質的に侵害される事例も多く生じた。しかし、政府は、国家神道は祭祀であって宗教ではなく、したがって国教であるはずはないと強弁しつづけた。それらの歴史的事例については後続する章で叙述する。

国家神道という用語にわずかに言及しておきたい。阪本健一の『明治神道史の研究』は、神職の神道研究者によってかかれた、標題にかんする代表的文献の一冊であるが、祭祀としての神道と宗教としての神道を区分して神社対教派神道といっている。これによってみるかぎり、教派神道は神道の内部から出た用語であるが、国家神道はそうではない。[1]国家神道という言葉の比較的早い用例としては、私が知るかぎり、敗戦直後のGHQによるいわゆる「神道指令」におけるものがある。これは本書第七章で論じられる資料であるが、そのなかにSTATE SHINTOという言葉があり、国家神道と訳されている。ただし文中には国家神道の用例がすでにあるという一節があるので、この指令の用例が最初であると判断することはできない。[2]『内務省史』では、第二篇第一部第二章「神社行政」の末尾に「神社の国家管理（国家神道）制度」という用例が一度だけある。[3]

さて、厳密にいえば、本章であつかう事柄であったが、叙述の都合で、前章で国民教化運動の中止まで語っておいた。すなわち、一八七五年（明治八年）、仏教側の強硬な反対により、教部省は神仏合同布教による国民教化運動を中止するところに追いこまれ、そのための組織、大教院は解散された。その解散が必至であるという見込みがたった同年三月、神官教導職は、神道の半公的な中央機関として神道事務局を設立した。同局には教義がたがいに異なる神道各派が集まっていたが、政府は神道国教化政策を後退させ、信教の自由を容認する方向に転じ、神道自体の国民教化は伸び悩むという外圧の強化のもとで、各派の教義上の争いが深刻化していった。それが内紛のかたちをとって暴発したのが、一八七九年（明治一二年）のことであった(4)。

その年、神道事務局の神宮遥拝所が東京府の日比谷に設けられることになったが、その祭神をめぐって衝突が起った。くわしいいきさつの紹介は省略するが、伊勢神宮の大宮司である田中頼庸がひきいる伊勢派は、祭神は造化三神と天照大神《アマテラスオオミカミ》であるべきだと主張した。造化三神とは、日本神話によると、天地開闢のはじめ、高天原にあらわれて万物を経営した三神、天御中主神《アメノミナカヌシノカミ》、高皇産霊神《タカムスビノカミ》、神皇産霊神《カミムスビノカミ》、である。天照大神は、高天原の主神で、皇室の祖神であり、天皇はその子孫であるとされた。これにたいして、出雲大社の大宮司である千家尊福がひきいる出雲派は、さきの四柱に大国主神《オオクニヌシノミコト》をくわえて、五柱を祭神とするべきであると主張してゆずらなかった。大国主神は幽冥界の主宰神である。幽冥界は一般に冥土、黄泉、あの世のことである(5)。

対立する両派の主張の背景には、伊勢神宮系の神道が天照大神を中心とした教義をもつのにたいして、出雲大社系の神道は大国主神を中心にした教義をもつという事情があった。神社神道の有力二派は、教義と自尊心をかけて抗争せざるをえなかった。また、学派神道のなかでは本居宣長、平田篤胤の系譜から出た復古神道で教義が比較的よく整備されていたが、その教義では神道は顕幽二界、すなわち現世と死後の世界にかんする教えであるとされていた。そこでは幽冥界は霊魂の世界として理想化されていた。千家たちは、その教義をも援用しつつ、民衆に死後の生を保証して安心立命をあたえるためには、顕界を主宰する天照大神と並んで、幽界を主宰する大国主神を祀るべきだと説いた。これにたいして、田中たちは、神道事務局発足時に前出の四柱と八百万《やおよろづ》の神々を合祀するという決定があったことを楯にとり、大国主神は八百万の神々のなかに入っているのだから、その名を特記する必要はないと対抗した(6)。この内紛はやがて事務局の管長の選定をめぐる人事の争いなどをも誘発した(7)。

世論は神道事務局のこの内紛を醜態とみたにちがいない。民族文化を代表する有力宗教が祭るべき神はだれかという教義の根幹部分について、仲間割れして争っているのである。政府は神道の権威を守らねばならなかった。そのためにとられた行政措置の事実経過はつぎのとおりである。一八八一年（明治一四年）一月、政府は勅命によって東京で神道大会議を開き、神宮及官国幣社宮司、神官教導職六級以上など一八〇名を招集して、この紛争の結着をはかった。議長は元老院議官岩下方平、御用係は内務省社寺局長桜井能監がつとめた。会議に先立ち、有志議員のあいだで、祭神と管長について天皇の裁定を仰ぐべきだという見解が出て、これが議員全体の意見となった。会議ははじまると、さしたる論議もなく坦々と進み、二月二〇日につぎの裁定が天皇から出された。

一、遥拝所の祭神は宮中に奉斎するすべての神霊である。その神霊は、天神地祇、賢所、歴代皇霊である。わずかに説明をつけると、天神は高天原からわが国土に降臨した神々とその子孫であり、地祇は国土を守護する神々で、天孫降臨以前にこの国土に土着して一地方を治めていた神々である。賢所はこのばあいは天照大神の別称であろう。歴代皇霊は歴代の皇族の霊魂である。この判定は全体として伊勢派の主張の採用である。

一、一品幟仁親王を神道事務局総裁に任ずる。

一、議官岩下方平を副総裁に任ずる(8)。

この勅裁によって紛争が落着したのち、ほぼ一年たって、一八八二年（明治一五年）一月、内務省は神官と教導職を分離する達を発した。神官は司祭の職分にあって、神社で奉仕し、祭式を公務としておこなう。教導職は宗教家の職名であり、霊魂の安着を説き、教旨を宣布して、人びとを導くとされた。祭神論争はこの二つの区分がおこなわれなかったところから生起し、神社に祭られる神々を寺院に安置された仏や菩薩のような信仰、祈禱の対象と混同させる結果をもたらした。神道における宗教と祭祀の区分を徹底させて、宗教としての神道は諸宗教のひとつであり、宗教にかんしては国民に信教の自由を認めるが、祭祀としての神道は天皇とすべての国民が一致しておこなうべきである。このような見解にもとづき、神官は葬儀をおこなうこと、説教をすることなどを禁じられた。神官教導職の大多数はこの政府見解に反対したが、政府は妥協しなかった[9]。それは結果として、神道が実質的に国教化するのを助け、信教の自由の原理にもとづく批判から神社を守ることになった。

阪本健一の論文「神官教導職の分離――明治神道史上の一問題」は、八一年の神道大会議から八二年の神官教導職の分離までの歴史的経過にかんするくわしい記録をふくんでいる。これを味読すると、その筋書きをかいた有力官僚のひとりは、当時の社寺局長、桜井能監であったことが透視される。かれは、神官と教導職の分離についても、神道大会議の直後に松方正義内務卿に提案し、判断を請うている。ただし、阪本は、ほかにも多くの官僚たち、政治家たちが桜井と共通する見解をもっていたとみている[10]。

なお、以上では書ききれなかったことであるが、祭祀としての神道によって国民の連帯をはかる発想の政治的背景としては、自由民権の主張が高まり、キリスト教が普及し、国会開設が約束されて、天皇の権威が次第に低下してゆくのではないかという危機感が支配階級にあった。一八八一年（明治一四年）一二月、神道事務局総裁の幟仁親王は参内して、つぎの上奏書を天皇に提出しているが、そこにはそれらの危機感が列挙されている。

「近年、西洋学がおこなわれて、諸事盛大になったことの数が多いのですが、民間では心得違いの者もあらわれ、ついには西洋の国風まで移しきており、国体にかんしていうべきでないことを唱える者も出てきかねません。すでに君民同権にして忠義は片意地をはっているだけという説が聞かれ、あるいはキリスト教の信者のなかに陛下の御写真を粗末にとりあつかったという噂もあり、まったくの虚説ともおもいますが、このようなことをいう雰囲気になっているのかと嘆息しております。（中略）今日、開化の説が主張される折柄、頑固とおかんがえになるであろうと恐れ入りますが、国体を維持するためには、敬神よりほかはないとおもっております。あおぎ願くば衆議を問われず、陛下の御聖断によって敬神の道を立てることができれば、皇国はもちろん海外までも皇威が輝くとかんがえております。ことに国会開設の期限も言明されたことですし、ただいまの有様では世界に比べるものなく卓絶した皇統の御威光も自然衰えるであろうと、日日を不安、心痛の状態で過しております」[11]（現代語訳）。

また、国家神道の性格について今後の論議のために必要最小限の言及をしておきたい。宗教学者たちは国家神道を「不出来な人工宗教」とみて、批判的言説を多く発表してきた。一例を村上重良の『国家神道』にもとめてみよう。かれは、祭神論争から祭祀としての神道の成立までにふれて、つぎのように結論している。「祭神論争における出雲派の後退は、宗教へのつよい指向性をそなえていた復古神道の教義の、神道界における地歩喪失を意味した。体系的な教義をもち宗教としての内容をそなえた神道へと展開する道は、この段階で、事実上、閉ざされた」[12]。キリスト教、仏教などの世界宗教を基準にして、国家神道を評価するならば、たしかにこのようにいうことができよう。

しかし、つぎのような見方も可能であると問題提起をしておきたい。一般的にいって、政治革命に成功したあと、革命政権が革命の理想を表現するために、人工宗教を創出したという事例は少なくない。一八世紀、アメリカ独立革命のあと、ワシントン以来の歴代の大統領は、就任演説において、窮極の主権は神にあるとくりかえし言及してきた。その神はプロテスタント教会の神でもカトリック教会の神でもなく、あえていえば人工宗教としてのキリスト教一般の神である。R・ベラーは、そのキリスト教を市民宗教と呼んだ[13]。また、同じ一八世紀のフランス革命では、ジャコバン・クラブの宗教的儀礼が著名である。ロベスピエールは諸宗派の信仰のすべてを普遍的な自然宗教に統一するべきだと主張して、最高存在の崇拝という人工宗教を構想した[14]。二〇世紀に入ってからのロシア革命、中国革命は、革命成功後まもなく、スターリン崇拝、毛沢東崇拝などを生み出した。これらの個人崇拝は人工宗教である。一九五六年、ソ連共産党第二〇回大会においてニキータ・フルシチョフは、秘密報告「スターリン批判」の冒頭で、個人崇拝を定義して「ある特定の人物を殊更に持ち上げ、その人物を神にも似た超自然的能力をもつ超人に仕立てあげること[15]」（傍点は副田）といった。神にも似た超人と現人神とは酷似する。社会主義社会の個人崇拝は個人独裁を可能にしており、くわしくいうゆとりはないが、その背後には共産党の一党独裁、プロレタリアートの一階級独裁の理論があった。スターリンへの個人崇拝は、かれの死後、かれの肉体をミイラ化して、参拝の対象にするところにまでゆきついた。以上に列挙した革命政権の人工宗教はいずれも儀礼的・儀式的性格が、つまり祭祀的性格が濃厚である。

　国家神道は一九世紀に民族革命に成功した明治政府が創始した人工宗教である。それは歴史的にみると、前後の世紀に類似例を少なからずもつのである。このような視角を選ぶとき、新しく見えてくるものはなにであろうか。

（1）　阪本健一『明治神道史の研究』国書刊行会、一九八三年、八七ページ、ほか。

（2）　「国家神道、神社神道ニ対スル政府ノ保証、支援、保全、監督並ニ弘布ノ廃止ニ関スル件、昭和二十年十月十五日、

終戦連絡中央事務局経由日本政府へ連合国最高司令官総司令部覚書、同司令部参謀副官発第三号（民間情報教育部）」佐藤秀夫編『続・現代史資料10　教育、御真影と教育勅語3』みすず書房、一九九六年、一五二―一五五ページ。

（3）『内務省史』第二巻、六〇ページ。

（4）『明治神道史の研究』七七―八〇ページ。

（5）同右、八一ページ。村上重良『国家神道』岩波新書、一九七〇年、一一六ページ。

（6）下田義照「祭神論の起因と其結末」神道学会『神道学雑誌』第四号、一九二八年五月、九六―一〇三ページ。

（7）『明治神道史の研究』八一ページ。

（8）同右、五三六―五三七ページ。

（9）同右、五三八―五三九ページ。

（10）同右、五三七ページ。

（11）同右、八六ページ。

（12）『国家神道』一一七ページ。

（13）R・ベラー、河合秀和訳「アメリカの市民宗教」、ベラー『社会変革と宗教倫理』下巻、未來社、一九七三年、三四三―三六〇ページ。

（14）J・M・トムソン、樋口謹一訳『ロベスピエールとフランス革命』岩波新書、一九五五年、一五〇―一五二ページ。

（15）志水速雄『フルシチョフ秘密報告「スターリン批判」全訳解説』講談社学術文庫、一九七七年、一五ページ。

第三章　内務省の確立

1885. 12. 22–1901. 6. 2

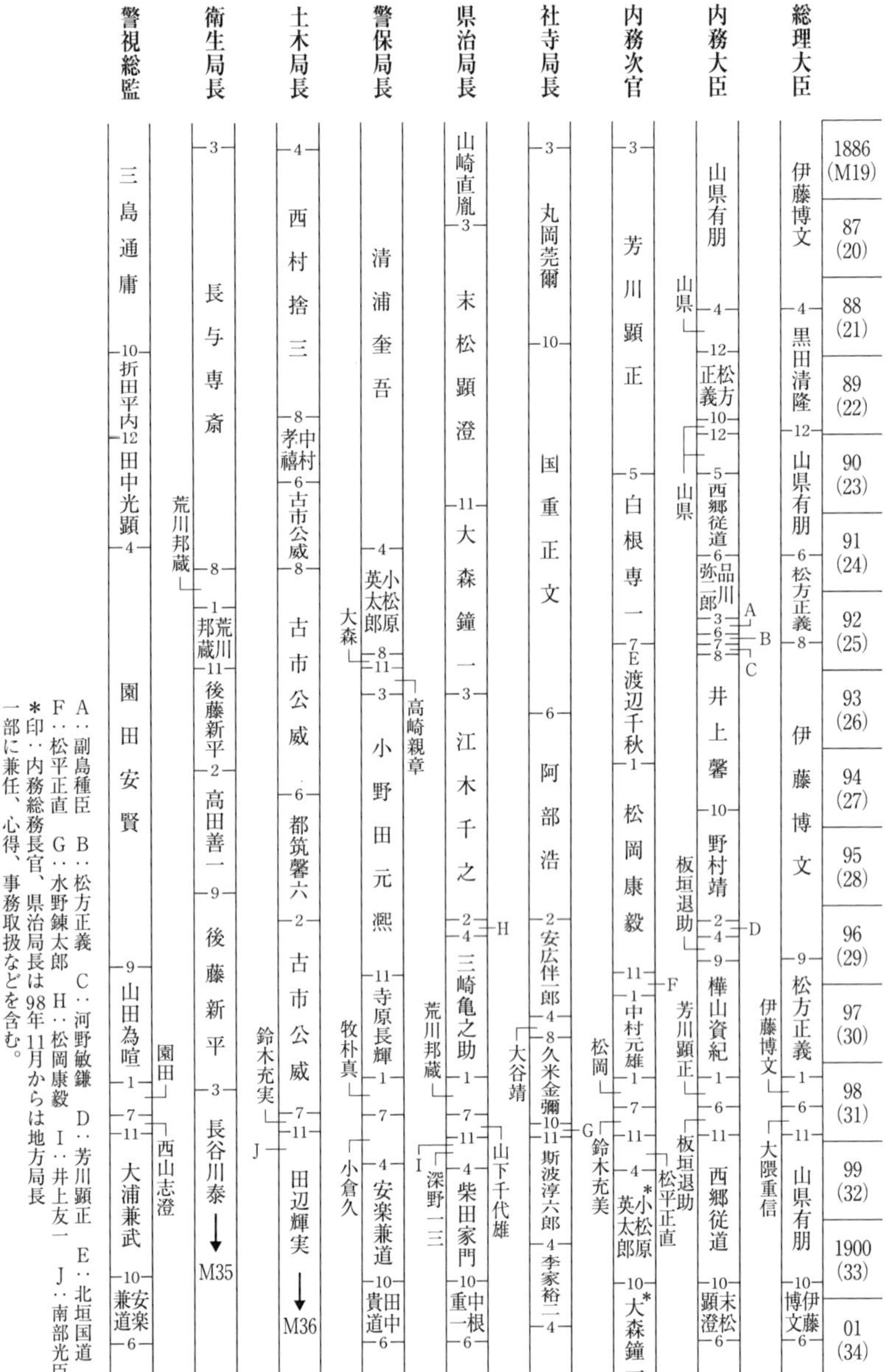

図 3-1　元勲政権期の総理大臣，内務大臣，内務次官および内務省主要局長など

1　政治史素描

内務省の社会史の三番目の時期を内務省の確立期と呼ぶことにする。それは、一八八五年（明治一八年）一二月二二日から一九〇一年（明治三四年）六月二日までの一五年余である。これは、政権の性格に注目すれば、明治維新の元勲たちがつぎつぎに総理大臣となり、内閣を組織していった時代であり、元勲政権時代とか、元勲相互交代政権時代とか呼ばれる。内務省は、この時代に、立憲君主制の近代国家における内政専管省の組織と機能を確立していった。このころの内政の機軸部分は、反政府勢力である民権派の制圧、初期労働運動の取り締まり、地方制度の形成などであった。

まず、例によって、この時代の主要な政治的行為者を五つにわけてみておこう。

第一。当時の日本にとって国際環境を構成する主要国家。朝鮮、清、ロシア、ドイツ、フランス、イギリス、アメリカ。天津条約によって朝鮮における清にたいする日本の劣位が固定化したことまでは前章で述べた。その後、朝鮮にたいする清の政治的・経済的影響力は増大しつづけ、日本はそれを自国の民族的独立への脅威として憂慮し、清を仮想敵国としていた。この状況のもとで、一八九〇年（明治二三年）の第一帝国議会で、山県有朋首相は「国家独立自衛の道」は「主権線」の守護と「利益線」の防衛にある、わが国の「利益線の焦点」は朝鮮であると述べた。一八九四年七月、朝鮮において東学党の乱と呼ばれた農民騒乱が大規模な武装蜂起となり、京城に滞留していた清の袁世凱は朝鮮政府に工作して、清に鎮圧軍の出兵を乞わせ、清はこれに応じた。清はこの出兵は朝鮮にたいする清の宗主権にもとづくと主張した。日本は、この清の出兵によって清の朝鮮支配が強化されるのを惧れ、対抗的に大軍を朝鮮に派兵した。以後の経過は省略するが、八月一日、日清戦争の宣戦布告。日本の陸海軍は連戦連勝した。平城の会戦の大勝、黄海の海戦の勝利、旅順の要塞の奪取。勝敗をわけたのは日本軍が清軍より大幅に近代化されていたことであった(1)。

一八九五年（明治二八年）三月から講和会議がわが国の下関でひらかれ、四月に下関条約が調印された。その主要内容は、(1)清は朝鮮が完全な独立国であることを承認する、(2)清は日本に台湾、遼東半島、澎湖諸島を割譲する、(3)清は戦費賠償として二億テール（邦貨約三億六千万円）を支払う、(4)清は沙市そのほかを日本人に開港場としてひらく、(5)清は日本とのあいだに不平等条約である新しい通商条約をむすぶ、などであった。その調印から数日後、ロシア、フランス、ドイツは日本にたいして遼東半島の放棄を勧告してきた。日本が同半島を領有することは、清の首府・北京に脅威をあたえる、朝鮮の独立を名目化させるなどが理由とされた。日本は三国とくにロシアを相手に戦争をする力をもっておらず、この勧告を受諾するほかなかった。戦費賠償も三国の介入によって三千万テールに引き下げられた(2)。

この三国干渉が当時の日本国民をどのように恐れさせ、また、恨みにおもわせたか。その叙述は他書にゆずる。関連が深い事実のほんの一部のみ列挙すると、九八年には、フランスは清から広州湾を九九年間租借し、イギリスは清から九竜を九九年間租借した。九九年には、ドイツが清から膠州湾を九九年間租借し、ロシアは旅順を占領したうえで、同市と大連を二五年間租借した。旅順と大連は遼東半島の南端部にあたる。西欧列強が支那を分割してゆく印象があった。日本もそこに割りこみ、台湾の対岸の福建省を他国に割譲しないことを清に約束させた。同じころ、アメリカ合衆国はハワイを併合し、スペインと戦って、フィリピン、グアムを領土にくわえた。朝鮮は、一八九七年に大韓帝国となり、浸透してくるロシアの勢力に反発して、親日派が有力になっていた。一九〇〇年には、清で義和団による北清事変がおこり、イギリス、アメリカ、ドイツ、フランス、ロシア、日本などが、その鎮定のために共同出兵している。このとき、日本はよく働き、慎重に行動して領土的野心をみせなかったので、高い国際的評価をえた。ところが、この機会にロシアが満州のほぼ全土を占領してしまい、清と韓国につよい政治的圧力をかけ、日本もそれを自国の独立への脅威と感じることになっていた(3)。

なお、この時代の半ばに日本は欧米列強にたいする不平等条約を部分的にせよ解消する機会をつかんだ。一八九四年(明治二七年)七月、伊藤博文内閣とイギリスのあいだでつづけられてきた条約改正交渉がようやく妥結し、日英通商航海条約が調印された。この条約において、イギリスは治外法権制度の撤廃に同意し、対日主要輸出品については片務的協定税率制をゆずらなかったが、そのほかの対日輸出品については日本の関税自主権を承認した。このあと、ほかの欧米諸国ともこれと同様の通商航海条約がつぎつぎに結ばれていった。これらの新通商航海条約には実施準備期間が設けられ、一八九九年(明治三二年)から施行されることに定められた。一八五八年の安政五カ国条約の軛から四〇年余をかけて日本は離脱しはじめたのである。その基本的要因は日本の国力の上昇であった。イギリスのばあい、極東におけるロシアとの対立のなかで日本との関係改善が有利であると判断したといわれている(4)。

第二、明治政府。さきに述べたように、この時代の始点において、内閣制度が創設され、ついで行政府の再編成のための原則が確認された。内閣制度は「宰臣会議、御前ニ事ヲ奏スル所」であり、すなわち天皇に報告する大臣たちの会議である。各大臣は内閣に入っては大政に参加し、そこから出ては各省を統率するとされた。この内閣制度によれば、太政官制度のばあいに比較して、各省の大臣の責任が明確化され、行政の迅速化がはかられ、立憲政体にふさわしい政治がおこなわれるとかんがえられた。太政官制度では、太政官が諸省の「冠首」であり、諸省は太政官の「分官」であって、諸省は太政官の指令をあおいで仕事をするので、各省長官の責任が軽くなり、各省の仕事が滞りがちであった。(5) 一八八五年一二月二二日、太政官達第六九号は内閣制度の発足と、それが総理大臣、および外務、内務、大蔵、陸軍、海軍、司法、文部、農商務、逓信の各大臣、一〇大臣によって組織されることをつたえた。(6)

ついで、同年一二月二六日、伊藤総理大臣はこの内閣制度のもとにおかれる行政府の機構を整備するために「各省事務ヲ整理スルノ綱領」を制定した。これは一般に「政綱五章」と呼ばれるもので、五節から成るが、「一、官守ヲ明ニスル事」は、政府の官制が定員の制度を欠いていたため冗員の弊害が生じていることを警告し、各省の組織編成の原則と定員制度の厳守を命じている。「二、選叙ノ事」は、前文で任用制度がしっかりつくられていないと、行政の各部局では適材がえられないし、情実人事の弊害が大きくなるという。本文の冒頭では、「仕進ハ試験ニ由ラシムル事」と述べている。官吏の採用と昇進は試験などの資格制度によっておこなうべきであるというのである。つづいてその試験のシステムがくわしく規定されている。そのほか、「三、繁文ヲ省ク事」は事務の簡素化を要請し、あわせて「四、冗費ヲ節スル事」は行政費用の節約を、「五、規律ヲ厳ニスル事」は望ましい勤務態度を詳述したうえで、能力主義の徹底を強調している。(7)

この綱領が強調する五つの原則のなかで、とくに重要なのは、二番目の官吏の任用制度にかんするものである。明治政府は元勲政権期をつうじてその任用制度を次第に整備してゆくが、その主だった動きを列挙しておく。八五年の「政綱五章」の達のあと、八六年(明治一九年)に「帝国大学令」が発されて、これによって東京大学が帝国大学となり、その法科大学が行政官僚候補者の養成機関として位置づけられることになった。(8) 八七年(明治二〇年）には「文官試験試補及見習規則」が制定され、これにもとづき、翌年から奏任官を採用するための高等試験と判任官を採用するための普通試験がおこなわれた。ただし、法科大学・文科大学の卒業生は高等試験を、官公立中学校の卒業生は普通試験を免除されて、官吏となることができた。[9]その後、一八九一年（明治二四年）から三年にわたって試補の採用試験は中断され、九三年（明治二六年）に「文官任用令」が制定され、これにもとづき、翌年、文官任用高等試験、いわゆる高文が再開された。そこでは無試験で採用されるという帝国大学卒業生たちの特権が廃止されていた。これに抗議して、同大学の卒業生たちは受験ボイコット運動をおこしたが、政府はかれらに妥協しなかった。[10]

元勲政権時代、伊藤、黒田清隆、山県、松方正義、大隈重信があいついで総理大臣をつとめたが（大隈のみ例外で、元勲ではない）、伊藤は四回、山県と松方が二回、それを経験している。伊藤と山県は長州藩出身、黒田と松方は薩摩藩出身であり、両藩出身者を内閣の大臣にも政府の高官にも多く登用した。元勲政権時代は藩閥政府時代でもあった。その実態は広く知られているし、次節以下でもしばしば語られる。しかし、八五年の「政綱五章」以来、明治政府が、とくに若手官僚の任用において、藩閥本位の情実人事を否定する人材本位の実力人事を押しとおしてきたことにも注目しておくべきである。水谷三公の一九九九年の著作『官僚の風貌』から、この点を比較文化的観点からするどくついた一節を引用する。藩閥人事の横行にふれたあとで、水谷はつぎのようにかいている。

「ただ、今になってみれば、薩長主流の明治政府が、コネ採用に走りながらも、しばしば藩閥の外部から、つまり『朝敵』の幕臣や革命を担った薩長土肥四藩と縁の薄い人々からも、積極的に人材を登用し、さらに革命後わずか二〇年で、高級官僚の試験採用制度の導入に踏み切ったことのほうがはるかに印象深い。たとえば『新中国』は、革命半世紀も経ちながら、いまだに公務員法をもたず、採用と昇進にはコネが大手を振って横行している。顧みて、明治政府が人材登用に払った熱意と努力を思うべきだろう」[11]。

第三、宮廷。一八八九年（明治二二年）、「大日本帝国憲法」が公布され、天皇の法的地位が基本的に確定した。乱暴な要約が許されるならば、そこには明白に矛盾する二とおりの規定があった。「第一条　大日本帝国ハ万世一系ノ天皇之ヲ統治ス」。これは伝統的国体論がいう天皇の絶対性の規定である。その伝統的国体論は明治維新という民族革命を先導したイデオロギーであった。「第四条　天皇ハ国ノ元首ニシテ統治権ヲ総攬シ此ノ憲法ノ条規ニ依リ之ヲ行フ」、「第五条　天皇ハ帝国議会ノ協賛ヲ以テ立法権ヲ行フ」、「第五五条　国務各大臣ハ天皇ヲ輔弼シ其ノ責ニ任ス」。これらは立憲君主制の本質的規定で、君主権が憲法、議会、政府によって制約されることの表明である。立憲君主制は日本の近代化にとって必要条件であった。天皇の絶対性と君主権の制約をどう両立させるか。明治政府は、憲法が天皇にとっての「祖宗の遺訓」であるという見解を採用して、その両立をはかった。国体論において天皇の地位は、先祖たちを祭り、かれらの教えを実行する、すなわち祭政一致を実践するものである。したがって、憲法が「祖宗の遺訓」であれば、天皇がそれに従っても、かれの絶対性と矛盾しないといえる[12]。

ただし、現実には、明治天皇とその側近たちは、憲法起草者、伊藤や井上毅たちのそのように細やかな心遣いにもとづく解釈を気にするでもなかった。宮廷は伝統的国体論にもとづく天皇の絶対性のみを当然としており、憲法が制定されたあとも明治天皇は専制君主として遠慮なく行動しつづけた。天皇と議会の関係についていうと、憲法は天皇が立法権を議会と共有するとさだめていたが、宮廷は、議会がそれ自身の意志によってではなく、天皇の意志によって立法するべきだとかんがえていた。天皇が議会と対立したときには、天皇は裁可を保留することで拒否権を行使することができた。また、天皇と内閣の関係では、一九〇〇年、伊藤が立憲政友会を組織したさい、天皇に、内閣に政党員を登用することを認めさせたが、総理大臣やそのほかの国務大臣の任免権は完全に天皇の裁量にゆだねることを約束した。ただし、これは、実質的には、伊藤たち元老が総理大臣の任免権を独占することを意味していた。[13]

第四、軍部。この時代の政治的アクターとしての軍部については、最小限二点をいっておきたい。(1)日本軍の基本的性格が祖国の防衛軍から東洋諸国への外征軍に変化した。山県は、一八八八年（明治二一年）の「軍事意見書」において大略つぎのように説いた。東洋においてイギリスとロシアが激突するのは数年のうちのことであろう。カナダの太平洋鉄道が全通し、シベリア鉄道がまもなく着工されるのが、それを予測させる。それらは、イギリス軍とロシア軍の東洋への移動を駿速にする。両国軍の衝突の場はアフガニスタンと朝鮮であろう。この状況において、日本が軍備を充実させることは、国家の防衛に必要であるのみならず、東洋の平和を維持するための基本条件である。兵備の完成は外交政略にとって不可欠の武器である。[14]この主張にみあって、この時代、日本の陸海軍は軍備の拡張を進めていた。

(2)一八八四年（明治一七年）陸軍は軍備拡張一〇カ年計画に着手した。その最終目標は、歩兵二八連隊、騎兵七大隊、砲兵七連隊、工兵七大隊、そのほかで、この計画は日清戦争開始直前に達成されている。兵員数の伸びでいうと、陸軍現役軍人は八四年に四万六七六七名であったが、九三年には七万八九四名となり、一〇年間で一・五倍の増加であった。また、海軍は、やはり日清戦争開始直前で軍艦三一隻、五万九八九八トン、水雷艇二四隻、一四七五トンを保有していた。兵員数の伸びは、海軍現役軍人が八四年で六五四一名、これが九〇年には一万一三五九名に増加し、一・七倍になっている。この軍備拡張の過程で、陸軍内部では、外征軍志向の主流派（プロシア派）と防衛軍志向の反主流派（フランス派）がはげしく争い、前者は後者が参加する兵学研究会＝月曜会を解散に追いこみ、やがて後者の主だった将官を陸軍から追放してしまった。[15]

第五、民衆、政党、議会。憲法が発布され議会が開設されるならば、議会と政府が対立・抗争することは容易に予想された。「大日本帝国憲法」が発布された翌日、二月一二日、黒田総理大臣は、地方長官を鹿鳴館に集めて、政府の憲法公布の基本方針を了解させるための訓示の演説をおこなった。その一部の現代語訳をかかげる。「政治上の意見では人びとが所説を異ならせ、同じ所説の者が集合、団結して、いわゆる政党というものが社会に存立するのは、時代の情勢によって避けられないところである。しかしながら、政府はつねに一定の方向をとり、超然として政党の外に立ち、公正の道を進まねばならない。各員はよくこれを意識し、不偏不党の心をもって人民に臨み、よろしく保護・指導をされて、それによって国家を隆盛させる統治を支援するように努力されたい(16)」。政府は、議会によって活動する諸政党の外部にあって、超然として公正の統治をおこなわねばならないというのである。これは、藩閥政府の超然主義の表明として世論の注目を集めた。

第一回の帝国議会が開設されると、当時は民党と呼ばれた野党、自由党と改進党が過半数の議席を占めた。これにたいして、与党は当時は吏党と呼ばれた。元勲政権時代をつうじて、政府は野党とつねに予算案の成立をめぐって抗争しなければならなかった。その抗争をおおまかに図式化しておけば、政府は、日清・日露戦争にそなえて軍部が要求する軍備の拡大、国民生活の近代化が必要とする社会資本の整備のために、大きい歳出とそれにみあう大きい歳入を必要とした。当時の租税収入のなかで農民たちが支払う地租が大きい割合を占めた。この農民の主力は富農層、地主層である。ところが、当時の選挙法は有権者を一定額以上の税金を支払う納税者に限定しており、その結果、有権者の多数部分は富農層、地主層であった。民党＝野党の議員たちは、かれらの支持によって当選してきている。野党はその支持者たちにより大きい租税負担を要求する政府予算に賛成することはできなかった。野党はむしろ地租の軽減を要求した。そのスローガンは民力休養であった(17)。

元勲政権時代をつうじて、この政府と民党の対立・抗争をめぐって、伊藤と山県は対照的な行動をとり、それは時代の政治に大きい影響をあたえた。最初のあいだ、具体的には憲法が発布されてから第一回の帝国議会までは、かれらはともに超然主義の信奉者であった。しかし、その後、山県は超然主義の立場を守りつづけたが、伊藤はその立場を変化させてゆき、ついには自ら政党を率いるにいたった。すなわち、かれは、松方内閣が総選挙で破れたときには、枢密院議長を辞任して新政党を組織し、松方を援助することをかんがえたが、山県たちに反対されておもいとどまっている。また、第二次伊藤内閣のときには、民党の自由党と公然と提携した。この方法は、以後の元勲政権では踏襲されることになった。そうして、元勲政権時代の終りちかい一九〇〇年（明治三三年）伊藤は立憲政友会を創立し、その総裁となり、第四次伊藤内閣を組閣する。山県は、超然主義の立場から、この伊藤の行動に一貫して批判的であった。(18)

（1）岡義武「近代日本政治史II」『岡義武著作集第二巻　明治政治史II』岩波書店、二〇〇一年、二四―三二ページ。
（2）同右、三六―四〇ページ。
（3）同右、四〇―四二、五九―六一、六四、九九―一〇〇、一〇二―一〇三ページ。
（4）同右、二二―二三ページ。
（5）「内閣制度ニ関スル太政大臣奏議」（明治一八年一二月二二日太政大臣奏議）内閣制度百年史編纂委員会『内閣制度百年史』下巻、大蔵省印刷局、一九八五年、三三ページ。同委員会『内閣制度百年史』上巻、同印刷局、一九八五年、三三ページ。
（6）「太政大臣左右大臣参議各省卿ノ職制ヲ廃シ内閣総理大臣及各省大臣ヲ置キ内閣ヲ組織ス」（明治一八年一二月二二日太政官達第六九号）同右下巻、三三ページ。

（7）「各省事務ヲ整理スルノ綱領ヲ定ム（明治一八年一二月二六日　内閣総理大臣ヨリ各省大臣ヘノ達）」『内閣制度百年史』下巻、三五―三八ページ。なお、『内閣制度百年史』上巻、三六―三七ページも参照のこと。
（8）文部省『学制百年史（記述編）』帝国地方行政学会、一九七二年、三六三―三六四ページ。
（9）大霞会編『内務省史』第一巻、地方財務教会、一九七一年、六〇五―六〇六ページ。
（10）水谷三公『日本の近代13　官僚の風貌』中央公論新社、一九九九年、一〇九、一一五―一一六ページ。
（11）同右、一二二ページ。
（12）小路田泰直『憲政の常道――天皇の国の民主主義』青木書店、一九九五年、七三、七五―八一ページ。
（13）ハーバード・ビックス、吉田裕監修、岡部牧夫ほか訳『昭和天皇』上、講談社、二〇〇二年、三八―三九ページ。
（14）山県有朋「軍事意見書」加藤周一ほか編・由井正臣ほか校注『日本近代思想大系4　軍隊・兵士』岩波書店、一九九六年、二九六―三〇六ページ。
（15）吉田裕「『国民皆兵』の理念と徴兵制」同右、四五八―四六一ページ。
（16）大久保利謙「第一篇通史」大霞会編『内務省史』第一巻、地方財務協会、一九七一年（以下「通史」と略記する）、一七五ページ。
（17）岡義武「近代日本政治史Ⅱ」『岡義武著作集第二巻　明治政治史Ⅱ』八ページ。
（18）岡義武「近代日本の政治家」『岡義武著作集第四巻　近代日本の政治家』岩波書店、二〇〇一年、二五―二七ページ。

2　山県有朋

元勲政権時代に内務大臣をつとめた者は、就任順で、山県有朋、松方正義、西郷従道、品川弥二郎、副島種臣、河野敏鎌、井上馨、野村靖、芳川顕正、板垣退助、樺山資紀、末松顕澄の一二人である。かれらのうち、山県は三つの内閣で、松方、西郷、芳川、板垣は二つの内閣で内務大臣をつとめた。この時代の総理大臣と内務大臣、内務次官、および内務省の主要五局の局長、警視総監の氏名と任期は図示すれば、図3-1のとおりである。(1)

これらの内務大臣たちのうちで、この時代の内務省に、ひいては内閣と政府に、さらにひろくは政治全般に決定的につよい影響力をもったのは、山県であった。内務省と内務行政におよんだかれの影響力にかぎってみても、それはこの元勲政権時代のみならず、つぎの桂園時代、さらには政党内閣時代にまでみいだされる。それを可能にした条件は、第一にかれの軍人政治家としての巨人的力量であり、第二にその力量とたがいに因果の関係にあったかれの内務大臣としての在任期間の長さであり、第三にその期間、ひきつづいて総理大臣や元老であった期間をつうじて、かれが形成した山県閥の成員が、内務大臣や内務次官をつとめた期間の長さによっている。

まず、政治家としての山県の思想と人格の諸特性はやや図式的に整理すればつぎのとおりである。(1)若い日の尊皇攘夷思想に発するナショナリズム、(2)列強の世界政治のなかにつねに日本を位置づける戦略的発想、(3)藩閥政府の官僚統治の貫徹を至上課題としたこと、(4)持続する強烈な権力意志、(5)自由民権運動やその系譜につらなる政党政治を徹底して嫌ったこと、(6)政争を軍事上の争いになぞらえ理解する軍人の思考、(7)謀略を好む暗い情念、(8)秀歌を多くものした歌人の繊細な感覚と表現力。(2)これらの諸特性はたがいに密接に関連しあっていたが、内務大臣としての仕事ぶりにおいては、とくに(3)、(4)、(5)、(6)、(7)が正面にあらわれていた。藩閥政府の絶対視と政党への敵意は、立憲体制に入ってからは、政党の外に立つ統治、超然主義の強調となった。

山県の内務行政における代表的業績としては、内務卿時代には、秩父事件をはじめとする各地の民権運動の武装蜂起の鎮圧（一八八四年、明治一七年）、警官練習所の開設による警官の養成体制の整備（一八八五年、明治一八年）があった。ついで、内務大臣としては、警察本部・分署・駐在所の組織系列にもとづく散兵警察組織の形成（一八八六年、明治一九年）、保安条令の公布と反政府派の政客たち五七〇余名の東京からの退去（一八八七年、明治二〇年）、市制・町村制公布（一八八八年、明治二一年）、衆議院議員選挙法公布、府県会議員選挙法公布（一八八九年、明治二二年）、府県制・郡制公布（一八九〇年、明治二三年）などがある。これらのうち二、三のものについては、のちにややくわしく紹介してみたい。

なお、「大日本帝国憲法」が発布された一八八九年（明治二二年）の一二月二五日、山県内相が地方長官会議でおこなった訓示の一節はつぎのとおりである。行政権は天皇の大権であることを論拠として、超然主義が主張されている。

「地方の施政は諸君がすでに分担して、その計画や措置にはそれぞれ一定の方針がたてられている。いまこれについてもっとも注意を要するのは、このときにあたって諸君が毅然として節義を守るだけでなく、また人民のために適当な標準を示して偏った行動をさせず、行く道を誤らないように努めなければならない。要するに行政権は天皇の大権である。その執行の任に当る者は各種政党の外に立ち、援助を受けたり、与えたりすることなく、もっぱら公正の方向にむかって重い職務を果してゆくべきである（中略）。いま、もしこれに反して、一県一郡または一村が中央の政治論争に夢中になり、選挙や会議などの機会に党派の争論をはじめるなら、その影響は民衆におよび、怨恨と報復が結びつき、狂暴がくわわり、なごやかに子孫を育てる土地がさわがしく争う巷になり、家庭や国家のための仕事がないがしろにされてしまう。各国の歴史に徴して、古今いずれも政体が変化するときに、もっとも恐るべく、もっとも戒むべき事情はこれである(3)」。

政治家、とくに内務大臣としての山県の特質を浮き彫りにするには、伊藤博文との比較が有効であろう。伊藤は最初の総理大臣となり、ついで枢密院議長に転じ、「大日本帝国憲法」、「皇室典範」の制定作業にしたがい、立憲政治の理想を盛りこんで、明治国家のグランド・デザインを描き出すことに努めていた。これにたいして、山県は、伊藤の国家構想は全体から部分に及ぶが、自分は重要な部分から形成してゆくのだといって警察制度、地方自治制度などの制定に打ちこんだ(4)。これについては、憲法が制定され議会が開設されるまえに重要な政治制度はつくってしまっておいたほうがよいというアルベルト・モッセの山県にたいする助言も影響している(5)。伊藤の理想主義、立憲体制にむかう積極さにたいして、山県の現実主義、議会政治への不信が対照的である。また、山県には、内務卿にも総理大臣にも自らよりさきに就任した伊藤への根強い嫉妬心、反感があった(6)。

つぎに内務大臣としての在任期間であるが、山県は、第一次伊藤内閣で二年四カ月、内務大臣をつとめている。つづいて、つぎの黒田内閣でも内務大臣となり、そのあいだに外遊期間の一〇カ月の中断をはさみながら、前後で計一〇カ月、その地位にあった。ただし、その中断期間の内務大臣は大蔵大臣の松方が兼務しており、そのあいだ次官は山県閥の芳川顕正が一貫してつとめていたから、黒田内閣の一年八カ月は、山県が実質的には一貫して内務大臣であったとみてよい。さらに、そのあと第一次山県内閣でも、かれは最初の五カ月、内務大臣を兼任した。また、太政官時代の最後の二年間、山県は内務卿であった。これらを合算すると、山県は、七年七カ月、内務省のトップの座にすわりつづけたことになる。これは歴代の内務大臣のなかで最長の在任期間であった。二位は原敬で、

三つの内閣で通算して約五年、内務大臣をつとめている。(7)

さらに、山県は軍人や政治家として、ゆく先々で人材を発見、育成して閥をつくった。内務卿になるまでの軍歴は前章で紹介している。内務大臣、総理大臣を経験したあとも、かれは、日清戦争では一八九四年に第一軍司令官、日露戦争では一九〇四年に参謀総長となり、文字通り、陸軍の大御所的存在であった。山県閥の主要成員は、陸軍では桂太郎、児玉源太郎、寺内正毅、田中義一で、この四人はいずれも長州の出身である。また、内務省では、長州出身者としては白根専一、品川弥二郎、野村靖などがおり、外務省には長州出身者として青木周蔵がいて、ほかに肥後の清浦奎吾、薩摩の大浦兼武、米沢の平田東助、土佐の土方久元、阿波の芳川、備前の小松原英太郎、萩の内海忠勝、徳島の松岡康毅、遠州掛川の一木喜徳郎、福井の松平正直、信州高島の渡辺千秋などがいた。(8)山県はのちに司法省、枢密院、貴族院、宮中にも山県閥を構築・拡大してゆくが、その中枢メンバーは、さきに名前があげられた軍人たち、官僚たちであった。

試みに、元勲政権時代の一五年半でみると、前記の山県閥の成員で、品川が九カ月、野村が一年四カ月、芳川が七カ月、内務大臣をつとめている。これに山県の内務大臣であった五年七カ月をくわえると、山県と山県閥の成員で八年三カ月、その時代の半分以上の期間で内務大臣をつとめたことになる。

また、山県閥の成員でこの期間に内務次官をつとめた者の氏名と在任期間は、芳川四年二カ月、白根二年二カ月、渡辺一年六カ月、松岡三年四カ月、松平七カ月、小松原一年七カ月、である。かれらの在任期間の合計は、一三年三カ月におよぶ。内務次官が内務省の省務の実質的な最高実力者であることを考えるならば、元勲政権時代のほぼ全期間をつうじて、山県閥が内務省を支配していたといっても過言ではない。

なお、この元勲政権時代に自由民権運動の系譜につらなる自由党ついで憲政党の首領・板垣退助が二度、いずれも半年たらずであるが、内務大臣に就任している。一度目は第二次伊藤内閣においてであるが、自由党が軍備拡大と産業基盤充実の積極政策をかかげて、内閣の日清戦争の戦後経営一〇年計画を支持した代償であった。当時、山県は外遊中であったが、山県閥の官僚、政治家たちはこれに猛反発して、結集の程度をつよめた(9)。二度目は、自由党と進歩党が合同して結成した憲政党が地租増徴で第三次伊藤内閣と対立し、内閣は政局打開のめどがたたず、伊藤が同党の大隈と板垣に政権をゆずったときである。大隈が総理大臣、板垣が内務大臣となった隈板内閣は、四カ月の短命で倒れた。その原因のひとつは猟官熱による憲政党の分裂と政党イメージの下落であった(10)。それぞれの経過のくわしい叙述は他書にゆずるが、閣僚の分配をめぐっていがみあう政党政治家は自由民権運動の本質の一面を赤裸々に示している(11)。

(1)「歴代内務本省・地方庁幹部一覧（明治六年―昭和二二年）」大霞会編『内務省史』第四巻、地方財務協会、一九七一年、六四七―六八七ページから作成。
(2) 岡義武『山県有朋――明治日本の象徴』岩波新書、二〇〇一年。
(3)「市町村制制定後憲法実施前山県内務大臣の訓令」加藤周一ほか編、海野福寿・大島美津子校注『家と村　日本近代思想大系20』岩波書店、一九九六年、二七二―二七三ページ。副田が現代語訳した。
(4)『内務省史』第一巻、一八五ページ。
(5) 藤村道生『山県有朋』吉川弘文館、一九九八年、一二〇ページ。
(6) 同右、一二七ページ。
(7) 原の内務大臣の任期は図4-1による。
(8)『山県有朋――明治日本の象徴』三九、八七、九九、一〇一、一一二ページなど。

（9）坂野潤治『大系日本の歴史13　近代日本の出発』小学館、二〇〇〇年、二六〇―二六四ページ。
（10）同右、二七〇―二七六ページ。
（11）升味準之輔『日本政治史2　藩閥支配、政党政治』東京大学出版会、一九九七年、六九―七〇ページ。

3　内務省の組織と行政資源

元勲政権時代の内務省の組織構成とその変遷過程は、図0-2に示すとおりである。各省官制がさだまった一八八六年（明治一九年）二月二七日において、同省の構成は一官房八局、すなわち、大臣官房、総務局、会計局、地理局、社寺局、県治局、警保局、土木局、衛生局、であった。そこから終点、一九〇一年（明治三四年）六月二日までに、会計局、地理局は総務局の後身の庶務局に吸収され、庶務局はもう一度総務局となり、社寺局が神社局と宗教局に分立し、県治局が地方局に改称され、警保局から監獄局が分立したのち司法省に移管されている。終点の同局の構成は一官房七局、すなわち、大臣官房、総務局、神社局、宗教局、地方局、警保局、土木局、衛生局、である。この構成から総務局が一九〇三年に大臣官房に吸収されて消え、宗教局が一九一三年に文部省に移管されて消えると、残るのは一官房五局体制である。われわれは、内務省を五局史観によってかんがえてゆくと予告しているが、その内務省の構成の原型は元勲政権時代にほぼできあがっていたといってさしつかえあるまい。

内務大臣と内務省各局の所掌事務を定める内務省官制は、前出の八六年のものをはじめとして、九三年（明治二六年）、九八年（明治三一年）のものなどがあるが、ここではまとまりがよい最後のもので、その主要部分を抜き書きして紹介する。これは、「明治三一年一〇月二二日、勅令第二五九号、内務省官制」である。これが勅令の形式をとるのは、「大日本帝国憲法」第一〇条が天皇は「行政各部ノ官制」を定めるとしていたからである。(1)

「第一条　内務大臣ハ地方行政、議員選挙、警察、監獄、土木、衛生、地理、社寺、出版、版権、賑恤及救済ニ関スル事務ヲ管理シ台湾総督、警視総監、北海道庁長官及府県知事ヲ監督ス

第二条（略）
第三条（略）
第四条　内務省ニ左ノ六局ヲ置ク
地方局／警保局／土木局／衛生局／社寺局／監獄局
第五条　地方局ニ於テハ左ノ事務ヲ掌ル
一　議員選挙ニ関スル事項／二　府県会、府県経済其ノ他総テ府県行政ニ関スル事項／三　郡会、郡経済其ノ他総テ郡ノ行政ニ関スル事項／四　市町村会、公共組合会及市町村公共組合ノ経済其ノ他総テ市町村公共組合ノ行政ニ関スル事項／五　官有地ニ関スル事項／六　賑恤及救済ニ関スル事項／七　府県立以下ノ貧院、盲唖院、瘋癲院及育児院其ノ他慈恵ノ用ニ供スル営造物ニ関スル事項／八　徴兵及徴発ニ関スル事項
第六条　警保局ニ於テハ左ノ事務ヲ掌ル
一　行政警察ニ関スル事項／二　高等警察ニ関スル事項／三　図書出版及版権登録ニ関スル事項
第七条　土木局ニ於テハ左ノ事務ヲ掌ル
一　本省直轄ノ土木工事ニ関スル事項／二　府県経営ノ土木工事其ノ他公共ノ土木工事ニ関スル事項／三　直轄工費及府県工費補助ノ調査ニ関スル事項／四　水面埋立ニ関スル事項／五　土地収用ニ関スル事項
第八条　衛生局ニ於テハ左ノ事務ヲ掌ル
一　伝染病及地方病ノ予防、種痘其ノ他総テ公衆衛生ニ関スル事項／二　検疫停船ニ関スル事項／三　医師及薬剤師ノ業務並薬品売薬取締ニ関スル事項／四　衛生会及地方病院ニ関スル事項
第九条　社寺局ニ於テハ左ノ事務ヲ掌ル

一　神宮、官国幣社、招魂社並神社社格及古社寺保存ニ関スル事項／二　神仏各派ノ教規、宗制、神職僧侶教師ノ身分、社寺及宗教ノ用ニ供スル堂宇ノ存廃其ノ他総テ宗教ニ関スル事項

第十条以下（略）」。(2)

この行政組織のなかで働く官吏たちの職制は元勲政権時代だけでも多様に変化している。そのすべてを追う必要はないとおもわれるので、さきの官制が定められた九八年のばあいをいうと、狭義の官吏の職制は、大臣、次官、局長、参与官、秘書官、書記官、事務官、試補、属となっており、ほかに技師、技手、技師試補などがあった。(3)また、その下位に雇員および傭人を呼ばれる職員がいた。

以下では、年次刊行物『内務省統計報告』のデータによって、表3-1をつくり、元勲政権時代に内務省で働いた官吏の数の推移を紹介する。前章でわずかにふれたように、この資料でいう官吏は雇までをふくんでいる。それをそのまま使うが、必要におうじて雇をのぞいた官吏数も紹介する。

表3-1をしばらくごらんいただきたい。この時代の始点、一八八六年（明治一九年）一二月末日現在で、内務省で働いていた官吏の数は、本省で七七三、集治監・仮留監で九〇五であった。

本省で働いていた官吏の局房別の構成は、八六年のばあいで、上位五位は、土木局二七五（三五・六％）、地理局一〇一（一三・一％）、会計局九六（一二・四％）、衛生局九四（一二・二％）、総務局七三（九・四％）であり、以上の百分率の小計は八二・二％におよぶ。土木局、地理局、衛生局の官吏数が多いのは、現業部門をもっていたからで、それらは、一八九二年（明治二五年）ころから土木監督署、中央気象台、衛生試験所などとして分立することになる。二局史観の主役である県治局（のちの地方局）は三七（四・七％）、警保局は四七（六・一％）で、局としては比較的小さい規模であった。これらは、現業部門とみなせる府県庁や警視庁がはじめから切り離されて

など文官数（1886-1901年）

1893/M26	1894/M27	1895/M28	1896/M29	1897/M30	1898/M31	1899/M32	1900/M33	1901/M34
56	58	59	58	56	139	142	18	16
79	79	78	78	74			133	132
52	55	55	54	53	47	48	45	45
52	53	51	52	38	36	37	36	37
87	119	78	47	36	37	40	42	45
29	30	30	33	33	35	40	38	37
13	16	15	19	20	12	13	15	18
							10	11
				7	10	10		
				35				
				13				
6	5	5	5	5	5	5	7	7
2	3							
376	418	371	346	370	321	335	344	348
284	268	311	394	483	512	540	582	605
35	36	37	43	32	48	44	58	57
23	23							
1	2	2						
						28	21	22
			34	29	61	35	32	32
			21	11	32	32	10	12
						14	15	13
						17	18	18
						62	138	145
343	329	350	492	555	653	772	874	904
719	747	721	838	925	974	1107	1218	1252
642	654	1904	714	1470	1433	1398		

1896年以後のその区別を95年以前にあてはめ，製表した．

いたせいであるとかんがえられる。

なお、内務省の官吏数は、前章でわずかにふれたように、一八八四年（明治一七年）から知られており、同年、本省で一一七三、集治監などで一三三二、であった。これは翌年には一〇五〇と一六四五となる。これらにたいして、八六年の先述の数字は激減している。本省の官吏は一〇五〇が七七三となり、前者を一〇〇%とすると後者は七三・六%で、三〇%ちかい減少である。集治監などの官吏は一六四五が九〇五となり、

表 3-1　内務省，局，房

	1886/M19	1887/M20	1888/M21	1889/M22	1890/M23	1891/M24	1892/M25
大臣官房	11	11	11	10	8	67	74
総務(庶務)局	73	83	84	85	72	124	93
県治(地方)局	37	39	44	45	48	46	45
警保局	47	48	48	43	43	34	34
土木局	275	362	353	347	357	332	113
衛生局	94	91	87	85	84	71	31
地理局	101	81	81	79	67		
社寺(宗教)局	20	17	19	20	19	18	20
神社局							
会計局	96	102	99	96	67		
図書局					29		
監獄局							
北海道局							
臨時検疫局							
参事官室	10	11	11	11	6	4	8
局未定				2	4	3	3
〈小　計〉	764	845	837	823	804	699	421
土木監督署							296
衛生試験所							43
中央気象台							29
中央衛生会						4	3
造神宮掛(使庁)	9						
痘苗製造所							
血清薬院							
警察監獄学校							
伝染病研究所							
海港検疫所							
〈小　計〉	9	0	0	0	0	4	371
《総　計》	773	845	837	823	804	703	792
集治監など	905	1015	1035	939	645	661	680

注：1895 年以前は，原資料では，本省と所轄の区別がないので〈小計〉欄がない．本表では

四五％の減少である。本省官吏の減少は八六年に大幅の人員整理をおこなったためである。集治監などの官吏の減少は、樺戸、空知、釧路の三つの集治監を内務省の直轄から北海道庁の所管に移したためである[4]。

その後、内務省の官吏数は、本省で働く者のばあい、一八九六年（明治二九年）末まで、七〇〇台か八〇〇台で推移するが、九七年（明治三〇年）末に九〇〇台となってからは、一九〇一年（明治三四年）末の一二五二まで、急上昇して、太政官時代の終りの数字に

表3-2　（表3-1の）資料出所一覧
（『大日本帝国内務省統計報告』による）

年	報告回数	刊行年	ページ数	
1886/M19	第 2 回	1888/M21	pp. 3-4	本省官吏
1887/M20	第 3 回	1889/M22	pp. 2-3	同　上
1888/M21	第 4 回	同　上	p. 2	同　上
1889/M22	第 5 回	1890/M23	p. 2	同　上
1890/M23	第 6 回	1891/M24	p. 2	同　上
1891/M24	第 7 回	1892/M25	pp. 1-2	本省官吏及雇
1892/M25	第 8 回	1893/M26	pp. 1-2	同　上
1893/M26	第 9 回	1894/M27	pp. 1-2	同　上
1894/M27	第10回	1895/M28	pp. 1-2	同　上
1895/M28	第11回	1896/M29	pp. 1-2	同　上
1896/M29	第12回	1898/M31	pp. 381-383	本省及所轄官吏
1897/M30	第13回	1899/M32	pp. 407-409	同　上
1898/M31	第14回	1899/M32	pp. 389-391	同　上
1899/M32	第15回	1900/M33	pp. 377-379	本省及所管官吏
1900/M33	第16回	1901/M34	pp. 373-376	本省及所轄官吏
1901/M34	第17回	1903/M36	pp. 395-397	同　上

注：第2回から第6回までの「本省官吏」は雇をふくむ．したがって，第7回から第11回までの「本省官吏及雇」と実質的には同一である．これらの「本省官吏」および「本省官吏及雇」には，集治監，仮留監，分監などの官吏及雇にはふくまれていない．これにたいして，原資料では第12回から第15回までの「本省及所轄（管）官吏」は集治監などの官吏をふくんでいるので，後者をのぞいた数字を求めてつかった．なお，内務省監獄局と同省所管の集治監などは1900年度から司法省に移管された．

もどることになる。ただし、この急上昇の直接の原因は土木局の現業部門である土木監督署ではたらく官吏数の増加である。これに符合する事実のひとつを、つぎにとりあげる内務省の財政分析で示すことにする。

集治監・仮留監・分監などではたらく官吏の数は、八六年から八九年まで一〇〇〇前後で推移して、九〇年に六四五と減少している。この減少の理由は手持ちの資料からはつきとめられない。以後、九四年まで六〇〇台がつづき、九五年に一九〇四と急増する。これは、九四年までは東京、宮城、三池の三集治監の官吏数であったものが、九五年にはそれらに北海道集治監と空知、釧路、網走、十勝の四分監の官吏数をくわえたものに変化したためである。九六年には、それがもう一度、三集治監の官吏数にもどり、九七年以降はまた北海道集治監などの官吏数をあわせたものにな

っている。(5) 一九〇〇年(明治三三年)、内務省の監獄局と同局が所管する集治監などは、司法省に移管された。(6)

部局別にみた内訳については、一八九六年(明治二九年)以来、本省と所轄という二分法がとられるようになった。現代風にいいかえれば、本省は管理部門、所轄は現業部門といいかえてさしつかえないとおもうが、この区分自体が、内務省が自らの組織をみる見方が変化していることを示唆している。この時期の終点、一九〇一年で、官吏数は、本省が三四八(二七・八%)、所轄が九〇四(七二・二%)にわかれる。本省では、総務局一三二(一〇・五%)がもっとも大きく、ついで地方局と土木局がともに四五(三・七%)、警保局三七(三・〇%)、衛生局三六(二・九%)となる。所轄の部局では、土木監督署六〇五(四八・五%)がもっとも大きく、ついで海港検疫所一四五(一一・六%)、衛生試験所五七(四・六%)、痘苗製造所三二(二・六%)などがつづいている。内務省の組織全体の印象は、現業部門の巨体のうえに小じんまりとした管理部門が載っており、巨体の大部分は土木局系列部門と衛生局系列部門によって構成されているということになろうか。このイメージは、二局史観がもたらす内務省のステレオ・タイプのイメージとかなり異なる。

さて、中央官庁である内務省が全国に展開する内務行政の全体のイメージを描き出すためには、いわゆる出先機関やそのほか所管する多様な行政資源をひととおり紹介しなければならない。

もっとも主要な出先機関は府県であるが、これについては、一八七一年(明治四年)の「府県官制」と「県治条例」、一八七八年(明治一一年)の「府県官職制」などの先行する法令があったが、この時代に入って、一八八六年(明治一九年)の「地方官官制」が公布され、府県行政の基本的骨格が定まった。のち、一八八八年(明治二一年)の「市制」「町村制」、一八九〇年(明治二三年)の「府県制」が関連する法令としてあるが、これらについては後述する。

「地方官官制」の主要部分を紹介する。「第一条　各府県ニ職員ヲ置ク左ノ如シ／知事／書記官／収税長／属／収税属／典獄／副典獄／書記／看守長／看守副長」。ほかに「第二七条　各府県ニ左ノ警察官ヲ置ク／警部長／警部／警部補」とある。以上の職名の職権、職務はそれぞれ条文中に規定されているが、知事のばあいのその一部を抜き書きすると、「第二条　知事ハ……内務大臣ノ指揮監督ニ属シ各省ノ主務ニ就テハ各省大臣ノ指揮監督ヲ承ケ法律命令ヲ執行シ部内ノ行政及警察ノ事務ヲ総理ス……」とされている。なお、警部長の部下である巡査、看守長のもとにある看守などにかんする規定はほかに設けられている。また、府県に置かれる職員には、地方官以外に雇員があった。この職員の種類、名称は時代によって変化するが、ここでは一八八六年法によっている。(7)

府県庁の組織としてはつぎの四部を置いた。それぞれの所管する事務を列記する。

第一部＝府県会、町村会、地方税、町村費、備荒貯蓄、外国人、農工商務などにかんする事項。

第二部＝土木、兵事、学務、監獄、衛生、会計などにかんする事項。

収税部＝租税の賦課、徴収、徴税費にかんする事務。

警察本部＝管内の高等警察、警察にかんする一切の事務、各警察署と各警察分署への警察官の配置。

警察署、警察分署の仕事は、第三一条に規定されているが、その内容はきわめて多岐にわたっており、民衆生活全般の法的管理であるといっても過言ではない。そのわずか一部を抜き書きする。(1)営業、市場、会社、製造所など、教会、神社、説教など。(2)演芸、遊戯場、葬儀、賭博、富くじなど。(3)船舶、堤防、道路、橋梁、鉄道、電信など。(4)群衆、銃砲、火薬、刀剣、水災、火災など。(5)伝染病の予防、消毒、検疫、種痘、医療、薬品など。(6)犯罪人の捜索、拿捕、証拠物件の収拾など。(7)失踪者、瘋癲者、棄児、迷児、被監視者など。(8)政治にかんする結社、集会、新聞、雑誌など。[8]

「地方官制」はその後、一八九六年（明治二九年）に税務事務が府県から切り離されたので収税長以下が削除され、九九年（明治三二年）の改正で視学官と視学が加えられ、一九〇〇年（明治三三年）の改正で警視が加えられたが、それらをくわしくはいわない。[9] 以下では一八九五年（明治二八年）の年末の時点において、府県庁などとそこではたらく地方官吏をはじめとする行政資源の全体をとおしてみておこう。

内務省の行政資源は、団体、組織、施設などのレヴェルとそこではたらく人員のレヴェルでかんがえられる。団体などのレヴェルでは、まず四六府県の府県庁と北海道庁、警視庁があり、後年にはこれらは地方庁と一括された。九五年の時点ではその名称はつかわれていないが、それらを一括する見方は存在している。ついで郡区市町村があり、郡は八〇四、区は二、市が四一、町村が一万五八〇四である。これにたいして、郡区市役所五六七、町村役場一万二五〇八、戸長役場一九四がある。[10] 警察組織は四七道府県庁に各一の警察部があり、そのもとに全国で警察署六九二、警察分署六九五、派出所と交番所一四一八、駐在所一万三九三がある（原資料は東京府の警視庁を警察部の欄に合記すると注記している）。[11] これらの警察組織は大小あわせて一万三二四五となる。監獄は全国で集治監八、監獄署四七、監獄支所八三、以上の合計は一三八である。[12]

これらの団体、組織、施設ではたらく官吏は、集治監ではたらく官吏一九〇四をのぞいて地方官吏と総称される。「大日本帝国内務省第一一回統計報告」では、地方官吏は(1)庁府県官と雇、郡区吏員と、(2)県郡市吏員、(3)町村吏員に三分されている。吏員とは国ではなく県郡市などが雇用している官吏である。(1)の郡吏員は郡長、郡書記であり、(2)の郡吏員は郡長などの部下をさしている。(1)の庁府県官と雇、郡区吏員の総数は五万三九四二である。その内訳の主だったところは、(i)府県知事から書記官、属と雇までで五二九三、そのうち属が三六七七で大多数を占める。(ii)警視から警部長、警部、巡査、雇までで三万二二六、そのうち巡査の二万六八八九が大多数を占める。(iii)典獄から監獄書記、看守長、看守、雇までで一万三一一、そのうち看守が七一八九で大多数である。(iv)郡区長から郡区書記官、雇までで七八三四、そのうち郡区書記が五七一二で大多数である。(2)の県郡区市吏員の総数は四四二六、(3)の町村吏員は一六万九八一九である。以上三とおりの地方官吏の合計は、二三万八一八七となる。[13]

また、社寺局にとっては神社と神官、寺院・仏堂と住職などが行政資源として位置づけられる。神社は一八九五年、神宮から村社までで五万六五一二社あり、その内訳は神宮一、官国幣社一六五、府県社四七二、郷社三四六一、村社五万二四一三となる。ほかに一三万社あまりの境外無格社があった。それらではたらく神官の総数は一万四九二七とされている。正確には法制度上は、一八八七年（明治二〇年）に官国幣社の神官は廃止されて神職となり、神官は官吏であったが、神職は官吏待遇となった。ついで一八九四年には府県社以下の神社でも神職制が採用されたのだが、前掲の調査報告は一八九五年になっても神職に神官の用語をつかっている。これは慣用語としてつかわれているということか。[14]

ほかに、衛生局にとっては病院、薬舗、医師、薬剤師、産婆などが重要な行政資源である。一八九五年、全国で病院は五八九あり、その設置者別内訳は官立二、公立一七二、私立四一五であった。薬種商は一万七一二〇、この薬種商は薬品を販売する者で、調剤することは許されなかった。医師は四万二七九二、産婆は三万四四九四、薬剤師は三〇七六、製薬者は二二一〇、であった。[15] ただし、別の資料『医制百年史（資料編）』によれば、この年の医師数の総計は三万九四八七で、前掲のデータとはかなりの喰い違いがある。この後出のデータによると、免許取得資格の種類では大学卒業、医学専門学校卒業、試験及第など西洋医学を修得した者は約一万三〇〇〇強で、従来開業してきた漢方医とその子弟は約二万五〇〇〇強と推定される。[16]

一八九五年、内務省本省の官吏の総数は、さきに示したように七二一であった。それが行政資源として、人員レヴェルでいえば、集治監ではたらく官吏約一九〇〇、地方官吏約二三万、そのうちには三万人の警察官・巡査がふくまれている、神官約一万五〇〇〇を輩下として働かせながら、医師約四万三〇〇〇、薬種商約一万七〇〇〇、薬剤師約三〇〇〇、製薬者約二〇〇〇、産婆約三万四〇〇〇などを管理して、内務行政を展開していたというと、その全体のイメージの一端が描かれるであろうか。

(1)『内務省史』第一巻、五六一ページ。
(2)『法令全書』第三一巻第三号、原書房、一九八一年、三六六―三六九ページ。
(3)『内務省史』第一巻、五九七ページ。
(4)『大日本帝国内務省第二回統計報告』(――以下、この年次刊行物では標題の大日本帝国を略記する――)、総務局報告課、一八八八年、二―三ページ。
(5)『内務省第一三回統計報告』内務大臣官房文書課、一八九九年、四〇九ページ。
(6)『内務省史』第三巻、六〇九ページ。
(7)「地方官官制」内閣官報局編『法令全書(第一九巻―1)』原書房、一九七七年、二八五ページ。
(8)同右、二八七―二八九ページ。
(9)『内務省史』第二巻、八〇ページ。
(10)『内務省第一一回統計報告』内務大臣官房文書課、二〇ページ。
(11)同右、一三三ページ。
(12)同右、一七九ページ。
(13)同右、一、三三三―三三四、三四二―三四三、三四六ページ。

(14) 同右、一一一ページ。
(15) 同右、七五ページ。
(16) 『医制百年史（資料編）』五七二―五七三ページ。

4　内務省の財政

元勲政権期の内務省の財政を、前章にひきつづき、『大日本帝国統計年鑑』のデータをつかって考えてゆく。さきにわずかに述べたように、このデータは、一八八六年度、元勲政権期の始点となる年度から、それ以前のものより、より整序された形式になる。まず、内務省所管の財政の範囲が明示されるようになり、費目の大分類がほぼ安定し、その大分類のほとんどで小分類がついているようになった。ただし同一年のデータが『年鑑』の異なった年次版で複数回に登場し、その都度数値が違っているのは、八五年度までと変わらない。たとえば、八六年（明治一九年）度のデータは、『年鑑』の第五回に予算で、第六回にも予算で、第七回には費目によって予算あるいは現計で、第一二回には決算で登場し、それぞれで数値が違っている。このような事態にたいしては、前章ですでにやったように、原則として最後に登場したデータをつかうことにする。

まず、この時代の内務省の財政のありかたをなるべく大づかみにとらえてみよう。表3-3をみられたい。その歳出は経常部と臨時部から構成されているが、その合計額は一八八六年（明治一九年）度が一一三五万三〇〇〇円、一九〇一年（明治三四年）度が二五七五万三〇〇〇円で、この両者のみでみると、一六年間で約二・三倍の伸びである。この間に、国家財政全体の歳出は約三・二倍の伸びであったから、その全体の歳出のなかでの内務省のそれは、相対的に比重を低下させたことになる。その基本的原因は、日清戦争の戦後経営、とくにその最初の五年間の軍備拡張のための費用の増大である。

内務省の歳出の推移を経常部と臨時部の別でみると、経常部の金額は比較的安定しており、変化もなだらかであ

表 3-3　内務省財政の歳出　経常部・臨時部合計
(1886-1901 年度　単位 1000 円)

	経常部	%	臨時部	%	合　計
1886/M19	9, 299	81. 9	2, 054	18. 1	11, 353
1887/M20	9, 350	79. 6	2, 403	20. 4	11, 753
1888/M21	9, 064	78. 3	2, 506	21. 7	11, 570
1889/M22	8, 878	66. 6	4, 444	33. 4	13, 322
1890/M23	8, 507	70. 9	3, 492	29. 1	11, 999
1891/M24	7, 736	45. 9	9, 133	54. 1	16, 869
1892/M25	7, 738	72. 7	2, 899	27. 3	10, 637
1893/M26	7, 636	40. 0	11, 465	60. 0	19, 101
1894/M27	7, 470	75. 5	2, 426	24. 5	9, 896
1895/M28	7, 502	67. 2	3, 669	32. 8	11, 171
1896/M29	6, 277	36. 3	11, 025	63. 7	17, 302
1897/M30	8, 262	29. 7	19, 556	70. 3	27, 818
1898/M31	9, 621	42. 4	13, 056	57. 6	22, 677
1899/M32	10, 762	38. 3	17, 314	61. 7	28, 076
1900/M33	10, 955	41. 6	15, 387	58. 4	26, 342
1901/M34	9, 899	38. 4	15, 854	61. 6	25, 753

るのにたいして、臨時部の金額は変動が大きく、最初の一〇年間で二度の突出があっていずれも歳出全体の五〇%以上を占め、あとの六年間ではつねに歳出全体の五〇%台から七〇%台を占めている。これだけからでも、経常部と臨時部の性格が異なること、歳出の変動は主として臨時部の変動によることが示唆される。

そこで経常部の費目別の内訳とその変化をみてみよう（表3-4）。一八八六年（明治一九年）度のばあい、「府県」五四九万三〇〇〇円（五九・一%）が最頻値である。地方庁の費用ということになれば、これに「北海道本庁」一五三万三〇〇〇円（一六・五%）と「沖縄県地方費」二二万三〇〇〇円（二・四%）をくわえるべきであろう。これらを合算すると、地方庁の費用は七二四万九〇〇〇円（七八・〇%）となる。一九〇一年（明治三四年）度のばあい、「府県」六六二万四〇〇〇円（六六・九%）、「北海道本庁」六〇万七〇〇〇円（六・一%）、「地方費」二五万九〇〇〇円（二・六%）で、以上を合算すると、七四九万円（七五・六%）となる。この年度は、前年度に比較して、「北海道本庁」が大幅に減少しているが、その減少分は、臨時部のなかで「北海道地方費補給」という費目が新しく入っており、「北海道拓殖費」も大幅に増額されており、それらによって実質的には充分以上に埋めあわせられていると推量さ

表 3-4　内務省財政一般会計　歳出経常部（1886-1901 年度　単位：1000 円）

（1000 円未満四捨五入）

	1886/M19		1887/M20		1888/M21		1889/M22		1890/M23		1891/M24	
		%		%		%		%		%		%
神宮費									27	0.3	27	0.3
神社費	247	2.7	249	2.7	245	2.7	275	3.1	178	2.1	178	2.3
国幣社例祭幣帛料									2	0.0	2	0.0
本　省	425	4.6	419	4.5	376	4.1	513	5.8	336	3.9	291	3.8
衛生試験所												
血清薬院												
痘苗製造所												
土木監督区署			126	1.3	135	1.5	138	1.6	125	1.5	119	1.5
集治監	460	4.9	454	4.9	476	5.3	390	4.4	837	9.8	768	9.9
警視庁	382	4.1	427	4.6	372	4.1	367	4.1	377	4.4	289	3.7
北海道本庁	1,533	16.5	1,544	16.5	1,564	17.3	1,729	19.5	1,394	16.4	1,038	13.4
札幌農学校	41	0.4										
北海道集治監	464	5.0	413	4.4	438	4.8	455	5.1				
府　県	5,493	59.1	5,497	58.8	5,252	57.9	4,827	54.4	5,049	59.4	4,843	62.6
地方費												
横浜港維持費												
沖縄県地方費	223	2.4	193	2.1	182	2.0	163	1.8	160	1.9	158	2.0
古社寺保存補助及補給費												
北海道官設鉄道事業費												
海港検疫所												
医術及薬剤師試験費												
その他	31	0.3	28	0.3	24	0.3	21	0.2	22	0.3	23	0.3
計	9,299	100.0	9,350	100.0	9,064	100.0	8,878	100.0	8,507	100.0	7,736	100.0

	1892/M25		1893/M26		1894/M27		1895/M28		1896/M29	
		%		%		%		%		%
神宮費	27	0.3	27	0.3	27	0.3	27	0.3	27	0.4
神社費	178	2.3	178	2.3	178	2.4	178	2.4	175	2.8
国幣社例祭幣帛料	2	0.0	2	0.0	2	0.0	2	0.0	2	0.0
本　省	277	3.6	274	3.6	272	3.6	244	3.3	290	4.6
衛生試験所							25	0.3	25	0.4
血清薬院									18	0.3
痘苗製造所									113	1.8
土木監督区署	119	1.5	119	1.6	119	1.6	76	1.0	85	1.4
集治監	305	3.9	323	4.2	332	4.4	362	4.8	362	5.8
警視庁	292	3.8	264	3.5	247	3.3	246	3.3	245	3.9
北海道本庁	1,040	13.4	978	12.8	950	12.7	990	13.2		
札幌農学校										
北海道集治監	490	6.3	519	6.8	488	6.5	504	6.7		
府　県	4,833	62.5	4,757	62.3	4,673	62.6	4,650	62.0	4,733	75.4
地方費										
横浜港維持費										
沖縄県地方費	151	2.0	169	2.2	154	2.1	172	2.3	173	2.8
古社寺保存補助及補給費										
北海道官設鉄道事業費										
海港検疫所										
医術及薬剤師試験費										
伝染病研究所										
その他	24	0.3	26	0.3	28	0.4	26	0.3	29	0.5
計	7,738	100.0	7,636	100.0	7,470	100.0	7,502	100.0	6,277	100.0

	1897/M30		1898/M31		1899/M32		1900/M33		1901/M34	
		%		%		%		%		%
神宮費	27	0.3	27	0.3	27	0.3	50	0.5	50	0.5
神社費	178	2.2	178	1.9	222	2.1	222	2.0	222	2.2
国幣社例祭幣帛料	2	0.0	2	0.0	2	0.0	2	0.0	2	0.0
本　省	222	2.7	273	2.8	290	2.7	317	2.9	301	3.0
衛生試験所	25	0.3	25	0.3	30	0.3	42	0.4	44	0.4
血清薬院	26	0.3	36	0.4	34	0.3	38	0.3	58	0.6
痘苗製造所	86	1.0	63	0.7	73	0.7	62	0.6	65	0.7
土木監督区署	87	1.1	91	0.9	100	0.9	99	0.9	100	1.0
集治監	759	9.2	766	8.0	750	7.0				
警視庁	250	3.0	253	2.6	241	2.2	246	2.2	235	2.4
北海道本庁	1,335	16.2	1,545	16.1	1,680	15.6	1,723	15.7	607	6.1
札幌農学校										
北海道集治監										
府　県	4,946	59.9	5,831	60.6	6,180	57.4	6,624	60.5	6,624	66.9
地方費					257	2.4	259	2.4	259	2.6
横浜港維持費							78	0.7	117	1.2
沖縄県地方費	174	2.1	189	2.0						
古社寺保存補助及補給費	50	0.6	150	1.6	140	1.3	150	1.4	150	1.5
北海道官設鉄道事業費			79	0.8	451	4.2	730	6.7	744	7.5
海港検疫所					155	1.4	197	1.8	210	2.1
医術及薬剤師試験費	22	0.3	44	0.5	60	0.6	74	0.7	71	0.7
伝染病研究所					39	0.4	40	0.4	41	0.4
その他	73	0.9	69	0.7	31	0.3	2	0.0		
計	8,262	100.0	9,621	100.0	10,762	100.0	10,955	100.0	9,899	100.0

表 3-5　内務省財政のうち府県（1886-1901 年度　単位：1000 円）　（1000 円未満四捨五入）

	1886/M19	%	1887/M20	%	1888/M21	%	1889/M22	%	1890/M23	%	1891/M24	%
俸給及諸給									2, 666	52. 8	2, 525	52. 1
雑　給	2, 823	51. 4	2, 843	51. 7	2, 757	52. 5	2, 719	56. 3	135	2. 7	110	2. 3
雑給及雑費												
傭外国人諸給									6	0. 1	6	0. 1
旅　費	643	11. 7	659	12. 0	566	10. 8	456	9. 4	465	9. 2	454	9. 4
死傷手当									2	0. 0		
庁　費	389	7. 1	358	6. 5	299	5. 7	288	6. 0	272	5. 4	245	5. 1
賠償及訴訟費									4	0. 1	4	0. 1
営繕土木費	23	0. 4	40	0. 7	24	0. 5	23	0. 5	31	0. 6	31	0. 6
徴兵費							134	2. 8	138	2. 7	135	2. 8
褒賞費									19	0. 4	15	0. 3
恩賞（賜）及救助費	124	2. 3	131	2. 4	101	1. 9	129	2. 7	143	2. 8	144	3. 0
難破船費			1	0. 0	1	0. 0	1	0. 0	1	0. 0	1	0. 0
外国人居留地取締及営繕費	196	3. 6	149	2. 7	154	2. 9	133	2. 8	108	2. 1	118	2. 4
横浜公園保存費	2	0. 0	1	0. 0	1	0. 0	1	0. 0	2	0. 0	1	0. 0
横浜爆揮発物倉庫修繕費	7	0. 1	7	0. 1	6	0. 1	6	0. 1	3	0. 1	3	0. 1
長崎外国人墓地諸費			2									
警察費連帯支弁金	1 259	22. 9	1, 276	23. 2	1, 311	25. 0	929	19. 2	938	18. 6	933	19. 3
消毒所及避病院保存費							4	0. 1	2	0. 0	2	0. 0
機密費									114	2. 3	115	2. 4
其他諸費	26	0. 5	30	0. 5	31	0. 6	4	0. 1				
伝染病予防費補助												
地方費補給												
度量衡検定費												
囚人及刑事被告人台湾押送費												
肥料検査費												
港務費												
計	5, 493	100. 0	5, 497	100. 0	5, 252	100. 0	4, 827	100. 0	5, 049	100. 0	4, 843	100. 0

	1892/M25		1893/M26		1894/M27		1895/M28		1896/M29	
		%		%		%		%		%
俸給及諸給	2, 449	50. 7	2, 417	50. 8	2, 328	49. 8	2, 288	49. 2	2, 296	48. 5
雑　給	112	2. 3	95	2. 0	94	2. 0				
雑給及雑費							188	4. 0	194	4. 1
傭外国人諸給	6	0. 1	6	0. 1	6	0. 1	6	0. 1	6	0. 1
旅　費	460	9. 5	477	10. 0	481	10. 3	445	9. 6	458	9. 7
死傷手当	1	0. 0	1	0. 0	1	0. 0	2	0. 0	2	0. 0
庁　費	242	5. 0	243	5. 1	228	4. 9	186	4. 0	189	4. 0
賠償及訴訟費	9	0. 2	16	0. 3	13	0. 3	10	0. 2	8	0. 2
営繕土木費	32	0. 7	34	0. 7	31	0. 7	31	0. 7	26	0. 5
徴兵費	131	2. 7	132	2. 8	136	2. 9	142	3. 1	169	3. 6
褒賞費	13	0. 3	16	0. 3	15	0. 3	15	0. 3	17	0. 4
恩賞（賜）及救助費	145	3. 0	154	3. 2	174	3. 7	169	3. 6	174	3. 7
難破船費	1	0. 0	2	0. 0	1	0. 0	2	0. 0	1	
外国人居留地取締及営繕費	146	3. 0	126	2. 6	128	2. 7	130	2. 8	141	3. 0
横浜公園保存費	1	0. 0	1	0. 0	1	0. 0	1	0. 0	1	0. 0
横浜爆揮発物倉庫修繕費	2	0. 0	2	0. 0	2	0. 0	2	0. 0	2	0. 0
長崎外国人墓地諸費										
警察費連帯支弁金	967	20. 0	976	20. 5	975	20. 9	972	20. 9	988	20. 9
消毒所及避病院保存費	2	0. 0	3	0. 1	2	0. 0	4	0. 1	4	0. 1
機密費	115	2. 4	57	1. 2	57	1. 2	57	1. 2	57	1. 2
其他諸費										
伝染病予防費補助										
地方費補給										
度量衡検定費										
囚人及刑事被告人台湾押送費										
肥料検査費										
港務費										
計	4, 833	100. 0	4, 757	100. 0	4, 673	100. 0	4, 650	100. 0	4, 733	100. 0

	1897/M30		1898/M31		1899/M32		1900/M33		1901/M 34	
		%		%		%		%		%
俸給及諸給	2,323	47.0	2,331	40.0	2,425	39.2	2,491	37.6	2,283	34.5
雑　給										
雑給及雑費	205	4.1	229	3.9	279	4.5	288	4.3	288	4.3
傭外国人諸給	6	0.1	5	0.1	3	0.0	6	0.1	6	0.1
旅　費	516	10.4	573	9.8	706	11.4	709	10.7	672	10.1
死傷手当							1	0.0	1	0.0
庁　費	189	3.8	230	3.9	278	4.5	283	4.3	281	4.2
賠償及訴訟費	11	0.2	11	0.2	8	0.1	14	0.2	14	0.2
営繕土木費	26	0.5	27	0.5	40	0.6	50	0.8	50	0.8
徴兵費	180	3.6	212	3.6	220	3.6	239	3.6	249	3.8
褒賞費	15	0.3	23	0.4	21	0.3	23	0.3	24	0.4
恩賞（賜）及救助費	214	4.3	260	4.5	179	2.9	194	2.9	193	2.9
難破船費	1	0.0	2	0.0	3	0.0				0.0
外国人居留地取締及営繕費	146	3.0	163	2.8	71	1.1				
横浜公園保存費	1	0.0	1	0.0						
横浜爆揮発物倉庫修繕費	2	0.0	2	0.0	2	0.0	3	0.0	13	0.2
長崎外国人墓地諸費										
警察費連帯支弁金	1,004	20.3	1,526	26.2	1,423	23.0	1,574	23.8	1,696	25.6
消毒所及避病院保存費	4	0.1	3	0.1	1	0.0				
機密費	100	2.0	100	1.7	100	1.6	100	1.5	100	1.5
其他諸費										
伝染病予防費補助			132	2.3	285	4.6	366	5.5	296	4.5
地方費補給					136	2.2	204	3.1	204	3.1
度量衡検定費	79	1.2	106	1.6						
囚人及刑事被告人台湾押送費			1	0.0						
肥料検査費			32	0.5						
港務費			115	1.7						
計	4,946	100.0	5,831	100.0	6,180	100.0	6,624	100.0	6,624	100.0

れる。途中の年度の内訳をくわしくいうことは控えるが、この時代、経常部の歳出の七、八割が地方庁の費用であった。

この地方庁の費用の内実を知るために「府県」の小分類による費目別の内訳を表3-5でみてみよう。費目の金額の大きさでは、「俸給及諸給」と「雑給」、「雑給及雑給」の小計がつねに一位で、一二の年度で五〇%台、三つの年度で四〇%台である。二位は「警察費連帯支弁金」で一三の年度で二〇%台、のこり三つの年度でも一八%台か一九%台である。三位は「旅費」、四位は「庁費」となっている。以上四者の小計を五年間隔でみると、一八八六年度九三・一%、九一年度八八・二%、九六年度八七・二%、一九〇一年度七八・七%となっている。これら四者を「府県」の代表的費目とみてよいであろう。

前章で太政官時代の警察費について述べたさいにとりあげた、その費用の国費地方費連帯支弁の原則は、この元勲政権時代に入っても変わらない。ただし、連帯支弁の割合は、一八八八年（明治二一年）八月に改められて、国庫下渡金は東京府で一〇分の四、沖縄県をのぞくその他の府県は六分の一となった。(1)それまでは、それぞれが六〇%と三〇%であったので、東京で六六・六%まで、その他の府県では五五・五%までの減額となっている。

なお、歳出経常部における「府県」の「警察費連帯支弁金」と「警視庁」の小計が、歳出経常部の全体のなかで占める構成比を五年間隔で算出してみよう。八六年度一七・六%、九一年度一五・八%、九六年度一九・六%、一九〇一年度二〇・一%。この時代の内務省の財政では歳出経常部の二〇%前後が警察のための費用として支出されるようになっていた。ただし、前記の連帯支弁の原則にもとづく支出のシステムがあるので、この費用の大きい部分は「府県」の費用から出ていることに留意されたい。それでも、歳出経常部の代表的費目がたがいに重複する部分をもちつつ、地方庁の費用と警察の費用であったといえる。

表 3-6　内務省財政一般会計　歳出臨時部 (1886-1901 年度　単位：1000 円)

(1000 円未満四捨五入)

1886/M19		%	1887/M20		%	1888/M21		%	1889/M22		%
土木費補助	821	40.0	河身修築費	890	37.0	土木事業費	819	32.7	土木費補助	2,141	48.2
河身修築費	418	20.4	土木費補助	469	19.5	土木費補助	618	24.7	府県各種諸費	739	16.6
府県各種諸費	352	17.1	府県各種諸費	442	18.4	諸官衛及議院建築費	420	16.8	土木事業費	712	16.0
補助費	338	16.5	諸官衛及議院建築費	425	17.7	府県各種諸費	398	15.9	諸官衛及議院建築費	360	8.1
造神宮使庁	25	1.2	補助費	127	5.3	補助費	131	5.2	補助費	180	4.1
諸官衛及議院建築費	19	0.9	造神宮使庁	45	1.9	造神宮使庁	45	1.8	横浜築港工事補充費	122	2.7
其他諸費	80	3.9	其他諸費	6	0.2	其他諸費	74	3.0	造神宮使庁	72	1.6
									営繕費	16	0.4
									其他諸費	101	2.3
計	2,054	100.0	計	2,403	100.0	計	2,506	100.0	計	4,444	100.0

1890/M23			1891/M24			1892/M25			1893/M26		
土木費補助	1,089	31.2	土木費補助	4,926	53.9	土木費補助	991	34.2	土木費補助	9,586	83.6
土木事業費	804	23.0	土木事業費	686	7.5	土木事業費	650	22.4	土木事業費	872	7.6
横浜築港工事補充費	459	13.1	横浜築港工事補充費	371	4.1	横浜築港工事補充費	613	21.1	横浜築港工事補充費	372	3.2
諸官衛及議院建築費	417	11.9	諸官衛及議院建築費	338	3.7	諸官衛及議院建築費	251	8.7	北海道諸会社補助	214	1.9
補助費	172	4.9	補助費	161	1.8	北海道諸会社補助	206	7.1	諸官衛及議院建築費	199	1.7
営繕費	133	3.8	営繕費	46	0.5	営繕費	29	1.0	営繕費	72	0.6
其他諸費	419	12.0	其他諸費	2,604	28.5	補助費	26	0.9	補助費	61	0.5
						其他諸費	134	4.6	其他諸費	89	0.8
計	3,492	100.0	計	9,133	100.0	計	2,899	100.0	計	11,465	100.0

1894/M27			1895/M28			1896/M29			1897/M30		
土木事業費	636	26. 2	土木事業費	913	24. 9	水害費	7, 812	70. 9	台湾経費補充金	5, 959	30. 5
土木費補助	526	21. 7	土木費補助	897	24. 4	土木事業費	1, 361	12. 3	土木事業費	5, 133	26. 2
北海道諸会社補助	321	13. 2	北海道諸会社補助	356	9. 7	土木費補助	286	2. 6	水害費	2, 695	13. 8
営繕費	263	10. 8	北海道起業費	354	9. 6	伝染病予防費	254	2. 3	補助費	1, 568	8. 0
諸官衛及議院建築費	241	9. 9	横浜築港工事補充費	266	7. 2	河身修築費	116	1. 1	台湾事業費	1, 041	5. 3
朝鮮事件費	147	6. 1	諸官衛及議院建築費	155	4. 2	営繕費	98	0. 9	北海道鉄道敷設費	868	4. 4
横浜築港工事補充費	104	4. 3	営繕費	98	2. 7	神戸港波止場増築費	61	0. 6	北海道鉄道建設費	702	3. 6
北海道起業費	30	1. 2	朝鮮事件費	94	2. 6	補助費	34	0. 3	北海道起業費	271	1. 4
補助費	20	0. 8	補助費	32	0. 9	府　県	25	0. 2	営繕費	214	1. 1
其他諸費	137	5. 6	其他諸費	502	13. 7	其他諸費	977	8. 9	神戸港波止場増築費	173	0. 9
									其他諸費	932	4. 8
計	2, 426	100. 0	計	3, 669	100. 0	計	11, 025	100. 0	計	19, 556	100. 0

1898/M31			1899/M32			1900/M33			1901/M34		
台湾経費補充金	3, 985	30. 5	台湾経費補充金	6, 200	35. 8	台湾経費補充金	8, 099	52. 6	台湾経費補充金	7, 251	45. 7
土木事業費	3, 654	28. 0	水害費	4, 040	23. 3	土木事業費	3, 176	20. 6	土木事業費	3, 481	22. 0
北海道鉄道敷設費	1, 128	8. 6	土木事業費	3, 201	18. 5	北海道鉄道敷設費	1, 007	6. 5	補助費	1, 707	10. 8
北海道災害費	1, 065	8. 2	北海道鉄道敷設費	969	5. 6	補助費	858	5. 6	北海道拓殖費	1, 210	7. 6
水害費	835	6. 4	補助費	735	4. 2	営繕費	603	3. 9	北海道鉄道敷設費	625	3. 9
補助費	582	4. 5	北海道災害費	374	2. 2	北海道起業費	597	3. 9	北海道地方費補給	520	3. 3
伝染病予防費	303	2. 3	北海道起業費	369	2. 1	伝染病予防費	271	1. 8	災害費	284	1. 8
小樽築港費	296	2. 3	伝染病予防費	315	1. 8	小樽築港費	238	1. 5	営繕費	259	1. 6
北海道起業費	263	2. 0	営繕費	231	1. 3	府　県	116	0. 8	伝染病予防費	145	0. 9
営繕費	252	1. 9	小樽築港費	205	1. 2	警察監獄学校	92	0. 6	府　県	111	0. 7
其他諸費	693	5. 3	其他諸費	675	3. 9	其他諸費	330	2. 1	其他諸費	261	1. 6
計	13, 056	100. 0	計	17, 314	100. 0	計	15, 387	100. 0	計	15, 854	100. 0

表 3-7 (表 3-3, 3-4, 3-5, 3-6 の) 資料出所一覧
(『大日本帝国統計年鑑』による)

年 度	決算・現計・予算	年鑑回数	刊 行 年	引 用 ペ ー ジ
1886/M19	決 算	第 12 回	1893	pp. 827-831, pp. 841-842
1887/M20	同 上	第 13 回	1894	pp. 857-860, pp. 871-872
1888/M21	同 上	第 14 回	1895	pp. 877-880, p. 893
1889/M22	同 上	第 14 回	1895	同 上
1890/M23	同 上	第 15 回	1896	pp. 906-912, pp. 933-935
1891/M24	同 上	第 15 回	1896	同 上
1892/M25	同 上	第 16 回	1897	pp. 932-937, p. 960, pp. 961-962, pp. 968-969
1893/M26	同 上	第 16 回	1897	同 上
1894/M27	同 上	第 16 回	1897	同 上
1895/M28	現 計	第 16 回	1897	同 上
1896/M29	同 上	第 17 回	1898	pp. 955-958, pp. 968-969
1897/M30	同 上	第 18 回	1899	pp. 1000-1005, pp. 1014-1016
1898/M31	同 上	第 19 回	1900	pp. 880-883, pp. 894-895
1899/M32	同 上	第 20 回	1901	pp. 954-959, pp. 969-971
1900/M33	同 上	第 21 回	1902	pp. 876-881, pp. 890-892
1901/M34	同 上	第 22 回	1903	pp. 924-928, pp. 938-939

注：拓殖務省は 1896 (M29) 年 4 月 1 日から 97 (M30) 年 9 月 2 日まで存在した．しかし，原資料(第 16 回) には，1892 年度から 95 年度までの拓殖務省の歳出 (北海道本庁，北海道集治監，北海道諸会社補助，北海道起業費など) が存在する．これは，96 年度の歳出の分類枠をつかい，内務省の歳出の一部をさかのぼって拓殖務省の歳出としたのであろう．したがって，92 年度から 95 年度までの前掲の拓殖務省の歳出は，同期間の内務省の歳出にくりこんで計算した．

歳出臨時部に目を転じよう。表3-6をみられたい。

まず、この表は歳出臨時部の概要を示すためのものであって、原資料がもつ情報のきわめてかぎられた部分しかとりあげていないことに注意を促しておきたい。一例として一九〇一年(明治三四年)度分に即していうと、そこでは同年度の費目の大分類にもとづき、金額の比較的大きい一〇の費目とそれぞれの金額、それらの総額における構成比が示されている。残りの大分類の費目は、その他諸費に一括したが、それらを列記すると、(1)造神宮使庁、(2)北海道起業費、(3)警察監獄学校、(4)小笠原島森林経営費、(5)日本薬局方調査会費、(6)北海道官設鉄道用品資金、(7)北海道議員選挙取締費、(8)北海道砂金採取取締費、(9)臨時神社費、(10)臨時外国行諸費、(11)皇太神宮臨時御修造費、(12)清国事件費などである。ま

た、小分類は一々あげないが、二位の土木事業費のばあいでいうと、諸川修築及砂防費等を筆頭に、ほか七つの費目が並んでいる。

さて、内務省の財政の歳出は、太政官時代はほとんどが経常部に属し、臨時部は小額のものが例外的にあるだけであった。それが、元勲政権時代に入ると、毎年度、臨時部において巨額の費用が支出されるようになったのはさきに示したとおりである。とくに日清戦争の戦後経営がはじまった一八九六年（明治二九年）度からは、連年、一〇〇〇万円を超える、ときには二〇〇〇万円ちかい、臨時部の支出がつづいた。その大部分は土木・建築関連の費用であり、それにつぐのが拓殖＝植民地管理の費用である。二つの年度のばあいを例示する。

ひとつは一八九三年（明治二六年）度で、この年度、元勲政権時代に入ってはじめて、歳出臨時部の金額が一〇〇〇万円を超えている。そこで一位は「土木費補助」八五・三％である。ほかにあきらかに土木・建築事業関連とみられる費目とその構成比が「土木事業費」七・八％、「横浜築港工事補充費」三・三％、「諸官衛及議院建築費」一・八％、「営繕費」〇・六％で、ここまでの小計は九八・八％に達する。この年度、歳出臨時部の金額のほとんどは土木・建築事業のために支出されていたのである。

いまひとつ、一八九七年（明治三〇年）度のばあいをみてみよう。この年度、歳出臨時部の金額はこの時代の最高額、一九五五万六〇〇〇円に達した。その内訳で土木・建築関係の費用とみなせるものは「土木事業費」二六・二％、「水害費」一三・八％、「北海道鉄道敷設費」四・四％、「北海道鉄道建設費」三・六％、「営繕費」一・一％、「神戸港波止場増築費」〇・九％などで、以上の小計は五〇・〇％になる。この年度はほかに大口の費目として「台湾経費補充金」三〇・五％と「台湾事業費」五・三％があり、これらのうちにも土木・建築関係の歳出が少なからずふくまれていたとおもわれる。なお、内務省に北海道局が設置されるのが一八九七年九月、台湾事務局が設置されるのが九八年二月のことである。これらはのち、九八年一一月に庶務局北海道課、台湾課となる。この台湾事務局、台湾課の設置があって、九七年度以降、内務省の財政の歳出臨時部において、巨額の「台湾経費補充金」が出現したのである。

約言する。元勲政権時代をつうじて、内務省の財政の支出は二・三倍に伸びた。ただし、歳出経常部の金額はほぼ安定しており、歳出臨時部の金額の変動が大きい。経常部の代表的費目は地方庁の費用と警察の費用であり、前者が八割ちかく、後者が二割ちかくになるが、両者は重複する部分をもっている。この経常部の二つの代表的費目は、二局史観によって把握される内務省イメージにふさわしい。これにたいして、臨時部は、日清戦争後、一〇〇〇万円台からときに二〇〇〇万円ちかくにまでなり、内務省歳出の半ば以上、ときに七割ちかくを占める。その代表的費目は土木・建築関係と拓殖関係である。こちらからは、土木局が大きい比重をもち、ついで植民地経営の拠点である内務省イメージが示唆される。

（1）一八八八年（明治二一年）度の府県警察費にたいする国庫下渡金の改定の布告文はつぎのとおりである。
「勅令第六十一号
明治十四年二月第十六号布告府県警察費ニ対スル国庫下渡金ノ割合左ノ通改定ス
第一条　地方税中警察費及警察庁舎建築修繕費ニ対スル国庫下渡金ノ割合ハ東京府ハ其総高ノ拾分ノ四トシ其他ノ府県（沖縄県ヲ除ク）ハ六分ノ一トス（後略）」。
内閣官報局編『法令全書』第二一巻―1、原書房、一九七八年、一三四ページ。

5 「保安条例」と選挙干渉

西南戦争後、不平士族たちの多くは明治政府にたいする武力による反抗を断念し、言論による闘争の道を選択して、自由民権運動を展開した。各地の豪農、地主階層のなかからも、重税と政治的無権利状態への反発を主要動機として自由民権運動に身を投じる者が多数あらわれてきた。藩閥政治家たちの多くは、一方では国家権力の独占を志向して、この運動の権力への割りこみを嫌い、他方では自らの国家運営の正当性と有効性を確信して、この運動が国家の存立を危うくするものだと恐れていた。(1) 山県有朋はその政治家たちの最有力の存在であり、国会開設にいたるまでの期間、政府が自由民権運動にくわえた弾圧を主導した。その弾圧政治のなかでも、かれが第一次伊藤内閣の内務大臣であったとき、一八八七年（明治二〇年）一二月の「保安条例」公布による民権派の制圧は代表的事例であるとみられる。

この事件の発端は、第一次伊藤内閣の外務大臣・井上馨による欧米諸国との不平等条約改正にかんする交渉であった。この改正は治外法権制度の撤廃、すなわち、いわゆる法権の独立を主要な内容のひとつとしていたが、それは欧米諸国がもっとも強硬に反対したものであった。日本側は多くの譲歩をおこないつつ、一八八七年四月、ようやく「裁判管轄条約案」をまとめたが、それには治外法権制度の撤廃の代償に、日本は法制度を整備するが各法の施行に先立ってそれぞれの英訳を欧米諸国に送って承認をえること、日本の主要裁判所に欧米人の判事を任命し、欧米人が被告となる事件では欧米人判事が過半数を占める法廷で審理することなどが盛りこまれていた。この条約案が漏洩すると、世論は政府の方針が軟弱・卑屈であると猛反発した（これを確信犯的に漏洩したのは、当時の外務省翻訳局次長小村寿太郎である[2]。反政府的世論の先頭には自由民権派の運動家たちが立った。かれらは、これを契機に、外交の立直し、地租の軽減、言論集会の自由の三要求を主張する建白運動を展開した。多数の運動家たちが各地から上京してきて、元老院、宮内省、有力政治家宅に押しかけ、抗議をくり返した。この運動は国民各層の共感をえて、幅広い反政府運動に発展した[3]。

政府は、条約改正交渉の中止、井上外相の引責辞職などの対応をしたが、建白運動は沈静化しなかった。一〇月には後藤象二郎が旧自由党員、改進党員に協力して民意にもとづく政治を実現するように訴える大同団結運動がはじまり、政情は騒然となってきた。山県内相は九月に「内務省令」を布告し、一一月には警視総監・三島通庸が山県の意向によって「警察令第二〇号」を布達して、反政府運動を制圧しようとしたが、効果はあがらなかった[4]。山県は七月から警保局長・清浦奎吾に命じて、のちに「保安条例」となる条令を起草させていた。一二月二六日にこの条例は官報号外によって発布された。

「　保安条例

第一条　凡そ秘密の結社、又は集会は之を禁ず、犯す者は一月以上二年以下の軽禁錮に処し、十円以上百円以下の罰金を附加す。(後略)

第二条　屋外の集会又は群衆は、予め許可を経たると否とを問わず、警察官に於て必要と認むるときは之を禁ずることを得。其の命令に違ふ者、首魁教唆者及情を知りて集会し、勢を助けたる者は三月以上三年以下の軽禁錮に処し、十円以上百円以下の罰金を附加す。(後略)

第三条（略）

第四条　皇居、又は行在所を距る三里以内の地に住居、又は寄宿する者にして、内乱を陰謀し、又は治安を妨害するの虞ありと認むるときは、警視総監、又は地方長官は、内務大臣の許可を経、期日又は時間を限り退去を命じ、三年以内同一の距離内に出入寄宿、又は住居を禁ずることを得。(後略)」(5)。

山県は「保安条例」が発布される前夜、三島警視総監を呼んで、翌日に条例を実施するよう命じた。剛腹な三島もこれにはいくらかの躊躇の色を示した。山県はそれをみて、「君の力が足りないのであれば、私が自らこれをやる」といったので、三島はその断行を決意した。かれは府下の各警察署の署員を一堂に召集し、忘年会の名目で酒食を饗応し、宴たけなわのところで、警官の総動員と翌日の条例実施を命じた。そのさい、「万一壮士が腕力をもって命令に反抗するならば、これを殺傷するのも止むをえない」という内訓をあたえたという。山県は、ほかに軍隊も動員して、強力な警戒体制をとった(6)。一二月二六日から二八日にかけて、星亨、林有造、尾崎行雄をはじめとする在京の民権派の政客たち五七〇名が東京からの退去を命じられた。かれらのうちから、命令に従わず、捕縛された者も多数出た(7)。これによって建白運動は挫折する。政府反対派はこの処置を国民の自由の束縛として烈しく非難したが、政府はこれによって沸騰点に達していた反政府運動をともかく力で押さえこんだのであった。

第一次伊藤内閣にひきつづき、つぎの黒田内閣でも山県は内務大臣をつとめた。そのあと、山県は第一次山県内閣をひきいて、第一回帝国議会にのぞむが、翌年度予算をめぐって野党と争い、予算削減の苦汁をのまされた。議会閉会後、山県は政権運営の気力を失って内閣総辞職をおこない(8)、松方正義が後継内閣を組織した。しかし、松方内閣の内務大臣は品川弥二郎、内務次官は山県内閣時代からひきつづき白根専一、警保局長は小松原英太郎であり、品川は山県閥の巨頭、白根も小松原も山県閥の有力な成員であったから、山県閥の内務省支配は一貫していた。松方内閣は第二回議会において予算案をめぐって野党と正面衝突し、一八九一年(明治二四年)一二月、議会を解散した。山県は松方に書簡を送り、この解散は「国家のためにたいそう目出度いこと」と述べ、政党政治家をこらしめるためには、ひきつづきあと二回ほど解散を決行する覚悟が必要などと述べていた(9)。

松方内閣は、第二回の衆議院議院選挙において、民党議員の数を減少させようとして、大規模な選挙干渉をおこなった。この選挙干渉の推進力となったのは、行政組織としては内務省ことにその警保局であり、品川内相が指示を下し、白根次官がそれを実行する役割の分担があった。かれらは民党政治家を国家の破壊者とみなし、これを撲滅するのが政府の責務であると確信していたので、選挙干渉を公然とおこなうのをためらわなかった。ほかの閣僚でも高島鞆之助陸軍大臣、樺山資紀海軍大臣は、積極的に選挙干渉を支持した(10)。政府は九二年（明治二五年）一月に勅令によって「予戒令」を制定し、民党の壮士たちの行動を拘束する立法をおこなった。また、政府は吏党の候補者を選び、あるいは知事に選ばせて、その当選のための画策を知事をはじめとする地方官に命じた。干渉の手段は、買収、巡査の戸別訪問、民党候補者への誹謗などであったが、暴力沙汰も広くみられ、各地の抗争で多数の死傷者が出た(11)。当時の内務省の調査によれば死者二五名、負傷者三八八名とされているが、後年の『内務省史』が「実際にはこれよりも多かったと推定してほぼ間違いない」と書いている(12)。抗争は、板垣退助、大隈重信の出身地である高知、佐賀と石川、熊本の各県でとくに激烈であった。政府は高知と佐賀では「保安条例」の一部を施行して抗争を制圧しようとしたが、その佐賀では小城警察署長が民党の有力政治家・松田正久の殺害を巡査に命令している有様であった(13)。

このような大規模な選挙干渉にもかかわらず、総選挙の結果は、当選者が吏党派が一三七名、民党派、準民党派一六三名となり、民党の勝利となった。選挙干渉と民党の勝利は、内閣の信望を国内でも国外でも大幅に失わせた。内閣のなかでも、農商務大臣・陸奥宗光、逓信大臣・後藤は選挙干渉に最初から反対していたが、選挙後、品川内相一派への批判を強めた。枢密院議長であった伊藤も公然と品川内相を批判した。伊藤は抗議の意志をこめて、枢密院議長の辞任を決意し、辞表を天皇に捧呈したが、天皇はその辞職を許さなかった。この伊藤の行動によって、品川は内相の地位にとどまることが困難になり、一八九二年三月に辞職し、後任の内務大臣には副島種臣が就任した。[14] 内務卿、内務大臣が職務上の責任をとって辞任したのは、はじめてのことであり、これによって、藩閥勢力は大きい痛手をこうむった。山県はこれについて、明治政府の末路はどうなるのかと憂慮する書簡を松方に送っている。[15] この事件についても、伊藤と山県の行動は対照的である。なお、白根内務次官の処分は内相のばあいよりさらに遅れ、七月に入ってから、副島の後任、河野敏鎌内務大臣の手によっておこなわれた。河野は同時に選挙干渉の責任を問うて、数人の知事の転任、免職もおこなった。ところが、この処分にたいして抗議する有力知事がおり、閣内でも高島陸相、樺山海相が処分された地方官を擁護した。これによって、松方内閣は閣内不統一で七月末日、退陣に追いこまれた。[16]

（1）岡義武『山県有朋』三七ページ。
（2）岡「近代日本政治史Ⅰ」『岡義武著作集第一巻　明治政治史Ⅰ』二二二―二二七ページ。
（3）徳富猪一郎『公爵山県有朋伝』中巻、原書房、一九八〇年、九六〇ページ。
（4）同右、九六一―九六二ページ。
（5）同右、九六四―九六五ページ。
（6）同右、九六九―九七〇ページ。
（7）同右、九七一ページ。
（8）藤村道生『山県有朋』吉川弘文館、一九九七年、一四三ページ。
（9）徳富『公爵山県有朋伝』下巻、五三―五四ページ。

(10)「通史」二二五ページ。『内務省史』第四巻、八一〇―八一一ページ。
(11)同右、第二巻、八一一―八一四ページ。
(12)同右、八一五ページ。
(13)同右、同ページ。
(14)春畝公追頌会『伊藤博文伝』中巻、春畝公追頌会、一九四〇年、八三二―八三五ページ。
(15)『公爵山県有朋伝』下巻、五八ページ。
(16)「通史」二一七ページ。

6 「治安警察法」と労働運動の抑圧

明治期の日本における産業革命は、日清戦争前後から日露戦争のころまでに起った。すなわち、一八九四、五年(明治二七、八年)の前後から一九〇五年(明治三八年)あたりにかけてのことである。工業化が進行し、労働運動が展開し、そこから社会主義運動、普通選挙運動が出現してくる。(1) それらは多かれ少なかれ、明治国家の権力と秩序に反抗する性格をもっていた。元勲政権時代の藩閥政府は、その時代の終りがちかいころ、自由民権運動、政党勢力と並ぶ、新しい反権力運動に直面することになったのである。内務省はこれらに対抗して、一九〇〇年(明治三三年)、二月に「治安警察法」、六月に「行政執行法」を制定して、抑圧体制を固めた。第二次山県内閣、西郷従道内務大臣、小松原英太郎内務次官のときのことであった。この二つの法律は、それから敗戦後、一九四六年(昭和二一年)に廃止されるまで、政治警察の活動を支える有力な法的基礎として機能しつづけた。(2)

産業革命の経過についてはわずかにいうにとどめるが、工場工業の代表は紡績業で、政府に支援・育成されて、ほかの産業にさきがけて発展した。鉄道業でも同じ事情がみられる。これにややおくれて製鉄業、造船業がやはり政府の支援・育成によって成立していった。(3) 日清戦争後、一八九六年(明治二九年)ごろから、労働運動が盛んになり、ストライキの件数が増えてきた。その背景には、インフレーションによる物価騰貴がもたらした労働者の生活難と、労働力需要の急増による労働者の不足があった。(4) また、アメリカ合衆国から九六年に片山潜が帰国しセツルメント活動を経て労働運動の指導者となり、翌年にはアメリカ労働総同盟日本オルグの高野房太郎が帰国し、労働組合期成会を組織し、参加者が増加するなどの動きがあった。(5) この年一二月には鉄工組合が発足し、一一八〇名を組織している。さらに翌九八年（明治三一年）二月、日本鉄道会社の機関方がストライキに入り、会社側に完勝している。(6) この事件は政府につよい衝撃をおよぼした。ただし、当時の労働運動は比較的温和なもので、もっとも戦闘的といわれた前出の機関方の矯正会にしても、共済制度に力を入れ、ストライキのさいの第一の要求は管理職とのあいだでの差別待遇の撤廃であった。また、労働運動の代表的機関誌『労働世界』のスローガンは「労働は神聖、団結は力」であり、労働者の社会的地位の向上をもっともつよく求めていた。(7)

「治安警察法」を制定するにあたり、議会における政府側の趣旨説明の一端はつぎのとおりである。

「政府委員（小松原英太郎君）……例へば宗教上の組合結社であるとか或は近頃出来かけて居りまする労働組合即ち同盟罷工を煽動する目的として同盟組合と云ふものを設けて結社して居ります是等は政治上の結社ではございませぬが併ながら其情勢状況に依りまして政治上に準じて取締るの必要がある又将来に於ては往々斯の如き類の取締を必要とすることが起るだらうと思ふのであります(8)」。

政治上の結社ではないがという表現は、政治上の結社は「集会政社法」によって取り締まることができるが、労働組合はその種の結社ではないので同法の対象にすることができないといっている。また、これに前後して、鉄道会社のストライキの事例にふれ、それによって莫大な会社の損害と社会の損害が生じたこと、もし戦争中に軍需産業においてストライキが生じるならば戦役に多大な影響が生じるであろうこと、などが述べられている。そうして、ストライキを労働者の権利として認めることは今日、学者の定説になっているが、「治安警察法」で規定するような行為は法によって取り締まるべきであるという。(9)

この趣旨は「治安警察法」第一七条、第三〇条においてつぎのように条文化された。

「第一七条　①　左ノ各号ノ目的ヲ以テ他人ニ対シテ暴行、脅迫シ若ハ公然誹毀シ又ハ第二号ノ目的ヲ以テ他

人ヲ誘惑若ハ煽動スルコトヲ得ス
一　労務ノ条件又ハ報酬ニ関シ協同ノ行動ヲ為スヘキ団結ニ加入セシメ又ハ其ノ加入ヲ妨クルコト
二　同盟解雇若ハ同盟罷業ヲ遂行スルカ為使用者ヲシテ労務者ヲ解雇セシメ若ハ労務ニ従事スルノ申込ヲ拒絶セシメ又ハ労務者ヲシテ労務ヲ停廃セシメ若ハ労務者トシテ雇傭スルノ申込ヲ拒絶セシメルコト
三　労務ノ条件又ハ報酬ニ関シ相手方ノ承諾ヲ強ユルコト
②　耕作ノ目的ニ出ツル土地貸借ノ条件ニ関シ承諾ヲ強ユルカ為相手方ニ対シ暴行、脅迫若ハ公然誹毀スルコトヲ得ス
（中略）
第三〇条　第一七条ニ違背シタル者ハ一月以上六月以下ノ重禁錮ニ処シ三円以上三十円以下ノ罰金ヲ附加ス使用者ノ同盟解雇又ハ労務者ノ同盟罷業ニ加盟セサル者ニ対シテ暴行、脅迫シ若ハ公然誹毀スル者亦同シ(10)」。

第一七条は形式上、①は労務者と使用者の双方を平等にあつかい、②は小作人と地主の双方を平等にあつかっているように見えるが、実質的には労働運動と農民運動を抑圧するようにつくられていた。ただし、この法が制定されるにさきだって、一八九九年（明治三二年）には、日本の労働運動はすでに退潮期に入っていた。たとえば鉄工組合のばあい、それまで加入者が増加していたが、その年の夏は炎暑がひどく、栄養不良気味の労働者から病人、死者が多数出て、救済金の支払いが急増し、組合財政では赤字がかさんだ。組合は救済金を減額して急場をしのごうとしたが、そうすると、組合員が組合費を支払わなくなる。財政の行き詰まりによって組合は崩壊してゆき、翌年夏には有名無実の存在になりはてていた。活版工組合もその年の五月には事実上の解散に追いこまれている。ほかの事例のばあいもあわせて、「治安警察法」は、退潮期の労働運動にとどめを刺す役割を果したというのが正確

な評価であろう(11)。

このような状況に追いこまれて、労働運動は、労働者の地位向上や待遇改善の要求のみでなく、労働者が政治の世界に乗り出して、国家権力との直接の対決をめざすように方向転換をした。それは、労働者が選挙権を獲得するための普通選挙運動と、社会主義によって労働問題を解決する社会主義運動という二つの方向であった。前者は一九〇一年（明治三四年）、矯正会の組合員たちが大挙して普通選挙期成同盟会に入会するという動きとなり、後者は同年、東京向島における労働者大懇親会をへて、五月二〇日、片山、木下尚江、安倍磯雄たちによる社会民主党の結成となった(12)。

内務省は、社会民主党が結成されるという情報を入手すると、会議を開いてその結社の禁止を決定した。結党の当日、神田警察署は片山と木下を呼び出し、その禁止の命令をつたえた。その法的根拠は「治安警察法」第八条二項であるとされた(13)。

「第八条　①　安寧秩序ヲ保持スル為必要ナル場合ニ於テハ警察官ハ屋外ノ集会又ハ多衆ノ運動若ハ群衆ヲ制限、禁止若ハ解散シ又ハ屋内ノ集会ヲ解散スルコトヲ得

②　結社ニシテ前項ニ該当スルトキハ内務大臣ハ之ヲ禁止スルコトヲ得此ノ場合ニ於テ違法処分ニ由リ権利ヲ傷害セラレタリトスル者ハ行政裁判所ニ出訴スルコトヲ得(14)」。

なお、「治安警察法」の前掲の第一七条と第三〇条については、労働運動、農民運動の健全な発達を妨げる弾圧規定であるという批判が最初からあって、一九一九年（大正八年）以来、ほとんど毎議会にそれらを削除する改正法律案が提出されるようになった。その削除が実現したのは、一九二六年（大正一五年）に入ってのことである。この経過については第五章で述べる。

「行政執行法」についてはくわしい紹介をするゆとりはないが、全文七条で構成されている。その第一条は、泥酔者、精神異常者、自殺を企てる者の保護検束と、暴行・闘争・その他公安を害する者の予防検束などを定め、検束は翌日の日没後に至ることはできないとされていた[15]。この予防検束の規定は具体的にいえば、警察行政が裁判所などの関与がないままに国民を自由に検束することを保障していた。また、検束の時間的制約についても、書類のうえだけで釈放しておいて、実際には警察が望むだけ検束をつづけるのがふつうであった。これによって、犯罪容疑者の取調べにこの第一条が乱用される傾向がつづき、『内務省史』すら、「その運用は必ずしも適切とはいいがたく」といっている[16]。

なお、この時期の政府の労働運動にたいする政策全般を展望するには、「治安警察法」にわずかにおくれて一九〇〇年六月に制定された農商務省所管の「産業組合法」をあわせみておかねばならない。この法のモデルはプロシアの農村信用組合法であり、その制定のための主要な推進者は品川弥二郎、平田東助など山県閥のドイツ留学経験者たちであった。この法の第一義的目的は国家官僚の指導による零細規模の自作農の維持にあったが、産業組合をはじめ信用組合、販売組合、購買組合などの保護制度は、労働組合の経済活動に利用することができるとかんがえられた[17]。片山潜は『日本の労働運動』（一九〇一年）のなかで「治安警察法」と「産業組合法」を論じて「前者は労働者の為めに悲しむべき法律にして、後者は労働者の為めに悦こぶべき法律なり」といった[18]。片山のこの判断については評価の岐れがあるが[19]、そこには深入りしない。ただし、これを、労働運動にたいして内務省は開明的、保護的であり、農商務省は保守的、抑圧的であったという『内務省史』の後年のステロ・タイプ化した主張を手放しに信用する訳にはゆかないとする見方のひとつの契機としたい。

（1）隅谷三喜男『日本の歴史22　大日本帝国の試煉』中央公論社、一九八四年、八五、一七一―一七二、一七五ページなど。
（2）『内務省史』第二巻、七〇五―七〇六ページ。
（3）『大日本帝国の試煉』九二―九四ページ、六六―七五ページ。
（4）同右、九二―九四ページ。
（5）同右、一〇三―一〇八ページ。
（6）同右、九八―九九ページ。
（7）同右、一一三ページ。
（8）『内務省史』第二巻、七〇七ページ。
（9）『大日本帝国の試煉』一七〇ページ。
（10）「治安警察法」編集代表・我妻栄『旧法令集』有斐閣、一九六八年、六一ページ。
（11）『大日本帝国の試煉』一六七―一六九ページ。
（12）同右、一八〇―一八四ページ。
（13）「通史」二四七ページ。『大日本帝国の試煉』一八四ページ。
（14）「治安警察法」『旧法令集』六〇ページ。
（15）「行政執行法」同右、六三ページ。
（16）『内務省史』第二巻、七一〇ページ。
（17）「日本の労働運動・註」片山潜『日本の労働運動』岩波文庫、一九五二年、二九九―三〇〇ページ。ただし、この註は校訂者によるものである。
（18）片山潜、同右、五四―五五、五八ページ。
（19）「日本の労働運動・註」二九九ページ。

7　地方制度の形成

山県有朋が内務大臣時代におこなった近代的な政治制度の形成のうちで、後代にもっとも影響が大きかった代表的なものは、一連の地方制度の形成である。それらは、一八八八年（明治二一年）に公布された市制、町村制と九〇年（明治二三年）に公布された府県制、郡制であった。

それらの制度の形成経過はつぎのとおりであった。発端は、八三年（明治一六年）内務卿山田顕義が地方制度の調査を命じ、その報告書として町村法草案が、翌年、内務卿山県に提出されたことにあった。この草案は山県の意に反したもので、その主な理由は五人組の規定がふくまれていたことにあったといわれる。山県はその年の一一月に内務省の若手の書記官数人を町村法調査委員に任命して、新しく調査立案にあたらせて、成案をえた。山県はこれを、政府の法律顧問として来日したドイツの公法学者、アルベルト・モッセやヘルマン・ロエスレルに示して、意見をもとめた。モッセは、町村法だけを切り離してかんがえるのではなく、地方制度全般を国家の諸制度との関連で総合的に構想することが必要であると進言した。山県はこれに共鳴して、八七年（明治二〇年）一月、地方制度編纂委員を設置し、自ら委員長となり、外務次官青木周蔵、内務次官芳川顕正、逓信次官野村靖、それにモッセの四人を委員に任命した。かれらのもとで調査の実務を担当したのは白根専一、大森鍾一、荒川邦蔵である。青木、芳川、野村、白根、大森はいずれも山県閥の有力成員であった。かれらの審議から、最終的には閣議決定される「地方制度編纂綱領」が作成された。(1)

ここから翌年に市制、町村制、三年後には府県制、郡制が形成されるのだが、それらをめぐって烈しい政治的抗争があった。大別すると、その抗争には三つの類型があった。(1)憲法の制定と地方制度の制定の順序にかんする抗争。憲法編纂の主役であった伊藤博文たちは、まず憲法を制定し、その規定にもとづいて地方制度を制定するべきだと主張した。これにたいして、さきにわずかにふれたが、山県は地方制度が議会で審議されるのを嫌って、地方制度の制定を先行させた。ただし、結果としては、市制、町村制はわずかに憲法に先んじたが、府県制、郡制は憲法のあとになった。(2) (2)元老院における市制、町村制の審議での反対派と内務省の抗争。反対派は相対的に少数であったので、最終的には両法案は承認されたが、法案の根本的意義と主要内容にたいしてそれなりに説得力がある否定論が展開された。法案の根本的意義では、日本の人民は天皇に統治されることしか知らず、自治の歴史的経験がないので、法律をつくるだけでかれらの自治が可能になるとはおもえないと主張された。(3) また、法案の主要内容では町村長公選に疑問がよせられたが、山県は自治の精神を貫徹するために町村長はすべて公選するべきであるとゆずらなかった。(4) (3)元老院における府県制、郡制の審議での反対派と内務省の抗争。このばあいは反対派が優勢で、政府は八八年（明治二一年）一二月、法案を一度撤回するところにまで追いこまれている。その後、八九年七月に法制局が第二次法案を作成して、これが九〇年三月に元老院、ついで枢密院で議定された。反対意見の有力なものは、府県と郡は元来行政区画で自治体ではない、府県や郡は市町村より大きい存在であるから、それらに自治をあたえると、その無軌道な運営が国家の統一を破る恐れがある、などであった。政府部内でも法制局長官井上毅などはこれを強硬に主張した。(5)

市制、町村制の主要内容はつぎのとおりである。(1)住民と公民。市町村に居住する者を住民と公民とにわけ、公民のみが市町村行政に参加する権利と義務を有する。公民の条件は、①満二五歳以上の帝国臣民で公権をもち一戸を構える男子、②二年以来、市町村の住民でその市町村の負担を分任、③その市町村内で地租を納入、または直接国税年額二円以上を納入などであった。公民は市町村の選挙に参加し、その名誉職に選挙される権利をもつ。(2)条令と規則（略）。(3)市町村会。市町村会議員の選挙の特徴は等級制選挙の採用で、市は三級選挙、町村は二級選挙であった。市のばあいでいえば、全選挙民が納入する市民税の総額を三等分して、納税者を納税額順に並べ、最多額納税者以下その納税額の合計が三分の一に及ぶまでの人びとを一級選挙人、以下同じ手続きで、二級選挙人、三級選挙人とする。選挙人は各級ごとに議員定数の三分の一を選挙する。(4)市町村行政。市の執行機関は市参事会、町村のそれは町村長である。市参事会は市長、助役、名誉職の参事会員によって組織し、市長が議長となる。市長は市会が三名の候補者を推薦し、そのうちから内務大臣が上奏裁可を請うて選任する。市の助役、参事会員は市会が選挙する。町村長と町村の助役は町村会が選挙する。市の助役、町村長、町村の助役の選挙は府県知事の認可を必要とする。(5)市町村の財務（略）。(6)市町村行政の監督。市のばあいは監督官庁が二段階で、第一次が府県知事、第二次が内務大臣である。町村のばあいはこれが三段階となり、第一次が郡長、ついで、知事、内相となる。(7)国の機関としての市長村長。市町村長は市町村の首長であって、国の機関の地位をもち、いわゆる機関委任事務が課せられる。その主要なひとつは地方警察の事務であった(6)。

府県制、郡制は府県と郡の基本法であるが、市制、町村制のばあいと異なり、執行機関にかんする規定の一部は、一八八六年（明治一九年）の地方官官制で定められている。これは府県知事や郡長が府県・郡の首長であるが、本来は府県と郡は国家の行政区画であり、これを管轄する知事、郡長が国家の官吏であることから生じる。府県制、郡制のうち、主要な三点を紹介する。(1)府県会。府県の議決機関は府県会、副議決機関は府県参事会である。府県会議員の選挙は複選制で、市では市会と市参事会が合同しておこない、郡では郡会と郡参事会が合同しておこなう。被選挙資格は、府県内市町村の公民で選挙権をもち、一年以来直接国税一〇円以上を納入した者である。当該府県の官吏、有給吏員などは府県会議員となることができない。府県会の議決するべき案件は、法律・命令により定められた府県の権限に属する事項と歳入出予算などであった。(2)府県行政の監督。府県の行政は内務大臣が監督する。一般的にいって、この監督は、市町村にたいするばあいより、きびしい規定をふくむが、これはさきにふれた府県の自治にたいする政治的警戒心に由来するのであろう。その規定の一部を記す。府県会の議決が公益を害すると認めるときは、知事は理由を示して議決の執行を停止し、これを再議させ、なおその議決をあらためないときは、ただちに内務大臣に報告して、その指揮をうけなければならない。また、府県会が法律、命令、慣行によって府県の負担に属する行政上または公益上必要な費用を否決したときは、知事は内務大臣に報告し、その指揮を請い、原案を執行することができる。(3)郡会。郡会議員は、郡内の町村会が選挙した議員と大地主（所有地の地価が一万円以上の者）が互選した議員から構成され、その割合は三対一である。大地主の数が議員全数の四分の一以下のときは、大地主は選挙によらず郡会議員となる(7)。

山県は後年、国家学会編『明治憲政経済史論』に談話記録「徴兵制度及自治制度確立ノ沿革」を発表した。そのなかで地方自治制度を形成したさいのかれ自身の意図を、(1)民衆の公共心を啓発する、(2)民衆に行政に参加する知識、経験を得させる、(3)上記の二つによって立憲政治の運用に役立つ民衆を創り出す、(4)中央政局の変動が地方行政に波及しないようにする、の四点に整理した(8)。岡義武はこの記述を紹介したうえで、郡制と府県制が附議されたさいの山県の元老院における演説を引用して、かれは、「国家の基礎」、「立憲制の基礎」を強固にするためにもっとも重要なのは市制、町村制、府県制であるとかんがえていたという。それはいっそう具体的にいえば、等級選挙法や大地主の優遇によって、財産と知識をもった人物が議員となり、かれらは社会秩序を重んじ、過激な政治論議に走ることがないだろうという期待であった。このような「老成着実の人士」によって帝国議会が構成されるのが望ましい。[9]

山県の談話や演説から、かれがそのような意図や思惑をもっていたことはあきらかである。しかし、そこから藤村道生が論じたように、山県が「地方制度を自治権として把握せず」、「その反民主的性格はきわめて露骨であった」[10]とまでいうと、戦後民主主義の価値基準を当然の前提として、山県を単純に悪玉扱いにしているといわざるをえない。山県をかれが生きた時代のなかにおいて、その内面から理解する方法で、さきの談話記録を読み解くべきではないか。その談話を山県は廃藩置県の歴史的意義の強調からはじめている。第一章で述べたように廃藩置県は民族革命としての明治維新の第二段階であり、山県はそこで最初のリーダーシップをとったのであった。この段階で旧藩主たちから兵馬と行政の両権をとりあげて、幕藩体制から明治政府への権力の移行が完成する。明治政府のもとで両権は、全国規模の制度として徴兵制度と地方制度に編成される。徴兵制度は士族から武事という常職をうばい、国防を四民平等の権利と義務にした。地方制度は行政事務を地方に分任して、そのかぎりで参政をやはり四民平等の権利と義務とした。[11]この参政の範囲は立憲制度のもとでいっそう拡大する。山県にとって、兵役と参政は、原理が同一である、近代国家の国民の権利と義務であり、民族革命の成果であった。

さきに政治家としての山県の思想と人格の諸特性を論じたさい、私はもっぱら岡義武の山県伝によった。この著作は名著である。しかし、ここで藤村の山県伝を批判したので、その勢いに乗ってあえていうと、岡には藤村のような不用意な表現はないが、それでも戦後日本から振り返って山県をみている傾きはあるのではないか。兵役と参政を四民平等の権利としたところで、山県はかれの時代において、武家支配の幕藩体制にたいするもっとも急進的な民族革命家であったという認識が、岡にもかならずしも充分ではなかったようにおもわれる。この山県の発想の根源は若い日の奇兵隊体験であろう。もちろん、一方で山県は冷徹な策謀家、権威主義者の軍人政治家であり、かれと山県閥の軍人たち、官僚たちによって、日本が絶対主義・帝国主義の国家的体質を強化していったのは、岡や藤村がいうとおりである。とくべき問題は、山県において、民族革命の急進主義がなにを媒介にして絶対主義の権威志向や帝国主義の好戦傾向に結びついていったのかというように立てられねばならない。

さて、山県内務大臣は一八八八年（明治二一年）、元老院が市制、町村制の審議を了えたあと、地方長官たちを東京に召集して、町村制市制構究会を開催した。長官たちの多くはそれらの制度が地方の実情にとって時期尚早のものであると反対を唱え、閉会時にはその施行を一年あとにしてもらいたいと建議した。このあたりにも、当時における山県の施策の相対的急進性がうかがわれる。山県はその建議を受け入れ、市制、町村制は、八九年（明治二二年）四月から、地方の事情をかんがえあわせ、知事の具申も聞いて、施行されることになった。法律施行のための準備作業のうちで、政府がもっとも苦労したのは町村合併である。八八年末、全国には七万一三一四町村があり、その六八％が一〇〇戸以下の弱小町村であり、行政の負担に堪えることができないとおもわれた。政府は町村合併標準を発表し、一町村の規模は三〇〇戸ないし五〇〇戸であるべきだとした。八九年末には、合併によって町村数は一万五八二〇にまで減少したが、住民たちの生活習慣、歴史感情による抵抗を排除するために莫大な行政努力がはらわれた。なお、同年中に三九市で市制が施行されている。(12)

一八九一年（明治二四年）、四月に郡制が、七月に府県制が施行されたが、これらの施行ははなはだしく難航し、また、当初は予想されなかった問題があらわれた。制度上、郡制は町村制を施行した府県でのみ施行され、府県制は郡制と市制を施行した府県でのみ施行されることになっていた。ところが当時の郡は一村一郡であるものから一郡で人口二〇万におよぶものまで、大小様々で、郡制を施行するには郡の分合が必要であった。この分合のための法案が第一回および第二回の帝国議会を通過せず、一八九六年（明治二九年）の第九回議会でようやく通過した。

そのため、それまでは、郡の分合が必要でない府県のみで、郡制と府県制が施行されるにとどまり、東京、京都、大阪の三府と神奈川をはじめとする四県では、一八九〇年公布の府県制は施行されずじまいとなった[13]。

一八九九年（明治三二年）三月、山県第二次内閣は新しい府県制と郡制を制定して、この異常事態に終止符を打った。この法律をくわしく紹介するゆとりはないが、山県首相は兼任の内務大臣として議会で法案の提案理由の説明をおこなったさいに、その重要な特性は、郡会にかかわる大地主制度の廃止と、郡会・府県会にかかわる複選制の廃止であるといっている。その理由としては、大地主制度は政党の党争による弊害を防止しないことがわかった。また、複選制では郡会・府県会の選挙の勝敗が市町村会議員の選挙次第ということになり、市町村会議員の選挙が過熱して、市町村の自治行政に悪影響をあたえるようになったから、と述べている[14]。地方制度は政党政治下で予期しなかった結果を生じさせ、産みの親を悩ませていたのがわかる。

（1）『内務省史』第二巻、一三五—一三六ページ。
（2）同右、一三七ページ。
（3）山県有朋「徴兵制度及自治制度確立ノ沿革」国家学会『明治憲政経済史論』有斐閣、一九一九年、二八—二九ページ。
（4）同右、三二ページ。
（5）『内務省史』第二巻、一五四、一五五—一五六、一三八ページ。
（6）同右、一五〇—一五四ページ。
（7）同右、一五六—一六〇ページ。
（8）「徴兵制度及自治制度確立ノ沿革」二四ページ。

（9）岡義武『山県有朋――明治日本の象徴』四一―四三ページ。
（10）藤村道生『山県有朋』一二一ページ。
（11）「徴兵制度及自治制度確立ノ沿革」九―一二、一九、五二ページ。
（12）『内務省史』第二巻、一六八―一七〇ページ。
（13）同右、一六三―一六四ページ。
（14）同右、一六四―一六六ページ。

8　土木行政の新局面

内務省土木局の土木行政は、この元勲政権期にひとつの転機をむかえたといってよい。その最大の理由は、一八七五年（明治八年）から文部省が制度化した貸費留学生規則によって欧米諸国の大学などに留学して土木工学を学んだ俊秀たちがあいついで帰国し、土木局に入ってきたことであった。その代表的人物として、古市公威、沖野忠雄、原田貞介、石黒五十二、田辺義三郎などがいる。かれらにつづいて、東京帝国大学土木工学科出身の技術者たちも、土木局に入ってきた。(1)市瀬恭次郎、中川吉造など。前章で述べたように、太政官時代までの土木行政はオランダ人のお雇い技師が主導権を握っており、オランダの自然と国土のなかで形成されたかれらの工学の思想と技術が日本の自然と国土にかならずしも適合しない傾向があった。それにたいして、この時期から土木行政の主導権を日本人が取りはじめ、より効果的な行政がおこなわれるようになったのである。

古市公威のばあいに注目してみよう。かれは一八五四年（安政元年）、姫路藩士の家に生まれている。東京開成学校でフランス語などを学び、七五年（明治八年）フランスに留学、七九年、エコール・サントラルで工学士、翌年、パリ理科大学で理学士の学位を受け、卒業成績の順位が二位あるいは三位ということで、秀才ぶりがかの地の学術界で評判になった。同年（明治一三年）帰国、内務省土木局雇拝命。(2)山田内務卿、山県内務卿にあいついで重用され、北海道豊平川の改修工事の計画、実施をまかされ、一八八四年（明治一七年）には、新潟県など六県の信濃川などの土木局直轄工事の監督に就任している。古市はその職位にあって実務上の手腕をおおいに発揮したのち、八六年（明治一九年）、内務二等技師として土木局勤務にもどった。あわせて、かれは、工科大学学長などを兼任していた。山県は古市の人物と能力を高く評価し、黒田内閣時代のヨーロッパ諸国巡回にはかれを随行させている。古市は、山県第一次内閣の西郷従道内務大臣のもとで、一八九〇年（明治二三年）六月、土木局長になり、九八年（明治三一年）二月まで、松方第一次内閣、伊藤第二次内閣、松方第二次内閣、伊藤第三次内閣と合計約六年、その地位にあった。その途中で、山県閥の都筑馨六が八カ月ほど土木局長に就任しているが、その間、古市は技監として処遇され、やがて土木局長にもどっている(3)。かれは局長などとしても行政組織、行政法規の作成に手腕を発揮した。

この時期、土木行政の最重要分野は河川行政であった。河川政策は大別して低水工事と高水工事にわかれる。低水工事とは河川を航行する舟運の開発をめざし、河川の乱流、浅瀬などを除く工事である。高水工事は洪水の防御をめざし、砂防、流量の調節、堤防や放水路の建設工事である。オランダ人技師が主導した前期までの河川行政は、低水工事を主目標とし、高水工事を第二義的にあつかっていた。これにたいして、古市たちは高水工事に重点をおく政策転換をおこなった。そのなによりもの動機づけは、くりかえす水害による民衆生活の破壊の認識に由来する。古市が参与した主要な河川工事の要点を列記してみる。

豊平川。一八八二年（明治一五年）四月、五月、暴風雨と雪融水によって大洪水、札幌市街に氾濫、人家の流出、田畑の被害が多かった。古市は同年八月に実地調査、翌年二月に改修工事計画を内相に提出、河状の整理、堤防・護岸の新設、水門の築造など。同年六月より起工、翌八四年（明治一七年）九月に竣工、工費総額一〇万六〇〇〇円(4)。

信濃川。一八六四年（文久三年）より二〇年間で一二年間に出水、そのうち六八年（明治元年）と八二年（明治一五年）には大洪水。オランダ人技師の改修工事計画は、その分水計画によって住家の移転と農業の転業を要求された地元民の反対が激烈で実行されないままであった。古市は、八四年（明治一七年）に実地調査、分水は断念して、同年一一月、河身改修と堤防改築を主体とした設計を完了している。八五年（明治一八年）から一九〇五年（明治三八年）にかけて第一期工事がおこなわれた。この総工費はわからないが、最初の一三年間で河身改修のための政府予算が三五九万円、堤防改築のための新潟県予算が二九五万円であった。古市は工事の最初の一年半は現地で監督をもつとめた。第一期工事の途中、一八九六年（明治二九年）、信濃川に大洪水が生じ、堤防が多く破れ、下流部平野に多量の悪水が停滞した。(5) これによって、一九〇七年（明治四〇年）から第二期工事がおこなわれた。

木曾川。内務省は木曾川、長良川、揖斐川の三川の測量を一八七八年（明治一一年）以来おこなってきて、八六年（明治一九年）三川分流の改修計画を作成した。この仕事は信濃川のばあいと同じく、洪水防御を主眼としたものであったが、オランダ人工師、J・デレーケが中心になり、内務技師の清水済、佐伯敦崇が補佐しておこなわれた。工事は八七年（明治二〇年）からはじまり、河身工事、砂防工事は内務省が施工し、三一三万円を国庫で支出し、一部の築堤工事は岐阜県など三県で施工し、九〇万円を分担した。ところが物価の騰貴と土地買収費の増大により予算が不足し、それは八九年（明治二二年）の土地収用法が時価で収用するべきとしてさらに深刻化した。九六年（明治二九年）、古市は土木局長に再任され、議会に当初の工費の倍額以上の八三九万円を要求、承認させ、一九〇〇年（明治三三年）三月に三川分流工事が完成している。(6)

筑後川。沿岸は沃野であったが、洪水の被害がはなはだしい歴史があった。一八八九年（明治二二年）大洪水、高水工事の機運が高まり、全川にわたって調査がおこなわれ、洪水防御のための設計がおこなわれた。九六年、工事が着手され、一九〇三年（明治三六年）竣工、被害はいちじるしく軽減された。総工費一四〇万円。古市は技監ついで土木局長として、この工事を指導した。(7)

ほかに大阪の淀川、関東の利根川、四国の吉野川、北陸の庄川などの改良工事を古市は直接に担当するか、間接に支援しているが、それらの工期の多くは桂園時代に属するので、次章であつかいたい。

さて、以上は古市の死後に刊行された伝記『古市公威』（一九三七年）によって記述してきた。この書物は一八八〇年代以降のわが国の河川行政の史書として第一級の著作である。しかし、八〇年代、九〇年代の河川行政史における著名な一事件については完全な沈黙を守っている。『内務省史』第二篇「第五章土木行政」も同様である。その「第二節河川」は五〇ページ、四〇〇字詰原稿用紙に換算して一〇〇枚余であるが、この事件に一切ふれない。

荒畑寒村『谷中村滅亡史』（一九〇七年）から抜き書きする。一八七七年（明治一〇年）、政府は足尾銅山を古河市兵衛に貸与した。古川は精銅を生産し、その過程で大量の廃石、鉱屑が残された。この廃石には土地を荒し、植物を枯し、人畜を害する鉱毒がふくまれていた。古河はこの廃石を当初は凹地、渓谷に埋めていたが、そのため経費がかかるのを嫌い、渡良瀬川に投棄するようになった。また、精銅の生産には大量の木材が必要である。政府は古河に銅山周辺の官有林を払い下げ、古河は乱伐して山林は消滅し、それによって豪雨はたちまち川の水量を増大させて、洪水となった。堤防は破れ、沿岸の村落、田畑は毒の海に沈んだ。最初の大洪水は一八八八年（明治二一年）におこり、人畜は病み、作物は枯れた。被害地域は約五万町歩、その住民約三〇万人。以後、洪水はくり返しおこった。衆議院議員田中正造は、第二回議会で政府の責任を追及したが、農商務大臣陸奥宗光は言い逃れに終始する。それに先立って、陸奥の次男は古河市兵衛の養嗣子になっていた。荒畑はこの関係を「政府資本家の共謀結託」と端的にいっている。九六年（明治二九年）の大洪水のあと、田中の質問にたいして内務大臣樺山資紀と農商務大臣榎本武揚は連署した公式の答弁書を出すが、そこでは政府に政治的責任はない、ことの本質は鉱業者と民衆との民法上の争いであると強弁されていた。九八年（明治三一年）にも大洪水。一九〇〇年（明治三三年）、谷中村ほか九村の鉱毒被害民、一万二〇〇〇人が決起し上京、自らの惨状を大臣に直接訴えようとした。群馬県警察、栃木県警察は憲兵隊の協力をえて、かれらの行進を喰い止めようとし、肉体がぶつかりあう争闘をくり返し、最終的には民衆の首謀者たちは兇徒聚衆罪という罪名で逮捕され、前橋地方裁判所に送られた(8)。

さて、この時期のわが国の政治史や通史をあつかう文献は、ほとんどすべてこの足尾鉱山の鉱毒事件と渡良瀬川の氾濫をとりあげるが、ほかの河川の治水工事にはまったく言及しない。結果として、それらの文献ではこの時期の河川行政がこの事件で代表されることになる(9)。産業革命にともなう初期の公害事件を記録し、明治国家の階級性、反動性を印象づけるというねらいは理解しうるが、しかし、内務行政のうちの土木行政、河川行政についてバランスがとれた記述を試みようとするときには、そこで満足するべきではあるまい。古市の伝記や内務省史の偏向と多くの学者たちの政治史、通史の文献の偏向は、たがいに欠落させている部分を埋めあう関係にある。この時期の内務行政の土木行政が共同事務と階級支配の双方のためにおこなっている自然（国土）の管理をその全体的ヴィジョンにおいてとらえようとするならば、数ある河川の治水工事のなかに渡良瀬川の氾濫にかんする不作為をおいて、その全般をながめてみなければならない。

なお、この時期の土木行政のほかの主要内容を四点にわけて列挙する。

(1)　港湾。この時期に着工された大規模な港湾工事としては、横浜第一期（一八八九年、明治二二年—九六年、明治二九年）、函館（一八九五年、明治二八年—九九年、明治三二年）、名古屋（一八九六年、明治二九年—一九〇七年、明治四〇年）などがある。これらのうち、最初の大規模な港湾工事は横浜築港であろう。工事費用は約二三四万円であったが、一八六四年（元治元年）の長州藩の下関事件でアメリカ合衆国に支払った賠償金一三五万円が、アメリカ政府の好意により返還されてきたので、これをあてた。この築港はイギリス人技術者、コル・H・S・パーマーが指導したが、それにさきだって、イギリス人技師、パーマーとオランダ人技師A・T・L・R・ムルデルとの激しい主導権争いがあった。その基本的争点は、東京築港を重視してそれとの関連で横浜築港をかんがえるか（ムルデル案）、東京築港は無視して横浜築港をかんがえるか（パーマー案）というところにあった。内務省はムルデル案を支持し、外務省はパーマー案を支持したが、当時の外務大臣、大隈重信が強引な工作をおこない、パーマー案が通った。その背景説明では、大隈は不平等条約の改正という大きい課題をかかえており、大国イギリスの好意をえる必要があったからだといわれる。[10]しかし、後代の歴史の推移は内務省の展望が正しかったことを証明することになる。

(2)　水道。この時期、近代的な上水道が各地で竣工しはじめた。横浜（一八八七年、明治二〇年竣工、以下同じ）、函館（八九年、明治二二年）、長崎（九一年、明治二四年）、大阪（九五年、明治二八年）、広島（九八年、明治三一年）、東京（同年）。[11]まず外人居留地がある都市に、ついで大都市に上水道がつくられていったことがわかる。最初の横浜のばあいは、イギリス公使ハリー・パークスの上水道の必要という問題提起に神奈川県が対応して、同県からの依頼でパーマーが設計、工事の指導をした。これについても、パークスが不平等条約改正に反対しており、その理由が日本はまだ文明化していないというところにあったので、かれの要望を聞き入れなければならないという事情があった。かれはその要望の根拠のひとつとして、八二年（明治一五年）のコレラの流行が横浜からはじまったことをあげていた。[12]大阪の上水道の敷設の直接のきっかけも一八九〇年（明治二三年）からのコレラの大流行であった。東京と大阪は九〇年に上水道の敷設案を内務大臣に具申して認可された。当時、古市は土木局長であったが、東京では乞われて工事長となり工事全体を統括し、主任技師には欧米に留学して衛生工学を学んできた工科大学助教授中島鋭治を当て、設計と工事の監督をおこなわせた。大阪でも古市は工事進行のための指導をおこない、工事長は府技師野尻武助、ついで土木局の沖野武雄がつとめた[13]。

(3)　土木監督署。一八八六年、古市は土木局にもどると、建策して、フランスの制度に倣った土木監督署の設置が実現した。最終的には全国を七区にわけ、各区に土木監督署を置いた。署長は内務大臣の指揮監督をうけ、地方工事の監督、直轄工事の施工、土木工事にかんする根本的調査にあたった。これは、各地方の土木工事を必要に応じて合理的に実施し、地域有力者の情実がらみの介入を排し、濫費と失敗の予防に効果があった[14]。

(4)　土木法規。古市は土木局在職中にまず水道条例（一八九〇年、明治二三年公布、以下同じ）を衛生局長長与専斎と協力してつくり、ついで河川法（九六年、明治二九年）、砂防法（九七年、明治三〇年）をつくったが、道路法、港湾法は企画・立案したにとどまった。これらの土木法規は水道、河川、砂防などについて、地方行政庁はその管内における部分を管理し、必要とされる工事をおこない、その費用を負担するが、国庫の一部負担はありうると定めており、内務省の土木行政と地方行政を連結するものであった[15]。

（1）『内務省史』第三巻、一六八―一八〇ページ。
（2）故古市男爵記念事業会『古市公威』同会、一九三七年、二三―三〇ページ。
（3）同右、三一―三五ページ。
（4）同右、五三ページ。
（5）同右、五四―六一ページ。
（6）同右、六一―六四ページ。
（7）同右、七〇―七一ページ。
（8）荒畑寒村『谷中村滅亡史』岩波文庫、一九九九年、二三―六四ページ。

(9) たとえば、隅谷三喜男『日本の歴史22　大日本帝国の試煉』中央公論社、一九八四年、八〇―八五ページ、坂野潤治『大系日本の歴史13　近代日本の出発』小学館、二〇〇〇年、二九八―三〇一ページ、など。ただし、ここでは両著に批判的に言及するが、私が両著から多くの教示をえていることは、ほかの注であきらかである。
(10) 松浦茂樹『明治の国土開発史――近代土木技術の礎』鹿島出版会、一九九二年、一三〇―一四二ページ。
(11) 「年表（明治元年―昭和二二年）」『内務省史』第四巻、八四一―九〇四ページ。
(12) 『明治の国土開発史――近代土木技術の礎』一四四―一四七ページ。
(13) 『古市公威』一八九―二〇二ページ。
(14) 同右、二〇五―二〇七ページ。
(15) 同右、二〇九―二一七ページ。

9 急性伝染病の防疫体制

元勲政権時代の一六年間で衛生局の歴史を振り返るとき、なによりも印象的なのは、あいつぐ急性伝染病の大流行とそれによる大量の死者の発生、それに対抗する防疫体制の構築をめざした苦闘である。まず、急性伝染病の大流行の主要例をあげてみる。


一八八六年（明治一九年）夏から秋にかけて、コレラ大流行、死者約一五万人。

一八八六年（明治一九年）から八八年（明治二一年）にかけて、天然痘大流行、死者約三万二〇〇〇人。

一八九〇年（明治二三年）、コレラ大流行、死者約四万人。

一八九二年（明治二五年）から九四年（明治二七年）にかけて、天然痘大流行、死者約二万三〇〇〇人。

一八九三年（明治二六年）から翌年にかけて、赤痢大流行、死者約八万人。

一八九五年（明治二八年）コレラ、ジフテリア大流行、死者約四万三〇〇〇人。


これ以外にも、九〇年代後半にかぎっても、毎年の赤痢による死者数は平均約二万人、腸チフスによる死者数は平均約六〇〇〇人、ジフテリアによる死者数は平均約四〇〇〇人などとなっている(1)。

防疫体制の構築については、死者数がもっとも多いコレラのばあいを中心に例示すると、すでに太政官時代に「虎列刺病予防規則」、「伝染病予防規則」が制定されており、この時期に入ってから、一八八六年（明治一九年）の「虎列刺病流行ノ地ヨリ古著襤褸ヲ他ノ健康地方ニ輸送スルヲ禁止スルノ件布達」や八七年の「虎列刺病予防法心得」の改正による町村の衛生組合の設立、九一年の「海外諸港ヨリ来ル船舶ニ対シ検疫施行方ノ件」公布によって検疫の範囲を拡大した。翌九二年、伝染病研究所が設立され、翌年、同研究所への国庫補助が決定されている。九五年には内務省に臨時検疫局が、府県に臨時検疫部がおかれた。九七年には「伝染病予防法」が公布され、衛生局に防疫課がおかれた。九〇年代のこれら一連の措置でわが国の伝染病にたいする防疫体制は一応完成したとみられる。(2)

この一六年間で衛生局長をつとめたのは、長与専斎、荒川邦蔵、後藤新平、高田善一、長谷川泰の五人である。かれらのうちで、この時期の衛生行政をもっともつよく特徴づけた局長をひとりだけ選ぶということになれば、後藤が選ばれるべきであろう。長与は、太政官時代の内務省で一貫して衛生局長の地位にあり、医制の確立、伝染病対策などで大きい功績をあげてきたのは、前章でみたとおりである。この時代に入ってからも、最初の五年余は長与が衛生局長であった。この長与が後藤を発見し、内務省に招いた。

後藤の衛生局長在任の前後までのライフ・コースにてみじかにふれる。一八五七年（安政四年）六月、伊達藩留守氏の家中に生まれた。後藤の本家の一族には高野長英（一八五〇年、嘉永三年没）がいる。福島県の医学校で学び、七六年（明治九年）、愛知県病院の三等医となった。その後、西南戦争時に大阪陸軍臨時病院でも働き、院長、石黒忠悳の知遇をえている。かれは優秀な外科医として急速に周囲から認められていった。あわせて後藤には、衛生行政、ひろくは社会政策について構想をたて、要人に建言することを好むところがあった。かれが長与に認められたきっかけも、七八年に衛生警察にかんする建白を長与局長に提出したことによってである。ここで衛生警察といわれているのは、現代風にいいなおせば、各地方の衛生にかんする調査・監督官である。八二年、長与は、当時、愛知医学校長・愛知病院長であった後藤に衛生局採用の内命をあたえた。そのころ、後藤は岐阜で刺客に襲われた板垣退助の治療をしている。八三年（明治一六年）、内務省に入省、衛生局照調掛副長。この年、衛生局は局予算

を三倍増させ、規模の大拡張に乗り出したのであった。(3)

内務省に入ってからの後藤の仕事ぶりはめざましかった。入省直後に地方衛生視察で新潟県など三県を巡行し、衛生を中心に、産業、社会、習俗にまで幅広く目配りをした詳細な報告書を提出して、注目を集めた。この巡行中に東京試験所長拝命、同所は東京試薬場の後身である。まもなく、後藤は長与局長の懐刀、ついで事実上の局長とまでいわれるようになった。長与は実力派の大局長であったが、このころ健康がすぐれず、精力的な後藤の補佐ぶりを高く評価していた。後藤は八九年（明治二二年）代表作『国家衛生原理』を刊行、これは進化論に基礎づけられた衛生概念を機軸にする狭義の公衆衛生論と広義の国家政策論、それらを包含した社会有機体説であった。九〇年から九二年にかけてドイツに私費留学、その衛生政策、社会政策を集中的に学び、医学博士の学位をえている。この留学期間中に、第一回の帝国議会が政府予算を大幅に削減して、その余波は衛生局全廃説、同局からの留学生無用論などを生じさせるほどであった。そのころ、後藤は留学費用の援助を政府にもとめていたが、長与はそれを拒否せざるをえず、後藤はそれに憤慨して辞職を決意し、長与や石黒がかれをなだめるのに苦労するといういきさつもあった。そのとき、長与は、間もなく自らは辞任して、後藤をその後任に推挙するという内意をもらしている。後藤は九二年六月に帰国、一一月に衛生局長に就任した。(4)

後藤の衛生局長の在任期間は二度にわたっており、一八九二年（明治二五年）一一月から翌年一二月までの約一年と九五年（明治二八年）九月から九八年二月までの二年六カ月余である。それぞれの期間は短いが、そのなかでかれは重要な仕事をした。二つの期間のあいだに、かれは精神病患者への非文明的取り扱いに怒ってのことであったが、相馬事件と呼ばれた旧大名家のお家騒動に巻きこまれて入獄、保釈、無罪判決をうけたり、日清戦争から帰還してくる将兵のための臨時陸軍検疫部事務官長として、その検疫の実質上の最高責任者の重責をはたしている。(5)

局長の最初の在任期間、後藤がおこなった重要な仕事は二つある。そのひとつは西洋医学にたいする漢方医学の抵抗運動の最終的制圧であり、いまひとつは衛生局にたいする文部省医科大学の対立・抗争の一応の決着であった。前者の抵抗運動は一八九二年末、第五回帝国議会に提出された「医師免許規則改正法律案」で表面化したが、それは漢方医の法的権利での復活を目論んでいた。後藤は衆議院議員長谷川泰、陸軍医務局長石黒忠悳、司法次官清浦奎吾と連携して、漢方医学の非科学性を特別委員会の審議のなかで徹底的に論証していった。長谷川の問いにたいして、後藤は、漢方医が司法上の鑑定人をつとめる能力がなく、伝染病流行のさいに予防の仕事をすることができないと回答した。また、石黒も長谷川の問いにたいして、軍医に漢方医はおらず、同一の訓練をへてきた洋法医でなければ軍医としてつかえないと回答した。清浦も裁判においては漢方医が鑑定人をつとめた例はほとんどないと述べた。内務省、陸軍、司法省の責任者があいついで漢方医の無能、不用を証言したので、その法的復活の企ては失敗に終った(6)。

衛生局と医科大学（のちの東京帝国大学医学部）の対立・抗争は、伝染病研究所の設立をめぐって激化した。その発端は一八九〇年（明治二三年）、コッホによる肺結核に診療法をもたらすツベルクリンの発見であった。その画期的研究において衛生局からの留学生北里柴三郎がコッホがもっとも信頼する助手として働いていた。これによって北里は世界の医学界にその名を知られ、ケンブリッジ大学をはじめとする欧米の諸大学からの教授就任の要請があいついだが、北里は日本政府から派遣された身であるから、自分の一存でその処置を決定することはできないといって帰国してきて、衛生局の技師となった。後藤はドイツ留学中に北里に兄事して親交を結んでいた。そのころから日本では、北里が帰国したならばかれを中心人物とする研究機関＝専門病院を設立しようとする動きがあり、後藤はドイツからこの運動を推進し、国内では長与がその実現に尽力していた。この研究機関の設立にたいして医科大学の大家教授たちは反対で、なかには北里に大学にもどれといって拒絶され、その意趣返しに仕事の妨害をする者までいた。この抗争は、福沢諭吉が主導権をとって私費で伝染病研究所が設立され、大日本私立衛生会がその経営を引きうけることでいちおう決着した。医科大学の一派はこれに対抗して、文部省の伝染病研究所創設案を議会に出してきたが、後藤以下の衛生局の一派はそれを否決し、あわせて新設の伝染病研究所にたいする補助費の建議案を満場一致で通過させた。このあと、同研究所の設立予定地に設立に反対する住民運動がおこり（これは医科大学一派が煽動したらしい）、北里自身が一時外国行きをかんがえるほどになるが、後藤の闘志と機略は反対運動をおさえて、同研究所の建設を強行した。そのいきさつを述べる紙幅のゆとりはないが、開設一年後には反対運動のリーダーまで子どもをつれて同研究所に診察をうけにきていたこと、五年後には同研究所は国立になったことなどを附言しておく。(7)

後藤が二度目の衛生局長に在任していた期間にはたした重要な仕事も二つある。すなわち、ひとつは「伝染病予防法」の公布であり、いまひとつは痘苗製造所と血清薬院の設立である。「伝染病予防法」は、さきにわずかにふれたように一八九七年（明治三〇年）に公布されたが、この法律によって、わが国における急性伝染病にたいする防疫体制の法的基礎は完成した。これは、(1)伝染病とはコレラ、赤痢、腸チフス、痘瘡、発疹チフス、猩紅熱、ジフテリア、ペストであるとした。(2)中央政府、府県、市町村、個人および医師の防疫上の責務をあきらかにした。(3)市町村に伝染病予防委員、府県に検疫委員をおく制度をさだめた。(4)府県、市町村、個人が防疫で負担するべき費用をさだめた。(5)市町村にたいする府県税または地方税からの補助、府県税または地方税の支出にたいする六分の一の国庫補助の規定を設けた。(8)なお、後藤の局長退任後のことであるが、九九年、「伝染病予防法」の特別法として「海港検疫法」が制定され、これにもとづいて内務省直轄の海港検疫所が横浜、神戸、長崎、国ノ津に設置され、近代的な海港検疫の体制が整えられた(9)。

痘苗製造所と血清薬院はともに一八九六年（明治二九年）に設立されている。前者は七四年、長与専斎が長与家の家業からおこした牛痘種継所からはじまり、それが衛生局建局のさいに長与によって同局の事業とされたものである。この事業が八八年、省費節減のために廃止されて、大日本私立衛生会に移されたが、その後、強制種痘法が一般に広くおこなわれるようになって、痘苗の需要数が急増し、その供給が大きな利益を産むところから、民間の製造業者が続々とあらわれ、痘苗の粗製乱造が心配される事態となった。後藤は痘苗製造所を衛生局の一機関として官設にもどし、公立私立の痘苗製造所を禁止して、この事態を解決した(10)。

伝染病研究所は開設以来、多くのすぐれた業績をあげてきたが、その最重要例として、ジフテリア血清療法と破傷風血清療法の創出があった。前者にかんしていうと、それまでとくに有効な治療法がなかった子どものこの急性伝染病にたいして、その療法は九〇%以上の患者を救命することになったのであるから、学問世界にも一般社会にも大きいセンセイションをまきおこした。後藤はこの血清が痘苗のばあいにように、民間営利業者によって粗製乱造されるのを恐れ、北里を訪れて、その製造事業を官営に移すことを乞うた。北里の周囲には、伝染病研究の資金源としてこの血清製造を私的に独占するべきであると主張する人びとも少なくなかった。しかし、北里は後藤の依頼を聞くと、自分の成功した事業が世のため、人のためになるものだとみて、国家がそれをやろうということなら、快くそれを献じるのは本懐であるといって、即座に応諾して、指導と援助の協力を約束した。この結果、血清薬院が設立された。これは北里の人格の高潔さのあらわれであり、また、北里と後藤のかねてから援けあってきた心友関係のたまものであったのだろうと、鶴見祐輔は後藤伝のなかに記している(11)。

(1) 厚生省医務局『医制百年史資料編』ぎょうせい、一九七六年、五四四―五四五ページ。同局『(医制百年史付録)衛生統計からみた医制百年の歩み』ぎょうせい、一九七六年、二七―二九ページ。
(2) 『内務省史』第三巻、二八〇―二八三ページ。
(3) 鶴見祐輔『後藤新平』第一巻、後藤新平伝記編纂会、一九三七年、第一章、第二章、三一―二ページ。
(4) 同右、第三章第一節―第四節。
(5) 同右、第四章、第五章第一節。
(6) 同右、四七六―四八三ページ。
(7) 同右、四八三―四九六ページ。
(8) 同右、八五一―八五五ページ、「伝染病予防法」『医制百年史資料編』二五五―二五九ページ。
(9) 『内務省史』第三巻、二八七ページ。
(10) 『後藤新平』第一巻、八五九―八六〇ページ。
(11) 同右、八六〇―八六二ページ。

10　神社局の独立まで

内務省前史の時代に政府は神道の国教化を企てたがそれに失敗し、天皇制の思想的枠組のなかで信教の自由を容認することになった。ついで太政官時代に祭神論争の調停を契機として、祭祀としての神道と宗教としての神道を区分し、前者を全国民の精神的連帯の基礎にすることをねらった。この時代には政府の宗教政策は内務省社寺局が所管するようになっている。

そうして元勲政権時代、政府は、一八八九年（明治二二年）に発布された「大日本帝国憲法」で天皇制の思想的枠組を「第一条　大日本帝国ハ万世一系ノ天皇之ヲ統治ス」や、「第三条　天皇ハ神聖ニシテ侵スヘカラス」と表現し、そのなかで容認される信教の自由を「第二八条　日本臣民ハ安寧秩序ヲ妨ケス及臣民タルノ義務ニ背カサル限ニ於テ信教ノ自由ヲ有ス」と表現した。また、政府は、翌九〇年（明治二三年）には「教育勅語」を公布して、明治維新という民族革命を主導したユートピア・イデオロギーを説いて、その一環として祭祀としての神道の理念を描いた。原文の一部と戦前期の文部省が刊行した全文通釈の該当部分を並記しておく。

「朕惟フニ我カ皇祖皇宗国ヲ肇ムルコト宏遠ニ徳ヲ樹ツルコト深厚ナリ我カ臣民克ク忠ニ克ク孝ニ億兆心ヲ一ニシテ世世厥ノ美ヲ済セルハ此レ我カ国体ノ精華ニシテ教育ノ淵源亦実ニ此ニ存ス」。

「朕がおもふに、我が御先祖の方々が国をお肇めになったことは極めて広遠であり、徳をお立てになったことは極めて深く厚くあらせられ、又、我が臣民はよく忠にはげみよく孝をつくし、国中すべての者が皆心を一にして代々美風をつくり上げて来た。これはわが国柄の精髄であって、教育の基づくところもまた実にここにある(1)」。

「一旦緩急アレハ義勇公ニ奉シ以テ天壌無窮ノ皇運ヲ扶翼スヘシ」。「万一危急の大事が起ったならば、大義に基いて勇気をふるひ一身を捧げて皇室国家の為につくせ。かくして神勅のまにまに天地と共に窮りなきの宝祚《あまつひつぎ》の御栄をたすけ奉れ」。(2)――なお、宝祚とは天照大神の系統を継承すること、皇位の継承、あるいは皇位自身をいう。よりくわしい説明は私の一九九七年の著作でみられたい。(3)

これらの法と思想の準備にもとづき、内務省社寺局は国家神道の保護を機軸とした宗教行政を展開するのだが、その主要局面を四つえらんで説明しておく。

第一、官国幣社の一五カ年の保存金。政府は一八八六年（明治一九年）三月、それまで官国幣社の経費、営繕費などが国費で支弁されていた制度を同年度かぎりで廃止し、翌年度から一五年間にわたり一定の金額を各社に配布し、その半分以上を積み立てて永続する資金を形成させることにした。この配布期間は、一八九〇年（明治二三年）には、三〇年間と二倍の長さになっている。この制度は、当時の社寺局長、国重正文が発案したとつたえられている。国重は将来国会が開設されて、神社のための国費の支出が否決されるという事態になれば、国家の宗教的基礎、国民の信仰の源泉が動揺し、弱体化するのを恐れたのであった。この保存金の総額は、初年度で官国幣社一四五社にたいして一六万六三〇〇円余、ほかに補充費が四万七六〇〇円余であった。しかし、神道に強く肩入れする保守派の政治家たちにとっては、この保存金の制度は役人の弱腰のあらわれとみえたらしい。阪本健一も、これを、社寺局長の「消極的防御策」といっている。(4)国会で神社のための国費の支出を堂々と要求し、実現するべきであるということであろう。

第二、神職制度の整備。一八八七年（明治二〇年）三月、それまで官吏であった官国幣社の神官が待遇官吏の神職に改められ、神職は宮司、禰宜《ねぎ》、主典に区分された。宮司は内務省が任命する奏任待遇官吏、禰宜と主典は北海道庁と府県が任命する判任待遇官吏である。この改正の意図は『内務省史』によれば「任命権者を明らかにした」とされており、内務省と官国幣社の結びつきが明確化されたことになる。[5] ただし、元神官の神職たちは、官吏から待遇官吏への身分の変化を格下げと感じて不満をつのらせる人びとも少なくなく、組織的反対運動もおこった。[6] 一八九四年（明治二七年）二月の府県社以下の神社の神職制度の制定についてはくわしい内容の紹介は省略するが、前記の官国幣社の神職のばあいと類似する経過があった。すなわち、府県社以下の神社の神職は判任待遇官吏となり、地方長官がその任命権をもち、その任命は原則として氏子総代の推薦にもとづくとした。[7] 神職たちはこの改正に不満で、とくにこの推薦が必要だとされたところが不快であったようである。[8] また、一八九六年（明治二九年）一一月には、神宮司庁官制が公布された。神宮の職員はすべて官吏で、その最高位の祭主は親任官で皇族が任命されていた。次位は大宮司でこれは勅任官であり、内務大臣の指揮監督をうけるとされた。[9] これについてもくわしい紹介は省略する。要約的にいえば、神職・神官の人事権をつうじて、官国幣社は内務省と地方庁が支配し、府県社以下の神社は地方庁が、神宮は内務省が支配するという体制が、この時期に完成したのであった。

第三、神社祭祀の制度化。祭祀は国家神道においては、神威を畏み祭り、神徳を仰ぎ祭って、皇室の繁栄と国家の発展を祈り、国民の幸福と郷土の富裕を感謝し、祈って、神々の気持を慰め、またその援助を乞う心情の表現である、と規定される。その原型は宮中祭祀＝皇室の祭祀であり、そこでは天皇が祭祀大権をもつとされた。神宮の祭祀や一般神社の祭祀は、この宮中祭祀をモデルにして制定されている。この制定作業が本格化するのは、つぎの桂園時代に入り、とくに日露戦争後のことであるが、元勲政権時代にもすでに神社祭祀の体系化の動きがみいだされる。一例として、一八九四年（明治二七年）五月の内務省による神宮、官国幣社の祭祀の区分をみておこう。それは祭祀をつぎのように大祭と公式の祭祀に二分していた。

神宮、大祭＝神嘗祭、祈年祭、神御衣祭（皇大神宮、荒祭宮）、月次祭（六月、一二月）、新嘗祭、臨時奉幣式、正遷宮。公式の祭＝元始祭、紀元節、天長節、歳旦、風日祈祭、遥拝式、大祓。

官国幣社、大祭＝祈年祭、新嘗祭、例祭、臨時奉幣祭、本殿遷座。公式の祭＝元始祭、紀元節、大祓、遥拝式、仮殿遷座、神社に特別に由緒ある祭祀。

なお、府県社以下の神社の大祭および公式の祭祀は、官国幣社のそれに準じることとされた。(10)

第四、神社局の成立。内務省社寺局は、一八七七年（明治一〇年）一月から一九〇〇年（明治三三年）四月まで同省の宗教政策を所管してきたが、同年同月、神社局と宗教局に分立した。神社局は神社にかんする政策を所管し、宗教局は教派神道、仏教、キリスト教、そのほかの宗教にかんする政策を所管することになった。神道にかぎっていえば、祭祀としての神道、国家神道にかかわる政策は神社局がうけもち、宗教としての神道、教派神道にかかわる政策は宗教局がうけもつことになったのである。これにあわせて、「内務省官制」は、同省の七つの局のなかで神社局を筆頭局に位置づけた。すなわち、第一条において内務大臣が管理する事務を列挙するにあたって神社を最初に記し、第四条で内務省に置かれる七つの局名を列挙して神社局を最初に記した。(11)これは政府が、内務省が所管する政策のなかでも国家神道を保護・管理する神社局の政策をもっとも重視するという態度の表明であると理解された。

神職や神道を支持する官僚たち、政治家たちは、神社局が内務省の筆頭局になったことを歓迎した。かれらにとっては、それまでの神道にかんする国家政策の展開は、神道の衰退の歴史とみえていた。阪本は、それを、一八七二年（明治五年）の神祇省の廃止は第一次衰退、七七年（明治一〇年）の教部省の廃止は第二次衰退、八二年（明治一五年）の神官と教導職の分離は第三次衰退と約言している。(12)その過程をつうじて、かれらは、神祇官の再興による祭政一致の国家体制の形成を主張しつづけていた。ことに、限定条件つきであっても、信教の自由を約束した「大日本帝国憲法」の発布は、かれらの焦燥感をあおりたてた。(13) かれらの中心人物のひとり、海江田信義は、憲法発布の日、宮中に参内していたが、そこに、信教の自由を主張していた文相、森有礼が刺されたという報知がとどいたとき、あるべきことだと叫んだという。(14) そのような保守反動派は、神社局の成立を神祇官再興の一形態とみたのであった。

以上の叙述にひっかかった筆頭局という言葉に若干のコメントをつけておきたい。私は、寡聞にしてこの言葉の法的規定を知らず、慣用語としてそれをつかっている。神社局を筆頭局とみる根拠は、一九〇〇年に改正された「内務省官制」の第一条、第四条などにもとめたのは、さきに記したとおりである。しかし、筆頭局には、それとは別に実力第一の局であるとか、最高の重要性をもつ局であるとかいうほどの意味を託した非公式の用法があるらしい。そのような例があることは承知しているが、ここでは慣用にしたがってその語をつかっている。

（1）（2）　文部省「聖訓ノ述義ニ関スル協議会報告」佐藤秀夫編『続・現代史資料9　教育　御真影と教育勅語2』みすず書房、一九九六年、三五六ページ。
（3）　副田義也『教育勅語の社会史――ナショナリズムの創出と挫折』有信堂、一九九七年、とくに第II章。
（4）　阪本健一『明治神道史の研究』国書刊行会、一九八三年、九六―九七ページ。
（5）　『内務省史』第二巻、三〇ページ。
（6）　『明治神道史の研究』九九ページ。
（7）　『内務省史』第二巻、三〇―三一ページ。
（8）　『明治神道史の研究』九九ページ。

（9）『内務省史』第二巻、三一一―三二ページ。
（10）同右、一三二ページ。
（11）「勅令第一六三号（官報四月二七日）内務省官制中左ノ通改正ス」『法令全書』第三三巻第三号、原書房、一九八三年、一九七ページ。
（12）『明治神道史の研究』一〇五ページ。
（13）同右、九六ページ。
（14）犬塚孝明『森有礼』吉川弘文館、一九九三年、三〇一ページ。

11　内務官僚の任用

明治政府が官吏の任用制度を元勲政権時代をつうじて整備していったのは、本省冒頭で述べたとおりであるが、内務省のばあいはどうであったか。

「文官試験試補及見習規則」が一八八七年（明治二〇年）につくられ、翌八八年（明治二一年）から実施されるが、その最初の年、帝国大学法科大学から三人の卒業生が内務省に入っている。そのうちのひとり、一木喜徳郎の入省時をふり返った回顧談の一節はつぎのとおりである。

「政府は今日と異り、大学卒業生に大した期待を持って居るわけではなかった。余等の前に、内務省系統に荒川義太郎（註・明治一七年入省）、久米金彌（此の人は後に逓信省通信局長になった）（註・同上）、梅若成太郎氏（註・同上）等があったが、先ず珍しいのと、半ば奨励的意味で採用されたものであった。余と同時に採用された者は、鈴木馬左也氏、浅田知定氏の二人であったと記憶している。／内務省に採用される時には、矢張り口頭試問様のものがあった。時の県治局長末松顕澄氏が謂はば試験官であった。余に対する質問の一つは、当時の時事問題であった高等中学校に関するもので、即ち全国を数区域に分ち、各区域に一高等中学校を設置し、其の経費を如何にするかと云ふのがあった。余は出駄羅目に思附きを答弁したのであるが、偶然にも政府の計画案に一致していた相で、此の試問も先ず首尾が良かった。（中略）かくて初めて仕官したのが内務属で、月俸五十円を給された。廿歳の時である(1)」。

『東京大学百年史・部局史1』によれば、この一八八八年から九七年（明治三〇年）までの一〇年間で、法科大学の卒業生は六九一人、そのうち四七五人が内閣と政府各省に入った。省別では内務省に八〇人、大蔵省に八六人、農商務省に二五人、逓信省に二五人、外務省に二三人が採用されている。内務省入省組には地方で採用された者もふくまれる。ほかに司法省に一九三人、陸海軍省に九人が採用された(2)。

この時期、法科大学を卒業して官吏になった者で、のち内務官僚として高名な存在になる人物としては、前出の一木喜徳郎のほか、床次竹二郎、水野錬太郎、井上友一、下岡忠治などがいる。ただし、床次は一八八九年（明治二二年）に大蔵省に入って、のち内務省に転じている。一八九三年（明治二六年）、愛媛県収税長に就任したところからか(3)。また、水野は第一銀行に入り、一八九三年（明治二六年）に農商務省に引き抜かれ、翌九四年（明治二七年）にさらに内務省に転じている。この二例がどこまで一般化されるのかわからないが、水野のばあい、本人がくわしい記録を残しているので、一部を要約しつつ引用する。

かれが第一銀行に入ったのは、穂積陳重の紹介で渋沢栄一に面会し、渋沢に熱心にすすめられてのことであった。ところが翌年、梅謙二郎に呼ばれて、農商務省の藤田四郎農務局長が大学出の成績がよかった人物をほしいというので、君を推挙したといわれた。水野本人はかならずしも気が進まなかったのだが、梅・藤田からあまりに懇切にすすめられたので、穂積・渋沢の諒解をえたうえで、農商務省に転じた(4)。穂積・梅は、当時の法科大学の看板教授である。かれらの推薦によって実業界、官界の重要な採用人事が決定されていたこと、裏返していえばその人事のための採用試験は形ばかりのものであるばあいが多かったことが示唆される。

「農商務省では鉱山局長高橋仲次氏の下で鉱業条例改正案を起案し、鉱業法案を作った。また山林局を兼務して最初の森林法案を起草した。／かくて半年許り同省に居ったが、突然内務省の都筑馨六氏（中略）より面会の申込あり。同氏の云はるゝには内務省に参事官の欠員あり、君の評判を聞くに極めてよい、是非内務省に来て呉れないかと云はれた。私は都筑氏とは初対面であり且内務省の仕事もよく知らないので、即答も出来ないから、今私は農商務省で愉快に仕事をして居るが、同じ政府部内のことであるから、よく両省で話し合って貰ひたいと答へた。そこで都筑氏は当時農商務次官であった金子堅太郎氏に話した。然るに金子次官は水野は今農商務省にとって有用の人だから離せないといって断ったらしい。併し都筑氏は頑強に是非にと所望したので、金子次官も遂に承諾した、とのことである。かくて私は内務省参事官に転ずることになった(5)」。

山県閥の有力者で能吏の聞えが高い都筑土木局長を相手にして、白面の新人が自らの移籍について「よく両省で話し合って貰ひたい」と答えたという。水野の自信の強さをうかがうべきか、上司の意向が決まれば、それがなにであろうと従うという従順さをみるべきか。また、その後の経過をみれば、都筑はこの有望な新人を移籍させるために労を惜しんでいない。かれが人事において徹底した実力主義の信念をもっていたこと、それはおそらくほかの政府高官たちの多くにも共通していたことが想像されるのである。

井上友一は一八九三年（明治二六年）内務省入省、下岡忠治は九五年（明治二八年）内務省入省である。井上が入省したさいのいきさつは伝記にあるが、それによると、その年の法科大学の卒業者で内務省入りを志望した者は四〇人を超えていたが、そこから採用された者は井上をふくめてわずか三人であったという(6)。くわしくいうゆとりがないが、この年は議会で軍備充実に起因する予算審議がもめて、その余波によりきびしい行政改革がおこなわれ、官吏の新規採用数も大幅に抑えられていた(7)（もっとも、前掲の『東京大学百年史・部局史1』によれば、この年、法科大学卒業生から内務省に七人、警視庁に三人が入っている。この七人のうち、最初から三人が本省勤務となり、四人が府県庁勤務となったので、伝記にある記述となったと解しておく）。下岡は、先述の法科大学の卒業生が高文試験の受験をボイコットした翌年に大学を卒業し、内務省の属に採用され、同年、高文試験を受験、首席で合格している。[8]

これらの新人の入省後の仕事ぶりを一、二みておこう。

水野は、一八九四年（明治二七年）、内務省参事官となり、九六年（明治二九年）内務大臣秘書官兼内務省参事官となっている。ときの内務大臣は板垣退助であった。九六年九月、内務大臣は樺山資紀に交替する。樺山は水野に直々に著作権法制定作業に従事するように指示を下し、水野はこのお声がかりに内心「大いに意気込んだ」。この大臣の指示は、領事裁判権を撤廃するための条件づくりをねらうものであった。日本政府はイギリス政府と日英通商条約を日清戦争直前に締結していたが、そのなかで、条約施行期日の九九年（明治三二年）七月一七日にさきだって、工業所有権保護体制の確立と著作権法を制定し列国著作権同盟条約に加盟することを約束していた。当時の日本では外国語文献の翻訳が無制限におこなわれ、それが急速な近代化に役立っていた。著作権法の制定はこの働きを阻止する恐れがあったが、日本政府はその代償を支払ってでも領事裁判権の撤廃をかちとろうとしたのである。[9]

水野は、一八九七年（明治三〇年）から翌年にかけて、欧米諸国に出張して著作権法の制度調査をおこない、スイスのベルン市にある列国著作権同盟の事務局で資料収集をおこなった。帰国後、かれは、内務属の赤司鷹一郎と小倉正恒の協力をえて、全文五〇条から成る著作権法案を完成させた。この法案は、一八九八年末に招集された第一三回帝国議会に提出され、通過した。以後、水野は著作権法を主題にした論文を多数かき、一九〇三年（明治三六年）にはこの主題の学位論文で法学博士の学位をもえている。それらの業績によって、かれは法学者として高い評価をえ、東京と京都の両帝国大学から教授就任を乞われたこともあったが、内務省から動かなかった。[10] 桂園時代以後の水野の内務官僚としてのそのほかの仕事には次章以降でふれる。

井上は、一八九三年（明治二六年）、内務省試補となり、県治局に勤務した。二年たらずのち、一八九五年（明治二八年）一月には県治局市町村課長を命じられている。(11) このあたり、法科大学卒業後二年目の新人といっても、高等文官試験の合格者はまったく別格の存在であることがわかる。当時の県治局の業務については先行する章がややくわしく叙述しているので、それらはくり返さない。井上の伝記から、そのころの県治局の雰囲気をつたえるエピソードをひとつ、紹介しておくことにする。

日清戦争当時、諸省のなかでも内務省には豪放者がもっとも多く集まっているといわれていた。県治局長・江木千之のもとにかれらの四、五人の法学士たちが集まり、協議して「日韓連合帝国憲法」の草案を作成したことがある。井上はその積極分子たちのひとりであった。その草案によれば、日本帝国と朝鮮王国は連合帝国を形成し、日本の天皇を皇帝とし、朝鮮の国王を副皇帝とし、議会は議員一〇〇人、日本より七〇人、朝鮮より三〇人を選出してこれを組織する。軍備と交通とは両国が共同で管理し、そのほかの政務はそれぞれの国で管理する。国旗は日と月を並べたデザインのものに統一し、占領地の行政は国際法にしたがって実施するなどとされていた。若手の内務官僚たちはかなり真面目にこの計画をつくったらしい。その憲法草案が完成したのち、警保局長・小野田元熈がそれをもって広島にゆき、大本営にいた伊藤博文にみせたところ、はげしく叱責された。その叱責の理由はかかれていない。ところが、山県有朋はそれをみて、貴重な一案であると評価し、起草者たちはよくやったとねぎらってくれた。(12) おそらく、ここには、当時の伊藤と山県の対朝鮮政策の構想の違いが反映していたのであろう。かれらは、清やロシアの脅威にたいして朝鮮は日本にとっての防護壁として必要であるという認識ではほぼ共通していた。しかし、伊藤は朝鮮を法治主義にもとづく官制改革によって独立国として存立させることは可能である、日本はその近代化を支援するべきだとかんがえていたが、山県は朝鮮を独立国として存立させることは困難である、日本は鉄

道敷設と植民政策によってそれを併合するべきであるとかんがえていた。(13)

最後に、一八九九年（明治三二年）の第二次山県内閣の「文官任用令」の改正にふれておきたい。これは文官の任用の全般にかかわる法令の改正であり、そのかぎりでは政治史的背景の一環としてあつかわれることもできるが、それが政治問題化し、その解消のために内務省首脳が処分されたので、ここでとりあつかうことにする。

この改正の基本線は、勅任官は奏任官の資格をもつ者を任用するとして、その資格をもっていない政党員の猟官活動を封じこみ、行政の専門職による官僚制を確立するところにあった。この改正のアイディアは法制局長官・平田東助から出たが、山県がそれを強行することに踏み切った一因は、さきにわずかにふれた第一次大隈内閣のもとでの政党員の猟官活動の横行を嫌ったことであるといわれる。これにたいして、山県内閣の当時の準与党であった憲政党の党員たちは憤慨し、かれらの多くは政府との提携の断絶を主張するにいたった。山県は議会運営のために同党との妥協をはからねばならず、その法令改正の立案者の処分の要求をいれることにして、内務次官・松平正直を罷免し、地方局長・深野一三と警保局長・小倉久を転任させて、事態を収拾した。ただし、法令の改正は当初の予定どおりに強行された。(14)

（1）　一木先生追悼会編『一木先生回顧録』同会、一九五四年、九一―一〇ページ。

（2）　東京大学百年史編集委員会編『東京大学百年史・部局史1』東京大学出版会、一九八六年、四九、五一、五三、五六、六〇、六四、七二、七五、七八、八一ページの記述より、合計した。

（3）　荒木武行『床次竹二郎氏評伝』床次竹二郎伝刊行会、一九二六年、二九ページ。

（4）　水野錬太郎「懐旧録・前編」尚友倶楽部・西尾林太郎編『水野錬太郎回想録・関係文書』山川出版社、一九九九年、一二ページ。
(5) 同右、一三ページ。
(6) 犀東国府種徳「故井上友一君断片伝」近江匡男編『伝記叢書14・井上明府遺稿』大空社、一九八七年、一一ページ。
(7) 水谷三公『日本の近代13　官僚の風貌』中央公論新社、一一二―一一三ページ。
(8) 小河正儀代表『三峰下岡忠治伝』三峰会、一九三〇年、二七―三四ページ。
(9) 西尾林太郎「官僚政治家・水野錬太郎」『水野錬太郎回想録・関係文書』四一八―四一九ページ。
(10) 同右、四一九―四二〇ページ。
(11) 「故井上友一君断片伝」一五ページ。
(12) 同右、一三―一四ページ。
(13) 『伊藤博文伝』下巻、一一四―一一五ページ、『山県有朋伝』下巻、二五四、二五八ページ。
(14) 岡義武「山県有朋」六二ページ。

第四章　内務省の発展（一）

1901. 6. 2–1918. 9. 29

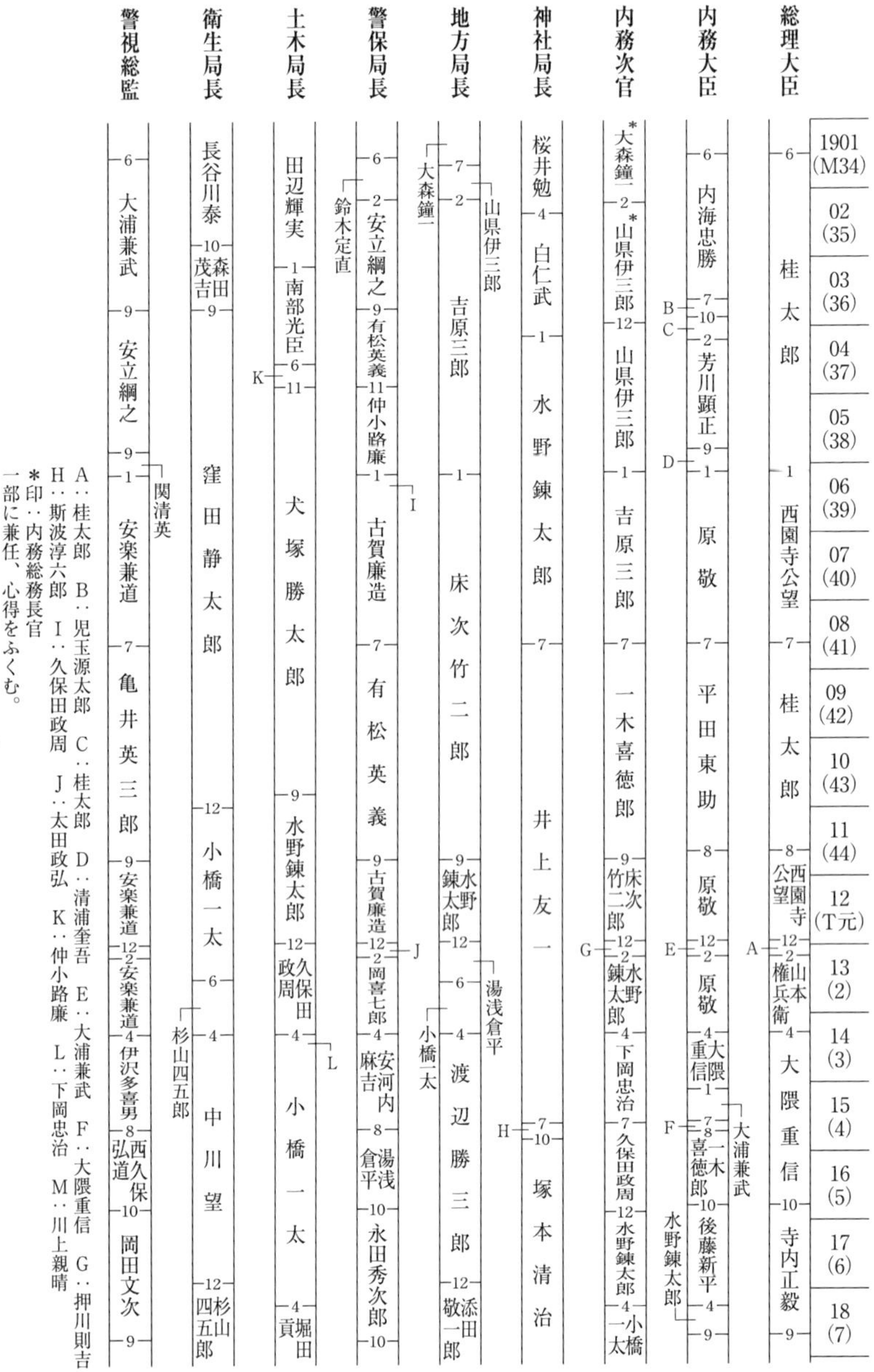

図 4-1　桂園時代・ポスト桂園時代の総理大臣，内務大臣，内務次官，内務省主要局長など（1901-1918 年）

1 政治史素描

内務省の社会史の四番目の時期を内務省の発展期と呼ぶことにする。その時期の始点は一九〇一年（明治三四年）六月二日であり、終点は一九三二年（昭和七年）五月二六日である。その全期間はおおよそ三一年間におよぶ。そのあいだは政権を担当した内閣の性格によって、おおきく三つに区分されることができる。すなわち、(1)桂園時代、(2)ポスト桂園時代、(3)政党内閣時代である。この期間をつうじて、わが国の政治の性格が官僚統治の基調にたいして政党政治の要素をくわえてゆくのにともない、内務省は、普通選挙制度と治安維持法政策の成立によって頂点に達する内政の機軸部分を担当した。内務省に勤務する文官数は、始点で一二五二、終点で五九四〇、三一年間で約五倍の増加である。ただし、三一年間余という時間域は長すぎるので、便宜的に二分割して、本章では桂園時代とポスト桂園時代をあつかい、次章で政党内閣時代をあつかうことにしたい。

桂園時代の始点は第一次桂内閣が発足した一九〇一年六月二日であり、ポスト桂園時代の終点は寺内内閣が退陣した一九一八年（大正七年）九月二九日である。まず、この一七年余の政治史的背景を、例によって主要な政治的行為の主体をスケッチしつつ、かいつまんでみておこう。

第一、この時代の日本にとって国際環境を構成していた主要な外国。イギリス、ロシア、アメリカ、韓国、清。北清事変のあと、ロシア軍が満州全土を占領してしまい、清と韓国に重圧をかけており、日本もそれを政治的独立への脅威と感じていたというところまでは、前章で述べた。この政治状況のもとで日本がとる基本的路線が二つかんがえられた。(1)日露協商。日本はロシアと協定して、ロシアの満州支配を認めるかわりに日本の韓国支配を認めさせる。これは満韓交換論ともいわれた。(2)日英同盟。東洋におけるイギリスとロシアの対立を前提にして、日本はイギリスと同盟してロシアに対抗し、韓国における日本の特殊利益と清国における日英の特殊利益を守る。くわしい経過の叙述は他書にゆずる。一九〇二年（明治三五年）一月、桂内閣は日英同盟協約に調印した。ロシアの脅威を重苦しくうけとめていた日本国民はこの同盟の成立に安心し、喜びあった。このあと、日露戦争をはさんで、一九〇五年（明治三八年）八月、第二次日英同盟が結ばれるが、これは攻守同盟の性格をもち、軍事的相互援助を約束していた(1)。

しかし、この時代の日本にとって政治史上の最大の事件は日露戦争である。一九〇二年、ロシアは清とのあいだで満州還付条約を結んだが、それを部分的にしか実行せず、のちには満州の自軍兵力を増強していった。さらには一九〇〇年、一九〇三年と、韓国において広大な土地の買収を試みた。日本はこれらの事態を国家の独立と安全への脅威と受け止めた。桂内閣は、満韓交換論の方向でロシアと交渉し、日露関係を調整しようとした。しかし、ロシアは遷延戦術をとりつつあるようにみえ、しかも同時に満州における自軍兵力の増強をつづけた。日本側は、時間がたてばたつほどロシアが有利になると焦慮し、一九〇四年（明治三七年）二月、御前会議においてロシアとの交渉打ち切り、国交断絶を決定した。二月八日、宣戦の詔勅。日露戦争の具体的経過は他書にゆずる(2)。

日本軍は勝利をかさねたが、やがてその戦力は限界に達した。そこにアメリカ大統領、ローズヴェルトによる日露間の和平斡旋、ドイツ皇帝によるロシア皇帝にたいする勧告などがあり、一九〇五年（明治三八年）八月から九月にかけて、アメリカのニューハンプシャー州ポーツマスで講和会議がひらかれた。この会議の経過、講和条約の主要な内容の紹介も他書にゆずる。ただし、その内容のなかに、ロシアは日本が韓国において特別の利益をもち、必要におうじて指導、保護、監理をおこなうことを認める、ロシアは清国の承諾を条件として遼東半島の租借権を日本に譲渡するという二点がふくまれていたことは、特記しておきたい。日露戦争の最中もこの講和会議においても、アメリカはイギリスと並んで日本に好意的に対応した。しかし、このころから、ローズヴェルトは日本の将来につよい警戒心をもつようになる。それはやがて、満州についての日米の対立、アメリカにおける日本人移民の排斥などで現実のものになってゆく。(3)

日韓関係の推移は以上の記述からもかなり透視されるが、あらためて確認しておけば、一九〇四年二月の「日韓議定書」では、日本が韓国の独立と領土保全を保障することを約束し、韓国政府は「施設」の改善につき、日本政府の勧告をうけいれることを約束していた。この議定書は、歴史的にみれば韓国にたいする日本の保護権のはじまりであった。その後、同年八月の第一次日韓協約、一九〇五年一一月の第二次日韓協約によって、日本は韓国の保護国化を進めた。韓国皇帝・高宗は、たまりかねて、一九〇七年六月、オランダのヘーグで開かれた第二次平和会議に密使を送り、韓国の完全独立を訴えたが、同会議は韓国は独立国ではないとして、密使の出席を拒否した。韓国統監、伊藤博文はこれをとがめて、皇帝を退位に追いこんだ。七月、京城の民衆は暴動をおこして抵抗したが、伊藤は日本軍によってそれを制圧し、第三次日韓協約によって日本の韓国にたいする強力な監督権を樹立し、朝鮮軍の解散を決定した。最終的には一九一〇年八月二二日、韓国併合にかんする日韓条約は調印された（八月二九日施行）。(4)

一九一四年、第一次世界大戦がはじまった。同年八月、日本は日英同盟に口実をもとめてドイツに宣戦布告し、参戦した。一九一五年（大正四年）一月、日本は中国に対華二一ヶ条要求をつきつける。それは実現すれば中国は日本の属国になってしまうような要求であった。中国の政府と民衆はおおいに抵抗したが、同年五月、日本の最後通牒に中国は屈伏した。一九一七年（大正六年）三月、ロシアで二月革命がおこり、共和制が宣言されて、ケレンスキー政権が成立した。ついで一一月、一〇月革命がおこり、ソヴィエト組織が国家権力を掌握して、レーニンが政府を組織した。このボルシェヴィキ政権の出現は、日本の支配層にとって天皇制への深刻な脅威であると認識された。一九一八年になると、連合国はロシア革命に介入するため軍隊をロシアに入れはじめた。同年七月、日本もアメリカの共同出兵の呼びかけに応じる形式をとってシベリアに出兵した。(5)

第二、元老。この時期、日本の最高権力は元老と内閣に二重化した。理解の便をはかってやや単純化していえば、まえの時代、元勲政権時代には、明治維新の元勲たちが内閣製造者（キャビネット・メイカー）であり、かれらは協議して、仲間のなかから総理大臣候補者をえらび、天皇にそれを推薦して総理大臣に任命させていた。そのかぎりで、内閣製造者と総理大臣は一元的存在であった。前者は元老と呼ばれた。これにたいして、この時代からあとでは、元老から総理大臣候補者がえらばれなくなり、国政の最高決定機関が実質的には元老、形式的には内閣という最高権力の二重構造が出来あがった。元老の地位は憲法において規定されておらず、天皇の詔勅によって元勲待遇とされた者が元老となった。この時代のはじめ、元老は伊藤博文、井上馨、大山巌、黒田清隆、西郷従道、松方正義、山県有朋の七人であったが、政治的影響の大きさでは、伊藤と山県が大きく他にまさっていた。

しかし、その後、短いあいだに、内閣製造者として山県は伊藤にたいして決定的優位に立つことになった。そのひとつの契機は、山県と桂太郎の策謀によって、伊藤がまず枢密院議長として、ついで韓国統監として、いわば政局から棚上げされた状態になったことである。伊藤の韓国統監時代、原敬は政党政治の活性化のために伊藤は東京にいるべきだとおもい、その本国への呼び返しをはかり、伊藤はそれに応じた。(6)しかし、その直後、伊藤はハルピン駅で朝鮮人愛国者によって暗殺された。伊藤の死の報せを聞いて、山県は、武人としては、よい死に所をえた伊藤がうらやましいといった。[7] 山県は、元老のなかでも権勢が並ぶ者がない絶対的権力者となった。当時の山県の政治勢力の基盤は、軍部では陸軍、立法府では貴族院と枢密院、行政府では内務省と司法省などに広がっていた。[8] かれの同意のもとに、この時代の首相たちは順次、政権を担当したのである。ただし、かれの政治的信条は前代にひきつづき超然主義であり、その徹底した政党嫌いは変らなかった。

第三、政府。桂園時代とは一九〇一年（明治三四年）六月二日から一九一三年（大正二年）二月二〇日までの期間である。このあいだに、桂太郎と西園寺公望が交代で、桂が三度、西園寺が二度、内閣を組織した。桂園時代の定義にかんしては別の説があるが、[9] ここでは前記のように解しておく。桂は長州出身の軍人で、早くから山県の最有力の後継者と目され、陸軍次官、陸軍大臣などの経歴を歩んできていた。[10] 西園寺は京都の公卿の名門の出身で、公爵となり、伊藤と親しく、伊藤が枢密院議長となって政友会を離れるとき、二代目の総裁となった。[11]

さて一口に桂園時代というが、桂の三度の内閣は通算して八年ちかくにわたり、西園寺の二度の内閣は通算して約四年である。かれらのそれぞれの内閣が処理した政治課題をみても、桂内閣の日露戦争、大逆事件、日韓併合、関税自主権の回復にみあうほどのものは、西園寺内閣にはない。当時の日本の軍事、外交、内政の各局面におよぼした影響力において、桂内閣は西園寺内閣にはるかにまさっていた。また、桂は山県の直系の軍人政治家であり、西園寺は伊藤のあとをついだ政友会の総裁であるといっても、両者の政治的な力量と存在感には大きな格差があった。その前提として、この時代におけるキャビネット・メイカーである元老として、山県の伊藤にたいする決定的優位がある。西園寺が二度にわたって内閣を組織することができたのは、かれが足場にした政友会に辣腕の原敬がいて、かれに政権がまわってくるように、山県や桂と周到な交渉を息長くつづけてくれた結果である。[12]

山県の同意のもとに、桂と西園寺は交互に政権を担当した。両者の関係は、桂が貴族院をにぎり、西園寺が衆議院をにぎるなどといわれたが、かれらの政権担当はあくまで山県の同意のもとにおいてのことであった。かれらは、一方が政権を担当すると他方がそれに協力し、一方の政権担当者があまりゆきづまらないうちに、他方がそれと交代してゆくのを原則としていた。(13)少なくとも原はそう主張して、西園寺に政権がまわってくるように、桂や山県を説得していた。ただし、西園寺は政友会総裁であったが、政党嫌いの山県の掣肘のもとに、西園寺内閣は政党内閣でありえなかった。その内閣の閣僚のなかには政友会の党員は西園寺と原のほか一、二名がふくまれるにとどまっていた。(14)

ポスト桂園時代とは一九一三年（大正二年）二月二〇日から一九一八年（大正七年）九月二九日までで、そのあいだに山本権兵衛の山本内閣、大隈重信の第二次大隈内閣、寺内正毅の寺内内閣がつづく。紙幅の制約があるので、元老山県との関係にしぼって三内閣を寸描する。山本内閣は原の政友会とかたく結び、山県をはじめとする長州系の元老たちはそれを憎んでいたが、ジーメンス事件で倒れた。(15)元老たちが大隈をつぎの首班に選んだのは、大隈によって政友会に大打撃をあたえるためであった。このデマゴーグは、久しぶりに首相として政界に復帰し、一時的に高い国民的人気をかちとり、その年の総選挙では大干渉によって政友会を惨敗させ、山県たちの期待に応えた。大隈内閣による対華二一ケ条要求は、そのあと敗戦までつづく日本の中国侵略の本格的開始であった。(16)山県は大隈内閣の二一ケ条要求をめぐる独走を不快におもった。かれは同内閣の人気が急下降すると、大隈を辞職させ、直系の長州出身の陸軍大将、寺内に超然内閣を組織させた。(17)この内閣はシベリア出兵という歴史的愚挙をおかし、後代にとり返しのつかない悪影響を残した。

第四、宮廷。この時代の天皇は、晩年の一〇年間ほどの明治天皇と、最初の七年弱の大正天皇である。明治天皇がかならずしも立憲君主制にふさわしい君主でなく、その専制君主ぶりはしばしば元老たちを悩ませたことは前章で記した。その事情は基本的にはこの時代に入っても変らない。それは確認したうえで、それと矛盾する事実もこの時代にあったことを示して、宮廷の全体像の理解につとめたい。

これまでの明治天皇論でかならずしも重視されていない事実であるが、明治天皇は日清戦争、日露戦争の双方の開戦決定に反対であったと、大著『明治天皇紀』はつたえている。日清戦争のばあいでいうと、開戦直後、かれは側近に「今回の戦いは朕はもとより不本意である。閣臣たちが戦争は止むを得ないというので、これを許しただけである」[18]といった。また、日露戦争のばあいにも「今回の戦は朕の志ではない。しかし事すでにここにいたる、これはどうにもしようがない。(中略)万一失敗することがあったならば、朕はどうやって祖先の方々に詫び、また臣民にたいして対応することができようか」[19]と語った。開戦という大事の閣議決定にたいして、天皇の意志は抑制されねばならなかった。このかぎりで、かれは完全な専制君主、個人的独裁者ではなかった。

また、大正天皇は、出生時から病弱で、まもなく脳膜炎をわずらい、当時の公式発表ではいろいろぼかされた表現になっているが、脳の働きがつねにとはいわないが、しばしば正常ではなかったようである。かれは即位してからも、天皇としての政治的意志をもつことが困難であった。それにもかかわらず、桂は第三次内閣を組閣して、議会と対立し、世論の反発をうけたとき、天皇から政敵・西園寺に詔勅を出してもらい、自身への敵対的行動を止めさせようとした。衆議院議員、尾崎行雄は弾劾演説のなかでいった。「玉座(天皇の座)を防壁にし、詔勅を弾丸にかえて、政敵を倒そうとするもの」。天皇に政治をさせないことが、天皇に責任を負わせない、つまり天皇は神聖不可侵という明治憲法の大原則であるという考えかたが多数意見となっていった[20]。

第五、軍部。猪木正道は、戦前期日本の一八六八年の明治維新から一九四五年の敗戦までの歴史を「軍国日本の興亡」として要約・把握し、その主要な原因を軍国主義にもとめたが、その軍国主義の傾向はこの時代から顕在化した。[21] 軍国主義は、社会学的に規定すれば、軍事官僚制の過剰肥大とその諸結果である。わが国のばあい、この傾向は、参謀本部が成立し、陸軍が制度上は文民の統制をうけずに軍令を専断することができるようになったのを根源的推進力としていた。この仕組を正当化したのが統帥権の独立という軍事思想である。

しかし、日清戦争の戦争指導において大本営に入った総理大臣、伊藤博文がつよい影響力を発揮したように、実際上の文民統制はおこなわれていた。これは維新の元勲としての伊藤などの実績によるものであった。[22] それが、日露戦争後しばらくして、参謀本部が軍事を専断して国家のなかの国家というべき存在となり、ひいては国政の全般に支配的な影響力をもつようになる。この時代から二例をあげる。

(1) 一九〇六年（明治三九年）、児玉源太郎参謀総長は六箇師団増設案を主張し、寺内正毅陸軍大臣は二箇師団増設案を主張して、対立していた。参謀本部作戦課高級部員田中義一中佐は、「帝国国防方針」を起草して、これが天皇に裁可され、さきの対立を調停するのであるが、そのさいの田中の論理の筋道はつぎのとおりであった。まず、国是の大方針として「開国進取」を決定し、これを実現するために前出の「帝国国防方針」を確定し、それが必要とする兵力量を算定して、軍備拡張の総枠を決定する。それが決定されたならば、これを内閣と議会に承認させて、以後は財政事情による計画達成年度の延長までは認めるが、その総枠の変更は許さない。この田中案の以後の経過については他書にゆずるが、つぎの事実に留意しておきたい。国是、つまり国家存立の基本政策は本来ならば政府と議会が決定するものであろう。それを参謀本部が策定するという考えかたがとくに異論なくまかりとおるようになった。[23]

(2) 一九一一年（明治四四年）第二次西園寺内閣において、陸軍省では上原勇作陸軍大臣、田中義一軍務局長、宇垣一成軍事課長というトリオが成立した。田中、宇垣が二箇師団増設を要求する筋書きをかき、上原はその要求を容れられずに辞任し、山県は後任の陸相の推薦を拒否して、内閣を倒した。世論がこの政変劇に猛反発するなか、田中と宇垣も陸軍省を去った。のち、第二次大隈内閣のもと、一九一五年（大正四年）、参謀本部において、上原参謀総長、田中参謀次長、宇垣第一部長として、トリオが復活する。第一次世界大戦において、イギリス、フランスは帝政ロシアと連合してドイツと戦っていたが、ロシア革命のあとソ連はドイツと休戦したので、連合国側の東部戦線は崩壊してしまった。その再建のために、イギリスとフランスは日本にシベリア出兵を要請した。日本の内部では陸軍が素早く出兵の意向を固めたが、その動きの中心にいたのが、参謀本部の田中と宇垣であった。国内の原敬をはじめとする反対派の抵抗、国外でのアメリカがくり返す異議を押し切り、最終的にはアメリカの共同出兵の呼びかけに応ずる形式で、出兵は強行された。以後の経過も他書にゆずるが、結果のみをいえば、この出兵は惨憺たる失敗におわり、一九二二年（大正一一年）に全面撤兵となった(24)。

第六、民衆、政党、議会。桂園時代の本質は前後の政治の大きな流れのなかにおいてみると、官僚政治から政党政治に推移する過渡期であったとみるべきであろう。これをあからさまに示すのが、いわゆる大正の政変で第三次桂内閣が憲政擁護運動によって打倒されたあと、桂が政治的再起を期して立憲同志会という政党を結成した事実である。憲政擁護運動については、のちに内務省サイドからの見方を示す。ここでは、政党嫌いの藩閥官僚の巨頭・山県の直系の桂が、政権をえて政治活動をつづけるためには足場とする政党をもっていなければならないとかんがえるようになっていたことに注目しておきたい。桂は、立憲同志会を結成するにさきだち、山県に会ってその旨の諒承をえていた(25)。その後まもなく桂は病死するが、立憲同志会は憲政会、民政党と発展して、政友会と二大政党制を形成することになる。

（1）岡義武「近代日本政治史Ⅱ」『岡義武著作集第二巻　明治政治史Ⅱ』岩波書店、二〇〇一年、一〇五―一〇八、一四六ページ。
（2）同右、一一四―一一八ページ。
（3）同右、一三一―一三二、一三五―一三六、一七二―一七四ページ。
（4）同右、一四四、一四五、一四八―一四九、一五九―一六〇、一九五ページ。
（5）岡義武「転換期の大正」『岡義武著作集第三巻　転換期の大正』岩波書店、二〇〇一年、一六―一七、二三―二四、三二、七一、七二―七四ページ。
（6）「近代日本政治史Ⅱ」一一五、二〇二ページ。
（7）岡義武『山県有朋――明治日本の象徴』岩波新書、一九八八年、一〇八ページ。
（8）「近代日本政治史Ⅱ」一五三ページ。
（9）「近代日本政治史Ⅱ」一五五―一五六ページ。桂園時代は、第一次桂内閣が第一次西園寺内閣に代ったときから第三次桂内閣までの時代をいうとする説と、第一次桂内閣から第三次桂内閣までの時代をいうとする説があり、とくに一定の慣用例はないとされる。
（10）桂の伝記はつぎを主としてつかった。川原次吉郎『日本宰相列伝4　桂太郎』時事通信社、一九八五年。
（11）西園寺の伝記はつぎを主としてつかった。岡義武「最後の元老・西園寺公望」『岡義武著作集第四巻　近代日本の政治家』岩波書店、二〇〇一年。
（12）「近代日本政治史Ⅱ」一五二ページ。
（13）岡義武「『平民宰相』原敬」『岡義武著作集第四巻』九六ページ。
（14）「近代日本政治史Ⅱ」一五四―一五五ページ、二一八ページ。第一次西園寺内閣では松田正久、第二次西園寺内閣では松田と長谷場純孝。
（15）「近代日本政治史Ⅱ」二四二―二四五、二四九―二五四ページ。

(16)「転換期の大正」七―三七、四〇―四三ページ。
(17) 同右、二九―三一、四七―四九ページ。
(18) 宮内庁『明治天皇紀』第八、吉川弘文館、一九七三年、四八一ページ。
(19) 宮内庁『明治天皇紀』第十、吉川弘文館、一九七四年、五九八ページ。
(20) 鈴木正幸「天皇と政府・議会」鈴木編『近代日本の軌跡7　近代の天皇』吉川弘文館、一九九三年、五八―六〇ページ。
(21) 猪木正道『軍国日本の興亡――日清戦争から日中戦争へ』中公新書、一九九五年、iiページ。
(22) 稲葉正夫「資料解説」同編『現代史資料(37)大本営』みすず書房、一九九六年、二八―三七ページ。
(23) 大江志乃夫『日本の参謀本部』中公新書、一九九八年、一一九―一二五ページ。
(24) 同右、一二九―一三五ページ。田崎末松『評伝　田中義一』上巻、平和戦略総合研究所、一九八一年、六五九―八〇〇ページ、八二七―一一一〇ページ。
(25)『日本宰相列伝4　桂太郎』一四三―一六二ページ。

2　原　敬

桂園時代、ポスト桂園時代の諸内閣における総理大臣、内務大臣、内務次官、内務省主要局長、警視総監などは図4-1に示すとおりである。それらのうち、内務大臣は、登場順に列記すれば、つぎのとおりである。桂園時代では、第一次桂内閣で内海忠勝、児玉源太郎、桂太郎、清浦奎吾、第一次西園寺内閣で原敬、第二次桂内閣で平田東助、第二次西園寺内閣でふたたび原、第三次桂内閣で大浦兼武、である。ポスト桂園時代では、第一次山本内閣で三たび原、第二次大隈内閣で大隈、大浦、大隈、一木喜徳郎、寺内内閣で後藤新平、水野錬太郎、である。同一人物が複数回登場するのをひとりと数えると、この約一七年間に一二人の内務大臣が登場している。

この一二人のうち、山県、桂と対抗することができる力量をもった政治家は原ひとりであった。大隈はかつては自由民権などを唱えていたが、このときはさきに述べたように、山県以下の元老によって政友会征伐の道具としてつかわれる身である。ほかの一〇人のうち、内海、児玉、桂、芳川、清浦、平田、大浦の七人は自他ともに認める山県閥の官僚政治家、軍人政治家である。一木、後藤、水野は内務官僚出身であるが、いずれも山県に近しい関係にあった。なお、一木は一八八八年（明治二一年）、帝国大学法科大学卒業、内務省入省、水野は九二年（明治二五年）同大学卒業、農商務省などをへて九四年、内務省入省であるから、学士で入省してきた内務官僚から、二六、七年たって、ポスト桂園時代に内務大臣に就任する者が出てきたということである。この種のケースはこれ以後増えてゆくことになる。

さて、この時代の一二人の内務大臣をみわたして、最初に印象批評風にいうことが許されるならば、もっとも存在感がある内務大臣は原敬である。

目につきやすい現象からはじめれば、まず、内務大臣としての在任期間が、原は四年一一ヵ月二五日、約五年でもっとも長い。これにつぐのが平田東助の三年一ヵ月一六日であり、一一人の内務大臣の平均在任期間は約一年半である。

いくらか分析的にみれば、原の内務大臣としての存在感の大きさは、同時代の政治におよぼした影響力の強さによっている。前記の在任期間の長さはこの事実がうんだ結果のひとつであろう。その影響力の主要な位相は二つある。ひとつは、副総理格の政治家として政治全般におよぼす影響力である。いまひとつは内務省のトップとして内務行政におよぼす影響力である。原のばあい、ほかの内務大臣と比較して、第一の影響力がきわだってつよかった。これによって、内務大臣としての原を論じる作業は、しばしば内務省、あるいは内務行政という枠をはみだしがちにならざるをえない(1)。

原を副総理格の政治家とみる評価は同時代のジャーナリズムにすでにあらわれていた。西園寺内閣と政友会をつなぐくさびの位置に原がいて、山県閥の重圧のもとで、政友会の力量が西園寺内閣を下から支えているというのである。原自身がそのような自己認識をもっていた。『原敬日記』の一九〇九年二月の部分に、匿名のジャーナリストがかいた前記の趣旨のエッセイが切り貼りされている(2)。原がそのような働きをなしえた条件は、もちろん第一にかれの政治家としての力量であるが、あわせて西園寺が政友会総裁、内閣総理大臣でありながら、党務にも政務にも意欲がとぼしく、粘りを欠いていたという事情があった。山本四郎は原敬研究の第一人者であるが、伝記『原敬』のなかで、桂園時代は正確には桂原時代であったというべきだとかいている(3)。桂は野心的な軍人政治家であったが、西園寺は原の振りつけどおりに踊る貴族政治家であったにすぎない。

政治家としての原敬の思想と行動の諸特性を、つぎのように素描してみたい。(1)天皇の主権を絶対視する絶対主義者、(2)ブルジョアジーの自由を主張する自由主義者、(3)政党政治の確立をめざした、(4)普通選挙には絶対的に反対した、(5)現実政治家として政治の名手、(6)人事の上手、(7)豊富な政治資金の収集者、(8)明治維新のさい賊軍とされた南部藩の出身者。

これらにわずかにコメントをつける。マルクス主義者の歴史家であった服部之総は、明治期、大正期の政治史において傾倒することができる政治家は、大久保利通、星亨、原敬の三人であるといってから、かれらの関係をつぎのように図式化した。「三人とも暗殺されているが、大久保が明治絶対主義を代表したとすれば、星は良い意味でも悪い意味でも明治自由党の代表者であった。政友会総裁原敬の生涯には、その大久保と星の宿命が統一されている」(4)。原が絶対主義者であり自由主義者であったという規定について、これ以上に的確な注釈はないのではないか。だから原は、立憲君主制のもとで政党政治の確立をめざして官僚統治とはげしく闘ったが、全民衆の政治参加は危険であるとかんがえる保守性をもち、普通選挙に反対であった。

原は、現実政治家として政治の名手であった。かれは理想家肌の夢を追う政治家ではなかった。かれは、伊藤の憲法や山県の地方制度のような巨大な政治的構築物の建設に打ちこもうとはしなかった。それによって、かれはその日暮らしの政治家といわれたり、みるべき政治的業績にとぼしいといわれさえもした。実際にかれの内務大臣としての任期中の行政上の成果をリスト・アップしてみると、その都度必要とされる仕事を着実に片付けているという印象がつよい(5)。その一部は後続する節でとりあげる。また、かれは、内務大臣時代から、山県がつくった地方制度のうち郡制の廃止に熱心で、郡制廃止法案を衆議院で通過させながら、貴族院で山県閥の抵抗にあい、敗れている。その法案が成立するのは、原内閣になってからである。これなども、政友会側にそれなりの必然性はあるのだが、ひどく意気ごんだわりに、山県が構築した壮大な制度の一角に微修正をくわえただけであるという印象をまぬかれない。

原は人事の上手であり、人材をよく見出して活用し、豊富な政治資金を集めては惜しみなく散じ、この人事と資金によって、政友会を相対的にみれば近代的な政党として育てあげた。山本権兵衛はその政友会に支えられて、かれの第一次山本内閣を組織するが、そのおりの経験から、同会の規律正しさ、整然とした行動力を賞賛している(6)。それまでの政党は、一言でいえば、欲得ずくで動く、行儀の悪い野武士の集団のようなものであった。原のなによりもの政治的業績は、官僚政治家、軍人政治家が支配する日本の政治風土のなかで、とにもかくにも政友会という政党を育てあげ、政党政治を実現したことであった。

原の人事の上手さの好例のひとつとして、よくとりあげられるのは、床次竹二郎のばあいである。床次が内務省に入省したいきさつは前章第11節で述べたが、一九〇四年（明治三七年）徳島県知事となり、西園寺内閣発足にともない、秋田県知事に転任となった。床次は秋田への赴任の途中、東京に立ち寄り、新任の原内相に中央と地方との内務官僚の人事の交流が必要であると進言し、自分も将来は中央ではたらきたいといった。原は床次とそのときが初対面であったが、かれが優秀な人材であると見抜き、秋田にすぐゆくな、しばらく東京にいろといい、数日後、かれを地方局長に就任させた(7)。当時の内務省の人事では、徳島県知事から地方局長へというのは、異例の大抜擢人事であった。床次はその後、原の期待したとおりの働きをみせ、第二次西園寺内閣では原内相のもとで内務次官をつとめ、第一次山本内閣で鉄道院総裁、同内閣が退陣したのち、原の紹介で政友会に入党し、衆議院議員となり、原内閣では内務大臣に就任している。床次の内務大臣時代については次章で述べる。

この事例は、原の人物鑑識眼の確かさを示すものであるが、あわせて二点をつけくわえたい。ひとつは、一般論として、原が政友会に人材を集めてゆくさい、内務官僚はその供給源の有力なひとつであったということである。第一次西園寺内閣時代の内務省の主要局長でいうと、床次以外に神社局の水野錬太郎、土木局の犬塚勝太郎がのちに政友会に入党している。(8)また、いまひとつ、床次は薩摩藩出身であった。かれはたしかに有能な官僚であったが、原がかれを重用したのは、山県の長州閥と対抗するために、薩摩出身者を起用するという意図がはたらいていたのではないかという見方がある。ただし、これについては、床次の伝記を精査すると、床次が薩摩閥の大浦兼武などと距離をおいていたことが知られるので、原が薩摩閥と結びつくために床次を重用したということはできない。(9)しかし、そういえば、原の三度の内相時代、警視総監はつねに安楽兼道であったが、かれも薩摩藩出身である。ただし、安楽は伊藤系、西園寺系の警察官僚とみられてきたが、政友会に入党するにいたっていない。(10)なお、原と薩摩閥の結びつきの最大の達成として、第一次山本内閣における山本権兵衛首相と原内相のコンビネーションがある。

原の政治資金の集金能力は、かれの政治経歴が長くなるにつれて、急速に増大していった。しかし、かれはそれで私腹を肥やすことはいっさいなかった。かれは、農商務省に勤務していた秘書官時代に買った小さい住居に死ぬまで住みつづけた。これに注目して原の金銭面での清潔さを強調する見方がある。しかし、かれがその政治資金を政友会の党員たちによく散じたところから、政党政治が金まみれになる慣習は原からはじまったという見方もある。原自身は、その批判にたいして、金をほしがる人間の本性からして仕方がないことだと、醒めた態度をとっていた。(11)

なお、最後に、原の思想と行動の基盤のひとつとして、明治維新時の賊軍に属した南部藩の出身であったという意識をあげておこう。藩閥政治、官僚政治が横行するなかで、原はこの出身により、そのライフ・コースにおいて多くの不利と屈辱に耐えなければならなかった。それが、かれの政党政治の理想の一要因となったことは確かであろう。(12)服部之総は、原のライフ・コースを論じて、南部藩の出身であるという事実よりは、三代まえは上士でユンケル地主であったという事実を重視し、かれの政治姿勢がそれによって説明されるという立論をしているが[13]、これは、マルクス主義の階級理論を過剰に適用した無理な議論であるとおもわれる。

一九〇七年（明治四〇年）の地方長官会議における原内相の政党政治を肯定する演説の一節を引用して節の締めくくりとする。これは、前章第2節でとりあげた一八八九年（明治二二年）の地方長官会議における山県内相の超然主義を主張する演説にたいして、対照的な内容をもつものである。

「終りにのぞんで一言諸君に注意しておきたいのは選挙にかんする事項である。今年秋の府県会議員選挙、明年の衆議院議員選挙などで、いまさらこと新しくいう必要はほとんどないが、この選挙にたいしてもっとも公平厳正であることを、私は諸君に希望する。政府が政府に賛成するものが一人でも多くあることを望むのは、いずれの政府においても同じであるが、それはつまるところ政府の私情である。選挙のような国民の意志を充分に表現するべき公事にたいしては、わずかでもこの私情によって動くべきではない。（中略）政党政派が樹立されるのは政党政治の常態であるが、諸君はこの政党政派のあいだに、または政党政派に属するものとそうでないものとのあいだに、なんらの区別をたつる必要はない。ただもっとも公平にもっとも厳正に法律規則を執行し、その法律規則の範囲においては自由な競争を許し、あえてこれに干渉することを絶対に避け、そうしてその法律規則に違反するものにたいしては、だれであってもこれを見逃さないことを望む[14]」。

（1）　原の伝記はつぎを主としてつかった。山本四郎『評伝原敬』上・下、東京創元社、一九九七年。

（2）　同右、下、八六ページ。ただし、私の手許にある『原敬日記③内相時代篇（一）』乾元社、一九五一年、では、この切り貼りの部分は省略されており、同書巻頭二―三ページに、その一部が写真版で収録されている。

（3）『評伝原敬』下、七五ページ。
（4）服部之総『明治の政治家たち――原敬につらなる人々』上巻、岩波新書、一九八八年、i―iiページ。
（5）「『平民宰相』原敬」一一一ページ。
（6）『評伝原敬』下、二五四ページ。
（7）『評伝原敬』下、八九ページ。荒木武行『床次竹二郎氏評伝』床次竹二郎伝刊行会、一九二六年、四二―四三ページ。
（8）水谷三公『日本の近代13　官僚の風貌』中央公論新社、一九九九年、一八二―一八三ページ。
（9）前田蓮山『床次竹二郎伝』床次竹二郎伝記刊行会、一九三九年、一五七―一八六ページ。
（10）天沼雄吉『安楽兼道翁』（非売品）一九三三年、六五―七一ページ。
（11）「『平民宰相』原敬」一〇六―一一〇ページ。
（12）同右、八六―八七、九二―九三ページ。
（13）『明治の政治家たち――原敬につらなる人々』上巻、一八―三一ページ。
（14）「原内務大臣演説要旨（明治四〇・四・一二）」『内務省史』第四巻、三五四ページ。

3　内務省の組織と行政資源

桂園時代からポスト桂園時代にかけての内務省の組織の構成と変遷は序章の図0-2、0-3に示すとおりである。桂園時代の始点、一九〇一年（明治三四年）六月では、一官房一室七局体制、すなわち、大臣官房、参事官室、総務局、神社局、宗教局、地方局、警保局、土木局、衛生局、という構成である。その後、一九〇三年（明治三六年）一二月に総務局が大臣官房に吸収され、ひきつづき明治年間には土木局の内部で課の構成に変化があったが、ほかには変化がなく、明治時代から大正時代に入った。一九一三年（大正二年）六月には宗教局が文部省へ移管となり、一官房一室五局体制となる。この五局が、序章でわれわれが主要五局と呼んだものである。また、地方局のなかで一三年六月に拓殖課が新設され、一七年（大正六年）七月に廃止されるという動きがあった。これは、外地事務を所管する内閣の拓殖局が一三年六月に廃止され、一七年七月に復活したことによる(1)。さらに、地方局のなかに、一九一七年（大正六年）八月、救護課が新設されている。これは、つぎの時代に社会課、社会局、外局としての社会局と急速に発展する組織の萌芽である。ほかに、土木局のなかの課の構成にも若干の動きがあった。ポスト桂園時代の終点、一九一八年（大正七年）九月では、一三年六月の一官房一室五局体制は基本的には変わっていない。すなわち、大臣官房、参事官室、神社局、地方局、警保局、土木局、衛生局、という構成である。

内務大臣と内務省各局の所掌事務を定める内務省官制としては、前章で一八九八年（明治三一年）のものの主要部分を紹介している。その後の大きな変化としては、一九〇〇年（明治三三年）の社寺局の神社局と宗教局への分立、同年七月の監獄局の司法省への移管、それに前述の一九一三年六月の宗教局の文部省への移管があった。その都度、内務省官制は勅令によって改正されている。神社局と社寺局の分立、神社局が筆頭局になったことによる文言の改正は、前章10節で紹介した。ここでは、宗教局が移管され、内務大臣が管理する事務に拓殖がくわわったさいの勅令第一四二号による改正の文言を示す。

「内務省官制中左ノ通改正ス

第一条中『宗教』ヲ削リ、『賑恤及救済』ヲ『賑恤、救済及拓殖』ニ改メ左ノ一項ヲ加フ

内務大臣ハ朝鮮、台湾及樺太ニ関スル事項ヲ統理ス

（中略）

第四条中『六局』ヲ『五局』ニ改メ『宗教局』ヲ削ル

第五条ニ左ノ一号ヲ加フ

十　朝鮮、台湾及樺太ニ関スル事項

（後略）」。(2)

この行政組織のなかで働く官吏たちの職制は、前章で紹介した一八九八年のものが、その後九九年（明治三二年）から一九〇三年（明治三六年）のあいだだけ、次官が総務長官と官房長にわけられたが、あとはほとんど変わっていない。(3)

桂園時代、ポスト桂園時代をつうじて、内務省本省で働いた官吏の数の推移は、表4-1に示したとおりである。桂園時代の最初の年一九〇二年（明治三五年）のばあい、その総数は三一七で、所属別内訳は、大臣官房一六、参事官室六、総務局一一八、神社局一三、地方局三九、警保局三三、土木局四三、衛生局三四、宗教局一五、である。

これらの数字は桂園時代とポスト桂園時代の大部分をつうじて、それほど大きく変わらない。ポスト桂園時代の

最後の二年間でその急増がみられる。一九一八年（大正七年）には総数は四九九となり、前出の一九〇二年の総数の約一・六倍に達している。その所属別内訳は、大臣官房九四、参事官室三、神社局九、地方局六六、警保局六九、土木局一八八、衛生局六五、監察官五、である。全体の急増の最大の要因は土木局の官吏の急増である。この一因はこの年の大風水害であるが、これについては後述する。概していえば、内務省本省の官吏の総数のうちで土木局の官吏数が大きい構成比を占め、一九一〇年以降はそれが最大となり、その増減が総数の増減に大きく影響していることが読みとれる。

つぎに内務省の所轄官衙、附属機関の官吏数であるが、一九〇二年（明治三五年）のばあい、それらは表4-1に示したとおりである。すなわち、総数が七七〇、所属別内訳は造神宮使庁二二、警察監獄学校一二、土木監督署六三一、衛生試験所五三、血清薬院一六、痘苗製造所一八、伝染病研究所一八、となる。内務省本省と所轄官衙とを、さきに管理部門と現業部門にみたてたが、それぞれの官吏数はおおよそ一対二・五、である。また、所轄官衙の官吏数のうち、土木監督署のそれは約八二％を占める。

さて、表4-1の表側にかんして、一九〇二年から一八年のあいだに生じた変化があり、それをかいつまんで紹介しておきたい。まず、土木監督署と土木出張所の関係であるが、前者は一八八六年（明治一九年）以来のもので、内務省の所轄官衙のひとつであり、国の直轄工事の施行と府県土木工事の監督事務を所管していたが、一九〇五年（明治三八年）三月に廃止された。そのあと後者が内務省の本省のなかに設けられて、直轄工事の施行を所管し、府県土木工事の監督事務は土木局にもどされた(4)。表4-1の表側では、形式原理によれば土木出張所は本省の局や官房のあいだに移されるべきだが（原資料はそうしているが）、その機能が土木監督署の機能の一部を継承しているので、実質的には所轄官衙のひとつとみるべきであろうと判断して、そこに置いたままにしている。これには、

表 4-1　内務省，局，房など文官数 (1902-1918 年)

	1902/M35	1903/M36	1904/M37	1905/M38	1906/M39	1907/M40	1908/M41	1909/M42	1910/M43
大臣官房	16	115	119	109	118	120	118	116	90
参事官（室）	6	6	4	6	6	6	6	5	5
総務局	118								
神社局	13	13	11	11	12	10	9	9	8
地方局	39	47	47	45	44	37	41	40	50
警保局	33	32	31	31	30	30	31	31	27
土木局	43	41	41	69	72	89	100	103	94
衛生局	34	31	32	32	29	27	30	30	26
宗教局	15	16	13	14	15	14	13	12	11
内務事務官								2	2
局課未定									
監察官									
本省計	317	301	298	317	326	333	348	348	313
造神宮使庁	22	29	30	34	36	41	45	47	46
警察監獄学校	12	12							
土木監督署	631	556	487						
土木出張所				340	397	429	471	515	561
衛生試験所	53	55	56	57	67	73	91	85	77
血清薬院	16	15	14						
痘苗製造所	18	18	18						
伝染病研究所	18	18	17	50	45	40	40	37	36
明治神宮造営局									
警察講習所									
所轄官衙小計	770	703	622	481	545	583	647	684	720
総　計	1,087	1,004	920	798	871	916	995	1,032	1,033

	1911/M44	1912/T1	1913/T2	1914/T3	1915/T4	1916/T5	1917/T6	1918/T7
大臣官房	91	88	82	73	81	80	81	94
参事官（室）	5	4	3	4	4	3	4	3
総務局								
神社局	8	10	9	9	8	8	9	9
地方局	46	46	38	37	38	41	65	66
警保局	45	41	36	40	48	40	58	69
土木局	116	131	115	109	110	118	135	188
衛生局	26	30	27	27	29	30	31	65
宗教局	10	11						
内務事務官	2	2						
局課未定	1	1						
監察官					5	5	5	5
本省計	350	364	310	299	323	325	388	499
造神宮使庁	29	23	16	14	12	19	9	11
警察監獄学校								
土木監督署								
土木出張所	808	960	1, 042	1, 137	1, 194	1, 298	1, 450	1, 481
衛生試験所	76	81	69	66	59	58	58	58
血清薬院								
痘苗製造所								
伝染病研究所	36	36	35					
明治神宮造営局					59	64	119	154
警察講習所								15
所轄官衙小計	949	1, 100	1, 162	1, 217	1, 324	1, 439	1, 636	1, 719
総　計	1, 299	1, 464	1, 472	1, 516	1, 647	1, 764	2, 024	2, 218

表 4-2（表 4-1 の）資料出所一覧
（『大日本帝国内務省統計報告』による）

年	報告回数	刊 行 年	ページ数	
1902/M35	第 18 回	1904/M37	pp. 450-451	本省及所轄官衙ノ官吏
1903/M36	第 19 回	1905/M38	pp. 436-437	同　上
1904/M37	第 20 回	1906/M39	pp. 470-471	同　上
1905/M38	第 21 回	1907/M40	pp. 504-505	同　上
1906/M39	第 22 回	1908/M41	pp. 518-519	同　上
1907/M40	第 23 回	1909/M42	pp. 524-525	同　上
1908/M41	第 24 回	1910/M43	pp. 520-521	同　上
1909/M42	第 25 回	1911/M44	pp. 223-224	本省所属職員部局別
1910/M43	第 26 回	1912/M45	pp. 263-264	同　上
1911/M44	第 27 回	1913/T2	pp. 286-287	同　上
1912/T1	第 28 回	1914/T3	pp. 302-303	同　上
1913/T2	第 29 回	1915/T4	pp. 306-307	同　上
1914/T3	第 30 回	1916/T5	pp. 392-393	同　上
1915/T4	第 31 回	1917/T6	pp. 398-401	同　上
1916/T5	第 32 回	1918/T7	pp. 412-415	同　上
1917/T6	第 33 回	1919/T8	pp. 456-459	同　上
1918/T7	第 34 回	1920/T9	pp. 424-427	同　上

注：1)　無給はふくまない．
2)　原資料は，1905 年以後の土木出張所を本省のなかに入れているが，土木監督署との組織的継承関係を考えて，所轄官衙に移した．
3)　1909 年以降，本省と所轄官衙の区別がなくなるが，それ以前のその区分をつかった本省分の合計欄をつくっている．

つぎの事情も勘案されている。

原資料は表にあるように『大日本帝国内務省統計報告』（年次刊行物）であるが、これが官吏数についての統計を、第一八回（主として一九〇二年のデータをあつかう）から第二四回（主として一九〇八年のデータをあつかう）までは「本省及所轄官衙ノ官吏人員俸給部局別」として出している。そこでは本省と所轄官衙が区別され、それぞれの官吏数の小計が算出されている。ところが、第二五回（主として一九〇九年のデータをあつかう）から第三四回（主として一九一八年のデータをあつかう）までは、「本省所属職員部局別」という表になり、そこでは、かつて所轄官衙とされたもの、たとえば、造神宮使庁や衛生試験所が本省のなかにくり入れられている。ただし、かつて本省とされた範囲の組織の官吏数の小計は算出されている。これにたいして、表4-1では、一九〇二年のデータから作成した表側で全体を整序した。それが分析の効果をもっともあげるだろうと判断してのことである。

内務省の所管官衙の官吏数は一九〇三年（明治三六年）から一九〇五年（明治三八年）まで減少の一途をたどって、〇五年には四八一まで減少するが、これは日露戦争に巨額の戦費が支出されて、内政の費用が最小限に緊縮された結果であろう。一九〇六年（明治三九年）からはその官吏数は増加に転じるが、前出の一九〇二年の水準を超えるのは、一九一一年（明治四四年）になってからである。その後は急増がつづいて、一九一八年（大正七年）には一七一九に達しており、これは一九〇二年の総数の約二・二倍である。この一七一九にたいして、土木出張所の官吏数一四八一は、約八六％を占める。ほかの年度をみても、内務省の所轄官衙の官吏数の増減にもっともつよく影響する要因は、土木監督署、土木出張所の官吏数の増減である。

さて、前章では内務行政の全体のイメージをつたえるために、内務省がその行政を全国に展開するにあたって使用する行政資源として、一八八六年の「地方官官制」によって府県庁の組織とそれぞれの取扱い事項、警察署などの仕事、地方官吏、神官、医師などの実数を紹介した。本章では「地方官官制」のその後の改正の概略と一九一〇年（明治四三年）の地方官吏などのデータを紹介しよう。

「地方官官制」の大きい変化としては、まず、一九〇〇年（明治三三年）に監獄局が内務省から司法省に移管されたのにともない、典獄以下が削られた。また、一九〇五年（明治三八年）の改正で書記官、参事官、警部長が廃止され、それらにかわって事務官がおかれた。警察を担当する事務官は警務長という職名になった。一九一三年（大正二年）に「地方官官制」は全文改正され、事務官、警務長が廃止され、内務部長、警察部長がおかれ、それらにくわえて、東京府ほか六府県には産業部長がおかれた。また、新しく理事官がおかれた。(5) これらの変化にともない、府県庁の組織は一九〇五年には知事官房プラス、ナンバー部制の四部制となり、一九〇七年（明治四〇年）には知事官房プラス内務部、警察部の二部制になった。一九〇五年の大阪府庁のばあいで四部の所管事項を例示する。このころ、大阪府庁は課制を廃止していた。

知事官房

第一部＝選挙、議会、市町村監督、予算、府税、賑恤、土木など。

第二部＝教育学芸、視学、兵事、社寺宗教など。

第三部＝農工商、森林水産、度量衡など。

第四部＝高等警察、行政警察、衛生など。(6)

一九一〇年の年末の時点において、内務省の本省と所轄官衙の職員（原資料では一括して本省職員）の総数は一〇三三である。そのもとで内務行政を展開するために駆使される行政資源はつぎのとおりである。

まず、団体・組織、施設のレヴェルでみると、四六府県庁と北海道庁、警視庁があり、郡役所五四一、市役所六一、町村役場一万一七〇二、ほかに戸長役場、島庁など若干がある。警察組織としては警視庁と東京府をのぞく四六府県道庁に警察部が各一あり、その下に全国で警察署七三八、警察分署五八五、巡査部長派出所と巡査派出所計二三一六、巡査駐在所一万三〇一六、巡査立番所など若干がある。(7)

人員レヴェルでは、庁府県官吏が五万二一三になるが、そのうち警察官は四万一八、その内訳は警部補以上二六七一、巡査三万七三四七、である。府県吏員は七〇〇三。郡官吏は八七七二、郡吏員は一〇六八、市吏員は一万一六〇、町村吏員は二一万六九六〇、ほかに北海道支庁官吏五九五、島庁官吏一三八など。(8)『大日本帝国内務省第一回報告』は地方官吏というカテゴリーで以上を一括していたが、『同二六回報告』ではそのカテゴリーがつかわれていない。しかし、継時的比較のために一九一〇年でもそれをつかうと、同年の地方官吏は二九万四一七六となる。一五年まえの一八九五年に比較して、地方官吏は約二三万から約二九万四〇〇〇へと約六万四〇〇〇増加し、警察官のみをみれば約三万から約四万へと約一万増加している。

神社局、宗教局の主要な行政資源としての神社、神官と神職、寺院と仏堂、住職などはどうか。一九一〇年（明治四三年）末で、神社は、神宮、官国幣社あわせて一七一、府県社五八三、郷社三四四九、村社四万七〇八一である。ほかに境外無格社が約八万六〇〇〇社ある。そこではたらく神官と神職が一万四五二七、これについては、神宮の祭主から宮掌までの職員が神官、官国幣社以下の職員は神職とされ、神官は国家の官吏、神職は官吏待遇であった。寺院と仏堂は七万一八一九、住職の合計は五万二七二一である。(9)

また、衛生局の行政資源としての病院、医師などであるが、やはり一九一〇年末で、病院は八〇七、設置者別の内訳は、官立五、公立八三、私立七一九、であった。薬種商二万七一二六、製薬者一六四九。(10)医師は『医制（資料編）』によると三万八〇五五、このうち約二万七〇〇〇が西洋医学を修得した者とみられる。医師の総数は一五年まえの一八九五年からほとんど変化しないが、西洋医学の修得者は約三五％から約七〇％へと倍増している。ほかに歯科医師一一二五がいる。薬剤師四六四三。看護婦はこの年（一九一〇年）から統計があらわれるが一万一五七四、産婆は二万七六七四、である。(11)

以上、一九一〇年の時点において人員レヴェルで内務省と内務行政のイメージを描くならば、頂点に内務省があり、その上層が本省の官吏で三一三名、下層が所轄官衙の官吏で七二〇名、いる。両者を合計すれば一〇〇〇余名だが、内務行政の舵を実質的にとっているのは、本省勤務のエリートたち三〇〇余名であろう。内務省のもとの行政資源としては、もっとも多いのは地方官吏で約二九万四〇〇〇、そこに警察官が約四万ふくまれている。神官と神職が約一万五〇〇〇、住職が五万三〇〇〇、医師は約三万八〇〇〇、歯科医師約一一〇〇、薬剤師約四六〇〇、看護婦約一万二〇〇〇、産婆約二万八〇〇〇。行政資源の人員合計は四四万五七〇〇になる。内務官僚の約三〇〇、あるいは一〇〇〇がこの四四万余を使役、監督、管理しつつ、内務行政を展開していたイメージを想像していただきたい。

（1）大久保利謙「第一篇通史」大霞会編『内務省史』第一巻、地方財務協会、一九七一年（以下「通史」と略記する）三〇九、三二三ページ。『内務省史』第二巻、六四ページ。
（2）『大正年間法令全書』第二巻―3、原書房、一九八五年、一七六ページ。
（3）『内務省史』第一巻、五九七ページ。
（4）『内務省史』第三巻、七ページ。
（5）『内務省史』第二巻、八〇ページ。
（6）同右、九〇―九一ページ。
（7）内務大臣官房文書課『大日本帝国内務省第二十六回統計報告』六八、八一ページ。
（8）同右、四九、八一ページ。四四、三〇、二九、一三、四、三二ページ。統計表の読みかたについて一点コメントをつける。八一ページで、警察官吏というカテゴリーがあり、警部補以上二六七一、巡査三万七三四七、合計四万一八、という数字がある。これを本文中でつかっている。これにたいして、四九ページには、全庁府県官吏の職位別の数字があり、そこには、警務長（事務官）四六、警視一五六、警部一五六三、警部補九〇六がふくまれ、それらを合計すると二六七一となる。したがって、事務官の警務長が警察官吏に入っていることになる。
（9）同右、二二九、二三〇、二三一、二三七ページ。児玉九一・有光次郎『自治行政叢書第一巻　神社行政、宗教行政』常磐書房、一九三四年、一〇〇―一〇一、一〇四、一〇九ページ。

（10）同右、一五四ページ。
（11）厚生省医務局編『医制百年史（資料編）』ぎょうせい、一九七六年、五七二―五七三、五七九、五八三、五八七、五八六ページ。

4　内務省の財政

この時代の内務省の財政をみておこう。依拠する資料とその使いかたは、前章4節で述べたとおりである。

まず、この時代の内務省の歳出を、経常部と臨時部、両者の合計で年度ごとに大づかみに示すと、表4-3のとおりである。合計額は、時代の始点、一九〇二年（明治三五年）度で二九二三万円、終点、一九一八年（大正七年）度で四九〇四万六〇〇〇円であるが、途中で一九〇四年（明治三七年）度から〇六年（明治三九年）度にかけて大きい凹の部分があり、一九一一年（明治四四年）度から一五年（大正四年）度にかけてきわめて大きい凸の部分がある。前者の凹の部分は日露戦争のための巨額の戦費の支出が国家財政におよぼした影響の一部であり、後者の凸の部分は日韓併合のあと多額の拓殖費＝植民地経営費が内務省の歳出の一部として支出されるようになったためである。これらは、経常部と臨時部のそれぞれの推移をよりくわしくみながら、説明することとしたい。

前章で、元勲政権時代における内務省の歳出の経常部は、年度の推移につれて金額があまり動かない、変化があってもなだらかであるといったが、この傾向は、桂園時代・ポスト桂園時代になってからも変わらない。その金額は、一九〇二年度から〇八年（明治四一年）度までの七年間は一〇〇〇万円台か九〇〇万円台である。また、〇九年（明治四二年）度から一七年（大正六年）度までの九年間では一一〇〇万円台か一二〇〇万円台である。この時代の終点、一九一八年度のみで、それがいきなり一七〇〇万円台にはね上がるが、これは別に説明する。

経常部を費目別の構成を分析するにさきだち、表4-4、4-5、4-6の三表の関係を説明しておきたい。表4-4は、経常部の費目別の構成の年次推移を示すものである。その表側の分類項目のひとつに「府県（地方庁）」と

表 4-3　内務省歳出の経常部臨時部合計（1902-1918 年度）

（単位：1000 円，1000 円未満は四捨五入）
（以下表 4-6 まで同じ）

	経常部	%	臨時部	%	計
1902（M35）	10,778	36.9	18,452	63.1	29,230
1903（M36）	10,885	40.4	16,056	59.6	26,941
1904（M37）	9,768	46.9	11,060	53.1	20,828
1905（M38）	9,226	63.6	5,273	36.4	14,499
1906（M39）	9,792	61.2	6,213	38.8	16,005
1907（M40）	10,597	50.3	10,463	49.7	21,060
1908（M41）	10,949	38.2	17,737	61.8	28,686
1909（M42）	11,227	53.1	9,904	46.9	21,131
1910（M43）	11,638	49.0	12,101	51.0	23,739
1911（M44）	11,875	35.3	21,743	64.7	33,618
1912（T1）	12,132	17.5	57,366	82.5	69,498
1913（T2）	12,575	23.6	40,766	76.4	53,341
1914（T3）	11,290	19.0	48,239	81.0	59,529
1915（T4）	12,272	23.8	39,254	76.2	51,526
1916（T5）	11,718	42.6	15,817	57.4	27,535
1917（T6）	12,986	42.4	17,613	57.6	30,599
1918（T7）	17,928	36.6	31,118	63.4	49,046

あるが、これは、原資料では一九〇二年度から一九一一年度までは「府県」が、一九一二年度から一九一八年度までは「地方庁」がつかわれている。ただし、この「府県」と「地方庁」は同じ内容のものではない。それぞれの内容はつぎにあきらかにする。表4-5は「府県」の費目別の構成、表4-6は「地方庁」の費目別構成である。

結論をさきどりして記せば、表4-5、4-6において、四つの時期における以下の費目は、実質的には同じものを意味すると推定される。

一九〇二年度—一九一一年度＝「警視庁」、「北海道庁」、「府県」、「地方費」。

一九一二年度—一九一三年度＝「地方庁」、「地方費」。

一九一四年度＝「地方庁」。

一九一五年度—一九一八年度＝「地方庁」、「連帯支弁金及補助金」。

推定の道筋を述べる。

一九〇二年度から一九一一年度までの一〇年間、表側に「警視庁」、「北海道庁」、「府県」、「地方費」が存在している。前三者の意味は字面からただちにあきらかであるが、「地方費」はなにを意味するか。これは沖縄県の費用であると推測される。その推測の根拠は、

表 4-4　内務省財政一般会計歳出経常部（1902-18 年度）

	1902/M35		1903/M36		1904/M37		1905/M38		1906/M39		1907/M40	
		%		%		%		%		%		%
神宮費	50	0.5	50	0.5	50	0.5	50	0.5	50	0.5	50	0.5
神社費	222	2.1										
国幣社例祭幣帛料	2	0.0	223	2.0	223	2.3	224	2.4	224	2.3	224	2.1
本　省	292	2.7	287	2.6	294	3.0	313	3.4	299	3.1	329	3.1
衛生試験所	46	0.4	46	0.4	47	0.5	47	0.5	57	0.6	67	0.6
血清薬院	86	0.8	74	0.7	70	0.7						
痘苗製造所	62	0.6	56	0.5	75	0.8						
土木監督所	100	0.9	123	1.1	89	0.9						
警視庁	236	2.2	241	2.2	234	2.4	229	2.5	235	2.4	242	2.3
北海道庁	661	6.1	665	6.1	714	7.3	632	6.9	689	7.0	563	5.3
府県（地方庁）	7,348	68.2	7,552	69.4	7,491	76.7	7,279	78.9	7,613	77.7	8,365	78.9
地方費	290	2.7	284	2.6	284	2.9	284	3.1	296	3.0	328	3.1
横浜港維持費	116	1.1										
医術及薬剤師試験費	80	0.7										
古社寺保存補助及補給費	150	1.4	150	1.4	150	1.5	10	0.1				
北海道官設鉄道事業費	988	9.2	1,086	10.0								
海港検疫所												
伝染病研究所	48	0.4	48	0.4	47	0.5	158	1.7	180	1.8	278	2.60
補助費									150	1.5	150	1.40
諸支出金												
砂糖消費税台湾総督府特別会計繰入												
徴兵費												
地方補助費												
台湾関税諸収入繰入												
軍事救護費												
国立感化院費												
連帯支弁金及補助金												
警察講習所費												
計	10,778	100.0	10,885	100.0	9,768	100.0	9,226	100.0	9,792	100.0	10,597	100.0

	1908/M41		1909/M42		1910/M43		1911/M44		1912/T1		1913/T2	
		%		%		%		%		%		%
神宮費	50	0.5	50	0.4	70	0.6	70	0.6	70	0.6	100	0.8
神社費												
国幣社例祭幣帛料	224	2.1	224	2.0	234	2.0	235	2.0	235	1.9	235	1.9
本　省	335	3.1	369	3.3	414	3.6	484	4.1	468	3.9	380	3.0
衛生試験所	98	0.9	127	1.1	126	1.1	132	1.1	138	1.1	134	1.1
血清薬院												
痘苗製造所												
土木監督所												
警視庁	238	2.2	235	2.1	259	2.2	266	2.2				
北海道庁	805	7.4	798	7.1	581	5.0	578	4.9				
府県（地方庁）	8,508	77.7	9,007	80.2	8,466	72.7	8,696	73.2	9,752	80.4	9,561	76.0
地方費	294	2.7	68	0.6	66	0.6	67	0.6	68	0.6	66	0.5
横浜港維持費												
医術及薬剤師試験費												
古社寺保存補助及補給費												
北海道官設鉄道事業費												
海港検疫所												
伝染病研究所	247	2.3	200	1.8	245	2.1	233	2.0	246	2.0	225	1.8
補助費	150	1.4	150	1.3	987	8.5	902	7.6	946	7.8	782	6.2
諸支出金					189	1.6	212	1.8	210	1.7	207	1.6
砂糖消費税台湾総督府特別会計繰入											886	7.0
徴兵費												
地方補助費												
台湾関税諸収入繰入												
軍事救護費												
国立感化院費												
連帯支弁金及補助金												
警察講習所費												
計	10,949	100.0	11,227	100.0	11,638	100.0	11,875	100.0	12,132	100.0	12,575	100.0

	1914/T3		1915/T4		1916/T5		1917/T6		1918/T7	
		%		%		%		%		%
神宮費	100	0.9	100	0.8	130	1.1	130	1.0	130	0.7
神社費										
国幣社例祭幣帛料	235	2.1	235	1.9	235	2.0	235	1.8	365	2.0
本　省	343	3.0	356	2.9	367	3.1	417	3.2	439	2.4
衛生試験所	131	1.2	160	1.3	159	1.4	462	3.6	1,049	5.9
血清薬院										
痘苗製造所										
土木監督所										
警視庁										
北海道庁										
府県（地方庁）	9,127	80.8	5,532	45.1	5,782	49.3	5,857	45.1	13,270	74.0
地方費										
横浜港維持費									160	0.9
医術及薬剤師試験費										
古社寺保存補助及補給費										
北海道官設鉄道事業費										
海港検疫所										
伝染病研究所										
補助費										
諸支出金	181	1.6	142	1.2	159	1.4	177	1.4	222	1.2
砂糖消費税台湾総督府特別会計繰入										
徴兵費	453	4.0	512	4.2	587	5.0	635	4.9	802	4.5
地方補助費	720	6.4								
台湾関税諸収入繰入			1,096	8.9						
軍事救護費							43	0.3	542	3.0
国立感化院費							3	0.0	26	0.1
連帯支弁金及補助金			4,140	33.7	4,299	36.7	5,027	38.7	889	5.0
警察講習所費									32	0.2
計	11,290	100.0	12,272	100.0	11,718	100.0	12,986	100.0	17,927	100.0

ひとつは、前章で述べたように一八九八年度まで「沖縄県地方費」という費目があり、九九年度にそれが消えたあと「地方費」という費目があらわれ、両者の金額がほぼ同じであるということである。いまひとつは、一九〇九年（明治四二年）度に「地方費」が対前年度で大きく減額されるが（表4-4）、ほぼそれにみあう金額のものが、「府県」のなかに「沖縄県地方費補給」としてあらわれるということである（表4-5）。この「沖縄県地方費補給」は一年かぎりで消えるが、一九一〇年（明治四三年）度からは、沖縄県のための費用の大部分は他府県と同じあつかわれかたになったのではなかろうか。なお、「府県」と「北海道庁」のそれぞれのなかには、費目の小分類として、「警察費連帯支弁金」がふくまれており、「府県」のばあいは、表4-5で確認してもらえる。「北海道庁」のばあいは、関心がある読者は原資料で確認されたい。

一九一二年（大正元年）度からは、「府県」にかわって「地方庁」があらわれ、「北海道庁」と「警視庁」が消える。この「地方庁」は「府県」と「北海道庁」、「警視庁」を一括したものであろう。一二年度からの「地方庁」の費目の小分類に「北海道旧土人保護費」が入っているから、「北海道庁」が「地方庁」に入ったことは間違いない（表4-6）。「警視庁」を「地方庁」のひとつに数える用例は、原資料の後年版にある。なによりもの推論の根拠は、一九一一年度の「警視庁」、「北海道庁」、「府県」の歳出額の合計が九五四万円、翌一二年度の「地方庁」の歳出額九七五万円とほぼ等しいということである（表4-4）。一九一四年（大正三年）度からは、沖縄県のための「地方費」も消えて、これも「地方庁」に吸収されたのであろう。一九一五年（大正四年）度からは、それまで「地方庁」のなかに費目のひとつとしてふくまれていた「警察費連帯支弁金」が「地方庁」の外に出て、大分類の費目「連帯支弁金及補助金」となる。これは一九一八年（大正七年）度には、大部分が「地方庁」のなかに、小分類の費目としてもどっている（表4-4と表4-6）。

のうち府県 (1902-1911 年度)

1906/M39		1907/M40		1908/M41		1909/M42		1910/M43		1911/M44	
	%		%		%		%		%		%
2,739	36.0	2,811	33.6	2,824	33.2	2,861	31.8	3,257	38.5	3,298	37.9
288	3.8	388	4.6	387	4.5	391	4.3	365	4.3	369	4.2
1	0.0					1	0.0				
4	0.1	7	0.1	9	0.1	8	0.1				
766	10.1	762	9.1	778	9.1	818	9.1	899	10.6	912	10.5
393	5.2	412	4.9	418	4.9	416	4.6	441	5.2	444	5.1
25	0.3	24	0.3	32	0.4	44	0.5				
17	0.2	16	0.2	16	0.2	16	0.2				
295	3.9	431	5.2	347	4.1	376	4.2	368	4.3	362	4.2
227	3.0	238	2.8	204	2.4	101	1.1				
268	3.5	291	3.5	306	3.6	454	5.0				
7	0.1	7	0.1	7	0.1	7	0.1	6	0.1	6	0.1
1,959	25.7	2,276	27.2	2,453	28.8	2,492	27.7	2,770	32.7	2,945	33.9
21	0.3	22	0.3	19	0.2	22	0.2				
204	2.7	204	2.4	204	2.4	203	2.3				
26	0.3	26	0.3	26	0.3	26	0.3				
100	1.3	130	1.6	130	1.5	130	1.4	130	1.5	130	1.5
1	0.0			1	0.0	1	0.0				
128	1.7	138	1.6	138	1.6	138	1.5			142	1.6
38	0.5	64	0.8	61	0.7	73	0.8	137	1.6	60	0.7
108	1.4	117	1.4	121	1.4	123	1.4	63	0.7		
				27	0.3	103	1.1				
						200	2.2				
								29	0.3	28	0.3
7,613	100.0	8,365	100.0	8,508	100.0	9,006	100.0	8,466	100.0	8,696	100.0

各年度における内務省の歳出経常部における、この「地方庁」の費用の構成費をもとめてみると、表4-7のとおりになる。おおまかにいって、内務省歳出経常部の金額のうち地方庁の構成比は八〇%前後から九〇%におよんでいる。

つぎに、時期によって支出の費目が変化する警察の費用をとり出して、内務省歳出経常部のなかでの構成比をもとめてみよう。警察の費用は、各時期で左の費目から構成されるとかんがえることにする。

一九〇二年度―一九一一年度=「警視庁」、「府県」のなかの「警察費連帯支弁金」、「北海

表4-5　内務省歳出経常部

	1902/M35		1903/M36		1904/M37		1905/M38	
		%		%		%		%
俸給及諸給	2,763	37.6	2,769	36.7	2,732	36.5	2,746	37.7
庁　費	287	3.9	288	3.8	288	3.8	287	3.9
死傷手当	1	0.0	1	0.0	1	0.0		
賠償及訴訟費	32	0.4	11	0.1	11	0.1	8	0.1
旅　費	745	10.1	714	9.5	716	9.6	754	10.4
雑給及雑費	388	5.3	396	5.2	431	5.8	388	5.3
褒賞費	28	0.4	31	0.4	23	0.3	19	0.3
横浜爆弾…倉庫諸費	13	0.2	13	0.2	13	0.2	13	0.2
徴兵費	272	3.7	252	3.3	259	3.5	271	3.7
恩賜及救助費	200	2.7	228	3.0	221	3.0	208	2.9
伝染病予防費補助	324	4.4	291	3.9	204	2.7	158	2.2
傭外国人諸費	7	0.1	5	0.1	7	0.1	7	0.1
警察費連帯支弁金	1,693	23.0	1,892	25.1	1,937	25.9	1,913	26.3
消毒所及避病院保存費								
営繕土木費	50	0.7	45	0.6	47	0.6	21	0.3
地方費補給	204	2.8	204	2.7	204	2.7	104	1.4
皇城外郭地…補助							26	
機密費	100	1.4	100	1.3	100	1.3	100	1.4
囚人及刑事被告人…押送費	1	0.0	1	0.0			1	0.0
港務費	198	2.7	181	2.4	174	2.3	113	1.6
海港検疫費	43	0.6	41	0.5	35	0.5	39	0.5
畜牛結核病予防費			88	1.2	89	1.2	104	1.4
行政処分強制費								
地方感化院補助								
沖縄県地方費補給								
修繕費								
計	7,348	100.0	7,552	100.0	7,491	100.0	7,279	100.0

道庁」のなかの「警察費連帯支弁金」。最初の二つは表4-4、表4-5からとり出せるが、三番目のものは原資料からとり出さなくてはならない。

一九一二年度―一九一四年度＝「地方庁」の「警察費連帯支弁金」。これは表4-6からとり出せる。

一九一五年度―一九一七年度＝歳出経常部の「連帯支弁金及補助金」と「地方庁」の「伊豆七島警察費」。前者は表4-4から、後者は表4-6からとり出せる。

一九一八年度＝歳出経常部の「連帯支弁金及補助金」、「地方庁」の「警察費連帯支弁金」お

のうち地方庁（1912-1918年度）

1915/T4		1916/T5		1917/T6		1918/T7	
	%		%		%		%
3, 522	63. 7	3, 661	63. 3	3, 685	62. 9	4, 139	31. 2
389	7. 0	394	6. 8	401	6. 8	408	3. 1
1, 266	22. 9	1, 337	23. 1	1, 359	23. 2	1, 464	11. 0
11	0. 2	10	0. 2	10	0. 2	13	0. 1
						6, 793	51. 2
112	2. 0	116	2. 0	116	2. 0	86	0. 6
62	1. 1	84	1. 5	105	1. 8	185	1. 4
27	0. 5	26	0. 4	26	0. 4	27	0. 2
		12	0. 2	12	0. 2	12	0. 1
143	2. 6	143	2. 5	143	2. 4	143	1. 1
5, 532	100. 0	5, 782	100. 0	5, 857	100. 0	13, 270	100. 0

よび「伊豆七島警察費」。最初のものは表4-4から、後二者は表4-6からとり出せる。

各年度の警察費、その内務省歳出経常部における構成比などを算出したのが、表4-8である。同表E欄をみられたい。前記の構成比は、桂園時代の始点、一九〇二年（明治三五年）度において一八・五％であった。それがポスト桂園時代の終点、一九一八年（大正七年）度には四二・九％に達する。元勲政権時代、この構成比が二〇％前後で経過していたことは前章でみたとおりである。それが、この時代におおむね上昇線をたどって一七年間で二倍以上になった。すなわち、大日本帝国はこの時代に急速に警察国家としての性格を色濃くもちはじめたということだろう。この歴史的変化の背景には、おもいつくままにあげても、一九〇八年の赤旗事件、一九一〇年の大逆事件、一九一七年のロシア革命、一九一八年の米騒動などがある。これらの事件にたいする内務省の具体的対応策はのちに論じる。

歳出臨時部に目を転じたい。もう一度、表4-3にもどってほしい。こちらは歳出経常部と対照的に、年度によって金額に大きい動きがある。桂園時代の内務省の歳出臨時部が最低額を記録するのは、日露戦争が終わった一九〇五年（明治三八年）度の五二七万三〇〇〇円であ

表 4-6　内務省歳出経常部

	1912/T1		1913/T2		1914/T3	
		%		%		%
俸　給	3,733	38.3	3,694	38.6	3,604	39.5
庁費及修繕費	471	4.8	409	4.3	386	4.2
雑給及雑費	1,576	16.2	1,421	14.9	1,355	14.8
徴兵費	410	4.2	397	4.2		
傭外国人諸費	7	0.1	7	0.1		
北海道旧土人保護費	11	0.1	11	0.1	11	0.1
警察費連帯支弁金	3,190	32.7	3,295	34.5	3,412	37.4
港湾費	141	1.4	121	1.3	119	1.3
海港検疫費	70	0.7	62	0.6	68	0.7
小笠原地方費					28	0.3
伊豆七島警察費						
機密費	142	1.5	143	1.5	143	1.6
計	9,752	100.0	9,561	100.0	9,127	100.0

り、下から二番目の低額はその翌年、一九〇六年（明治三九年）度の六二一万三〇〇〇円であった。日露戦争の臨時軍事費支出は一五億八四七万三〇〇〇円で、この金額は一九〇五年度の一般会計歳出の合計の四億二〇七四万一〇〇〇円の三倍以上になる。なお、さきの臨時軍事費の支出のほかに、各省臨時事件費と最終的には一般会計臨時軍事費に計上されたものをあわせると、戦費の総額は一八億六七二九万円に達する。(1)この巨額の戦費を支出しながら、日本政府は戦後、ポーツマスの講和会議でロシア政府から賠償金をまったく得ることができなかった。これらの事情を基本的原因として、両年度の歳出臨時部の低額が生じている。

これにたいして、この時代の歳出臨時部の最高額は一九一二年（大正元年）度の五七三六万六〇〇〇円である。また、その年度をふくんで一九一五年（大正四年）度までの四年間が、この時代における歳出臨時部の金額の上位四位となる。表4-9により、もっとも金額の大きい一九一二年度分で歳出臨時部の大分類の費目別構成比をみてみよう。ここで「特別会計」という言葉が出てくるが、これは「一般会計」とならぶカテゴリーである。この年度、内務省の特別会計の費目はすべて朝鮮、台湾、樺太関係であるので、それらの植民地における

表 4-7　内務省歳出経常部のうち地方庁の費用の構成比

	地方庁の費用＝A	内務省計＝B	A÷B×100＝C
			%
1902/M35	8, 535	10, 778	79. 2
1903/M36	8, 742	10, 885	80. 3
1904/M37	8, 723	9, 768	89. 3
1905/M38	8, 424	9, 226	91. 4
1906/M39	8, 833	9, 792	90. 2
1907/M40	9, 498	10, 597	89. 6
1908/M41	9, 845	10, 949	89. 9
1909/M42	10, 108	11, 227	90. 0
1910/M43	9, 372	11, 638	80. 5
1911/M44	9, 607	11, 875	80. 9
1912/T1	9, 820	12, 132	80. 9
1913/T2	9, 627	12, 575	76. 5
1914/T3	9, 127	11, 290	80. 8
1915/T4	9, 672	12, 272	78. 8
1916/T5	10, 081	11, 718	86. 0
1917/T6	10, 884	12, 986	83. 8
1918/T7	14, 159	17, 928	79. 0

表 4-8　内務省歳出経常部のうち警察費の構成比など

年　　度	警察費＝D	内務省計＝B	D÷B×100＝E
			%
1902/M35	1, 988	10, 778	18. 5
1903/M36	2, 198	10, 885	20. 2
1904/M37	2, 236	9, 768	22. 9
1905/M38	2, 208	9, 226	23. 9
1906/M39	2, 259	9, 792	23. 1
1907/M40	2, 590	10, 597	24. 4
1908/M41	2, 772	10, 949	25. 3
1909/M42	2, 799	11, 227	24. 9
1910/M43	3, 117	11, 638	26. 8
1911/M44	3, 293	11, 875	27. 7
1912/T1	3, 190	12, 132	26. 3
1913/T2	3, 295	12, 575	26. 2
1914/T3	3, 412	11, 290	30. 2
1915/T4	4, 140	12, 272	33. 7
1916/T5	4, 311	11, 718	36. 8
1917/T6	5, 039	12, 986	38. 8
1918/T7	7, 694	17, 928	42. 9

表 4-9　内務省財政一般会計歳出臨時部（1902-1918 年度）

（単位：1000 円，1000 円未満四捨五入，表 4-10 も同じ）

1902/M35			1903/M36			1904/M37		
		%			%			%
台湾経費補充金	7, 200	39. 0	台湾経費補充金	6, 529	40. 7	台湾経費補充金	5, 189	46. 9
土木事業費	4, 217	22. 9	土木事業費	3, 128	19. 5	土木事業費	1, 848	16. 7
補助費	1, 699	9. 2	北海道鉄道敷設費	1, 715	10. 7	補助費	1, 046	9. 5
北海道鉄道敷設費	1, 683	9. 1	北海道拓殖費	1, 528	9. 5	北海道拓殖費	670	6. 1
北海道拓殖費	1, 637	8. 9	補助費	1, 290	8. 0	臨時事件費	635	5. 7
災害費	714	3. 9	北海道地方費補給	520	3. 2	災害費	633	5. 7
北海道地方費補給	520	2. 8	造神宮使庁	475	3. 0	北海道地方費補給	520	4. 7
衆議院議員総選挙取締費	334	1. 8	災害費	262	1. 6	造神宮使庁	323	2. 9
営繕費	161	0. 9	衆議院議員総選挙取締費	188	1. 2	営繕費	112	1. 0
伝染病予防費	119	0. 6	伝染病予防費	106	0. 7	伝染病予防費	42	0. 4
その他諸費	168	0. 9	その他諸費	315	2. 0	その他諸費	42	0. 4
計	18, 452	100. 0	計	16, 056	100. 0	計	11, 060	100. 0

注：1918 年（T7）欄で「営繕費」が二度にわたって出ているのは，原資料にしたがったものである．上位のものが一般的な「営繕費」，下位のものが明治神宮の「営繕費」と推測されるが，原資料のみから断定的なことはいえない．

1905/M38			1906/M39			1907/M40		
		%			%			%
土木事業費	1, 568	29. 7	土木事業費	2, 164	34. 8	治水事業費	3, 295	31. 5
臨時事件費	1, 213	23. 0	補助費	1, 158	18. 6	北海道拓殖費	1, 648	15. 8
補助費	1, 065	20. 2	北海道拓殖費	1, 123	18. 1	補助費	1, 200	11. 5
北海道地方費補給	520	9. 9	北海道地方費補給	500	8. 0	台湾経費補充金	1, 000	9. 6
北海道拓殖費	228	4. 3	災害費	393	6. 3	災害費	745	7. 1
台湾経費補充金	216	4. 1	営繕費	351	5. 6	樺太経費補充金	629	6. 0
営繕費	192	3. 6	伝染病予防費	273	4. 4	営繕費	502	4. 8
伝染病予防費	124	2. 4	臨時事件費	155	2. 5	北海道地方費補給	470	4. 5
災害費	87	1. 6	造神宮使庁	45	0. 7	伝染病予防費	316	3. 0
造神宮使庁	38	0. 7	神職養成及神社調査費	33	0. 5	元外国人居留地諸税還付金補給	205	2. 0
その他諸費	22	0. 4	その他諸費	18	0. 3	その他諸費	453	4. 3
計	5, 273	100. 0	計	6, 213	100. 0	計	10, 463	100. 0

1908/M41			1909/M42			1910/M43		
		%			%			%
治水事業費	4,635	26.1	治水事業費	4,105	41.4	治水事業費	4.488	37.1
災害費	4,046	22.8	北海道拓殖費	1,692	17.1	北海道拓殖費	2,353	19.4
台湾経費補充金	2,474	13.9	補助費	1,388	14.0	災害費	1,585	13.1
北海道拓殖費	2,062	11.6	災害費	686	6.9	補助費	1,566	12.9
補助費	1,338	7.5	港湾改良費	520	5.3	港湾改良費	605	5.0
営繕費	633	3.6	営繕費	367	3.7	営繕費	507	4.2
樺太経費補充金	629	3.5	北海道地方費補給	361	3.6	北海道森林費	371	3.1
北海道地方費補給	430	2.4	造神宮使庁	317	3.2	伝染病予防費	164	1.4
沖縄県土木費	295	1.7	伝染病予防費	214	2.2	ドレスデン万国衛生博覧会費	160	1.3
造神宮使庁	282	1.6	北海道森林費	167	1.7	造神宮使庁	108	0.9
その他諸費	913	5.1	その他諸費	87	0.9	その他諸費	194	1.6
計	17,737	100.0	計	9,904	100.0	計	12,101	100.0

1911/M44			1912/T1			1913/T2		
		%			%			%
治水事業費	9,686	44.5	治水事業費	17,939	31.3	朝鮮総督府特別会計繰入金	11,103	27.2
災害費	5,806	26.7	朝鮮総督府特別会計繰入金	14,900	26.0	特別会計経費補充金	10,389	25.5
北海道拓殖費	2,655	12.2	特別会計経費補充金	12,942	22.6	治水事業費	8,948	21.9
補助費	1,027	4.7	台湾総督府特別会計繰入金	3,427	6.0	北海道拓殖費	2,831	6.9
港湾改良費	1,008	4.6	北海道拓殖費	2,808	4.9	災害費	2,445	6.0
営繕費	463	2.1	補助費	1,539	2.7	台湾総督府特別会計繰入金	1,792	4.4
北海道森林費	393	1.8	災害費	1,251	2.2	補助費	1,384	3.4
伝染病予防費	160	0.7	港湾改良費	1,022	1.8	港湾改良費	721	1.8
県債利子補給	128	0.6	営繕費	432	0.8	北海道森林費	365	0.9
議員総選挙取締費	95	0.4	北海道森林費	387	0.7	営繕費	249	0.6
その他諸費	322	1.5	その他諸費	719	1.3	その他諸費	539	1.3
計	21,743	100.0	計	57,366	100.0	計	40,766	100.0

1914/T3			1915/T4			1916/T5		
		%			%			%
治水事業費	9, 961	20. 6	其他*	19, 533	49. 8	治水事業費	7, 162	45. 3
朝鮮総督府経費補充金	9, 000	18. 7	治水事業費	6, 830	17. 4	北海道拓殖費	2, 798	17. 7
朝鮮総督府特別会計繰入金	7, 641	15. 8	災害費	3, 700	9. 4	補助費	1, 915	12. 1
災害復旧並凶作救済貸付金	6, 000	12. 4	北海道拓殖費	2, 884	7. 3	災害費	860	5. 4
災害費	3, 407	7. 1	鹿児島県災害復旧貸付金	2, 350	6. 0	港湾改良費	574	3. 6
台湾総督府特別会計繰入金	3, 048	6. 3	補助費	1, 687	4. 3	県債利子補給	517	3. 3
台湾関税諸収入及糖業諸経費分担金繰入	2, 627	5. 4	港湾改良費	501	1. 3	営繕費	360	2. 3
北海道拓殖費	2, 947	6. 1	県債利子補給	453	1. 2	伝染病予防費	326	2. 1
補助費	1, 348	2. 8	明治神宮御造営費	327	0. 8	明治神宮御造営費	271	1. 7
港湾改良費	465	1. 0	大正 3 年臨時事件費	243	0. 6	大正 3 年臨時事件費	264	1. 7
その他諸費	1, 795	3. 7	その他諸費	746	1. 9	その他諸費	770	4. 9
計	48, 239	100. 0	計	39, 254	100. 0	計	15, 817	100. 0

1917/T6			1918/T7		
		%			%
治水事業費	7, 954	45. 2	治水事業費	12, 909	41. 5
北海道拓殖費	3, 704	21. 0	北海道拓殖費	5, 574	17. 9
補助費	2, 195	12. 5	大正 3 年臨時事件費	3, 304	10. 6
港湾改良費	678	3. 8	補助費	2, 526	8. 1
大正 3 年臨時事件費	618	3. 5	港湾改良費	1, 116	3. 6
県債利子補給	486	2. 8	災害費	930	3. 0
明治神宮御造営費	465	2. 6	営繕費	761	2. 4
伝染病予防費	369	2. 1	明治神宮御造営費	601	1. 9
営繕費	360	2. 0	営繕費	529	1. 7
災害費	253	1. 4	河川改良費	482	1. 5
その他諸費	531	3. 0	その他諸費	2, 386	7. 7
計	17, 613	100. 0	計	31, 118	100. 0

注：＊　1915 年度の大分類の首位の其他は原資料でそのとおりに記されており，とくに説明はない.

表 4-10 内務省特別会計（1912 年度）

	歳　入	歳　出
朝鮮総督府	62, 127	51, 781
朝鮮鉄道用品資金	4, 106	4, 414
朝鮮森林資本勘定	950	20
朝鮮森林収益勘定	1, 333	1, 250
朝鮮医院及救済院	923	720
台湾総督府	60, 296	47, 189
台湾官設鉄道用品資金	1, 236	1, 252
樺太庁	2, 297	2, 078
計	133, 268	108, 704

表 4-11（表 4-3, 4, 5, 6, 9, 10 の）資料出所一覧
（『大日本帝国統計年鑑』による）

年　度	決算・現計・予算	年鑑回数	刊行年	引用ページ
1902/M35	決　算	第 25 回	1906	pp. 690-693, pp. 705-707
1903/M36	同　上	第 26 回	1907	pp. 712-715, pp. 728-730
1904/M37	同　上	第 27 回	1908	pp. 748-751, pp. 764-765
1905/M38	同　上	第 28 回	1909	pp. 776-778, pp. 790-791
1906/M39	同　上	第 29 回	1910	pp. 810-812, pp. 823-824
1907/M40	同　上	第 30 回	1911	pp. 794-796, pp. 807-808
1908/M41	同　上	第 31 回	1912	pp. 722-723, p. 733
1909/M42	同　上	第 32 回	1914	pp. 745-746, pp. 755-756
1910/M43	同　上	第 33 回	1914	pp. 793-794, p. 801
1911/M44	同　上	第 34 回	1915	p. 789, pp. 796-797
1912/T1	同　上	第 35 回	1916	p. 780, pp. 787-788, p. 792
1913/T2	同　上	第 36 回	1918	p. 576, pp. 583-584
1914/T3	同　上	第 37 回	1918	p. 574, pp. 581-582
1915/T4	同　上	第 38 回	1920	p. 560, pp. 567-568
1916/T5	同　上	第 39 回	1921	p. 560, pp. 566-567
1917/T6	同　上	第 40 回	1921	p. 514, pp. 520-521
1918/T7	同　上	第 41 回	1922	p. 530, pp. 536-538

施策のための費用と推定される。「朝鮮総督府特別会計繰入金」一四九〇万円、二六・〇％、「特別会計経費補充金」一二九四万二〇〇〇円、二二・六％、「台湾総督府特別会計繰入金」三四二万七〇〇〇円、六・〇％、以上、三者の小計は、三一二六万九〇〇〇円、五四・六％となる。この年度の内務省歳出臨時部の金額の半分以上は、特別会計の植民地経営費に繰入れ、あるいは補充されたことになる。

なお、参考のために、この年度の内務省特別会計の歳入、歳出を表4-10にまとめて例示する。内務省所管の植民地経営の費用は総額で歳入、一億三三二六万八〇〇〇円、歳出、一億八七〇万四〇〇〇円、であった。この歳入のうち、約二四％が、内務省歳出臨時部から移されたということになる。

一九一二年度の内務省歳出臨時部のほかの費目をみておこう。「治水事業費」三一・三％、「北海道拓殖費」四・九％も大部分は港湾費、道路橋梁費などの土木費である。補助費、災害費、港湾改良費、営繕費、北海道森林費にも少なからず土木費などがふくまれていよう。これらをあわせると、歳出臨時部の四〇％前後は、土木費であると推定される。

（1）　大蔵省百年史編集室編『大蔵省百年史』上巻、大蔵財務協会、一九六九年、一九四ページ。

5　地方官人事と衆議院議員選挙

内務大臣としての原は人事が上手であったのはさきに述べたとおりであるが、そこには一貫する明瞭な主題があった。すなわち、内務官僚は内務大臣にたいして忠誠心をもって行動する、有能な行政官僚であるべきだということである。これは裏返していえば、原からみると、当時の内務官僚のなかには、内務大臣よりは藩閥の首領のほうにもっぱら目を向けており、藩閥とのつながりによって地位を維持している老朽あるいは無能の行政官が多かったということであった。

原のこの基本姿勢がまずあらわれたのは、第一次西園寺内閣発足直後の警視庁廃止問題にたいする対応においてである。一九〇五年（明治三八年）九月五日、第一次桂内閣のもとでおきた日比谷騒擾事件についてはのちにいくらかくわしく述べるが、そのさいの警視庁の警官による抜剣が民衆の反感をよび、これにもとづき、東京府会、東京市会などから警視庁の廃止を要求する請願が貴衆両院に出された。その主要な内容は、警視庁が政治権力の手先となっている、民衆の人権を侵害しがちである、東京府に移管して首都の特別の警察制度にするべきである、などであった。衆議院では野党の憲政本党がこの廃止案に同調し、警視庁の存置は時勢の進歩に矛盾する、それを独立の官庁にしておく理由がないなどともいった。(1)

原は、首都に東京府から独立した警視庁を置く必要があること、その廃止には絶対反対であること、しかし改良すべき点は改良すること、民衆の保護につとめることなどを、理論整然と答弁して、野党の委員たちを沈黙させた。この答弁の筋書をかいたのは、警視庁の官房主事、松井茂といわれる。(2) 原は議会終了後、警視庁の大改革をおこなった。その中核部文は、「警視庁官制」のつぎの変更である。それまでは旧制第七条で「警視総監ハ各省ノ主務ニ関スル警察事務ニ就テハ各省大臣ノ指揮監督ヲ承ケ高等警察事務ニ就テハ内閣総理大臣及内務大臣ノ指揮監督ヲ承ク」とされていた。それが新制第六条で「警視総監ハ内務大臣ノ指揮監督ヲ承ケ東京府下ノ警察消防及特ニ内務大臣ノ指定スル衛生事務ヲ管理シ各省ノ主務ニ関スル警察事務ニ付テハ各省大臣ノ指揮監督ヲ承ク」(3)と改められた。つまり、従来、警視総監は高等警察＝政治警察にかんしては総理大臣の指揮などをうけるということで内務大臣の統制からはみ出し、藩閥本位に動くことができ、そこから警視庁の権力乱用も生じがちであった。これにたいして、大改革は、警視総監を完全に内務大臣の統制のもとに置き、府県知事並みの存在にしたうえで、警視庁の政治警察性を薄め、その権力乱用を一定程度まで抑止するようにした。これにあわせて、原は、警視庁の幹部クラスの大更迭をおこなった。

この大改革は、一九〇六年（明治三九年）四月一七日、一八日の二日にかけて発表されたが、一八日の日記に原はつぎのように記している。警視庁創設以来、今回のような大改革ははじめてのことである。これまで同庁は諸勢力が割拠して統一がとれず、とくに大浦兼武のような総監は全国に自己の勢力を扶植して内務大臣を困惑させてきたが、今回の改革でその弊害を一掃した(4)。

原の地方官人事にかんする基本姿勢は、つづいて同年から三年つづきの知事の人事に一貫して示される。その予告篇ともいうべきは同年四月二五日からの地方長官会議であった。それまで同会議は、内相が知事たちに政府の方針を説明して、地方行政をよろしく頼むという「一種のフェスティバル様のもの」であったが、原は知事たちに意見書を出させておき、それらを入念にチェックして、知事たちを質問攻めにした。知事たちは内相から試験をされているようだといいあい、同会議はそれまでになく活気づいた(5)。

原は、この会議のあと、すぐに一部の老朽あるいは無能の知事を更迭し、若手の新進、とくに大学出身者をそのあとに抜擢しようとかんがえていたようだが、実際はそれが六月までおくれた。知事たちにはそれぞれ藩閥の巨頭が親分としてついており、その更迭には親分の了解が必要であったからである。五月から七月にかけて、原は、井上馨、伊藤博文、山県有朋、桂太郎、山本権兵衛に会い、了解工作をしている。巨頭たちの多くは原の理詰めの説得をうけ入れたが、なかには問題の知事の留任をもとめる例もあった(6)。

七月二八日、原は、知事六人、事務官三〇人余を休職にした。休職とは、身分を留保させたまま、職務を一定の期間休ませることである。原は当日の日記に、今回の更迭は老朽者を罷免して新進者を採用し、かつ事務官をひとり減らして残留者の給与を増額するという趣旨から出たものであるとかいている(7)。休職になった六人のうち、三人は原より六歳年長で十数年、知事をつとめており、そのひとりは山県閥の首脳、白根専一の弟である。後任の六人のうち五人は大学卒業者で、三人まではその大学が帝国大学であったと確認される(8)。

つづいて翌一九〇七年（明治四〇年）一月には四人、七月に二人、一二月に二人、計八人の知事が更迭されている(9)。さらに、翌一九〇八年（明治四一年）には三月二七日に知事四人が非職、ひとりが転任させられている。非職とは官吏の地位はそのままにして職務のみ免じることをいう。その日の原の日記の記述はつぎのとおりで激烈である。

「午後より地方官中の無能者と現内閣の政策に反抗する者、もしくは病気で職に堪えない者を罷免することを協議し、ただちに上奏の手続きをした。すなわち、富山県知事河上親晴は去る三八年九月五日、日比谷騒動のさい警視庁にいた者で、当然責任をとるべき者であるにもかかわらず、知事に栄転した者であるが、大浦兼武などを通じて、現内閣にひそかに反抗を試みるので、これを非職とした。千葉県知事石原健三はつねに私の政策に反抗して前内閣派と通じ、治績もまたあがらないので、非職にしようとしたが、吉原次官をはじめ部下たちがしきりに弁護するので、高知県に転任させた。島根県知事松永武吉は官規をみだす非行が多く、また鳥取県知事山田新一郎、宮崎県知事永井環は、私が事務官中から登用した者であるが、部下すら治めることができない有様であるので、非職とした。それぞれの後任者は、本省官吏と地方事務官から抜擢、採用した。この更迭にともなって事務官の移動をも施行した(10)」。

政争の渦中にいる原の息遣いがつたわってくるような文章である。これをよんでいると、当時の一連の知事の交代は、老朽、無能の淘汰と新進、有能の起用にとどまらず、山県閥にたいする政友会の攻勢の一環であったといわざるをえない。原はこれらの地方官人事が各地方における政友会の勢力の拡大をめざすものであると山県一派にうけとられることを非常に警戒していた(11)。しかし、こうやって起用された知事のなかには、政友会のためにおおいに働いて政友知事の異名をとった者が何人もいたのも事実である(12)。なお、一九〇八年三月、四月には、前記の五人の知事の後任のほかに、東京府知事ほか三県の知事、計四人が新任されている。四人の前任者のうち、東京都知事・千家尊福は司法大臣に就任するための離任であったが、ほかの三旧知事は休職か免官による解任であった。ここまでで原は二七人の旧知事を更迭し、二七人の新知事を起用したことになる(13)。

原は、内務大臣が地方官人事を掌握し、内務省が内政の指令塔の地位を確立する体制をつくりあげていった。大久保利謙はそれを「藩閥知事」から「純内務官僚知事」への「新しい地方人事体制」と約言している(14)。そうして、一九〇八年五月一五日、第一〇回衆議院議員選挙がおこなわれ、政友会は地滑り的勝利をおさめ、絶対多数を獲得する。当選者は、政友会一八八、憲政本党七〇、大同倶楽部二九、猶興会二九、無所属六四、であった。政友会の得票数は六四万九八五八票におよんだ。一九〇四年におこなわれた第九回総選挙における政友会の得票数は二一万七六九一票であったから、第一〇回のそれは一挙に三倍ちかくに伸びたことになる。[15]

原は知事たちにたいして、選挙にさいしては公平厳正であることのみを求めて、政党政派に属する者とそうでない者のあいだの区別は、いっさい必要ないと説くのが常であった。本章2節の末尾で引用した原の訓示を想起されたい。しかし、さきの政友会の得票数が急増した一因は、藩閥知事から内務官僚知事への新しい地方人事体制にあったとみるのが自然であろう。藩閥知事の選挙干渉が官僚知事の公平厳正にかわったことが政友会の決定的優勢を顕在化させたというべきか。もっとも、官僚知事のなかには政友知事と呼ばれた連中がおり、かれらのすべてが完全に公平厳正であったとはおもえないが。

いずれにせよ、山県と山県閥の人びとは、原の地方官人事が政友会の躍進の有力要因であるとみたにちがいない。これにたいして第二次桂内閣の内務大臣となった平田東助は、露骨な報復人事をおこなった。かれは、一九〇八年（明治四一年）七月四日から一一年（明治四四年）八月三〇日までの任期中に二七知事の首のすげかえをしているが、[16]そこで更迭された知事のなかには、原が有能な若手として抜擢したものが多くふくまれていた。その一々のケースをくわしく検討する紙幅のゆとりはないので、後藤文夫と堀切善次郎の対談から、当時の若手官僚の見方を紹介しておこう。第一次西園寺内閣の原内務大臣がやった地方長官の更迭は、「非常に公平で、適材適所主義を勇敢にやられた」。これにたいして、第二次桂内閣の平田内務大臣は「原さんのときに重んぜられたような人」を「相当動かされた」。この報復人事は「どうも感心しなかった」。[17]このときから、政権が交代するたびに地方官の異動がおこなわれるという慣行が定着していった。

（1）「通史」二八四ページ。

(2) 山本四郎『評伝原敬』下、一〇九—一一〇ページ。
(3) 「通史」二八五ページ。
(4) 『原敬日記』第二巻（続篇）乾元社、一九五一年、三三三ページ。
(5) 『評伝原敬』下、一二四—一二五ページ。
(6) 同右、一二八—一二九ページ。
(7) 『原敬日記』前掲、三五九ページ。
(8) 『評伝原敬』下、一三一—一三二ページ。
(9) 同右、一六二—一六四ページ。
(10) 『原敬日記』第三巻、一九五一年、一八六—一八七ページ。
(11) 「通史」一七〇ページ。
(12) 『評伝原敬』下、一六三ページ。
(13) 「歴代内務本省・地方庁幹部一覧」『内務省史』第四巻、五五一—六四六ページから算出した。
(14) 「通史」二七一—二七二ページ。
(15) 同右、二七二ページ。
(16) 前掲「歴代内務本省・地方庁幹部一覧」によって算出した。
(17) 『内務省史』第四巻、一九一—一九二ページ。

6　感化救済事業から軍事救護法へ

明治三〇年代の後半に入ると、社会問題としての貧困問題への注目が社会生活の各分野にあらわれてきた。一九〇二年（明治三五年）には第一六回議会において立憲政友会の安藤亀太郎などが「貧民救助労働者及借地人ニ関スル建議案」を提出し、帝国臣民のうち「無告ノ窮民」は一五、六万人におよぶこと、かれらを救済することが将来の国家の経済発展に必要であることを説いた。つづいて安藤たちは「救貧法案」を提出し、従来の恤救規則などは貧民を充分に救助しておらず、かれらを自主独立の道につかせることができないでいると批判した。(1) この法案は特別委員会に付されたが、その審議のなかで、政府委員、井上友一（内務省地方局府県課長）は、救貧より防貧を優先するべきだと主張した。かれは当時のイギリス、フランス、ドイツの救貧制度の実情をよく知っており、恤救規則が法制度として不充分なものであることは認めるが、貧民救助が国家の義務であるとする法制度を成立させると、イギリスなどにみられる救貧費の肥大化、惰民の増加は避けられないと警告した。(2)

ジャーナリズムでは、一九〇三年（明治三六年）には、横山源之助が「下層社会の新現象共同長屋」を発表し、翌〇四年（明治三七年）には、幸徳秋水が「東京の木賃宿」を発表している。(3) 横山は、その作品を「この頃どうした風の吹きまわしか、貧民社会の記事がしきりに世間に持て囃されている」(4) と書き出していた。木賃宿と共同長屋は最下層の貧民たちの居住施設である。明治維新によって零落した旧士族たち、凶作で農村を離れ東京に流入してきた元農民たち、産業革命によって半失業あるいは失業に追いこまれた職人や人力車夫たち、かれらの妻子や売春婦など。ただし、これらの下層社会のルポルタージュには、恤救規則などによる救済で生計をいとなんでいる人びとの事例はいっさいみられない。

そこで、この時代の救貧制度の実態を確認しておこう。桂園時代が前代からうけついだ主要な救貧法は、「恤救規則」（一八七四年、明治七年）、「行旅病人及行旅死亡人取扱法」（一八九九年、明治三二年）、「棄児養育米被下ハ自今満十三年ヲ限リトシ及年齢定方」（一八七三年、明治六年）などであった。

「恤救規則」による救済人員は、一九〇二年（明治三五年）で、年度末人員が一万四〇九六、実人員が一万七〇六〇、である。以下、もっぱら後者をつかう。節の冒頭で安藤たちがいった「無告の窮民」一五、六万人はどのようにして算出されたかわからないが、それを基準にしてかんがえると、その約一〇％が「恤救規則」によって救済されており、約九〇％は放置されていたことになる。さきの実人員数を一〇〇％として、救済をうける原因別に内訳をみると「疾病」七〇三三、四一・二％、「老衰」四七一八、二七・七％、「廃疾」二七三六、一六・〇％、「幼弱」二五七六、一五・一％である。(5)

ところで、「恤救規則」による救済人員は、この時代において、一九一〇年（明治四三年）から一二年（大正元年）にかけて、実人員で三〇〇〇人台と大きく落ちこんでいる。この落ちこみは一九〇八年（明治四一年）からはじまっており、一三年（大正二年）に一万人台にもどるが、一八年（大正七年）まで、この時代の最初の五、六年の数字に回復することがなかった（表4-12）。さきの落ちこみの有力な契機のひとつは、一九〇八年五月の内務省地方局長通牒「済貧恤救ハ隣保相扶ノ情誼ニ依リ互ニ協救セシメ国費救助ノ濫救矯正方ノ件」であったとみられる。ときは第一次西園寺内閣の末期、地方局長は床次竹二郎であったが、この通牒の起草者はおそらく井上であった。かれの伝記によれば、府県課長時代の井上は大臣の訓令、本省の通牒のほとんどを起案していたといわれる。さきの地方局長通牒を抄録する。

表 4-12　恤救規則による救済人員
(1902-1918 年度)

年　度	年度末人員	実人員
1902/M35	14,096	17,060
1903/M36	15,097	17,950
1904/M37	15,285	18,506
1905/M38	14,183	17,494
1906/M39	13,885	16,834
1907/M40	13,106	16,065
1908/M41	9,335	14,155
1909/M42	3,753	9,080
1910/M43	2,877	3,991
1911/M44	2,718	3,322
1912/T1	2,402	3,109
1913/T2	7,629	10,297
1914/T3	7,982	13,713
1915/T4	7,247	11,842
1916/T5	7,229	11,009
1917/T6	7,355	10,149
1918/T7	7,556	11,852

資料出所：『厚生省五十年史（資料編）』pp. 815-816.

「貧民救済は近隣の助け合いの情愛によることを本質とし、それがどうしても不可能な無告の窮民があるばあいに国庫費によって救助することができるのは、恤救規則が明示的に定めているところである。(中略)したがって地方当局者はこの趣旨にそって取扱をおこなうべきであるが、明治三八年以来の国庫救助費につき各府県の支出額をみるに、少ないところは数百円にとどまるのに、多いところは数千円以上になっている。このようにはなはだしい格差があるのは、人口の多少、経済力の程度、土地の状況などによるものとも認めがたい。つまりは単に従来の慣行にかませ、別に深く審査をせず、地方の助け合いの情愛の程度がちがうためとかんがえられるが、制度の趣旨に照らして遺憾なことである」。

窮民を救助する費用はまず市町村が、ついで府県が負担し、最後にどうしても止むを得ないときには国庫費を支出してもよい。「しかもその救助にかんしては、このさいとくに綿密な調査をおこない、一旦救助をおこなった場合でも、継続して支出する必要がないものはそれを中止するなど、かりそめにも濫救の弊害がないようにして、救助の本旨を貫徹するべく措置されたい。今回配布した本年度救助費についてもできるだけ節約の方法を講ぜられたく、命令をうけてこの段を通牒するものである(6)」。

ここまでいわれると、本省官僚の顔色をもっぱら眺めて仕事をする地方官たちは、恤救対象者の数を抑えることのみに走ったにちがいない。結果として、通牒が出される前年、一九〇七年の一万六〇六五人は五年後の一九一二年には三一〇九人と、五分の一以下に落ちこむことになった。救助金の金額でいえば、〇七年の二一万六九〇七円は、一二年には四万九五六五円と、四分の一以下に圧下させられた。

このようにして恤救規則による救貧政策は一時的に抑止されたが、当時の救貧政策の全体像をえがくには「行旅病人及行旅死亡人取扱法」による救貧政策をもみておかねばならない。これによる取扱い人員については、一九一三年（大正二年）からのデータしかないのだが、その年のデータで、行旅死亡人三六三五、行旅病人七七七一、合計一万一四〇六となっている（表4-13）。この年の恤救規則による救済実人員が一万二九七であったから、対象人員の規模では二つの法律はほぼ拮抗していた。そうして、くわしくいうゆとりはないが、救貧政策の実施の現場では、恤救規則の不備の一部を行旅病人及行旅死亡人取扱法が補完しているという現実があった。東京府では、地方から流入する移住者、出稼ぎ者が多く、そこから落層した人びとを養育院に収用して、行旅病人及行旅死亡人取扱法によって救済していた。恤救規則の規定があまりに制限主義的で、実情にそぐわなかったためである(7)。

ともあれ、内務省は、恤救規則による救貧政策を抑止しつつ、防貧政策を優先する路線を走った。それは、一九〇八年（明治四一年）から感化救済事業および地方改良事業として登場した。これらの事業の構想においても、主唱者は井上であり、平田東助内相、一木喜徳郎内務次官がそれぞれの立場から協力したといわれる。

感化救済事業において「感化」の原義は、あらためていうまでもなく、非行少年、当時の用語でいう不良少年の矯正教育である。これを転じて、不良でない者をも

表4-13　行旅死亡人と行旅病人
(1913-1918年度)

年　度	行旅死亡人	行旅病人
1913/T2	3,635	7,771
1914/T3	4,343	10,835
1915/T4	3,763	9,712
1916/T5	3,726	8,862
1917/T6	3,783	8,310
1918/T7	3,846	10,524

資料出所：『厚生省五十年史（資料編）』p. 839.

「善導し良化する」という意味をもあたえ、国家が良民を育成することから、都市と農村の振興、地方の自治と自営をはかることまでをも意味するといわれた。(8) 非行少年の矯正教育を原型にして国民の育成から地域社会の振興までをかんがえるとは、国家官僚の民衆蔑視、度しがたいパタナリズムのグロテスクな表現としかいいようがないが、わが国の社会事業史の研究文献ではそれを批判的に検討した例を知らない。ただし、井上自身は、かれ個人の著作のなかでは、この感化救済事業の概念とやや異なる救済制度の構想を示していたことには留意しておきたい。かれはその制度を「救恤的行政・法制」と「風化的行政・法制」に区分し、前者に救貧と防貧をふくめ、後者には感化事業をふくめるものの、全体としては児童救済、社会教育、住宅政策、生活改善などを主要内容としていた。(9)

感化救済事業のうち「救済事業」の具体的内容は、一九一一年（明治四四年）の中央慈善協会による「救済事業調査要項」によってみておこう。それは、(1)施薬救療事業の発達、(2)児童保護事業の整斉、(3)細民保険事業の新設、(4)政府における救済事業統一機関の設置の四つを当面の緊急の事項とした。現在の用語法でいえば、(1)は医薬の現物給付、(2)は子どもの養護と保育、貧児教育、(3)は労働者のための生命保険と年金保険であり、(4)ではイギリスの地方政務院における救貧局が例示されていた。ほかに、養老、不良少年感化、不良青年矯正、浮浪徒処分、出獄人保護、業務紹介（職業紹介）、労働者移住、低利質屋、貧民住宅改良、大学移植（セツルメント活動）、精神病者保護、さらに教化事業として子守教育、下婢教育、盲唖教育、白痴教育、通俗講話、通俗文庫、良書普及などがあげられていた。(10)

感化救済事業の主要対象が都市の貧民であるとするなら、地方改良事業の主要目標は農村の地域社会の再建であった。(11) 地方局は各町村に働きかけて、町村は国家の基礎であることを強調し、町村の独立自営と自力更生をもとめた。それは、具体的には地方名望家、地主層を機軸とする町村自治の推進であり、「町村是」の作成であった。町村是は、町村の経営にかんする各面のくわしい現況調査と将来計画であった。地方局には、それまでの官治主導の地方自治はかならずしも効果的でなかったという反省があり、そこから町村是による町村自身の地方自治の実現がめざされていた。(12) ほかに、神社合併、部落共有財産の統合、神社の統廃合などが運動のプログラムのなかにくみこまれていた。(13) しかし、当時から地方改良事業自体が官製運動であるという批判がおこなわれていた。柳田国男は、一九〇九年（明治四二年）、第一回地方改良事業講習会で「農業経済と村是」という講演をして、つぎのように語った。

「是迄大分の金を掛けてこしらへ上げた各地方の村是なるものは、未だ十分に時世の要求に応じ得るものでありませぬ。成ほど所謂『将来に対する方針』の各項目を見れば、一つとしてよくない事は書いて無い。之を徹底して実行すれば必ずそれだけの利益がありますから、無きに勝ること万々ではありますが、如何せん実際農業者が抱いて居る経済的疑問には直接の答が根っから無い。それと云ふのが村是調査書には一つの模型がありまして、而も疑を抱く者自身が集って討議した決議録では無く、一種製図師のやうな専門家が村々を頼まれてあるき、又は監督庁から様式を示して算盤と筆とで空欄に記入させたやうなものが多いのですから、此村ではどんな農業経営法を採るが利益であるかと云ふ答などはとても出ては来ないのです。真正の村是は村全体の協議に由るか、少なくも当局者自身の手で作成せねばなりませぬ(14)」。

恤救規則と行旅病人及行旅死亡人取扱法による救貧政策は実効にとぼしく低迷をつづけていた。感化救済事業と地方改良事業による防貧政策は官主導の精神的教化の域を出なかった。この時代をつうじて、井上をはじめとする内務官僚たちは、貧困救済における国家の義務と貧民の権利の確認を避けるために、それらの政策を防壁として構築してきたのである。しかし、この時代の終りちかく、一九一七年（大正六年）七月、「軍事救護法」が公布され、翌年一月から施行されて、限定的なものであったにせよ、貧困救済における国家の義務と貧民の権利の思想が姿をあらわすことになった。

軍事救護法の制定の直接の契機は、実業家で、衆議院議員であった武藤山治が三年にわたって主導した法制定運動であった。かれが運動の主要目的としたのは、日露戦争で戦死した将兵の遺族や戦傷病で廃兵となった者とその家族で貧困状態にある者を国家が救済する制度であり、その救済は遺族などにとっては権利、国家にとっては義務であるとされていた。[15] 日露戦争による戦死者および戦傷病による服役免除者はおおよそ一二万人であったが、その後の地方庁の調査によると前記の救護対象は三万二〇〇〇余と推定された。[16] 武藤が準備した法案は、最終的には内務省が作成した法案に引きとられたが、そのさい遺族などの権利は明示的に否定されたが、不完全なものにせよ不服申立てが認められていることなどから権利性がまったく無視されている訳ではないという見方が成立しうる。また、国家の義務は国家の同情といいかえられたが、恤救規則が隣保相扶を第一原則としたのにたいして、軍事救護法はそれをいっさいいわず、国費による救済をおこなったので、その救済は国家の義務に事実上かなり近かったとみることができよう。[17] 軍事救護法による救済は、本格的には一九一八年（大正七年）からはじまるが、同年の救済人員は三万四四七三、恤救規則による救済人員の約三倍におよんだ。

（1）厚生省五十年史編集委員会『厚生省五十年史（記述編）』厚生問題研究会、一九八八年、二四八ページ。
（2）同右、同ページ、池本美和子『日本における社会事業の形成――内務行政と連帯思想をめぐって』法律文化社、一九九九年、一三―一四ページ。
（3）横山源之助「下層社会の新現象共同長屋」、幸徳秋水「東京の木賃宿」中川清編『明治東京下層生活誌』岩波文庫、一九九九年。
（4）「下層社会の新現象共同長屋」一九五ページ。
（5）厚生省五十年史編集委員会『厚生省五十年史（資料篇）』厚生問題研究会、一九八八年、八一五ページ。
（6）『厚生省五十年史（記述編）』二四五―二四六ページ。現代語訳。
（7）東京都養育院『養育院百年史』東京都、一九七四年、一〇〇―一〇八ページ。
（8）『日本における社会事業の形成』二二一―二二三ページ。
（9）井上友一『救済制度要義』博文館、一九〇九年、復刻版、『戦前期社会事業基本文献集19　救済制度要義』日本図書センター、一九九五年。
（10）中央慈善協会「救済事業調査要項」復刻版、社会福祉調査研究会編『戦前期社会事業史料集成17』日本図書センター、一九八五年、とくに第三編、第四編。
（11）『内務省史』第一巻、二六八ページ。
（12）同右、二七八―二七九ページ。
（13）『日本における社会事業の形成』三〇ページ。
（14）柳田国男「農業経済と村是」『定本柳田国男集』第一六巻、筑摩書房、一九六二年（初出は一九一〇年）、二〇ページ。
（15）『日本における社会事業の形成』八六ページ。
（16）同右、八八ページ。
（17）同右、八七、八九ページ。

7　大逆事件と特高警察の形成

政府権力と対抗権力の抗争は、この時代に入って新しい局面をもつようになった。すなわち、太政官時代と元勲政権時代をつうじてその抗争は、藩閥権力対自由民権運動という機軸において展開してきたが、桂園時代に入るとそれとは異質の天皇制対社会主義という機軸においても展開するようになった。論者によっては、自由民権運動と社会主義に連続性をみいだすひともおり、それはそれで理解できない訳ではない。しかし、二〇世紀に入り、内務省警保局が対峙することになった対抗権力の構造を分析してみると、自由民権運動は都市の民衆運動や政党活動に継承されており、それらにたいしてまったく新しい要素として社会主義がくわわったとみる見方がより大きい説得力をもっている。そのなによりもの論拠は、社会主義のみが天皇制を否定する論理を現実性においても可能性においてももっていたということである。

厳密にいえば、わが国における最初の社会主義政党・社会民主党の出現は、第四次伊藤内閣の末期、末松顕澄内相のときである。これは治安警察法によって即日結社禁止とされた。一九〇一年（明治三四年）五月二〇日のことである。ここまでは前章でふれた。翌六月の二日、第一次桂内閣発足、六月三日、社会民主党を結成した顔ぶれ、安部磯雄、片山潜、幸徳伝次郎（秋水）がもう一度、社会主義政党・日本平民党の結社を届け出たが、即日、禁止されている。安部たちは社会主義の政治運動は当分見込みがないということで、社会主義の啓蒙・教育をめざして、社会主義協会を復活させた。その後、幸徳、堺利彦たちは、一九〇三年一一月、平民社を設立、週刊『平民新聞』を発刊、日露開戦がせまる状況のなかで、社会主義の立場から非戦論をはげしく唱えた。政府はこの新聞にたいして発売禁止、発行禁止の処置をとり、堺、幸徳たちを投獄して、『平民新聞』は、一九〇五年（明治三八年）一月に廃刊に追いこまれた。同年末には社会主義協会も解散を命じられた。(1)

こうして第一次桂内閣は社会主義運動を徹底して弾圧したのだが、日露戦争終了後、一九〇六年一月七日に同内閣と交代した第一次西園寺内閣は社会主義運動にたいしてやや寛容であった。この内閣のもとで、一月一四日、西川光二郎たちの日本平民党の結成、一月二八日の堺利彦たちの日本社会党の結成、二月二四日の両党が合併して日本社会党となることが内務省によってあいついで認められた。この内務省の態度変容の根本的原因は原内務大臣の判断にあった。合併後の日本社会党は党則で「本党ハ国法ノ範囲内ニ於テ社会主義ヲ主張ス」としたが、それは政治的擬態であり、警視庁からみると国法に違反する行為が多かった。七月一日、安楽警視総監は、膨大な資料を付けて、社会党の結社禁止をもとめる意見を内相に提出した。そのなかで、安楽は、日本社会党は階級制度、資本制度、軍国制度を打破しようとし、労働者を煽動し、ゼネストを奨励していると、事例を多数あげて述べた。(2)この意見は七月六日の閣議で検討されたのであろう。同日の『原敬日記』にはつぎの文章がある。

「この閣議において社会党に対する方針を相談し、いたずらに結社を解散するようなことをせず、実際の行為をみてこれを処置することを決定した。前内閣の頑迷な連中が、現内閣は社会党に寛容にすぎるというようなことをいいふらして中傷の道具とするので、わざわざこの決定をした」。(3)

叙述は多少前後するが、日本の初期の社会主義運動は、日露戦争の前後で大きく変化した。戦前はそれは漠然とした権力批判の立場でまとまっていたが、その内実は、マルクス主義、ラッサール的国家社会主義、無政府主義、キリスト教社会主義、トルストイ的人道主義までが雑然とふくまれていた。それが戦後になると、観念論的立場と唯物論的立場が分離し、後者ではマルクシズムとサンジカリズムが対立し、セクト的・分派的感情もからむようになった。[4] 以下、本節の主題のゆえに幸徳秋水に観察の焦点をしぼって述べる。幸徳は非戦論のため一九〇五年二月に投獄され、七月に出獄してくるが、そのころまでは正統派のマルクス主義者であった。かれは、そこなわれた健康の回復とゆきづまった運動への反省のために、同年一一月から翌〇六年（明治三九年）六月まで、アメリカ合衆国に滞在したが、そのあいだに同国の左派労働運動に接触して、社会主義から無政府主義へ、マルクス主義からアナルコ・サンジカリズムへ急速に傾斜した。[5]

幸徳の帰国に四カ月さきだって、日本社会党が結党されていた。同党は六月二八日、幸徳の帰朝歓迎演説会をおこない、かれは、社会主義の実現のためには議会で多数派を占める議会政策は不充分である、社会のすべての生産交通機関の運転を停止するゼネラル・ストライキによるべきだと主張した。幸徳の実力行使、直接行動の訴えは社会党員のあいだに異常な反響をひきおこした。[6] 安楽警視総監が告発したゼネラル・ストライキの奨励はこれであった。前記のように原は実際の行為をみて対処しようとかんがえていた訳だが、これは言論活動のみで結社禁止にまでもってゆくには及ぶまいと解することができる。九月五日、東京で電車賃値上げ反対運動が暴動化したおり、日本社会党員が煽動した事例もあったが、原は日記の目録で「多少の紛擾あり」と記したのみで、本文ではとりあげていない。[7] しかし、翌一九〇七年（明治四〇年）二月五日、足尾銅山で労働組合が提出した賃上げをふくむ待遇改善要求を会社側が無視したことをきっかけとして、坑夫たちの不満が爆発し、三日間におよぶ大暴動が生じた。日本社会党はこの暴動を指導する地位になかったが、現地に党員の西川光二郎、ついで荒畑寒村を送って、その支持・応援につとめた。[8] この騒擾は警察の手に負えず、原が寺内陸相にはかって、軍隊を出動させることでようやく鎮圧した。原の日記では「社会主義者南助松」が教唆者として名をあげられている。[9] 二月一七日、幸徳は第二回日本社会党大会で演説をした。田中正造は足尾銅山の鉱毒事件で二〇年間議会で叫びつづけたが、被害者の救済にどれほど役立ったか。しかし、足尾銅山の暴動はわずか三日で支配階級を戦慄させたではないか。「暴動は悪るい。然しながら議会二十年の声よりも三日の運動に効力のあったこと丈は認めなければならぬ」。この件りを語りつつ、幸徳は、五年あまりまえ、一九〇一年（明治三四年）一二月九日深夜、田中の訪問をうけ、翌日、田中が天皇に日比谷で直訴するのに持参する直訴文の執筆を依頼されて快諾し、徹夜してそれを書きあげたときのことを想起していたにちがいない。(10) 二月二二日、原内務大臣は、日本社会党を「安寧秩序ニ妨害アリ」と認めて、その結社を禁止した。(11) 四月二七日には『平民新聞』も廃刊に追いこまれた。

その後、第一次西園寺内閣のもとでの社会主義者たちの主要な動きとして、六月二五日の日本社会平民党の結党と二日後のその禁止、翌一九〇八年（明治四一年）六月二二日の赤旗事件などがある。『原敬日記』の翌日、六月二三日分のなかに、原が参内して侍従長から聞いた話として、山県有朋が天皇に現内閣の社会党取り締まりは不完全であると訴え、天皇も心配しているという記述がある。それにつづいて、天皇が、昔のように無闇に人を処罰することはできないことは、十分に承知しているといったとかかれているのには、笑いをさそわれる。法治国家は不便なものだといったとまでは、かいてないが。(12) また、その翌日、二四日分のなかに、原が天皇に拝謁して、前内閣以来、現在までの取り締まりの沿革などを説明し、社会党対策は、教育、社会改良、取り締まりの三者が協同しなければならないといって、了解をえたという記述がある。(13) 原としては、山県系勢力のように力ずくで押さえつけるだけでは駄目だと言外にいっている。

七月一四日、第二次桂内閣が発足した。同内閣は社会主義運動にたいして峻烈な取締りをかさねた。『内務省史』の警察行政の章では、社会運動の「絶滅を図った」、その結果、社会運動は「ほとんど窒息状態に陥った」とある。(14)
しかし、追いつめられた社会主義者たちは権力にとっておもいがけない反撃に出た。それが天皇の暗殺をはかった大逆事件である。一九一〇年（明治四三年）五月二五日、社会主義者である宮下太吉、新村忠雄、新田融、古河力作の四人が検挙され、つづいて、幸徳秋水、管野スガ子が検挙され、さらに全国で数百人の社会主義者が検挙された。事件の内容は、かれらが爆弾で天皇を暗殺しようとした陰謀が発覚したというものであった。取調べの結果、二六人が起訴され、判決は、一九一一年（明治四四年）一月一八日に出ている。二四人が死刑、二人が一〇年と八年の懲役刑をいいわたされたが、死刑の二四人のうち一二人は無期懲役に減刑された。この裁判は、裁判所構成法にもとづき大審院でおこなわれ、一審が終審である一回かぎりのもので、審理は非公開であり、証人調べはなく、被告への訊問のみで、実質的な弁護活動も許されなかった。(15)事件の真相はわからない。冒頭にあげた四人が爆弾を準備し、犯行の計画をたてた事実はあったようだが、幸徳、管野はその途中で相談をうけてはいるが、共犯関係にはなかったらしい。しかし、かれらはすべて死刑に処せられた。

大逆事件の逮捕者が出はじめてほぼ二カ月後、原は日記の七月二三日分につぎのように記している。

「私が在職中に陛下にたいして取締まりがてぬるいと誣奏した元老がいた。……官僚派はしきりに私たちを攻撃したが、いま、かれらはどう感じているか。かれらの攻略は鎮圧、圧迫にある。しかし、圧迫はかえってこの主義者を隠密のうちに蔓延させるもので、取締り上まったく反対の結果を生ずるものである。現に欧州の例をみても、（主義者がおこす事件は）圧迫するロシア、ドイツに多く、自由なフランス、イギリスにはほとんどない。……私はこれを根絶することは到底期待できないことを看破したので、むしろ集めてこれを監視するのが得策であるとかんがえ、いたずらに圧迫して窮鼠猫をかむの境遇に追いこまず、社会の一隅にいかしておく方針をとったのだが、かれらはそれをてぬるいと攻撃をした。いまとなってはどうか。……今回の大不敬罪は、もとより絶対に許されるべきものではないが、実は官僚派がこれを産出したといわれても、かれらには弁解の言葉はないだろうとおもう」[16]。

桂内閣は大逆事件に驚愕した。桂首相、平田内相、大浦農商務相は天皇に待罪書を捧呈した。そのなかに「皇国未曾有の犯罪者を出すに至りました。これはまことに臣たちの陛下の統治を輔佐する方法が不完全であった結果でして、恐れ入っております」という文章があり、自分たちの罪を罰して、辞職させてほしいといっている。天皇は勅語を下して、この辞表を却下した。そのなかに、「今回の事件は世局（世相、時局）の変化にともなっておこった問題であって、内閣の施政に原因があって生じたものではない」という文章がみえる[17]。勅語とはいえ、もとは政府官僚の作文であるが、さきに引用した『原敬日記』の末尾の批判にたいする弁解を、天皇の言葉として述べているという趣である。官僚の智恵の悪達者さがつくづく感じられる。

この事件をきっかけにして、内務省警保局と警視庁における特別高等警察の機能を強化する機構の整備・拡充がおこなわれた。一九一一年（明治四四年）八月、警保局保安課には社会運動取り締まりの専任職員がおかれ、警視庁には特別高等課が設置された。この特別高等課には特別高等係と検閲係がおかれ、同盟罷業、爆発物、新聞・雑誌・その他の出版物の検閲などを管掌した。これらの事務はそれまでは高等課が担当していたが、そこから高等課と特別高等課が分立したのである。わかりやすくいえば、高等課は政治警察を担当し、特別高等課は思想警察を担当した。警視庁以外のほかの府県庁では社会運動の取り締まりは高等課あるいは保安課が担当していたが、一九一二年（大正元年）一〇月には、大阪府で特別高等警察課が設置された。ほかの府県に同課が設置されるのは政党内閣時代に入ってからである[18]。

特別高等警察の組織と機能にかんしては、荻野富士夫『特高警察体制史』をはじめとする膨大な業績があり、事実の記述・分析で本書はそれらと対抗するつもりはない。つぎの政党内閣時代の共産党への弾圧で一、二の事実を事例として紹介するつもりであるが。ただし、内務省にかんして総合評価がおこなわれるさい、マイナスの評価はそのほとんどが特別高等警察に集中する。たとえば、前出の堀切・後藤の対談でも、内務省が非難されるのは「民主主義的傾向にたいする圧迫」、「言論・出版・集会・結社等の自由の取締り」といわれており[19]、それらの実例をあげさせるなら、ほとんど特高警察の活動に属することになろう。しかし、それにたいしてつぎのような見方もありうる。

この節では、天皇制と社会主義の対抗軸のうえに大逆事件を位置づけ、この事件への政治権力の反応のひとつとして特高警察の形成を理解した。ポスト桂園時代の終りちかい一九一七年（大正六年）、ボルシェヴィキによるロシア革命が成功する。そのニュースに接して、日本の社会主義者たちは喜びのあまり人前で泣いたという[20]。かれらやかれらのあとにつづく社会主義者にとって、天皇制にもとづく政治体制はかれらを抑圧する全体主義であり、社会主義の政治体制はユートピアの実現であった。しかし、それから七〇年あまりが経過し、一九九〇年前後に社会主義圏は崩壊する。そのときには社会主義の政治体制も全体主義であったことがあきらかになっていた（ハナ・アーレント『全体主義の起源』！）。一世紀たらずのタイム・スパンのなかにおいてみれば、明治末期の特別高等警察と社会主義者たちの抗争は、過去からの現実態の全体主義と未来にむかう理想態の全体主義との抗争だったのである。

（1）『内務省史』第二巻、八五六―八五七ページ。
（2）山本四郎『評伝原敬』下、一一一―一一四ページ。
（3）『原敬日記』（第二巻続篇）、三五三ページ。

（4）大河内一男『黎明期の日本の労働運動』岩波新書、一九五六年、一三九―一四〇ページ。荒畑寒村『平民社時代』中公文庫、一九七七年、六七―七〇ページ。
（5）『黎明期の日本の労働運動』一五五―一五八ページ。
（6）同右、一六〇―一六二ページ。
（7）『原敬日記』（第二巻続篇）三六二ページ。
（8）『黎明期の日本の労働運動』一五二―一五三ページ。
（9）『原敬日記』（第三巻）二四ページ。
（10）『黎明期の日本の労働運動』一七五―一七六ページ。
（11）同右、一七七ページ。
（12）『原敬日記』（第三巻）二〇四ページ。
（13）同右、二〇四―二〇五ページ。
（14）『内務省史』第二巻、八五九ページ。
（15）岡義武「近代日本政治史II」『岡義武著作集第二巻　明治政治史II』岩波書店、二〇〇一年、二〇八―二〇九ページ。
（16）『内務省史』第二巻、八二六―八二八ページ。
（17）『原敬日記』（第四巻）七七―七九ページ。
（18）『日本宰相列伝4　桂太郎』一二五ページ。
（19）『内務省史』第二巻、七四九―七五〇ページ。
（20）『内務省史』第四巻、二二六ページ。
山川菊栄・向坂逸郎編『山川均自伝』岩波書店、一九六七年、三六九―三七〇ページ。

8　都市民衆の登場

この時代の政治史を特徴づける出来事のひとつは、都市の民衆が独立した政治勢力として登場してきたことである。その顕著な事例を三つあげる。すなわち、一九〇五年（明治三八年）の日比谷騒擾事件、一九一二年（大正元年）の憲政擁護騒擾事件、一九一八年（大正七年）の米騒動である。日比谷騒擾事件は日露戦争の講和条約にたいする民衆の不満の噴出にとどまったが、憲政擁護騒擾事件は民衆による暴動がときの桂内閣を打倒した。なお、憲政擁護騒擾事件と呼ばれるものはほかに二つ、一九一四年（大正三年）の山本内閣にたいするものと、一九二四年（大正一三年）の清浦内閣にたいするものがある。米騒動による民衆の力の示威は、当時のキャビネット・メイカーの山県に閥族政治、官僚政治を一時的にせよ断念させ、政党政治の開始を承認させる一因となった。この時代をつうじて、政治勢力としての民衆は次第に強力となり、政治体制を変動させるほどの存在になっていったのである。この民衆の力の突出を直接にうけとめるのは、警視庁や各府県の警察部、各警察署であり、それらの警察組織の背後には内務省があった。

日比谷騒擾事件の直接のきっかけは、日露戦争の終結にあたってのポーツマス講和会議を日本がロシアから樺太の南半分の割譲のみをえるだけで妥結させるという情報が事前にもれたことにあった。日本は戦勝国として樺太全体の割譲と巨額の賠償金の支払いを要求していた。それが前記のような妥結におわったのは、主戦場の満州で日本軍は戦争をつづける余力をほとんど残していなかったこと、ロシア軍は増強されつづけており反攻に転じれば戦局を一気に逆転することができると予想していたことによっている。日本の政府と軍部はこの状況を知っており、アメリカ合衆国のルーズヴェルト大統領に懇請して日露両国間の斡旋をしてもらい、その妥結条件にたどりついたのであった。

しかし、日本の民衆は、それらの事実をいっさい知らされていなかった。かれらは日本軍の連戦連勝のみを知らされており、講和会議で祖国が大きい利益を獲得するものと信じていた。かれらはもれてきた情報に憤慨した。戦場における勝利が約束したはずの果実が、会議における拙劣な外交によって失われたというのである(1)。このとき民衆を駆りたてていた情熱は、シュンペーターがいう帝国主義の性向そのものであった。事情は野党や右翼などの政治勢力においても同一であった。かれらは民衆を動員して、ポーツマス講和条約に反対する国民運動を展開した。条約調印の日、東京日比谷公園で国民大会が開かれ、その参加者はやがて暴徒化して政府の諸機関、諸施設を襲撃した。警視庁第一部長・松井茂は取り締まり全体の指揮にあたっていたが、内務大臣官邸への襲撃を後年つぎのように記録している。

「午後三時頃から門前の群衆は次第に其の数を増し、喧ごう愈々甚だしく、又瓦礫を投ずること霰の如く危険漸く切迫し来ったので当時官邸に詰めて居た向田署長は部下の警部巡査を官邸の正門前に二列横隊に整列させて暴民の侵入を防ぎ、同時に自ら小原警部、泉田警部と共に懇ろに退散すべき旨説諭したが、群衆は啻に応ぜざるのみか、折柄有楽門附近市街鉄道線路の修繕により路上にあった尖角の石片を持ち来り、盛んに警察官に向って放擲し、之が為め忽ち数名の負傷者を出し到底鎮撫の目的を果す事が出来ないので、止むを得ず一時門内に退却したが一隊の暴徒は此処にも肉薄し来り、手に棍棒、丸太等を持ち、瞬く間に瓦斯灯並に正門の鉄扉を破壊し、且つ門の両側にある建物及煉瓦塀の一部を毀損し、本館に侵入せんとする勢を示したので向田署長は今は尋常の手段を以ては之を防ぎ得ざるを察し、止むなく警部巡査に抜剣を命令し、一斉に突進して暴徒を追い払った。之が為一時群衆は後方に退却したけれども、一度警察官が門内に退けば又須臾にして潮の如く殺到し来り、一進一退すること数回、向田署長を始め小原、泉田其の他の警部巡査にして多少とも負傷せざるはなき惨状を呈するに至った(2)」。

一九一二年の憲政騒擾事件の発端は、第二次西園寺内閣で上原勇作陸軍大臣が二個師団増設の要求がいれられず辞職したあと、西園寺は山県に後任の陸相の推挙を頼んだのだが、山県はそれを拒否して内閣を倒したことにあった。世論は山県や桂が陸軍の主張をごり押しするために理不尽な倒閣をしたと憤慨した。ただし、当時、山県と桂の間柄が円満であったという訳ではない。桂は二度首相をつとめ、政治家としての自己の力量に自信をもつにいたっていた。山県はその桂に嫉妬して、明治天皇の死去、大正天皇の即位を機会に、桂を内大臣として宮中に送りこみ、現役の政治家として働けないようにした。その四カ月後に西園寺内閣が総辞職したのである。元老会議は松方正義、平田東助、山本権兵衛などを首班候補にあげたが、いずれも断られてしまい、最後に桂に組閣を求めた。山県もこれには同意するほかなかった。

桂は、宮中と府中の区別をないがしろにする首相就任にかなり逡巡した。しかし、三度目の組閣への誘惑もつよかった。結果としては、山県が天皇に頼みこんで桂にたいして首相就任をうながす勅語を出してもらい、桂は政界に復帰して第三次桂内閣を組織した。世論はこの件にたいして、桂が自己の政治的野心を正当化するために天皇を利用したと烈しく非難した。この非難を機軸として憲政擁護運動という大衆運動が展開した。それは桂太郎という藩閥政治家が立憲主義の政治倫理を踏みにじって、最高権力を掌握したのを攻撃するというわかりやすい主張をとった。政友会、国民党という二大政党の支持もえて、運動は全国的に激化した。一九一三年（大正二年）二月一〇日、議会の開会まえから議事堂は数万の群衆に包囲されていた。政府は多数の警官・憲兵を動員して、監視・警戒に当たらせていた。桂首相は議会の解散を一旦は決意したが、衆議院議長・大岡育造は桂に会い、その解散は内乱状態をひきおこす危険性をもつと警告した。桂はそれを聞いて内閣総辞職を決意した。その直後、わずかなきっかけから、群衆は警官隊と激突し、街頭にあふれ出てゆく。(3)『警視庁史・大正篇』から一節を引用する。

「ことの意外な発展に、警視庁は全庁員の非常招集を行なって、これが鎮圧に当ったが、時すでに遅く、麴町、日本橋、京橋、神田、芝、本郷、下谷、浅草の各区一帯は全く騒乱のちまたと化し、やまと、国民、報知、読売、二六など政府系と目された各新聞社を襲い、あるいは投石して窓硝子を破壊し、あるいは社内に侵入して器物を破棄し、運行中の電車に投石、又は停止させて、乗務員に暴行を加え、これを抑止する警察隊と乱闘を交え、ついにほこさきを警察に転じ、各所で派出所を襲って、放火又は破壊し、警察官を殴打し、警察署内に乱入して事務室に放火し、書類器物を焼き、又は器物、窓硝子を破壊するなど、凶暴至らざるなく、はては警察官との間に各所に大乱闘を演ずるに至り、警視庁の力のみをもっては、鎮圧不能の状態に立ちいたった。警視庁はついに軍隊の出動を要請し、その援助を得て鎮圧に当り、翌午前二時ごろになってようやく平穏に帰することができたのであった(4)」。

米騒動は政治勢力としての民衆の登場を決定的に印象づける事件であった。第一次世界大戦は一九一四年（大正三年）から一九一八年（大正七年）にかけてのものであるが、日本におけるその影響のひとつとして、戦時景気下の物価の騰貴があった。とくに一九一七年（大正六年）の春ごろから、米、麦などの穀物、その他の食料品、燃料など生活必需品の価格が高騰した。これは穀物のばあい、商人の投機熱をつよく刺戟し、商人の買い占め、地主農民の売り惜しみが広い範囲でおこり、それらによって価格はますます上昇した。当時の新聞ジャーナリズムは、この高物価を「飢饉物価」と呼んだ。これによって、多数の消費者の生活問題は深刻化し、かれらの貧困は文字通り

「食べてゆけない」性質のものにならざるをえなかった。政府は「暴利取締令」、「外国米管理令」などの政令を公布して、穀物の価格の高騰を抑制することにつとめたが、効果があがらなかった。[5]

一九一八年（大正七年）七月から九月にかけて、全国各地で民衆は生存のために蜂起し、暴力行使をまじえた騒擾が多発した。そのきっかけは富山県新川郡魚津町の漁民の妻たちによる米の他地方への移出の阻止、米の安売りの要求をかかげた集合行動であったが、米屋・資産家への押しかけ、警察との衝突もくわわり、これが富山の「女一揆」として全国に報道されると、米騒動は一気に各地に波及した。前出の集合行動以外に、米価引き下げを要求する市民大会、そこから発生する大群衆のデモ、買い占めが噂される企業の焼打ち、米屋や派出所の襲撃、大企業・新聞社の襲撃などがあった。各地の暴動の様相の記述は他書にゆずる。[6] 米騒動の全体の規模をうかがうためのデータを『内務省史』第二巻からひろっておけば、米騒動がおこった地域は東京、横浜、大阪、京都、名古屋をはじめとする四九市、二一七町、二三一村、以上の合計は四九七市町村、ほかに炭坑・鉱山が二九、警察力のみでは鎮圧することができず、軍隊が出兵した地域は七〇、であった。この騒動に参加した群衆人員は七〇万人以上と推計されている。[7]

米騒動の最中の八月一一日、当時の内務大臣・水野錬太郎は各地方長官あてにつぎの要旨の訓令を発している。「⑴在米は豊富であり、遠からず米価は下がるから、地方長官はこのことを国民に徹底させ、軽挙盲動を未然に防止せよ。⑵その救済策として、各地方自治体は慈善団体と協力して、廉価の外米の供給に充分につとめよ。⑶暴動中に一部の扇動者がいない訳ではないが、大多数は生活上の困難によって行動しているのであり、誠に同情すべきものであるから、地方官は社会政策上同情の念をもってかれらを懇切にあつかい、手落ちがないようにしなければならない」。[8] ただし、暴動のなかで、放火、殺傷、強盗、恐喝などの犯罪を集団によっておこない、検挙された者には厳罰主義の対応がおこなわれた。検挙された者のうち、検事局に送致された者は八一八五人、予審の結果、有罪とされた者は五一一二人であった。[9]

米騒動がもった政治的影響力をつたえる有名な挿話がある。これまでに再三述べてきたように、山県はキャビネット・メイカーとして絶大な権力をもち、超然内閣をあるべき内閣として、政党内閣を拒否しつづけてきた。その山県がはじめて承認した政党内閣が原の政友会内閣である。原が組閣したとき、かれと親しかった新聞記者の前田蓮山が祝いに訪れ、「山県がよく目がさめましたネ」といった。これにたいして、原は「米暴動の結果だ、(山県は)官僚政治の無力が分かったのだ」と答えた。[10] 別書では、さらに「あのとき、若し我党が煽動でもして見給へ。大変なことになっていたに違ひない」とも語ったという。[11] これはよく引用される挿話だが、原がいう「官僚政治の無力さ」は、わかりやすいようで、かならずしもそうではない。それには、(1)米価の高騰を抑止することができなかった、(2)外米の輸入を増大させることができなかった、(3)民衆の生活要求に効果的に対応することができなかった、(4)権力的抑圧に走りすぎた、などの解釈がある。原内閣の下でも米価は騒動当時より高くなっていたので、(1)はないとしよう。同内閣が初期にもっとも力を入れたのは外米の輸入であったから、(2)はありうる。[12] しかし、原は、(3)と(4)をより多く意識していたのではないだろうか。

(1) 岡義武「近代日本政治史II」一三六ページ。
(2) 『内務省史』第二巻、八二三ページ。上掲書は、この文章を『松井茂自伝』から引用したと注記している。しかし、私が所有する『松井茂自伝』松井茂先生自伝刊行会、一九五二年、には、この文章はみあたらない。この文章をかなり簡略化した文章は、同書の一九四―一九五ページにある。二つの文章を比較してみて、引用した文章のほうがくわしく、リアリティに富んでいるので、そちらをつかうことにした。前出の注記は誤っている。著書目録、執筆目録をみると、松井は筆まめなひとで、膨大な文章を残している。想像するに、『内務省史』第二巻の当該箇所の筆者は、その文章群のなかからさきの文章を引用し、それが『松井茂自伝』のなかに収録されていたと確認せずに判断したのではないか。

（3）「近代日本政治史Ⅱ」二三〇—二四一ページ。
（4）警視庁史編さん委員会『警視庁史　大正編』同委員会、一九六〇年、三一一—三一二ページ。
（5）岡義武「転換期の大正」『岡義武著作集第三巻　転換期の大正』岩波書店、二〇〇一年、八六—八七ページ。
（6）『内務省史』第二巻、八三九—八四一ページ。
（7）同右、八四三、八四六ページ。
（8）同右、八四三ページ。
（9）同右、八四三、八四六ページ。
（10）山本四郎『評伝　原敬』下、東京創元社、一九九七年、三〇八ページ。
（11）「転換期の大正」九二ページ。
（12）同右、一一七—一一八ページ。『評伝　原敬』下、三〇八—三〇九ページ。

9　結核対策と検疫制度

序章で衛生局の所掌事務を国民の身体（生命）の管理といった。この時代のほぼ中間点である一九一〇年（明治四三年）で、その管理の対象を鳥瞰してみよう。

この年、日本人人口（当時は内地人ともいった。内地とは北海道、本州、四国、九州および沖縄をさす。樺太はふくまない。内地人には外国人は入らない）は四九一八万四〇〇〇人であった。その年の一年間の人口動態は、出生一七一万二八五七、死亡一〇六万四二三四、自然増加が六四万八六三四、であった。ただし、乳児死亡が二七万六一三六、新生児死亡が一二万六九一〇（乳児死亡は生後一年未満の死亡、新生児死亡は生後一カ月未満の死亡）となっており、乳児死亡数は全死亡数の二五・九％におよんでいた。(1)

乳児死亡率とは出生一〇〇〇にたいする乳児死亡の数をいうが、この年の日本人人口ではそれは一六二である。同年の欧米諸国の乳児死亡率はアメリカ一〇五、イギリス一二六、フランス七八で、日本のそれは相対的にみてかなり高い。この基本的原因は、日本の衛生水準が前記の諸国のそれに比較して劣っていたことにある。(2)しかし、当時の内務省には、管見のかぎりでは、これについての問題意識はまだなかった。

死亡者の死因であるが、主要死因一四にかんする統計がある（表4-14）。一九一〇年のばあい、その一四の死因で全死因の六割が占められている。構成比の高いほうから拾うと、「肺炎および気管支炎」一二・一％、「全結核」一〇・六％、「胃腸炎」九・九％、「脳血管疾患」六・一％、「精神病の記載のない老衰」五・六％、である。念のために、桂園時代の始点、一九〇一年（明治三四年）のデータと、ポスト桂園時代の終点、一九一八年（大正七

表 4-14 主要死因別死亡数とその比率 (1901, 1910, 1918 年)

	1901		1910		1918	
	死亡数	百分率	死亡数	百分率	死亡数	百分率
死亡者総数	925,810	% 100.0	1,064,234	% 100.0	1,493,162	% 100.0
全結核	76,614	8.3	113,203	10.6	140,747	9.4
悪性新生物	22,149	2.4	32,998	3.1	40,560	2.7
糖尿病			1,089	0.1	1,955	0.1
心疾患	21,869	2.4	31,976	3.0	44,760	3.0
脳血管疾患	75,250	8.1	64,888	6.1	86,262	5.8
肺炎および気管支炎	101,606	11.0	128,877	12.1	270,620	18.1
ぜん息			6,880	0.6	9,515	0.6
消化性かいよう			5,079	0.5	6,126	0.4
肝硬変	2,048	0.2	3,265	0.3	3,866	0.3
腎炎およびネフローゼ	13,971	1.5	26,603	2.5	57,473	3.8
精神病の記載のない老衰	49,412	5.3	59,117	5.6	82,073	5.5
胃腸炎	56,129	6.1	104,950	9.9	145,667	9.8
不慮の事故	17,993	1.9	21,800	2.0	27,160	1.8
自　殺	7,847	0.8	9,372	0.9	10,101	0.7
その他	480,922	51.9	454,137	42.7	566,277	37.9

資料出所：厚生省医務局『医制百年史（資料編）』ぎょうせい，1976 年，pp. 528-533.

年）のデータをあわせ示すが、それぞれの死因の上位五位は同じで、順位に多少の変動があるのみである。なお、一九一八年で「肺炎および気管支炎」が一八・一%という高率になっているのは、当時、世界的に流行していた「スペイン風邪」がこの年、日本に侵入してきたからだが、この「史上最悪のインフルエンザ」の流行については次章でふれる。

法定伝染病は「伝染病予防法」が制定されたとき、一八九七年（明治三〇年）にはコレラ、赤痢、腸チフス、痘瘡、発疹チフス、しょう紅熱、ジフテリア、ペストの八つであったが、一九二二年（大正一一年）の改正で、赤痢には疫痢をふくむ、腸チフスは腸チフスとパラチフスにわける、流行性脳脊髄膜炎をくわえるという変更によって、一〇になった。これらの病気は年によって患者数、死者数が大きく変動するので、表4-15で、この時代の一八年間のデータをすべて示す。

そのうえで、ひとまずの手がかりとして一九一〇年のデータをみると、同年の法定伝染病一〇病の患者数合計は九万一六九一、死者数合計は二万五五一九である。この時代の時間域全般でみると、死者数がもっとも大きいのは赤痢（疫痢をふくむ）であり、ついで腸チフス、ジフテリアである。一八年間で年平均の死者数は、赤痢（疫痢をふくむ）で七八六〇、腸チフスとパラチフスで七二六一、ジフテリアで四六二七、となる。この五つの伝染病は病菌が国内に常時存在していて、毎年流行し、一定範囲の患者数と死者数が出ている。これにたいして、コレラとペストは海外から病原菌が侵入してその都度流行するものである。コレラは、元勲政権期のように一年で死者が一〇万人台とか、四万人台、三万人台という大流行はみられないが、それでも一九〇二年（明治三五年）には八〇〇〇人台、一九一六年（大正五年）には七〇〇〇人台におよんでいる。

これらの疾病にたいする内務省衛生局の衛生行政は多様な局面をもつが、ここでは結核予防と伝染病予防にしぼって概況をみておこう。

ロベルト・コッホの結核菌の発見とツベルクリンの製造、後者にたいするコッホのもとに留学していた内務省技師、北里柴三郎の貢献などには前章でわずかにふれた。一八九二年（明治二五年）には、日本にツベルクリンが輸入されている。そのころから、日本にも結核療養所や結核専門病院が設置されはじめた(3)。しかし、ツベルクリンの薬効は決定的に強力であるとはいいがたく、この時代の結核対策の主力は治療よりは予防におかれざるをえなかった。その実態をうかがう手がかりとして、一九〇四年（明治三七年）に公布された「肺結核予防ニ関スル件」（内務省令第一号）の一部をかかげる。

「第一条　学校、病院、製造所、船舶発着待合所、劇場、寄席、旅店其ノ他地方長官ノ指示スル場所ニハ適当箇数ノ唾壺ヲ配置スヘシ警察官署ハ前項ノ唾壺不適当ナルカ若ハ其ノ箇数充分ナラスト認ムルトキハ期間ヲ定メテ唾壺ノ変更ヲ命シ若ハ箇数ヲ指定シテ之ヲ増置セシムルコトヲ得

死者数（1901-1918 年）

痘そう		発しんチフス		しょう紅熱		ジフテリア		ペスト	
患者	死者数	患者	死者数	患者	死者数	患者	死者数	患者	死者数
92	7	21	5	46	6	14, 876	4, 929	3	3
46	24	22	5	125	17	14, 998	4, 515	14	10
72	25	8	9	123	3	13, 681	4, 264	58	39
1, 188	154	35	5	102	15	12, 630	3, 838	1	1
278	70	2	10	133	18	13, 153	3, 858	282	107
496	99	4	5	255	36	14, 090	4, 180	498	157
1034	211	8	6	522	70	14, 729	4, 245	646	320
17, 832	4, 265	3	8	860	126	17, 718	5, 063	347	159
90	36	3	1	1, 537	339	18, 022	5, 249	389	237
80	15	5	1	2, 359	487	19, 013	5, 415	49	22
202	22	3	5	1, 339	195	20, 030	5, 319		
14	119	1	5	1, 207	147	19, 178	4, 913		4
108	53		7	1, 293	124	19, 014	5, 060	27	18
485	106	7, 309	1, 176	1, 250	87	18, 250	4, 758	83	52
17	4	499	75	1, 145	81	19, 643	4, 983	20	8
264	42	602	110	1, 056	64	16, 197	4, 158	77	50
5, 121	935	219	36	1, 257	70	17, 446	4, 494	25	14
1, 467	234	229	31	1, 018	68	15, 701	4, 037	1	1

（後略、唾壺の中味を捨てるさいの消毒のしかたなどが指示されている）

第二条（略）

第三条　地方長官ノ指定シタル鉱泉場、海水浴場、転地療養所ニ於ケル旅店ハ左ニ掲クル事項ヲ遵守スヘシ

（中略）

三　肺結核患者若ハ其ノ疑アル患者ナルコトヲ知リタルトキハ其ノ患者ノ居室ニ消毒スルニアラサレハ他人ヲ宿泊セシメサルコト

四　前号ニ掲クル患者ノ使用シタル物品ハ消毒スルニアラサレハ他人ニ使用セシメサルコト」。[4]

要するに、公衆の集まる場所における痰壺の配置と痰の消毒、患者の居室とつかった物品の消毒の命令である。コッホの結核菌の発見が活かされているといっても、あまりに原始的な予防策しかないことが気の毒なほどである。おそらく、予防

表 4-15 法定伝染病の患者数,

	コレラ		赤痢(疫痢をふくむ)		腸チフス		パラチフス	
	患者	死者数	患者	死者数	患者	死者数	患者	死者数
1901	101		49,384	10,888	24,052	5,871		
1902	12,891	8,012	36,395	8,583	21,022	5,227		
1903	172	139	30,304	7,169	18,820	4,575		
1904	1	48	22,765	5,293	19,628	5,096		
1905		34	37,981	3,762	22,853	6,280		
1906		29	22,270	5,171	25,133	6,325		
1907	3,632	1,702	24,940	5,872	25,916	5,974		
1908	652	297	32,808	8,053	24,492	5,822		
1909	328	158	28,005	8,655	25,101	6,018		
1910	2,849	1,656	31,958	9,877	35,378	8,046		
1911	9	35	27,466	8,749	34,088	7,353	2,112	271
1912	2,614	1,763	25,066	7,560	31,519	6,955	4,046	465
1913	87	106	16,777	5,981	27,705	5,988	3,867	450
1914	5	100	26,121	8,856	35,368	7,264	6,827	692
1915		63	21,136	8,679	36,417	8,166	7,034	650
1916	10,371	7,842	22,449	10,139	41,864	10,729	6,775	751
1917	894	718	14,940	8,630	35,176	9,531	5,730	676
1918		32	13,997	9,561	43,072	10,823	5,791	698

資料出所：前掲『医制百年史』pp. 546-549.

の実際的効果もほとんど、あるいはまったくあがらなかったであろう。前掲の表4-14でみても、三つの年度で全結核の死者数は急上昇しており、一八年間で倍増にちかい。この間、一九〇八年(明治四一年)、コッホが来日し、北里はそれを機会に結核の予防事業をおこそうとしたが、成功しなかった。一九一一年(明治四四年)には、大逆事件の後始末の一環として恩賜財団済生会が設立され、その全国に展開した主要事業のひとつが結核の予防と治療の事業であった。一九一四年(大正三年)には、「肺結核ノ療養所設置及国庫補助ニ関スル法律」(法律第一六号)が制定され、これによって、東京、大阪、神戸の三市にたいして結核療養所の設置が命じられ、国庫補助のもとでの公立結核療養所の普及が着手されるにいたった。(5)

一八九七年(明治三〇年)の「伝染病予防法」によってわが国の急性伝染病にたいする防疫体制の法的基礎が完成し、九九年(明治三二年)の

「海港検疫法」によって近代的な海港検疫体制が整えられた。ここまでは前章で述べた。制定時期により「海港検疫法」が本格的に機能しはじめるのはほぼ桂園時代に入ってからである。

「海港検疫法」は長文のものであるので、厚生省公衆衛生局『検疫制度百年史』から、「制定当初の海港検疫法及び関係法令の大要」の主要部分を引用する。

「一海外諸港及び台湾より来航する船舶を対象としていること。／二検疫を受け許可証を得るまでは入港、陸地又は他船との交通、船客、乗組員の上陸、物件の陸揚を禁じること。／三検疫を行う海港は内務大臣が指定すること（横浜、神戸、長崎及び口ノ津とし、臨時に検疫を施行するときは告示をもって示すこととされた）。／四検疫を行う伝染病は内務大臣が指定すること（コレラ、ペスト、黄熱、痘そう及び猩紅熱とされた）。／五現に伝染病患死者のあるもの、航海中に伝染病患死者があったもの、伝染病流行地を発し、又はその地を経て来航し、若しくは伝染病毒に汚染した船舶と交通したものは、所定の検疫信号を掲げること。／六検疫信号は、昼間は船舶の前檣に黄旗を掲げ、夜間は同所に紅白二燈を連掲する事[6]」。

なお、前記の大要では検疫官吏が対象船舶にたいしておこなう処分が説明されていない。「海港検疫法」第六条によれば、その処分はつぎのとおりである。(1)命令の定める期間、停船を命じる。(2)患者と死者の処分を指示する。(3)船舶やその他の物件の消毒を実施する。(4)必要を認めるときは船客と乗務員を検疫所に移転させる[7]。なお、一九〇七年（明治四〇年）の改正で、(3)の消毒にはねずみ族の駆除がくわえられた[8]。

この検疫の効果はめざましかった。検疫の対象となる伝染病のうち、元勲政権時代と桂園時代・ポスト桂園時代の双方で年間平均死者数のデータがえられるのは、コレラと痘そうである。コレラは、元勲政権時代では一万二一〇六、桂園時代・ポスト桂園時代では一三三七、前者に対して後者は約九分の一である。痘そうは、元勲政権時代では九三五一、桂園時代・ポスト桂園時代では三七七、前者は後者に対して約二五分の一、である。[9] これらの激減は海港検疫体制の整備のたまものであった。なお、ペストのばあい、最初の患者の出現が一八九七年（明治三〇年）のことであるので、前記のような比較をすることはできないが、『検疫制度百年史』などでみるかぎり、海港検疫体制はペスト患者、ペストねずみによる病菌の海外からの侵入をしばしば喰い止めたようである。[10]

最後にこの時代の伝染病対策制度における特記しておくべき事件として、一九一四年（大正三年）一〇月の伝染病研究所が内務省から文部省に移管された出来事がある。同研究所が一八九二年（明治二五年）に設置された経過、そのさい、内務省衛生局と帝国大学医科大学とのあいだに激しい争いがあったことまでは、前章で述べた。その後、研究所は順調に発展して、世界の医学界の注目を集める域に達していた。北里の強力なリーダーシップ、かれを慕って集まってきた多くの優秀な医学者たち、自由な研究を重んじる学問的雰囲気が、その発展の三要因であった。主なスタッフとその業績のみを列挙しても、北里のペスト菌発見、志賀潔の赤痢菌発見、浅川範彦の腸チフス診断液と丹毒治療液の創製、梅野信吉の純牛痘菌と狂犬病予防液の創製、秦佐八郎の化学療法剤・サルバルサンの発見、宮島幹之助の寄生虫研究、北島多一の毒蛇ハブ毒血清療法研究などがあった。[11] また、研究所は良質の血清やワクチンを製造、供給しつづけて、医療界に貢献してきた。

この研究所の内務省から文部省への移管を事件とみるのは、それが研究所長の北里とかれのスタッフ全員にまったく無断で閣議決定されるという暴挙によっておこなわれたからである。文部省移管についで東京帝国大学移管がおこなわれることはだれにでも予想されたし、それは実際にそのとおりになった。ときの内閣は第二次大隈内閣、内務大臣は大隈首相が兼任していた。文部大臣は一木喜徳郎、大隈の主治医は東京帝国大学医科大学の内科教授・青山胤通、一木が青山にはかってこの移管を推進したといわれる。その後の経過は、移管に抗議する北里の辞表提出、北島以下全研究スタッフの辞表提出とつづいた。一木と青山は、北里だけを辞職させて、伝染病研究所を文部省と東京帝国大学が支配することをめざしていたので、この事態の進行に困惑したようである。世論は、一木たちが北里を毒殺したと憤慨・沸騰した。一応の決着は、一九一五年（大正四年）北里がかつての全スタッフと財団法人北里研究所を設立し、翌年、東京帝国大学が形骸化した印象が否めない伝染病研究所を附置することによって、つけられた。(12) それでも、約四半世紀以前、同研究所の設置をめぐり衛生局派に敗北の苦汁をのまされた大学派は、ようやく報復の機会をえたのであった。

一木は、前章で紹介したように内務省の最初期の学士官僚で、貴族院直撰議員として政界に入り、山県有朋の懐刀といわれた。のち、東京帝国大学法科大学教授、内務次官、文部大臣、内務大臣など。かれは回顧録でこの事件をふり返り、この移管は行政整理の一環であり、教育系統の機関を文部省に集めただけのことであったが、北里が政治的人物であり騒ぎすぎたなどといっている。(13) しかし、一木は立場上、反政友会の心情がつよかったし、北里は政友会シンパで、政友会にたいして（おそらくは研究所の血清・ワクチンの販売収入から）かなりの額の献金をしていたといわれている。(14) 事件の本質は山県派と政友会系列の政治的葛藤の一環とみるべきであろう。青山は当時の代表的医学者たちのひとりで、北里のライバルと周囲からみられており、地位では医科大学教授として北里によく拮抗していたが、業績や後進の育成では北里にはるかに及ばなかった。一八九四年（明治二七年）、香港でペストが流行したとき、政府は北里、青山をふくむ調査団を同地に送った。そこで北里はペスト菌の発見という世界的業績をあげ、青山はペストに罹患して死線をさまよった。(15) この事件で青山は、権力者の手を借りて、北里にようやく一矢を報いたのだが、一世紀もたたぬうちに、医学史には北里の名のみが輝かしく記録されて、青山の名は忘却の渕に沈んでいる。

（1）厚生省医務局『医制百年史（資料編）』ぎょうせい、一九七六年、五一七、五二一ページ。
（2）厚生省医務局『〈医制百年史付録〉衛生統計からみた医制百年の歩み』九ページ。
（3）『内務省史』第三巻、二九〇ページ。
（4）『医制百年史（資料編）』二七一ページ。
（5）『内務省史』第三巻、二九一ページ。
（6）厚生省公衆衛生局『検疫制度百年史』ぎょうせい、一九八〇年、四七ページ。
（7）『医制百年史（資料編）』二六二ページ。
（8）『検疫制度百年史』四八ページ。
（9）『医制百年史（資料編）』五四四―五四九ページによって算出した。
（10）『検疫制度百年史』四二―四三ページ。ただし、同書には「明治三十二年にはペストの発生をみるに至った。（中略）明治三十二年十一月我が国最初のペスト患者が神戸市で発生し同三十四年に至る第一回の流行となり、その後も明治四十三年までにペスト患者、死者二千余人、ペスト菌保有ネズミ（以下「ペストネズミ」という）二万余頭と我が国最大のペスト流行となった」とある。しかし『医制百年史（資料編）』五四四―五四九ページによれば、最初のペスト患者と同死者は一八九七年（明治三〇年）に出ており、同年から一九一〇年（明治四三年）までのペスト患者は二五一八人、同死者は一二二三人である。これらの数字の喰いちがいについては、資料の性格からして、『医制百年史（資料編）』によるものを信頼するべきであろう。『検疫制度百年史』の記述は「ペスト患者二千余人、死者千余人」とあったものの校正ミスではないか。
（11）宮島幹之助『北里柴三郎伝』岩波書店、一九三三年、七〇、七二、七六、九六ページ。長木大三『増補　北里柴三郎とその一門』慶應通信、一九九二年、二八―三〇、六八、八九―九一、一一三、一三一―一三三ページ。
（12）『北里柴三郎伝』八一―九七ページ。『増補　北里柴三郎とその一門』四一―五二ページ。

（13）『一木先生回顧録』一木先生追悼会、一九五五年、六五―六六ページ。
（14）北里の政治献金については、事柄の性質上、文献による裏付けがなかなか得難いが、その一端のめずらしい証言として、つぎがある。「先生の俠気（八木逸郎氏追懐談）」『北里柴三郎伝』三〇四―三〇九ページ。
（15）『北里柴三郎伝』七二―七四ページ。

10　港湾行政と治水行政

内務省土木局が所管する土木行政の主要分野は、この時代に入ると、(1)河川行政、(2)砂防行政、(3)港湾行政、(4)道路行政、(5)上下水道行政、(6)都市計画行政の六つに区分されることができる。河川行政は、それまで治水行政に限定されていたが、このころ水力発電による発電事業が国家によって育成されるようになり、それにともない利水行政という新局面がつけくわえられた。しかし、土木行政全体のなかでの比重をかんがえると、砂防行政をふくんだ治水行政と港湾行政のそれが目立って大きく、ほかの分野はその存在が見分けられるという程度で、利水行政、道路行政、上下水道行政、都市計画行政などが本格的な動きを示しはじめるのは、つぎの政党内閣時代（一九一八年、大正七年―一九三二年、昭和七年）に入ってからである。紙幅の制約もあるので、以下では港湾行政と治水行政にかぎって、概況と一、二の話題にふれる。

港湾政策は、すでに述べたように、大久保内務卿の時代から内務省の土木政策の重要分野のひとつであった。桂園時代・ポスト桂園時代に入ってからも、これは変わらない。この時代の港湾政策の推進力としては、第一次西園寺内閣時代にはじまった港湾調査会の活動にとりわけ注目しなければならない。内務大臣原敬は、会長として同調査会を主宰し、港湾政策の計画と実施に政治家としての力量を傾注した。委員としては、地方局長床次竹二郎、内務技師沖野忠雄、海軍大臣加藤友三郎、久米金弥、東京帝国大学教授広井勇など、臨時委員には土木局調査課長原田貞介の名前がみえる。(1) 沖野が主席委員であった。(2) 同調査会は一九〇七年（明治四〇年）一〇月、第二回の会議を開催して「重要港湾ノ選定及施設ノ方針ニ関スル件」を決定したが、これは、その後の「わが国港湾修築の根幹」(3)

となったものである。

この会議の速記録が『原敬関係文書』第八巻に収録されているが、これを読んでみると、原が「陣頭指揮」をして同調査会の活動全体を引っぱり、沖野が実務の中軸を担っていたことがよくわかる。[4]作業はつぎのように進んだ。内務省は一九〇六年から〇七年にかけて、北海道、台湾、樺太をのぞく日本の沿岸の七七一港について膨大な量の調査をおこなった。ついで、〇七年六月に港湾調査会を再設置（再設置というのは、同名の組織が一九〇〇年に設置、〇三年に廃止されているため）して、その第一回の会議で、七七一港から重要とおもわれる一一九港をえらび、これに東京など七港をくわえ、計一二六港を審議させて、港湾の等級を定めた。すなわち、(1)第一種重要港湾＝中央政府が経営し、関係地方が共助するもの、(2)第二種重要港湾＝関係地方が経営し、国庫から相当額の補助をあたえるもの、(3)地方港湾＝関係地方の独立経営にまかせるべきもの。ついで、土木局がこの三等級をつかって、さきの一二六港を分類し、そこから最終的に「重要港湾」として、つぎの一四を選出した。すなわち、(1)横浜、(2)神戸、(3)大阪、(4)東京、(5)関門海峡、(6)敦賀、(7)長崎、(8)青森、(9)秋田海岸、(10)新潟、(11)境、(12)鹿児島、(13)伊勢湾、(14)仙台、である。[5]

この基本計画の策定を織りこんで、一九〇六年（明治三九年）から一九一八年（大正七年）までに着工された主要な港湾工事はつぎのとおりである。

一九〇六年＝東京港（第一期、河口改良）、神戸港（第一期）。
一九〇七年＝「重要港湾ノ選定及施設ノ方針」、岩内港、新潟港（河口改修）。
一九〇八年＝小樽港（第二期）。
一九〇九年＝釧路港、敦賀港（第一期）、清水港。

一九一〇年＝函館港（第二期）、留萌港（第二期）、四日市港、大分港、名古屋港（第二期）、関門海峡（第一期）。

一九一一年＝東京港（第二期、河口改良）、船川港。

一九一三年＝青森港。

一九一四年＝新潟港、横浜港。

一九一七年＝室蘭港。

一九一八年＝神戸港（第二期）、門司港、洞海湾沿岸航路、本土・九州間鉄道連絡計画。

このあとも、一九一九年（大正八年）の名古屋港修築、一九二四年（大正一三年）の東京港修築などがつづいた。

以上は、さきにいったように着工の年によって列記しているが、工事期間の長さ、費用の大きさはさまざまである。わかるかぎりで、一、二の実例をあげると、神戸港（第一期）の修築は一九〇六年着工、一九二一年（大正一〇年）竣工、一五年がかかっている。工種内容は岸壁、浚渫、防波堤などで、監督した技師は沖野忠雄ほか、費用は一二七二万円余であった。また、関門海峡の修築は、一九一〇年着工、一九二八年（昭和三年）竣工、一八年がかかっている。工種内容は破岩船を使用した浚渫で、監督した技師は原田貞介ほか、費用は一四〇四万円余、さきに列記した工事のなかでもっとも多額の費用がつぎこまれた。(6)

さて、ここまでは、主として『内務省史』第三巻および『原敬関係文書』第八巻によって述べてきた。それらによると、港湾調査会は、一九〇七年（明治四〇年）六月二四日に再設置、同年一〇月二三日に第二回の会議を開催している。ところが、『原敬日記』の一九〇六年（明治三九年）分によれば、五月三一日に「港湾調査会第一回会合を官邸にて開らき」とある。「港湾調査は久しき以前よりの問題なるも、各省中主として取纏むる処なきに因り先頃閣議に提出し、内務省にて取纏むる事となせしに因り…各省の委員を集めて午餐を倶にせり」ともいっている。ついで、七月一八日、同三〇日、さいごは一二月一一日にそれぞれ同調査会を開いたという記述がある。(7)『内務省史』などがいう港湾調査会と『原敬日記』がいう港湾調査会はどういう関係にあるのか。山本四郎『評伝原敬』下巻は両者を同一組織とみたてて強引な説明をしているが、無理がある。(8)それらは別組織ではないだろうか。〇六年のものは、「各省の委員を集めて」といっているから各省連合調査会、〇七年のものは、さきに紹介した委員の顔ぶれからみていま少し上級の調査会だったのではないか。

『原敬日記』一九〇六年分の港湾調査会にかんする記述に私が最初に関心を惹かれたのは、一二月五日分の舞台裏の争いというべきものにかんしてであった。その大意はつぎのとおり。昨日の閣議で神戸港改良費一二〇〇万円余が大蔵省所管で出ていた。これは阪谷芳郎蔵相が九月に神戸で突然発表演説をしたもので、阪谷はそれに先立って閣議、港湾調査会、内務省、兵庫県知事のどこにも相談していなかった。原は阪谷をおおいになじり、阪谷はあらためて港湾調査会にはかることになった。阪谷の「子供らしきヴニティ」は困ったものだ。それにしても奇行が多い男だ。(9)つづいて、一一日に、港湾調査会を開き、「神戸築港問題の大体」を決定したという。不同意を唱えて次年度の予算からその費用をはずすこともできるが、神戸港の改良自体は必要なことだし、蔵相発言は外国にも報道されてしまったので、などと付言している。阪谷は助かったと、のちに原に謝辞をいってきたという。(10)

このいきさつをみていると、全国規模の築港工事の計画と実施が、それぞれの地方、党派、産業、事業、個人の利害とふかくからんでいたことが想像される。一九〇七年の港湾調査会の第二回会議の記録をよんでいても、各地方の利益が主張されているらしいと薄々感じられるところがある。公式の記録によってさえそうなのであるから、舞台裏の争いのすさまじさは想像するにあまりある。そうかんがえるとき、『原敬日記』の一九〇六年一二月の阪谷蔵相のエピソードは示唆的である。また、本章2節で述べたように、原は私生活では清貧の生きかたを通したが、政友会の党員たちのために利権を斡旋することについては大胆であったという事実も連想される。この一連の築港工事ではそれはどうであったのだろうか。しかし、ほとんどは歴史の闇にかくされて、いまは詮索のしようがない。

治水行政は、明治初年からはじまっており、元勲政権時代にはお雇い外国人技師たちにかわって、留学から帰国してきた日本人の土木官僚たちがその主役となっていったというところまでは前章に述べた。かれらの仕事ぶりの代表例として、古市公威の業績をそこで紹介した。さて、桂園時代に入り、治水行政は全国的・組織的に展開しはじめた。その直接の契機は一九一〇年（明治四三年）八月に襲来した台風による全国各地の激甚な水害である。被害は、関東地方、東北地方、中部地方でとくに大きかった。『大日本帝国内務省第二八回統計報告』によると、その被害金額は一億二〇〇〇万円余に達している[11]。当時の国民所得額が二八億八〇〇〇万円であるので、国民が年間に手にする富の四・二%が一回の台風で失われたことになる。この大水害によって、治水費の増額、治水工事の統一が政治問題として提起されるようになった。

政府は同年一〇月、勅令第四二三号をもって臨時治水調査会官制を公布し、同調査会に治水の根本政策を諮問した。ときの内閣は第二次桂内閣、内務大臣は平田東助、土木局長は水野錬太郎であった。平田はこれにさきだって、九月のうちに二〇日あまりをかけて関東地方から東北地方をめぐり、被害状況を視察している。道路は破壊されており、橋梁は流失しており、平田たちは徒歩とせいぜいときに馬に乗って連日の行程をこなした。町村によっては駕籠を準備してせめて大臣だけでも乗っていただきたいと申し出たが、平田は、皆が困っているときに歩くことくらいが苦労であろうかと一回もそれをつかわなかったという[12]。

当時の治水政策の基本原則は、公共の利害に重大な影響をもつ河川の改修は中央政府が直轄で施行することとされていた。臨時治水調査会の協議は河川の改修、砂防の実施、森林の増殖など多方面にわたったが、もっとも主要な任務は、前記の原則にもとづいて直轄の河川を選択することであった。同調査会は審議をかさね、一九一一年（明治四四年）一〇月、「河川改修計画ニ関スル件」と「砂防計画ニ関スル件」を決議し、中央政府が直轄事業で改修する六五河川の諸計画を決定した。これがのちに第一次治水計画と呼ばれたものである。それは当時の国家の財政能力の制約から六五河川を第一期河川と第二期河川にわけ、まず第一期河川の改修事業をおこない、その竣工後、第二期河川の改修事業に着工することになっていた。第一期河川は利根川、信濃川、木曾川など二〇河川、第二期河川は天竜川、阿武隈川、筑後川など四五河川であった。(13)

この第一次治水計画を策定するにあたっても、実務の中心人物となったのは、沖野忠雄であった。政友会の原と山県直系の平田と、政治的立場はまったく異なる二人の内務大臣のもとで、港湾政策と治水政策のそれぞれの長期計画をつくるにあたって、同一人物の土木官僚が中心人物となる。このあたりに内務行政を理解するさいの鍵のひとつがひそんでいよう。土木行政は、短期的には政争の道具となる面があるのは確かであるが、長期計画では技術者的合理性が重んじられて、政治的中立性が比較的維持されているのではないか。

沖野の経歴にわずかにふれる。一八五四年（安政元年）の生まれで、古市と同年である。大学南校に在学中、文部省から命じられてフランスに留学したのも古市と同じだが、出発はかれの一年あとになった。帰国後、一八八三年（明治一六年）内務省入省、以後一貫して土木行政畑を歩んだ。古市が九八年に逓信次官となり土木局を去ったあとは、沖野が、一九一八年（大正七年）の退官まで土木官僚の第一人者であった。当時、土木官僚として古市の多芸多彩ぶりと沖野の治水・港湾行政への専念が対照的に語られることが多かった。沖野が、工事を監督した主要河川は、信濃川、北上川、木曾川、筑後川、高梁川、淀川、主要港湾は神戸港と大阪港である。なかでもかれがもっとも力を注いだのは、一八九六年（明治二九年）着工、一九一〇年（明治四三年）竣工の淀川改良工事と、一八九七年（明治三〇年）起工の大阪築港であった。この淀川改良工事は当初予算九〇九万円、追加予算一〇〇万円の大工事であったが、これを成功裡に仕上げた直後に、沖野は第一次治水計画の策定にとりくむことになったのである。(14)

政府はこの計画を実施するために、一九一一年度以降一八ヵ年の継続費として総額一億七六七四万円余の治水費予算を決定し、議会の協賛をえて、治水費資金特別会計を設置した。その理由はつぎのように述べられている。第一次治水計画のための経費は国庫と関係府県が負担するのが当然であるが、その額が巨大であるために、歳入だけで年々の経費をまかなうことは困難であるので、しばらくは借入金で不足分を補い、治水事業を急速に完成させ、償還は事業の完成後におこなうことにし、多年にわたる計画を確実に実行するために、特別にその資金を経理する必要がある。この特別会計の設置は、内務省が治水事業を格別に重視している姿勢のあらわれであった。特別会計としての治水費資金は、一九〇一年度、歳入二三〇六万円余、歳出一〇〇六万円余で発足した。しかし、この特別会計は、その後の景気停滞による大蔵省預金部の資金の伸び悩みなどによって、一九〇五年度（大正四年度）かぎりで廃止された。(15)

ほかに、一般会計歳出臨時部のほうでも、一九一一年度（明治四四年度）には治水費の大幅増額がみられた。一〇年の治水事業費が四四八万円余であったのにたいして、一一年のそれは九六八万円余で、ほぼ倍増している。翌一二年のそれは一七九三万円で、二年まえのほぼ四倍増である。これは、中央政府の直轄治水事業を中心にした災害復旧をふくむ治水政策の積極化がもたらしたものであった。しかし、一九一三年度（大正二年度）から、この治水費も漸減傾向をたどることになる（表4-9）。

『内務省史』の率直な感想を引用する。「災害の当初には、脱兎の勢いをもって計画立案されたものが、その後、無事な年を経るとともに忘却されて、実施の財源が減額縮小されることは、いつの時代も同様であって、このことは、この後においても繰返し経験されたことである」(16)。官僚たちの経験にもとづく行政法則の抽出の一例というべきか。この見直しは、一九二一年（大正一〇年）の第二次治水計画でおこなわれることになる。この治水財政の全面的後退のなかで、沖野は一九一八年に退官、神戸に隠棲し、一九二一年（大正一〇年）に死去している。

(1) 原敬文書研究会「港湾調査会議事速記録第二号」『原敬関係文書第八巻　書類編五』（以下『原敬関係文書』と略記する）、日本放送出版協会、一九八七年、九一ページ。
(2) 『内務省史』第三巻、一七四ページ。
(3) 同右、八二―八三ページ。
(4) 「港湾調査会議事速記録第二号」九一―一三三ページ。
(5) 同右、九二ページ。「港湾調査要覧」『原敬関係文書』二七―二八ページ、『内務省史』第三巻、八二―八三ページ。なお、くわしくはいわないが、『内務省史』第三巻、八二ページの記述には、前記の原資料とつきあわせてみると、不正確な数字が散見される。
(6) 『内務省史』第三巻、八三―八四ページ、松浦茂樹『明治の国土開発史――近代土木技術の礎』鹿島出版会、一九九二年、四四ページから作成。なお、両者の記述が喰いちがうものは後者によった。
(7) 『原敬日記（第二巻　続篇）』三四四―三四五、三五六、三六〇、四一三ページ。
(8) 『評伝　原敬』下巻、一三六ページ。
(9) 『原敬日記（第二巻　続篇）』四一一ページ。
(10) 同右、四一三―四一四ページ。なお、ここでは神戸築港の国庫による予算が一九〇七年（明治四〇年）からついたとかかれているが、さきにその築港は一九〇六年着工とされている。これは神戸市の予算で防波堤工事の一部がはじめられていたのをさしている。広井勇『日本築港史』丸善、一九二七年、二〇六ページ。なお、同書によれば、この件で原からこっぴどく叱られた阪谷の発言は、地元では人びとを狂喜させたという。

(11)『大日本帝国内務省第二八回統計報告』一六一ページ。
(12) 加藤房蔵編纂『伯爵平田東助伝』平田伯伝記編纂事務所、一九二七年、一二八―一三〇ページ。
(13)『内務省史』第三巻、二五ページ。
(14) 飯吉精一『近代土木者像巡礼』日本河川開発調査会、一九八六年、一七七―一七九ページ。
(15)『内務省史』第三巻、二五―二七ページ。
(16) 同右、二七ページ。

11　思想と心情の管理

この時代の終りちかくまで内務省は神社局と宗教局をもち、それゆえ、国家の神社政策、宗教政策の主体であった。それらの政策の本質は序章において、宗教（歴史）の管理と約言された。しかし、この時代の内務行政を展望してみると、その宗教（歴史）の管理を機軸にしつつ、その周囲にひろがる国民の思想（心情）の管理とでもいうべき広範囲の管理がみいだされる。そのかぎりでは、内務省は思想管理官庁という一面をもっていた。そのあたりまでを意識しつつ、神社局、宗教局の政策を概観したい。

その機軸となるのは神社政策の展開である。すでに太政官時代に国家神道が成立し、その本質は宗教とは区別される祭祀としての神道であるとされたこと、ついで元勲政権時代には神職制度の整備と神社祭祀の制度化がはじまったことを述べた。これをうけて、この時代、神社政策は、国家神道が地域社会において展開するための拠点として、神社を強化しようとして神社の統廃合を進めた。[1] この統廃合は原内務大臣の手によって一九〇六年（明治三九年）から開始されるのだが、「宗教統計一覧」によると、この年、全国で神社は一九万四三五社、あった。その社格別の内訳は、官社一七〇（〇・一％）、府県社五七八（〇・三％）、郷社三四六五（一・八％）、村社五万二三九七（二七・五％）、無格社一三万三八二五（七〇・三％）であった。[2]

利用しうるもっとも古いデータとして一八七七年（明治一〇年）のものがあるが、その年、全国の神社総数は一三万三三四八社、その社格別の内訳は、官社一二〇（〇・一％）、府県社、郷社、村社をあわせて五万三九八六（四〇・〇％）、無格社七万九二四二（五九・四％）である。[3] このデータと前記の一九〇六年のそれを比較すると、約三〇年間で、神社総数が五万七〇〇〇社増加したこと、そのほとんどが無格社であったことがわかる。この背景には、神職がいない土着の小神社や家族、同族などを私的に祀る神社が、神社として行政に届け出ることで自動的に公的性格をあたえられ、管理・運営のための公費の支出が期待されえたという事情があった。(4)

内務省は神社の合併を勧奨し、神社がそれに応じるという形式で、この統廃合は進行した。府県などは内務省の意向をうけて、村社は行政村ごとに一社、無格社は旧村（字）ごとに一社から数社に減らしていった。その結果、一九一九年（大正八年）には、神社総数は一一万六一九三社となり、約七万四〇〇〇社が減少した。その総数の社格別内訳は、官社一七七（〇・二％）、府県社六六六（〇・六％）、郷社三四五七（三・〇％）、村社四万五一五五（三八・九％）、無格社六万六七三八（五七・四％）となった。(5)神社の統廃合がはじまった一三年まえの一九〇六年のデータに比較すると、官社、府県社は増加し、郷社はほとんど変わらず、村社が約七二〇〇社、無格社が約六万七〇〇〇社、減少している。

この神社の統廃合政策は、それにさきだつ町村合併、町村財産の一体化と連動するものであった。内務省は地域社会の「精神的一体化」のために「氏神合併」をはかったのである。(6)しかし、行政の末端では、廃止された神社の社祠がとりこわされ、それをとりまく森林や自然環境が破壊され、伐採された樹木が地域の有力者に不当に安く払い下げられるなどの事態が生じた。これにたいして各地方と中央政界で有力な反対運動がおこり、一〇年以上つづいて、一九二〇年（大正九年）、貴族院で神社合祀令が撤回されるにいたるが、『内務省史』は、それらの動きをまったく黙殺している。管見のかぎりでは、鶴見和子の『南方熊楠』第三章「四　エコロジーの立場に立つ公害反対」が、この反対運動とその思想史的意義についてもっともくわしく論じている。(7)ここでは紙幅の制約があり、南方の作品「神社合併反対意見」から、反対の論拠を七点、紹介するにとどめる。すなわち、(1)合祀は氏神をないがしろにして敬神思想を衰えさせる。(2)合祀は氏神の奪いあいによって人民を対立させる。(3)合祀は神社の不動産をなくし、祭礼がなくなることで、地域経済の不振をまねく。(4)合祀は環境を破壊して庶民の慰安を奪い、人情を薄くし、風俗を乱す。(5)合祀は愛郷心を損じ、愛国心を損ずる。(6)合祀は土地の治安と利益に大害がある。(7)合祀は美しい景色、史蹟、古い伝説を消滅させてしまう(8)。

この当時、神官神職はどれほどいたのだろうか。神社の統廃合がはじまった一九〇六年で、一万五一四四人、神社の社格別内訳では、官社六五二、府県社、郷社、村社一万三三一六、無格社一一七六となる。府県社などの七〇％以上、無格社では九九％以上で神職がいなかった。神官神職の数は神社の統廃合によってほとんど減少していない。一九一九年で一万四六九八人、官社七三八、府県社など一万三〇一〇、無格社九五〇、である(9)。廃止された神社のほとんどが神職のいなかった神社であったのだろうと推測される。

くわしくいうことはできないが、この時代をつうじて神官神職の質の向上をはかるために試験任用が制度化された。神職養成機関としては内務省所管の神宮皇学館と私立国学院大学があり、それらの卒業生は試験をへないで神職に任命されることができた(10)。一九一三年（大正二年）、「官国幣社以下神社神職奉務規則」が公布されるが、その冒頭の二条を現代語訳して、内務省があるべきだとした理想の神職像をうかがっておく。

「第一条　神職は国家の礼典により国家の宗祀に従うべき職司であるから、平素から国典を学習し国体を考究し、操行を正しくしてその本務をはたすべきである。

第二条　祭祀は国家が守るべき道の標準であるから、整粛恭敬を重んじ、祖先の恩に報いる誠意を表すべきである(11)」。

神社の統廃合と神職の質的向上という神社政策の基本的動向にくわえて、三つのトピックスをとりあげ、この時代の内務省による国民の心情と思想の管理の広がりをうかがっておきたい。

第一。国運が賭された最大の出来事としての日露戦争は、一九〇四年（明治三七年）二月八日の宣戦の詔勅によって開始されたが、その直後、同月一九日に神仏各教宗派管長あてに、つぎの内務省訓令が送られた。現代語訳で紹介する。

「宣戦の天皇の詔勅はすでに発せられた。国民は皆、その心をひとつにして、それによって奉公の誠をつくすべきであることは、もとより言を待たない。管長の責任ある地位にいる者は、深くこの意を体して、その教宗派内の教師を督励し、かれらをしてその任務により国民奉公の至誠をまっとうさせる道を講じさせるのはもちろん、寺院・教会などの事業についてはその軽重緩急を考えつつ、その節略につとめ、それによってその本分に背かぬように決心させるべきである。

国交はすでに断絶したといっても、相手国の臣民にたいしては、もとよりわずかの敵意もあるべきではない。ことに宗教にたいしてはその教派がなにであろうと問わず、平等一視、平素と変わることはない。これはまことに布教伝道に従事する者のもっとも深く考えるべきところである。管長である者はただちに派内の教師にくわしく諭して、いやしくも事態に誤った対応をしないように充分に留意させるべきである[12]」。

第二パラグラフの冒頭、ロシアとの国交は断絶しているが、ロシア国民にはわずかの敵意もあるべきでないという。つづく注意は、国内にいるロシア正教の聖職者、信徒にたいする迫害などを禁じているものと理解される。この訓令がどのように実行されたかを実証する資料として、日本においてロシア正教を宣教するために生涯のほとんどをささげた宣教師ニコライ（俗名イワン・ドミトリーエヴィッチ・カサートキン）の日記がある。われわれはこれを抄訳でよむことができるが、その「第六編日露戦争時の日記」、「第七編日露戦争後の日記」は、二三〇余ページにわたっている(13)。それによると、日本の民衆のなかには逸脱した愛国心によってロシア正教の教会堂や聖職者、信徒などにたいして攻撃的行動、暴力的行為におよぼうとする者があった。しかし、日本の内務省と警視庁、近衛師団は完全にそれを防止した。ポーツマス講和条約に不満をもった民衆が暴動をおこした日比谷騒擾事件のときには、多数の暴徒が駿河台の大聖堂を襲ってきたが、警官たちと兵士たちはよく防衛し、よく説得して、「石も一つも投げられず、宣教団の窓も一枚も、何もどこでも壊されなかった」(14)。ニコライ自身はロシア人の愛国者として祖国の敗北を悲しんでいるのだが、日本の官憲の公正な仕事ぶりをありのままに描写し、賞賛している。

ひとつの課題を記しておきたい。これから三六年後、一九四一年（昭和一六年）、日本はアメリカ合衆国、イギリスなどに宣戦して、太平洋戦争に突入した。そのさい、政府は国民にたいしてアメリカ国民、イギリス国民への敵意をあおりたて、鬼畜米英というようなすさまじい罵り言葉を公然としてつかった。キリスト教の教会と神父や牧師、信徒への迫害はそれにさきだってはじまり、敗戦までつづいた。日本の内政は、わずか三〇年あまりのあいだに急速に堕落し、品位を大幅に失った。それはなぜか。

第二。一九〇八年（明治四一年）一〇月の戊申詔書の渙発があった。これは第二次桂内閣の平田東助内務大臣が桂ほか二、三の閣僚と相談して、その詔書案を閣議に提出し諒承をえたという事実はわかっているので(15)、その案が内務省内部でつくられたと推定される。ただし、管見のかぎりでは、内務省のどこでそれがつくられたのかをあきらかにする資料はない。「教育勅語」研究では、それを補完する詔勅などを六つあげるが、その最初に登場するのが、この「戊申詔書」である。その前半部分を現代語訳で引用する。

「朕がおもうに、現今世界の文明は日に成り月に進み東西いずれの国も彼比たがいに相依り相助けて、それによって幸福と利益とを共にしている。朕はここに益々国交を修め親睦を厚くして列国とともに永くその恩恵を受けることを期している。反省してみるに、文明は日日進んで止まず、その恩恵をまともにうけるにあたっては、まず内では我が国運の発展を必要とする。戦後日なお浅く、諸般の政務はますます改善と拡張を必要としている。国民は上下心をひとつにし、真心をもって家業・職務に従事し、勤勉力行し、倹約して資産を興し、信義を重んじ、人情の厚い風習を形成し、華奢虚飾を退けて着実を旨とし、すさみ怠ることを戒めあい、自ら勉めて励みつづけ、休むべきではない(16)」。

「戊申詔書」のもっともゆきとどいた研究は、私の一九九七年の著作の第V章1にみられる。これは長文のものであるので、ここでは結論部分を要約して紹介するにとどめる。引用文の最初の二つのセンテンスは、日本が日清、日露の二つの戦争によって帝国主義列強の仲間入りをはたし、周辺の後進諸国、地域を植民地として支配しているという自己認識を、婉曲に表現している。これは「教育勅語」にはなかった認識である。また、第三センテンス以下は、国民の上下が「一致和合」して「相共に協力」しなければならないと主張している。当時、現実には階級・階層の対立と抗争が深刻化して、大きい政治問題となっていた。この背景には、日清戦争以後に深刻化した貧富の格差、総力戦としての日露戦争のあとにつづく下層階級＝労働者階級の不満の社会心理があった。大小の労働争議はしばしば暴動化し、社会主義者の突出した行動は目立ちはじめていた(17)。平田が「戊申詔書」を発布させたなによりもの動機は、社会主義思想の蔓延を防止するところにあった(18)。

第三。一九一二年（明治四五年）二月、第二次西園寺内閣の時代、床次内務次官が主導した内務省主催の三教会同の集会がある。三教は神道、仏教、キリスト教をさしていた。前内閣時代から物価騰貴、大逆事件などがあり社会不安が高まっていたので、その緩和のために主要宗教の各教派の力を利用しようというのが床次のねらいであった。かれは、これにさきだって一月に、(1)宗教と国家の結合をはかり、宗教の権威をさらにたかめ、国民に宗教を重んじる気風をおこさせる、(2)各宗教家を密に接近させて、国家の進運を援助する一勢力とする、という構想を発表していた[19]。これにたいして、宗教界、教育界、学界、政界のそれぞれで賛否両論があった。反対意見のなかには、三教会同を三教合同と誤解したもの、宗教と教育を混同しているというもの、教育は宗教の力を必要としない、「教育勅語」があれば充分だというものなどがあった。神道、仏教の関係者のなかにはキリスト教といっしょにあつかわれたくないという反発もあった。議会では、信仰の自由とくに信仰しない自由と三教会同は矛盾しないか、政教混同の恐れはないかなどの質問が出た[20]。

内務省はそれらの反対論をかなり強引に押し切って、三教会同の集会を実現させた。その初日は原内務大臣の招待による晩餐会で、仏教、教派神道、キリスト教の宗教家たち七〇余人が出席した。床次の伝記からその席の描写を引用する。「金襴の袈裟をかけた者あり、シルクハットの者もあり、紋付袴の者もあり、料理も各自の好みによりて、精進料理、日本料理、西洋料理等に分かれ、前代未聞の珍風景であった[21]」。二日目、集会はつぎの決議案を可決した。本文のみ紹介する。

「一、吾等は各々其教義を発揮し、皇運を扶翼し、益々国民道徳の振興を図らん事を期す。

一、吾等は、当局者が宗教を尊重し、政治、宗教、及び教育の間を融和し、国運の伸張に資せらむことを望む[22]」。

床次はこの決議に共感する挨拶で集会をしめくくった。内務省は、「皇運」が象徴する国家神道を頂点においたイデオロギー体系の下部にキリスト教をふくんだ諸宗教、諸宗派を位置づけることに成功した。「原敬日記」はこの年二月二六日の欄でこの会同にふれて、こうでもすれば、堕落した仏教僧侶もいくらか自重するのではないかと、冷ややかに述べている[23]。

(1) 村上重良『国家神道』岩波新書、一九七〇年、一六七ページ。
(2) 文化庁『明治以降宗教制度百年史』一九七〇年、四五二ページ、『国家神道』一六八ページ。
(3) 『明治以降宗教制度百年史』一六七ページ。
(4) 『国家神道』一六六ページ。
(5) 同右、一六八ページ。
(6) 「通史」二七六ページ。
(7) 鶴見和子『南方熊楠』講談社学術文庫、二〇〇四年、二三二―二三二ページ。
(8) 南方熊楠「神社合併反対意見」同右、二四九―二八九ページ。
(9) 『明治以降宗教制度百年史』四五二―四五三ページ。
(10) 『内務省史』第二巻、三三ページ。
(11) 同右、三四ページ。
(12) 内閣官報局（出典）『明治年間法令全書（第三七巻―4）』原書房、一九八六年、二八ページ。
(13) 宣教師ニコライ、中村健之介ほか訳『宣教師ニコライの日記抄』北海道大学図書刊行会、二〇〇〇年、二七四―五〇九ページ。
(14) 同右、四七三ページ。
(15) 『内務省史』第一巻、二八九ページ。
(16) 「戊申詔書［上下一心忠実自彊タルヘキノ件詔書］明治四一年一〇月一三日『官報』第七五二号（明治四一年一〇月一四日）」佐藤秀夫編『続・現代史資料8　教育　御真影と教育勅語1』みすず書房、一九九四年、四二三ページ。
(17) 副田義也『教育勅語の社会史』有信堂、一九九七年、二四八―二五七ページ。
(18) 加藤房蔵編集『伯爵平田東助伝』平田伯伝記編纂事務所、一九二七年、一二三ページ。

(19) 前田蓮山『床次竹二郎伝』床次竹二郎伝記刊行会、一九三九年、二五二―二五三ページ。
(20) 同右、二四七、二五九―二六五ページ。
(21) 同右、二六六ページ。
(22) 同右、二六九ページ。
(23) 原奎一郎編『原敬日記』第五巻、乾元社、一九五一年、三六ページ。

12　内務官僚の採用と教育

国家官僚の登用にあたって、高等官と判任官のいずれも試験によることにして、その試験のために「文官試験試補及見習規則」がつくられたのは、一八八七年（明治二〇年）のことであった。それ以後の内務官僚の採用については、高等試験に合格した者のばあいを、前章で二、三、例示した。『内務省史』によれば、「いわゆる純粋の内務官僚」――「学校を卒業してただちに内務省にはいり順次昇進してゆくという形の官吏」が、本省と地方庁で大部分を占めたのは、明治末期である。この件にとくに大きい貢献をしたのは、第一次西園寺内閣の原内務大臣の人事であった。ただし、同書の判断は、大筋で正しいが、細部でいくつかの例外を見逃してはいる。(1)

桂園時代、ポスト桂園時代の内務官僚の採用人数について一、二例示してみる。『続内務省外史』にかいたエッセイで、堀切善次郎は一九〇九年（明治四二年）の入省であるが、いっしょに内務省に入ったものが「二〇人近く」いたと語っている。しかし、これにはおそらく別の元内務官僚の手による注記がついていて、「名簿によれば明治四二年組は四四人」とある。(2) 四四人と二〇人近くでは差が大きすぎるが、推測すると、この当時、内務省に採用された官僚はそのまま本省で勤務するものと地方庁に出るものとがおり、堀切がいう「二〇人近く」は前者のみをさしているのではないか。

『内務省史』第一巻に内務省の人事にふれた部分があり、そこでは「いわゆる純粋の内務官僚」として入省した者の数が例示されて、たまたま一九〇九年の分があり、四七となっている。ほかに、一九一七年（大正六年）は三八、一九二五年（大正一四年）は四二、である。(3) おそらく、そのころは「幹部候補生」が毎年、四〇人前後、内務省に入っていたのであろう。

その採用のしかたであるが、かれらの大多数は東京帝国大学法科大学の、一九一九年以後は法学部の卒業生である。その卒業生は、一九〇九年の四七のうち四六、一九一七年の三八のうち三一。かれらは、東京帝国大学法科大学の指導教授の紹介状をもって内務省をたずね、面接試験をうけるだけで採否が決定された。当時はその採用がきまったのち、休暇があたえられて、高等文官試験の受験勉強をして、それに合格してから勤務がはじまるのが慣行だったようである。(4) もちろん、大学在学中に高等文官試験に合格してしまっている者もいた。指導教授を例示すると、一九〇八年（明治四一年）入省の後藤文夫は穂積陳重、翌年入省の堀切は穂積八束、一九一七年入省の土屋正三は山田三良。(5) 山田は一定以上の成績の学生にしか紹介状をあたえなかったというが、これはほかの教授のばあいも同様であったらしい。

内務省に採用され、高等文官試験に合格しているが、まだ高等官（奏任官）になっておらず、判任官である者を見習といった。内務官僚の新人たちはみな見習である。この見習の教育方法としては、この時代には、インフォーマルなものだが学習効果が大きかったといわれるものとして、本省の地方局でおこなわれるものと、府県で知事のもとでおこなわれるものがあった。

後藤の談話。

「私らのはいったときには、だいたい地方局が見習の訓練をする場所になっていたようですね。地方局に井上友一さん、中川望さんが課長でおられました。ほかの局に配置された人でも、見習は全員、毎日昼飯のときは地方局に集まって昼飯を食べるのですね。（中略）ほとんど毎日昼食のときは集まる。井上・中川両氏は、たいがい出てきておりましてね。その時分に、留岡幸助などの、社会事業とか地方自治の振興をやってる人たちが、地方を回って帰ってから話をする。また、地方官が出てくると、井上さんたちの判断で、この地方官の話を聞いたらいいだろうというので、内務部長くらいの人が出てくると、食堂に招いて、その話を聞かせる。その間に、上杉鷹山公の話とか、昔の民政に力を尽くした人の治績などを聞かされる。それから毎年優良町村の銓衡をやりましたので、その視察には、やはり見習の連中を出して、町村を見て回わらせた。県庁に行って聞いて、町村に行って調査をして報告をするとか、このように若い役人を訓練するというような、意識的な指導をしておられた(6)」。

地方庁では、知事によって、新人たちの訓練に熱心な者とかならずしもそうでない者とがいた。もう一度、後藤の談話。かれの職歴から判断すると、これは内務省に入省した翌年のことである。

「私は地方は徳島県に初めて行って、渡辺勝三郎さんが知事だったのですけれども、（中略）しょっちゅう官舎に呼びつけられて、いろいろな話を（知事から）聞き、そうして地方に行ったら、こういうところは見ろという示唆を与えてくれるのです。私は学務課長でしたが、学務行政ばかりじゃない、地方行政に関係のあることをすべて見てこいというので、あのころの先輩には、若い事務官を育ててやろうという意識があったのじゃないですかね(7)」。

これらの二つの教育方法については、一九一七年（大正六年）入省の土屋、一九年（大正八年）入省の狭間茂、三一年（昭和六年）入省の荻田保のそれぞれが似たような体験を語っているので(8)、この時代のみならず、つづく政党内閣時代、軍部独裁時代でも、内務官僚の新人の訓練はこんな具合におこなわれていたのであろうとおもわれる。

ほかに後藤新平が内務大臣であったころ、かれが内務官僚はもっと外国事情を知る必要があるといいだして、若い内務官僚を一年とか二年にわたって欧米諸国に出張させ、視察させる制度がはじまっている。これが本格的に機能しはじめるのは政党内閣時代に入ってからであるので、次章でとりあつかうことにする。

さて、さきにわずかにふれたように、高等官になってゆく内務官僚の大多数は東京帝国大学法科大学あるいは法学部の出身者であったが、ほかの帝国大学の出身者も若干はおり、大学を卒業しないで高等文官試験に合格した例外的存在もいた。それらの例をみていると、内務官僚の採用では実力主義がかなり徹底していたのがわかる。高橋雄豺のばあいを例示する。かれは一九一五年（大正四年）入省、警視庁警務部長などを経て、一九三一年（昭和六年）香川県知事をつとめた。警察畑に長く勤務し、『明治警察史研究』という全五巻の著書がある。

かれは、一九〇七年（明治四〇年）に中学校を卒業して、二年後に警視庁巡査になった。通弁巡査（外国人を相手にする巡査）をやったので、英語を熱心に勉強した。かれが巡査部長になったころ、親戚の青年が中卒の学歴であとは独学で高等文官試験に合格したので、刺激をうけ、かれ自身もそれをめざすことにした。かれは三年間にわたって受験勉強をしたのだが、その体験記はたいそう興味深いが省略する。その後、警察官練習所に入って、そこで半年学び、一九一五年二月に同練習所開設以来最高の成績で卒業した。この成績に後藤文夫が注目して、練習所の練習生の奨励のためにということで、高橋を内務省警保局の属に採用した。後藤は高橋を暇な図書課において、高等文官試験の受験勉強の最後の仕上げに専念させた。高橋はその年の高等文官試験に一位で合格する(9)。前年の一位合格者は田中耕太郎、のちの文部大臣、最高裁判所長官、翌年の一位合格者は三谷隆信、のちのフランス大使であった(10)。

最後の口述試験について、高橋はつぎのような思い出をかきのこしている。「牧野（英一）先生と泉二先生が試験委員で、牧野先生が刑事訴訟法に関して『検事が犯罪事件ありとして裁判所に起訴する時の条件』を訊かれた。これは司法警察官を一年間やっておりますから（よく知っている）。（それを）知らん顔をして、まず第一に被害者から告訴があった場合、第二に第三者から告発があった場合、第三に司法警察官・森林官吏等から犯罪ありとして事件の送致があった場合、それからもう一つ、これはきわめて稀な場合ですがと前置きして、検事が偶然にその犯罪の現場に行き会って犯罪を現認した場合、と言ったら、牧野さん、驚いた顔をして『そんなことまで知っているのか。もうそれでいいよ、やめよう』と言って、それで終わりになった」。このときの話を、その後、牧野は、東大の刑法の講義の開講の辞でかならずとりあげ、中卒でもここまでできる男がいるといって、学生たちに奮起をうながしたということである。(11)

なお、内務官僚としては、以上に述べた事務官僚とは区別される技術官僚がいた。土木局の土木官僚や衛生局の衛生官僚がその一般例である。技術官僚は高等文官試験に合格した事務官僚に比較すると、地位も待遇もはっきりと劣っていた。これを是正しようとして技術官僚の待遇改善運動が政党内閣時代におこる。ここでは、土木官僚の採用の一例として、赤木正雄のばあいを例示する。赤木は、一九一四年（大正三年）入省、のちに土木局技師として高等官に進んでいる。

さきにふれた一九一〇年（明治四三年）の大水害のおり、赤木は第一高等学校の生徒で帰省中であった。かれは被災地の御殿場から山北のあいだを徒歩で通りぬけて、東京の寮にもどった。当時の第一高等学校の校長は新渡戸稲造である。農学者でもあった新渡戸は全生徒を講堂に集めて、専門家の立場から日本の連年の水害について語り、かつてデンマークのダグラス氏が植林治水に献身して同国の基礎を築いた例を説き、その仕事は地味だが、日本でもだれかその一生を治水事業に捧げる者が出ないかと呼びかけた。赤木は、このとき、できることなら新渡戸の教訓にしたがいたいと決心した。その後のかれの職業経歴の最初の六年間はつぎのとおりである。

「東京帝国大学農学部林学科を卒業するに際し、今日その学徳において最も敬慕される、初代の内務技監沖野忠雄博士の許に久保田土木局長の紹介を得て内務省へ採用をお願いにいった。（そうして採用された。）沖野技監は技術者は若い時に充分現場で鍛えさせる方針で、私もまず淀川流域の滋賀県田上川の禿山《ママ》に植栽による砂防工事に従事し、間もなく徳島県吉野川上流の荒廃した渓流の修治に転じた。この六カ年間は折角植えた苗木が山一面に青々と繁茂しても、六、七年を経過すると皆枯損して以前同様の禿山に還る事実を如何に改善するか、あるいは築いた堰堤が一夜の暴風雨で破壊流出して、自然と人生の戦の容易ならぬことを経験する等少なからず利するところがあった」。

のちに赤木はオーストリアに留学している。大学の休暇のおりには、かれは登山姿で渓谷から渓谷へ砂防の状況を調査して歩くのがつねであった。そのころ、新渡戸は、国際連盟事務局次長としてスイスのジュネーブに勤務していた。明日からはローヌ川を遡行するという日、赤木は登山姿で新渡戸をたずね、旧師を驚かせ、喜ばせている。(12)

(1)『内務省史』第一巻、六〇八ページ。たとえば、同書は「地方長官も、その頃（明治三九年頃）にすべて内務官僚（純粋の内務官僚）となった」と記しているが、堀切善次郎は、「大正二、三年に広島県で、寺田祐之という邏卒出身の知事に仕えました」といっている。後藤文夫・堀切善次郎「内務省を語る　第一部対談」『内務省史』第四巻、一八八ページ。
(2)堀切善次郎「明治末期の新採用」大霞会編『続内務省外史』地方財務協会、一九八七年、三九四―三九五ページ。
(3)『内務省史』第一巻、六一六ページ。
(4)大野緑一郎「入省してから高文受験」、岡田周三「採用には口頭試問」、『続内務省外史』三九五―三九七ページ。ほかに同趣旨の証言が多数ある。
(5)「内務省を語る　第一部対談」『内務省史』第四巻、一八九―一九〇ページ。
(6)同右、一九九―二〇〇ページ。

(7)　同右、二〇一ページ。
(8)　同右、二〇〇―二〇二ページ。
(9)　高橋雄豺「独学で高文受験記」『続内務省外史』三九九―四〇二ページ。
(10)　荻田保「高文一番の内務省入省者」、同右、四〇三―四〇四ページ。
(11)　高橋、前掲、四〇二ページ。
(12)　赤木正雄「砂防を志して内務省志望」『続内務省外史』四〇五―四〇六ページ。

第五章　内務省の発展（二）

1918. 9. 29–1932. 5. 26

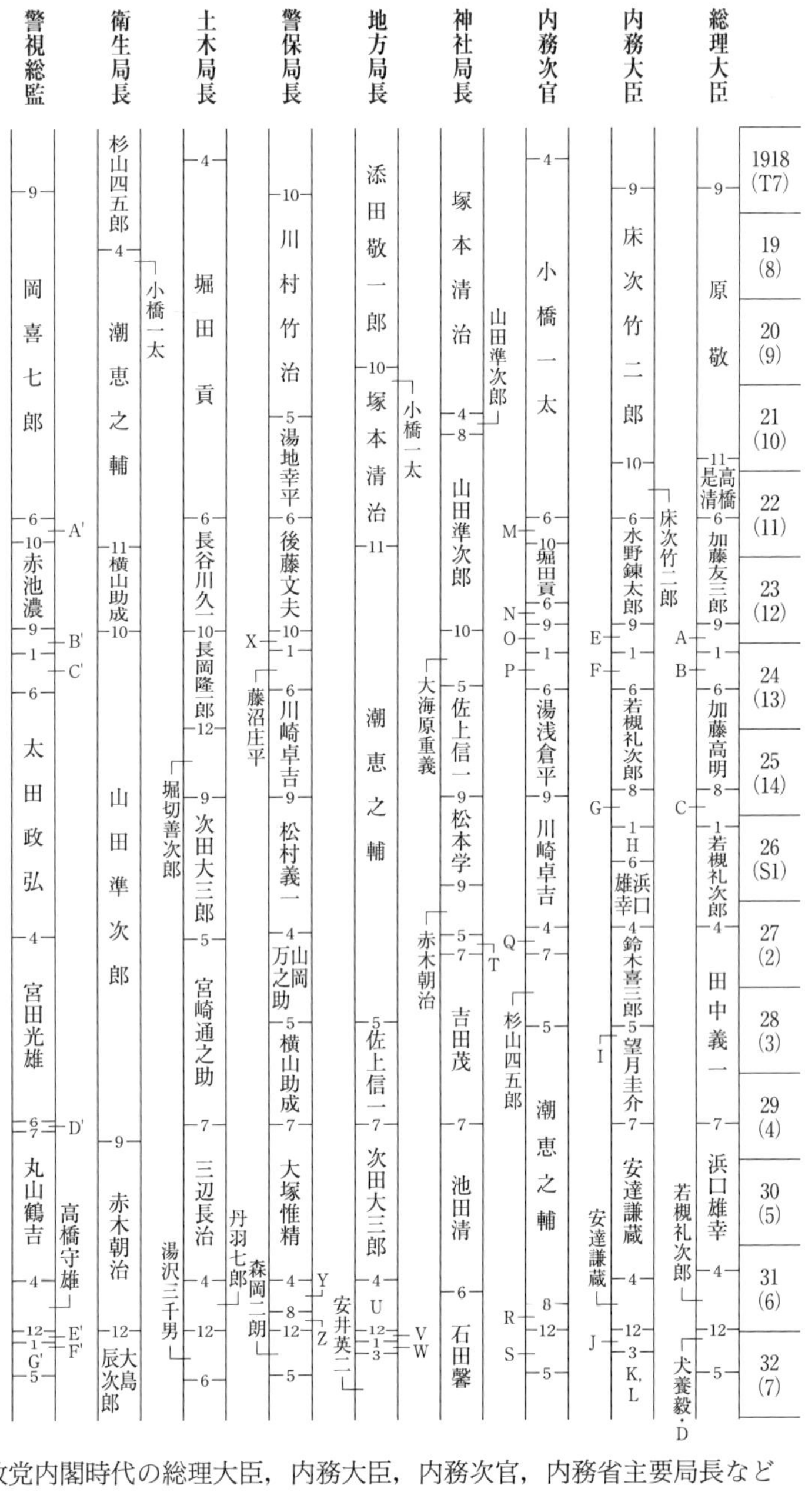

A：山本権兵衛　B：清浦奎吾　C：加藤高明　D：高橋是清　E：後藤新平　F：水野錬太郎　G：若槻礼次郎　H：若槻礼次郎　I：田中義一
J：中橋徳五郎　K：犬養毅　L：鈴木喜三郎　M：川村竹治　N：井上孝哉　O：塚本清治　P：井上孝哉　Q：安河内麻吉　R：次田大三郎
S：河原田稼吉　T：大海原重義　U：三辺長治　V：大野緑一郎　W：河原田稼吉　X：岡田忠彦　Y：次田大三郎　Z：岡正雄
A'：堀田貢　B'：湯浅倉平　C'：赤池濃　D'：長岡隆一郎　E'：長延連　F'：長谷川久一　G'：大野緑一郎
一部に臨時代理、兼任、心得、事務取扱などをふくむ。

図5-1　政党内閣時代の総理大臣，内務大臣，内務次官，内務省主要局長など

1　政治史素描

政党内閣時代の始点は一九一八年（大正七年）九月二九日であり、終点は一九三二年（昭和七年）五月二六日である。あらためていうまでもなく、この始点は原敬の原内閣が成立した日であり、この終点は犬養内閣の犬養毅が軍人たちによって暗殺されそのあとをついだ首相臨時代理の高橋是清の任期がおわった日である。それらのあいだの一四年間、日本は、内発する民主主義の要求によって普通選挙制度に到達したが、外側からはコミンテルンが送りこむ共産主義分子に対抗して治安維持法政策をとることになった。また、救貧制度や医療保険制度などの社会政策が新しく展開しはじめた。内務省はこれらの制度・政策の実施の主要な担い手であった。内務省の歴史は、後世の評価はどうであれ、その組織的自意識のなかでは、この時期、もっとも高揚した段階をむかえていた。例によって、政治史的背景の素描からはじめる。

第一、国際環境を構成する主要な外国、アメリカ、イギリス、中国、ソヴィエト連邦など。この時代の日本にとって、世界規模の政治史の展開は一九一九年（大正八年）一月からのパリ平和会議にはじまった。前年一一月、ヨーロッパにおいてドイツが降伏し、第一次世界大戦は終っていた。平和会議は戦後の新しい国際秩序の樹立、国際平和の将来の保障をめざし、アメリカ大統領、W・ウィルソンがリーダーシップを担った。日本はこの会議において、アメリカ、イギリス、フランス、イタリーと並んで、五大国のひとつとして処遇された。しかし、この会議にたいして、欧米諸国の人心は秩序と平和を熱望していたが、日本の社会的雰囲気は国家的利益の追求の場とかんがえていた。会議の成果として、日本は、旧ドイツ領南洋諸島の国際連盟による委任統治の受任国となり、また、中国山東省における旧ドイツ権益を譲渡された。後者には中国全権団がつよく反対し、アメリカは中国に同情的であった。しかし、最終的には、ウィルソンが日本の平和会議脱退を恐れて、日本の主張を容れた。中国の民衆はこの結果に憤激し、抗日の五・四運動を全国で展開した。(1)

一九二一年（大正一〇年）一一月一二日、アメリカ大統領、W・G・ハーディングの呼びかけによって、国際的海軍軍縮会議、ワシントン会議がひらかれた。その基本的動機は、世界的な戦後不況のもとで海軍拡張という不生産的支出を縮小するところにあった。会議の成果としての主要なとりきめはつぎの三つである。⑴日本、アメリカ、イギリス、フランス、イタリー、中国、オランダ、ポルトガル、ベルギーの九カ国条約。その主要な約束のなかに中国の独立と領土の保障がふくまれていた。⑵日本、アメリカ、イギリス、フランスの四カ国条約。各国が太平洋にもつ諸島の安全保障条約である。⑶アメリカ、イギリス、日本、フランス、イタリーの海軍軍備縮小条約。今後、五カ国が保有しうる主要艦総トン数の比率を、米と英はそれぞれ五、日は三、仏と伊はそれぞれ一・七五とした。なお、この会議とは別の国際交渉によって、日本は、山東半島の旧ドイツ権益の大部分を中国に返還し、シベリアから日本軍を撤兵させることになった。総じていえば、ここに設定された国際政治の枠組のなかで、日本のアジア大陸などへの帝国主義的膨脹は格段に困難なものとなった。(2)

叙述がいくらか前後するが、ロシア革命によってソヴィエト連邦が成立したあと、一九一八年、レーニンはコミンテルン＝国際共産党を創設し、世界革命をめざした。世界革命とは、具体的にはイギリス、アメリカ、フランス、ドイツなど文明国で同時におこる共産主義革命である。このコミンテルンにたいして、各国の共産党は国別の支部となった。たとえば、日本共産党は一九二二年に結党されるが、それは日本共産党コミンテルン日本支部と名乗っていた。しかし、世界革命の展望は、一九二一年三月、ドイツ共産党の武装蜂起の失敗によって早々に失われた。ソヴィエト連邦は世界のなかで独力で生きのびなければならなかった。コミンテルンは、世界革命を遂行する国際組織から、ソ連を擁護するための国際組織へと変貌していった。そのころ、日本共産党は誕生している。その戦前の歴史はのちにいくらかくわしくみるが、この党は、コミンテルンによって創建され、維持され、壊滅するたびに再建され、コミンテルンに服従することで、一九三五年、最終的に崩壊した。(3)

ワシントン会議で設定された国際政治の枠組は、その後、一九二八年の不戦条約、三〇年のロンドン海軍軍縮条約でいっそう強化された。日本の外交はこの枠組にたいして、たがいに矛盾する二つの基本的方向を示した。ひとつはその枠組を尊重し、列国と協調し、国内では工業化によって産業を振興し、外国とはさかんに貿易をおこなって、立国する方向であった。いまひとつは、その枠組に反発して、日本の国体の精神を国外に普及し、満州、蒙古に領土を拡大し、国民をそこに移住させ、立国する方向であった。幣原外交と田中（義一）外交。政党内閣によるそれぞれの外交が失敗したあと、関東軍が第二の方向を強行して、一九三一年（昭和六年）満州事変をひきおこしたが、これはのちにいくらかくわしく述べる。(4)

第二、元老。政党内閣時代の始点、一九一八年（大正七年）において、元老で健在であったのは、山県有朋、松方正義、西園寺公望の三人であった。当時、山県は依然としてつよい権勢をふるっており、原敬の原内閣が発足することができたのは、山県がそれを許したからであった。しかし、その山県も一九二二年（大正一一年）に死去する。松方はそのころ病気がちで、元老の任務を辞退していたが、一九二四年（大正一三年）に死去する。そのあとは西園寺のみが元老で、政党内閣時代の終りまですべての総理大臣候補者をひとりで選んで天皇に奏薦した。当然、西園寺の意向は政局の焦点になり、政治家たち、政治ジャーナリストたちは、それを察知するために腐心した。しかし、西園寺自身は、山県などとちがってその権力を利己的につかうことなく、皇室の保全と政治の安定のみを希求して元老の任務をはたしていた。(5)

第三、政府。ここで政党内閣時代という時代区分は、内務省史を叙述するために便宜的に採用したものであって、充分に正確なものではない。原内閣とそれにつづく高橋是清内閣はたしかに閣僚の大多数が政友会員である政党内閣であったが、そのあとの三代の内閣、加藤友三郎内閣、第二次山本内閣、清浦奎吾内閣は、いずれも短命内閣であったものの、中間内閣、超然内閣であって、政党内閣ではなかった。これら三内閣が出現する背景には、世論が原内閣をつうじて政党内閣の政治的腐敗にいたく失望していたという事情がある。(6)一九二四年（大正一三年）六月一一日に発足した第一次加藤高明内閣から犬養内閣までは政党内閣がつづき、岡義武はこの期間のみを「政党内閣の時期」(7)と呼んでいる。内閣の性格によって時期区分をするのであれば、これが正確である。第一次加藤内閣は当時護憲三派と呼ばれた憲政会、政友会、革新俱楽部の連立内閣であった。そのあとの第二次加藤内閣、第一次若槻礼次郎内閣は憲政会の単独内閣、田中義一内閣は政友会の単独内閣、浜口雄幸内閣と第二次若槻内閣は民政党の単独内閣、民政党は一九二七年（昭和二年）に憲政会と政友会からわかれた政友本党が合流したものである。さいごの犬養内閣は政友会の単独内閣であった。この政友会は、一九二九年（昭和四年）に政友会に新党俱楽部が合流したものである。

政党内閣時代の政治の特性を知るために、最初の原内閣と最後の犬養内閣のばあいを例示する。原内閣の政治的達成は正負の両面にわたるが、正のものとしては、(1)各省次官、各省勅任参事官、内務省警保局長、警視総監などの高級官吏の地位に政党人がつくことができるよう、文官任用令を改正した。(2)市制町村制を改正して、有権者を約五〇〇万人から約七五〇万人に増加させ、等級選挙のありかたを改めて、有産者階級・地主階級の有利さを一部制約した。(3)郡制を廃止して、山県系勢力の地方支配を凋落に向かわせた。負のものとしては、(4)貴族院の有力議員たちに特殊銀行の地位や事業会社の要職を提供して、利益によってかれらを引きつけ、政友会の勢力を山県閥が支配する貴族院に滲透させた。(5)政友会会員をさまざまな重要な公職につけ、かれらはその地位を利用して党勢拡張をはかった。かれらはしばしば汚職事件をおこした。(6)治水、港湾、河川、道路、鉄道などで積極政策をとったが、これらも政友会の党勢拡張をねらい、しばしば不公正なものであった。高等教育機関の新設政策でもこの傾向が露骨にみられた(8)。

犬養内閣は発足後半年足らずで犬養が暗殺されているので、みるべき治績にとぼしい。ただし政党内閣と軍部の関係にかんしては犬養の行為は考察にあたいする。犬養は第一回衆議院議員総選挙で当選して以来、死ぬまでその議員の地位にいた。ただし、概していえば政治家として不遇で、群小政党のリーダーで苦労をかさねていた。ところが七〇歳をすぎて、政界を半ば引退していたところ、一九二九年九月、政友会総裁の田中義一が悪評のうちに死去し、同会のイメージ・アップを期待されてその後任となった。このとき、民政党の浜口内閣はロンドン海軍軍縮会議の条約調印をめぐって、海軍軍令部と激突していた。犬養は政友会大会で演説して、政府が軍令部の同意をえないまま全権委員に調印させたのは統帥権の干犯であると攻撃した。ついで、つぎの民政党の若槻内閣のとき、満州事変がおこったが、政府はこれが国際連盟の議題になることを容認した。犬養は政友会議員総会で演説して、その容認は失敗であった、満蒙におけるわが自衛権の発動が軍部の独走のように誤解されたではないかと、政府を攻撃した。いずれも、反対党の政府を倒そうとして、政党政治の原則から逸脱し、軍部の横暴に盲従した発言である。このあと犬養は自分の内閣をつくったが、軍部の満州国建国を阻止するのに失敗し、軍人によって暗殺されてしまった(9)。

第四、宮廷。皇太子裕仁は、一九二一年（大正一〇年）一一月に、大正天皇にかわって政務をとるために摂政に就任し、一九二六年（昭和元年）一二月二五日、大正天皇が死去すると即座に皇位をうけつぎ、新しい天皇となった。かれは摂政になる前後から、政党内閣に宮廷を左右させないことが大切だ、政治諸勢力のあいだで宮廷は相対的に弱小勢力である、君主の権力を積極的に守るべきである、とかんがえるようになった。また、かれは、国家は国策の決定にあたっては国益のみを大事にして、道徳にとらわれてはならないという信念をもち、軍部にたいする文民統制の観念を拒否し、統帥権の独立という考えかたを、おそらくは自己の権力の強化に役立つものとして、是としていた。このような摂政と側近にとって、ワシントン条約体制からの離脱、中国での列国との協調の放棄、国際連盟規約の原則をかえりみないこと、九カ国条約の無視などは当然のことであった。(10)

新天皇の即位のための一連の儀式は、祭政一致の宗教的理想を再生させた。病弱で無為の大正天皇のもとに大正デモクラシーがあったが、壮健で野心的な新天皇のもとで昭和ファシズムへのうねりが生じてゆく。新天皇の政治的強みは、各方面からの膨大な情報を独占していること、充分に納得のゆく説明をうけるまでは裁可をくださないことによっていた。昭和期に入って、宮廷の目標の核心は、新天皇が真に統治権を行使できるようにすること、総理大臣の選任を補佐すること、天皇の意志を内閣の政策決定に反映させること、であった。これらはいずれも充全の程度では、立憲君主制のもとで許されることではない。必然的に宮廷の政治はつぎの特質をもつようになった。(1)秘密政治の術策をこらす、(2)国民にたいする欺瞞、(3)権威主義、(4)個人的責任意識の欠落。宮廷は昭和期の政治の頽廃にたいして責任の一端を有する。(11)実例一、二はのちにあげる。

第五、軍部。昭和ファシズムの直接の担い手は軍部革新派であるが、かれらは右翼運動の思想的影響をうけて出現した。右翼運動の源流は古くまでさかのぼれるようだが、それが国内改革をめざす運動として活発化するのは第一次世界大戦後であり、社会主義運動が活発化するころである。というより、左翼の活性化が右翼の活性化をまねいたとみられる。右翼の国内改革プログラムの一例として、北一輝の「国家改造原理大綱」(のちに「日本改造法案大綱」)をみると、その概要はつぎのとおりである。対外的には日本は小領土の国家であり、大領土国家のイギリス、ロシアと戦う権利をもち、日本を盟主とする大アジアを建設しなければならない。国内では、天皇を奉じて国家を大改造するのだが、その主要項目は、憲法を三年間停止する、クーデタをおこし戒厳令をしく、華族制度と貴族院を廃止する、一〇〇万円以上の私有財産は没収する、一〇万円以上の土地の私有も認めない。この主要項目の中味はほとんど社会主義革命の部分的焼き直しである。(12)

この対外武力進出と国内改革のプログラムは、当時の青年将校や右翼学生に大きい影響をあたえた。陸軍の派閥の系譜では、主流は長州閥で、これと対抗する反長州閥に、陸軍の内部改革から日本の国家改造へむかう発想があった。紙幅の制約があるので、後者の系列に革新派の将校の結社として、一九二八年の無名会、二九年の一夕会、三〇年の桜会などがあり、桜会にいたって、クーデタにより政権を獲得して国家改造をおこなおうという方針が明示的に打ち出されたというところからはじめる。桜会が中心になったクーデタ計画としては、一九三一年の三月事件と一〇月事件があるが、いずれも未発におわった。翌一九三二年には血盟団事件、五・一五事件があいついでおこったが、これらの主要テロリストは、民間右翼と海軍革新派将校であった。このころ、陸軍革新派将校は荒木陸相の手腕に期待をかけて、テロルからしばらく離れていた。(13)

それでも、五・一五事件は、日本の政党内閣時代に幕を引くものであった。ファシズムが政党政治の息の根をとめたのである。そのファシズムの内実は一部の中堅・青年将校と少数の民間右翼の独走であり、ドイツのナチス党やイタリアのファシスト党のような強力な政党組織、国民運動ではなかった。しかし、クーデタ計画と要人の暗殺の効果は大きく、軍部は発言力をつよめ、政府を引きまわすことができた。軍部革新派が台頭した原因は、つぎの六つの事実への焦燥と反発である。すなわち、(1)民主主義の発展としのびよる社会主義、(2)中国問題と満蒙での危機、(3)不況とくに農村不況の拡大、(4)政党・議会が軍部に制約をくわえること、(5)しかも政党政治は泥試合、汚職をつづけた、(6)軍縮にともない軍人が軽侮される社会的風潮。なお、佐官・将官クラス以上が権力欲、地位欲のために、若手の革新派将校の動きをあおり、利用したことにも留意しておきたい(14)。

第六、民衆、政党、議会。岡義武がいう「政党内閣の時期」に五人の政治家が首相になっている。加藤、若槻、田中、浜口、犬養。かれらのうち、経歴からみて生粋の政党人は犬養のみで、あとの四人は高級官僚出身であった。加藤は外務官僚出身で貴族院議員、子爵。若槻は大蔵官僚出身で貴族院議員、男爵。浜口も大蔵官僚出身。田中は陸軍大将、貴族院議員、男爵。「政党内閣の頂点は、はなはだ非政党的であった」と升味準之輔は皮肉をいっている。かれは政党内閣の閣僚の経歴についても統計をつくっているが、それによると、第一次若槻内閣から犬養内閣までの五内閣で、陸相・海相をのぞいた延五二名のうち、貴族院議員一六名、衆議院議員二一名。官財界出身二三名。外相、内相、蔵相といった重要閣僚には官界出身の貴族院議員が多く就任している。政党人には伴食的閣僚の地位があてがわれがちであった。かれらには弁護士出身か新聞記者出身が多い(15)。

端的にいって、政党政治の基幹部分は官僚統治であった。あるいは官僚統治が政党政治という分厚い外被をまとっていた。それでは政党とはなにであったか。この時代の二大政党は民政党と政友会であったが、両党の体質はつぎの三点で酷似していた。(1)党財政は財閥の資金でまかなう。三井財閥が政友会に、三菱財閥が憲政会、民政党に献金していた。すでにみた政党政治の堕落の原因は政治に多額の資金が必要とされたことにあった。なによりも選挙に金がかかる。普通選挙を三度ほどやってみて、買収がもっとも効果的な方法であることがあきらかになった。

以上の傾向によって、富豪の政界入りがはじまった。(2)選挙のさいの集票の基盤は地方名望家層であった。名望家の主要類型は地主と実業家たちであった。名望家支配はわずかにゆらぎはじめていたが、日本社会全体は農民層が五割の社会として相対的に安定していた。労働運動、無産政党運動は台頭してきていたが、議会勢力としてはほとんど無視しえた。得票の九〇%、議席の九五%は両党によって寡占されていた。(3)党勢の拡張の主要な手段は、内務省・府県庁の人事に介入し、それらの行政体系に依存することによっていた[16]。これについては、のちにさらに述べる。

(1)　岡義武「転換期の大正」『岡義武著作集第三巻　転換期の大正』岩波書店、二〇〇一年、九四—一〇一ページ。
(2)　同右、一五五—一五六、一六〇—一六四、一六六—一六八ページ。
(3)　立花隆『日本共産党の研究（一）』講談社文庫、二〇〇四年、四二—四八ページ。
(4)　馬場伸也『満州事変への道——幣原外交と田中外交』中公新書、一九九五年、三九—四〇、七九、一三三—一三四ページ。
(5)　岡義武「最後の元老・西園寺公望」『岡義武著作集第四巻　近代日本の政治家』岩波書店、二〇〇一年、一九四—二〇六ページ。
(6)　「転換期の大正」一九八—一九九ページ。
(7)　同右、二一三ページ。
(8)　同右、一三五—一四二ページ。
(9)　岡義武「挫折の政治家・犬養毅」『岡義武著作集第四巻　近代日本の政治家』一六七—一七二ページ。
(10)　ハーバード・ビックス、岡部牧夫ほか訳『昭和天皇（上）』講談社、二〇〇二年、一一五、一一八、一三〇、一三四ページ。

（11）同右、一三二、一五〇、一五・、一六四ページ。
（12）大内力『日本の歴史24　ファシズムへの道』中央公論社、一九九三年、二八七―二八九ページ。
（13）同右、二九一―二九四、二九八―三〇五、三〇八―三一四ページ。
（14）同右、二九五―二九六ページ。
（15）升味準之輔『日本政治史3　政党の凋落　総力戦体制』東京大学出版会、一九九七年、八五―八六ページ。
（16）同右、九〇―九二、九五―九七、一〇四―一〇六、一〇九―一一〇ページ。

2　若槻礼次郎

われわれがいう政党内閣時代には一二代の内閣が登場している。それぞれの総理大臣と内務大臣、そのもとにあった内務省の内務次官と主要局長などは、図示するならば図5-1のとおりである。そこで内務大臣をつとめた者は一〇人いる。ただし、同一人物が二代以上内相をつとめたばあいは、ひとりと勘定している。かれらは、登場順にいうと、床次竹二郎、水野錬太郎、後藤新平、若槻礼次郎、浜口雄幸、鈴木喜三郎、望月圭介、安達謙蔵、中橋徳五郎、犬養毅、である。例によって、この一〇人のなかから、この時代を代表する内務大臣をひとり選んで論じてみたい。しかし、そのひとりを選ぶのが、先行する章においてほどには容易ではない。

これまでは、それぞれの時代における内務大臣の在任期間の長さをひとつのめやすとして、それがもっとも長い人物を選ぶと、結果はだれがみても代表的内相とかんがえられる、大久保利通、山県有朋、原敬、となるのであった。この時代では話はそう簡単には進んでくれない。

内務大臣をつとめた期間の長さからいうと、床次が約三年九カ月でもっとも長い。ついで、安達が約二年半、若槻が約二年である。ほかはこれよりずっと短くなるので、さしあたってはこの三人のだれかということになるのだが、だれをとってみても、大久保、山県、原に比較すると、人物のスケールが格段に小さい。

床次は、すでに述べたように原の腹心であったひとで、原のもとで地方局長、内務次官、内務大臣を歴任した。内務大臣としてもよく仕事をしたが、その仕事ぶりを一言でいうと、原が内務大臣としてやってきた内政を総仕上げしたという印象である。たとえば郡制廃止。内局としての社会局の新設は内政に新時代を画したといっていえないことはないが、水野内相のもとで同局が外局に昇格したときほどのインパクトはなかった。原自身が社会政策を得手としておらず、床次も似たようなものであった。また、原内閣の末期にいわゆる宮中某重大事件がおこったが、これにかんして床次は内相として原の意向に反する行動に走った。くわしくはいわないが、このとき、原は床次の評価を低下させたのではないか(1)。その直後に原は暗殺された。つづく高橋内閣でも床次は内相に留任したが、原没後の床次は謀略好きで政権に近づこうと政界を彷徨する政党政治家でしかなかった。このひとは原の下にいるときだけ光る存在感があった(2)。

安達は、佐々友房の門下生で、小政党を転々としつつ政治家として育ち、のち、桂の立憲同志会に加入、加藤高明のもとで憲政会の総務になった。第二次大隈内閣のもとでの一九一五年（大正四年）の総選挙を指揮して大勝し、「選挙の神様」という異名をえた。第一次加藤内閣の誕生につらなる一九二四年（大正一三年）の総選挙においても、選挙委員長として、憲政党が第一党になった勝利に大功があった。地方官の人事につよい関心をもち、浜口内閣の内務大臣になったおりには、かつてなかった大規模な範囲での知事と部長クラスの異動をおこなって注目を集めた。その人事では徹底した秘密主義が守られた。この人物も謀略好きで、さいごは第二次若槻内閣で内務大臣をつとめたが、連立政権構想で首相と政見を異ならせ、いわゆる抱き合い心中の形式で内閣を総辞職に追いこんでいる(3)。

床次も安達も代表的内務大臣という柄ではない。そうすると消去法では若槻しか残らない。そのうえ、かれは内務大臣時代に、一九二五年（大正一四年）のことだが、「普通選挙法」と「治安維持法」の制定でリーダーシップを発揮している。この二つの法の運用が、そのときから一九四五年（昭和二〇年）の敗戦まで、二〇年間、国民生活にそれまでになかった異質の局面を切り拓いたことは確かである。わずか二年の任期であったが、若槻を、この

時代の代表的内務大臣として論じてみることにする。(4)

政治家としての若槻を、内務大臣時代に焦点をあわせながら、その前後にも目配りをして、つぎの九点で素描したい。⑴絶対主義者、⑵ブルジョア自由主義者、⑶高級官僚出身の政党政治家、⑷内務大臣として「普通選挙法」の制定に尽力した、⑸「治安維持法」のとりまとめをした、⑹地方官人事で公正さを重んじた、⑺地方官の綱紀の粛正をめざした、⑻行政整理をおこなった、⑼軍部独裁に抵抗した。内務大臣としての業績は⑷から⑻までであるが、ここでは「普通選挙法」と「治安維持法」を集中的にかんがえたい。

さきに原の政治思想を論じて絶対主義者にして自由主義者であったといったが、若槻にかんしても基本的にはそれはいえる。かれは天皇制を無条件に支持していた。また、大蔵官僚として次官までをつとめ、政府財政委員としてロンドン、パリなどで勤務をした経歴からも察せられるように、かれはブルジョア自由主義者であり、政治的自由、思想の自由の価値を当然視していた。ただし「普通選挙法」については、原はそれを危険とみたが、若槻はその制定の方向に突き進んだ。このかぎりでは、若槻のブルジョア自由主義は原のそれより徹底していた。これにかんしては、つぎの二つの観点からの説明をかんがえておくべきであろう。

⑴　原は一八五六年（安政三年）生れ、若槻は一八六七年（慶応三年）生れで、一一歳の年齢差がある。この世代差にくわえて、原はかなり戦闘的な性格であったが、若槻はバランス感覚に富んだ温和な常識人であった。(5)これによって、若槻は原よりも大正デモクラシーが主張する普通選挙にたいして許容度が高かった。

⑵　それまでの制限選挙制度のもとで、原の政友会の議員たちは選挙地盤をしっかり固めており、加藤高明と若槻の憲政会はそれを切り崩せないでいた。憲政会は、普通選挙制度への切り換えを一挙におこなうことによって、有権者数がそれまでの四倍余になるので、この変化に乗じて、政友会の選挙地盤を切り崩そうとした。(6)

事態はつぎのように進行した。

原内閣は一九一九年（大正八年）に選挙法を改正した。新しい選挙法の特徴は二つ、選挙資格を直接国税三円以上、一年以上納付した者とすること、選挙区制は原則として一区一人の小選挙区制をとること、であった(7)。それまでの選挙法では、選挙資格は地租か国税を一〇円以上、一年以上納付した者であり、選挙区制は府県を単位とする大選挙区と多くの市を単位とする独立選挙区の混合形態であった。この新しい選挙法で、一九二〇年（大正九年）の第一四回総選挙と一九二四年（大正一三年）の第一五回総選挙がおこなわれた。この第一五回総選挙で護憲三派が普通選挙断行を公約として勝ち、その結果、第一次加藤内閣が成立した。

若槻は、加藤の組閣の相談相手をつとめ、副総理格の内務大臣として入閣し(8)、公約であった「普通選挙法」の制定にとりくんだ。この選挙法は、選挙資格では納税要件を削除し、貧困により生活のため公私の救助または扶助をうける者を新しく欠格条項にくわえた。選挙区制は一区の定員が三人ないし五人の中選挙区制とした(9)。この法案の通過にあたって、難関は枢密院と貴族院であった。とくに問題とされたのが欠格条項で、これをめぐって枢密院は審議に五〇日をかけ、衆議院と貴族院の両院協議会も難航をかさねた。若槻は、枢密院で阻止されたら辞職する、貴族院で阻止されたら衆議院をもう一度解散して、普通選挙の可否を国民に問い、多数の議席をとって、貴族院にふたたび挑戦する覚悟であった。枢密院の審議のまえに、かれは、すべての顧問官の自宅を訪問して、法案の意義を説明してまわった。当時、かれは盲腸炎をわずらっており、戸別訪問のため自動車を乗りまわすと、車体の振動が腹にひびいて痛くてかなわなかったと、後年、思い出として語っている(10)。

「普通選挙法」が成立したのが一九二五年（大正一四年）五月五日、「治安維持法」が成立したのはそれより二週間ほどまえの四月二二日である。これら二つの法の出現はたがいに関連づけられて説明されることが多い。「普通選挙法」が国民に政治的自由を付与するので、「治安維持法」でその自由を制約して、バランスをとる、国民の政治的自由のゆきすぎが権力の支配を脅かさないようにした、などといわれてきた。

若槻はこの通説を真向から否定している。「この二つは、全然関連がないのである。もともと治安維持法は、私が考え出したものでも、政党が問題にしていたものでもなく、以前から内務省内の宿題であった[11]」。若槻の否定論の根拠は二つの法を形成した主体の違いである。「普通選挙法」は民政党などの政党がつくったもので、「治安維持法」は内務省がつくったものである。後者の経過とかれ自身の関与はつぎのとおりであった。

床次内務大臣のころ、一九二二年（大正一一年）四月、政府は「過激社会運動取締法案」を第四五回議会に提出した。そのなかに「朝憲ヲ紊乱スル事項ヲ宣伝シ又ハ宣伝セムトシタル者ハ七年以下ノ懲役又ハ禁錮ニ処ス」などの条文があり、自由主義的立場の政治家、学者、ジャーナリストなどがつよく反対した。枢密院の廃止とか、貴族院の廃止とかいっただけで、朝憲紊乱と解釈されては、言論の自由がありえないというのである。

「しかし、この法案の目的は、当時社会主義、ことにマルクス主義の思想がだんだん行われ、一方にロシアが共産主義革命をやって、それが世界に拡がる恐れがあるというので、内務省で、これを取り締る法律が必要だということになっていた。私もそれはやむを得ないと思ったから、名前を治安維持法とし、その内容も、新聞社が不安に思うような、朝憲紊乱などという、解釈のどうでも出来るような字句を除いて、議会へ出した」。それでも不安だという人びとが多く、委員会を法案が通らない。若槻は、委員会を懇談会に切り換え、司法大臣といっしょに出席した。「そうしていったいどこが悪いのかというと、この法文では、共産主義と新聞の自由な意見とが混同されやすいからいかんという。それではそうならんように、修正しようじゃないかというと、どう修正していいかわからんような顔をしている。それで私は、巻き紙を取り寄せて、一々書いてみた。国体を変更することはどうか。いかん。私有財産制度を否認することはどうか。いかん。そこで私は、法案の第一条にこれを列挙し、原案の書き方が細く小面倒に見えたが、政府はこの二つさえ取り締まれば、その他は取り締まる意志はないのだといった。委員たちも、それならなんでもないという」(12)。

こうして「治安維持法」は成立した。その経過にかんする若槻の主観的判断は以上のとおりである。しかし、当時の支配階級の政治意識のなかでは「治安維持法」と「普通選挙法」は密接に関連していた。これを裏付ける二つの事実をあげておく。

第一。一九二五年（大正一四年）二月二五日、枢密院は「普通選挙法案」を可決するにあたり、つぎの希望条件をつけた。（大意、現代語訳）。考えてみるに、普通選挙制度は現代の事情からこれを是認するのは止むをえないだろう。しかし、それによって、いちじるしく選挙権を拡張する結果、選挙人の総数は現在の幾倍にもなるだろう。このような急激な変革がその運用にいささかの問題を生じさせないか慎重に考えてもらいたい。普通選挙制度は国民の智徳に基礎をおくものであるから、その実施にともない、政府は教育事業を整備充足しなければならない。また、一部の連中が時代の好みに訴える行為をして、知能が充分でない民衆を惑わすという弊害が心配なので、過激な言動を禁じ、思想の善導に役立つ方法をとることが必要である(13)。

第二。右翼政治家、平沼騏一郎はつぎのように回顧している。「私は司法省にゐる時考へてゐた。欧州では共産党の結社を認めてゐたので、（それが）日本にもできると思ひ、法律で厳禁することが大切だと大臣に言ったことがある。然しこれはなかなか行はれなかった。行はれる機会を得たのは普選実施の時である。（中略）かくして次の若槻内相（原文は若槻内閣となっているが、誤記である）の時普選となった。この時枢密院で、共産党の結社禁止をやらねば普選に同意せぬと言ったので、遂に若槻が同意した」(14)。

この回想によれば、若槻が、「治安維持法」の制定に積極的でなかったのは確かであろう。あえて当時の政治状況を図式的に整理すれば、つぎのとおりか。自由主義的、民主主義的政治家として、若槻は「普通選挙法」を成立させたかった。時代の流れも、世論の動きも、その成立を後押ししていた。しかし、枢密院、貴族院の抵抗ははげしく、衆議院の内部でさえ油断はできなかった。内務省、司法省、右翼政治家たちはそれぞれの思惑から、共産党の結社禁止を内容とする「治安維持法」を望んでいた。枢密院は「普通選挙法」にたいしてはその部分的無内容化をはかりつつ（たとえば、大学生に選挙権をあたえない）、「治安維持法」を交換条件とした。若槻はその無内容化は阻止したが、自らの手で「治安維持法」の制定を主導しなければならなかった。もちろん、かれは、その制定の責任者として、「治安維持法」自体が必要な法律であるといわねばならず、それが「普通選挙法」の代償であるなどと間違ってもいってはならない。内務大臣としてのかれはそのように一貫して言明し、後年の回顧録でもそういいつづけた。かれは、両法の同時制定にあたって、「普通選挙法」による民主化が「治安維持法」による反動化によく対抗することを期待したのではないか。しかし、軍部の台頭、政党の凋落は、反動化が民主化を制圧する結果となった。

（1）「宮中某重大事件」とは、当時、皇太子妃に内定していた久邇宮良子女王が薩摩の島津家の出身で、同家に色盲の遺伝があるという理由で、その内定を取り止めるべきか否かが論議された事件をいう。山県をはじめとする長州派は内約解消（純血論）を主張し、薩摩派は内約履行（人倫論）を主張し、争った。原首相は日記でみるかぎり、宮中と府中の区別を重視し、事件は宮廷のなかで解決されるべきであり、政府の閣僚がそれにかかわることを禁じた。また、山県が長いあいだ権勢を振って反感を買ってきたことが、争いの最大原因であるともいっている。床次内相が薩摩派として動きまわったことにたいしては、きびしく戒め慎ませたと記している。床次までが困ったものだというニュアンスが感じられる。『原敬日記』第九巻、二〇七、二一一、二一七、二一九ページなどによる。

（2）床次の伝記は主としてつぎをつかった。前田蓮山編輯『床次竹二郎伝』床次竹二郎伝記刊行会、一九三九年。

（3）安達の伝記はつぎをつかった。『安達謙蔵自叙伝』新樹社、一九六〇年。

（4）若槻の伝記はつぎをつかった。若槻礼次郎『明治・大正・昭和政界秘史――古風庵回顧録』講談社学術文庫、二〇〇〇年。

（5）伊藤隆「『古風庵回顧録』解説」同右、四一一ページ。

（6）『明治・大正・昭和政界秘史』二三四ページ。

（7）『内務省史』第二巻、三〇三ページ。

（8）『明治・大正・昭和政界秘史』二五二ページ。

（9）『内務省史』第二巻、三〇六―三〇七ページ。

（10）『明治・大正・昭和政界秘史』二六〇―二六三、二六四―二六七ページ。

（11）同右、二六七ページ。

（12）同右、二六七―二六八ページ。

（13）今井清一「治安維持法の立案をめぐって」『現代史資料月報、第三十八回配本「治安維持法」附録』みすず書房、一九七三年、四ページ。

（14）平沼騏一郎回顧録編纂委員会編『平沼騏一郎回顧録』同編纂委員会、一九五五年、七九ページ。

3　内務省の組織変動

政党内閣時代の始点、一九一八年（大正七年）九月二九日における内務省の組織構成は、官房、局などのレヴェルでいえば、大臣官房、神社局、地方局、警保局、土木局、衛生局の、一官房、五局体制であった。この始点から終点、一九三二年（昭和七年）五月二六日までのあいだに、この組織構成に三つの新しい局がつぎつぎに設置されるという変化が生じた。すなわち、社会局、都市計画局、復興局の設置である。序章の図0-3参照。各局の経過はつぎのとおりであった。

第一。地方局にあった救護課が、一九一九年（大正八年）一二月二四日に社会課に改称された。社会という言葉は社会主義などを連想させるので危険であると長いあいだ権力エリートによって忌避されてきたが、ここではじめて官制のなかの用語として登場したのであった。翌年八月二四日、この社会課が拡充されて社会局となった。社会局の所管事項は「内務省官制」を改正して、つぎのように定めた。「第五条ノ二　社会局ニ於テハ左ノ事務ヲ掌ル／一　賑恤及救済ニ関スル事項／二　軍事救護ニ関スル事項／三　失業ノ救済及防止ニ関スル事項／四　児童保護ニ関スル事項／五　其ノ他社会事業ニ関スル事項」(1)。社会課の所管事務は賑恤救済、軍事救護、道府県立以下の貧院などであったが、社会局の所管事務はそれらに失業対策、児童保護、社会事業などをくわえた訳である。この背景には、第一次世界大戦はかつてない戦争景気をもたらしたが、インフレーションも急激に進行して労働者の生活をおびやかし、ついには米騒動が全国各地でおこったという事情があった。この国民生活の変化に、それまでの消極的な救恤行政では対応しきれず、社会政策として展開する積極的な社会行政が必要とされた。慈善事業は社会事業に変化した。社会局はこの社会行政の新しい拠点として設置されたのである。

一九二二年（大正一一年）一一月一日、社会局は内務省の外局としての社会局になり、労働行政を所管事項に大幅にとりこんだ。その前日、勅令第四六〇号として「社会局官制」が公布され、その所管事項をつぎのように定めた。「第一条　社会局ハ内務大臣ノ管理ニ属シ左ニ掲クル事務ヲ掌ル／一　労働ニ関スル一般事項／二　工場法施行ニ関スル事項／三　鉱業法中鉱夫ニ関スル事項／四　社会保険ニ関スル事項／五　失業ノ救済及防止ニ関スル事項／六　国際労働事務ニ関スル統轄事項／七　賑恤救済ニ関スル事項／八　児童保護ニ関スル事項／九　軍事救護ニ関スル事項／十　其ノ他社会事業ニ関スル事項／十一　労働統計ニ関スル事項(2)」。所管事務をあげてゆく順番から判断して、外局としての社会局は労働行政をもっとも重視し、内局時代の社会局の主務であった賑恤以下は二番手扱いとなっている。労働行政はそれまで内務省と農商務省、逓信省、外務省、国勢院などが部分的に所管していたが、それらが社会局の仕事に一元化されたのである。この背景には、労働問題の深刻化と労働運動の進展があり、とくに農商務省が国際労働問題への理解を欠いており、また労働組合をいたずらに敵視して、国外でも国内でも問題視されている事情があった。それらについてはのちにあらためて述べる。

なお、ここで外局という耳慣れない名称について、わかるかぎりでの注解をしておこう。辞書的定義によれば、外局とは内局の対語である。特定の省の外局とは、その省の内部部局の外にあって、その省に直属する組織である。ここからは推測をまじえていうのであるが、国家官僚たちの感覚では、外局は内局に比較して省にとりこまれる程度が低いらしい。創設当時の外局としての社会局の部課構成と各課の所管事項、前所管部局は、表5-1のとおりである。これからもあきらかなように、農商務省はそれまで所管していた労働政策の主要部分を内務省に奪われたのであるが、社会局を内局のままにしてこの移管をやると、農商務省ははげしく抵抗するだろうから、その抵抗を

表5-1　外局社会局の所管事項と前所管部局

部　課	所　管　事　項	前所管部局
庶務課	略	
統計課	(1) 労働統計の調査 (2) 労働統計の整備・編纂 (3) その他統計に関する事項	国勢院
第1部 労働課	(1) 労働の調査 (2) 国際労働 (3) その他労働に関する事項	内務省警保局 外務省条約局
監督課	(1) 工場法の施行 (2) 鉱夫に関する事項	農商務省工務局工場課 同鉱山局
第2部 第1課	(1) 罹災救助，窮民救助，その他賑恤救済 (2) 軍事救護 (3) 職業紹介，授産事業，その他失業の救済及び防止 (4) その他，他の課に属せざる社会事業	内務省社会局第1課
第2課	(1) 児童保護 (2) 共済組合及び小資融通施設 (3) 民力涵養 (4) 社会教化事業	内務省社会局第2課
保険課	(1) 健康保険 (2) その他社会保険	農商務省工務局労働課 逓信省管船局（船員保険）

資料出所：池田信「労資協調政策の形成」『日本労働協会雑誌』226号，1978年，p. 16.

やわらげるために社会局を外局にしたという説明がある。(3) 同じ権限を奪われるにしても、内局にもっていかれるよりは、外局にもっていかれるほうがまだ我慢できるということらしい。

北岡寿逸は一九一八年に農商務省に入省し、外局としての社会局の成立とともに内務省に転勤してきた官僚で、当時の両省の雰囲気を知っているひとだが、つぎのような回想を残している。

「セクショナリズムのはなはだしく、権限を拡大することは勝利であり、権限を喪失または縮小することは敗北であると考えている官僚」としては、外局としての社会局の設立は、「内務省の勝利」、「農商務省等の諸官庁にとってはショッキングな敗北」であった。

その設立の「閣議決定が発表された当

日の農商務省官僚の驚きと悲痛な表情は、側で見る目にも哀れ」であり、「滑稽でもあった」。かれらは、水野内相にあっさり権限をとりあげられた荒井農商務相や岡本農商務次官を怨むべきだが、労働問題に素人の大臣や次官の悪口をいってもはじまらない。「そこで、省内の非難は、従来労働問題、とくにＩＬＯ問題を処理して、いかにも熱意のないことを内外に暴露した四条工務局長などに向けられた。しかし、反面また同時に農商務省当局の従来のような態度が改められない限り、労働問題の健全なる取扱いのためには、農商務省の労働問題に関する権限は内務省に移管したほうがいいという意見が、省内純理派の人達のうちに唱えられていた」[4]。

第二。大臣官房にあった都市計画課が、一九二二年（大正一一年）五月一九日、都市計画局に格上げされた。この局の所管事務は、都市計画法の施行、市街地建築物法の施行、都市計画上の建築改善などであった。しかし、同局の寿命は短く二年半ほどで、一九二四年（大正一三年）一二月三〇日、ふたたび都市計画課にもどされている。これは、つぎに述べる復興局という巨大組織が必要とされたことを一因としていた[5]。

第三。一九二三年（大正一二年）九月一日、関東大震災がおこり、首都東京は潰滅的打撃をうけた。内務省の庁舎もこのとき全焼している。翌日、第二次山本権兵衛内閣が成立し、後藤新平が内務大臣に就任した。政府は同日、臨時震災救護事務局を設置し、首相が総裁、内相が副総裁となった。この事務局が九月二七日に内閣に設置された帝都復興院にうけつがれた。ただし、この年の年末、一二月二七日に虎の門事件がおこり、山本内閣はその責任をとって総辞職をしてしまう。つぎの清浦内閣、水野錬太郎内務大臣のもとで、一九二四年（大正一三年）二月二五日に帝都復興院は廃止され、かわって内務省に外局としての復興局がおかれた[6]。この復興局は、一九三〇年（昭和五年）四月一日、外局としての復興事務局となり、一九三二年（昭和七年）三月三一日に廃止されるが、内務省に勤務する官吏数とその財政の内訳からみれば、政党内閣時代の後半の内務行政の大きい部分が、年によってはその半ばちかくが、首都の復興に傾注されていたことがわかる。のちにそれをあきらかにするデータを示す。

まず、勅令第二六号「復興局官制」の一部を紹介しておこう。

「第一条　復興局ハ内務大臣ノ管理ニ属シ東京及横浜ニ於ケル都市計画、都市計画事業ノ執行、市街地建築物法ノ施行及都市計画上建築改善ニ関スル事務ヲ掌ル

第二条　復興局ニ左ノ職員ヲ置ク／長官　勅任／技監　一人　勅任／部長　四人　勅任／書記官　専任十人　奏任／事務官　専任二十人　奏任／技師　専任百二十七人　奏任／属　専任二百二十五人　判任／技手　専任六百五十人　判任

第三条　復興局ニ長官官房及左ノ四部ヲ置ク／整地部／土木部／建築部／経理部」[7]。

第二条で置くと定められた職員数の合計は一〇三八となる。復興局が新設される年の前年、内務省の官吏数は二八六二であったから、復興局の定員は一局でその三分の一以上になった。しかも、実際に同局は設置されると、その現員はこの定員をはるかに上まわった。

記述が一部先走りすぎたが、あらためて、政党内閣時代の内務省の官吏数をみておこう。一九一九年（大正八年）内務省の全官吏数は二六五二で、前章までの区分をひきつづきつかえば、本省五八〇、二一・九％、所轄二〇七二、七八・一％にわかれる。本省でもっとも大きい局は土木局で二〇八、七・八％、所轄でもっとも大きい組織は土木出張所で一七五七、六六・三％、である。これらの特性は、ポスト桂園時代とかわらない。社会局はさきに述べたように一九二〇年（大正九年）に設置されるが、二一年、二二年のデータが二三年の関東大震災で焼失したということで、みることができるのは一九二三年（大正一二年）の年末のデータからである。表5-2をみられたい。

など文官数（1919-1932年）

1925/T14	1926/S1	1927/S2	1928/S3	1929/S4	1930/S5	1931/S6	1932/S7
89	90	93	101	99	102	96	125
36	41	42	45	52	51	47	38
39	36	36	36	55	54	54	58
83	99	104	197	201	181	166	176
162	158	180	188	192	188	207	262
43	65	81	82	81	80	75	73
142	197	223	250	227	321	221	231
2, 159	2, 133	1, 961	1, 416	1, 207	215	74	
1	1						
2, 754	2, 820	2, 720	2, 315	2, 114	1, 192	940	963
1, 734	1, 778	1, 924	2, 054	2, 081	2, 056	2, 495	2, 721
38	35	42	49	51	40	20	8
68	66	80	75	61	87	81	95
				61	73	92	90
61	19						
				1, 408	1, 427	1, 417	1, 417
				343	412	402	417
				247	245	251	253
6	5	5	5	134	180	145	163
7	8	9	6	9	9	7	7
26	23	25	26	16	22	22	22
15	13	13	15	14	15	14	13
23	30	36	38	48	50	54	52
1, 978	1, 977	2, 134	2, 268	4, 473	4, 616	5, 000	5, 258
4, 732	4, 797	4, 854	4, 583	6, 587	5, 808	5, 940	6, 221

原資料では，その表側の位置が変化するが，この表ではその変化にこだわらず，本文中で高い頻度

1931，32年はそれらに嘱託と傭人がくわえられている．しかし，これは1919年の範囲で統一した．

この年、内務省の全官吏数は二九六二、本省が六六七、二二・五%、所轄が二二九五、七七・五%である。本省のなかでは、社会局一六一、五・四%が、土木局一五六、五・三%をわずかな差であるが抜いて、最大規模の局となっている。このあと、政党内閣時代をつうじて毎年度、一度の例外をのぞいて、社会局は土木局を職員数で上まわっている。これまでは、主要常設局として神社、地方、警保、土木、衛生の五局をあげてきたが、

表 5-2　内務省，局，房

	1919/T8	1920/T9	1921/T10	1922/T11	1923/T12	1924/T13
大臣官房	105	115			90	95
監察官	9	10			5	
参事官室	3	4			2	
神社局	25	29			21	28
地方局	77	50			60	40
警保局	69	76			80	68
土木局	208	219			156	141
衛生局	67	61			58	45
社会局		34			161	155
都市計画局					24	
復興局（復興事務局）						2, 196
特殊財産管理局	17	16			10	12
小　計	580	614			667	2, 780
土木出張所	1, 757	1, 964			2, 009	1, 651
造神宮使庁	20	28			43	37
衛生試験所	81	78			88	65
職業紹介事務局						
明治神宮造営局	191	153			74	69
官国幣社						
都市計画委						
神宮使庁						
廃兵院ほか						7
警察講習所	15	15			9	6
千住機械工場	8	10				
栄養研究所		4			36	27
武蔵野学院		13			15	14
土木試験所					21	22
小　計	2, 072	2, 265			2, 295	1, 898
総　計	2, 652	2, 879			2, 962	4, 678

注：1）1921 年，1922 年のデータは原資料で欠けている．関東大震災のためとおもわれる．
　　2）社会局は，1920 年に内局として設置され，1922 年に外局となっている．それに応じて
　　　で登場する局を一括して上方に置いた．
　　3）文官の範囲は 1919-1930 年は高等官（勅任官，奏任官），判任官と雇であったが，

これからはそれらに社会局をくわえて、主要常設局を六局としなければならない。社会局の所掌事務の本質は、生活（労働）の管理と要約しておくことにする。

さて、この時代の後半における内務省の構成をなによりも特徴づけるのは、巨大な規模をもつ復興局の存在である。それは一九二四年（大正一三年）に設置され、「官制」における定員はさきに記したように一〇〇〇余であったが、初年度の現員はいきなり二一九六に達

表 5-3 （表 5-2 の）資料出所一覧
（『大日本帝国内務省統計報告』による）

年	報告回数	刊 行 年	ページ数	
1919/T8	第 35 回	1921/T10	pp. 448-451	本省所属職員部局別
1920/T9	第 36 回	1922/T11	pp. 424-427	同　上
1921/T10				
1922/T11				
1923/T12	第 37 回	1924/T13	pp. 382-386	本省及所属職員
1924/T13	第 38 回	1925/T14	pp. 440-443	同　上
1925/T14	第 41 回	1928/S3	pp. 478-479	本省及所属職員部局別
1926/S1	同　上	同　上	同　上	同　上
1927/S2	同　上	同　上	同　上	同　上
1928/S3	第 42 回	1929/S4	pp. 506-507	同　上
1929/S4	第 43 回	1931/S6	pp. 514-515	同　上
1930/S5	第 44 回	1932/S7	pp. 560-561	同　上
1931/S6	第 45 回	1933/S8	pp. 580-585	同　上
1932/S7	第 46 回	1934/S9	pp. 552-553	同　上

した。同年の内務省に勤務する全官吏数が四六七八であるから、復興局一局でその四六・九％を占めていた訳である。マン・パワーの大きさのみでいえば、この年、内務省は、その総力の半ばちかくを関東大震災で破壊された首都の復興に傾注したことになる。復興局はこの規模を三年間維持し、以後、漸減しつつ一九二九年（昭和四年）まで存続し、翌年四月から復興事務局にかわって、さらに二年、存続した。

なお、内務省の官吏の全数の動きについて三点を指摘しておきたい。

(1) この時代（一九一九―三二年）の全域をつうじて、内務省で働く官吏は、二六五二から六二二一へと、二・三倍に増加している。その数の年次推移をみると、関東大震災の年の翌年、一九二四年の復興局の設置がその数の大きなはね上がりの最初の契機であった。同年の復興局の官吏数はさきにいったように二一九六で、これによって内務省の全官吏数は、前年の二九六二から四六七八へと、約一・六倍に増加している。その後、四年間にわたり、復興局は二〇〇〇前後の成員数を維持して、のち漸減にむかうが、減少分の一部は土木出張所と都市計画地方委員会などに吸収されたようである。

(2)　つぎに、一九二九年、神宮司庁の神官など二四七、官国幣社の神職など一四〇八、都市計画地方委員会三四三などが、新しくくわわり、内務省の官吏数は、前年の四五八三がこの年六五八七へと、約一・四倍にはね上がった。それ以前から神官は国家の官吏であり、内務大臣が任命権をもち、神職は国家の待遇官吏で内務大臣・地方長官が任命権をもっていた。それがこの年から内務省所属職員に入った理由は、管見のかぎりでは不明である。この年の一二月に、勅令で神社制度調査会官制が公布され、政府は神社法の制定に本格的にとりくむことになったのだが、その機運と関係があったのだろうか。

(3)　表5-2の注3で記したように、原資料では、一九三一年と三二年は、内務省及所属職員として高等官、判任官、雇のほかに嘱託と傭人があげられている。後二者を表5-2では、先行する年度のデータとの整合性のために省いた。ここで、参考のために、一九三二年にかぎって、後二者の実数を示しておく。嘱託二八五、傭人六四二九。傭人はこの年、内務省で働いた全成員一二九二一の四九・八％を占める。傭人の大多数、五〇八七、傭人全体の七九・一％は土木出張所に所属している。

最後に、例によって、この時代の内務省が使用することができた行政資源の概況にふれておきたい。地方行政機構はさまざまに変化したが、大きな変化としてつぎの二点をあげておく。

(1)　一九二三年（大正一二年）四月の郡制廃止。それまでの郡制は、「山県系の地方支配を達成する毛細管的役割」[8]をはたしていた。郡は数カ町村を統轄し、その範域で郡長は絶対的権力者であった。山県有朋は地方自治制度の制定以来、山県系の下級官僚を郡長に多く就任させて、その支配を固めてきた。原敬は、ひとつには山県閥による地方支配の体制を掘り崩すために、いまひとつには町村の自治を活性化するために、郡制の廃止をめざした。

かれは、第一次西園寺時代に二度、その廃止法案を議会に上程し、いずれも衆議院を通過させたが、貴族院で阻止された。原は、のちに自らの内閣を組織し、貴族院にも自らの勢力を扶植し、二一年（大正一〇年）三月に「郡制廃止ニ関スル法律案」を貴衆両院で通過させ、同法は翌四月に公布された。それから二年間の準備期間をとって、二三年四月、全国五三七の自治体としての郡が廃止された。(9) なお、郡役所はしばらく地方行政官庁として残ったが、一九二六年（昭和元年）七月に最終的に廃止された。

(2)　一九二六年（昭和元年）七月の地方官制中改正。この時代にその種の改正は数度にわたって施行されているが、前出の郡役所の廃止に連動して同時に施行されたものを代表例としたい。その主要部分を抄録する。各府県に知事官房、内務部、学務部、警察部を置いた。これでは、従来の構成に学務部が新しくくわわっている。ただし、東京府は警視庁があるので、警察部を置かない。各部の主要な所掌事務はつぎのとおり。内務部＝議員選挙、府県行政、市町村行政の監督、土木、農工商森林水産、小作争議調停。学務部＝教育学芸、社寺宗教、兵事（徴兵）、社会事業。警察部＝警察、衛生、工場法施行、労働争議調停。前記の三部のほかに、内務大臣は必要に応じて、府県に土木部、産業部、衛生部を置き、三部の所掌事務の一部を所掌させることができる。地方官のうち、小作争議調停に従事する地方小作官、労働争議調停に従事する調停官、工場法施行に従事する工場監督官、市街地建築物法施行に従事する建築監督官などの規定に、社会政策の新しい展開の担い手の出現がうかがわれる。(10)

この時代のほぼ中間点となる一九二五年（大正一四年）の年末における内務省の行政資源は、『大日本帝国内務省第三十九回統計報告』によれば、つぎのとおりである。

まず、団体・組織、施設のレヴェルでみると、四六府県庁と北海道庁、警視庁があり、郡役所五三八、市役所一〇一、町村役場一万一六三五、ほかに島庁、支庁などが若干ある。前章で示した一九一〇年のデータと比較すると、市役所が四〇増加しているのが目につく。都市化が進行した結果であろう。警察組織としては、警視庁と東京府をのぞく四六府県道庁に警察部が各一あり、その下に全国で警察署七九七、警察分署四一九、派出所三九九〇、巡査駐在所一万三九九七、巡査立番所若干などがある[11]。

人員レヴェルでは、一九二五年の資料は一九一〇年の資料と、庁府県官吏などの定義が変っており、直接の比較ができない。その比較ができるように、前者を改作して以下を述べる。官吏では、庁府県官吏は六万七七一八、そのうち警察官は五万八七二七、である。一五年まえに比較して、庁府県官吏は約一万八〇〇〇増加しているが、そのほとんどが警察官の増加である。警察官の内訳は、警部補以上が四三七六、巡査が五万四三五一、である。ほかに郡官吏が七三六九いる（郡官吏は、翌一九二六年には郡役所廃止によって〇となる）。吏員では、府県吏員一万一六〇、市吏員三万二六五〇、町村吏員三一万三二二三である。ただし、市吏員の約五〇〇〇、町村吏員の二五万余は名誉職（無給）である。以上の官吏、吏員の合計は、四二万三七五一である[12]。一九一〇年のこの合計は約二九万であったから、約一三万四〇〇〇の増加、構成比では約四六％の増加である。

神社局の主要な行政資源はどうか。一九二五年、神社は、神宮、官国幣社あわせて一八五、府県社八一五、郷社三四八〇、村社四万五〇一五、ほかに無格社六万四〇〇八、である。一五年まえに比較して、前三者は漸増し、後二者は減少している。そこで働く神官・神職は一万四六五一、こちらは一五年まえとほぼ同数である[13]。

また、衛生局の行政資源は、同じく一九二五年末で、病院が一七九四、設置者別で官立一二、公立九八、私立一六八四、である。病院数は一五年まえのそれの約二倍である[14]。医師は『医制（資料編）』によると四万五三二七、そのうち、大学卒業者、医学専門学校卒業者、外国学校卒業者、試験及第者が四万二五五〇、全体の九三・八％を占める。この時期には医師のほとんどが西洋医学の修得者になっていた。歯科医師一万一三九二、薬剤師一万三五

六九、看護婦四万四一〇五、准看護婦三一五九、産婆四万二八七七。(15)

(1)『大正年間法令全書』第九巻―3、原書房、一九九一年、四〇三ページ。
(2)同右、四六三ページ。
(3)『厚生省五十年史（記述篇）』一〇八ページ。
(4)北岡寿逸「社会局の設置と労働行政」大霞会編『内務省外史』地方財務協会、一九七七年、一四一―一四二ページ。
(5)『内務省史』第三巻、一九六―一九七ページ。
(6)同右、二〇〇―二〇一ページ。
(7)『大正年間法令全書』第一三巻―2、原書房、二〇―二一ページ。
(8)『評伝原敬』下巻、一〇五ページ。
(9)『内務省史』第一巻、三三六―三三八ページ。
(10)『大正年間法令全書』第一五巻―3、原書房、一九九六年、一四〇―一四三ページ。
(11)『大日本帝国内務省第三十九回統計報告』三、一六一ページ。
(12)同右、一六、一七、一七―一九、三〇、三三、四一、四九ページ。庁府県官吏の定義の違いは、「第二十六回報告」では巡査をふくんでいたのにたいして、「第三十九回報告」では巡査をふくんでいないことである。
(13)同右、五一〇、五一一ページ。
(14)同右、三六八ページ。
(15)『医制百年史（資料編）』五七四―五七五、五七八―五七九、五八二、五八六、五八七ページ。

4　首都復興から失業・不況対策へ

政党内閣時代の内務省の財政を分析する。原内閣は一九一八年（大正七年）九月に成立しているが、同内閣が予算を作成したのは翌一九年度分からであるとかんがえられ、犬養内閣は一九三二年（昭和七年）五月に犬養が暗殺されて終っているので、翌年の予算を作成していないとかんがえ、一九一九年度から三二年度までの時間域で観察する。

この期間の内務省財政の一般会計と特別会計の歳出は表5-4のとおりである。一般会計の歳出経常部は一九二一年度から三二年度まで四〇〇〇万円台で一貫して推移しており、上下動が少ないところは、前代までと同様である。これにたいして、歳出臨時部は一九二四年（大正一三年）度から一九二九年（昭和四年）度までに大きなふくらみがみられ、その間は一貫して一億円以上で、一九二七・二八年（昭和三・四年）度のみ二億円を超えている。これは、主として、一九二三年（大正一二年）九月に関東大震災があって潰滅した首都・東京の復興費によっている。一九三二年（昭和七年）度にふたたび歳出臨時部が増大しはじめるのは、前年からの不況の対策のためである。特別会計歳出は一九一九年から二五年までではなく、二六年（昭和元年）に健康保険制度が発足してはじまり、一九三一年（昭和六年）にこれに労働者災害扶助責任保険制度がくわわった。

少しくわしくみよう。一般会計歳出経常部は一九一九年（大正八年）に二一五九万円余ではじまり、翌二〇年は三六九一万円余、翌々二一年は四一八四万円余で、二年まえの二倍ちかくになり、以後、四〇〇〇万円台が最後までつづく。この背景として一般会計の総額のなかでの内務省所管分の急伸がある。一九一九年に五・八五％、一九

表5-4　内務省の財政（1919-1932年度）

（単位1000円，1000円未満四捨五入）
（表5-5, 5-6も同じ）

年度	一般会計歳出経常部	%	一般会計歳出臨時部	%	小計	特別会計歳出
1919/T8	21,597	31.5	46,928	68.5	68,525	
1920/T9	36,918	32.0	78,548	68.0	115,466	
1921/T10	41,846	34.3	80,076	65.7	121,922	
1922/T11	44,518	32.9	90,952	67.1	135,470	
1923/T12	44,337	23.5	143,963	76.5	188,300	
1924/T13	43,637	20.8	166,489	79.2	210,126	
1925/T14	42,523	19.1	179,982	80.9	222,505	
1926/S1	44,917	21.7	161,647	78.3	206,564	3,888
1927/S2	47,940	17.7	223,331	82.3	271,271	19,778
1928/S3	49,522	16.5	250,965	83.5	300,487	19,627
1929/S4	49,281	22.4	170,861	77.6	220,142	19,792
1930/S5	45,719	31.5	99,369	68.5	145,088	19,581
1931/S6	44,546	32.4	92,884	67.6	137,430	16,853
1932/S7	49,823	22.7	170,043	77.3	219,866	16,810

二二年には九・四八%。原内閣が内務省予算を重視してその構成比を拡大し、それが歳出経常部の急伸につながったとみることができよう。

表5-5で歳出経常部の内訳をみよう。表側の費目の分類が一九二〇年（大正九年）度からあらためられているので、二〇年のデータにかんする論議からはじめる（一九年度のデータは、その新分類にあわせて、のちに最計算されたものである）。例によって、本分中では構成比のみをつかう。この年度、警察費連帯支弁金四九・一%、地方庁三一・九%で、両者の小計は八一・〇%となる。以後、一九三二年度まで、警察費連帯支弁金は一貫して四〇%台である。地方庁は、一九二四年度までの五年間は三〇%台、二五年度から三二年度までの八年間は二〇%台である。両者の小計は、一九二一年度から三〇年度まで七〇%台で、最後の二年間のみ、六〇%台となっている。これまでにくり返し確認してきたことであるが、内務省が警察行政と地方行政を双翼とする官庁であり、この時代に一般会計歳出経常部でみるかぎり、地方行政にたいする警察行政の比重が

たかまっていったことがわかる（ただし、念のためにいうが、この地方庁のための歳出は、大部分は道府県庁のためのものだが、あわせて、警視庁のためのものをふくんでいるはずである。しかし、原資料で両者を区分することができない。したがって、先述の数字が示す傾向よりも、地方行政にたいする警察行政の比重のたかまりはやや大きいはずである）。

また、府県警察費にたいする警察費連帯支弁金＝国庫からの下渡し金の割合は、一九二〇年代をとおして、東京府で一〇分の六、大阪府で一〇分の三・五、その他の道府県で六分の一、であった。

なお、一九二〇年度、内務省本省の経費は歳出経常部の二・一％である。これは二四年度まで二％台、二五年度以降は一％台である。この一ないし二％台と、警察費連帯支弁金と地方庁をあわせた七〇％前後から八〇％台の数字の対比は、前節でみた内務省本省ではたらく五〇〇―六〇〇人から最大で三〇〇〇人にちかい内務官僚が四〇万人余の地方官吏、吏員（ただし、そのうちの二五万余は無給であるが）を行政資源として活用しつつ統治をおこなうシステムが、歳出経常部の構成に表出したものであると読みとれよう。

一九二〇年度、歳出経常部の費目別金額で第三位が補助金四・六％、第四位が徴兵費三・七％、である。この補助金には内訳がついていて、伝染病予防費補助、地方費補給、ほか二つである。それぞれの構成比は省略する。なお、一九二一年度以降も、補助金は六％台か一〇％台のあいだで一貫して三位を占め、内訳は年度によって一部変動する。また、徴兵費は三％台から六％台までのあいだで一貫して四位を占める。

歳出臨時部に目を転じたい。表5‐6。政党内閣時代は、これについては時間域を三分されることができる。第一は、一九一九年度から二二年度までのプレ震災期、第二は二三年度から三〇年度までの震災期、第三は三一、二年度のポスト震災期である。

表 5-5　内務省財政一般会計歳出経常部（1919-32 年度）

（1000 円未満四捨五入）

	1919/T8		1920/T9		1921/T10		1922/T11		1923/T12		1924/T13		1925/T14	
		%		%		%		%		%		%		%
神宮費	130	0.6	200	0.5	200	0.5	230	0.5	230	0.5	230	0.5	230	0.5
神社費及国幣社例祭幣帛料	365	1.7	589	1.6	821	2.0	821	1.8	813	1.8	821	1.9	741	1.7
本　省	498	2.3	772	2.1	1,015	2.4	1,124	2.5	1,004	2.3	891	2.0	714	1.7
衛生試験所	1,433	6.6	949	2.6	626	1.5	564	1.3	738	1.7	1,124	2.6	1,230	2.9
補助金（補助費）	1,218	5.6	1,689	4.6	2,787	6.7	3,510	7.9	2,656	6.0	3,117	7.1	2,791	6.6
諸支出金	331	1.5	284	0.8	246	0.6	283	0.6	309	0.7	205	0.5	201	0.5
徴兵費	1,015	4.7	1,368	3.7	2,560	6.1	2,275	5.1	2,019	4.6	2,639	6.0	2,494	5.9
軍事救護費	616	2.9	867	2.3	1,006	2.4	923	2.1	909	2.1	1,085	2.5	1,009	2.4
国立感化院費	36	0.2	49	0.1	65	0.2	65	0.1	56	0.1	54	0.1	53	0.1
警察講習所費	32	0.1	49	0.1	53	0.1	54	0.1	41	0.1	41	0.1	32	0.1
横浜港維持費	160	0.7	224	0.6										
栄養研究所					90	0.2	149	0.3	129	0.3	121	0.3	64	0.2
廃兵院（傷兵院）							80	0.2	97	0.2	113	0.3	111	0.3
職業紹介事務局									83	0.2	106	0.2	140	0.3
地方庁	7,724	35.8	11,763	31.9	14,909	35.6	15,787	35.5	14,322	32.3	13,985	32.0	11,970	28.1
警察費連帯支弁金	8,040	37.2	18,115	49.1	17,469	41.7	18,613	41.8	20,536	46.3	18,735	42.9	20,488	48.2
社会局							41	0.1	396	0.9	372	0.9	255	0.6
国際労働機関帝国事務所														
移民収容所														
医師及薬剤師試験費														
国立癩療養所														
健康保険国庫負担金														
計	21,597	100.0	36,918	100.0	41,846	100.0	44,518	100.0	44,337	100.0	43,637	100.0	42,523	100.0

	1926/S1		1927/S2		1928/S3		1929/S4		1930/S5		1931/S6		1932/S7	
		%		%		%		%		%		%		%
神宮費	230	0.5	230	0.5	230	0.5	230	0.5	230	0.5	230	0.5	230	0.5
神社費及国幣社例祭幣帛料	741	1.6	751	1.6	751	1.5	771	1.6	771	1.7	771	1.7	771	1.5
本　省	801	1.8	797	1.7	818	1.7	878	1.8	793	1.7	707	1.6	668	1.3
衛生試験所	714	1.6	863	1.8	1,314	2.7	1,320	2.7	845	1.8	753	1.7	597	1.2
補助金（補助費）	3,381	7.5	3,471	7.2	3,438	6.9	3,075	6.2	2,940	6.4	3,430	7.7	5,360	10.8
諸支出金	193	0.4	232	0.5	255	0.5	242	0.5	319	0.7	186	0.4	96	0.2
徴兵費	2,502	5.6	2,675	5.6	1,472	3.0	1,482	3.0	1,443	3.2	1,503	3.4	1,531	3.1
軍事救護費	1,153	2.6	1,276	2.7	1,475	3.0	1,498	3.0	1,587	3.5	1,733	3.9	2,427	4.9
国立感化院費	52	0.1	54	0.1	54	0.1	54	0.1	51	0.1	47	0.1	46	0.1
警察講習所費	33	0.1	33	0.1	33	0.1	32	0.1	29	0.1	27	0.1	21	0.0
横浜港維持費														
栄養研究所	65	0.1	86	0.2	86	0.2	85	0.2	74	0.2	66	0.1	60	0.1
廃兵院（傷兵院）	111	0.2	119	0.2	122	0.2	119	0.2	115	0.3	109	0.2	117	0.2
職業紹介事務局	140	0.3	177	0.4	170	0.3	165	0.3	178	0.4	192	0.4	190	0.4
地方庁	11,854	26.4	11,835	24.7	11,834	23.9	11,801	23.9	11,549	25.3	10,564	23.7	10,113	20.3
警察費連帯支弁金	21,526	47.9	22,268	46.4	23,039	46.5	23,154	47.0	20,778	45.4	20,526	46.1	24,112	48.4
社会局	410	0.9	494	1.0	477	1.0	698	1.4	508	1.1	430	1.0	407	0.8
国際労働機関帝国事務所	117	0.3	111	0.2	107	0.2	105	0.2	101	0.2	92	0.2	113	0.2
移民収容所			55	0.1	93	0.2								
医師及薬剤師試験費							28	0.1	27	0.1	28	0.1	28	0.1
国立癩療養所			4	0.0	6	0.0	6	0.0	31	0.1	141	0.3	165	0.3
健康保険国庫負担金	892	2.0	2,408	5.0	3,751	7.6	3,537	7.2	3,351	7.3	3,013	6.8	2,771	5.6
計	44,917	100.0	47,940	100.0	49,522	100.0	49,281	100.0	45,719	100.0	44,546	100.0	49,823	100.0

表 5-6　内務省財政一般会計歳出臨時部（1919-32 年度）

（1000 円未満四捨五入）

1919/T8			1920/T9			1921/T10			1922/T11		
		%			%			%			%
治水事業費	15,202	32.4	治水事業費	29,692	37.8	治水事業費	22,679	28.3	治水事業費	23,055	25.3
北海道拓殖費	8,451	18.0	北海道拓殖費	12,311	15.7	北海道拓殖費	17,973	22.4	北海道拓殖費	20,735	22.8
大正 3 年臨時事件費	8,299	17.7	補助費	6,737	8.6	災害費	9,679	12.1	港湾改良費	9,958	10.9
補助費	3,122	6.7	港湾改良費	6,640	8.5	補助費	8,998	11.2	補助費	9,665	10.6
港湾改良費	2,969	6.3	国民栄養調査費	6,497	8.3	港湾改良費	7,426	9.3	道路改良費	8,635	9.5
災害費	2,243	4.8	河川改良費	5,241	6.7	河川改良費	5,475	6.8	河川改良費	5,294	5.8
河川改良費	2,009	4.3	災害費	2,752	3.5	営繕費	1,734	2.2	災害費	4,967	5.5
明治神宮御造営費	1,086	2.3	営繕費	1,949	2.5	道路改良費	1,293	1.6	造神宮使庁	2,773	3.0
営繕費	1,034	2.2	明治神宮御造営費	1,686	2.1	伝染病予防費	924	1.2	伝染病予防費	1,037	1.1
伝染病予防費	858	1.8	伝染病予防費	1,598	2.0	造神宮使庁	619	0.8	営繕費	858	0.9
その他	1,655	3.5	その他	3,445	4.4	その他	3,276	4.1	その他	3,975	4.4
計	46,928	100.0	計	78,548	100.0	計	80,076	100.0	計	90,952	100.0

1923/T12			1924/T13			1925/T14			1926/S1		
		%			%			%			%
治水事業費	30,053	20.9	帝都復興事業費	30,808	18.5	帝都復興事業費	48,652	27.0	帝都復興事業費	42,613	26.4
北海道拓殖費	20,156	14.0	治水事業費	20,256	12.2	震災貸付金	24,954	13.9	北海道拓殖費	18,764	11.6
震災貸付金	20,000	13.9	北海道拓殖費	17,562	10.5	治水事業費	15,703	8.7	治水事業費	17,924	11.1
臨時物資供給費	18,300	12.7	復興事業費補助	14,793	8.9	北海道拓殖費	15,571	8.7	復興事業費補助	17,439	10.8
道路改良費	8,997	6.2	震災貸付金	12,906	7.8	復興事業費補助	12,415	6.9	震災貸付金	8,871	5.5
港湾改良費	8,863	6.2	臨時物資供給残務	10,012	6.0	復興事業費貸付金	11,890	6.6	震災復旧費補助	8,329	5.2
震災応急費	6,851	4.8	震災復旧諸費	7,324	4.4	震災復旧費補助	7,457	4.1	補助費	6,450	4.0
災害費	6,757	4.7	震災復旧費補助	6,945	4.2	港湾改良費	6,328	3.5	港湾改良費	6,391	4.0
補助費	5,864	4.1	港湾改良費	6,768	4.1	横浜市永代借地整理	6,000	3.3	復興事業費貸付金	6,294	3.9
震災復旧諸費	4,348	3.0	復興事業費貸付金	6,045	3.6	補助費	5,936	3.3	災害費	5,240	3.2
その他	13,774	9.6	その他	33,070	19.9	その他	25,076	13.9	その他	23,332	14.4
計	143,963	100.0	計	166,489	100.0	計	179,982	100.0	計	161,647	100.0

1927/S2			1928/S3			1929/S4		
		%			%			%
帝都復興事業費	58, 071	26. 0	帝都復興事業費	62, 502	24. 9	帝都復興事業費	38, 450	22. 5
復興事業費補助	38, 993	17. 5	復興事業費補助	52, 064	20. 7	北海道拓殖費	26, 802	15. 7
北海道拓殖費	25, 537	11. 4	北海道拓殖費	27, 133	10. 8	復興事業費補助	26, 180	15. 3
治水事業費	19, 743	8. 8	治水事業費	20, 700	8. 2	治水事業費	20, 552	12. 0
復興事業費貸付金	18, 043	8. 1	復興事業費貸付金	16, 769	6. 7	補助費	10, 553	6. 2
港湾改良費	9, 225	4. 1	補助費	10, 261	4. 1	港湾改良費	8, 166	4. 8
補助費	5, 991	2. 7	港湾改良費	8, 095	3. 2	復興事業費貸付金	7, 740	4. 5
復興事業債利子補給	5, 441	2. 4	震災貸付金	6, 910	2. 8	災害費	6, 533	3. 8
災害費	5, 138	2. 3	復興事業債利子補給	6, 711	2. 7	震災貸付金	4, 225	2. 5
震災貸付金	4, 592	2. 1	災害費	5, 190	2. 1	道路改良費	3, 723	2. 2
その他	32, 557	14. 6	その他	34, 630	13. 8	その他	17, 937	10. 5
計	223, 331	100. 0	計	250, 965	100. 0	計	170, 861	100. 0

1930/S5			1931/S6			1932/S7		
		%		%			%	
北海道拓殖費	24, 888	25. 0	失業救済道路改良費	24, 713	26. 6	農村振興道路助成費	32, 444	19. 1
治水事業費	16, 925	17. 0	北海道拓殖費	22, 538	24. 3	北海道拓殖費	26, 475	15. 6
復興事業費補助	11, 474	11. 5	治水事業費	13, 065	14. 1	治水事業費	21, 931	12. 9
補助費	11, 218	11. 3	港湾改良費	7, 330	7. 9	補助費	19, 580	11. 5
帝都復興事業費	9, 015	9. 1	補助費	6, 701	7. 2	道路改良費	17, 161	10. 1
港湾改良費	7, 741	7. 8	災害費	6, 268	6. 7	港湾改良費	13, 513	7. 9
災害費	6, 189	6. 2	復興事業費補助	2, 367	2. 5	中小河川改良助成費	10, 327	6. 1
道路改良費	3, 558	3. 6	議院総選挙諸費	2, 123	2. 3	失業救済道路改良費	8, 181	4. 8
伝染病予防費	1, 357	1. 4	地方改善応急施設費	1, 500	1. 6	災害費	6, 341	3. 7
警察特別施設費	1, 028	1. 0	伝染病予防費	1, 344	1. 4	復興事業費補助	2, 153	1. 3
その他	5, 976	6. 0	その他	4, 935	5. 3	その他	11, 937	7. 0
計	99, 369	100. 0	計	92, 884	100. 0	計	170, 043	100. 0

表 5-7　（表 5-4, 5-5, 5-6 の）資料出所一覧
（『大日本帝国統計年鑑』による）

年　度	決算・現計・予算	年鑑回数	刊行年	引用ページ
1919/T8	決　算	第 42 回	1924	pp. 516-517, pp. 524-527
1920/T9	同　上	第 43 回	1924	pp. 512-513, pp. 520-523
1921/T10	同　上	第 44 回	1925	pp. 526-527, pp. 536-538
1922/T11	同　上	第 45 回	1926	pp. 518-519, pp. 528-530
1923/T12	同　上	第 46 回	1927	pp. 504-505, pp. 514-516
1924/T13	同　上	同　上	同上	同　上
1925/T14	同　上	第 47 回	1928	pp. 331-332, pp. 337-339
1926/S1	同　上	第 48 回	1929	pp. 339-340, pp. 345-347, p. 354
1927/S2	同　上	第 49 回	1930	pp. 341-342, pp. 347-349, p. 356
1928/S3	同　上	第 50 回	1931	pp. 341-342, pp. 347-349, p. 356
1929/S4	同　上	第 51 回	1932	pp. 341-342, pp. 347-349, p. 356
1930/S5	—	第 52 回	1933	pp. 343-344, pp. 349-351, p. 358
1931/S6	—	第 53 回	1934	pp. 345-346, pp. 351-353, p. 360
1932/S7	—	第 54 回	1935	pp. 351-352, pp. 357-359, p. 366

プレ震災期、歳出臨時部の費目別構成比の大きさでは、一九二〇年度を例示すると、一位、治水事業費三七・八％、二位、北海道拓殖費一五・七％、三位、補助費八・六％、四位、港湾改良費八・五％、五位、国民栄養調査費八・三％、である。北海道拓殖費には一一費目の内訳がつくが、主だったものは道路橋梁費、港湾費、森林費、治水費などであり、計算の手続きの紹介は省略するが、全体の八七・六％は土木費とみなせる。また、補助費は水道費補助、港湾修築費補助、河川修築費補助などで一〇〇％が土木費である。六位の河川改良費以下も一〇位の伝染病予防費以外は土木費とみなせる。その他四・四％のなかに土木費とみなせるものが若干ふくまれている。以上を勘案すると、一九二〇年の歳出臨時部の八五％から九〇％ちかくが土木費であったとみてよいのではないか。これはプレ震災期のすべてについてもいえる。

そうして、一九二三年（大正一二年）九月、関東大震災がおこる。この年度からが震災期である。もっとも、この年度は、治水事業費と北海道拓殖費が一位と二位を占めているところなどでは、プレ震災期の傾向をのこしている。大震災関連の歳出

は、震災貸付金一三・九％、臨時物資供給費一二・七％、震災応急費四・八％、震災復旧諸費三・〇％などで、以上の小計は三四・四％におよぶが、その大部分が応急的な性格のものである。歳出臨時部で震災期が本格的にはじまるのは一九二四年（大正一三年）度からで、この年度、帝都復興事業費が三〇八〇万八〇〇〇円、一八・五％で、費目別構成比の大きさで一位になる。ほかに、復興事業費補助八・九％、震災貸付金七・八％、臨時物資供給残務六・〇％、震災復旧諸費四・四％、震災復旧費補助四・二％、復興事業費貸付金三・六％などがあり、以上の小計は五三・四％になる。歳出臨時部の半分以上が震災からの復興のためにつかわれている。

帝都復興事業費の一位は、一九二四年度から一九二九年（昭和四年）度までつづく。前段のような計算のしかたをとると、そのうち、二四年から二八年までは、震災からの復興のための支出が五〇％台をつづける。二四年、五三・四％、二五年、五八・五％、二六年、五一・八％、二七年、五六・一％、二八年、五七・八％、二九年、四四・八％。六年間、内務省がどれほどの力をついやして首都の復興につとめたか、その経過がここによみとれる。一九二八年は、帝都復興事業費の絶対額が最高値六二五〇万二〇〇〇円を記録した。震災からの復興のための支出の費目別構成比は、帝都復興事業費二四・九％、復興事業費補助二〇・七％、復興事業費貸付金六・七％、震災貸付金二・八％、復興事業債利子補給二・七％などとなっている。一九三〇年度、帝都復興事業費は五位に後退し、震災期がおわる。この年、北海道拓殖費と治水事業費が一位と二位に復活し、プレ震災期の特徴が復活するかともわせられるが、つづくポスト震災期には別の特徴がみいだされた。

一九三一年（昭和六年）では、失業救済道路改良費が二六・六％で一位である。三二年（昭和七年）では、農村振興道路助成費が一九・一％である。これらは、震災からの復興を遂行した内務省が、その後ただちに都市の失業問題、農村の不況問題にとりくまねばならなかった経済＝政治状況を示している。

5　普通選挙法の成立と実施

さきにこの時代の代表的内務大臣として若槻礼次郎を論じたさい、かれが「普通選挙法」と「治安維持法」のそれぞれの制定でリーダーシップをとったことを論議の焦点とした。それは若槻内相論としては適切な方法であるが、「普通選挙法」の成立それ自身にかんする論議としていえば不充分である。少なくとも二点を補足しなければならない。

第一。普通選挙の実現をめざす動きには議会の内外で、それまでに三〇年以上の歴史があった。その主要なもののみひろってみても、一八九七年（明治三〇年）七月、長野県松本市で木下尚江などによる普通選挙同盟会が結成されたが、その運動は社会主義運動と混同されてきびしい弾圧の対象となった。片山潜も、一九〇一年（明治三四年）、社会改良の手段としての普通選挙の主張を発表している。議会では、翌〇二年（明治三五年）、衆議院に河野広中などによって最初の普通選挙法案が提出されたが、否決された。その後も同種の法案がくり返し提出されたが、一九一一年（明治四四年）二月、田川大吉郎などが提出した普通選挙法案がはじめて衆議院を通過した。しかし、これが貴族院に回付されると、同院は全員一致でこれを否決した。そのおりの穂積八束の反対演説の一節は「カクノ如キ法案ハ以後再ビ貴族院ノ門ヲククグルコトヲ許サズ」であった。その年、大逆事件がおこり、社会主義運動への弾圧が激化し、普通選挙運動はそのあおりを食って、暗黒時代に入った。(1)その復活は、一九一六年（大正五年）一月、吉野作造が「憲政の本義を説いてその有終の美を済すの途を論ず」という長文の論文を発表し、民本主義を主張したあたりからである。かれは、政治に民衆の意志の尊重が必要であるといい、選挙権の拡張、普通選挙と政党内閣などをあるべきものとした。[2] そのころの労働運動、社会運動の上げ潮とあいまって、普選運動は一挙に民衆の政治運動の重要課題となった。

第二。若槻自身は「普通選挙法」は民政党など政党がつくり、「治安維持法」は内務省がつくったというが、それは一面的な見方で正確ではない。『内務省史』によれば、内務省においても、一九一七年（大正六年）ごろから選挙制度改革にかんする論議のなかで普通選挙法が検討課題のひとつになっていた。当時の内務官僚の論客たちのひとりに前出の堀切善次郎がいる。かれは当時警保局図書課長であったが、一九一九年（大正八年）から二一年（大正一〇年）にかけて、ドイツを中心にヨーロッパを視察し、帰国後、普通選挙制度を実現するべく推進役となった。[3] 堀切の後年の回想。

「その当時は普通選挙（中略）が大分問題で、（中略）議会や何かの一部に普通選挙論が（中略）でてきたときなのです。私は、いまのワイマール憲法をみてきたりなんかして、各国の状況をみて、これは日本でも一日もはやく普通選挙を実施すべきだという意見を強く（もち）、そういう刺激をうけて、経験をもって内務省へ帰ってきて、内務省の中で普通選挙法をはやく実施しようという促進運動をさかんにやったものなのであります。向うから帰ってきた後藤文夫君とか、長岡隆一郎君なんかもむろんのこと、そういう人と一緒になって、普通選挙法の促進に非常につとめました」。このあと堀切は、第二次山本内閣の後藤新平内相がこの内閣で普通選挙法を制定すると言明し「われわれは非常に喜んだ」、「その法律文をつくることや何かをどんどんすすめていた」。しかし、それは、山本内閣は短命でまにあわず、「次の（正確には次の次の）内閣で実現するようになった」と述べている。[4]

吉野はかれの民本主義をのちに民主主義と呼ぶようになった。その思想は時代の支配的思想となり、部分的には制度化されて、全体として大正デモクラシーと総称された。普通選挙法は大正デモクラシーの輝かしい成果であった。そのあと、内務官僚たちはいくつかの関連する地方制度づくりをはたしているが、主要な二つのみに言及する。

(1)　一九二六年（大正一五年）の地方制度の改正。衆議院議員選挙における普通選挙制度の実施にともない、地方議会の議員選挙においても普通選挙制度を実施することにし、各議会のあいだで選挙権、被選挙権をなるべく統一した。市制、町村制の選挙制度では、このとき、等級選挙制度をはじめて全面的に廃止した。(5)

(2)　一九二九年（昭和四年）の地方制度の改正。前出の(1)は住民自治権の拡充であるのにたいして、こちらの(2)は、まず団体自治権の拡充である。たとえば府県に府県条例の制定権を認めた。ついで議決機関の権限拡充である。たとえば、知事の原案執行権は従来より制限された。この改正によって、「戦前における地方自治権拡充が頂点に到達した(6)」。

さて最初に普通選挙法が実施されたのは、一九二八年（昭和三年）二月二〇日、第一六回衆議院議員選挙においてであった。さきに述べたようにこの選挙法自体は大正デモクラシーの誇るべき成果であったが、それにもとづく最初の総選挙の実態はその民本主義の価値基準からみて深い失望を生じさせるものとなった。選挙は、政府の大規模な選挙干渉と与野党双方が競っておこなう買収そのほかの不正行為に特徴づけられていた。このような醜態をもたらした要因は、第一に政党政治家たちの知性と倫理の低水準にもとづく違法行為であり、かれらのなかでもとくに、ときの田中義一内閣の内務大臣鈴木喜三郎をはじめとする有力閣僚たちの所業はひどかった。第二は、その政治家たちの質の悪さとたがいに原因となり、結果となる有権者、ひいては国民の民度の低さである。

紙幅の制約があるので、鈴木内相の行為に焦点をしぼって述べる。田中内閣の発足にあたり、鈴木は政友会の実力者として内相に就任したが、これは、かれが司法官僚として司法次官を大隈、寺内、原の三代の内閣で七年間にわたってつとめ、清浦内閣では法相であった経歴から、内務省内外では意外の人事とうけとられた。さらに鈴木は、内相就任にさいして司法省で刑事局長をしていた腹心の山岡万之助をつれてきて警保局長に据えたので、司法省は内務省を乗っ取ったとまでいう声もあった[7]。一九二七年（昭和二年）四月、鈴木は内相となるが、その直後の同月二八日、三〇日、さらに五月一七日、地方官の大更迭をおこない、七月、一一月にも小規模のそれを追加した。この年、鈴木によって知事が異動した件数は四六、県によっては二回、三回と交代がおこなわれた。前職の辞め方では、免官七、休職一八、転任二一となっている[8]。この人事のねらいは、やがておこなわれる総選挙で与党を勝利させるために、政友会系の知事を増やし、有力県に置き、民政党系の知事を一掃するところにあった。

一九二七年九月から一〇月に府県会議員選挙が最初の普通選挙としておこなわれた。政府は各地に監視員を派遣したが、野党側はこれを政府の選挙干渉の動きとみて各地に選挙干渉監視委員を派遣して対抗した。選挙干渉監視委員には、休職や免官の処分をうけた前知事などが多く参加していた。この選挙は与党が圧勝した[9]。

つづいて翌年二月二〇日、前記の第一六回総選挙がおこなわれるのであるが、その選挙戦は、『内務省史』自体が「政府とその与党である政友会と野党の民政党の間のはげしい泥試合」とふり返るものであった。政府は鈴木内相、山岡警保局長を中心に、地方長官を督励し、「野党には抑圧、与党には寛大、無産党には弾圧をもって臨んだ」。野党の民政党は選挙革正会という団体をつくり、その会員が選挙干渉監視委員として各地に派遣された。この会員に前知事などが多かったのは、さきの府県会議員選挙のときと同様である。政府はこれに対抗して、内務省の現役官僚を選挙干渉監視委員の監視役として各地に派遣した。社会民衆党など無産党も選挙革正運動委員という制度をつくり、政府の取り締まりに抵抗した。泥試合は大規模な投票買収から選挙民の誘拐までを生じさせた。選挙の結果は当選者が政友会二一七、民政党二一六、中立一六、無産党八、その他八となった。この勢力分布のなかで、無産党や革新党が議長選挙のキャスティング・ボートをにぎって注目を集めた[10]。

鈴木内相は率先して選挙干渉をおこなった。これについては証言が多いが、当時警保局事務官であった安倍源基のものを引用しておこう。「昭和二年七月か八月だったかはっきりしないが、警察部長会議があった。全員をあとで福井楼に招待したが、あの時の鈴木内務大臣の挨拶がぼくには頭に残っている。要するに一口で言えば、政友会のために大いにやれというような意味です。そうはっきりは言わないですけれど、とにかく、『君たちは態度をはっきりせい、股ぐら膏薬式の人間は大嫌いだ』というような意味のことを言われた」。股ぐら膏薬とは内股にはった膏薬で、俗語ではあちらについたりこちらについたり、定見・節操のない者をいう。このばあいは、政友会と民政党の双方に公平な態度をとる者、政友会側につかない者というほどの意味であろう。「その翌年の昭和三年二月総選挙がありました。鈴木内務大臣、山岡警保局長のときです。まあ従来の経験から言えば、与党が絶対に勝つわけです。それが、あの時は政友会内閣でありながら、わずか一名勝っただけです。それは朝日新聞なんかを見ると、毎日々々第一面に『選挙干渉に反対せよ』というようなスローガンがずっと書いてあるわけです。要するに、鈴木さんも、山岡さんも（中略）、あまり選挙の経験はないとみえて、何でもいいから強いことを言って、いかにも干渉をやるというふうな勢いを示したらしい。それが逆目に出た(11)」。

鈴木内相のこれらの一連の言動は、選挙後の議会において政治問題化し、五月、かれは単独辞職に追いこまれた。政府の選挙干渉への世論の反発は手きびしく、つぎの浜口内閣は公正選挙を旗印にして、一九三〇年（昭和五年）二月に総選挙をおこなった。そのとき、警保局事務官であった小林尋次は、警保局長の大塚惟精から選挙取締まり法規を担当せよと命じられた。後年、小林はこのおりのことをあけすけに回想しており、それは貴重な内幕情報である。

「私は驚いた。当時は選挙取締に携わることは内務官僚の禁忌であってこれに携っていた者は原則として次の内閣では必ず馘になるか左遷である。そこで私は躊躇して『一日考えさせて欲しい』と言ったら、局長は、『君のような若い官僚は内務省の至宝なのだから滅多に傷のつくようなことはせぬ、君も知っている通りこの内閣は選挙粛清を旗色にしているしまた君に委せるのは法規の適正な運用だけであって、もしとくに与党のために手を打つ必要のあるときは、君を使わないから安心して引受けよ』と言われた」。それでも小林は一日の猶予を乞うて、面識があった司法省刑事局長の泉二新熊のところに相談にいった。「泉二局長は、『警保局長がそこまで言うなら引受けなさい、又もし警保局長から与党のために何とかしてくれと言われることがあっても私のところに持って来たら君の顔の立つようにして上げる』とさえ言って下さったので、翌日大塚局長に引き受けますと答えた。／それ以来、昭和五年の総選挙（民政）、昭和七年の総選挙（政友）、昭和十一年の総選挙（中間内閣……）のたび毎に選挙取締の全国的指導をやらせてもらって、内閣更迭があっても馘にならないですんだ[12]」。

選挙をめぐる政党政治家と内務官僚、あるいは内閣や与党と内務省や司法省のあいだの関係が多面的にうかがえる。内閣は世論にしたがって公正選挙を旗印にしている。それは大正デモクラシーの理念にも適合している。内務省と内務官僚はその公正選挙を実現しようとしている。それは与党の政治家たちの党利党略に反するばあいがあり、そのときには公正選挙のために動いた内務官僚は与党の政治家たちから報復される危険が生じる。官僚をその報復から守るのは、内務省の組織やそれと司法省の組織との連携である。このように整理するかぎりでは、内務官僚は大正デモクラシーの推進者であり、かれらは政治の民主化の担い手の突出部分であった。普通選挙法を成立させたあと、地方局では選挙制度上のつぎの課題は婦人参政権と比例選挙制であるという見通しのもとに検討がつづいた。婦人参政権については、内務官僚は、一九三一年（昭和六年）二月、地方政治への参政権を女性にあたえる婦人公民権法案を衆議院で通過させ、貴族院で否決されるという健闘ぶりを示した[13]。

（1）　大久保利謙「第一篇通史」大霞会編『内務省史』第一巻、地方財務協会、一九七一年（以下「通史」と略記する）、三五八―三五九ページ。
（2）　吉野作造「憲政の本義を説いてその有終の美を済すの途を論ず」岡義武編『吉野作造評論集』岩波文庫、一九九三年、とくに九六―一一〇ページ。
（3）　「通史」三六一ページ。
（4）　『堀切善次郎氏談話第二回速記録（内政史研究資料第八集　昭和三十八年十二月二十三日談話）』一五、一七ページ。
（5）　「通史」三六九―三七〇ページ。
（6）　同右、三八五ページ。
（7）　鈴木喜三郎先生伝記編纂会、山岡万之助『鈴木喜三郎』同会、箸本太吉、一九五五年（再版）、二一七―二五二ページ。『内務省史』第四巻、一一七―一一八ページ。
（8）　「歴代内務本省・地方庁幹部一覧」『内務省史』第四巻、から算出した。
（9）　『内務省史』第一巻、三七九ページ。
（10）　同右、三八〇ページ。『内務省史』第二巻、三一〇ページ。『鈴木喜三郎』二四〇ページなど。
（11）　安倍源基「鈴木内務大臣の警察部長に対する挨拶」大霞会編『続内務省外史』地方財務協会、一九八七年、五五―五六ページ。
（12）　小林尋次「選挙取締法規担当」同右、五六―五七ページ。
（13）　『内務省史』第二巻、一九一―一九二ページ。

6　社会政策の展開

政党内閣時代の内務行政を特徴づける動きのひとつは、社会政策の急速な展開であった。その展開をになった組織は時系列でみると、救護課→社会課→内局としての社会局→外局としての社会局であるが、後三者の推移は、一九一九年一二月に社会課と改称、一九二〇年三月に社会局に昇格、一九二二年一一月に外局としての社会局の設置と急テンポに進んだ。外局としての社会局（以下では単に社会局という）の設置の経過については本章3節でかいつまんで述べているが、ここであらためてその所管事項をおおまかにくくるならば、統計課と第一部が所管する労働行政、第二部の第一課と第二課が所管する狭義の社会行政、第二部の保険課が所管する保険行政に三分される。以下、この三つの事項の主要局面にふれる。

内務省の労働行政にとりくむ基本姿勢は、当時の国内情勢のなかでは相対的にみて進歩的なものであった。それは、社会局が設置されるにさきだって、警保局が一九二〇年（大正九年）につくった労働組合法案にもうかがわれる。この法案の作成にあたっての中心人物は南原繁であった。南原は内務省のこの進歩的姿勢の由来を、前田多門など中堅クラスの官僚がＩＬＯができたのでつぎつぎに海外出張をして労働問題に理解を深めたところにもとめている(1)。社会局は設置されると、ただちに労働組合法案の検討をはじめ、一九二五年（大正一四年）、二九年（昭和四年）の二度にわたって原案を発表している。それらの原案の作成にあたっての中心人物のひとりは前出の北岡であった。後年、かれが当時の労働行政について、つぎのように回顧しているのは興味深い。「当時の財政事情から、多くの国費を必要とする施策はとうてい望むべくもなかった。そこで労働行政としては、主として法規の規制による成果を期待して、各種の立案・工夫を多方面にわたり企画した」(2)。

前段でいった内務省の三つの労働組合法案に共通している主張は、労働組合をあるがままに法認し、届出主義をとり、労働者に団結権を認めるということである。組合員であるという理由での解雇は禁止されており、労働組合が争議をしても賠償責任を問わない免責規定が設けられている。これにたいして、農商務省をはじめとする産業各省、軍工廠をもつ陸海軍、資本家階級は烈しい反対をくりひろげた。それを一々くわしくいわないが、労働組合法は組合を規制し、取り締まることをめざすべきであるといい、その法も不要、組合の存在自体を容認しないという極論もあった。政府は、後の二つの社会局案をほぼ全面的に修正して議会に提出したが、いずれも審議未了に追いこまれた(3)。社会局は労働組合法の制定にたどりつくことができなかった。それでも同局がその法の必要を説いたキャンペインは、当時の労働運動の発展にかなりの貢献をしたはずであると、北岡はいっている(4)。

社会局が制定、改正に成功した労働法から三例をあげる。

第一、労働争議調停法の制定。さきに述べたように、一九〇〇年に制定された治安警察法は、その第一七条第一項第一号で労働組合の団結を否定し、第二号で組合のストライキを事実上禁じていた。社会局は、これらの第一号、第二号を廃止すると同時に、それによって増加する労働争議を迅速円満に解決するための法の制定をめざした。同局は、一九二六年（大正一五年）一月、労働争議調停法案と治安警察法中改正法律案を立案し、政府はそれらを若干修正のうえ第五一回議会に提出し、三月に通過させ、四月に公布した。前者の法案の骨子は、労働争議にあたり、公益事業にあっては当事者の一方の請求または行政官庁の職権によって、その他の事業では当事者双方の請求によって、調停委員会を開設することができるとし、その手続きを規定したところにある。労使双方は、それぞれの立場からこの法案に反対した。しかし、いったんこの法が成立すると、調停官吏、警察官吏による法によらない事実

調停がいちじるしく増加するという結果が生じた。(5)

第二、工場法の改正と工業労働者最低年齢法の制定。工場法は一九一一年(明治四四年)に制定され、一六年(大正五年)に施行された。当時、同法を所管したのは農商務省工務局であるが、その法の制定にあたっては内務省衛生局の衛生官僚たちがつよい推進力となっていた。工場法は施行されると、同法による労働保護の水準が低すぎるという批判が多かった。一九一九年(大正八年)の第一回ＩＬＯ総会は、八時間労働制、最低年齢、女子と年少者の深夜業禁止などにかんする条約案を採択し、日本における労働保護にかんする世論にもその影響がおよんだ。社会局は、一九二三年(大正一二年)工場法改正案をつくって、紡績業を中心とする女子の深夜業の禁止と労働時間の一時間短縮(実働一一時間を一〇時間とする)を盛りこみ、政府はこれを議会に提出して改正工場法が成立した。同時に最低年齢を一二歳から一四歳に引き上げた工場労働者最低年齢法も成立している。改正工場法は関東大震災によってその施行がおくれたが、一九二六年(大正一五年)七月から施行された。(6)

第三、労働者災害扶助法と労働者災害扶助責任保険法の制定。鉱山労働者、工場労働者の業務上の災害にたいする扶助は、鉱業条例(一八九〇年、明治二三年制定)、鉱業法(一九〇五年、明治三八年制定)、工場法などによって雇い主の無過失賠償責任の制定をつうじておこなわれてきていた。しかし、土木建築業、荷物の積み下ろしの事業(ことに船舶から/への貨物の積み下ろし、沖仲仕といわれる)、交通運輸の事業などにおける業務上の災害にたいする雇い主の責任にかんする法規の規定はなかった。しかも、これらの事業における災害の発生率は工場におけるそれより高かった。これらの事業における雇い主の責任を法的に設けることが困難な主要な理由は、事業が短期間で終了すること、事業主(元請負人)と労働者のあいだに一段から数段の下請負人が介在し、前二者のあいだに直接雇用関係がないこと、であった。そこで社会局は、法制定の経過は省略するが、元請負人を業務上の災害に責任をもつ雇い主とし、すべての業務上の災害の扶助には強制責任保険制度で裏付けをする労働者災害扶助法案と労働者災害扶助責任保険法案をつくった。両法は一九三〇年（昭和五年）に成立した。これらは発展して、のちに労働者災害補償保険法（一九四七年、昭和二二年制定）となるものである。(7)

狭義の社会行政は、当時の用語では社会事業と呼ばれるものである。その内容はさきの表5-1からもわかるような多岐にわたるが、この時代に主要な制度としては、恤救規則、行路病人及行路死亡人取扱法、軍事救護法などの救貧制度、職業紹介事業、失業救済事業などの失業対策があった。また、注目するべき事実としては一九二九年（昭和四年）の救護法の制定があったが、これが施行されたのは三二年（昭和七年）一月からであった。

第一、救貧制度。主要四法による救済人員数は表5-8のとおりである。軍事救護法は一九一七年（大正六年）に制定されたが、翌年には救済人員が三万四四七三に達し、軍事救護制度は救貧制度の代表的部門となった。この制度の救済人員は、その年から一〇年間、一度の例外をのぞき三万人台をつづけ、一九二八年（昭和三年）から急上昇をはじめ、三二年（昭和七年）には一〇万人を突破した。三〇年、三一年、三二年の急増ぶりの原因として、三〇年からの経済危機の深刻化をかんがえることができる。恤救規則は、一九一九年（大正八年）に救済実人員一万二二一二、年度末現員七五五六であった。これらが一九三一（昭和六年）には、救済実人員三万七八三、年度末現員一万八一一八となり、さきの一九一九年のそれぞれの数値の二・五倍前後になっている。ここにも三〇年以降の深刻化する経済危機の反映がうかがえる。行旅病人及行旅死亡人取扱法によって対象とされた病人は、一九二六年以降、おおむね一万人前後で推移している。救護法は施行されると、その救済人員は一九三二年度にたちまち一五万人台に達し、前年の恤救規則の救済人員の五倍となっている。

第二、失業対策。失業問題が顕在化したひとつのきっかけは、一九二三年（大正一二年）の関東大震災である。

表 5-8　救貧法の主要四法による救済人員数

年　度	恤救規則	救 護 法	行旅病人及行旅死亡人取扱法		軍事救護法
			病　人	死亡人	
1918/T7	11, 852		10, 524	3, 486	34, 473
1919/T8	12, 212		8, 801	3, 789	30, 712
1920/T9	11, 740		8, 277	3, 475	30, 974
1921/T10					32, 791
1922/T11	11, 733		6, 323	3, 247	32, 452
1923/T12	11, 565		9, 315	4, 556	29, 118
1924/T13	11, 779			3, 567	32, 684
1925/T14	12, 057			3, 680	33, 374
1926/S1	13, 707		10, 168	3, 608	33, 585
1927/S2	15, 090		9, 602	3, 618	36, 080
1928/S3	17, 443		8, 561	3, 759	44, 947
1929/S4	21, 127		9, 136	4, 107	44, 143
1930/S5	26, 720		10, 358	4, 256	51, 856
1931/S6	30, 783	50, 798	10, 372	4, 210	71, 643
1932/S7		157, 564	9, 549	4, 242	100, 447
1933/S8		213, 462	9, 487	4, 716	98, 905
1934/S9		223, 467	7, 831	4, 869	105, 772
1935/S10		219, 707	8, 030	4, 515	111, 533
1936/S11		225, 000			117, 943
1937/S12		236, 565	6, 709	4, 220	1, 357, 557

資料出所：『厚生省五十年史（資料篇）』p. 816, p. 818, p. 820, p. 839.

注：1)　1933-37 年度は，次章であつかう時代に属するが，次章では救貧制度をあつかう節がないので，この表にふくめた．1937 年度までとしたのは，救貧制度はこの年度まで内務省の所管で，38 年度からは厚生省の所管となるためである．

2)　救護法は 1932 年 1 月から施行されたので，同年 1 月から 3 月までの受給人員は 31 年度に入れられている．

臨時震災救護事務局は、この年一一月半ばに東京府と神奈川県で失業者の調査をおこない、その総数は九万六一〇三であったと発表した（8）。主要な失業救済事業としては、一九二五年（大正一四年）からの冬季失業救済事業、失業救済土木事業の恒常化、一九三一年（昭和六年）からの失業応急事業などがある。冬季失業救済事業のばあいでいうと、六大都市で日雇労働者の救済を目的とする公営事業としておこなわれ、一九二五年には延九六万四八一三人を就労させている。これは一九三五年（昭和一〇年）までひきつづき、おこなわれた（9）。また、この時代、職業紹介事業の全国規模のシステムがつくられた。一九二一年（大正一〇年）に職業紹介法が公布され、二三年（大正一二年）四月には、内務省に中央職業紹介事務局、東京と大阪に地方職業紹介事務局が設置された。地方職業紹介事務局は、一九三一年（昭和六年）までに、名古屋、福岡、青森、長野、岡山にも設置され、先述の東京、大阪の局をあわせて、七局の管理区域が定められた。[10] 各局はその管理区域の公益職業紹介所を管理したが、三二年（昭和七年）の紹介所数は四六二、同年の就職者数は一般職業紹介による者六三万三三二五、日雇労働紹介による者一六七七万九一五〇（延数）であった。[11]

第三、救護法の制定。恤救規則は要救助者の資格条件に厳格な制限があり、救助の主体と経費にかんする規定は不明確で、実際に救助を必要とする者がそれを与えられない例が多くあった。社会事業関係者や一部の知識人のあいだで、社会連帯の理念にもとづいた新しい救貧制度が必要であるという要求がつよまってきていた。社会局は設置されるとすぐに新しい救貧制度の調査と立案にとりくみ、社会事業調査会への諮問と同会の答申をはさんで救護法案をつくり、政府は一九二九年（昭和四年）三月、同法案を議会に提出し、貴衆両院はこれを原案どおり可決して、救護法は四月一日に公布された。同法によると、被救護者は扶養義務者がいない「①六五歳以上の老衰者、②一三歳以下の幼者、③妊婦者、④不具・廃疾・疾病その他精神又は身体の障碍により労務をおこなうにあたり故障のある者」のいずれかで、「貧困のため生活すること能わざる者」である。ほかに、市町村長が必要と認めるならば、救護されるべき一歳以下の幼児を哺育する母親もその幼児とあわせて救護の対象となる。救護機関は被救護者の居住地の市町村長であり、居住がないばあいなどは現在地の市町村長である。補助機関には方面委員をあてる。救護の種類は生活扶助、医療、助産、生業扶助の四種類だが、埋葬費の支給も認められていた。救護の費用は、居住地がある者のばあいでいうと市町村が負担し、国庫がその二分の一を、道府県がその四分の一を補助するとされた。[12] この救護法はさきにいったように一九二九年に公布されたが、実施されたのは三二年（昭和七年）一月一日からであった。延期の主要な原因は総額三〇〇万円とみこまれる国庫負担の工面がつかなかったことであった。この事態の打開に全国の方面委員を主力とする救護法実施期成同盟会の要求運動は大きい効果をあげた。[13]

保険行政には社会保険行政といういいかたもある。この時代の社会局所管の社会保険法としてはただひとつ健康保険法があり、船員保険法はその時代のとちゅうから準備段階にあった。健康保険法は、同局の設置にわずかにさきだって、一九二二年（大正一一年）三月、農商務省の所管のもとで成立している。その前史をかいつまんでいえば、内務省では欧州留学から帰国した後藤新平が一八九〇年代初頭から疾病保険制度の創設を提唱し、九五年（明治二八年）、九八年（明治三一年）と伊藤首相にそれについて建言している。一九〇〇年代初頭からは、農商務省が工場法とならべて疾病保険法を研究課題とした。第一次世界大戦後、労働保護の問題が社会的注目を集めるにつれ、疾病保険（当時は労働保険といった）制度が現実味をおびて意識されるようになった。農商務省は工務局に一九二〇年（大正九年）八月に労働課を設置し、労働保険制度の調査・立案にあたらせた。のちに保険官僚の第一人者となる清水玄は、一七年（大正六年）に農商務省に入省し、まず商工局保険課に配属され、二〇年に前出の労働課ができると、そちらに移されている。農商務省は二一年（大正一〇年）から翌年にかけて清水を欧米諸国に出張させ、疾病保険制度を研究させた。

農商務省は清水が帰国してから、かれを中心人物として健康保険法案をつくる予定でいたのではないか。しかし、かれがまだ欧米に滞在中に、当時の農商務大臣高橋是清が議会で健康保険法を早急につくると答弁してしまった。農商務省はいささかあわてて、工務局労働課長膳桂之助を責任者として健康保険法案をつくらせた。同法はさきに述べたように一九二二年三月に成立し、四月に公布された。清水は同年二月に帰国し、一一月に新設の内務省社会局に移り、健康保険部業務課長、第二部健康保険課長などとして、健康保険法施行の準備作業にあたっている。そのなかには施行勅令、施行規則の制定があり、それらの法規は健康保険制度の内容そのものであり、それらの制定は健康保険法案の作成よりはるかに難しかったといわれている。[14]

社会局は健康保険法の実施を一九二四年（大正一三年）四月からと予定していたが、関東大震災のせいで、それは二七年（昭和二年）一月一日からに延期された。前年四月、所管部門として同局に保険部が設置され、清水は同部の監理課長となっていた。また、同局は、各地方における健康保険行政を担当する組織として、各府県庁所在地と北海道の四カ所に健康保険署を五〇署設置した。再三述べてきているように内務行政の第一線事務は道府県、市町村にゆだねられるのだが、健康保険業務は内務省の直接の出先機関である健康保険署が担当するという特異な性格をもっていた。健康保険署ではたらく係員の養成も清水を中心としておこなわれた。ただし、この制度は二九年（昭和四年）七月一杯でおわり、健康保険業務は地方長官に移管され、各道府県警察部、警視庁では保安部に健康保険課が設けられて、その事務をうけもった。[15]

実施当初の健康保険制度を清水はつぎのようにまとめている。(1)保険者、政府および健康保険組合の二種類があった。(2)被保険者、工場法または鉱業法の適用をうける工場・事業場で使用される者を強制被保険者とする。ただし書きと追加される被保険者の規定は省略する。(3)保険給付、被保険者の疾病、負傷、死亡または分娩にたいして、療養の給付または傷病手当金・埋葬料・分娩費あるいは出産手当金を支給する。そのさい、事故が業務上のものか業務外のものかは問わない。また、被扶養者の事故は給付の対象としない。療養の給付と傷病手当金の支給は一八〇日以内に限られる。(4)費用の負担、保険料は勅令で定める（保険料率は一般に一〇〇分の四、炭鉱被保険者のみ一〇〇分の八、標準報酬日額は三〇銭から四円までの一六等級にわかれた）。保険料は被保険者と事業主が折半で負担する。国庫は、健康保険事業の事務費にあてるため、保険給付費の一〇分の一以内で、かつ被保険者ひとりあたり二円以内を負担する。(5)権利の保護、保険給付の決定に不服がある者は、健康保険審査会に審査を請求し、その決定に不服がある者は、通常裁判所に出訴することができる。[16]

政府と日本医師会とは請負契約を結び、前者は後者に報酬を一括して支払うとされた。いわゆる「団体自由選択主義」によって各医師が保険医を受諾することは任意であるが、日本医師会は診療の円満施行の責任をもち、報酬は医師会が点数計算により各診療担当医に按分分配する。請負金額の算出の根拠は被保険者ひとりあたりの年間の医療費から薬剤処方の支払などの必要経費を差し引いたものであったが、この単価がのちのち紛争の原因となった。被保険者数は、一九二六年（昭和元年）度末で、政府管掌健康保険が約一一四万、組合管掌健康保険が約八〇万（設立が認可された組合数は三一九）であった。発足前後の健康保険制度には各方面からの不満、批判が多かった。労働者側は、業務上の傷病がふくまれるのだから、事業主の負担、国庫の負担を増額するべきだと要求した。事業主側は、負担の増大を不満とし、被保険者の保険の悪用を攻撃した。保険医は低医療費を不満とし、被保険者からは粗診粗療という批判が多く出た。[17]また、一九三〇年（昭和五年）には保険財政の危機が深刻化した。社会局がこれらの紛争、批判、危機をどのようにして解消、克服していったかの記述は『内務省史』第三巻所収の清水論文にゆずる。[18]

総じていえば、政党内閣時代、内務省社会局は、ささやかな規模の前近代的な救貧行政からはじめて、近代的な救貧法を制定し、労働行政、保険行政の双翼を急速に伸長させた。労働行政では労働組合法の制定を望んで果さなかったが、後年の労働災害補償保険に発展する基礎的制度を構築した。また、保険行政では労働者階級のための医療保険制度を創出した。社会局による内務官僚たちのこれらの業績はどのような歴史的意味をもつものであったか。

当時のかれらが識るはずもなかった言葉として、福祉国家、社会保障、国民皆年金皆保険体制などがある。福祉国家は社会保障制度を内包した国家体制である。社会保障制度は社会保険、公的扶助、家族手当、社会福祉の諸制度から構成される。これらのうち、もっとも主要なものは社会保険であり、その主要類型は医療保険、年金保険、失業保険、労働災害補償保険である。国民のすべてが年金保険と医療保険の加入者・受給者になった体制が国民皆年金皆保険体制である。これらの規定によれば、すでに述べた社会局の内務官僚の業績は、社会保険制度に属する医療保険の有力な一部や労働災害補償保険の原型の形成であり、社会保障制度の発端を創出し、一九五〇年代に明瞭に自覚されることになる福祉国家や国民皆年金皆保険体制への歩みをはじめたということであった。

（1）『内務省史』第三巻、三九四ページ。
（2）同右、四四〇ページ。
（3）同右、四四一―四四二ページ。
（4）北岡寿逸「労働組合法案成立せざるも実効あり」『続内務省外史』四〇―四一ページ。
（5）北岡「社会局の設置と労働行政」『内務省外史』一四七―一四八ページ。『内務省史』第三巻、四四六―四四九ページ。
（6）『内務省史』第三巻、四五二―四五四ページ。
（7）労働省労働基準局労災補償部『労災補償行政史』労働法令協会、一九六一年、三九―四四、一一四三―一一四四、一一八六―一一八七ページ。
（8）『内務省史』第三巻、四三二ページ。
（9）同右、四三三ページ。

(10)　同右、四三一ページ。
(11)　『厚生省五十年史（資料篇）』八六六ページ。
(12)　編集代表我妻栄『旧法令集』有斐閣、一九六八年、五五二―五五三ページ。
(13)　『内務省史』第三巻、四〇七―四〇八ページ。
(14)　北岡寿逸「超然たる君子」『清水玄さん』清水玄氏追悼録刊行会、一九七五年、九―一〇ページ。
(15)　『内務省史』第三巻、四七三―四七四ページ。
(16)　同右、同ページ。
(17)　同右、四七七―四七九ページ。
(18)　『内務省史』第三巻、「第八章社会行政」の「第七節社会保険行政の展開」は清水玄が執筆したものである。『内務省史』第四巻の「後記」では、第八章全体が清水ほか四名の執筆者によって分担執筆されたとだけ記されているが、前出の『清水玄さん』三二六ページに「内務史第三巻入手。（中略）第三巻中第八章第七節社会保険行政の展開（中略）は余の執筆である」とあり、同書三四五―三六一ページに、その全文が収録されている。これは、清水にとっても自信作であったのだろう。その学術的価値の高さに敬意を表して「清水論文」と呼んだ。

7　都市計画と首都復興

政党内閣時代の内政の独自的性格のひとつは都市計画の成立・実施と関東大震災のあとの首都復興である。その初期、東京、大阪などの大都市を中核とする都市化の進展は、内政において都市計画行政の出現を必然としていた。内務省は、一九一八年（大正七年）五月に大臣官房に都市計画課を設置し、二〇年（大正九年）一月には都市計画法を、一二月には市街地建築物法を施行して、都市計画行政の法的基礎を整備した。都市計画課は一九二二年（大正一一年）五月に都市計画局に昇格するが、二三年（大正一二年）九月に関東大震災がおこり、そのあと首都復興の事業を担当する復興局が設置されて、都市計画局は二年半ほどで都市計画課にあともどりしたのはさきに述べた。なお、首都復興の事業の実施にあたっては、その中核となる土地区画整理事業のためには、後述の理由により、都市計画法のみでは不充分であるということになり、二三年一二月、急拠、特別都市計画法が制定・公布されている。

『内務省史』第三巻の記述にならい、さきの二つの法の概要をまず紹介する。

都市計画法の主要な内容はつぎのとおりである。(1)都市をひとつの有機的機構として計画しなければならないことを重要視した。(2)都市計画が決定されたら、それと相容れない私権は制限される制度が設けられた。(3)住居・商業・工業など土地の用途を特定して、そこに建築される建築物の種類、高さ、敷地面積などに一定の制限をくわえた。(4)土地区画整理の制度を採用した。(5)超過収容の制度を採用した（都市計画法第一六条あるいはその②をさすと解しておく）。(6)工作物の収用を認めた。(7)受益者負担の制度を新設した。[1]

都市計画法は最初は東京市ほか五大都市だけに適用されたが、のち次第に適用される都市が増加してゆき、一九二八年（昭和三年）三月までには合計七三都市に適用されるようになっていた(2)。

市街地建築物法の主要な内容はつぎのとおりである。(1)住居・商業・工業などの用途地域、防火地区・美観地区などの制度を設けた。(2)建築物は道路幅の境界線より突出することはできないとした。(3)地域を定めて建築物の敷地面積とその建築面積との割合を一定に制限した。(4)建築物の高さを制限し構造にかんする規定を設けた。(5)保安と衛生の見地から有害・危険な建築物の除去・改築などに必要な規定を設けた(3)。

『内務省史』は、この法律についてつぎのように述べている。「従来、自分の土地に自分の金で建てる建築物に、役所からとやかく干渉される筋合はないというような観念が一般に泌みこんでいる世の中に、この市街地建築物法は画期的な制度であり、これにたいする抵抗も相当つよいものがあった。そのため、同法の円滑な施行のために当局は少なからず苦心をした(4)」。

つぎに関東大震災の概況を述べておきたい。一九二三年（大正一二年）九月一日午前一一時五八分、関東一府六県に大地震が発生した。震源は東京の南方約一〇〇キロメートルの相模湾で、マグニチュード七・九であった。東京では下町地域を中心に一万五五八戸が全半壊し、横浜でも埋立地を中心に二万五三二戸が全半壊した。これはそれぞれの都市の総戸数の二％と二一％である。しかし、被害を決定的に拡大し、死傷者数を増加させたのは、建物が倒壊したのちに発生した火災であった。東京のばあいでいうと、被害のはなはだしい各区の焼失面積は日本橋区が一〇〇％、浅草区九八％、本所区九三％、京橋区八八％、深川区八七％、などとなっている(5)。東京市全体では総面積の四六％、横浜市では総面積の二八％が焼失した。住居を失った人びとは東京市で総人口の六三％、横浜市で総人口の六四％。府県別の被害状況は表5-9のとおりである。全体では、罹災者三四〇万四六一五、死者九万一三二四、行方不明者一万三二七五、負傷者五万二一〇一、全焼家屋三八万二〇九〇、であった(6)。

表 5-9 関東大震災の罹災者など

	区分				
	罹災者	死　者	行方不明	負傷者	全焼家屋
	人	人	人	人	戸
東京府	1,902,952	59,573	10,904	28,999	311,962
神奈川県	1,175,009	29,614	2,245	19,523	69,634
千葉県	141,079	1,373	47	2,095	478
埼玉県	88,736	280	36	541	—
静岡県	72,813	450	42	795	16
山梨県	21,404	20	—	92	—
茨城県	2,622	14	1	56	—
計	3,404,615	91,324	13,275	52,101	382,090

資料出所：『内務省史』第 3 巻，p. 630.

政府は戒厳令を一部地域に施行し、九月二日夜に臨時震災救護事務局を設置した。当時、内閣は前総理大臣の加藤友三郎が死去したばかりで、外相の内田康哉が総理大臣臨時代理となり、内務大臣は水野錬太郎であった。つぎの内閣は山本権兵衛が組閣中で、山本内閣は二日午後四時に組閣が完了して、午後七時半に皇居で親任式がおこなわれている。内務大臣は後藤新平であった。戒厳令の施行を主導したのは水野であり、臨時震災救護事務局が設置されたのは後藤のもとにおいてであった。同局の総裁は山本、副総裁は後藤、局員約七〇〇名は内務省を中心に関係各省の官吏が動員され、本官在任のまま局務に従事することになった(7)。

臨時震災救護事務局は震災直後に治安維持、食糧配給、施設収容などの仕事をした。その間におこった在日朝鮮人が多数虐殺された事件は節をあらためてとりあげる。首都の復興計画は、震災直後から内務省で作成され、九月二七日、総理大臣に直属する帝都復興院が新設されると、そこにひきつがれた。帝都復興院ついで帝都復興審議会で審議、決定された復興計画案にもとづき、政府は予算案を作成し、一九二三年一二月に招集された第四七回帝国議会に提出した。議会での審議の経過の紹介は省略するが、そこで関係予算が縮小されたため、二四年二月に帝都復興院と帝都復興審議会は廃止され、それらの仕事は内務省に設置された復興局がひきついだ。

同年七月、第四九回議会において確定した復興予算の全額は五億七三四三万円余で、これを一九二三年度から二八年（昭和三年）度までの六カ年度の継続事業において執行することになった。(8)

復興局の仕事は当初予定された以上に時間も経費もかかった。その最大の原因は復興事業の根幹である土地区画整理が難航したことにあった。最終的には、六カ年度の継続事業は一年延長して、一九二九年（昭和四年）度までの七カ年度の継続事業になった。政府の最終予算額は六億三一九二万円余であった。ほかに東京市、横浜市などの地方団体が負担した復興事業費が一億八八三九万円余あり、これをあわせると、関東大震災の復興事業につかわれた行政の経費は八億二〇三一万円余におよんだ。(9)

帝都復興事業の根本的目標は、「一都市ノ形態回復」ではなく「理想的帝都建設」であるとされた。東京の大半は焼土と化したが、これを近代的な首都づくりの好機ととらえようと後藤内相はくり返し提唱した。しかし、かれが主導した復興計画は、最初、東京と郊外の全域にひろがるものであったが、最終的には主として焼失地域の都市計画に縮小された。しかも、山本内閣は虎の門事件の責任をとって一九二四年（大正一三年）一月には退陣したので、後藤の任期は四カ月余でしかなかった。その期間、帝都復興審議会などでかれの計画に激しい批判がよせられたが、批判者たちの有力な動機のひとつは、地主として土地の所有権を侵害されるのを避けたいということであった。たとえば、帝都復興審議会において、後藤批判の先頭に立った伊東巳代治は、銀座の大地主であった。(10) 後藤のあと、二九年度までの復興事業を担当した内相は、水野、若槻、浜口雄幸、鈴木喜三郎、田中義一、望月圭介、安達謙蔵であった。

実際に実施された復興事業の主要局面はつぎの七つである。(1)土地区画整理事業、(2)街路事業、(3)橋梁事業、(4)公園事業、(5)河川運河事業、(6)地下埋設物整理と建築助成、(7)府県市がおこなった事業。これらのうち、最初の四つを紹介する。

(1)　土地区画整理事業。地主たちが所有する土地を整理して道路や公園などのための土地を確保するが、それらの公共用地の面積を地主たちにできるだけ公平に負担してもらい、道路と敷地の形を整えるという事業である。帝都復興の土地整理事業のばあい、もとの土地の一割までは無償で供出させる、それを超えて提供するばあいは補償費を支払う、所有地のすべてを供出させることはしないという原則によって事業をおこなった。地主は、以前から所有していた土地を、面積が目減りした新しい土地と交換するのである。この交換のシステムをまとめることを換地設計といったが、これが区画整理事業の中心となる実務作業であった(11)。

都市計画法では土地区画整理は原則として区画整理組合にそれをおこなわせ、特別のばあいにかぎって公共団体の施行を認めていた。しかし、帝都復興事業においては、焼失地域は広大であり、そこで土地区画整理を急速におこなう必要があった。くわえて、そこに数十万棟の建物が集い建っていたので、土地にかんする権利関係が複雑にからみあっていたという事情もあった。このため、前出の特別都市計画法が公布されたのであるが、その主要特徴は、(1)行政庁または公共団体が強制的にその整理をおこなうことができるとしたこと、(2)建物のある宅地の強制編入を認めたこと、(3)地区内宅地の潰地が総面積の一〇％を超過するばあいには、これにたいして補償金を交付するという制度を設けたこと、(4)区画整理組合にかわるものとして、地主や借地権者から選挙された委員による土地区画整理委員会という諮問機関を設けたこと、などであった(12)。

農村における耕地整理はそれまでにも各地で実施され、効果をあげてきていた。しかし、市街地の区画整理はこれが最初の試みであったので、一般市民の理解がえられず、既得権を侵害されると感じた人びとの反対運動は激烈をきわめた。当時、復興局経理部長であった十河信二はつぎのように回想している。「毎日毎晩、われわれは演説会に引っぱり出される。演説会には、与党・野党の代議士が出てきて、みな復興計画に反対する。あれはけしからん計画だ、官僚が国民の利益を無視して、ああいう計画を樹てて、権力をもって押し切ろうとする、不都合千万だという演説会を毎日のようにやっているのです」[13]。

復興局と東京市、横浜市の係官は各地区に出向き、関係市民と懇談をかさね、説得につとめた。かれらにとって、反対運動をあおる代議士たちと街のやくざたちは同じようにみえていた。区画整理の最終成果はつぎのとおりであった。東京のばあい、焼失区域は一一〇〇万坪、そのうちの九二〇万坪で区画整理をおこなった。そのうち一八〇万坪は復興局が、七四〇万坪は東京市が担当した。施行区域内の土地筆数は約四万六〇〇〇筆、所有権者一万四四〇〇人、借地権者一〇万六〇〇〇人、移転させた棟数は二万二九七二棟。横浜のばあい、焼失区域は三〇〇万坪、そのうちの九二万坪と区域外の八万坪、計一〇〇万坪で区画整理をおこなった。そのうちの五〇万坪を復興局が、五〇万坪を横浜市が担当した[14]。横浜の筆数以下の実数の紹介は省略する。

(2)　街路事業。震災以前の東京市の街路は、大部分が江戸時代からのもので、曲折が多く、幅員は狭く、近代都市の街路として不充分なものであった。震災による広大な市街地の焼失は道路の拡築・改良の絶好の機会であった。新しい街路は、品川―銀座の東裏―千住の南北縦断の幅員三三ないし四四メートルの第一号幹線、九段―両国橋―亀戸の東西横断の幅員二七ないし三六メートルの第二号幹線を緯と経に組み合わせて、これらに幅員二二メートル以上の幹線五二線、延長約一一八キロメートル、補助線一二二線、延長約一三八キロメートル、さらに多くの区画整理街路、延長四九二キロメートルを配した。これらの街路の延長の総計は八六〇キロメートル余におよんだ。建設を施行したのは、二大幹線と幹線は復興局、補助線と区画整理街路は東京市であった。横浜では一三線、延長三〇キロメートルを復興局が、一〇線、延長一三キロメートルを横浜市が担当した[15]。

(3)　橋梁事業。震災以前、東京市が管理していた橋梁は約六〇〇で、その大部分が木橋であり、大震災によって、そのうちの三六六が焼け落ち、破損し、傾いた。橋による交通は各所で杜絶し、激震と猛火に追われた多数の市民は逃道を失って死亡した。復興計画では新設される道路にあわせて橋梁の数を増加させ、それらを耐震・耐火の構造にすることがめざされた。前出の十河の回想によれば、都市計画法では道路の計画は区画整理委員会にかけなければならず、そこで反対運動にぶつかるのだが、橋梁の計画はその委員会にかけなければならないとされていなかった。復興局は道路よりさきに橋を架けて、それにあわせて原案どおりに道路をつくらせるという手法をつかったという。[16]東京で復興局が架設した橋梁数は合計で一一五、そのうち幹線道路のためのものは九六、であった。東京市が架設した橋梁数は合計で三一〇。これらの橋梁中、隅田川に架設された六つがとくに重要視され、安全性と都市美の二つの観点から多くの工夫がこらされた。なお、横浜では復興局が三五橋、横浜市が六四橋を架設している。[17]

(4)　公園事業。震災以前、東京市には日比谷公園、上野公園、芝公園、浅草公園、深川公園、飛鳥山公園をはじめとして、大小三〇の公園、総面積六三万余坪があった。この面積は当時の市民ひとり当り〇・三坪であった。復興計画は公園をとくに重要視したが、その理由は、市民を自然に親しませること、空気を浄化すること、都市に美観をあたえること、大震災のさいには防火地帯としても避難所としても役立つこと、などとされていた。そこで、新しく、隅田公園、浜町公園、錦糸公園の三大公園と小公園五二カ所を設けることにした。新設される公園の総面積は一二万七七〇〇坪で、東京の公園の全面積は震災以前に比較して約二〇％増加した。横浜でも、復興局が野毛山公園、山下公園、神奈川公園を設置して、その総面積は五万五〇〇〇坪になった。[18]

（1）『内務省史』第三巻、一九四ページ、一九二〇年の都市計画法の全文は『旧法令集』九三―九七ページにある。

(2)『内務省史』第三巻、一九四―一九五ページ。
(3) 同右、一九六ページ。
(4) 同右、一九六ページ。
(5) 鈴木博之『日本の近代10　都市へ』中央公論新社、一九九九年、二五八―二五九ページ。
(6)『内務省史』第三巻、六二九―六三〇ページ。
(7) 同右、六三二ページ。
(8) 同右、六五一ページ。
(9) 同右、六五一―六五三ページ。
(10) 鶴見悠輔『後藤新平』第四巻、六四六―六六五ページ。
(11)『日本の近代10　都市へ』二七一―二七二ページ。
(12)『内務省史』第三巻、六五六ページ。
(13) 堀切善次郎ほか「復興局の思い出」大霞会編『内務省外史』地方財務協会、一九七七年、一五〇―一五一ページ。
(14)『内務省史』第三巻、六五六―六五七ページ。
(15) 同右、六五七―六五八ページ。
(16)「復興局の思い出」一五一ページ。
(17)『内務省史』第三巻、六五八―六六一ページ。
(18) 同右、六六一―六六三ページ。

8　関東大震災時の朝鮮人虐殺

『内務省史』の第一巻の前半におさめられた大久保利謙が執筆した「第一篇通史」は、学術的価値が高い作品であるが、ところどころで官製史であることに由来する認識の限界を露呈している。そのはなはだしい一例が、関東大震災のおり、多数の在日朝鮮人が虐殺された事件にかんする記述にみいだされる。そこでは震災直後の政府の対応がつぎのように述べられている。

「政府は、急拠措置として非常徴発令を発し、ついで東京市及び神奈川県下に戒厳令を布いて万全の策を講じ、民心の安定をはかった。しかし、この大震火災による流言蜚語と人心の動揺には想像を絶するものがあり、朝鮮人や社会主義者に対してあらぬ疑惑がかけられて、多くの犠牲者をだすという不祥事もあった。また、社会主義者・労働運動家も検挙され、いわゆる亀戸事件や憲兵大尉甘粕正彦による無政府主義者大杉栄の扼殺などの事件が起こった(1)」。

多数の朝鮮人が虐殺されたという事件にかぎって、最小限の事実をまず確認しておく。関東大震災がおこった九月一日午後以降、震災を利用して朝鮮人が放火、暴行、井戸水に毒を投じるなどの犯行をかさねているという流言蜚語が生じた。主として二日から六日にかけて、この流言を信じた軍隊、警察、それに地域住民が組織された自警団によって、多数の朝鮮人が私刑をうけ、虐殺された。このとき殺害された朝鮮人の数については諸説がある。これについては、管見のかぎりでは、姜徳相《カンドクサン》の研究がもっともゆきとどいている。それによれば、もっとも信頼に価いするのは『独立新聞』の調査統計で、虐殺された朝鮮人は六六六一人とされている。同紙は、当時上海に本社があった朝鮮独立運動の機関紙であった。この調査は、同紙の社長・金承学《キムスンハク》の命令により、韓世復《ハンセボク》が特派員として東京に入り、朝鮮人留学生十数名が協力して、二三年の秋から冬にかけておこなわれた。なお、吉野作造は、この調査グループの情報によって、一〇月末までで二六一三人という数字を出している。また、外務省は、朝鮮人虐殺の噂が海外諸国に拡がりはじめた九月六日、釈明のための電報を在米大使などに打っているが、そこで朝鮮人、日本人あわせて数千人が殺害されたといい、政府にも事件直後に殺人被害者が一〇〇〇人単位で存在したという認識があったことがうかがわれる(2)。

関東大震災直後の朝鮮人にかんする流言蜚語の有力な出所のひとつは内務省と内務官僚であった。また、朝鮮人を大量に虐殺した自警団の組織化には内務省と内務官僚のつよい意向がはたらいていた。これらは、震災の三カ月あまりのち、一二月一五日の衆議院本会議において、憲政会代議士永井柳太郎が山本権兵衛首相などへの質問において、証拠物件をあげつつ、あきらかにし、社会がひろく認識するところとなっていた。永井は、そこで流言を発生させた政府の責任を告発し、犠牲となった朝鮮人の遺族にたいして政府は哀悼の意を表し、慰安の途を講ずるべきだと述べた(3)。『内務省史』第一巻がこれらについて口をつぐんでいるのは、官製史の限界であるといわざるをえない。以下、永井の質問に即して述べる。

第一、朝鮮人にかんする流言蜚語の有力な出所のひとつがほかならぬ内務省と内務官僚であったという認識のための証拠物件は、「呉鎮副官宛打電、九月三日午前八時一五分了解、各地方長官宛、内務省警保局長出」の電文の原案である。すなわち、

「東京付近の震災を利用し、朝鮮人は各地に放火し、不逞の目的を遂行せんとし、現に東京市内に於て爆弾を所持し、石油を注ぎて放火するものあり。既に東京府下には一部戒厳令を施行したるが故に、各地に於て充分周

密なる視察を加へ、鮮人の行動に対しては厳密なる取締を加へられたし」(4)。

現在までの研究によれば、この電文の原案は九月二日の午前中、それもかなり早い時刻に作成されたとみられる。当時、東京市内の通信機関は震災によってすべて機能を停止していた。政府から外部に向っての通信は、東京と船橋のあいだを伝令使によって運搬し、海軍省船橋通信所から打電するほかなかった。前掲の電文を運んだ伝令使の階級、氏名、行動にかんする記録はすべてのこされている。それによれば、かれらは、海軍省で二日正午前後に電文をうけとり、船橋に午後五時（一説には午後八時）についている(5)。当時の内務省内部の組織決定のありかたから判断すれば、この電文は警保局長名義になっているが、その作成過程で特定の課長が起案して局長の決裁をうけるか、課長会議で合議、起案して局長の決裁をうけるかの手順を踏んでいるはずである。文案作成者たちは二日朝までに収集した情報を総合して、それを作成したとおもわれる。

電文中に記された朝鮮人の行為は現実にはなかった。それであるのに、震災から二四時間前後が経過した混乱中に警保局長名でこのような電文を作成し、各府県の長官に打電した。これでは内務省が朝鮮人が暴動を起したというデマを流布し、大虐殺の一因をつくりだしたと断定されても仕方あるまい。三点でコメントをつける。

(1)　当時の警保局長・後藤文夫は開明派の内務官僚たちのひとりであり、良識とバランスのとれた判断力の持主としてひろく知られている。本書でもそのような人物として再三登場させてきた。そのひとにしてこのような行為があったのかと嘆じる気持を禁じえない。後藤個人がどのような情報を入手していたのかはかならずしもさだかではない。しかし、警保局全体としては朝鮮人の暴動の報知を諸方面から受けとり、それらを信じたのであろう。それらの流言の発生源にかんする従来の研究によれば、それは大別して二つある。①下からの流言。民衆の深層心理に一般化していた朝鮮人差別観が異常事態に直面して流言として噴出した。②上からの流言。警察や軍隊などが震災直後から出動し朝鮮人を警戒するべきだという予断にもとづき行動したところから生じた流言。[6]くわしくいうゆとりはないが、一日午後一時一〇分、軍事当局は非常警戒令を発令し、一時三〇分には近衛師団と第一師団が東京に軍事力を展開していた。朝鮮人の虐殺とかれらの暴動の流言では、軍隊が主動的役割をはたした。[7]

(2)　軍隊の暴走は戒厳令の発令により朝鮮人討伐が指令されたことからはじまった。この戒厳令が発令された経過はつぎのとおりである。当時、首都の治安行政の最高責任者は、内務大臣水野錬太郎、警保局長後藤、警視総監赤池濃のトリオであった。一回目の地震がおさまると、水野と赤池は最初に皇居にかけつけて摂政裕仁の無事を確認している（大正天皇は日光に避暑にいっていた）。それから、かれらは治安維持のためのそれぞれの任務に従事するのだが、この仕事の手順が天皇制国家の内務官僚の価値意識のありかたをよく示している。一に天皇、二に治安という訳である。午後二時ごろ、水野、後藤、赤池は皇居で会い、その席で赤池は戒厳令の発令をつよく建言した。その後、水野は緊急閣議で戒厳令の施行を主張し、それは一度決定されたが、のちに有力な反対意見が出て沙汰やみとなった。その反対の根拠のひとつは、戒厳令を緊急勅令によって発布するためには、枢密院の議を経なければならないというものであった。しかし震災後の混乱のなかで、枢密顧問官たちの召集ができなかった。水野は一日夜半に枢密院の有力者をたずねて、内閣だけで戒厳令を発布することを了承してもらった。[8]

水野は米騒動のとき、寺内内閣の内務大臣であったが、首相が戒厳令の準備だけでもしておこうと提案したのにたいして、戒厳令は内乱や暴動に対処するためのものであるが、米騒動はそのような事態ではないといって、職を賭して反対している。[9]それが今回は自ら進んで戒厳令発令のために動いた。のちの談話では朝鮮人騒ぎ、流言蜚語が原因であったといっているが、[10]九月一日夜半の時点では流言を真実とおもいこんでいたのではないか。これについては、つぎの事情をかんがえあわせておくべきだろう。一九一九年（大正八年）、朝鮮で独立運動がもりあがり、いわゆる三・一事件がおこった直後、原内閣は朝鮮総督府の大幅な官制改革をおこない、初代の政務総監に水野が就任した。かれは斎藤実総監といっしょに京城に入ったとき爆弾テロに遭遇し、乗っていた馬車を引く馬が負傷するという目にあっている。かれはその地位に三年ちかくあり、朝鮮の行政組織、とくに警察行政組織を整備した。赤池はその水野の下において総督府警務局長をつとめ、独立運動の弾圧の現場責任者であった(11)。赤池と水野にとっては、直前までの京城時代の経験からして、朝鮮人の暴動の流言には充分なリアリティが感じられ、後藤はかれらの想像力の働きにまきこまれてしまったのではないか。

(3)　あわせて、警保局には朝鮮人を敵視する組織的体質があった。一九一〇年（明治四三年）に日韓併合がおこなわれたあと、これに反発する独立運動の動きにたいして、現地では総督府警務局が、国内では内務省警保局が、それぞれ連携して監視と抑圧にあたってきていた。併合後、日本に入国する朝鮮人は、「朝鮮人名簿」に登録された。そこには各警察署所轄内の滞在か居住にはじまって、排日思想の有無までが記録され、それらの情報が知事のもとに収集された。一九一三年（大正二年）、内務省警保局はこの名簿作成のためのマニュアルとして「朝鮮人識別資料ニ関スル件」を知事あてに出している。在日朝鮮人のなかでも、警保局がとくに神経をとがらせたのは留学生にたいしてであった。在日留学生が起爆剤となって三・一事件がおこると、直後の五月には警保局は各府県庁に「在留朝鮮人学生名簿」の作成を命じた。そのなかに、留学生の多くは要視察人に編入されているという記述がある。要視察人とは「要視察朝鮮人視察内規」によって治安を乱すおそれがある人物として監視の対象とするもので、甲号と乙号とに分類され、甲号には五人、乙号には三人の警察官の尾行がついていた(12)。この一事をとっても、警察権力が朝鮮人をいかに敵視していたかがわかるであろう。一九二一年（大正一〇年）になると、警視庁特別高等課のなかに、内鮮高等係が独立しておかれ、朝鮮人の独立運動の取締まりに専念するようになった(13)。

第二、朝鮮人を多数虐殺した自警団の組織化に内務省と内務官僚のつよい意向がはたらいていたという認識のために、永井があげた証拠物件は、埼玉県の香坂内務部長が九月二日、県内の各郡役所に送ったつぎの通牒であった。これは郡役所には電話で急報され、郡役所は町村に電話あるいは文書でつたえたといわれる。

「東京に於ける震災に乗じ暴行を為したる不逞鮮人多数が川口方面より或は本県に入り来るやも知れず、又其間過激思想を有する徒之に和し以て彼等の目的を達成せんとする趣聞き及び漸次其毒手を揮はんとする虞有之候就ては此際警察力微弱であるから町村当局者は在郷軍人分会、消防手、青年団員等と一致協力して其警戒に任じ一朝有事の場合には速かに適当の方策を講ずるやう至急相当手配相成度き旨其筋の来牒により此段移牒に及び候也(14)」。

この日、埼玉県の地方課長は東京に出て内務省の係官と打合わせをし、午後五時ごろ帰庁して、香坂内務部長にそれを報告した。その報告にもとづいて、香坂内務部長は前出の通牒を出し、それにしたがって各町村は自警団を組織した。永井はその経過を紹介したうえでつぎのように要約した。「斯の如く、内務省の最高部から出た所の命令が地方に伝へられ、地方長官が又、之を管下の官庁に伝へまして、その結果、自警団の組織を見るに至った」。その自警団が流言を信じて朝鮮人を多数虐殺した。虐殺自体は自警団員がおかした犯罪であるから、かれらが国法によって罰されるのは当然である。しかし、ことの経過からして、自警団員に罪をおかさせた官憲にも罪はあるのではないかと永井は述べた(15)。この官憲はより具体的にいえば、内務省と内務官僚である。

九月二日の時点で各地に自警団をつくらせるとき、政府はそれが朝鮮人の大量虐殺へと暴走することまでは予想していなかったとおもわれる。その暴走がはじまると、政府の臨時震災救護事務局警備部はそれを阻止するための決定事項を連日のように流すが、効果があがらなかった。その一部を抜き書きする(16)。

九月三日

「民衆自衛団の統制に関する件／民衆自衛団の自警に当るは適当なるも、往々にして（中略）却て秩序を紊す行為を為す者なきを保せざるを以て、自衛団に対しては通常警察又は軍隊の指揮の下に、統制監督を行ひ且適当なる任務を与へ、其の範囲内に於てのみ行動せしむること」。

九月四日

「民衆の凶器携帯を禁止する事／鮮人保護の方法を講ずる事／民衆自警団に統制を加ふる事」。

九月五日

「派出所及駐在所を復活し第二次検問所に当て自衛団に代らしむること／人民自衛団の取締を励行すること／自衛団の行動は之を自家附近の盗難火災の警防等に限り通行人の推問、抑止其の他権力的行動は一切之を禁止し、勢に乗じて徒らに軽挙妄動するが如きは厳に之を禁遏すること／自衛団を廃止せしむる様懇諭し可成急速に之を廃止せしめ便宜町内の火災盗難警戒の巡羅を許すに止むること」。

三日には適当だが統制が必要だとされたものが、五日には廃止させるように懇諭するものに変化している。しかし、六日以降も朝鮮人の虐殺はつづいた。政府は、次第に自警団のみを法的処罰の対象とする姿勢を明確にしていった。

九月一一日

「今回の変災に際し行なはれたる傷害事件は、司法上、之を放任するを許さず。之を糺弾するの必要なるは、閣議に於て決定せる処なり。／然れども、情状酌量すべき点少なからざるを以て、騒擾に加はりたる全員を検挙することなく、検挙の範囲を顕著なるもののみに限定すること」。

九月一七日以降、東京をはじめ各地方で自警団員の検束がはじまったが、大量検挙は一〇月一日以降となった。警保局によれば、一一月末で起訴された者が六〇四名となっている。自警団の連合組織や右翼の政治団体は、政府の責任をも問うべきだと反発したが、政府はそれにとりあわなかった。犯人の裁判は、最初に執行猶予をつけることを予告し、殺した朝鮮人の数によって懲役の年数を定め、宣告し、控訴しないことを確かめて、帰ってよろしいという好い加減なものであった。当時、この裁判にたいして「一日裁判」という蔑称があったという。(17)

(1)「通史」三五一ページ。
(2) 姜徳相『関東大震災・虐殺の記憶』青丘文化社、二〇〇三年、二三二―二三六ページ。
(3)「国会による事件調査」姜徳相・琴秉洞編『現代史資料6　関東大震災と朝鮮人』みすず書房、一九六五年、四八〇ページ。
(4)「船橋送信所関係文書」同右、一八ページ。
(5)『関東大震災・虐殺の記憶』九三―九六ページ。
(6) 同右、五六―五七ページ。
(7) 同右、一〇二ページ。
(8) 同右、二二、二七、三五ページ。
(9) 水野錬太郎「戒厳令施行閣議の秘事」西尾林太郎編『水野錬太郎回想録・関係文書』山川出版社、一九九九年、一二一―一一五ページ。
(10)「水野錬太郎氏」東京市制調査会『帝都復興秘録』宝文館、一九三〇年、二三〇―二三六ページ。
(11) 西尾林太郎「官僚政治家・水野錬太郎」西尾編『水野錬太郎回想録・関係文書』四三〇―四三一ページ。
(12)『関東大震災・虐殺の記憶』六二―六九ページ。

（13）警視庁史編さん委員会『警視庁史　大正編』同委員会、一九六〇年、一〇七ページ。
（14）「流言の流布と自警団」『現代史資料6　関東大震災と朝鮮人』一四五ページ。
（15）「国会による事件調査」四八〇ページ。
（16）「朝鮮人対策の推移」『現代史資料6　関東大震災と朝鮮人』七七―八二ページ。
（17）『関東大震災・虐殺の記憶』二五〇、二五六―二五七ページ。

9　治安維持法と共産党の弾圧

最初に要約的にいえば、政党内閣時代、日本の政治警察は内務省が所管する特高警察が代表し、それらの組織は治安警察法、行政執行法、治安維持法などによって日本共産党を弾圧し、潰滅に追いこんだのであった。治安警察法は集会・結社の自由を制限し、行政執行法は公安を害するおそれのある者を検束できるとし、治安維持法は国体変革と私有財産否認の思想を罰する法律である。それらの法律は民主主義の観点からみて悪法である。民主主義のもとでは、集会・結社の自由が保障されねばならず、政治的行動は一般刑法に違反したときのみ刑罰の対象となる。法は思想を罰してはならず、行為を罰するのみである。だから、内務省は悪法をつかって日本共産党を弾圧したのであったといわねばならない。しかし、それは、卑俗ないいかたをすれば、悪玉の内務省が善玉の共産党を迫害したとか、共産党が内務省に勝利すれば日本は楽園になったであろうとかいうことではない。かつて内務省や治安維持法にかんする先行文献にはそのような素朴な左翼史観にもとづくものは少なくなかった。われわれはそのような史観から自由になり、内務省と日本共産党のそれぞれを等距離にみて、たがいに対立するイデオロギーをもつ二つの政治勢力が争い、一方が勝利し、他方が敗北した経過をあるがままに把握、分析したい。

さきにわずかにふれたように、幸徳事件をきっかけにして一九一一年（明治四四年）に警視庁では高等課から特別高等課が分立していた。これは過激化する社会運動の取締まりに専念する部門の誕生であった。これと同時に内務省警保局保安課には新しく社会運動の取締まりのための専任職員がおかれた。警視庁以外のほかの府県の警察部では社会運動の取締まりは高等課または保安課が担当していたが、一九一二年（大正元年）には、大阪府に特別高等警察課が設置された。そのあと、政党内閣時代に入ってから、一九二二年（大正一一年）から二六年（大正一五年）のあいだに、北海道、神奈川、愛知、京都、兵庫、山口、福岡、長崎、長野などの各府県に特別高等警察課が設置され、一九二八年（昭和三年）にはすべての府県に特別高等警察課が設置された。(1)

一九二八年の内務省官制の改正のあと、警保局保安課の職掌は「一、特別高等警察及び外事警察にかんする事項、一、情報及び調査にかんする事項」となった。荻野富士夫は「特別高等警察体制」というばあい、狭義には労働運動、社会主義運動を対象とする特高警察のみをさすが、広義にはそれに外事警察、検閲警察などをくわえたものとしている。(2)いま、説明の便宜上、やや狭義の解釈をとると、一九二八年七月の時点で、特高警察の完成形態は三層構造をもっており、それは内務省警保局保安課―警視庁特別高等課および各道府県警察部特別高等警察課―各警察署特高係、である。この三層構造の組織原理は、形式的には徹底した中央集権制であるが、実質的に主体的な仕事をしていたのは第二層であった。本省保安課は予算決定や幹部人事をのぞくと、各地方の具体的な政策遂行に実際上の影響力をもっていなかった。(3)東京のばあいでいうと、警視庁の特高係を各警察署では本庁特高と呼び、警察署の特高係は高等係を兼ねており、本庁特高にたいして補助的役割をはたしていた。警視庁特高課では、課長には高文試験に合格した内務官僚が就任して、二、三年で交代してゆく。課員は警視庁で採用された警察官で、長期にわたって特高として経験をつんだ者が多い。特高警察の実質的な仕事を主体的に担っているのは、この特高課員たちで、かれらは、特高という存在にとって自分たちは体軀であり、課長は脱ぎ換えられてゆく衣服のようなものであると感じていた。ただし、特高課とほかの課や警察署とのあいだの人事交流はふつうにおこなわれていた。(4)

警視庁特高課と大阪府特高課の設置以降、一九三〇年（昭和五年）までの課員数の推移は、表5-10のとおりである。政党内閣時代の始点、一九一八年の年末のデータをみると、警視庁特高課は三〇、外事課二三、大阪府特高

表 5-10　警視庁・大阪府警察部の特高課課員の推移（1911-30 年）

	警視庁						大阪府
	特高課					外事課 外事係	特高課
	特高係	検閲係	労働係	内鮮高等係	計（課長を含む）		
1911年	7	6			14	(2)	
1912	7	6			14	(2)	11
1913	8	5			14	(2)	11
1914	7	5			13	(1)	11
1915	7	5			13	(1)	12
1916	7	5			13	(1)	12
1917	6	5			12	16	14
1918	20	9			30	23	11
1919	23	12			36	22	19
1920	28	12	24		65	34	23
1921	24	13	22	16	76	36	25
1922	25	12	24	14	76	34	33
1923	27	11	27	15	80	36	35
1924	33	12	26	19	90	38	40
1925	32	12	28	18	90	39	44
1926	32	13	29	18	92	43	44
1927	32	13	29	19	93	42	50
1928	35	13	32	20	100	45	72
1929	38	17	41	23	129	45	73
1930	47	17	41	28	133	45	71

資料出所：荻野富士夫『特高警察体制史――社会運動抑圧取締の構造と実態』p. 93.

課は一一、である。前年、警視庁特高課は一二、外事課は一六であるから、特高課は一挙に二倍以上、外事課は約一・五倍の増員である。これらは一九一七年のロシア革命、一八年の米騒動が日本の支配階級にあたえた衝撃の大きさと関連づけて理解されるべきであろう。その後では二八年に一〇〇の大台を越えてからの急増ぶりに注目されたい。そうして、政党内閣時代の終点ちかい一九三〇年の年末では、警視庁特高課は一三三、外事課は四五、大阪府特高課は七一で、それぞれ、一八年のデータに比較して、四倍強、二倍、六倍強の膨脹となっている。この急増ぶりは、この期間におこなわれた日本共産党を弾圧し、潰滅に追いこむ仕事の結果でもあった。

そこでその仕事の過程を概説することになるのだが、それにさきだって、わずかに説明の脇道に入っておきたい。この期間における日本共産党の弾圧・潰滅を、特高警察の仕業であるというのは、内務省サイドからみるという限定を必要とする。より正確にいえば、その弾圧などにおいて、内務省の特高警察と司法省の思想検察は車の両輪の関係にあった。思想検察は人的レヴェルでいえば思想検事（通称、正式には思想係検事）であり、これが全国的に配置されたのは一九二八年七月である。その任務は「左傾思想に基く犯罪」ことに「治安維持法及び治安警察法、爆発物取締罰則等の犯罪」の司法的処理であった。いったん、それが設置されると、制度上は思想検事が特高警察官を指揮命令する権限をもった(5)。しかし、思想検察は特高警察にたいして制度の確立がほぼ一七、八年おくれたので、弾圧に必要な情報・技術は最初のうち前者より後者で豊富に蓄積されていた。二八年九月の第一回全国思想係検事会同では、警視庁特高課の特高、検閲、労働、内鮮の各係の四人の係長がおこなった講義、「日本社会運動の現状」に長い時間がさかれた。

「警視庁特高課の現職係長から、検事のエリート集団がレクチャーを受けるのは、最初で最後であり、思想検察は社会運動の状況や捜索手法などを効率よく吸収するために、メンツを捨てて実をとったことになる(6)」。特高課の係長たちの学歴は中学卒業か高小卒業ていどであり、検事たちの学歴はいずれも大学卒業である。この叙述だけからでも、特高警察と思想検察のあいだにあった微妙な対抗関係を察することができる。しかも、それは長くつづいたらしい。両者のあいだで功名争いや情報の出し惜しみなどもあった。しかし、それらへの言及は他書にゆずり、以下は内務省サイドからの観察に専念する。

警視庁特高課は正確にはその総監官房特別高等課であるが、そこには、さきの表でも示されているように、特高、検閲、労働、内鮮という四つの係があった。制度上の分担をいうと、特高係は治安維持法違反の事件を主管し、労働係は労働争議の取締まりなどをおこない、内鮮係は朝鮮の独立運動の警戒などに当っていた。ただし、この分担から、労働係は過激な労働者との接触が多く、それも一因となって、共産党取締まりのリーダーシップが特高係より労働係にとられていたという時期があった。

政党内閣時代末期の警視庁特高課の内幕事情を当の特高課員はどうみていたか。これを知るための第一級資料として、宮下弘『特高の回想――ある時代の証言』（一九七八年）がある。宮下は高等小学校を卒業して給仕、職工として働き、労働争議などを体験し、自らが法律を知らないことをひどく残念におもう経験をする。かれは法律を学ぶために巡査になり、警察練習所で熱心に勉強した。かれは実務について、巡査から巡査部長へと昇進してゆくが、その勤務振りの語りから、かれの仕事熱心、正義感の強さ、明晰な頭脳、存在感があるひとかどの人物であったことがよくわかる。ついでにかれの周囲に悪徳警察官も優秀な警察官もいたこと、かれらの日常の生態もよくわかる。(7)

一九二八年（昭和三年）五月、宮下は本庁特高課に抜擢された。その組織の最初の印象を訊かれて、かれは答えている。「明るかったですね。とにかく天下国家の仕事をしているんですから。バクチうちや泥棒をつかまえるのとはちがうのだから」。(8)私はこの言葉には意表をつかれた。天皇制国家の凶悪な暴力機構、共産党員やシンパにたいする拷問、虐殺が多くおこなわれていたという、暗鬱、陰惨な特高イメージが私にはある。それを明るかったとは。しかし、この語り手の人柄と観察眼は信用に価いするのだ。しばらくさきには、つぎのような言葉もあった。「これは余談ですが、本庁特高も一般警察官とまったく同じ待遇でしたし、私服で飛びまわる費用のため、生活のほうはいつも窮乏していましたが、それでも堪えられたのは、仕事さえしていれば認められるし、尊敬されるというよろこびが一方にあったからです。それに、暴力革命でソ連に日本を従属させようという共産党を消滅させるという、国家的な仕事に打ちこむよろこびをもっていたからです(9)」。ひとまずのところ、かれはかれなりの真実を語っているのだ、と理解しておくほかはない。

現代の年少の読者のためにわずかなコメントをつける。広くはこの節の主題を理解するために、あるいは限定的にみて前出の宮下の談話を理解するために、歴史的実在としての戦前期の日本共産党を正しく認識しておく必要がある。端的にいって、それは現在の日本共産党、正確にいえば一九六一年に議会制民主主義の尊重を宣言した綱領を採択したのちの同党と、性格が大きく異なる。同党の正史、たとえば『日本共産党の七十年』上・下（一九九四年）は、戦前期の日本共産党と現在の同党が一貫した性格をもつように強弁しているが、それは事実ではない(10)。私がみるかぎり、いまのところ、日本共産党史の研究文献として、もっとも高い水準にあるのは立花隆の大著『日本共産党の研究』（一九七八年）である。くわしくはそれを参照してもらうほかないが、ここではつかえる紙幅のなかでおもいきり圧縮して述べる。

一九世紀から二〇世紀にかけて正統派のマルクス＝レーニン主義は、共産党が労働者階級を指導して、暴力革命により資本主義を破壊し、労働者階級の独裁による社会主義を実現し、最終的には共産党の一党独裁による共産主義に到達するとかんがえていた。ここでいう暴力革命とは革命軍が政府軍と戦う内乱と前者の勝利、後者の敗北である。その過程で議会制度は破壊され、労働者階級の独裁＝ソビエトが成立する。共産党の組織原則は民主集中制である。集中制とは個人は組織に、下級組織は上級組織に、無条件で絶対的に服従するという原則で、具体的には軍隊のありかたをイメージしてもらうとよい。民主とは各級の組織で代表は選挙されること、決定は多数決によること、などである。ただし、上級の組織の指示によっては、下級の組織の代表も決定も変更される。共産党において民主集中制、暴力革命、労働者階級の独裁は、三位一体の関係にあった。この社会理論は、萌芽はマルクスの思想にあったが、ロシア革命に成功したレーニンの体験によって成長してきたのであった。

レーニンはロシア革命に成功したのち、コミンテルン（国際共産党）を創設し、世界革命をめざした。コミンテルンのヘゲモニーは実質的にはロシア共産党が掌握していた。各国の共産党はコミンテルンの各国支部と位置づけられた。たとえば、日本のばあい、それは日本共産党コミンテルン日本支部となる。コミンテルンは、世界革命はロシアからまずドイツに波及するとかんがえた。しかし、一九二一年、ドイツ共産党は武装蜂起に失敗する。これを機会にコミンテルンの世界戦略は世界革命から一国社会主義に方向転換し、ソ連の防衛を第一義的目的とするようになった。この過程で、一九二四年、レーニンが死去し、一国社会主義を志向するスターリンと世界革命を志向するトロツキーがロシア共産党のなかで抗争し、二七年にトロツキーが除名されている。(11)

戦前期の日本共産党は、コミンテルンによって形成され、維持され、特高警察の弾圧によって壊滅するたびに再建され、コミンテルンに服従しつづけることで崩壊してしまった政党であった。その過程をてみじかにスケッチする。共産党の時期区分による類型を六つとする。すなわち、⑴暁民共産党、⑵第一次共産党、⑶第二次共産党、⑷武装共産党、⑸非常時共産党、⑹崩壊する共産党、である。これらのうち、本章では⑴と⑵は無視してよいであろう。⑴は一九二一年のもので党員一七名、⑵は二二年から二四年にかけてのもので党員五八名、コミンテルンから巨額の資金提供をうけ、革命ごっこをやっていたという印象である。

第二次共産党（一九二六年一二月から二九年六月まで）。この時期の最初、福本和夫の唱える福本イズム（初期レーニン主義志向・理論闘争重視）が優勢で、多くの知識人たちが日本共産党に引きつけられた。この時代の主要幹部は、福本のほか、山川均、徳田球一、岩田義道、市川正一、鍋山貞親、佐野学などである。コミンテルンは福本イズムを否定し、日本共産党に二七年テーゼをあたえて、帝国主義戦争の危機にたいする闘争の重視、中国革命の援助、ソ連の擁護などを優先課題とし、日本革命は第二義的であるとした。また、活動方針としては、工場細胞をつくり、中央機関紙を発行し、非合法組織をつくり、共産党が公然と大衆のまえに姿をあらわすことを命じた。当時、日本共産党の指導下に合法組織としては、労働農民党（党員三八〇〇名）、日本労働組合評議会（組合員三万名）、無産青年同盟（成員四五〇〇名）があった。共産党は前記の活動方針により、二八年二月の第一回普選に労働農民党からの立候補者四〇名のなかに一一名の共産党員を入れ、かれらには共産党の応援があると公言させ、共産党は軍隊だ、天皇制を叩きつぶして議会を占領するなどと暴力革命路線を宣伝した。選挙がおわると、特高警察は三月一五日に全国で共産党員とシンパの一五〇〇名余を検挙し、その後も検挙がつづき、最終的には検挙者は三四〇〇名におよんだ。つづいて、四月一〇日には前出の三つの合法組織に治安警察法により解散命令を下している。これによって共産党は大衆との接点を失った。また、翌二九年の四月一六日には全国で七〇〇名を一斉検挙し、このときには最終的には被検挙者は四〇〇〇名におよんだ。この三・一五事件、四・一六事件の前後に、前出の主要幹部はすべて検挙された。

武装共産党（一九二九年四月から三〇年一二月まで）。田中清玄、佐野博によって中央ビューローが再建された。武装共産党という通称は、この時代の共産党が武装して自衛しながら大衆のまえで公然活動するという方針をとったことによる。武装の武器としてよくつかわれたのは、ナイフ、匕首、ピストル、鉄管、樫棒などで、警官と衝突しては負傷させるという事件が三〇年いっぱいにあいついだ。それらの事件のなかで五月の武装メーデー事件が著名であるが、その実体はむしろ滑稽な武力蜂起ごっことでもいうべきものであった。党組織のなかには地下闘争の参謀本部あるいは前衛部隊というべき技術部（通称テクク）が新設され、武器の収集をはじめとする非合法活動を集中的にうけもった。この時代、日本共産党とコミンテルンの連絡が途切れていたので、コミンテルンの資金が入ってこず、技術部の金策掛はシンパからの資金カンパ網をつくって財政的自立をはかった。シンパとしては文化人と学生が多かった。その裏面では共産党の労働者や農民など一般大衆への影響力の低下が進行していた。一九三〇年二月から七月にかけて、特高警察は全国で党員、シンパ、二〇〇〇名余を検挙し、党組織を潰滅に追いこんだ。佐野は四月に、田中も七月に検挙されてしまった。(12)

非常時共産党（一九三一年一月から三二年一〇月まで）。風間丈吉、岩田らによって、中央部が再建された。非常時の名称は、当時の政治状勢が満州事変の開戦によって非常時と呼ばれていたことによる。風間はこの党の委員長になったが、中央委員のなかには、飯塚盈延、通称松村という特高警察のスパイが入っていた。これ以後、このスパイによって、非常時共産党は特高警察からほしいままにあやつられる。コミンテルンは日本共産党に三一年テーゼ、つづいて三二年テーゼをあたえたが、後者は第一に天皇制の転覆を、第二に大土地所有制の変革を、日本革命の主要目標としていた。このテーゼにしばられることで、日本共産党は観念的な革命路線を盲進するほかなかった。非常時共産党は大衆化路線をとって党員を増やし、おそらく七〇〇〇人ちかい党員を獲得したとおもわれる。その党組織のなかには戦闘的技術団が設置されたが、これはもはや犯罪シンジケートと呼ぶべきものであった。その犯罪行為は、銀行ギャング、美人局から富裕な家庭の子弟に親の金を持ち逃げさせることにまでおよんでいた。その一連の犯罪行為のなかでは、三二年一〇月の大森銀行ギャング事件がとくに著名である。同月末、熱海に集まっていた各地方の代表が多数検挙され、東京で風間、岩田などの幹部が検挙されている。熱海事件はスパイ松村の密告による。岩田は拷問をうけ、一一月三日に虐殺された。(13)

政党内閣時代は一九三二年五月に終るが、共産党の弾圧は翌年いっぱいでほぼ完了するので、この節でそこまで述べておこう。一九三三年、日本共産党は組織の全面崩壊に追いこまれた。この年、一月に山本正美を委員長として党中央部が再建されたが、中央委員に入っていた特高警察のスパイ、三船留吉によって、五月に山本が売られ検挙された。三船はそれにさきだって二月にプロレタリア作家・小林多喜二を売り、小林は拷問によって虐殺されている。山本のあとは野呂栄太郎が委員長をついだが、野呂は六カ月もって一一月に検挙され、獄中で死亡した。野呂委員長時代のはじめ、六月に佐野学と鍋山が獄中で転向声明を発表し、コミンテルンがソ連一国の機関化したことを批判し、天皇制打倒のスローガンは労働者に支持されない、日本の革命は天皇制のもとでの一国社会主義をめざすべきであると主張した。この転向声明をきっかけに獄中の共産党員の転向が雪崩のように進み、七月中に未決囚の三〇％、既決囚の三六％が転向した。(14) 野呂のあと委員長となった宮本顕治は一カ月しかもたず、密告によって検挙された。このころ、党内には多数のスパイが入っており、党員同士がたがいにスパイではないかと疑いあい、査問、リンチ事件が続出した。宮本自身、リンチ事件で小畑という党員を殺害している。また、宮本を密告したのは、スパイの嫌疑をかけられ、殺害されるのを恐れた荻野という党員であった。小畑も荻野もスパイではなかったらしい。(15)

第二次共産党から宮本委員長のもとでの共産党の崩壊までの期間、すなわち一九二六年一二月から一九三三年一二月までの七年ほどの歴史的経過をみての感想をひとつ述べる。共産党は各時期ごとに特高警察の徹底した弾圧によって根こそぎ崩壊させられるが、つぎの時期には再建され千人単位の大量の党員とシンパを獲得して活動をつづけた。その党員たちのなかには、後出の山岸一章の業績からも知られるように、若い優秀な知識人たち、労働者たちも少なくなかった。そこには、立花のいうとおり、コミンテルンからの人材と資金の援助の効果もあっただろう。しかし、これほど多くの人びとが暴力革命とそれがつくりだす共産主義社会というユートピアに理想をみいだしていたという事実は、かれらが感得していた当時の日本社会の階級支配と軍国主義の苛烈さを示唆する。かれらは、これはひどい社会だ、非人間的な生き方を強制する社会だとかんがえ、未知のユートピアに惹きつけられていったのだろう。後代のわれわれは、そのユートピアも暗黒の収容所列島に終わったことを知っている。かれらの理想は裏切られた。歴史はそのなかで力をつくして生きた人びとにとって、しばしば残酷な仕打ちをするものである。しかし、われわれは社会学的想像力をはたらかせて、当時の共産主義運動に身を投じていった人びとの心情と行動を理解する手間を惜しむべきではあるまい。

特高警察が共産党を弾圧したさいの主要な方法を前出の宮下の著作などからまとめておこう。

(1)　交番からあげられる注意報告にもとづく内偵探索。注意報告とは交番の巡査が管轄地域内の得体のわからぬ人の出入りが多い家、住人の職業が不定である家などについておこなうもの。

(2)　尾行。相手に気づかれてもかまわずついて歩く尾行と、相手に気づかれぬようについて歩く尾行とにわかれる。前者は犯罪の発生を予防したり、危険人物が地下に潜入するのを防止するためにおこなう。後者は相手が連絡する人物や訪問するアジトを突きとめるためにおこなう。

(3)　張りこみ。アジトを突きとめたばあい、そこに出入りする者の動向をつかむためにおこなう。相手の動きによって張りこみから尾行に移ったり、警視庁や警察署に連絡したりしなければならず、民間人に協力を依頼することも多かった。宮下自身は取調べに従事することが多く、張りこみの仕事は巡査部長以下にまかせていた。

(4)　検挙。尾行や張りこみをかなり続けたうえで検挙がおこなわれた。共産党員のなかには拳銃、短刀などで武装している者もいたが、特高の警察官は武器をもたずに検挙に出向いた。熱海事件のときにはじめて私服警官にヘルメットと防弾チョッキを着装させたが、数がたりず、宮下はそれらを同僚にゆずって先頭に立った。共産党員は拳銃を発射して抵抗している。

(5) 取調べ。特高警察官の多くは低学歴者で、被疑者の多くは大学生、しかも確信犯で、ヒロイズムに酔っているので、取調べは困難をきわめた。しかし、供述をかたく拒否する者がいても、その周囲の者たちから集めた情報をまとめてぶっつけ、そこまで調べられているのかという心理に追いこんで、供述させることがあった。また、容疑者が雑談でもらした小さな事柄を照らし合せて、大きな事実が判明することもあった[16]。

(6) スパイ。警視庁の特高警察官は共産党に潜入しているスパイをつかった。そのとき、警察官の特定の個人がスパイの特定の個人と結びついており、その結びつきは同僚の警察官にも秘密にされていた。上司の課長はスパイに支払う費用の支出を管理するので、その結びつきをいちおう承知していたが。スパイは共産党員であって検挙され、警察側の脅迫や説得によって寝返った者が多かった。宮下は、前記の著作のなかで、スパイをつかっていたことは認めているが、その氏名をいうことは「人間の情として」「できない」と一貫して拒んでいる[17]。

(7) 拷問。小林多喜二をはじめとして多くの党員が、特高警察官によって拷問をうけ殺害されている。日本共産党中央委員会『日本共産党の七十年』上巻でも、その数は特定されておらず、「多くの党員が殺害された」と述べるのみである[18]。ただし、ほかに特高警察がおこなった共産党員への弾圧の過程で虐殺された死者数については、八〇余名と推計した共産党員・山岸一章による調査例がある[19]。宮下が特高警察官による拷問について述べた事実、見解を二、三、紹介する。①その拷問の事実はあった。しかし、特高警察官のなかには拷問をする者もいたし、拷問をしない者もいた。被検挙者の側からのこれを裏付ける証言はほかにもある。宮下自身は拷問をしたことはない。②特高警察による拷問には必然性があった。戦前の警察の内部では暴力沙汰は日常的であったし、特高警察と共産党のあいだには殺し合い、戦争の関係があった。その関係のなかで拷問は「あたりまえの話」であった。③小林多喜二を拷問で殺したと自分は思っていない。「殺したというんじゃない。死なせたわけですね。むろんそれはまずいことですよ。（中略）大失敗です。しかし、部内で責任がどうこうということはなかった」。④小林を拷問・虐殺した特高警察官たちのなかでキャップ役は中川成夫警部である。多くのプロレタリア作家が中川によって拷問されたと書き残している。これについての宮下の感想。「文化団体を担当していた中川警部が特殊に暴力的だったとはおもえませんが、書く人、書ける人が捕まってくるんだから、それで書かれた、ということなのではないか[20]」。

この一見もっともらしいエクスキューズは、裏返すと、書けない労働者にも拷問はしょっちゅうおこなわれていたとも読める。しかし、ほかの資料によっても、中川はサディスト的傾向がとくにつよい男だったようである。一例のみあげる。日本共産党の女性党員・浅沼雪香は、一九二九年（昭和四年）四月に検挙されて、中川たちから全裸にされ性的虐待をともなう拷問をうけている。浅沼は浅沼稲次郎の従妹で、当時一八歳であった。後年、彼女はその体験を「手記」にまとめて発表している。その内容の紹介はひかえるが、中川たちが性的に興奮しつつ拷問をしていた事実がよみとれる[21]。かれらは生来のサディストであったのか、それとも特高警察の非人間的な仕事をしているうちにサディストの性癖にめざめたのか。特高警察は天下国家の仕事をするところ、明るかったという宮下の言い分をそのまますべて受け入れる訳にはゆかない。

（1）『内務省史』第二巻、七五〇ページ。
（2）荻野富士夫『特高警察体制史——社会運動抑圧取締の構造と実態』せきた書房、一九八八年、一四ページ。
（3）杉本守義「特高警察の組織と運用（完）」『ジュリスト』一九五二年八月一日号、有斐閣、三八ページ。『特高警察体制史』一八一ページ。
（4）宮下弘・伊藤隆・中村智子『特高の回想——ある時代の証言』田畑書店、一九七八年、六七、一八九ページ。

(5) 荻野富士夫『思想検事』岩波新書、二〇〇〇年、二ページ。
(6) 同右、四〇ページ。
(7)『特高の回想』四八—五四ページなど。
(8) 同右、六〇ページ。
(9) 同右、六九—七〇ページ。
(10) 日本共産党中央委員会『日本共産党の七十年』下、新日本出版社、一九九四年、たとえば、四四五ページ。
(11) 立花隆『日本共産党の研究』(一)、講談社学術文庫、二〇〇四年、一四—三六ページ。
(12) 同右、七七—四四八ページ。
(13) 同右、(二)、八—二一六ページ。
(14) 同右、二一七—三八一ページ。
(15) 同右、(三)、六一—一七〇ページ。
(16)『特高の回想』七一—七六、九一、一〇〇—一〇一ページ。
(17) 同右、一〇八—一一二ページ。
(18)『日本共産党の七十年』上、九四ページ。
(19) 立花隆『日本共産党の研究』(二)、三四六ページ。この立花の著作は、巻末の参考資料一覧で、山岸の著作『不屈の青春』新日本選書をあげているが、私がもっている同書『不屈の青春——ある共産党員の記録』新日本選書、一九七五年にはその推計は見当たらない。山岸には、ほかに『革命と青春——日本共産党員の群像』新日本選書、一九七六年という著作があり、これも前掲書と同じように戦前期の無名の共産党員の死にいたる小伝を集めたものだが、同書にもその推計は見当たらない。立花は、山岸のほかの作品でその推計をみたのだろうとかんがえるが、いまのところ、私はその作品を発見することができないでいる。

この段階で断定的なことはなにもいえないのだが、山岸の二著を熟読してかんがえると、弾圧の過程での「虐殺」をどう定義するかで、その死者数の推計はかなり変化するのではないか。一方には拷問をうけている最中に殺害されてしまった小林多喜二、岩田義道のような事例がある。これは文字どおりの虐殺である。しかし、他方では拷問によって衰弱し、あるいは拷問は直接の原因ではないが、病気にかかり、まともに治療してもらえず、獄中で死亡したとか、重態で実家に帰されて死亡したとかいう事例がある。山岸の著作ではこちらの事例のほうがはるかに多い。これらも「虐殺」にふくめるならば、私が知るかぎりの共産党の弾圧の実態からして、八〇余名という数字は小さすぎるように感じられる。

(20)　『特高の回想』一二三―一二九ページ。伊藤隆「[解説] 治安維持法・特高警察・日本共産党」『特高の回想』三一三ページ。

(21)　下里正樹・宮原一雄・森村誠一『日本の暗黒――実録・特別高等警察、第3部虎徹幻想』新日本出版社、一九九一年、一八〇―一八九ページ。

10　インフルエンザ対策と結核対策

前章の衛生行政にかんする記述にならい、国民の身体（生命）の概況を、この時代のほぼ中間点、一九二五年（大正一四年）で大づかみにみることからはじめる。

この年、一〇月一日現在で、日本人人口は五九七三万六八二二である。同年の出生数は二〇八万六〇九一、死亡数は一二一万七〇六、差引き自然増が八七万五三八五、である。乳児の死亡数は二九万七〇〇八、乳児死亡率は一四二・四であった。新生児の死亡数は一二万一二八三、新生児死亡率は五八・一であった。一九一〇年（明治四三年）の乳児死亡率は一六一・四、新生児死亡率は七四・一であったから、一五年間で前者で一二％減、後者で二二％減ていどの改善がおこなわれたことになる。[1]

主要死因別の死亡率（人口一〇万対）の一九二五年の統計（表5-11）によると、上位五位は、(1)胃腸炎二三八・三、(2)肺炎二一六・二、(3)全結核一九四・一、(4)脳血管疾患一六一・二、(5)精神病の記載のない老衰一一七・三、である。一五年まえの一九一〇年の統計でみても、上位五位に、これら五つの病名は順位に多少の動きはあるものの、そのままみいだされる。その間の動きでは、肺炎の死亡率が一九一八年に三七五・五にはね上がり対前年で二倍強になり、一九年二七四・五、二〇年三一三・九で、三年間をとおして一位を占めた。[2]これは当時、スペイン風邪といわれたインフルエンザが世界的に流行して、日本に侵入してきた結果である。

この病気の世界各地における流行については、A・W・クロスビー『史上最悪のインフルエンザ――忘れられたパンデミック』（一九八九年）がくわしい。一九一八年から一九年にかけて、世界中でスパニッシュ・インフルエンザとその合併症（主として肺炎）によって死亡した人びとは二一〇〇万人であったという推計値がよくつかわれるが、これは実際よりかなり低く見積られた数である。クロスビーは、三〇〇〇万人あるいは四〇〇〇万人という推計をも紹介して、最終的な「適切な推定」はまだないといっている。このパンデミックの当時、スパニッシュ・インフルエンザの病原菌はつきとめられておらず、医師による効果的な医療法もみつかっていなかった。このインフルエンザの謎は、そのウィルスをふくめて、一九三〇年代から徐々にときあかされていった。[3]

　クロスビーの著作は北米大陸とヨーロッパに、シベリアから朝鮮、太平洋の島々を舞台にしているが、日本にはまったくふれていない。ところが、内務省衛生局が一九二一年（大正一〇年）に『流行性感冒』という大部の報告書を出しており、それによって、一九一八年から一九二〇年までの日本におけるスパニッシュ・インフルエンザの流行と被害の実態、内務省と道府県がとった対策がかなりくわしくわかる。かいつまんで紹介する。

表5-11　主要死因別死亡率
（人口10万対，1925年）

	死亡率
死亡者総数	2026.7
全結核	194.1
悪性新生物	70.6
糖尿病	3.3
心疾患	66.8
脳血管疾患	161.2
肺　炎	216.2
気管支炎	59.5
喘　息	12.4
消化器性潰瘍	13.0
肝硬変	6.5
腎炎およびネフローゼ	100.2
精神病の記載のない老衰	117.3
胃腸炎	238.2
不慮の事故	41.8
自　殺	20.5

資料出所：厚生省医務局『医制百年史（資料編）』ぎょうせい，1976年，pp. 528-533.

　一九一八年秋から一九二一年春にかけて、日本では三回、スパニッシュ・インフルエンザが流行している。各回の患者数、死者数、患者一〇〇に対する死者は、表5-12のとおりである。患者数の総計は二三八〇万余人であり、このころの日本の人口は約五五〇〇万人であるから、その四三%ほどが感染したことになる。死者数の総計は三九万人にちかい。患者一〇〇にたいする死者は一・六三と低率であったが、なにしろ患者数が膨大であったので、死者もこれほど多数におよん

表 5-12 日本におけるスパニッシュ・インフルエンザの患者数，死者数

流行	期間	患者	死者	患者百対死者
第 1 回	1918. 8–1919. 7	21, 168, 398	257, 363	1. 22
第 2 回	1919. 8–1920. 7	2, 412, 097	127, 666	5. 29
第 3 回	1920. 8–1921. 7	224, 178	3, 698	1. 65
計		23, 804, 673	388, 727	1. 63

資料出所：内務省衛生局『流行性感冒』1921 年，p. 85.

だ。第一回の流行で患者数と死者数がもっとも多く、第二回の流行では患者数は一〇分の一ちかくに減少したが、死者数は半減した程度で、患者一〇〇にたいする死者の数は大きく上昇している。[4] これは、クロスビーの前記の著作でも示唆されていることだが、流行期間中にウィルスの毒性が変化したかららしい。[5] なお、この疾病では、二〇代、三〇代の青壮年期に死者が多く出るのが特徴的であった。[6]

スパニッシュ・インフルエンザが流行しはじめたという情報が、世界各地の在外公館から外務省にとどきはじめた。その連絡をうけて、内務省衛生局は、警視総監、地方長官あてに、予防と治療の対策をとるように通知した。主要な対策はつぎのとおりであった。

(1) 予防の心得にかんする文書やポスターを配布する。
(2) マスクの使用を奨励し、マスクを入手できない者にはこれを給与する。
(3) 映画館などの入場者、電車などの乗客にたいして、マスクをつかっていない者は入場、乗りこみをさせない。
(4) 流行地においては多数の集合を避けさせる。
(5) うがいと予防接種を奨励する（この予防接種は効き目がなかった）。
(6) 頭痛・発熱などの異常があるときは、すみやかに医師の診療をうけ、静養する。
(7) 患者はなるべく隔離し、全治するまで外出を遠慮させる。
(8) 療養が家計上できない者は、救療の方法を講じる。

(9)　予防と治療の効果をあげるために、市町村の伝染病院、隔離病舎を利用する。

(10)　前記各項を実行するために、各種の公私団体、篤志家の活動をうながす。[7]

有効な医療方法がないままに、マスク着用や患者の隔離などの原始的方法に頼るほかない窮状がうかがわれる。道府県における防疫職員の増置では七三名を配置したという記述がある。[8]

さて、この時代の衛生行政の全般を展望しておこう。『医制百年史』は、戦前期のわが国の衛生行政を三期に区分している。すなわち、第一期は明治時代で医薬制度の形成と急性伝染病対策に特徴づけられていた。これにたいして、第二期は大正時代から一九三八年の厚生省設置までとされており、ここでいう政党内閣時代はその大部分にあたる。同書によれば、この第二期の衛生行政の特色は、つぎの三つの新しい分野への発展である。[9]

第一、資本主義経済の発展にともない、社会問題の解決方法として社会立法があいついだ。一九一六年（大正五年）に工場法が施行され、一七年（大正六年）の軍事救護法、二二年（大正一一年）の健康保険法、二九年（昭和四年）の救護法、三一年（昭和六年）の労働者災害救助法、三七年（昭和一二年）の母子保護法などが制定されている。これらの社会立法の大部分については、本章6節で論じた。

第二、各種の慢性疾患予防法規がつぎつぎに制定され、公衆衛生行政が急性伝染病を対象にした防疫から、慢性疾患を対象にした予防に重点を移していった。法規の主要例はつぎのとおりである。一九一九年（大正八年）の精神病院法、結核予防法、トラホーム予防法、二七年（昭和二年）の花柳病予防法、三一年（昭和六年）の寄生虫予防法のそれぞれ制定と同年の癩予防法の大改正。以上によって、慢性疾患の予防衛生のための法的基礎はおおむね確立された。これらから、のちに結核予防法をややくわしくみたい。

第三、国民の体位向上についての関心がたかまり、積極的衛生行政と呼ばれる分野が次第に開拓されていった。

表 5-13　全結核の死亡数と死亡率
（人口 10 万対）

	死亡数	死亡率
1918/T7	140,747	257.1
1919/T8	132,565	240.9
1920/T9	125,165	223.7
1921/T10	120,719	213.0
1922/T11	125,506	218.7
1923/T12	118,216	203.4
1924/T13	114,229	194.0
1925/T14	115,956	194.1
1926/S1	113,045	186.1
1927/S2	119,439	193.7
1928/S3	119,632	191.1
1929/S4	123,490	194.6
1930/S5	119,635	185.6
1931/S6	121,875	186.2
1932/S7	119,196	179.4
1933/S8	126,703	187.9
1934/S9	131,525	192.5

資料出所：『医制百年史（資料編）』p. 529.

そこには、母子衛生行政、栄養行政、体育行政、国立公園行政などがふくまれていた。一九二〇年（大正九年）の国立栄養研究所の設置、二四年（大正一三年）の明治神宮外苑競技場の完成、第一回明治神宮競技大会、三一年（昭和六年）の国立公園法の制定・施行などは、この分野のトピックスである。

　結核予防法の主要な規定はつぎのとおりである。(1)結核菌で汚染した家屋、物件には消毒その他の予防法をおこなうこと、(2)旅館、理髪店の従業者など結核を伝染させるおそれがある職業に従事する者にたいしては健康診断をおこない、結核患者にたいしては従業を禁止すること、(3)学校、病院、製造所などの公衆施設に痰壺の配置その他予防に必要な施設を置くこと、(4)人口五万以上の市またはとくに必要と認める地方公共団体にたいし結核療養所の設置を命じること、(5)結核を伝染させるおそれがある患者で療養の途がない者を療養所に入所させること、(6)地方公共団体および公益法人の結核療養所にたいして国庫が補助をすること、(7)従業禁止または命令入所によって生活することができない者にたいしてその生活費を補給すること[10]。

　すでに政府は、一九一四年（大正三年）に「肺結核療養所ノ設置及国庫補助ニ関スル法律」などを制定し、翌年、東京、大阪、神戸の三市に結核療養所の設置を命じていた。また、この法律は人口三〇万以上の市に結核療養所を設置させることやそれらへの国庫補助を規定していた。これらは前章で紹介したとおりである。これにたいして、一九年（大正八年）の結核予防法の規定は文言上は結核対策の充実を示していた。たとえば、結核療養所は人口三〇万以上の市に設置を命じることが人口五万以上の市に設置を命じることに変わっている。そうして、実際にも一九三二年（昭和七年）のばあいでいうと、全国の結核病院数は六九、結核病床数は五六七七におよんでいた[11]。

しかし、主要死因別死亡者数と死亡率の全結核の部分のデータをみれば、政党内閣時代をつうじて、結核対策が実際の効果をあげたとはいいがたい。毎年の結核による死亡者数は一四万人台から一一万人台のあいだで、しいていえば、大正期には減少傾向が認められるが、昭和期に入ってからは横這いがつづき、つぎの軍部独裁時代に入ると増加傾向に転じるのである（表5-13）。『医制百年史』は、第二期に入って「慢性疾患予防衛生の基礎は概ね樹立された[12]」というが、それはいいすぎであろう。私は、さきにそれを「慢性疾患の予防衛生のための法的基礎はおおむね確立された」といいかえておいた。予防の法的基礎はつくられたが、それによって予防の現実的効果があがるところには到っていないのに留意したためである。

（1）厚生省医務局『医制百年史・資料編』ぎょうせい、一九七六年、五一七、五二一、五二五ページ。
（2）同右、五二八―五三一ページ。
（3）アルフレッド・W・クロスビー、西村秀一訳『史上最悪のインフルエンザ――忘れられたパンデミック』みすず書房、二〇〇四年、二五六、三五七―三六一ページ。
（4）内務省衛生局『流行性感冒』一九二二年、八五ページ。
（5）『史上最悪のインフルエンザ』二五〇ページ。
（6）『流行性感冒』九三ページ。
（7）同右、一一〇―一一一ページ。

（8）同右、一二八ページ。
（9）厚生省医務局『医制百年史・記述編』ぎょうせい、一九七六年、一七九―一八〇ページ。
（10）『医制百年史・資料編』二七八―二八〇ページ。
（11）同右、五六七、五六九ページ。
（12）『医制百年史・記述編』一八〇ページ。

11　内務官僚の採用と昇進

内務省における事務官僚の幹部要員は、一般に大学卒業後一斉に採用され、その勤務庁が決定される。大学を卒業していない例外がいることにはさきにふれた。勤務庁は本省か地方庁である。その官名は事務系統で属、警察系統で警部である。これについても例外と歴史的変化があるが、それは他書にゆずる。前述の属と警部の通称を「見習」といっていた。大蔵省では、この言葉のかわりに「学士」がつかわれていた。見習が担当する事務は地方庁と本省でいくらか違った。地方庁では属は地方課に配属され、市町村監督事務を分担したが、とくに法律的知識を必要とする仕事をあてがわれた。警部は警務課や保安課に配属された。本省では属は主として調査、企画などの事務を担当したが、日常業務を担当させられる者もあった(1)。

狭義の官吏は判任官と高等官にわけられる。高等官の最高位は親任官であり、そのほかの高等官は一等から九等までにわかれ、一・二等が勅任官、三等以下が奏任官である。親任官と勅任官をあわせて、勅任官（広義）と呼ぶこともある。内務省の見習は判任官である。これが高等官に昇任するとき、明治後期からすべて地方庁勤務に出ることになった。地方官の奏任官となった内務官僚は地方事務官、地方警視などである。その職位はふつう府県庁の課長であるが、例外的に郡長や警察署長になる者もあった。地方事務官、地方警視は数府県を転勤するのがふつうで、その間に本省の事務官にもどって、また地方に出る者もおり、地方庁に一回勤務しただけで本省にもどる例もあった。地方事務官、地方警視、事務官、警視は、つぎに書記官に昇進する。書記官は本省の課長、地方庁の部長である。地方事務官などから書記官に昇進するまでの期間は時代と個人によって異なるが、大正期半ば以降は一〇年前後かかるのがふつうであった。書記官も数カ所転勤するのが一般的であった。なお、書記官まで昇進できずに終る例もまれにはあった(2)。

書記官までが奏任官である。奏任官の上位に勅任官がくる。内務省では、本省の局長と部長、地方官の知事が勅任官である。ほかに例外として、本省の警保局保安課長、のちには警視庁警務部長、大阪府警察局長、北海道庁の内務部長と土木部長も勅任官とされた。高等文官試験をとおって内務省に入った者のうち勅任官になることができる者は、採用年次によって異なるが、昭和初期くらいまでは半数を超えていた(3)。

公式の発言や文書にはあらわれない事柄であるが、多くの内務官僚の切実な関心事として出世の問題がある。そのひとつのめやすとして、高文合格者として内務省に入った以上、勅任官までには昇進したいという一般的願望があったようである。木村忠二郎氏は、一九三〇年（昭和五年）内務省入省、戦後は厚生省で社会局長、引揚援護庁長官、事務次官を歴任した人物であるが、日本社会事業大学学長時代、筆者が私的談話のなかで内務省に入った動機をたずねたさい「知事になりたかったからですよ」と率直に答えられた。わかりきったことを訊くものだという口調が印象に残った。つづく談話のなかで、仲間もみな同じだったといわれた。この個人的記憶をおもいあわせると、『内務省史』第一巻に示唆的な統計表がある。高文に合格して内務省に採用された者のうち勅任官に昇進した者の数を示す表である。原表は実数のみを記すが、私が百分率を計算して並記してみた（表5-14）。

採用年次のうち政党内閣時代に属するものは、一九二五年（大正一四年）と二七年（昭和二年）、三〇年（昭和五年）である。二五年のばあい、五二名が内務省に採用されているが、最後まで内務省につとめた者は三三名、六三・五%とおもいがけず少ない。そのなかで勅任官に昇進した者は二一名、四〇・四%である。ただし、この年次では途中で他省に転出した者が七名、一三・五%おり、その全員が勅任官に昇進しているので、最初に内務省に採

表 5-14　内務省の採用総数とその昇進の状況

採用年次		1909/M42	1917/T6	1925/T14	1927/S2	1930/S5	1933/S8
採用総数		47	38	52	53	64	60
		100.0%	100.0%	100.0%	100.0%	100.0%	100.0%
最後まで内務省につとめた人	総　数	33	26	33	45	44	38
		70.2%	68.4%	63.5%	84.9%	68.8%	63.3%
	うち勅任になった人	30	15	21	21	12	12
		63.8%	39.5%	40.4%	39.6%	18.8%	20.0%
途中，他省に転出した人	総　数	3	6	7	8	17	20
		6.4%	15.8%	13.5%	15.1%	26.6%	33.3%
	うち勅任になった人	3	5	7	6	9	13
		6.4%	13.2%	13.5%	11.3%	14.1%	21.7%
	死亡した人	—	1	—	1	7	5
		—	2.6%	—	1.9%	10.9%	8.3%
不　明		11	6	12	—	3	2
		23.4%	15.8%	23.1%	—	4.7%	3.3%

資料出所：『内務省史』第1巻，p.635.

用された者のうちでは五三・九％が勅任官になったことになる。

つぎの二七年のばあい、最初に五三名が採用されて、最後まで内務省につとめた者は四五名、八四・九％、そのなかで勅任官に昇進した者は二一名、三九・六％、である。最後まで内務省につとめた者にかぎっていえば、半数以下しか勅任官になっていない。これにたいして、途中で他省に転出した者は八名、一五・一％、その大部分の六名、一一・三％が勅任官になっている。前後の年次をみても、最後まで内務省にいるより、途中で他省に転出したほうが、勅任官になることができる確率が高くなる。これは裏返してみると、内務省の勅任官は他省のそれよりも心理的価値が大きいということであろう。いずれにせよ、この年次に最初に内務省に採用された者のうちで五〇・九％が勅任官になっている。

三〇年のばあい、最初に六四名が採用され、そのうちで最後まで内務省につとめた者が四四名、六八・八％、勅任官に昇進した者は一二名、一八・八％、これは前例がない低率である。途中で他省に転出した者が一七名、二六・六％、そのなかで勅任官に昇進した者は九名一四・一％、最初に採用された全数のうちでも三二・九％が勅任官になったにとどまり、これまた前例がない低率である。この主要な理由は、三〇年に採用された官僚たちが勅任官に昇進するころに敗戦、パージ、内務省解体という出来事がかさなったからであろうと推測されている。なお、三三年（昭和八年）の採用者のばあい、戦後の官僚制度におけるいわゆる一級官を勅任官とみなして、表がつくられているとのことである。

また、さきの表をみるさいに、このころの内務官僚の官歴では内務省にいる期間およびばあいによっては転出先の厚生省などの他省にいる期間があわせて二〇年前後から二五年ていどであったということを知っておいたほうが便利であろう。

以上は内務官僚の昇進の概況であるが、関連する四つのトピックスをとりあげて、紹介しておきたい。

(1)　成績本位か人物本位か。

内務官僚の採用においては、大学時代や高文試験における成績順位と面接試験による人物評価のどちらが重視されたか。これは時代によって、また担当者によって異なっていたらしい。古い時代には成績が重視されていたという証言が多い。後藤文夫は一九〇八年（明治四一年）に東京帝国大学法科大学政治学科を卒業して内務省に入っているが「大学の成績の順序で役所は採用しました。大学の成績が非常に強くものを言いました」と語っている。(4)これにたいして、挾間茂は、一九三二年（昭和七年）から内務大臣官房人事課長をつとめた人物であるが、採用の基準についてつぎのように語っている。「むろん成績が一つの標準です。学校の成績と、文官試験の成績」。また、地方庁では夜を日についで働くので、「健康ということを第二に考えた」。「第三には、これは非常に難しいのですが、性格と、（中略）内政行政という広い範囲の、いわば行政中の行政というようなものを担当するのに、この人はどうであろうかということを基準として考えました(5)」。

(2)　地方局向きか警保局向きか。

すでに初代の特高部長として名前が出ている安倍源基は、その後、保安課長、警保局長、警視総監などを歴任し、敗戦時には内務大臣であった。その権力主義的政治家振りはのちにもふれるつもりだが、内務官僚の昇進については、つぎのようなそれなりに説得力がある見方を示している。二点にわけて紹介する。①本省で課長、地方庁で部長ていどになると、その後の昇進の相場がつく。知事までゆくか、あるいは部長止まりか（前後関係からかんがえて、この部長は、本省の部長ではなく、地方庁の部長であろう）。この昇進の相場を、安倍は資格といいかえ、「人を統御する力」とか「決断力や実行力」ともいいかえている。②内務省では警保局と地方局に人材が集まった。概していえば、それらの一方に入ると、その後はそこでずっと育ってゆくことが多い。そうして「警保局育ちと地方局育ちでは、（中略）肌合いが多少違う」。「地方局のほうは、やはり本当の秀才でないと勤まらないのではないですか。法律を作ったりするのは、頭が緻密で（中略）本当の秀才でないと。警保局は必ずしも秀才でなくても、大局を見てやれば勤まる」。これにたいして、聞き手たちのひとり、石田雄が「逆に、警保局は秀才というだけでは勤まらない」とまぜ返すと、安倍は「まあ、そうですね」と応じて、そこがいいたかったという風情で、聞き手たちを笑わせていた。(6)

(3)　専門性志向か政治性志向か。

田中広太郎は一九一三年（大正二年）東京帝国大学法科大学政治学科卒業、内務省に入った。すぐに東京府などに出たが、一七年（大正六年）本省地方局に事務官として戻った。そのころ、神社局長をしていた塚本清治が田中に忠告していった。「どうも内務省に入った人は出世主義で（中略）、行政官になってさかんに腕をふるいたいと思っているがどうかあなたは一切そういうことをやめて（中略）、なんでもいいから勉強してくれ」。田中はこの忠告にしたがい、地方財政の研究に打ちこんだ。かれは内務官僚のままで地方財政学者として認められ、京都帝国大学などで地方財政学を講義した。その学風は正統派の実学に徹し、二二年（大正一一年）の戸数割規則はかれが立案している。地方財政論議で内務省と大蔵省が拮抗するとき、かれは内務省側のエース的存在であった。浜口雄幸は田中の学識を評価して、かれを国宝的存在とまでいったことがある。(7)

田中自身もそれまでの内務官僚には政治家タイプが多く学者タイプが少なかったといっている。しかし、このころから後者のタイプが次第に増えていった。きっかけのひとつは、後藤新平が寺内内閣の内務大臣となり、若手内務官僚の海外留学の制度を一九一七年（大正六年）に創始したことである。かれらはそれぞれに研究テーマを選んで一年ばあいによってはそれ以上欧米で研修した。すでに名前が出ている人びとからひろえば、後藤文夫、田子、堀切、前田などは、いずれもこの留学組である。(8)田中自身も二三年（大正一二年）から翌年にかけてイギリス、ドイツなどに留学している。ただし二点を付言しておきたい。(1)以上の説明のしかたは、地方局、警保局に視野を限定してのものである。衛生局、土木局には留学経験をもつ学者タイプが早くから存在していた。(2)一九二二年（大正一一年）の外局としての社会局の設置は、農商務省から清水玄、北岡寿逸などの学者タイプの事務官を内務省に迎え入れさせることになった。この節の冒頭の記述とかかわらせていえば、清水は内務官僚のうちでただひとり、地方庁に出ずに課長、局長と昇進したレコード・ホールダーである(9)（局長への昇進では、厚生省設置と同時に、同省保険院社会保険局長として移った）。かれは、のちには知事になることを断ったというエピソードをもっている。(10)

(4)　内務官僚人事への政党の介入。

土屋正三は一九一七年（大正六年）東京帝国大学法科大学法律学科卒業、内務省に入ってすぐ兵庫県に出て、二三年（大正一二年）警保局に事務官として戻っている。二七年（昭和二年）五月から警保局図書課長、それにひきつづき二九年四月から同局警務課長をつとめた。前者は政友会内閣、田中義一首相、鈴木喜三郎内相、山岡万之助警保局長のもとにおいてであり、後者は憲政会内閣、浜口雄幸首相、安達謙蔵内相、大塚惟精警保局長のもとにおいてである。土屋はこの経験についてつぎのように語っている。当時、内閣が反対党内閣に交代すると、警保局長と同局の全課長が替えられるのがふつうであった。「地方官なり内務省の役人なりが政党的に動かされた事実のあったことは否定できない」。自分ひとりが残され、しかも図書課長より警務課長は上位にあるのだから栄転の形式をとった理由はわからない。「公平な人事をするのだという見本みたい」なものだったのか[11]。

内務官僚の真面目な人は、政党が自分たちの人事に介入することをネセシティ・エビル（必要悪）とかんがえていた。前出の二つの内閣で潮恵之輔が内務次官をつとめたが、潮のような政治の「色がつかない」官僚が多く、かつ「本流」であった。このあたり、土屋の言分はやや綺麗事に傾いている。地位や昇進を求めて政党を利用しようとする内務官僚は少なくなかった。しかし、この談話のなかでのかれのつぎの辛辣な発言は引用しておく価値がある。「だから地方官でも、政治的の色のついた人はわれわれからみては、『政治的に色がついたからあの人は持ったので、そうでなければ途中で消えただろう。』というような人が多いですね[12]」。

（1）『内務省史』第一巻、六三一ページ。
（2）同右、六三二―六三四ページ。
（3）同右、六三四ページ。
（4）内政史研究会『内政史研究資料第四集、昭和三八年七月一一日、後藤文夫氏談話第一回速記録』九ページ。

（5）「元次官・人事課長座談会」での狭間茂の発言、大霞会『大霞』一九六七年一〇月号、四ページ。
（6）内政史研究会『内政史研究資料第四八、四九、五〇、五一集、昭和四二年九月二八日、一〇月一二日、一〇月二三日、一一月一四日、安倍源基氏談話速記録』一〇〇、一〇七ページ。
（7）内政史研究会『内政史研究資料第五集、昭和三八年七月一三日、田中広太郎氏談話第一回速記録』一〇―一一、一四、一八ページ。
（8）『内務省史』第一巻、三二五ページ。
（9）清水玄「墨滴」『清水玄さん』三二七ページ。
（10）荒山隆「社会保険ひとすじのパイオニア」同右、一五ページ。
（11）内政史研究会『内政史研究資料第五九、六〇集、昭和四二年一二月五日、一九日、土屋正三氏談話速記録』六七―六八ページ。
（12）同右、八一―八二ページ。

第六章　内務省の凋落

1932.5.26–1945.9.2

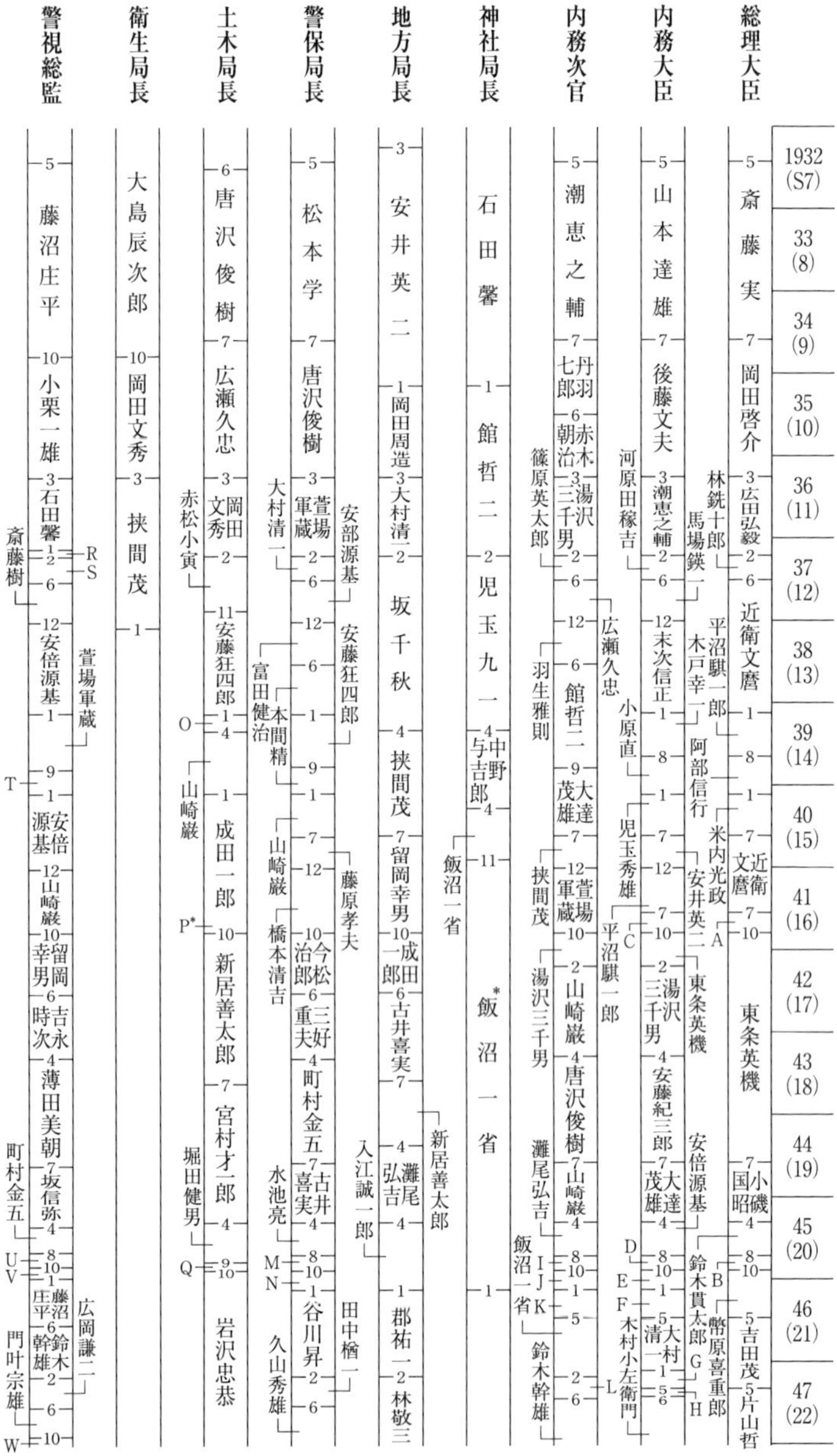

A：近衛文麿　B：東久邇稔彦王　C：田辺治通　D：山崎巌　E：堀切善次郎　F：三土忠造　G：植原悦二郎　H：片山哲
I：古井喜実　J：坂千秋　K：大村清一　L：斎藤昇　＊神祇院副総裁　M：橋本政実　N：小泉梧郎　O：挟間茂
P*：成田一郎，以下国土局長　Q：小泉梧郎，坂千秋　R：早川三郎　S：横山助成　T：池田清　U：坂信弥　V：高野源進
W：斎藤昇
一部に兼任，代理，事務取扱などをふくむ。

図 6-1　軍部独裁時代，および解体期の総理大臣，内務大臣，内務次官，内務省主要局長など

1　政治史素描

内務省の社会史の第五番目の時期を内務省の凋落期と呼ぶことにしたい。その時期の始点は一九三二年（昭和七年）五月二六日、終点は一九四五年（昭和二〇年）九月二日である。前者は犬養毅が暗殺されて、そのあとをついだ臨時代理の高橋是清の任期が終った日であり、後者は太平洋戦争の降伏文書調印日である。その間の政権の性格から時代を特徴づけるとすれば、それは軍部独裁時代である。この時代において、内務省の組織的行為の基本的性格は軍部が強行する侵略戦争への協力であった。たとえば、治安維持法政策や国家神道政策。もちろん、厚生省の分立が代表するような国民生活の安定のための貢献もあったが、それらは副次的性格のものであった。そうして、総じていえば、政府の一部門としての内務省の影響力はいちじるしく低下した。「役所のなかの役所」という異名はもはや通用するべくもなかった。

例によって、この時代の政治史を主要な行為者をあげつつ、素描しておこう。

第一、日本にとっての国際環境を構成する国際連盟と諸外国。この時代に入る前後に国際連盟は満州にリットン調査団を送りこみ、その報告にもとづき、三三年二月に日本軍の満州からの撤退勧告案を可決していた。日本はこれにたいして翌三月に国際連盟を脱退して応じた。それにひきつづき、日本は、三四年一二月、ワシントン条約の廃棄通告、三六年一月、ロンドン会議脱退通告などによって軍縮の協定から離脱し、アメリカ、イギリスとの対立を深めた。また、日本はまえの時代にひきつづき、中国への軍事侵略をつづけ、ついに三七年七月から日中戦争がはじまり、これはただちに全面戦争となった。アメリカは、日本のこの侵略を容認せず、中国を援助し、四一年四月からはじまった日米交渉では、日本軍の中国からの撤兵を要求した。日本はこの要求を拒否した。これが根本的原因となって、日本は一九四一年一二月、アメリカ、イギリス、オランダに宣戦して、太平洋戦争に突入した。

それにさきだち、日本は、四〇年九月にドイツ、イタリーと三国同盟を結び、アメリカを仮想敵とした全体主義国家の連合をめざしていた。また、翌四一年四月には日ソ中立条約を締結して、ソ連の軍事的脅威を封じこんだつもりでいた。日本の国家的自意識では、アメリカ、イギリス、中国、オランダから包囲されており（当時はそれをＡＢＣＤ包囲網といった）[1]、その包囲に対抗する手段として、前記の同盟や条約はかんがえられていた。しかし、太平洋戦争では、日本軍は最初の半年ほど勝利をつづけてえたものの、あとは敗北がかさなり、四四年一一月からはアメリカ空軍による東京空襲がはじまり、日本の主要都市のほとんどは焼土と化した。翌四五年二月のヤルタ会談でソ連はドイツ降伏後の対日参戦を決定、四月に日ソ中立条約を破棄した。七月にはアメリカ、イギリス、中国の首脳が日本の無条件降伏を要求するポツダム宣言を発表し、のちにこれにソ連の首脳も参加した。八月に広島市、長崎市に原子爆弾が投下され、ソ連が対日参戦して、日本はポツダム宣言を受諾し、無条件降伏した。

第二、軍部。日本は中国への軍事侵略に固執して、アメリカと対立し、太平洋戦争をはじめて、敗戦・亡国にいたった。この間、日本の政治をうごかした諸勢力のうちでもっとも強力であったのは、軍部である。軍部は独裁権力をふるったが、その組織の核心は陸軍の参謀本部であった。統帥権の独立という軍事思想がこのシステムを支えていたことはすでに述べた。参謀本部の中堅クラスの参謀たちは主として佐官級の将校であるが、軍部の戦略を実質的に決定して、上級の将軍たちの指令をうけいれなかった。これは下剋上の傾向とか幕僚政治とかいわれた。

統帥権の独立と下剋上の傾向によって、参謀本部の中堅クラスの参謀たちが、日本を亡国への自爆戦争に駆りたてていった。近代の総力戦は国力を外交、内政、経済、文化、社会、軍事などの各方面にわたって見きわめつつ、計画、指導されねばならない。満州事変、日中戦争、太平洋戦争はまさに総力戦であったが、それを狭い軍事の領域の専門家である軍人たちが指導したところに無理があった。[2] その結果、満州国建国は日本を国際的に孤立させ、日中戦争は泥沼化して収拾のめどがたたず、太平洋戦争ははじめると半年で敗色を濃厚にしていったのである。また、陸軍には、陸軍省、参謀本部とは別に、相対的に独立性がつよい組織として出先の軍と呼ばれる存在があった。たとえば、中国に駐留している部隊が陸軍省や参謀本部による組織的コントロールをうけいれず、独自の判断で軍事行動をおこしてしまい、それが国家全体の政策を左右した。そこに参謀の一部の個人的判断が入っているばあいもあった。盧溝橋事件、ノモンハン事件などはその実例である。なお、陸軍の陸軍省と参謀本部にあたるものが、海軍では海軍省と軍令部である。参謀本部と軍令部をあわせて統帥部ともいった。

政党内閣時代、政党政治の腐敗ははなはだしかった。軍部の中堅将校たちの政党政治への不信は深く、その帰結のひとつとして五・一五事件がおこったところまでは、すでに述べた。これ以後、軍部勢力が急速に台頭するが、その有力派閥として皇道派と統制派があった。皇道派は隊付尉官級将校を中心とした急進派で、神がかり的な国体思想を奉じ、二・二六事件で軍部独裁政権を樹立しようとしたが失敗した。この派は荒木貞夫、真崎甚三郎などをかついだ。統制派は陸軍省などの佐官級将校を主力とし、軍部と官僚、財閥が結合する戦時体制を構想し、二・二六事件以後、軍部と政治の指導権をにぎった。この派を代表するのが、東条英機、永田鉄山、武藤章などである。[3]

第三、政府。政府を統轄する内閣でいうと、この時代に一三代の内閣が登場した。それらは短命のものが多かったが、比較的長期にわたったのは、約二年九カ月の東条内閣、約二年三カ月の第一次から第三次の近衛内閣、約二年一カ月の斎藤内閣である。なかでも近衛内閣と東条内閣の期間にこの時代の政治の核心的出来事が集中している。

近衛内閣のばあい、第一次で日中戦争の開戦とそれを泥沼化させた有力な契機のひとつ、国民政府を相手にせずという近衛声明があった。また、第二次では三国同盟と日本軍北部仏印進駐があり、これらにアメリカは烈しく反発し、後者にたいしては対日石油輸出を全面的に停止することをふくむ報復措置をとった。日本軍の中国からの撤兵を要求する日米交渉もそれにわずかに先立ってはじまっていた。第三次では、近衛首相はその要求をいれて日米戦争を回避することを主張し、東条陸相はその要求を拒んで日米戦争に突入することを主張して、せめぎあった。内政では、第一次で国家総動員法の公布があり、第二次で大政翼賛会の結成があった。

前出の近衛と東条のせめぎあいの経過を詳述することは、かれらの伝記にゆずる。(4) ただし、東条がくり返しあげた撤兵を拒否する理由は紹介しておきたい。撤兵は日本軍の威信を損う、日本軍の士気を低下させる、(5) 中国の対日侮蔑をひどくする、満州や朝鮮を植民地として維持することを困難にする。撤兵をめぐってさらに日米交渉をつづけたいという首相や外相の意向については、それでは統帥部を説得できないと東条はいいはった。(6) かれは、つねに軍部の都合を語ったが、国民全体の福祉にふれることはなかった。この人物は国政の最高責任者となる資質を決定的に欠いていた。かれは近衛に日米戦争の開戦を迫って、「人間たまには清水の舞台から目をつぶって飛び降りることも必要だ」と口走ったこともあるという。(7) 小人物の向こう見ずの勇気とでもいうほかはない。

東条は近衛内閣を総辞職に追いこみ、後継内閣を組織し、太平洋戦争を開戦させた。その間のかれの手際は、規則・規律を重んじる小役人的手堅さを示して、それなりに筋が通って見事でもあった。ただかれには大局観のみがなかった。敗戦後、かれはA級戦犯のひとりとして極東国際軍事裁判をうけ、死刑に処せられた。巣鴨プリズンにいたころの口述筆記の感想文で、かれは、日本の軍事的敗北の二つの主要原因は統帥権の独立と統帥部の下剋上の傾向であったという認識を示すにいたっている。(8) ただし、かれ自身の権勢がそれらによって獲得、維持されてきたという反省はみられない。

第四、宮廷。この時期の政治史を特徴づける行為主体の動きのひとつは、宮廷と軍部のつよい結びつきである。その契機のひとつは一九三五年（昭和一〇年）二月に貴族院と衆議院においていずれも退役した将軍である議員が美濃部達吉の天皇機関説を批判したことであった。当時、美濃部は東京帝国大学法学部教授で貴族院議員、代表的憲法学者であり、その憲法学説は広く支持されていた。天皇機関説とは、日本において統治の主体は国家であり、天皇は国家の機関であるとする学説である。あわせて美濃部は、統帥権は国務大臣の責任がおよばないので、軍部独裁の危険性を避けるため、できるだけその範囲を限定するべきであるとも主張していた。これにたいして、陸軍の指導層やかれらを支持する右翼政治家たちは、わが国では天皇こそが統治の主体であるという天皇主権説を主張した。その根拠としては、天皇は神であるからという現人神説が採られた。天皇主権説は天皇が独裁することが正義であるという理念となり、統帥権の独立という軍事思想を媒介にして、軍部の独裁を正当化した。天皇機関説批判の渦中で美濃部の主著三冊は発禁処分を受け、かれは議員を辞職した(9)。

騒動の経過の紹介は他書にゆずる。ここでは、昭和天皇が、天皇機関説と天皇主権説の対立にたいして、いわば折衷主義の立場にたち、介入しなかったという事実に注目しておきたい。天皇は、すでに述べたように、立憲君主制の原則に反して、自らは政治や軍事において積極的に影響力を行使したい、行使するべきであるとかんがえていた。そのかぎりでは、かれは、天皇機関説を攻撃する人びとに同調的であった。しかし、かれは、天皇主権説が軍部独裁を正当化して、軍部や右翼が宮廷や内閣までを批判するようになり、かれのお気に入りの側近や閣僚を個人的に攻撃するのは許せなかった。また、かれは生物学者であったから、荒唐無稽な現人神説に同意することはできかねた。かれは側近の軍人に、自分は普通の人間と同じ構造の人体をもつのであり、神であるなどといわれるのは迷惑であるともいっている。こうして、天皇は、天皇機関説と天皇主権説のいずれか一方を支持する一貫した態度をとらなかった。[10] 天皇主権説、現人神説を盲信する一部の軍人たちは、二・二六事件で暴発する。天皇はかれらにたいしておおいに怒り、かれらをとりなそうとする陸相などを叱りつけ、かれらの討伐を命じた。[11] しかし、歴史の大きな流れのなかでは宮廷は軍部と一体化しつつ、太平洋戦争に突入していくことになった。その過程でかれは「大日本帝国憲法」体制下の君主であるよりは、「軍人勅諭」イデオロギーのもとでの大元帥となっていったのである。

第五、民衆。その勢力は選挙をつうじて議会における政党やその所属議員の勢力としてあらわれる。当時の主要政党は政友会、民政党、国民同盟、東方会、社会大衆党などであったが、各党とそれぞれの政党政治家のあいだに重苦しい無力感、閉塞感がよどんでいた。その根本的原因は、満州事変以来、政権が実質的に軍部ににぎられていたことにある。風見章は、第一次近衛内閣で書記官長、第二次近衛内閣で司法大臣をつとめた人物だが、当時の議員についてつぎのように描写している。「陸軍に対してはけしからんといって、強い反感をもっていた。といって、陸軍が政治に口出しするのを、矢おもてにたって、はねかえすほど意気地もなく、それどころか、むしろ、しばしば、おもねり迎合して、陸軍のきげんをとろうとする態度すら示さねばならぬほど、みじめな存在にまでおちこんでいた」。風見はこの証拠として、陸軍の一軍務課員が議会で議員に「黙れッ!」と怒鳴りつけた事件や、電力国家管理法案や総動員法案が政界、財界で反対がつよかったにもかかわらず、軍部が望んでいるという宣伝がおこなわれると議会を通過してしまったという事例をあげている。[12]

このような政治状況のなかで、近衛は、ただひとり、異常な高さの大衆的人気をもつ政治家であった。もう一度、風見の言葉を引用する。「当時、国民のあいだにおける近衛氏の人気は、すばらしいものがあった。すでに、時局の重圧に苦しんでいた国民は、時局を収拾してくれるものといえば、近衛氏のほかに人なしとして、同氏にだけ望みをつないでいるというありさまであった」[13]。側近の身びいきもはたらいていようが、ほかの資料によっても、ほぼ同様の判断がひきだされる。現在の近衛研究の結論は要約風にいえば、外見は時代のスター政治家、中味は指導力をしばしば欠いた凡庸な政治家である[14]。しかし、当時は本人も大衆もその外見を信じていた。

近衛は一九四〇年五、六月ころから新体制運動と名付けられた社会運動の推進を社会に訴えた。最初、かれはそれを既成政党のあいだに新しい政党を組織する新党運動として構想したらしい。これにたいして、すべての既成政党の政治家たちはその新党へ加入して窮状を打開することをめざし、新党の発足にさきだち、かれらの政党を解散してしまった。政界は無党状態となり混乱した。くわえて、四〇年七月には第二次近衛内閣が発足した。総理大臣が総裁になって、すべての政党を吸収した新党を形成することは、政党政治の常道に反している。近衛が呼びかけた新体制運動は、国民運動の形式をとらざるをえず、それは大政翼賛会と名付けられた[15]。

(1)　ロバート・J・C・ビュートー、木下秀夫訳『東条英機』上巻、時事通信社、一九六一年、二六七ページ。
(2)　同右、下巻、時事通信社、一九六一年、八ページ。
(3)　筒井清忠『昭和期日本の構造──その歴史社会学的考察』有斐閣、一九八四年、八四─九二ページ。生田惇『日本陸軍史』ニュートンプレス、一九九七年、一四〇─一四二ページ。
(4)　岡義武「近衛文麿」『岡義武著作集第五巻　山県有朋・近衛文麿』岩波書店、二〇〇一年、二六五─三〇二ページ。前出『東条英機』下巻、七─六四ページ。
(5)　『東条英機』下巻、二一、三〇ページ。
(6)　矢部貞治『近衛文麿』下巻、弘文堂、一九五二年、三八〇、三八四ページ。

（7）『東条英機』下巻、一三ページ。
（8）「東条英機の感慨」東条英機刊行会、上法快男編『東条英機』芙蓉書房、一九七四年、七四七ページ。
（9）ハーバート・ビックス、岡部牧夫ほか訳『昭和天皇』上、講談社、二〇〇二年、二五二―二五五ページ。
（10）同右、二五六―二五七ページ。
（11）同右、二六〇―二六六ページ。
（12）風見章『近衛内閣』中公文庫、一九八二年、一三九―一四〇ページ。
（13）同右、二〇四―二〇五ページ。
（14）たとえば「近衛文麿」二二四ページで指導力の乏しさ、二四二ページで自信の乏しさ、熱意の不足が指摘されている。
（15）『近衛内閣』一八九―二一六ページ。

2　後藤文夫

軍部独裁時代から敗戦後、内務省が解体されるにいたるまでの歴代内閣の総理大臣と内務大臣、内務省の次官と主要局長の氏名は、図6-1のとおりである。内務大臣は、登場順で、山本達雄、後藤文夫、潮恵之輔、河原田稼吉、馬場鍈一、末次信正、木戸幸一、小原直、児玉秀雄、安井英二、平沼騏一郎、田辺治道、東条英機（首相の兼任）、湯沢三千男、安藤紀三郎、大達茂雄、安倍源基、山崎巌、ここまでが軍部独裁時代で計一八人である。以下は敗戦後で、堀切善次郎、三土忠造、大村清一、植原悦二郎、片山哲（首相の兼任）、木村小左衛門の計六人である。敗戦前の一八人は、任期の平均が九カ月弱であった。政党政治時代は一一・七カ月、桂園時代は一二・九カ月であったから、内務大臣の任期が後代になるほど短くなってきているといえる。軍部独裁時代は、政治が不安定で短命な政権が多かった。内務大臣の任期の平均が短いのは、そのひとつの反映とみられる。

それでも軍部独裁時代の一七人の内務大臣を任期の長さの順番で並べると、山本達雄二年二カ月、後藤文夫一年八カ月、安藤喜三郎一年三カ月、湯沢三千男一年二カ月、末次信正一年一カ月などが上位にくる。このうちから代表的内務大臣をえらぶとすると、だれになるか。山本は日本銀行総裁、大蔵大臣、農商務大臣を歴任してきた人物で、五人のなかでは政治家としてもっとも大物である。しかし、この時代の最初に内相をつとめており、その治績は恐慌対策中心で、前の時代の内政の色調が濃厚である。[1] 山本の存在は、この時代の代表的内相のイメージからずれていると感じられる。後藤は、ここまでの叙述でも再三登場しており、早くから内務省の学士官僚の花形のひとりで、さきに農商務大臣をつとめた。かれは、二・二六事件当時の内相で、岡田首相が殺害されたという誤報が流れたときには、臨時首相代理をつとめた。かれは、その地位にあって、事件処理のために軍部と接衝しており、そのかぎりでは、この時代の内相にふさわしい経歴をもっている。(2)安藤、末次は軍人で、軍部独裁時代であったから、内相になれたというだけの存在である。湯沢は、やはり内務省の学士官僚で、有能な行政官であったらしいが、東条内閣の内相では、翼賛選挙以外に仕事らしい仕事をする機会がなかった。(3)

そこで後藤をこの時代の代表的内務大臣として論じることにする。もちろん、前章で政党内閣時代の代表的内務大臣として若槻礼次郎を論じたおりの最初の感想、大久保、山県、原に比較すればスケールが小さいという想いはいっそうつよい。国家が興隆してゆく時代の代表的政治家は大きく、亡国にむかう時代の代表的政治家は小さい。この器量の大小は実感として確かに存在するのだが、それを社会学のタームで説明するのは、はなはだしく困難である。

後藤が、自らの内務大臣としての全業績を鳥瞰的に語った資料としては『内務省外史』に収められた「内務大臣は語る」という座談会での発言がある。それによると、かれの内相時代の大きな事件は、おきた順番で、(1)時局匡救事業、(2)室戸台風、(3)一一月事件、(4)天皇機関説問題、(5)二・二六事件であった。(4)時局匡救事業については、後続の節でややくわしく論じる。ここでは、後藤が二・二六事件にさいして、どのように行動したか、なにを観察したかをみておくことにする。

二・二六事件は、一九三六年二月二六日に皇道派の青年将校たちが一四〇〇余の兵士をひきいて総理大臣以下の要人六人を襲撃し、三人を殺害、一人に重傷を負わせ、陸軍省、参謀本部、陸相官邸などを占拠し、軍事政権の樹立をはかった事件である。内務省関連の被害では、警視庁が占拠されてその機能が一時的・部分的に麻痺し、要人警護の警察官五人が応戦・殉職した。後藤内相、一木喜徳郎、伊沢多喜男などは第二次襲撃目標にさいしょ入っていたが、青年将校たちの思想的指導者・北一輝が、かれらは殺す必要がないと将校たちに注意して、襲撃をまぬかれたといわれている(5)。

事件は大雪が止んだ二六日の未明におこった。座談会の談話では、後藤は、当日、宮中につめて、天皇に何度となく拝謁し、状況を報告したり、決定に裁可をうけたりしていた。反乱軍は早々に岡田首相を殺害したと発表し、閣僚たちはそれが事実であるという前提で行動していた。実際は、首相の義弟が身替わりになって撃たれ、首相は助かって官邸にかくれており、その連絡は数時間後に後藤のもとに届いた。しかし、かれはその事実をほかの閣僚にも話さなかった。もし、それが反乱軍にもれれば、反乱軍は首相の殺害にふたたび動くであろうからである。後藤は総理大臣代理となり、首相が安全な場所に避難して、やがて参内してくるのを待った(6)。その間、かれは、閣僚の辞表をまとめて天皇に奉呈したが、天皇はまず暴徒を鎮圧せよ、それまでは閣僚として働けと命じた。このあたり、談話のせいもあり、のちにあきらかにするように、後藤が故意にぼかして喋っているらしいせいもあって、事柄の時間的前後関係がはっきりしないばあいがしばしばあり、それは筆者が多少強引に整理してかいている。

二六日から二八日にかけての軍部、宮廷、内務省の主だった動きはつぎのとおりである。陸軍の首脳の一部では反乱軍への同調がみられた。初期の文書で反乱軍を「出動部隊」という中立的表現で呼んだのはその一例である。ただし、参謀本部は最初から討伐で一貫していた。天皇は反乱軍にたいして非常に怒っており、武力による制圧を主張し、それをためらう陸軍の首脳にたいしては、自らが近衛師団をひきいて討伐にゆこうとまでいったという逸話はひろく知られている。陸軍にはこの機会に戒厳令を布こうという動きがあった。それによって、治安をふくめた内政の権限を軍部が把握しようという意図があるとおもわれた。後藤は戒厳令につよく反対し、それを阻止した。軍部がやるべきことは反乱軍の鎮圧のみであると、かれは主張した。また、陸軍は、岡田首相が死亡したという誤報を信じて、早く後継内閣をつくれという策動もした。反乱軍の圧力を利用して、皇道派の将軍を首班とする内閣をつくろうというのである。後藤はそれにもつよく反対した。[7]結局、軍部はこれらの野心をはたせず、反乱軍の将校たちは、二八日、下士官、兵士を原隊に復帰させ、二九日、憲兵隊に拘置された。

組織レヴェルでみれば、軍部、宮廷、内務省の動きはおおよそのところ以上のようであったが、二六日の後藤個人の行動については、早くから内務官僚たちのあいだに異説があったらしい。前出の座談会より二年あまり早く、一九七四年から七五年にかけて、「後藤文夫氏、思い出を語る」という談話記録が、大霞会の機関誌『大霞』に三回にわけて分載された。その三回目で、後藤は二六日朝のかれの行動をつぎのように語っている。

後藤は私邸で反乱軍が決起したという連絡をうけた。そのままいると、かれ自身も拘束されるかとおもって、近所の友人の家にゆき、そこから電話をかけようとした。「警視庁との連絡は、なかなかつきませんでした。警視庁は、もう包囲されてしまっていましたからね。（中略）しかし、そういった状況は、警察からの電話が、私の方にはかかってこなかったものですから……。ところが、内務大臣官舎からは、官舎に今兵隊がきましたということが、私の方へ連絡がありました。それで私は、とにかく、すぐに中央（宮城のことか）へ出て行こうと思いましたが、どの道が行けるかということを警視庁の方へ連絡したいと思ったのですが、連絡はまったくないのですね。（中略）それで、広瀬土木局長のところへ電話をかけてみますと、車があるというものですから、その車をよこして貰って、それで参内したのでした[8]」。

安倍源基は、事件当時、警視庁特高部長であり、敗戦時に内務大臣をつとめた人物であるが、一九七七年一〇月刊行の著書『昭和動乱の真相』で、右で後藤が語ったことを全面的に否定している。

まず、警視庁は反乱軍に占拠されていたが、その電話機能は活きており、電話交換手たちも平常どおりはたらいていた。電話を切られなかったのは、警視庁の岡崎英城警備隊長が反乱軍の責任者とうまく交渉した結果である[9]。したがって、安倍はそこまで書いていないが、後藤が警視庁に電話をかけたならば、連絡がついたはずであった。後藤はその電話をかけなかった。安倍はいう。

「(後藤の談話は) 事実と全く逆で、後藤内相の所在不明のため非常に困ったのは警視庁である。私としては二十六日午前五時過ぎ事件勃発を聞いた直後、内務省警保局の内藤図書課長に新聞記事差し止めのため連絡すると共に、後藤内相と赤木次官にも報告するようにたのんだ。ただ図書課長が大臣、次官に報告したかどうかについては、私は確認しなかった。警視庁の矢野官房主事が内相の私邸に電話したが、行方不明のため困ったことについては、前述の (中略) 項で述べておいた[10]」。

安倍は、これらはすべて警視庁側の言い分であるから、部外者の所見の一例をあげるといって、矢次一夫の著作『昭和動乱私史』の一節を引用している。

「私も、事件の推移を知ろうとして、臨時内務省や臨時警視庁が置かれていた神田錦町署を訪ねたりしたが、午後三時頃というのに、後藤内相の行方がわからぬ、ということで、総監以下地団駄踏んでいたのを覚えている[11]」。

以上に引用した人びとの文章とその前後の部分をつきあわせてかんがえてみると、後藤内相は内藤図書課長からの連絡をうけた。矢野官房主事の電話にたいしては、内相は在宅していたのだが、夫人が用心してかれは出かけたといった。後藤はそのまま外出して、夕方まで私邸とも官邸ともちがう場所にかくれていて、警視庁にも内務省にも連絡をいれず、おそらく夕方か夜になって宮中に入ったらしい。安倍はその真相を知っていたが、大先輩である後藤の名誉のためにかくしてきた。しかし、後藤が前述のような談話を出して、非が警視庁にあるようにいうのならば、警視庁の名誉のために真相を述べるほかないときの著作で明言している。[12] また、『内務省史』が「二・二六事件発生直後、後藤内相は小栗警視総監に対し非常警備命令を令達した[13]」と述べているのは、前出の後藤の談話とも、かれ自身が知るところとも矛盾しており、事実ではないともいっている。

私が知るかぎり、二・二六事件にさいしての後藤の行動に批判的に言及したもっとも早い例は、一九六三年一二月におこなわれた内政史研究会の聞きとりによる田中広太郎の談話である。そのなかで、田中は聞き手の研究者たちに、後藤に二・二六の話をさせろといい、その「やり方に卑怯な点」があったともいい、「一身（上）の弁明」をするかもしれないともいっている。これにたいして、研究者たちは、後藤の談話を聞くとき、二・二六にちょっとふれたが、「深くお話しにならなかった」と答え、田中は「ならないだろうと思うんだな」と応じていた。[14] 私は、その談話は後藤の二回目の談話で、そのあたりが原因となって、後藤の意向によって、その速記録が未刊におわったのかと想像してきた。

以下は推察である。安倍や田中の言い分から判断して、二・二六事件にさいしての後藤の行動にたいする批判は、事件当時から内務官僚たちの一部のあいだにあったのだろう。戦後、後藤は、内務官僚OBの組織、大霞会に会長として君臨する。同会は『内務省史』全四巻を一九七〇年に刊行した。七五年、後藤は九二歳である。その高齢をかんがえ、かれの長年にわたる側近たちは、かれに、二・二六事件当時の行動についての充分な弁明をおこなわせる最後の機会として「後藤文夫氏、思い出を語る」の三回目を企画した。しかし、それは発表されると、二年余ののち、七七年一〇月に刊行された安倍の著作によって、徹底的な反論をうけることになった。それにさきだって、後藤も側近たちもその反論の内容は知っていただろう。同年一一月に刊行された『内務省外史』の「内務大臣は語る」は、後藤と安倍を同席させて、後藤があらためて三六年二月二六日の説明をあいまいに語りなおして、安倍の批判を回避するという狙いがこめられていたのではなかろうか。

四〇年まえの事実をめぐって争う二人の元内務大臣の執念の深さには、ひとりの凡庸・小心の研究者はただただ感嘆するのみである。安倍はさきの著作の後藤批判をつぎのように結んでいる。

「私は後藤氏が故意に事実をまげて語られたとは思わない。九十歳を越した方であるから、記憶がうすれて思い違いをされておられるのであろうと思う」[15]。心にもないことを見事にいってのけた社交辞令の一例というべきか。

（1）山本達雄先生伝記編纂会『山本達雄』同会、一九五一年、四八七―五三三ページ。
（2）後藤文夫ほか「内務大臣は語る」大霞会『内務省外史』地方財務協会、一九七七年、六―二〇ページ。
（3）矢次一夫「東条と小磯と湯沢さん」山本憲一編『湯沢三千男さんの思い出』、「湯沢三千男さんの思い出」刊行会、一九六三年、二三八―二四二ページ。
（4）「内務大臣は語る」六ページ。
（5）安倍源基『昭和動乱の真相』、原書房、一九七八年、一九四ページ。
（6）「内務大臣は語る」一三―一六ページ。
（7）同右、一七―一八ページ。
（8）「後藤文夫氏、思い出を語る（その3）」大霞会編『大霞』第七〇号、一九七五年、四ページ。
（9）『昭和動乱の真相』一五三―一五四ページ。
（10）同右、二〇〇ページ。
（11）矢次一夫『昭和動乱私史』上巻、経済往来社、一九七一年、一六九ページ。
（12）『昭和動乱の真相』一九九―二〇〇ページ。
（13）『内務省史』第二巻、九〇六ページ。

（14） 内政史研究会『内政史研究資料第九集 田中広太郎氏談話第二回速記録 昭和三八年一二月二八日』二、三ページ。

（15） 『昭和動乱の真相』二〇一ページ。

3　内務省の組織変動

この時代の始点、一九三二年（昭和七年）において、内務省の本省の構成は、大臣官房、神社局、地方局、警保局、土木局、衛生局、社会局の一官房、五局、一外局体制であった。また、現業機関は土木出張所をはじめとして一八種類あった。土木出張所以外に成員数が多いものを五つをめどにひろっておくと、官国幣社、都市計画地方委員会、神宮使庁、衛生試験所、神宮神部署などがある。このときから、敗戦時の四五年（昭和二〇年）八月までのあいだに、本省のこの構成において生じた大きな変化は四つある（図0-4、表6-2、参照）。

(1)　一九三七年一月、都市計画課が計画局に拡大され、それが四一年九月に防空局となり、さらにそれが四二年七月に外局としての防空総本部に昇格した。なお、計画局が防空局に変化するときには、前者の防空課のみが後者に昇格し、前者のほかの課は国土局（土木局が改称したもの）に移されている。

(2)　三八年一月、衛生局、外局としての社会局が、新設の厚生省に移管された。ほかの三つの変化は内務省の内部でおこっているが、これのみは内務省の外部に新省ができ、そこに二局が移管されている。ただし、厚生省はのちにみるように内務省から分立したという性格をもち、まったく異質の他省ではなかった。なお、この変化をさして、内務省で二局が廃止され、厚生省で二局が設置されたという表現もみかける。

(3)　四〇年一一月、神社局が外局としての神祇院に昇格した。

(4)　四二年一一月、管理局が新設された。拓務省の廃止によって、朝鮮総督府、台湾総督府、樺太庁にかんする事務が内務省にうつされた結果である。

表 6-1　本省および所属職員（地位別，年次別）

	高等官＝A	判任官＝B	A＋B	雇＝C	A＋B＋C	嘱託	傭人	総計
1933/S8	626	1,905	2,531	4,095	6,626	281	6,973	13,880
1934/S9	638	1,951	2,589	4,156	6,745	286	6,621	13,652
1935/S10	659	1,982	2,641	4,213	6,854	291	6,649	13,794
1936/S11	665	2,036	2,701	4,456	7,157	273	6,577	14,007
1937/S12	742	2,181	2,923	4,765	7,688	324	7,002	15,014
1938/S13	620	2,061	2,681	4,324	7,005	211	6,463	13,679
1939/S14	660	2,189	2,849	4,104	6,953	252	6,557	13,762
1940/S15	680	2,263	2,943	4,815	7,758	252	7,219	15,229
1941/S16	726	2,426	3,152	5,298	8,450	314	7,688	16,452
1942/S17	708	2,447	3,155	5,732	8,887	349	7,976	17,212

以上によって、敗戦時の内務省の本省の構成は、大臣官房、地方局、警保局、国土局、管理局、神祇院、防空総本部の一官房、四局、二外局体制となった。

また、現業機関にも大きい変化が生じた。一九三八年、厚生省が新設されたさいに内務省から厚生省に移管された現業機関はつぎの七種類である。衛生試験所、栄養研究所、国立癩療養所、国立結核療養所（三二年創立）、国立少年教護院、国際労働機関帝国事務所、傷兵院。さらに、四一年からは内務省の現業機関に防空研究所と神宮関係施設造営所があたらしく加わった。

この時代、内務省ではたらいていた職員はどれくらいいたのだろうか。先行する章でその職員数を知るために利用してきた『大日本帝国内務省統計調査報告』は一九三二年から四二年までのデータしか提供しない。四三年以降の分は、敗戦前後の混乱のなかで利用可能な状態にまで整備されなかったのであろう。また、三七年から四〇年までのあいだは、職員の総数は示されているけれども、部局別や地位別の内訳は不明である。わかるかぎりのデータを表6-1と表6-2にまとめてみた。これらから気付かれること、関連することを覚え書きしておこう。

(1)　この時代、内務省で働いた職員の地位は、①高等官、②判任官、③雇、④嘱託、⑤傭人の五つに区分される。この五分法は、原資料の『大日本帝国内務省統計報告』では、第四五回の一九三一年分（一二月三一日現在、以下同じ）からのことで、それ以前は①、②、③の三分法か、①、②と③の二分法がつかわれていた。したがって、五分法によるデータをつかっての論議は、この時代にかぎってしかできない。それによると、この時代には、内務省で働いた職員は一万四〇〇〇人ちかくからはじまって、一万七〇〇〇人を越えるにいたっている。ただし、二分法や三分法でとりあげられた三つの地位にかぎってみると、七〇〇〇人ちかくからはじまって九〇〇〇人ちかくまでの増加である。また、狭義の官吏として高等官と判任官のみをかんがえると、一九三三年の二五三一が漸増して四二年には三一五五におよんでいる。五つの地位の員数のいずれでも、一九三七年にたいして三八年で減少がみられるのは、三八年一月の厚生省の分立による職員の異動のせいである。

(2)　先行する時代との比較をはかるために、高等官、判任官、雇にかぎって、所属部局別、年次別にみてみる（表6-2）。原資料で一九三七年（昭和一二年）から四〇年（昭和一五年）までと、四三年（昭和一八年）以降の部分が欠落している。これによって、内務省の職員のうち、管理部門ではたらく者と現業部門ではたらく者の実数と構成比をもとめると、この時代の初め、一九三三年のばあい、管理部門一〇四六、一五・八%、現業部門五五八〇、八四・二%、となる。また、データがえられるもっとも後の年、一九四二年のばあい、管理部門一二八三、一四・三%、現業部門七六〇四、八五・七%、となる。典型的な権力エリートである内務官僚としては、この一四・五%をかんがえるべきであろうとおもわれる。

なお、先行する時代の管理部門ではたらいた内務官僚の実数と構成比を振り返ってみると、一九二〇年（大正九年）では六一四、二一・三%（表5-2による）、一九一〇年（明治四三年）では三一三、三〇・三%（表4-1による）となる。おおよそのところ、一九一〇年以来、一〇年間隔で、典型的な権力エリートとしての内務官僚が、

所属職員（部局別，年次別）

1937/S12	1938/S13	1939/S14	1940/S15	1941/S16	1942/S17
				121	146
				130	120
				127	115
				335	306
				433	423
				84	91
					82
				1, 230	1, 283
				4, 060	4, 426
				68	76
				28	43
				10	10
				748	690
				280	287
				20	6
				80	83
				1, 833	1, 844
				14	35
				53	68
				26	36
				7, 220	7, 604
7, 688	7, 005	6, 953	7, 758	8, 450	8, 887

実数で倍増、内務官僚全体のなかの構成比で三〇%↓二〇%↓一五%と減少してきているといえよう。

(3)　高等官と判任官については前章でわずかだがふれたので、ここでは雇、嘱託と傭人についててみじかに述べる。雇は、三分法では最下位におかれる下級官僚である。内務省のばあい、雇は内務属、属官とも呼ばれていた。一九四二年のばあい、三分法の範囲の合計、八八八七のなかで、雇

表 6-2　内務省の本省および

	1933/S8	1934/S9	1935/S10	1936/S11
大臣官房	127	144	133	132
神社局，神祇院	41	42	62	85
地方局	57	57	54	94
警保局	186	195	224	261
土木局，国土局	296	303	299	288
衛生局	87	93	101	99
社会局	252	259	274	302
計画局，防空局，防空総本部				
管理局				
小　計	1,046	1,093	1,147	1,261
土木出張所	2,956	2,943	2,928	3,103
土木試験所	56	56	58	67
国際労働機関帝国事務局	3	3	3	3
職業紹介事務局	103	102	100	
傷兵院	5	5	5	5
造神宮使庁	6	7	7	5
警察講習所	8	8	9	10
武蔵野学院	14	14	14	14
衛生試験所	107	90	91	119
栄養研究所	21	20	19	21
国立癩療養所	22	26	30	37
都市計画地方委員会	470	516	578	609
神宮使庁	252	256	256	261
神宮皇学館	32	32	34	31
神宮神部署	71	70	72	73
官国幣社	1,437	1,466	1,487	1,525
明治神宮外苑管理署	17	38	16	13
防空研究所				
神宮関係施設造営所				
小　計	5,580	5,652	5,707	5,896
総　計	6,626	6,745	6,854	7,157

は五七三二、六四・五%を占める。そのなかから、少数ではあるが、判任官、高等官に昇進した者もあった。雇の勤務実態については資料がとぼしい。『内務省外史』に収録されている「内務属は語る」は貴重な情報のひとつである。一例をあげる。松尾英敏は一九二六年(大正一五年)に、警視庁の警部から内務省の雇になり、三七年(昭和一二年)に警視庁の警視、警察署長となっている。かれは内

表 6-3　(表 6-1, 6-2 の) 資料出所一覧
(『大日本帝国内務省統計報告』による)

年　度	報告回数	刊 行 年	ページ数	対象名称
1933/S8	第 47 回	1935/S10	pp. 656-659	本省及所属職員
1934/S9	第 48 回	1936/S11	pp. 676-679	同　上
1935/S10	第 49 回	1937/S12	pp. 698-701	同　上
1936/S11	第 50 回	1939/S14	pp. 298-301	同　上
1937/S12	第 51 回	1943/S18	pp. 142-145	同　上
1938/S13	同　上	同　上	同　上	同　上
1939/S14	同　上	同　上	同　上	同　上
1940/S15	同　上	同　上	同　上	同　上
1941/S16	同　上	同　上	同　上	同　上
1942/S17	第 52 回	1944/S19	pp. 132-135	同　上

務省での仕事に愛着をもっていたという。その在省時代の政策立案で思い出に残るものとして、警察官・消防官の制服の改良、市販の性具の取り締り、映画国策としての文化映画の製作などをあげている(1)。

(4)　嘱託の勤務実態についても資料がとぼしい。『内務省史』は第二巻以降の局別通史のなかで、各局の代表的官僚数人の小伝をのせているが、そのなかにひとり、名脇役的存在ともいうべき嘱託をふくめるという粋なはからいをしている。地方局の五十嵐鉱三郎のばあいを例示する。五十嵐は、一八八四年(明治一七年)に内務省に入り、九一年(明治二四年)県治局市町村課に勤務した。一九二三年(大正一二年)に退官(この退官の年は推定されたもの)、ただちに嘱託として地方局行政課ではたらきはじめ、四三年(昭和一八年)に辞任するまで「約六〇年の間、市制・町村制と府県制の解釈運用に当たってきた」。かれは、恐るべき「博覧強記」で、地方行政に「多大な寄与」をなした。五十嵐の世代の内務官僚は知事になるのにかならずしも高学歴が必要ではなかった。かれにも知事就任の打診があったことはあるが、かれは自分の柄にあわないといい、それを受けず、前記の解釈運用に生涯をささげた。かれは行政課の属官の同僚と席を並べていたが、地方の知事は上京・来省すると、かれの席にきて挨拶をするのが常であった。五十嵐は、地方局の「象徴的存在」であったと『内務省

史』第二巻は賞讃している。(2)

(5) 傭人についても資料がとぼしく多くをいうことができない。一九四二年のばあいでいうと、その実数は七九七六、五分法による内務省の全職員一七二一二のうちの四六・三％、約半数を占める。この傭人の全数を一〇〇％とすると、そのなかで土木出張所に所属する者が六二五〇、八一・七％となる。土木出張所は、さきにわずかにふれたように、河川、砂防、港湾、道路などの内務省の直轄工事を施工する機関で、東京、新潟、名古屋、大阪の四カ所に設置されたが、のち、仙台、下関、横浜、神戸の四カ所にも設置された。(3) 傭人の大部分はそれらの土木出張所で土木工事に従事する肉体労働者であったと推測される。

この内務省がつかうことができた行政資源を、一九三六年の時点で概観する。例によって、団体・組織、施設のレヴェルでみると、四六府県庁、北海道庁、警視庁があり、一二九市役所、一七二〇町役場、九五七〇村役場がある。一九二五年のデータと比較すると、郡役所が廃止されて、かつて六三二あったものがゼロになっているのが、まず目につく。市役所は二八の増加、町村役場の合計は三四五の減少となっている。これらは都市化の進行の結果であろう。ほかに支庁など若干がある。(4)

警察組織としては、警視庁と東京府をのぞく四六道府県庁に警察部が各一あり、その下に、全国で警察署一二〇三、派出所四七四二、巡査駐在所一万四一七六などがある。(5) これも二五年のデータと比較しておくと、組織区分が変化しているが、かつては警察署七九七、警察分署四一九、小計一二一六であったから、これは三六年の警察署数とほぼ同じである。派出所は約七五〇の増加、巡査駐在所は約一八〇の増加である。

人員レヴェルでは、北海道庁、府県庁、支庁の官吏と嘱託、雇が八万三三七二であるが、そのうち警察官吏が四万九六九一である。ほかに警視庁の官吏と嘱託、雇が一万七三六一おり、そのうち警察官吏は一万四五六九である。

以上の地方庁に勤務する官吏などの合計は一〇万七三三、そのうち警察官吏の小計は六万四二六〇、である。(6)一九二五年のデータと比較すると、地方庁に勤務する官吏などは一四八・八％に増加し、警察官吏は一〇九・四％に増加している。

ほかに地方待遇職員が二万六九〇四いる。この範疇はここで初出するので、てみじかに説明しておくが、中央政府の官吏であって、地方自治体から俸給を受ける者である。その職種はきわめて雑多であるが、実数の多さに着目して、地方産業職員制のなかの地方農林技師一八五九、農林技手一万五三六などを例示しておこう。(7)

また、有給の吏員は、道府県吏員一万九二〇〇、市吏員四万六九二四、町村吏員六万六一五八、小計は一三万二二八二となる。名誉職の吏員は、市吏員で一万三〇九五、町村吏員で三二万七〇六八、小計は三四万〇一六三となる。有給と名誉職の吏員の合計は四七万二四四五である。この合計は一九二五年に比較して約一一万六〇〇〇増加している。(8)

神社局の主要な行政資源はどうか。一九三六年、神社は神宮、官国幣社あわせて一九八、府県社一〇六九、郷社三六〇七、村社四万四八八四、無格社六万一〇九五、である。一九二五年のデータに比較すると、村社以上は微増、無格社は微減である。そこで働く神官・神職は一万五八〇〇、こちらも二五年のそれに比較して微増である。(9)

また、衛生局の行政資源は、同じく一九三六年末で、病院が四四七〇、その内訳別で主だったところは一般病院三〇〇二、伝染病院一〇四〇、である。病院は一九二五年に比較して、約一〇〇〇増加している。医師は五万九七〇六、そのうち大学卒業者・医学専門学校卒業者・外国学校卒業者・試験及第者の合計が五万九一四六、全体の九九・一％に及んだ。ほかに歯科医師二万一〇六七、薬剤師二万六七三二、看護婦一一万〇一四三、准看護婦三八四四、産婆六万〇九六七。(10)

(1)「内務属は語る」大霞会編『内務省外史』地方財務協会、一九七七年、二六一―二六四ページ。
(2)『内務省史』第二巻、一一二―一一四ページ。
(3)『内務省史』第三巻、七ページ。
(4)『大日本帝国内務省第五十回統計報告』一ページ。
(5)内務省警保局編『内務省警察統計報告』第18巻、日本図書センター、一九九四年、五九ページ。
(6)『大日本帝国内務省第五十回統計報告』一三―二七ページ。
(7)同右、二八、三二ページ。伊藤隆監修、百瀬孝『事典・昭和戦前期の日本　制度と実態』吉川弘文堂、一九九六年、九二ページ。
(8)『大日本帝国内務省第五十回統計報告』四九―八九ページ。
(9)同右、二八六、二八八ページ。
(10)『医制百年史（資料編）』五六七、五七五、五七九、五八二、五八六―五八七ページ。

4　厚生省の分立（一）

この時代、内務省の本省の構成に生じた四つの変化は前節で整理したとおりであるが、それらのうちでもとりわけ重要であったのは厚生省の分立である。それは、鍾家新が『日本型福祉国家の形成と「十五年戦争」』で力説したように、日本の福祉国家体制の歴史的起点であったといっても過言ではない[1]。以下、しばらくこれを論じる。

厚生省の正史ともいうべき『厚生省五十年史』によると、同省の創立の経過はつぎのとおりである。内務省の社会局や衛生局は自らをふくんだ社会行政や衛生行政の新しい行政組織を設立しようとする構想を早くからもっていた。一九二二年（大正一一年）ごろ社会局から出された社会省案はその一例であるが、衛生局にも衛生省案や衛生院案があった。しかし、いずれも実現にはいたらなかった。新省設立の構想が現実味をもちはじめたのは、一九三六年（昭和一一年）三月に成立した広田内閣の時代においてであった。同年六月一九日の閣議で、寺内寿一陸相が、徴兵検査で不合格者が増加している、その対策が必要であると発言した。国民とくに若い壮丁の体格や健康状態が悪化しているので、その向上・改善に政策的な対応が必要であるというのである。広田首相はこれに応じて内閣調査局に調査を命じ、同局は「衛生行政機構ノ改革ト行政制度ノ改善」を断行するべきであるという答申をおこなった。六月二二日には陸軍省が「再び衛生省設立の急務に就て」という文書を発表している。陸軍省の小泉親彦医務局長は同年秋ごろから、衛生省の設置にかんする非公式の働きかけを内務省衛生局におこなっており、衛生局内部でもそれに同調する動きが生じた。翌三七年（昭和一二年）三月に林内閣が成立すると、五月一四日には陸軍省が「衛生省案要綱」を提案した。その構想においては、衛生局・体力局に重点がおかれ、社会局や保険局の比重は軽

かった。この案には内務省をはじめとする各省の反対がつよく、陸軍省はそれを撤回した。(2)

新省創設の動きは、一九三七年（昭和一二年）六月、第一次近衛内閣の登場とともに新段階＝最終段階に入った。内閣の発足にあたって、陸軍は内閣支持の条件として国民の体力を向上させるための新省の創設を要求し、近衛はそれを受け入れたといわれている。六月九日の閣議で新省創設の方針が決定され、企画庁に具体案の作成が命じられた。このとき新省にかんする近衛腹案が示されたが、その名称は「社会保健省」、その組織構成は「大臣官房、労働局、社会事業局、衛生局、保険局、外局（逓信省簡易保険局の事務を所管する）」の一官房、五局体制であった。この案は社会政策をより重視する首相と内務省社会局の意向にそうものであり、陸軍省の衛生省案と二点で対照的であった。すなわち、(1)衛生省案になかった労働局を筆頭局にしている、(2)衛生省案で重点がおかれた体力局が消えている。これに対抗して、陸軍省は六月一五日、「保健社会省」案を出してきた。それは旧「衛生省」案を整理したものであったが、依然として、衛生局と体力局が中心であって、労働局はなかった。こうして、新省の創設にむかって、近衛首相と社会局による構想と陸軍省による構想がしばらく拮抗していたが、それらは次第に調整されて、七月九日の閣議で「保健社会省（仮称）設置要綱」に収斂してゆく。この案では、名称や体力局の設置では陸軍省の意向が通り、労働局を設置して筆頭局とするところでは首相や社会局の意向が通っていた。構想段階をややくわしく紹介したのは、軍部独裁時代に首相が社会局と協同しながら、陸軍省とどのように対抗したかを示すためである。(3)

この案が枢密院で審議され、省の名称が保健社会省から厚生省に変更され、組織構成をさらに手直しされ、生命保険行政の所管について注文をつけられ、一二月二九日の本会議において厚生省の創設は全員一致で可決された。その経過のくわしい紹介は他書にゆずる。ただし、つぎの二点をいいそえておきたい。(1)枢密院による組織構成の手直しは、体力局を筆頭局にするなど、陸軍の意向をより強く反映しているようにみえた。(2)しかし、初期の内務省人事では陸軍省による主導が排斥されて、内務省による主導が貫徹された。これには首相の判断がつよく作用した。

創設時の厚生省の組織構成は局・課まで記すと、つぎのとおりであった。

大臣官房＝秘書課、文書課、会計課。
体力局＝企画課、体育課、施設課。
衛生局＝保健課、指導課、医務課。
予防局＝優生課、予防課、防疫課。
社会局＝保護課、福利課、児童課、職業課。
労働局＝労政課、労務課、監督課。
臨時軍事援護部＝軍事扶助課、傷兵保護課、労務調整課。
外局―保険院＝総務局、社会保険局、簡易保険局。

内務省の旧衛生局は、体力局、衛生局、予防局の三局に分立し、体力局は筆頭局となり、衛生行政の充実ぶりを印象づける。予防局に優生課が登場して、優生政策＝民族衛生が厚生省創立のねらいのひとつであったことを示している。結核対策は予防課の所管であった。旧社会局の社会部、労働部、臨時軍人援護部は、厚生省では社会局、労働局、軍人援護部に分立した。社会局の保護課は救護法、児童課は母子保護法にかんする事項を所管した。労働局では労務課が労働者災害扶助法、監督課が工場法にかんする事項を所管した。保険院では社会保険のほかに生命保険、簡易保険までを所管したが、後二者についてはかつて所管していた商工省と逓信省が反対したが、首相のつ

よい意向が通ったのであった。(4)

厚生省の首脳人事では、初代の厚生大臣は木戸幸一文部大臣が兼任で引き受け、事務次官には内務省で社会局長から次官を歴任した広瀬久忠が就任した。のちに木戸は専任の厚相になり、平沼内閣における二代目の厚相には広瀬がなる。陸軍は前出の小泉親彦を強く厚相に推薦してきたが、近衛首相がそれでは厚生省の性格が体位向上のみをめざすものに偏ってしまうと反対した。厚生省の五局の局長はすべて内務官僚が就任した。体力局長・児玉政介、衛生局長・林信夫、予防局長・高野六郎、社会局長・山崎巌、労働局長・成田一郎、である。臨時軍人援護部長は山崎が兼任した。ただし、保険院の長官は逓信省出身の進藤誠一が就任した。これは、簡易保険を逓信省から内務省に移管させるにあたって、逓信省の反対を取り止めさせるために両省のあいだでかわされた約束によったものである。これらの首脳陣のもとではたらく厚生官僚たちも、そのほとんどが内務省から移籍してきた連中であった。(5)

この移籍組のなかには厚生省入省を不満におもう人びとが少なからずいた。知事になる夢を失った、内務省に比較して厚生省は地味だなどというのが原因であった。厚生省の人事担当者は、どうしても内務省に帰りたいという者は帰してやり、厚生官僚は内務官僚より早く昇進する制度をつくり、内務省の局長は厚生省から送る仕組までつくった。(6)また、両省大臣は、両省間における内務省主導の統一人事と人事の交流を約束し、厚生省に出たことで不利にならない協定書をとりかわした。その一部はつぎのとおりであった。

「　協定書

内務省、厚生省及地方庁ノ人事ハ彼此融通ヲ図ルモノトス右ニ関シ細目協定スルコト左ノ如シ

一、内務省所属ノ官吏ヨリ厚生省（保険院ヲ含ム）官吏ニ任用セラレタル者及今後内務省ノ推薦ニ依リ厚生省ニ於テ採用セラレタル者ノ人事ニ関シテハ内務省部内官吏ト区別スルコトナク内務省及地方庁ニ任用スル様内務

省ニ於テ取計フコト

一、厚生省部内ノ官吏ハ原則トシテ将来内務省部内ニ於テ経験ヲ有スル者ヨリ之ヲ採用スルノ方針ヲ採ルコト

高等文官有資格者（見習）ハ内務省ニ於テ銓衡ノ上厚生省ニ推薦スルコト

（後略）

昭和十三年一月

内務大臣　　末次信正

厚生大臣公爵　木戸幸一」(7)。

さきに厚生省が内務省から分立したといい、前者は後者にとってまったく異質の他省ではなかったといった意味はあきらかであろう。両者にはむしろ同質性があった。

（1）　鍾家新『日本型福祉国家の形成と「十五年戦争」』ミネルヴァ書房、一九九八年、とくに「第二省社会保障の政策主体の形成――厚生省の創設」。

（2）『厚生省五十年史（記述篇）』三四一―三四二ページ。

（3）同右、三四二、三八〇―三八四ページ。

（4）同右、三九五―三九七ページ。

（5）同右、三九三ページ。『厚生省五十年史（資料篇）』四六、五一、五四、五六、五九ページ。

（6）『厚生省五十年史（記述篇）』三九五、三九八ページ。

（7）同右、三九八―三九九ページ。

5　厚生省の分立（二）

厚生省の分立は内務省史における大きな出来事であり、わが国の社会福祉、社会保障の歴史の研究においても、もっとも重要な研究課題のひとつである。しかし、われわれがその研究に着手するまでは、みるべき成果はほとんどあらわれなかった。その原因の詮索はここではしない。同学の僚友たちと私の研究結果の二、三を紹介する。

第一。徴兵検査にあらわれた壮丁の体位の低下は事実でなかった。

従来、厚生省の分立を研究した社会福祉学の文献において、前節で言及した陸軍大臣の言い分はつねに事実をつたえるものとしてあつかわれてきた[1]。それはいくらかくわしく紹介すると、つぎのとおりであった。「徴兵検査の成績によれば、不合格者は逐年増加し大正末年には壮丁（一〇〇〇人）中二五〇なりしが、昭和五、六年には三五〇、昭和一〇年には四〇〇或いは夫れ以上に上らむとし国民体力の将来洵に寒心に勝えざるものがある。結核及び近視の増加は殊の外著しきものがある[2]」。樫田美雄は一九九三年の論文のなかで、昭和一二、三年ころ公表されていた統計表などにもとづき、この陸相の言い分が事実ではないことをほぼ完璧に論証した。紙幅の制約があるので、かれの結論のみをかいつまんで、列挙する。

(1)陸相の言い分では、徴兵検査の不合格者の比率は昭和の最初の一〇年間に一貫して上昇したようであるが、それは事実ではなく、昭和二、三年に急増し、以後は四年間微増、三年間微減がつづいている。(2)全国学生生徒の身長の対前年値によれば、昭和元年を基準値とすると、昭和四年から一三年まで一度の例外をのぞいてプラスである。体重の対前年値も基本的には増加傾向にある。青年の体格は一般的に改善されていた。(3)徴兵検査の不合格者の増加分のうち、結核による者は二〇％、近視などによる者は〇・二％弱でしかない。その増加にはほかに原因があるはずである。(4)当時の官庁統計のひとつ「壮丁体格累年比較」の注に「昭和三年以降において甲、乙種合格者の減少せるは、法規改正の結果、合格身長約三・〇糎繰りあげられたるに因る」とある。合格基準が高くなって、不合格者が増加したという訳である。(5)一九二二年（大正一一年）から二五年（大正一四年）にかけて軍縮がおこなわれ、陸軍の兵力は九万人余が削減されて、約二〇万人となった。これによって、精兵主義が採用され、徴兵検査の合格基準が高くなったと推定される。(3)

徴兵検査の不合格者の増加は壮丁の体位の低下によるものではなかった。その基本的原因は合格基準の引き上げにあった。若者の体格はむしろ改善されていた。寺内陸軍大臣はその事実を知らず、部下のだれかから、不合格者の比率が一時的に上昇したことを理由とする問題意識を吹きこまれて、閣議という舞台で踊らされたのであろう。

第二。厚生省の創設は内務省の衛生局サイドからもっぱら語られ、社会局サイドから語られることが少ない。そのときの内務大臣は潮恵之輔、これに上手に同調して、厚生省の創設への道を拓いた。

一例をあげる。挾間茂は、第一次近衛内閣の時代に衛生局長をつとめ、厚生省の創立に立ち会った人物であるが、戦後の談話でつぎのように語っている。「陸軍（省）医務局長は非常に熱心に衛生問題をとり上げ、それには衛生局だけでは弱い、衛生省を作らねばならぬということを力説しておりました。私も英国はじめ先進国には保健省がある。日本にも保健省を新設して保健衛生政策を推進して国民体力の向上を図ることは非常に大切なことであると思っておりましたのです。（中略）しかし、衛生省すなわち衛生局を省にしただけではいかん、保健衛生の問題を総合的に考えるとこれにはいろいろな関連した問題があるのだ。社会保険の問題もあり、一般の社会事業福祉行政、保護行政（中略）、これ等の行政は社会局という内務省の外局で掌っておりますが、これ等の行政は保健衛生と切り離すことは適当でない[4]」。

小泉は衛生局を衛生省にすることを主張したが、挾間は衛生局と社会局をあわせて保健省にすることを主張した。結局、挾間は小泉を説得することに成功した。その後、中央衛生会、枢密院の審議をへて、厚生省が設置された。その過程を面白おかしく語って、挾間はつぎのように結んでいる。「そういうことで、厚生省新設の中心人物としては、陸軍省の医務局長と内務省の衛生局長の二人でした[5]」。私は、これは、言いすぎというか、一面的にすぎる判断だとおもう。その理由は次項に述べる。高級官僚の回顧談は自己の業績を誇張する傾向をもつ。しかし、挾間は、内務官僚のなかでも開明派の良識的人物で、衛生局長のあと、土木局長、地方局長、内務次官を歴任した。戦後は日本住宅公団総裁をつとめ、この談話の直前に退任している。当時、おそらく七〇歳前後、かれほどの人物でも老いて精神のタガがゆるむと、こんな放言をしてしまうということか。

第三。近衛首相と内務省社会局は社会政策を重視しつつ厚生省を構想した。厚生省の創立において近衛は有力なアクターズのひとりであった。

管見のかぎりでは、厚生省の創立にかんする研究文献のなかで、近衛首相の貢献に的確に言及した例はない。さすがに『厚生省五十年史』は、その事実を指摘しているが、それを充分に評価しているとまではいいがたい[6]。前節でみるように、近衛の貢献は三七年六月段階でいわゆる近衛腹案を提示したことと翌年一月段階の初代厚相の陸軍からの推挙を拒否したことである。この二件は初期の厚生省の性格を決定するにあたって大きな影響力をもった。それによって、厚生省のなかで保健政策関連部局と社会政策関連部局のそれぞれの勢力のバランスがとれたとみえる。

挾間はほかの文章でつぎのようなエピソードにふれている。新省の名称については、社会局は「社会保健省」を希望し、衛生局と陸海軍は「保健社会省」を適切とした。政府案は最終的には「保健社会省」となり、その官制案が枢密院で審議された。「ところが、枢密院の審査委員会で総理大臣の近衛さんは社会という字が好きと見えて、官制案の説明をしたり答弁をしたりするとき、保健社会省といわずに社会保健省、社会保健省といわれるのです」。挾間は衛生局長として陪席していて、近衛の言い間違いの訂正につとめたという(7)。挾間がジクムント・フロイトの『日常生活の精神病理』とくに言い間違いの心理にかんする箇所を知らなかったのが惜しい。近衛は社会という字が好きだったから言い間違いをくり返したのではない。新省は社会政策と保健政策を所管するが、第一義的に重要なのは社会政策であるとかんがえているので、言い間違いをくり返したのである。

厚生省を創設するにあたって社会政策を最重視するこの発想を、近衛はいつどこで身につけたのか。それはわからない。近衛の伝記として定評があるのは、矢部貞治の『近衛文麿』（一九五二年）と岡義武の「近衛文麿」（一九七二年）である。両者から関連がありそうな事実を一、二ひろっておく。(1)近衛は一九一二年（明治四五年）第一高等学校を卒業、東京帝国大学文科大学の哲学科に入学したが、間もなく京都帝国大学法科大学に転じた。京都にいったのは、京都帝国大学の米田庄太郎や河上肇の著作に親しんでいたからだと本人がいっている。米田は社会学者、河上はマルクス主義経済学者、いずれも社会問題、貧困問題の研究で著名であった。近衛青年は河上の指導のもとで、かなり熱心に社会問題論の文献をよみ、社会主義思想に惹かれたらしい(8)。

(2)近衛内閣が発足したさいの近衛の自筆によるつぎのような覚書が残されている。

「現内閣は各方面に於ける相克対立を緩和するを使命とす。／是等対立の内最も深刻なるものは、『持てるもの』と『持たざるもの』との対立なり。／国際間にありては、所謂『持てる国』と『持たざる国』との対立あり。

今日の世界不安は之に本ずく。国内にありては、『持てる者』と『持たざる者』との対立あり。社会不安多く之に因す。／是等の対立を緩和するには、国際間にありては国際正義、国内にありては社会正義を、指導精神とすべし。／正義とは何か。結局分配の公平に帰す。公平は平等に非ず。／国際正義は国際間の分配の公平。社会正義は国内に於ける分配の公平(9)」。

これは近衛の政治思想の核心部分である。くわしい論議に深入りすることは避けるが、国際政治については米英仏ソを「持てる国」、日独伊を「持たざる国」とし、日本が朝鮮を植民地とし、中国を侵略して満州国を建国したことなどを「分配の公平」として正当化している。その公平は「持てる国」にむかって主張されるものであり、被侵略国の立場は無視されている。この国際政治観により、近衛は軍部や右翼のあいだで人気が高く、利用価値があるとかんがえられた(10)。国内政治については「持てる者」と「持たざる者」との対立として階級関係をとらえ、そこから産出される社会問題を解消する社会政策の本質を「分配の公平」とみている。その公平への志向には、青年時代の社会問題への関心の名残りがある。この国内政治観によって、近衛は社会政策を主管する新省の創設に力を傾注したのであった(11)。

岡の著作があきらかにしているように、近衛は政治家として多くの限界や欠点をもつ人物であったらしい。ここでの仕事の本筋からはずれるからわずかしかいわないが、総合的に判断して、このような政治家に政権を担当させたのは、その時代の日本人としては不幸なことであった。しかし、前述の社会政策思想によった厚生省の創設にかぎっていえば、それは第一次近衛内閣による特筆される政治的達成のひとつであったと評価されるべきである。厚生省は社会政策担当省としてその後の歴史のなかに残り、現在も厚生労働省として存在する。「近衛さんは社会という字が好きと見えて……」とはあまりに浅薄皮相な見解である。「社会正義は国内に於ける分配の公平」と信じつつ、近衛は、「社会保健省」と言い間違うことが多かったのである。

第四。厚生省の創設をめぐって、陸軍は内務省と争い敗北した。その報復の試みのひとつとして、企画院による一九四一年の内務省廃止計画をみることができる。

陸軍が初代の厚生大臣として小泉医務局長をつよく推薦し、近衛首相がそれを拒否したのは、さきにくり返し述べたとおりである。推察するに、陸軍は厚生省を国民の体力養成省として自省の下請け機関的なものにするつもりで、その大臣ポストは医務局長が就任して当然であるとかんがえ、厚生省の局長ポストのいくつかにも軍人を送りこむつもりであったのではないか。しかし、首相と内務省の連合は陸軍のこの野心をほぼ完全にはばんだ。陸軍は内務省にたいして、この件でつよい不快感をもち、仕返しをこころみた。木戸幸一は文相在任のまま初代の厚相となったのだが、つぎのように書き残している。「前途の多難は予期の上で引受けることに決心したのであった。果して発足早々陸軍方面からのいやがらせは相当のものであり、議会でも本会議・委員会等で度々兼任で果して此重大な新省の使命を達成する自信があるかとの質問を受けた[12]」。小泉個人がこのあと内務省と厚生省にくわえた陰湿ないやがらせについても二、三の証言があるが[13]、紙幅の制約ゆえに紹介をひかえる。

内閣調査局は岡田内閣時代、一九三五年（昭和一〇年）五月一一日に設置された。これが林内閣時代、三七年（昭和一二年）五月一四日に企画庁に昇格し、つぎの第一次近衛内閣時代、同年一〇月二五日には企画庁と資源局がいっしょになって企画院が設置される。企画院は四三年（昭和一八年）一〇月末日まで存続して、軍需省に吸収される[14]。「企画院官制」の第一条はつぎのとおりである。

「第一条　企画院ハ内閣総理大臣ノ管理ニ属シ左ノ事務ヲ掌ル

一　平戦時ニ於ケル総合国力ノ拡充運用ニ関シ案ヲ起草シ理由ヲ具ヘテ内閣総理大臣ニ上申スルコト

二　各省大臣ヨリ閣議ニ提出スル案件ニシテ平戦時ニ於ケル総合国力ノ拡充運用ニ関シ重要ナルモノノ大綱ヲ審査シ意見ヲ具ヘテ内閣総理大臣ヲ経テ内閣ニ上申スルコト

三　（略）

四　国家総動員計画ノ設定及遂行ニ関スル各庁事務ノ調整統一ヲ図ルコト[15]」。

要約していえば、企画院は、総力戦体制下における国政の各局面を調整統一する行政組織である。以下、仮説構成風にかくほかないのだが、この調整統一は元来、内務省の仕事であった。調査局、企画庁、企画院という行政組織は、陸軍が内務省のその仕事にあきたりず、内務省の代替組織としてつくったものではないか。すくなくとも企画院はある時点から、そのような性格を示しはじめる。第三次近衛内閣の時代、一九四一年（昭和一六年）七月から一〇月にかけてのころ、企画院において内務省の廃止計画がつくられた。当時の企画院総裁は鈴木貞一陸軍大佐であった。廃止される内務省にかわる行政組織は、その計画のなかでは総務院と呼ばれていた。企画院は総務院に移行して、軍部が内政の人事権をにぎるつもりであったのだろう。企画院はこの計画を強引に実現するつもりで、各閣僚に個人的に交渉を進め、田辺治通内務大臣のところには最後に交渉をもちこんできた。田辺は内務省幹部と相談してこの案をつぶす覚悟をしたが、まもなく近衛内閣が退陣して、それにともないこの案は流れた[16]。

（1）　たとえば、岸勇「厚生省の成立と発展」岸・野本三吉編『公的扶助の戦後史』明石書店、二〇〇一年、一八九ページ（ただし、前記論文の初出は一九五九年）。吉田久一『昭和社会事業史』ミネルヴァ書房、一九七一年、一四七ページ。高沢武司『福祉パラダイムの危機と転換』中央法規、二〇〇五年、六九ページ。岸、吉田、高沢は、わが国の代表的社会福祉学者である。群小の社会福祉学者たちが、前出の陸相の言い分をくりかえしている事例は枚挙にいとまがない。この件についての半世紀にわたる社会福祉学の一貫した誤認の言説をみていると、この学問の体質についてかんがえさせられるところがあるが、それは機会をあらためて論じる。

(2) 樫田美雄「衛生行政・社会行政」研究代表者・副田義也『厚生省史の研究　平成三・四年度科学研究費補助金（総合A）研究成果報告書』一九九三年、五七ページ。

(3) 同右、五八―六三ページ。

(4) 内政史研究会『内政史研究資料第三一、三二、三三集　挾間茂氏談話速記録　昭和四〇年一二月一三日、一二月二二日、昭和四一年一一月二一日』八二―八三ページ。

(5) 同右、八五ページ。

(6)『厚生省五十年史（記述篇）』三八〇、三九三ページ。

(7) 第二部座談会「保健所創設のころ」における挾間茂の発言、厚生省公衆衛生局保健所課『保健所三十年史』日本公衆衛生協会、一九七一年、二九四ページ。

(8) 矢部貞治編著『近衛文麿』上、弘文堂、一九五二年、六一―六九ページ。岡義武「近衛文麿」『岡義武著作集第五巻　山県有朋・近衛文麿』岩波書店、二〇〇一年、一五九ページ。

(9) 矢部『近衛文麿』上、三八八―三八九ページ。

(10) 岡「近衛文麿」一七八ページ。

(11) 厚生省創設にたいする近衛の貢献に岡の著作はまったくふれていない。私は同著を名作と評価するのだが、それだけにこの事実の意味をいろいろとかんがえる。代表的政治史家である岡にとって、厚生省の創設は日本政治史において無視してさしつかえないほどの些事であったのか。また、岡は、現代国家における福祉国家体制をどうかんがえていたのだろうか、など。

(12) 木戸幸一「日記に関する覚書」木戸日記研究会編『木戸幸一関係文書』東京大学出版会、一九六六年、一一五ページ。

(13) たとえば、岡田文秀『岡田文秀自叙伝　怒濤の中の孤舟』岡田文秀自叙伝刊行会、一九七四年、二四七―二四八ページ。

(14) 内閣制度百年史編纂委員会『内閣制度百年史』下巻、大蔵省印刷局、一九八五年、第五部一一―一二ページ。

(15) 同右、第一部四九ページ。

(16) 大久保利謙「第一篇通史」大霞会編『内務省史』第一巻、地方財務協会、一九七一年（以下「通史」と略記する）、四九七―四九八ページ。

6　時局匡救費と地方分与税

一九三三年（昭和八年）度から四五年（昭和二〇年）度までの内務省財政の主要課題は、一言で要約するならば、貧困問題への社会政策的対応であった。世界大恐慌に起因する昭和恐慌から生じた失業問題と貧農問題にたいする時局匡救策、戦時下の地域の経済格差が深まるなかで顕在化した貧困町村のための地方分与税。この二つによって、内務省は貧困対策に政策努力を集中した。内務省において、これらの政策の立案と実施に主要にとりくんだのは地方局である。

一般会計歳出経常部のばあい、この時代は三期に区分される（表6-4、6-5）。

第一期は一九三三年（昭和八年）度から三六年（昭和一一年）度までの四年間である。いま三三年度を例にとると、歳出経常部の総額は五一三四万五〇〇〇円である。費目別に上位六位までの構成比をみるならば、一位「警察費連帯支弁金」四五・六％、二位「地方庁」二〇・三％、三位「補助費」一三・二％、四位「軍事救護費」五・三％、五位「健康保険国庫負担金」五・二％、六位「徴兵費」三・六％で、以上の比率の小計は九三・一％に達する。年次が推移するにつれて、総額は漸増してゆくが、上位六つの顔ぶれは変らず、わずかに四、五、六位が僅差で入れかわる変化があるのみである。これは政党内閣時代後半の傾向の持続である。

第二期は一九三七年（昭和一二年）度から三九年（昭和一四年）度までの三年間である。厚生省の分立により、前期に比較して総額が大幅に減少し、上位六つの顔ぶれから「健康保険国庫負担金」と「軍事扶助費」が消えている。三七年度のばあいでいうと、総額は四五二九万六〇〇〇円で、一位「警察費連帯支弁金」五七・四％、二位

表 6-4　内務省の財政（1933-1945年度，単位1000円）

	一般会計 歳出経常部	一般会計 歳出臨時部	小　計	特別会計 歳出
1933/S8	51,345	183,648	234,993	17,923
1934/S9	52,494	145,413	197,907	21,082
1935/S10	52,191	134,084	186,275	29,600
1936/S11	61,905	151,278	213,183	32,141
1937/S12	45,296	226,438	271,734	
1938/S13	49,389	242,702	292,091	
1939/S14	51,456	282,987	334,443	
1940/S15	342,672	203,492	546,164	
1941/S16	398,363	314,442	712,805	
1942/S17	552,878	442,615	995,493	
1943/S18	682,000	462,000	1,144,000	
1944/S19	1,060,306	1,114,784	2,175,090	
1945/S20	1,254,000	2,207,000	3,461,000	

「地方庁」二四・九％、三位「徴兵費」七・四％、四位「補助費」五・〇％、以上の比率の小計は九四・七％となる。年次が推移するにつれて、総額は微増してゆくが、上位四つの費目は同じで、最後の三九年度にそれまでの三位と四位が入れかわる変化があるだけである。これは第一期の財政構成から厚生省分立による影響を差し引いたものと理解される。

第三期は一九四〇年（昭和一五年）度から四五年（昭和二〇年）度までの六年間である。ただし、四三年度と四五年度のデータは、総額の分しか入手されない。ここでは、巨額の地方分与税分与金という費目が新しくあらわれて、まったくの様変わりが生じている。四〇年度のばあいでいうと、総額は三億四二六七万二〇〇〇円で、対前年度で約六・七倍という膨脹ぶりである。その費目別構成比では、地方分与税分与金が八〇・九％を占める。ただし、対前年度で「警察費連帯支弁金」は約五三％増、「地方庁」は約一八％増、「徴兵費」は約八％増で、この三つが代表する内務省の基本的性格は変わらない。

四五年度の総額は一二億五四〇〇万円である。これは四一年度の総額、三億九八三六万三〇〇〇円の約三・二倍であるが、戦時下のインフレーションによって物価の倍率は急激に増大しており、四一年の物価を基準にすると、敗戦時の四五年八月のそれは約三倍とい

表 6-5　内務省財政一般会計歳出経常部（1933-45 年度）

（1000 円未満四捨五入）

	1933/S8		1934/S9		1935/S10		1936/S11		1937/S12		1938/S13		1939/S14	
		%		%		%		%		%		%		%
神宮費	230	0.4	230	0.4	230	0.4	230	0.4	230	0.5	230	0.5	230	0.4
神社費及国幣社例祭幣帛料	771	1.5	771	1.5	771	1.5	771	1.2	1,021	2.3	1,022	2.1	1,021	2.0
内務本省	726	1.4	758	1.4	849	1.6	904	1.5	1,002	2.2	981	2.0	1,213	2.4
社会局	411	0.8	405	0.8	417	0.8	453	0.7						
国際労働機関帝国事務所	106	0.2	102	0.2	116	0.2	108	0.2						
衛生試験所	507	1.0	674	1.3	1,042	2.0	1,149	1.9						
栄養研究所	60	0.1	60	0.1	60	0.1	60	0.1						
警察講習所	22	0.0	21	0.0	22	0.0	22	0.0	30	0.1	30	0.1	30	0.1
国立少年救護院（国立感化院）	46	0.1	46	0.1	46	0.1	46	0.1						
傷兵院（廃兵院）	114	0.2	114	0.2	112	0.2	83	0.1						
職業紹介事務局	191	0.4	187	0.4	187	0.4	77	0.1						
地方庁	10,434	20.3	10,408	19.8	10,449	20.0	10,641	17.2	11,276	24.9	11,859	24.0	12,503	24.3
徴兵費	1,825	3.6	2,096	4.0	2,118	4.1	3,609	5.8	3,347	7.4	4,030	8.2	3,512	6.8
医師及薬剤師試験費	27	0.1	28	0.1	28	0.1	27	0.0						
軍事救護費（軍事扶助費）	2,703	5.3	2,809	5.4	2,898	5.6	2,969	4.8						
警察費連帯支弁金	23,390	45.6	23,566	44.9	22,669	43.4	28,638	46.3	25,989	57.4	27,858	56.4	28,278	55.0
補助費	6,757	13.2	6,819	13.0	6,749	12.9	7,711	12.5	2,267	5.0	3,213	6.5	4,537	8.8
国立癩療養所	259	0.5	312	0.6	377	0.7	470	0.8						
健康保険国庫負担金	2,645	5.2	2,963	5.6	2,946	5.6	3,787	6.1						
諸支出金	120	0.2	124	0.2	105	0.2	149	0.2	136	0.3	167	0.3	132	0.3
神祇院														
造神宮使庁														
地方分与税分与金特別会計繰入														
樺太特別会計繰入														
行幸諸経費														
計	51,345	100.0	52,494	100.0	52,191	100.0	61,905	100.0	45,296	100.0	49,389	100.0	51,456	100.0

注：計欄の数字は原資料による．各費目の数字の合計を求めると計欄の数字とわずかにちがうのは，各費目で四捨五入がおこなわれているためと推測される．

	1940/S15		1941/S16		1942/S17		1943/S18		1944/S19		1945/S20	
		%		%		%		%		%		%
神宮費	230	0.1	230	0.1	230	0.0			230	0.0		
神社費及国幣社例祭幣帛料	1,050	0.3	1,082	0.3	1,084	0.2			1,084	0.1		
内務本省	1,447	0.4	1,512	0.4	1,924	0.3			3,784	0.4		
社会局												
国際労働機関帝国事務所												
衛生試験所												
栄養研究所												
警察講習所	30	0.0	56	0.0	60	0.0						
国立少年救護院（国立感化院）												
傷兵院（廃兵院）												
職業紹介事務局												
地方庁	14,726	4.3	16,352	4.1	19,701	3.6			18,846	1.8		
徴兵費	3,799	1.1	3,864	1.0	4,573	0.8			19,246	1.8		
医師及薬剤師試験費												
軍事救護費（軍事扶助費）												
警察費連帯支弁金	43,341	12.6	53,926	13.5	69,458	12.5			110,309	10.4		
補助費	223	0.1	525	0.1	481	0.1						
国立癩療養所												
健康保険国庫負担金												
諸支出金	256	0.1	436	0.1	444	0.1			940	0.1		
神祇院	214	0.1	291	0.1	321	0.1						
造神宮使庁			28	0.0	25	0.0						
地方分与税分与金特別会計繰入	277,356	80.9	320,063	80.3	452,640	81.8			901,632	85.0		
樺太特別会計繰入					2,648	0.5			4,217	0.4		
行幸諸経費									18	0.0		
計	342,672	100.0	398,363	100.0	553,586	100.0	682,000	100.0	1,060,306	100.0	1,254,000	100.0

われるので、[1]総額は実質的には微増した程度であった。四五年度の費目別金額はわからないので、四四年度のデータをみることにする。その全体の傾向はさきにみた四〇年度のばあいとよく似ている。「地方分与税分与金」が総額の八五・〇%に達する。ほかで目立つのは「地方庁」は一・八%、「警察費連帯支弁金」は一〇・四%で、ほぼ六対一となっており、敗戦まぎかのころに警察国家の体質がひときわ深まったことをうかがわせる。また、「徴兵費」が「地方庁」と同率の一・八%であるのはかつて例がなかったことで、これも敗戦まぎかのころの兵力動員のための国家的狂態ぶりを示しているというほかない。関連するとおもわれる歴史的事実を一、二あげておけば、一九四三年（昭和一八年）末に「徴兵適齢の一年切り下げ」がおこなわれて、四四年には満二〇歳と満一九歳の二年分の徴兵がおこなわれている。また、一九四三年春から朝鮮人に、同年秋から台湾人に徴兵制度が適用されるようになっていた。[2]地方分与税分与金についてはのちに集中的に論じる。

つぎに、一般会計歳出臨時部の年次推移をみてみよう（表6-6、あわせて表5-6の一九三一、一九三二年度分もみてほしい）。

一九二九年一〇月、ニューヨーク市のウォール街からはじまったアメリカの恐慌は、翌三〇年には世界大恐慌となり、日本にも波及してきた。三〇年、三一年の主として浜口内閣時代の内務省による恐慌対策には前章4節末尾でふれた。つづいて、この時代に入っても恐慌は終息しなかった。わかりやすい指標として失業者数をみれば、恐慌直前の二九年九月には二六万九〇〇〇であったが、三二年七月には五一万一〇〇〇となり、ほぼ倍増している。[3]農村の不況は恐慌以前から慢性化していたが、恐慌によって農産物価格が急激に低下すると、農業収入は減少して農家の家計は急速に窮乏化した。ここでもわかりやすい指標として小作争議の件数をみれば、恐慌前年の二八年には一八六六であったものが、三二年には三四一四となり、約一・八倍の増加ぶりであった。[4]都市と農村で深刻化する貧困問題に対応する社会政策が、斎藤内閣の山本達雄内務大臣のもとにあった内務省の第一課題であった。

当時、その種の社会政策は「時局匡救」とか「応急的匡救策」とか呼ばれていた。その範囲についての厳密な定義はみたことがないが、『内務省史』の記述によってみれば、農村振興土木事業、北海道拓殖、失業応急事業、道路改良、治水事業、港湾改良などがその代表的なもので、いずれも失業者には雇用機会を、窮乏農民には賃金収入をえさせることを目的としていた。これらの事業は内務省が直営するばあいもあり、府県や市町村などの自治体にやらせて内務省が経費の六〇％前後を補助するばあいもあった(5)。内務省財政の一般会計歳出臨時部の総額と費目別金額の上位一〇位の年次推移をみてもらうと、一九三二年（昭和七年）度から三四年（昭和九年）度にかけて、総額は一億七千万円余、一億八千万円余、一億四千万円余、となっている。各年度でつねに農村振興が一位、北海道拓殖費が二位、治水事業費が三位にくる（原資料によって厳密にいえば、三二年度は農村振興道路助成費、三三年度と三四年度は農村振興其他土木事業助成費であるが、前者が後者に名称を変更されたとかんがえられるので、同一視している(6))。この三年度の歳出臨時部総額の九〇％前後は時局匡救につかわれているとみてよい。

『内務省史』や同省の財政統計からいえることはここまでである。山本達雄の伝記でも、かれは経済合理主義者で「消極主義の財政家」であったが、恐慌対策では積極的で巨額の金を撒布したと述べられている。議会で匡救事業費の予算が通過したあと、山本は部下にいった。「徹底的にバラ撒くんだよ、中途半端な処で金が止まらぬやうに、末端に十分届くことを第一義として使はねばならぬ(7)」。では、実際には末端はどうであったか。

マルクス主義経済学者、猪俣津南雄は一九三四年、青森県から岡山県まで二府一四県の農村四三カ村を調査して、『踏査報告　窮乏の農村』を刊行した。猪俣は二〇〇人ほどの人びとに会い、話を聞いているが、そのうち一三〇人は農民、四〇人は農民運動指導者、残りは新聞記者や府県の官吏、町村の吏員などである(8)。われわれは、この書

表 6-6　内務省財政一般会計歳出臨時部（1933-45 年度）（1000 円未満四捨五入）

1933/S8		%	1934/S9		%	1935/S10		%
農村振興其他	55,643	30.3	農村振興其他	27,737	19.1	災害費	24,888	18.6
北海道拓殖費	28,519	15.5	北海道拓殖費	25,926	17.8	北海道拓殖費	23,336	17.4
治水事業費	24,786	13.5	治水事業費	19,612	13.5	治水事業費	17,781	13.3
道路改良費	22,130	12.1	災害費	12,978	8.9	農村其他応急土木	16,204	12.1
港湾改良費	11,865	6.5	補助費	12,376	8.5	補助費	10,133	7.6
補助費	10,532	5.7	農村其他応急土木	9,776	6.7	港湾改良費	8,290	6.2
災害費	6,302	3.4	道路改良費	9,728	6.7	道路改良費	6,319	4.7
失業応急施設費	5,949	3.2	港湾改良費	9,157	6.3	農村振興其他	3,702	2.8
北海道水害及凶作施設費	3,541	1.9	失業応急施設費	4,311	3.0	失業応急施設費	3,323	2.5
復興事業補助費	1,621	0.9	医療救護費	1,500	1.0	議院総選挙諸費	3,155	2.4
その他諸費	12,757	6.9	その他諸費	12,312	8.5	その他諸費	16,953	12.6
計	183,648	100.0	計	145,413	100.0	計	134,084	100.0

1936/S11		%	1937/S12		%	1938/S13		%
災害費	28,205	18.6	臨時地方財政援助費	100,287	44.3	臨時地方財政援助費	130,294	53.7
北海道拓殖費	25,982	17.2	北海道拓殖費	27,957	12.3	災害費	27,937	11.5
窮乏町村財政援助諸費	20,050	13.3	災害費	26,831	11.8	北海道拓殖費	25,557	10.5
治水事業費	19,523	12.9	治水事業費	22,661	10.0	治水事業費	17,331	7.1
補助費	13,360	8.8	道路改良費	13,864	6.1	道路改良費	11,882	4.9
道路改良費	12,025	7.9	補助費	9,474	4.2	補助費	9,074	3.7
港湾改良費	9,456	6.3	港湾改良費	8,482	3.7	港湾改良費	7,123	2.9
中小河川改良助成費	4,014	2.7	中小河川改良助成費	4,224	1.9	中小河川改良助成費	3,184	1.3
農村其他応急土木	2,952	2.0	議院総選挙諸費	3,360	1.5	警察特別施設費	1,911	0.8
失業応急施設費	2,948	1.9	警察特別施設費	1,814	0.8	石油消費規制諸費	1,229	0.5
その他諸費	12,763	8.4	その他諸費	7,484	3.3	その他諸費	7,180	3.0
計	151,278	100.0	計	226,438	100.0	計	242,702	100.0

1939/S14			1940/S15			1941/S16		
		%			%			%
臨時地方財政援助費	148, 307	52. 4	北海道拓殖費	38, 170	18. 8	災害費	58, 513	18. 6
北海道拓殖費	30, 011	10. 6	災害費	34, 775	17. 1	補助費	50, 601	16. 1
治水事業費	28, 104	9. 9	治水事業費	31, 850	15. 7	北海道拓殖費	45, 675	14. 5
災害費	20, 840	7. 4	補助費	26, 493	13. 0	治水事業費	36, 358	11. 6
道路改良費	12, 915	4. 6	道路改良費	19, 086	9. 4	道路改良費	22, 209	7. 1
補助費	11, 725	4. 1	港湾改良費	10, 819	5. 3	防空緊急施設諸費	18, 114	5. 8
港湾改良費	8, 188	2. 9	臨時地方庁費	9, 558	4. 7	港湾改良費	17, 335	5. 5
中小河川改良助成費	3, 640	1. 3	神戸地方水害復興費	5, 934	2. 9	臨時地方庁費	14, 378	4. 6
警察特別施設費	2, 135	0. 8	町村吏員充実助成費	5, 700	2. 8	金属類特別回収諸費	10, 281	3. 3
臨時神社費	1, 110	0. 4	中小河川改良費	4, 734	2. 3	神戸地方水害復興費	6, 314	2. 0
その他諸費	16, 012	5. 7	その他諸費	16, 373	8. 0	その他諸費	34, 664	11. 0
計	282, 987	100. 0	計	203, 492	100. 0	計	314, 442	100. 0

1942/S17			1943/S18			1944/S19			1945/S20		
		%			%			%			%
補助費	116, 744	26. 4				防空対策諸費	494, 750	44. 4			
災害費	76, 093	17. 2				補助費	157, 136	14. 1			
北海道拓殖費	48, 692	11. 0				災害対策諸費	121, 205	10. 9			
治水事業費	38, 481	8. 7				北海道拓殖費	101, 074	9. 1			
特別会計へ繰入	24, 913	5. 6				特別会計へ繰入	83, 362	7. 5			
港湾改良費	19, 311	4. 4				補充費	28, 068	2. 5			
臨時地方庁費	18, 880	4. 3				臨時警察費	28, 019	2. 5			
国道改良費	18, 071	4. 1				治水事業費	27, 159	2. 4			
防空実施諸費	17, 351	3. 9				臨時地方庁費	19, 485	1. 7			
土木事業助成費	11, 465	2. 6				道路事業費	14, 623	1. 3			
その他諸費	52, 614	11. 9				その他諸費	39, 903	3. 6			
計	442, 615	100. 0	計	462, 000	100. 0	計	1, 114, 784	100. 0	計	2, 207, 000	100. 0

表6-7（表6-5の）資料出所一覧

年　度	決算・現計・予算	資　料　名	回数など	刊行年	引用ページなど
1933/S8	決　算	『大日本帝国統計年鑑』	第59回	1940	p. 205
1934/S9	同　上	同　上	同　上	同　上	同　上
1935/S10	同　上	同　上	同　上	同　上	同　上
1936/S11	同　上	同　上	同　上	同　上	同　上
1937/S12	同　上	同　上	同　上	同　上	同　上
1938/S13	同　上	同　上	同　上	同　上	同　上
1939/S14	現　計	同　上	同　上	同　上	同　上
1940/S15	予　算	『大日本帝国内務省統計報告』	第51回	1943	p. 153
1941/S16	同　上	同　上	第52回	1944	p. 143
1942/S17	同　上	同　上	同　上	同　上	p. 142
1943/S18	決　算	『日本統計年鑑』	第1回	1949	p. 800 総額のみ
1944/S19	同　上	『内務省史』	第1巻	1971	pp. 746-747
1945/S20	同　上	『日本統計年鑑』	第1回	1949	p. 800 総額のみ

物によって当時の農民たちの窮乏の深刻さ、悲惨さをまざまざと知るのであるが、以下では「救農工事の実相」という節の一部を紹介する。

ほとんどすべての府県に共通することであるが、救農工事としてなにをやるかは村で決定する。その事業が許可になり、工事費総額が仮に三〇〇〇円と決定されると、その三分の二は政府から補助される。残りの三分の一は村で支弁することになっているが、それは実際は支出されないばあいが多い。二〇〇〇円の経費で三〇〇〇円の仕事をしたようにとりつくろい、表向き一円の労賃が七〇銭しか支払われない。しかも、実際の総経費のきわめてかぎられた部分しか賃金にまわらない。長野県の一事例では、貧農への賃金として総経費の二二％が支払われた。残りはどこにいったか。「救農事業でもうかった者は、地主、監督、セメント会社、鉄材料店だ」と農民たちはいっていた。道路工事は、地主の土地を時価よりはるかに高額で買収するところからはじまるのである。労賃にまわったのが総経費の一五％という事例もあった(9)。

さきの内相の言葉をつかうならば、金の大部分は末端の貧農までとどかなかった。権力と貧農のあいだにあって、それを阻んだのは

表6-8　(表6-6の) 資料出所一覧

年　度	決算・現計・予算	資　料　名	回数など	刊行年	引用ページなど
1933/S8		『大日本帝国統計年鑑』	第55回	1936	pp. 361-363, p. 370
1934/S9		同　上	第56回	1937	pp. 360-363, p. 370
1935/S10		同　上	同　上	同　上	同　上
1936/S11		同　上	同　上	同　上	同　上
1937/S12	現　計	同　上	第57回	1938	pp. 379-381 以下, 特別会計のデータはない.
1938/S13	同　上	同　上	第58回	1939	pp. 332-333
1939/S14	予　算	同　上	同　上	同　上	同　上
1940/S15	同　上	『大日本帝国内務省統計報告』	第51回	1943	p. 155, p. 157
1941/S16	同　上	同　上	第52回	1944	p. 143, p. 145, p. 147
1942/S17	同　上	同　上	同　上	同　上	p. 142, p. 144, p. 146
1943/S18	決　算	『日本統計年鑑』	第1回	1949	p. 800
1944/S19		『内務省史』	第1巻	1971	pp. 747-751
1945/S20	決　算	『日本統計年鑑』	第1回	1949	p. 800

地主や建設企業である。『踏査報告　窮乏の農村』をよんでいると、農民の貧困の根本的原因は地主―小作関係であり、これを放置しておいて社会政策をどうおこなったところで、問題の抜本的解決はありえなかったのがよくわかる。この書物の末尾で猪俣はマルクス主義経済学者らしく農民運動に変革の希望を託したが、[10] その三年後、一九三七年に日本の農民運動は潰滅した。敗戦後、GHQが主導した農地改革が、地主―小作関係を全面的に解消するのは、それから九年目の一九四六年である。

つぎに、歳出臨時部における一九三六年度の「窮乏町村財政援助諸費」、三七年度から三九年度にかけての「臨時地方財政援助費」、歳出経常部における四〇年度から四五年度にかけての「地方分与税分与金」を、共通の性格をもつ一連の政策・制度として論じよう（表6-6、6-5）。

一九三一年（昭和六年）九月に満州事変がおこると、翌年から軍事費が急速に膨脹していった。すなわち、三一年度四億五〇〇〇万円、三二年度六億九〇〇〇万円、三三年度八億七〇〇〇万円、三四年度九億四〇〇〇万円、三五年度と三六年度はおおよそ一〇億円台。[11] これは陸軍の圧力によるものであったが、軍需工業に好景気をもたらし、それを機軸にして工業都市は恐慌による不況を抜け出し、繁栄に向っていった。しかし、農村はさきの猪俣の著書が示すように長びく不況から抜け出せないでいた。そこから地方団体間の経済力の不均等が激化するという問題が生じた。三三年度の国税額の府県別分布をみると、大都市をふくむ東京、神奈川、愛知、京都、大阪、兵庫の六府県に六〇％が集中し、富が地域的にいちじるしく偏在していた。くわえて、六府県にたいしてほかの県での地方税の負担が重かった。一例をあげると、地租附加税の比率は、東京を一とすると鳥取は三、家屋税の賦課率は、東京を一とすると鳥取は八、であった。[12]

この問題にたいする内務省の基本的姿勢の初期の表明は、三二年八月の「地方財政調整交付金制度要綱案」にみられる。その冒頭の部分はつぎのとおり。

「惟フニ、地方税源ノ配分カ甚タシク公平ヲ欠クニ至リタルハ、全ク富ノ偏在ニ基因スルモ、之カ成因ハ結局現代ニ於ケル経済組織乃至社会制度ノ総合的所産ナルカ故ニ、之ヲ匡正スルニモ、一々個々ノ税源ニ就キ之カ調整ヲ試ミルカ如キハ、殆ント不可能ニシテ、結局現ニ配分セラレツツアル税源ヲ総合シ、其ノ総体ノ結果ヲ観察シタル上総括的ニ之カ不公平ヲ匡正スルノ外ナシ。従テ税源ノ配分不公平ノ匡正方法ハ、地方税制改正ノ形式ニ依ラスシテ国庫交付金ノ制度ニ俟ツノ外ナキナリ[13]」。

この制度化にむかった政治過程の紹介は『内務省史』第二巻にゆずる。結果のみいえば、広田内閣の時代、三六年（昭和一一年）一〇月一日、内務省令によって臨時町村財政補給金規則が公布され、即日実施された。表6-6の三六年度分の「窮乏町村財政援助諸費」二〇〇五万円がそれである。この経費は、八五％が財政が窮乏して税負担が過重な町村に配分され、一五％が特別の理由で窮乏する町村に配分された。ついで林内閣の時代、三七年七月、内務省令によって「臨時地方財政補給金規則」が制定された。三七年度から三九年度にかけて、費目別構成の第一位にあらわれる「臨時地方財政援助費」がその補給金である。その金額は大きく伸び、一億円を超え、三九年度には一億四八三〇万七〇〇〇円におよんでいる。この配分先と配分金額は、三七年度のばあいでいうと、道府県に二七五〇万円、貧困市町村に七二五〇万円となっていた。[14]

一九四〇年（昭和一五年）三月、米内内閣は中央・地方にわたる画期的な税制改革をおこなった。その結果、地方税制において地方分与税制度が形成された。地方分与税は譲与税と交付税から成る。譲与税は地租・家屋税・営業税であり、いったん国税として徴収されるが、徴収地である各道府県にそのまま配布される。この方法は、課税標準を統一して地域による負担の不均衡を是正し、徴税費は国庫が負担することによって、地方団体に利益をもたらした。また、交付税は、国税として徴収した所得税・法人税・遊興飲食税・入場税の一部を財政調整的に分与するというものであった。三九年度までの「臨時地方財政補給金」は廃滅税のみを目的としていたが「地方分与税」は「地方団体間の負担の均衡を図り、又地方の財源を充足してやるということを目的」としていた。[15]表6-5でみられるとおり、「地方分与税分与金」の金額と歳出経常部総額のなかの構成比は、四〇年度で二億七七三五万六〇〇〇円、八〇・九％、四四年で九億一六三万二〇〇〇円、八五・〇％である。さきに言及したインフレーションによる物価の倍率をかんがえあわせると、実質的金額は横這い状態であったとみてよいだろう。

地方分与税分与金の制度は敗戦を越えて一九四七年度まで続き、四八年度から地方配付税配布金の制度に継承される。[16]この制度は二年間つづいて、シャウプ勧告による地方財政平衡交付金にとってかわられ、それが五四年度に地方交付税交付金に継承され、現在にいたっている。[17]これら一連の制度の基本的性格は地方分与税分与金において形成されていた。戦後六〇年におよぶ財政調整制度の原思想は、一九三〇年代に内務省地方局において準備されていたのである。

また、以下は仮説構成風にいうほかないのであるが、貧困問題への社会政策的対応の本質は所得の再分配である。それをもっとも広義に理解するとき、その主要手段は社会保険制度と財政調整制度である。前者は個人単位、世帯単位の再分配制度であり、後者は地域単位の再分配制度である。軍部独裁時代、一九三〇年代から四〇年代前半にかけて、内務省は、分立させた厚生省の保険院に社会保険の諸制度の形成をゆだねつつ、自省の地方局で財政調整制度の充実をはかっていた。社会保険制度としては、国民健康保険（一九三八年）、船員保険（一九三九年）、労働者年金保険（一九四一年）があり、財政調整制度としては窮乏町村財政援助費（一九三六年）、臨時地方財政援助費（一九三七年）、地方分与税分与金（一九四〇年）があった。これらの制度を総合的に把握する理論枠組が必要である。その必要はわが国の社会政策論議では未充足のままである。このことと内務省研究のこれまでの不振はたがいに因果の関係にあるのではないか。

（1）中村隆英『昭和経済史』岩波書店、一九八八年、一三九ページ。
（2）大江志乃夫『徴兵制』岩波新書、一九八一年、一四二―一四三ページ。
（3）「通史」四〇八ページ。
（4）楫西光速ほか『日本資本主義の没落Ⅱ』東京大学出版会、一九七五年、五五七ページ。
（5）「通史」四一〇ページ。
（6）『日本帝国統計年鑑』第五四回、一九三五年、三五八―三五九ページ。同上、第五五回、一九三六年、三六二ページ。
（7）山本達雄伝記編纂会編『山本達雄』同会、一九五一年、五〇六ページ。

(8) 猪俣津南雄『踏査報告　窮乏の農村』岩波文庫、一九九九年、五―六ページ。
(9) 同右、一四八―一五二ページ。
(10) 同右、二一〇―二二六ページ。
(11) 『昭和経済史』七一ページ。
(12) 『内務省史』第二巻、二六六―二六七ページ。
(13) 同右、二六七ページ。
(14) 同右、二六九―二七一ページ。
(15) 同右、二七六―二七八ページ。
(16) 大蔵省百年史編集室『大蔵省百年史』別巻、大蔵財務協会、一九六九年、一四四―一四五、一四六―一四七ページ。
(17) 『大蔵省百年史』下巻、大蔵財務協会、一九六九年、二〇九、二六〇ページ。

7　ゾルゲ事件

一九三〇年代を通じて、国際政治にかんするソ連の大きな関心のひとつは、日本がソ連にたいして軍事的攻撃をくわえてくる可能性がどれほどあるか、また、その具体的計画はどのように進行しているか、であった。一九一八年から二二年にかけての日本軍のシベリア出兵は近年の事件として意識されていた。三二年三月、満州国が建国されると、ソ連と満州の国境地帯の軍事的緊張は極度にたかまった。軍部独裁時代に入ってからの最初の斎藤実内閣の陸軍大臣は皇道派の荒木貞夫大将であった。同内閣は、一九三三年一〇月に首、外、陸、海、蔵の五相会議を開催したが、その席で荒木陸相は、ソ連とコミンテルンの脅威を除去するための対ソ予防戦争論を主張していた。これにたいして、広田弘毅外相は高橋是清蔵相と協力して、荒木の主張を押さえ、満州国育成に主力を注ぐという、当時としては穏当な結論で会議をまとめた(1)。しかし、日本の現職の陸軍大臣が対ソ予防戦争を主張する時代の幕開けに、ソ連が警戒心をつよめたのは当然のことであろう。

さきの五相会議にわずかにさきだって、一九三三年九月、ソ連は赤軍参謀本部第四部所属の諜報員、リヒアルト・ゾルゲを日本に送りこみ、諜報活動をはじめさせていた。その主目的は、(1)満州事変以後の日本の対ソ政策をくわしく観察し、日本の対ソ攻撃計画の有無について調査すること、(2)日本陸軍の対ソ攻撃の可能性に関連して、陸軍と航空部隊の編成や増強について正確に観察すること、であった。このほか、日本のドイツ、中国、アメリカ、イギリスの各国にたいする政策、日本の対外政策の決定において軍部がはたす役割、日本の重工業や戦時経済にかんする情報の収集も目的とされた(2)。

ゾルゲが日本でつくった諜報組織は、かれの暗号名・ラムゼイをとって、ラムゼイ機関と名付けられた。ラムゼイ機関の主要な成員のうち、ゾルゲが首領であったが、かれは公式にはドイツのフランクフルター・ツアツング社の日本特派員であった。ほかに有力な協力者が四人いたが、筆頭は朝日新聞記者、近衛内閣の嘱託などの経歴をもつ尾崎秀実で、ほかに、アバス通信社通信補助員、ブランコ・ド・ヴーケリッチ、アメリカ帰りの画家、宮城与徳、青写真複写機製造業のマックス・クラウゼンがいた。

ゾルゲはドイツ人で、ハンブルク大学卒業、国家学博士の学位をもち、ジャーナリストとしてもすぐれていた。ドイツ共産党員で同党代表としてコミンテルン本部に派遣され、同本部情報部員として、スカンディナビヤ地方、ついで上海市で活動した。上海にいるころ、アメリカ人のジャーナリスト、共産主義者のアグネス・スメドレーに紹介されて尾崎と識り合い、その協力をえていた。尾崎は、東京帝国大学法学部政治学科卒業、大学院に学んだのち、朝日新聞社入社、特派員として上海市ではたらいた。かれは在学中から共産主義を信奉していたが、上海で内外人の共産主義者の多くと交際した。その後、尾崎は日本に帰国してゾルゲとの交渉は一時とだえたが、三四年にかれらは再会して、二人の協力関係は復活した。(3)

尾崎は中国問題を専門とするジャーナリストとして早くから注目、評価されていたが、一九三六年一二月、中国で西安事件がおこったときに、かれは事件の行方を正確に予測してその名声をたかめた。のち、第一次近衛内閣が日中戦争の処理を重要な外交課題として登場すると、尾崎は内閣嘱託にむかえられ、首相官邸地下室に専用のデスクをあたえられて勤務することになった。この地位と仕事によって、尾崎は、日中関係を中心にした国政の最高機密にかんする情報の多くを入手することになり、それらはゾルゲにつたえられて、かれからソ連の赤軍参謀本部に報告された。近衛第一次内閣が総辞職すると、尾崎は内閣嘱託の職を解かれたが、近衛のブレーン・トラストによって定期的に開かれていた「朝飯会」の成員にとどまり、国政の最高機密を知る立場にいつづけた。[4]

一九三〇年代の半ばになっても、ソ連からみると、日本がソ連を軍事的に攻撃する危険性は解消しなかった。一例をあげるならば、一九三六年六月の参謀本部第二課が作成した「国防国策大綱」の一節はつぎのとおりである。「先ツ蘇国ノ屈伏ニ全力ヲ傾注ス而シテ戦争持久ノ準備ニ就テ欠クル所多キ今日英米少クモ米国トノ親善関係ヲ保持スルニ非レハ対蘇戦争ノ実行ハ至難ナリ」。[5]これは典型的な北進論の主張である。三六年一一月の「日独防共協定」の「共産『インターナショナル』に対する協定の秘密附属協定」は、日本とドイツがソ連を仮想敵国とすることを明記していた。[6]三九年八月のノモンハン事件では、日本軍とソ連軍・外蒙古軍が戦い、日本軍が壊滅的敗北を喫している。その後、四一年六月初め独ソ開戦まぢかという状況になったさいにも、日本軍部のなかには、これを好機として極東ソ連領を占領するべきだという主張があった。[7]

ゾルゲと尾崎がなによりも知りたかったのは、日本は北進するか、南進するか、であった。すなわち、日本陸軍の主力は北に進んでソ連軍と戦うのか、それとも南に進んでイギリス軍、アメリカ軍などと戦うのか。これにかんする決定的情報をえることが、スパイとしてのゾルゲのもっとも重要な任務であった。一九四一年六月一九日の大本営政府連絡会議は、ドイツとソ連が戦うさいには日本は中立を守ると決定した。独ソ開戦はその三日後の六月二二日であった。六月二三日、陸海軍首脳会議は、日本軍の南部仏印進駐を決定した。尾崎はこの二つの決定にかんする情報を入手して、七月二日の天皇が臨席する御前会議で最終決定される「情勢の推移に伴う帝国国策要綱」は、この二つの決定を踏まえ、日本は北進せず、南進するという選択をすると総合的判断を下した。かれはこの判断をゾルゲにつたえ、ゾルゲはその情報をモスクワに送った。赤軍参謀本部は、それによって関東軍のソ連侵攻はないと判断し、日本軍に備えてソ満国境に張りつけていた極東ソ連軍の数個師団を西に送った。これはモスクワ攻防戦

でソ連軍がドイツ軍に勝利をおさめた一因であるといわれる。(8)

その約三カ月後、一〇月一四日に尾崎が、同月一八日にゾルゲが、警視庁特高警察部特高第一課と外事課によって検挙された。当時の外事課長・緒方信一の回想によると、ことの経過はつぎのとおりである。

警視庁外事課は、かねてから、アメリカより帰国してきた北林モトをスパイ活動の疑いで内偵していた。北林は元アメリカ共産党員であった。彼女はやがて郷里の和歌山県に転居して夫と暮らしはじめたので、その内偵は和歌山県の特高課がひきついだ。この期間、北林には特別の動きはなかった。しかし、日米の開戦が迫り、状況が緊迫してきたので、未解決の重要容疑者は一度検挙してみる方針が立てられた。これによって、一九四一年九月二八日、北林夫妻は特高一課によって検挙され、東京に連行され、六本木署に留置された。この留置先は偶然に決定されたのだが、同署管内にはラムゼイ機関員の宮城与徳が居住しており、北林モトはかれと旧知の間柄であったので、宮城が検挙されたのだと早合点して、宮城との関係を喋った。そこで、宮城を検挙して築地署に留置して取調べをはじめると、ゾルゲ、クラウゼン、ブーケリッチ、尾崎などがスパイ団の重要メンバーであるという自白が引き出された。

これ以後、警視庁は、尾崎以下の日本人容疑者は特高第一課によって、ゾルゲ以下の外国人容疑者は外事課によって、検挙、取調べをおこなうことにした。外事課はゾルゲたちを逮捕したあと、家宅捜索をおこなったが、無線係のクラウゼンの自宅から、無線機、打電された英文、独文の情報原稿一束が発見された。緒方は、それを警視庁にもち帰って読んだが、国民にも知らされていない重大ニュースがつぎつぎにあらわれるので、息をのむ想いであった。そのひとつには、オットー(尾崎のコード・ネイム)によれば、という書き出しで、松岡外相とグルー・駐日アメリカ大使との進行中の交渉の内容がくわしく記されていた。そのあと、緒方は係員といっしょにクラウゼン宅を再度、家宅捜索をして、暗号のための乱数表としてつかわれていた『ドイツ国統計年報』を発見、押収した。それを見せて、クラウゼンを追及したところ、暗号にかんする自白を得た。(9)

前出の宮下弘の『特高の回想』は、このときの尾崎の取調べの現場をつぎのように描写している。尾崎は早朝に逮捕された。午前中は、検事の拘留訊問が形式的におこなわれただけで、実質的な取調べは正午ごろから宮下が伊藤猛虎警部補といっしょにおこなった。証拠調べで尾崎の住所録をみて、共産主義運動の前歴者をピック・アップして、宮下はそこに宮城与徳の名前がないのに気がついた。ついで宮下は、尾崎の自宅に出入りする人びとの名前をかれにあげてもらったが、そこでも宮城の名前が出てこない。宮下は尾崎にいった。あなたがしばしば会っているはずの人物がいるのだが、住所録のなかにも供述のなかにも、その名前が出てこない。これはいったいどういうことですか。尾崎は黙って下を向いて答えなかった。

「そこで、わたしは机を叩いて脅しつけたんです。(中略)ソ連あるいはコミンテルンのスパイとして、いま君を調べているんだ。日本が戦争しているときに、スパイをやっている人間を容赦するわけにはいかんのです！と。／そうしたら、彼はシューンとして、椅子からくずれるように、ずり落ちましてね。真っ青になった。そうして三十分くらい、黙ってましたよ。／それから、スパイ、スパイ、とそうきめつけないでください。ようやくそう言って、椅子に這いあがってね。私はただスパイをやった人間といわれたのでは浮ばれない、私は政治家です。政治家であるということをまず認めてください、と言う。／そりゃあ、君の内心はどうであったかは知らないが、取調べるほうは君が政治家だから取調べるのではない。君が治安維持法、国防保安法、あるいは軍機保護法に違反しているという、法のタテマエから取調べるのだ。(中略)とにかく君は自分が検挙されたほんとうの理由を知っているはずだ。君はどうやら観念したように見えるが、どうだ、話さないか、ということで、ここではじめて宮城与徳の名前を、わたしから出したわけです。宮城とはどういう関係か、と。ブーケリッチという人物もわかっているし、背後にいるドイツ人もつかんでいる、と」[10]。

尾崎は夕方までに容疑の大筋を認めた。その日の取調べは深夜までつづいた。拷問をしたのかという質問にたいしては、宮下ははっきり否定している。「わたしはそういうやりかたには性格的にも反対ですし、いやしくも近衛さんの大事な人なんだから、拷問なんぞやりませんよ」。そのあとの尾崎の取調べは、高橋与助警部が担当した。尾崎が高橋から目黒署で取調べをうけたとき、五日間にわたって拷問をうけたと、同署の看守が語ったのを聞いたという証言がある。これについても宮下は否定した。「本人がスパイであることは、その日のうちにわたしが自白させたのだから、そのあとの取調べで拷問する必要はないし、するはずもない。根本的な自供のあとは、こまかく調書をとるのに何日か時間がかかるだけですから」[11]。

宮下のその証言は一九七八年初めにおこなわれた。それから二二年のち、二〇〇〇年九月にモスクワで第二回ゾルゲ事件国際シンポジウムが開かれ、ロシア側のパネリスト、トマロフスキー・ウラジミール・イワノビチが「ゾルゲ博士の現象――真実と虚構」という題の報告をおこなった。そのなかで、かれは、ロシア語に翻訳された日本の内務省警保局の内部資料、ゾルゲ事件にかんする「特高捜索員褒賞上申書」を材料としてつかっていた。この資料は日本では知られていなかった。日本語のオリジナルはロシア側に保存されていなかった。現物は関東軍憲兵隊が保管していて、敗戦まぎわに満州に侵攻してきたソ連軍に押収され、その内容がおそらく日本語とロシア語の双方ができる朝鮮人によってロシア語に訳され、その訳文のみがソ連本国にもち帰られたと推定された。訳文には間違いが多いそうである。しかし、貴重な資料であるのはたしかである。この材料は日本の研究者たちに提供され、その研究がはじめられた。渡辺富哉の論文によると、ゾルゲ事件にかんするいくつかの通説がくつがえされるらしいが、その紹介と吟味に深入りしない。ただし、渡辺は、尾崎が宮下と高橋によって拷問されたと推測している。[12]

尾崎への拷問の有無について、宮下の言い分と渡辺の言い分は対立している。いまの段階で、私は、そのどちらが正しいかを判定することはできない。尾崎とゾルゲはそれから約三年後、一九四四年一一月七日、死刑に処せられた。ひところ流行した、共産主義を信奉する理想主義者が、天皇制国家の暴虐な官憲によって捕えられ殺されたというような論法をとろうとはおもわない。いまとなっては、共産主義イデオロギーも天皇制イデオロギーも似たようなものである。どちらも一神教の教義が原型になっており、共産主義イデオロギーはそれを未来のユートピア思想に仕立て、天皇制イデオロギーはそれを過去の現人神思想に仕立てたにすぎない。事件の全体を振り返っての私の感想は、つぎのフレーズにつきる。lose the battle but win the war. 邦訳は時制を過去にしたい。戦闘に負けたが、戦争には勝った。ゾルゲと尾崎は、逮捕、自白、刑死という戦闘で敗北したが、ドイツ軍からモスクワを防衛するにいたるまでの戦争では勝利した。逆に内務省と警視庁は、長期にわたる戦争で敗北したが、最後の一回きりの戦闘では勝利した。この歴史的観点にたてば、拷問の有無など些事でしかない。

（1）　江口圭一『大系日本の歴史14　二つの大戦』小学館、二〇〇二年、二五九ページ。
（2）　白井久也「リヒアルト・ゾルゲの諜報活動と尾崎秀実の果たした役割」白井編著『国際スパイ、ゾルゲの世界戦争と革命』社会評論社、二〇〇三年、一二ページ。
（3）　小尾俊人「歴史のなかでの『ゾルゲ事件』」みすず書房編集部編『ゾルゲの見た日本』みすず書房、二〇〇三年、一八〇―一八四ページ。
（4）　「リヒアルト・ゾルゲの諜報活動と尾崎秀実の果たした役割」一三―一六ページ。
（5）　参謀本部第二課「国防国策大綱」稲葉正夫ほか編『太平洋戦争への道　別巻資料編』朝日新聞社、一九六三年、二二四ページ。

(6)　大畑篤四郎「日独防共協定・同強化問題（一九三五―一九三九年）」日本国際政治学会太平洋戦争原因研究部編『太平洋戦争への道第五巻　三国同盟・中ソ中立条約』朝日新聞社、一九六三年、三一―三四ページ。

(7)　細谷千博「三国同盟と日ソ中立条約」同右、三〇九ページ。

(8)「リヒアルト・ゾルゲの諜報活動と尾崎秀実の果たした役割」一九―二〇ページ。

(9)　緒方信一「ゾルゲ事件の捜索には偶然が重なる」『続内務省外史』一六八―一七二ページ。

(10)　宮下弘・伊藤隆・中村智子編著『特高の回想――ある時代の証言』田畑書店、一九七八年、二一五―二一六ページ。

(11)　同右、二一八ページ。

(12)　渡辺富哉「伊藤律端緒説を覆す新しい資料がロシアで発掘される」『国際スパイ、ゾルゲの世界戦争と革命』一二二―一三六ページ。

8　治安維持法政策の展開

特高警察と思想検察は一九三三年までに治安維持法によって日本共産党の組織を完全に消滅に追いこんだ。治安維持法は元来、共産主義者と無政府主義者の結社を禁止することを目的としていた法律で、途中から共産党の禁止をもっぱら狙うようになっていたから、そのかぎりでは、三三年にその目的を完遂したといえる。しかし、その後、治安維持法は一九四五年の敗戦後、同年一一月一五日に廃止されるまで、政治的弾圧、宗教的弾圧の猛威をふるった。弾圧の対象となったのは、共産党の外郭団体および権力がそうだとみなしたもの、マルクス経済学や唯物論哲学の研究者たちやかれらの団体、国体変革の意図をもつと疑われた新興宗教団体、朝鮮の独立運動の団体および権力がそうだとみなしたもの、などであった。

治安維持法によって規制される対象は、日本共産党からこれらの団体や人びとに拡大していった。その過程で拡大のために特高警察や思想検察はかなり恣意的な法解釈をおこなったが、それでもその法による宗教団体の規制には無理があった。その無理をなくすために、一九四一年には新しい治安維持法がつくられることになるが、その説明は他書にゆずる。(1) それにしても、なにによってこの拡大はおこなわれたのか。(1)官僚制機構は当初に目的とした仕事を完遂すると、その組織の維持のために、新しい別の仕事をつぎつぎと創り出す。この官僚制の一般的傾向がはたらいた。(2)軍部独裁時代、政府や軍部はそれまで以上に権力批判を嫌い、それを出現する以前に封殺しようとした。(3)権力の内部抗争において、相対的にみての保守勢力（たとえば観念右翼）が、革新勢力（たとえば昭和研究会）を攻撃するのに、治安維持法をつかった。

拡大の主要事例をあげてみる。

(1)　一九三四年（昭和九年）二月、日本プロレタリア作家同盟は、組織解体の声明書を発表した。それにさきだって、三二年には有力成員であった中野重治、宮本百合子、窪川鶴次郎、壺井繁治たちは検挙されており、三三年には小林多喜二が特高警察によって拷問され殺害されていた。この組織は日本共産党の外郭団体であった。さきの解体声明書は、解散の理由として、第一に、治安維持法の改悪に集約される敵階級の攻撃の激化とそれに抵抗することができぬ自らの組織の弱さをあげている。(2) この解散に前後して、日本共産党の外郭団体であったすべてのプロレタリア団体が機能停止か解散に追いこまれた。

(2)　一九三六年（昭和一一年）七月、マルクス主義経済学の講座派の学者たち、山田盛太郎、平野義太郎、小林良正などが検挙された。かれらは三二年から三三年にかけて『日本資本主義発達史講座』全七巻を編集・執筆し、岩波書店から刊行しており、『日本封建制講座』の刊行を計画中であった。特高警察は、前出の発達史講座などにおける研究が日本共産党の戦略・戦術の作成に貢献しているので、治安維持法違反の容疑があるとした。検挙された学者たちの役割は、ソ連のコム・アカデミーと同じであるとして、警察当局はこの事件をコム・アカデミー事件と名付けた。山田たちは、三六年一二月、東京地裁検事局に送られ、取調べをうけたが、翌年三月、全員、起訴猶予処分となった。(3)

(3)　一九三七年（昭和一二年）一一月、京都の同人雑誌『世界文化』の同人、中井正一、新村猛、真下信一などが検挙された。その後、久野収も逮捕されている。この雑誌は、文学、思想、歴史などの論文を中心に、海外文化情報にも力を入れる高水準の文化誌で、毎号、新聞紙法の出版手続きを守って刊行され、検閲を通っていた。この事件で検挙された者は、劣悪な拘禁状態に閉じこめられ、「日本に共産主義社会を実現するために文筆活動をやりました」と強引に告白させられた。起訴された者は一八名で全員有罪、転向した一七名には執行猶予がつき、二年前後の拘禁ののち、釈放された。転向しなかったひとりは投獄され、四一年の秋か冬に獄死したとつたえられている。(4)

(4)　一九三七年（昭和一二年）一二月、日本無産党、労農派グループの成員が逮捕された。労農派を一言で説明するのは非常に困難であるが、一面的説明をあえてすると、山川均を有力なイデオローグとする、労働者・農民を基盤とするが、さまざまな反ブルジョア的要素を包含した共同戦線を主張する政治勢力で、共産党と対抗し、合法政党として日本無産党を形成していた。特高警察は、労農派は「『プロレタリアート』の独裁政治」を樹立することを目的とする結社であるので、治安維持法を適用することができるとした。これは人民戦線事件と命名されたが、その一環として、三八年二月に、労農教授グループと呼ばれた学者たち、大内兵衛、有沢広巳、脇村義太郎などが検挙され、美濃部達吉も連行された。かれらは、最終的には六年後に無罪となったが、その間に大学教師の職を失い、ジャーナリズムでも仕事の機会がなく、生活に苦しんだ。(5)

(5)　一九三八年（昭和一三年）一一月、かつての唯物論研究会の有力成員、岡邦雄、戸坂潤、永田広志など一三名が検挙され、のち、岩崎昶、古在由重も検挙された。かれらの大多数は正統派の唯物論哲学を奉じて、一九三二年から唯物論研究会を組織し、研究・啓蒙活動をおこなってきたが、労農教授グループの検挙により、身の危険を感じ、三八年一月に同会を解散していた。しかし、特高警察・思想検察は、同会を設立当初からコミンテルンと日本共産党の外郭団体であったとし、同会の結成者、参加者はコミンテルンと日本共産党の目的遂行のためになる行為をした、その解散は偽装であると断定した。司法機構もこの判断を採用した。検挙され起訴された人びとは、治安維持法によって有罪とされ、投獄された。戸坂のばあい、長野刑務所で服役し、敗戦直前、四五年六月に獄死し

ている。(6)

(6)　紙幅の制約があるので、治安維持法による宗教団体の取締まりは一例にかぎり、ほかは列挙にとどめる。一九三五年（昭和一〇年）一二月、大本教団の一斉取締まりがおこなわれ、総裁・出口王仁三郎と側近が検挙され、翌三六年末までに九八七名が検挙された。これには、治安維持法のほか刑法第七四条の不敬罪の規定がつかわれた。大本の教義が説く理想郷が国体の変革、天皇への不敬を示唆するというのである。三六年三月、出口らは起訴されたが、当日、内務省は大本にたいして結社禁止命令を出し、その本拠地・京都府の知事にすべての教団建設物の破却命令を出すように指令した。裁判では、出口のばあいのみいうと、第一審では治安維持法違反と不敬罪で無期懲役、第二審では治安維持法は適用できない、不敬罪で懲役五年とされ、ただし、第二審判決までに事件から六年半が経過していた。大審院では、出口と検察の双方からの上告が棄却された。奥平康弘は、内務省が治安維持法によって大本教団を弾圧した真の動機は、同教団が右翼や軍の一部と手を結んで、宮廷に国家改造を要求するのを、天皇側近の西園寺公望、木戸幸一などが嫌ったところに由来したと推測している。(7)

(7)　ほかに一九三六年（昭和一一年）一二月には新興仏教青年同盟、三八年（昭和一三年）一一月には天理本道、天理神之口明場所、三里三腹元、三九年（昭和一四年）五月に天理三輪講、灯台社などの宗教団体が、治安維持法違反の容疑で取り締まりをうけ、成員が検挙されている。新興仏教青年同盟のケースは、前出の人民戦線事件の一環とみなせる。(8)灯台社はキリスト再臨、千年王国の建設をうたって、国体変革の意図があるかという嫌疑をうけた。(9)

(8)　一九三八年一〇月から四一年四月にかけての企画院事件についても、具体的に紹介する紙幅がない。これまでの研究で、特高警察などがでっちあげた、まったく実体のない空中楼閣の事件であることが判明している。主要な被検挙者は、佐多忠隆、和田博雄、和田耕作、勝間田清一、岡倉古志郎など。思想犯の前歴をもち、昭和研究会につながる近衛のブレイン・トラストを平沼騏一郎などの観念右翼が、治安維持法をつかってねらい撃ちしたといわれている。[10]

(9)　一九四二年九月から四四年春までの横浜事件。これも、これまでの研究で、特高警察などのまったくのでっちあげ事件であったことが判明している。細川嘉六ほか五〇名ちかい人びとが検挙され、そこには多くの編集者がふくまれていた。取調べで拷問が多用され、四名が獄死、四名が釈放後に死亡している。事件が起きた直後に敗戦となったので、拷問をおこなった特高警察官が起訴され、三名が有罪とされた。[11]

以上の事例は、治安維持法違反事件の代表例としてその質的構成を示している。これにたいして、その量的構成はどうなっているか。よく紹介される資料として「治安維持法違反事件年度別処理人員表」という統計表がある。統計がつくられている時間域は、一九二八年（昭和三年）から一九四三年（昭和一八年）の一月から四月までである（四三年の分が一月から四月までとされているところをみると、この時間域の区切りは、年度ではなく、年ではないかと推量される。以下、その推量にしたがって叙述する）。二八年からはじまっているのは、二五年に制定された治安維持法が、二八年に緊急勅令によって大幅な改正をうけたせいであるとおもわれる。結果として、この統計表は、政党政治時代の最後の五年間と軍部独裁時代の大部分、一〇年四カ月を、時間域としてカヴァしていることになる。

犯罪区別は「左翼」、「独立」、「宗教」の三つであるが、ここでいう「独立」は、植民地としての朝鮮や台湾の独立運動をいう。処理区別は「検挙人員」、「起訴」、「不起訴」、「処理人員」にわかれる。「不起訴」は原表では「起訴猶予」、「留保処分」、「無嫌疑」、「其ノ他」に再区分されているが、この再区分はつかわないことにした。

概況をみると、政党内閣時代の最後の五年間では、犯罪区別は「左翼」にかぎられており、合計で、検挙人員三万八八五二、起訴二二七八、である。これまでの叙述から、このほとんどは日本共産党員とそのシンパであろうとおもわれる。

ついで、軍部独裁時代に入って、最初の一〇年余で、「左翼」は検挙人員二万五九九二、起訴三二六九、「独立」は検挙人員五九八、起訴一二一、「宗教」は検挙人員一七一三、起訴四五六、である。三つの区別の合計は、検挙人員二万八三〇四、起訴三七四六、である。

一五年余で、治安維持法違反の容疑で検挙された者の延総数は六万七一五六、起訴された者の延総数は六〇二四、となる。これにはどのような意味があるか（表6-9）。

治安維持法は悪法であったといわれてきた。それは、思想の自由、学問の自由、信仰の自由、表現の自由などの権利を侵害し、極端なばあいにはその権利の持ち主である人間の生命をうばう悪法であった。この悪法の犠牲者として、さきの六万七〇〇〇余、六〇〇〇余をみなければならない。これは治安維持法にかんするこれまでの論議から引き出されやすい判断である。

これにたいして、いまひとつ新しい判断をつけくわえたい。さきにいった思想、学問、信仰、表現などを一括する社会科学のタームとして、イデオロギーという用語がある。イデオロギーは、社会とのかかわりにおいて大きく二分される。社会の現状や過去を批判するイデオロギーと理想の社会を構想するイデオロギーである。約言すれば、社会批判のイデオロギーと社会構想のイデオロギーといってもよい。二つのイデオロギーは密接に関連するばあいが多いが、別のものである。理想の社会を基準にして、現実の社会やその歴史をみるとき、それらへの批判がうまれる。理想の社会はユートピアとして描写されている。ユートピアの純粋さは、しばしば、社会批判の問題意識の鋭敏さとなってあらわれる。ユートピアが革命によって実現されたとき、それはしばしば管理過剰の専制社会、暗

表 6-9　治安維持法違反事件年度別処理人事表

年　度	犯罪区別	検挙人員	起　訴	不起訴	処理人員
1928/S3	左　翼	3, 426	525	188	713
1929/S4	左　翼	4, 942	339	29	368
1930/S5	左　翼	6, 124	461	348	809
1931/S6	左　翼	10, 422	307	531	838
1932/S7	左　翼	13, 938	646	1, 552	2, 198
合　計	左　翼	38, 852	2, 278	2, 648	4, 926
1933/S8	左　翼	14, 622	1, 285	2, 265	3, 850
1934/S9	左　翼	3, 994	496	1, 490	1, 986
1935/S10	左　翼	1, 718	113	468	581
1936/S11	左　翼	1, 207	97	220	317
	宗　教	860	61	184	245
	計	2, 067	158	404	562
1937/S12	左　翼	1, 292	210	315	525
	独　立	7			
	宗　教	13		4	4
	計	1, 313	210	319	529
1938/S13	左　翼	789	237	432	669
	独　立		3	2	5
	宗　教	193			
	計	982	240	434	674
1939/S14	左　翼	389	163	409	572
	独　立	8		3	3
	宗　教	325	225	74	299
	計	722	388	486	874
1940/S15	左　翼	713	128	237	365
	独　立	71	12	11	23
	宗　教	33	89	91	180
	計	817	229	339	568
1941/S16	左　翼	849	205	344	549
	独　立	256	29	69	98
	宗　教	107	2	10	12
	計	1, 212	236	423	659
1942/S17	左　翼	332	217	426	643
	独　立	203	62	225	287
	宗　教	163	60	64	124
	計	698	339	715	1, 054
1943/S18 1月-4月のみ	左　翼	87	18	49	67
	独　立	53	15	48	63
	宗　教	19	19	17	36
	計	159	52	114	166
合　計	左　翼	25, 992	3, 169	6, 655	10, 124
	独　立	598	121	358	479
	宗　教	1, 713	456	444	900
	計	28, 304	3, 746	7, 457	11, 503

資料出所：奥平康弘編『現代史資料（45）治安維持法』みすず書房，1989年，pp. 646-649.

黒社会に転化する。しかし、だからといって、理想社会を基準にした現実の社会への批判までを否認してはならない。社会批判は現実の社会が健全であるための必要条件である。社会批判を欠くとき、現実の社会は必然的に頽廃する。

以上の判断にもとづいていえば、治安維持法は、一五年余にわたって、社会構想のイデオロギーと社会批判のイデオロギーをもつ多数の人びとを一定期間、社会生活から遠ざけてきた。かれらの数は七万ちかくとも、六千あまりともいってよい。かれらのユートピアは、共産主義社会や人民戦線、千年王国から世直り（天理本道）、立直し（大本教）まで、千差万別である。ひとりの社会学研究者として、私は、それらのユートピア・イメージの実現には関心はまったくなく、実現してしまった管理社会には嫌悪があるのみである。しかし、多数のかれらの鋭敏な問題意識にもとづく社会批判を封殺したということは、その時代の日本社会にどのような影響をおよぼしたであろうかとは切実に問いたい。軍部独裁のもと、狂気の自爆戦争に向かう歴史への影響はどうであったか？　その影響力を科学的に測定する方法はない。しかし、社会学的想像力によって、われわれは、治安維持法の罪の大きさをおもうことはできるのである。

（1）　奥平康弘『治安維持法小史』筑摩書房、一九七七年、二〇七―二二五ページ。
（2）　平野謙『昭和文学史』筑摩書房、一九六五年、一三八ページ。
（3）　明石博隆、松浦総三編『昭和特高弾圧史1――知識人にたいする弾圧・上』太平出版社、一九七五年、九〇―九三ページ。『治安維持法小史』一六六―一七〇ページ。
（4）　『治安維持法小史』一八八―一九二ページ。
（5）　小山弘健・岸本英太郎編著『日本の非共産党マルクス主義者――山川均の生涯と思想』三一書房、一九六二年、一七二―一八四ページ。『昭和特高弾圧史1――知識人にたいする弾圧・上』一七三―一七六、一八六ページ。『治安維持法小史』一七六―一八六ページ。
（6）　「戸坂潤略年譜」『戸坂潤選集』第八巻、伊藤書店、一九四八年、二七一―二七三ページ。『昭和特高弾圧史1――知識人にたいする弾圧・上』二〇一―二〇五ページ。『治安維持法小史』一七〇―一七五ページ。

（7）徳重高嶺「大本事件」小池健治・西川重則・村上重良編『宗教弾圧を語る』岩波新書、一九七八年、三―三九ページ。『治安維持法小史』一九二―二〇二ページ。
（8）壬生照順「新興仏教青年同盟事件」『宗教弾圧を語る』八一―一一六ページ。
（9）『治安維持法小史』二〇三―二〇四ページ。
（10）明石博隆・松浦総三編『昭和特高弾圧史2――知識人にたいする弾圧・下』太平出版社、一九七五年、二四―五三ページ。『治安維持法小史』二二六―二三一ページ。
（11）『昭和特高弾圧史2――知識人にたいする弾圧・下』二五六―二八七ページ。『治安維持法小史』二三二―二四一ページ。

9　神祇院と神道史観

　このようにして、治安維持法政策は一九三〇年代をとおして猛威をふるったのだが、国家権力はそれに三九年から四〇年にかけて、思想統制をめざす二つの新しい政策をつけくわえた。ひとつは文部省が所管する宗教団体法にもとづく政策である。同法は三九年に公布され、四〇年から実施されたが、国家による宗教団体の監督、統制、保護、育成を目的としていた。宗教団体は教派神道、仏教、キリスト教その他に三分され、統制の便宜上、各宗教のなかの各会派はできるかぎり合同させられた(1)。いまひとつは、内務省の外局としての神祇院がおこなった政策である。神祇院は四〇年に神社局の拡大として設置され、神社行政を強化し、国家神道の教義の整備・普及につとめた。国家神道はこれによって、ほかの諸宗教の上位に位置づけられ、国体の教義を全国民に強制した。

　神祇院の設置にいたるまでの経過を略述しておく。一九二九年（昭和四年）一二月、浜口内閣のもとで、勅令で「神社制度調査会官制」が公布され、神社制度調査会が発足した。同会は内務大臣の監督下におかれたが、その主要な課題は神社法の制定のための準備作業であった。しかし、同会は神社の本質にかんする論議でゆきづまってしまった。すでに述べたように、明治政府は国家神道をつくるさいに、神道は宗教ではない、祭祀であるというタテマエをとっていた。だから、すべての国民が国家神道の祭祀に参加することを義務づけられても、それは「大日本帝国憲法」で保障される信仰の自由と矛盾しないという訳であった。神社制度調査会も、さきのタテマエを再確認せざるをえなかった。それは、神社法で神社信仰を無条件にすべての国民に強制したいという国家権力の意向と両立しなかった。また、多くの神社が実際には宗教活動をおこなっていたが、これにたいする他宗教などからの批判に、さきのタテマエは根拠をあたえることになった。

神社制度調査会の論議は、統一的神社法の制定をめざして神道の本質を本格的に考究することを避けて、神社制度の具体的な課題をひとつずつとりあげてゆくほかなかった。公費（地方費）からの神社費供進、招魂社を護国神社として整備すること、神職待遇の改善などが、内務大臣に答申され、実施された。それらのあいだで、一九三六年（昭和一一年）一一月、「神祇ニ関スル特別官衙設置ノ建議案」が審議、可決され、広田首相と潮内相に建議された。(2)

この建議が実現されるまでに四年にわたる曲折の経過があったが、その紹介は省略する。一九四〇年一一月九日、「神祇院官制」が公布され、外局神祇院が設置された。神官、神職をはじめ神道を支持する政治家、官僚、軍人たちは、この設置を大歓迎した。一八七二年（明治五年）八月、神祇官が神祇省に格下げになったときから、神祇官復興運動は全神道界の積年の課題であったが、それが神祇院の設置によって実現したとかんがえられたのである。

神祇院が発表した「神祇院の開設について」の冒頭の部分はつぎのとおりであった。「思ふに神祇祭祀は我が国体の基本であり、また国民道徳の源泉である。この大本を明かにすることによって庶政は常に正しきを得、国民もまた各々向ふ所を誤らず、いよいよわが国体の精華を発揮することができるのである。これ、古来歴朝神事を以て朝儀の第一とせられた所以であるが、下国民も亦この聖旨を奉戴して、父祖相伝へてこの道を踏み誤ることのないやうに深く心掛けてきたのである。／この意味に於て、今回神祇院が設置せられ、いよいよ神祇崇敬の本義を明かにすることになったことは、時局下まことに意義深いことといはねばならない(3)」。現代語訳しておく。

思うに神々を祭ることは、わが国家の美質の根幹であり、国民の道徳の源泉である。この根源をあきらかにすることによって、政治はつねに正しくあることができ、国民もそれぞれ生き方を誤らず、いよいよ国家の美質は実現するのである。これは古来、代々の朝廷が神事をもってその儀式の第一とした理由であるが、下にいる国民もこの天皇の意向をいただき、祖先からあいつたえて、この道を踏み誤ることがないように深く心掛けてきたのである。／この意味において今回神祇院が設置され、いよいよ神々の崇敬の本質をあきらかにすることになったのは、時代の政治状況のなかでまことに意義深いことといわねばならない。

約言すれば、神社制度調査会は、神社法をつくることに失敗し、神祇院をつくることに成功した。すなわち、神道の宗教的本質をあきらかにして、その教義を体系化し、それを法制度化することはできなかった。できたのは、祭祀としての神道を専管する官庁をつくり、神社などと神官などを管理させ、神道思想を国民に普及させようとしたことまでであった。「神祇院官制」の第一条はつぎのようにさだめられた。

「第一条　神祇院ハ内務大臣ノ管理ニ属シ左ニ掲グル事務ヲ掌ル

一　神宮ニ関スル事項／二　官国幣社以下神社ニ関スル事項／三　神官及神職ニ関スル事項／四　敬神思想ノ普及ニ関スル事項(4)」。

前記の一から三までは、それまでの神社局所管事項と同じである。四は、神社局の所管事項には入っておらず、ここに新しくつけくわえられたものである。神祇院の設置のねらいがこの四に集約されている。

それでは、そこでいわれる敬神思想とはなにであるか。神祇院は、一九四四年（昭和一九年）六月、『神社本義』を編纂、刊行した。その内容は、神祇院が完成した敬神思想であるとみられる。同書は全七章から成っており、まず、各章の標題を列記するとつぎのとおりである。一、国体と神社、二、神社の祭神、三、神社の社殿及び境内、四、神官神職及び氏子崇敬者、五、神社の祭祀、六、神社と国民生活、七、結語。一と七をとりあげ、紹介してみる。ただし、古語を多用した神がかり的な心情による国家の独善の主張は、近代的・合理的理性の言葉の対極にある。妄想を妄想のままに紹介するほかはない。

「一、国体と神社」では「（一）国体と惟神《かんなが》の大道」がとくに重要である。国体という概念については多くの論議があるが、さしあたっては、さきにいったように国家の美質くらいに理解してもらうことにする。大日本帝国は天皇家の始祖、天照大神が創始した国家であり、その子孫である歴代の天皇が始祖の教えどおりに統治してきた。この国体はほかの国々にはみられないものである。天皇は、神の子孫であって、自らも神である（現御神《あきつみかみ》、人間ではない）。惟神とは、「神としているままに」の意味であり、惟神の大道とは、神である天皇が神の心でこの国家を統治する方法である。そのような国家として日本は神国である。国民は神である天皇の恩をうけて、代々天皇に服従して、忠孝の美徳を発揮し、君主が親、国民が子の関係にある一大家族国家を形成する。(5)

歴代の天皇は、神々を崇敬し、天照大神の神意をうけて、国家の統治にあたってきた。この本質が祭政一致である。神々は神社に祭られている。それは、天照大神や天皇家に忠をつくしてきた各氏族の祖先の神霊であるから、国民が神々を崇敬することは、皇室への忠、祖先への孝であって、敬神と尊皇と崇祖は一致する。約言すれば、敬神は、天皇にとっては祭政一致の条件であり、国民にとっては忠孝一致の基礎である。(6)

著者のコメントをはさませてもらいたい。一神教と多神教のそれぞれの一般的定義によれば、神道は多神教のひとつである。それは八百万《やおよろず》の神々がいると公称し、死者の霊魂をつぎつぎに神として祭り、ときに生神様まで祭る。しかし、神々のなかでの天照大神の絶対的優位、あるいは、現世における唯一の現人神である天皇の絶対的優位にもとづく教義の展開は、神道に一神教まがいの性格をまぎれこませることがある。くわしい論議は私のほかの著書にゆずるが、一九三七年（昭和一二年）に発表された「国体の本義」において、そのような神道観、天皇観が予告されていた。その天皇現人神説は、①天皇は現人神である、②この神は西洋の宗教でいうところの絶対神ではない、

③天皇は祀る神であって、祀られる神でもある、と主張していた。私は、この考えかたは、和辻哲郎が「尊皇思想とその伝統」で提出した現人神の思想の歪曲、矮小化であり、それゆえに「現人神の概念はその独自の性格を失い、西洋宗教の絶対神ではないという断わり書きにもかかわらず、その絶対神まがいのものになってしまっている」と批評した。[7] 前々節で、天皇制イデオロギーは一神教の教義を過去の現人神思想に再編したものであるといったが、その一神教の教義の出所はこのあたりである。

「七、結語」は、神社の本質が祭祀にあり、大日本帝国の政治、軍事、教育、産業、経済、文化に深い関係をもつと説きおこしている。その一々の説明を紹介する紙幅がない。二つのセンテンスを引用し、解説するにとどめる。

ひとつは、文中に採録された「米国及び英国に対する宣戦の詔書」の一節からである。「皇祖皇宗ノ神霊上ニ在リ朕ハ汝有衆ノ忠誠勇武ニ信倚シ祖宗ノ偉業ヲ恢弘シ速ニ禍根ヲ芟除シテ東亜永遠ノ平和ヲ確立シ以テ帝国ノ光栄ヲ保全セムコトヲ期ス[8]」。現代語訳し、わずかな説明をはさむことにする。

天照大神と歴代の天皇の神霊がわれわれのうえにあり（われわれを守護し、教導してくださっている）、私は、多勢のおまえたちの忠誠と勇武を信じ頼みにし、祖先からひきついだ事業を拡充し、速かに禍いの原因を取り除き、東アジアに永遠の平和を確立し、それによって帝国の光栄を確保することを決心した。

いまひとつは、「七、結語」の末尾のセンテンスである。「まことに天地の栄えゆく御代に生れあい、天業恢弘の大御業に奉仕し得ることは、みたみわれらの無上の光栄であって、かくして皇国永遠の隆昌を期することができ、万邦をして各々その所を得しめ、あまねく神威を諸民族によって光被せしめることによって、皇国の世界的使命は達成せられるのである[9]」。

まことに日本のすべてが繁栄する時代に生まれて、天命による事業をますます発展させる天皇の仕事のために働くことができるのは、人民としてのわれわれの無上の光栄であり、こうして天皇の国家が永遠にわたっての興隆、昌運を体験することを期待することができる。ほかのすべての国々を、日本を頂点とする国際秩序のなかでそれぞれその力量相応の位置においてやり、日本の神々の威光を諸民族に感受することができるようにしてやることによって、世界を支配、指導するという日本の使命は達成されるのである。

『神社本義』は、国家神道の教義体系であり、大日本帝国と自称した極東の小国が世界戦争と世界支配を夢見るためのイデオロギーであった。神祇院が同書を刊行したのは一九四四年六月である。太平洋戦争の戦況は、当時、すでに日本の敗色が濃厚であった。その直前にアメリカ空軍は北九州の爆撃を開始しており、その直後にアメリカ軍のサイパン島占領、インパール作戦での日本軍敗退があった。日本の敗戦はそれからわずかに一年二カ月たらずのちのことである。この歴史的時間の経過のなかにおいてみると、国家神道の教義体系は、イデオロギーというよりも、パトロギー、病理学の対象、あるいは病理そのものであるというほうが、適切なようにおもわれる。

ただし、『神社本義』の病理的ナショナリズムにたいして、内務官僚の大多数は内心ではまきこまれず、醒めた態度でいたらしい。神祇院の初代総裁にはときの内務大臣、安井英二が就任し、副総裁にはそれまでの神社局長であった飯沼一省が任命された。飯沼は、一九四〇年（昭和一五年）四月に神社局長になり、同年一一月に神祇院副総裁となり、四六年一月、GHQによる神道指令で神祇院が廃止されるまで、その職位にあった。そのあいだに総裁の内務大臣はつぎつぎに交代して一一人におよんでいる。この経歴から、飯沼は、内務官僚にとっての神社行政を語る適任者のひとりであろう。戦後、内政史研究会のききとり調査のなかで、かれはつぎのように語っている。

「内務省の官吏ならば、誰でも神社局の仕事はできる筈のものです。しかし当時の実情としては、内務省を志望される人で、神社の仕事をやりたいという人はおそらく一人もいなかったのではないでしょうか。（笑い）私は、戦争中ずうっと神祇院の副総裁をやりましたけれども、せっかくいい人を見つけてきましても、すぐほかの局へとられてしまうのです。また、中には、『この戦争の激しい時にとてもこんな仕事やっておられません』といって、司政官になって南へ行った人もありました。（笑い）どうもなかなかむずかしい。／やはり、神様を拝むことが好きでないととても勤まりません。私は別に好きだということではなかったのですけども。（笑い）」「私の家は神道で、神棚を拝むことは子供の時から教えられていました。それは人によってはみそぎといって、水をかぶって神様を拝んでいた人もあるかもしれませんが、私はそうあんまり変わったことはしない。（笑い）神社にお参りすることはたびたびありますよ。場合によっては、やはり、衣冠を着用してお祭りに出なければなりませんし、祭式も一応覚えなければなりません。（中略）祝詞の研究もしなければなりません。だから、そういうことに興味なり関心なりをもたなければ、それはとても勤まるものではありませんね[10]」。

（1）村上重良『国家神道』岩波新書、一九七〇年、二〇四―二〇五ページ。
（2）「通史」四七四―四七五ページ。
（3）神祇院「神祇院の開設について」内務省・厚生省『内務厚生時報』第五巻第一一号、一九四〇年、一九五ページ。
（4）「神祇院官制」『法令全書』第一四巻―五、原書房、二〇〇〇年、六七八ページ。
（5）神祇院編纂『神社本義』印刷局、一九四四年、一―三ページ。
（6）同右、一三―二〇ページ。
（7）副田義也『教育勅語の社会史――ナショナリズムの創出と挫折』有信堂、一九九七年、二七〇―二八二ページ。
（8）『神社本義』一二八ページ。
（9）同右、一三二―一三三ページ。

（10）　内政史研究会『内政史研究資料第七九・八〇集　飯沼一省氏談話速記録　第一回昭和四四年三月七日、第二回昭和四四年三月二七日』六二―六三ページ。

10 防空政策の破綻

敗戦の前年、一九四四年（昭和一九年）度の内務省の財政において一般会計歳出臨時部の構成をみると、総額が一一億一四七八万四〇〇〇円で、費目別で首位にくるのが「防空対策諸費」四億九四七五万円、これは総額の四四・四%を占める。同年度の一般会計経常部の総額は一〇億六〇三〇万六〇〇〇円で、費目別では「地方分与税分与金」が九億一六三万二〇〇〇円で、総額の八五・〇%までを占めている（表6-6、6-5）。このころの内務行政の主要なものは、一に財政調整制度、二に防空行政であったといってよい。

そこまでの防空行政の歴史的経過と、太平洋戦争の最後の一年あまりでアメリカ空軍が日本の諸都市にくわえた爆撃による被害状況をみて、それに対抗しきれなかった内務省の防空行政の力の限界をうかがっておこう。あらためていうまでもないが、その防空行政の限界は基本的には内務省自身の責任に属さない。交戦中の国家の防空政策は、軍政と内政の両面にまたがって成立しており、軍政の防空政策が基礎部分であり内政の防空政策は補助部分である。当時の日本のばあい、軍政の防空政策があまりに非力であって、それが内政の防空政策に過剰に負担をかけたのであった。しかし、以下では、この事情にはこれ以上はふれず、内政の防空政策をもっぱら叙述する。

一九三三年（昭和八年）八月一一日、『信濃毎日新聞』は、「関東防空大演習を嗤う」という挑戦的なタイトルの社説を発表した。執筆者は当時の同紙の主筆、桐生悠々であった。その論旨はつぎのとおり。このような架空的な演習をおこなっても、将来、実際に役立つことはないであろう。もし、敵機を帝都の空に迎え撃つことになれば、人びとは気落ちして、敵に和を乞うことになる。我機を総動員して敵機に当っても、そのすべてを撃墜することはできず、二、三機は討ちもらされて、帝都に爆弾をまきちらし、木造家屋が多い東京市は一気に焼土と化すだろう。不断から訓練されていても、まさかのときには恐怖の本能をどうすることもできない。火災のなか、市民は逃げまどい、関東大震災当時の惨状がくり返される。だから、帝都を空襲されるということは我軍の敗北そのものである。敵機を日本の領土の空に入れてはならない。その作戦計画のもとでなければ、防空演習はいかに大規模であれ、いかにくり返されようと、実戦ではなんの役にも立たない。今度のような防空大演習は、パペット・ショウ（人形芝居）にすぎない。[1]

この社説に軍部と右翼は激怒した。かれらは信濃毎日新聞社に暴力的威嚇や不買運動をふくむさまざまな圧迫をくわえた。同社は二カ月にわたって抵抗したが、不買同盟の圧力に最後は屈服し、桐生は退社に追いこまれ、小坂順造社長は陳謝文を発表することを余儀なくされた。それから一一年あまりのち、首都への空襲は大震災の被害を再現するであろうという、桐生の予言は全面的に的中する。以下でそれを確認するが、このジャーナリストの想像力を、同時代の軍人と内務官僚のだれもがもちあわせなかったことは、われわれを戦慄させるのである。[2]

内務省が防空行政を構想した発端は、一九三六年（昭和一一年）夏、陸海軍から防空にかんする基本法をつくってほしいという働きかけをうけたことにあった。翌三七年四月、「防空法」が公布され、一〇月一日から施行されている。「防空法」の主な内容はつぎのとおりであった。

(1)　防空業務は、灯火管制、消防、防毒、避難、救護と、これらの実施のために必要となる監視、通信、警報とする。

(2)　地方長官または地方長官が指定する市町村長は防空計画を作成し、防空はすべてこの計画にもとづいておこなう。

(3)　灯火管制をおこなうばあいにかぎり、国民に光を制限する義務を負わせる。
(4)　防空に必要な経費の負担と国庫補助、防空の実施による補償を規定した。[3]

この法の施行にあわせて、庶務課、都市計画課、防空課をもつ計画局が新設された。この局の構成は、空襲による災害の防止は都市計画と密接の関係があるという発想によっている。地方の第一線機構としては、六大府県では警察部のなかに防空課を設置し、そのほかの県では警務課がその事務を所管した。したがって、防空行政の実施主体は、内務省計画局防空課―府県警察部防空課あるいは警務課―市町村長の三層構造となった。[4]

防空行政の具体的内容を決定するためには、どのような空襲がおこなわれるかを想定しなければならない。ところで「防空法」が公布された三七年は七月に盧溝橋事件がおこり日中戦争が全面化した年であった。この戦争はまもなく泥沼化して日本軍を苦しめることになるのだが、当時は勝利のニュースばかりがあいついで報じられていた。その時代の雰囲気のなかで、軍部にも国民にも、一部にであるが、日本が敵国の空襲をうけるはずがない、防空行政は不必要だ、防空行政のための機構や制度をつくること自体が敗戦思想のあらわれであるという考えかたがあった。[5]

一九四一年（昭和一六年）、『防空必携』というパンフレットが内務省計画局によって作成されるが、そのおりに軍部が予想されるとした空襲のイメージはつぎのとおりであった。時刻はおおむね早朝か薄暮、敵軍機の数は二〇機前後、一機あたり約一トンの爆弾をつんでいる。[6] では、現実の空襲はどうであったか。一例として、四年後の一九四五年三月一〇日の東京大空襲のばあいのデータをあげる。九日午後五時三五分、グアム、サイパン、テニアンから、アメリカ陸軍第二一爆撃隊所属のB29三三四機が総計二〇〇〇トンのM69焼夷弾をつんで、東京上空に襲来した。一機あたりでは約六トンの焼夷弾である。爆撃は一〇日午前零時にはじまり、約三時間つづいた。予想と現実の落差の大きさに息をのむしかない。早朝か薄暮は深夜の三時間となり、二〇機前後は三三四機に、二〇トンの爆弾は二〇〇〇トンの焼夷弾になった。なんと一〇〇倍！　この夜だけで、東京の市民の被害は死者八万三七九三、負傷者四万〇九一八、罹災者一〇〇万八〇〇五、家屋の焼失二六万七一七一棟。(7)軍人たちの想像力の貧しさが、防空行政の失敗の決定的原因であった。

話を一九四一年にもどしたい。同年九月、内務省には防空局が新設された。この局は、企画、業務、整備、施設の四課と防空研究所によって構成されていた。(8)また、同年一一月に「防空法」を改正、施行した。主要な改正点を例示する。

(1)　防空業務に偽装、防火、防弾、応急復旧をくわえ、全部で一二種類とした。

(2)　一定の区域内の木造建築物の所有者に期限つきで防火改修工事を命じうるようにした。

(3)　空襲による被害を増大する恐れがある建物について、建築の禁止、制限、除去、改築などを命じうるようにした。

(4)　一定の区域内の居住者にたいして、退去の禁止・制限を命じうる根拠を規定するとともに、防空の実施時には交通機関による人・物の移動を禁止あるいは制限しうる規定を設けた。

(5)　空襲によって火災が発生したばあいの防火義務を規定した。(9)

(4)は、端的にいうと、空襲にさいして一人前の人間は、消火作業に積極的にたちむかうべきであり、安全をもとめて逃げてはならないという思想をあらわしている。それが退去の禁止・制限という表現になっている。また、(5)は、来襲した敵機の主力は日本軍によって制圧されるので、残りの敵機の攻撃による火災は家族単位、隣組単位の消火活動で対応しうる程度のものであろうという判断を示している。これらの思想や判断は誤りであり、まもなく抜本的に改められた。

「防空法」は、第二次改正をうけて、一九四三年（昭和一八年）一〇月公布、翌一月から施行された。改正の要点は、防空業務に分散疎開、転換、防疫、非常用物資の配給などをくわえたことであった[10]。四三年一一月には、防空局を廃止して、防空総本部を設置した。防空総本部は、長官は内務大臣、次長は内務次官であり、総務局、警防局、施設局、業務局の四局をもつが、警防局長は警保局長が、施設局長は国土局長が兼任した[11]。この人的構成からみて、概括的にいえば、内務省がそのまま防空総本部になってしまったという印象である。この節の冒頭にみた、四四年の内務省の一般会計臨時部の費目別構成で、防空対策諸費が半分ちかくになっていたのが思いあわされる。

一九四四年（昭和一九年）七月、サイパン島がアメリカ軍によって占領された。ここに空軍基地がおかれると、日本列島は完全にアメリカ空軍の戦略爆撃の圏内に入ることになるとおもわれた。それにさきだって、四二年六月のミッドウェイ海戦での日本海軍の敗退以来、日本近海の制空権、制海権もアメリカ軍によって脅かされていた。連合軍のドイツ空襲の事例は、大規模空襲、波状空襲があることを示唆していた。このような戦況のもとで、防空総本部は、防空行政の基本的発想について判断の岐路に立った。生命の危険をかえりみず防空活動に従事するよう国民を指導するべきか、生命の保護を第一義的目的として空襲時に行動するよう国民を指導するべきか。防空総本部は後者の立場にたって防空行政を構想するべきであると判断した。そのさい、軍部の一部は、前者の立場への傾斜を示し、防空総本部と対立した。

防空行政の具体的内容では主要なものは疎開と待避になった。疎開には建物疎開と人びとの疎開とがあった。まずとりあげられたのは建物疎開で、重要施設や交通機関の防護のため、あるいは延焼防止を目的とする空地確保のため、建築物を破壊・除去した。全国二八〇都市で約六〇万戸の疎開が計画されたが、どこまで実行されたか、確実なデータは残っていない。人びとの疎開には、学童疎開と特定地域の一般住民の疎開があった。一九四四年六月の北九州地方の空襲がきっかけになって学童疎開がはじまり、東京市、大阪市など一一の重要都市の国民学校の三年生以上の生徒が、安全とおもわれる地方の寺院、旅館などに集団で収容されて生活した。沖縄本島、種子島、小笠原島ではアメリカ軍の上陸が予想されたので、政府は一般住民の本土引揚げを勧奨した。

また、防空行政のなかで、空襲時に国民がとるべき行動として、新しく待避が強調された。敵機が上空に飛来するばあい、人びとは防空壕に待避し、敵機が上空を去ってから防空壕を出て消火などの防空活動をはじめることが原則とされた。そのため、行政機構は防空壕を整備し、待避信号をさだめて、人びとが適切な時機に待避することができるように指導をした(12)。

空襲による被害については、さきに四五年三月一〇日の東京大空襲のばあいを例示したが、紙幅の制約があるので、以下では、個別の空襲のばあいにはふれず、太平洋戦争のあいだでの日本本土における空襲と艦砲射撃による一般国民の被害を、全体として示すことにする。

経済安定本部総裁官房企画部調査課の「太平洋戦争による我国の被害総合報告書」は「人的被害」と「物的被害」を区別している。「人的被害」は「銃後人口の被害」と「陸海軍軍人軍属の被害」にわかれる。その前者が一般国民の被害である。

一般国民で被害にあった者の総計は六六万八三一五名（一〇〇％）、このうち死亡二九万九八四五名（四五％）、重傷一四万六二〇四名（二二％）、軽傷一六万七三一八名（二五％）、負傷三万一二九八名（五％）、行方不明二万四〇一〇名（三％）、である。なお、負傷とは重軽傷の区別ができないものである。この被害にあった者は、原因別では、空襲によるもの六六万五〇三三名（九九・五％）、艦砲射撃によるもの三二八二名（〇・五％）にわかれる。ほとんどが空襲による被害者である。また、居住地別では、市部六二万九九九八名（九四・三％）、郡部三万八三一七名（五・七％）で、前者が圧倒的に多い。一九四四年の市部人口総数にたいして、前者は約二％という比率になる。

都道府県別被害では、一万名を超える都府県が八つある。東京都二一万六九八八名（三二・五％）、広島県一四万七二〇七名（二二・〇％）、長崎県六万九二九八名（一〇・四％）、大阪府三万九四三六名（五・九％）、兵庫県三万二八六五名（四・九％）、愛知県二万七一二〇名（四・一％）、神奈川県二万二八三九名（三・四％）、静岡県一万六三〇一名（二・四％）。四五年三月一〇日の東京大空襲など大規模空襲をくり返しうけた東京都で被害者がもっとも多かったこと、これにつぐのが広島県、長崎県であるのは原子爆弾の被害に大きくよっていること、八都府県の比率の合計が八五・六％で全国のそれの大部分を占めることが注目される(13)。

（1）桐生悠々「関東防空大演習を嗤う」編集・解説太田雅雄『桐生悠々反軍論集』新泉社、一九八〇年、三六―三八ページ。
（2）同右、四七四―四七六ページ。
（3）「防空法」『法令全書』第一一巻―二、原書房、一九九七年、六二―六五ページ。
（4）『内務省史』第三巻、四九一―四九二ページ。
（5）同右、四九三ページ。
（6）同右、四九三―四九四ページ。ただし、本文は『内務省史』の上記の箇所の記述どおりにかいたが、そこでいくつかの事実を追加しなければならない。国立国会図書館で収集したかぎりでの資料でいうと、『防空必携』（一九四一年）は入手できず、『家庭防空必携』（一九四〇年）が入手できている。後者は空襲のイメージとして、遠距離の攻撃では重爆撃機がつかわれており、その性能は時速五五〇キロ、一息に四〇〇〇キロ以上を飛び、七トン以上の爆弾を積むことができるものもあるといっている。それらが何十台、何百台とやってくるという。風間鉄太郎編『家庭防空必携』防空知識普及協会、一九四〇年、一八ページ。『内務省史』で紹介された軍部による予想よりも、『家庭防空必携』のなかのこの文章のほうが現実にちかかった。風間は、内務省、警視庁、東京市などに指導されて、このパンフレットを編纂したといっている。軍部より内務省のほうが空襲の予想でリアリズムに徹していたとはいえるであろう。

（7）児島襄『太平洋戦争（下）』中公新書、一九九一年、三一一ページ。

（8）『内務省史』第三巻、四九六ページ。

（9）「防空法中改正法律」『法令全書』第一五巻—一、原書房、二〇〇一年、二〇一—二〇七ページ。

（10）「防空法中改正法律」『法令全書』第一七巻—二、原書房、二〇〇四年、二九〇—二九四ページ。

（11）『内務省史』第三巻、五一〇—五一一ページ。

（12）同右、五一一—五一二ページ。

（13）経済安定本部総裁官房企画部調査課「太平洋戦争による我国の被害総合報告書」中村隆英・宮崎正康編『史料・太平洋戦争被害報告』東京大学出版会、一九九五年、二六八—二六九、二七七—二七八ページ。なお、本文中の「銃後人口の被害」、一般国民の被害は、沖縄県の分をふくんでいない。それは、経済安定本部の調査が一九四七年から四九年にかけてGHQ／SCAPに秘密でおこなわれ、当時、沖縄県はアメリカ軍（米国海軍軍政府）の直接統治下にあったので、同県では調査がおこなわれなかったためである。後年あきらかにされたデータによると、一九四五年三月から六月にかけて、沖縄戦による沖縄県民（住民、軍人・軍属ではない）の死亡者数は九万四〇〇〇、である。上記『史料・太平洋戦争被害報告』一三ページ。

11　内務官僚と軍部・戦争

元内務官僚たちが書いた回顧談にはけして出てこない話題であるが、この時代に、政府各省間における内務省の地位が相対的に低下した。軍部独裁時代であるから、陸軍省、海軍省にたいする相対的地位の低下はもちろんのことである。しかし、大蔵省、外務省あたりと比較しても発言力の低下があったのではないか。こうかんがえるきっかけのひとつは、戦争をふくめた国政の基本方針をさだめる斎藤内閣、第一次近衛内閣などでの五相会議が首、陸、海、蔵、外の五相によって、内相ぬきでおこなわれたことである(1)。第三次近衛内閣の最終態度を決定した荻窪会談は、首、陸、海、外の四相と企画院総裁によっておこなわれた(2)。それらが内務大臣をふくめた六相会議であり、内相が、日本の国力、国民生活の水準はアメリカ、イギリスなどの列強を相手にした長期戦には耐えられないと発言したらどうであっただろうか。他愛がない歴史のイフであるが、私はそう問いかけてみる誘惑に耐えきれない。個人レヴェルでいえば、内務官僚たちのなかには、軍部の横暴に反発し、日中戦争、太平洋戦争の行方を心配した者は少なからずいた。もちろん、軍部に迎合し、戦争に疑念をもたなかった者も多かった。そうして、歴史的事実として、内務省は組織レヴェルでは日本の戦争に反対しなかった。五相会議などのありかたは、同省が戦争の可否についての発言の機会さえなかったと読める。このとき、内務省は政府のなかの政府であったとはいいがたい。

内務省と軍部・戦争という主題、これはひいては内務省の戦争責任というそれにゆきつくのであるが、これは戦後半世紀以上がたって、いまだ書かれていない一冊の書物の主題である。通史の一節であつかえるようなものではない。それは充分に承知している。そのうえで、その書物が書かれるならば、そこにふくまれるであろう話題を四つ並べておくことにする。

第一。この時代、内務官僚のなかに、のちには各省官僚のなかに、革新官僚、新官僚、新々官僚などと呼ばれるタイプがあった。『内務省史』は、革新官僚というタームと新官僚というタームを互換的につかっている。[3] 水谷三公は、新官僚、新々官僚、狭義の革新官僚がこの時間的順序であらわれたといい、それらを一括して広義の革新官僚としている。その出現の背景には、前代の政党内閣時代の政党による内務省人事、とくに地方官人事への介入があった。内務官僚たちはこの介入に憤慨し、さらに政党政治の腐敗に批判をつよめていた。軍部独裁時代に入り、政党の力は衰弱し、この介入はなくなった。内務官僚たちはこの事態を歓迎し、官僚制が本来のありかたに戻ったとみる者もいた。また、行政官の制約を超えて、国政への関与を志向する者も出てきた。水谷は、その関与の仕方で、つぎのように分類する。

(1)　新官僚、斎藤内閣のころから内務官僚を中心としてあらわれ、日本思想、精神主義によって、国政に関与した。

(2)　新々官僚、岡田内閣の内閣調査局の設置に刺戟され、各省官僚にひろがり、より具体的な政策に向かった。

(3)　狭義の革新官僚、近衛内閣で内閣調査局が企画院に再編されたころから、統制経済体制、総動員体制の主役となっていった。このタイプで軍部との結びつきがつよまった。[4]

軍部は内政への関与の程度を次第に高めていった。内務省人事でも、軍部に受けがよい官僚のほうが局長になりやすいという見方さえでてきた。[5] 当然のことながら、内務官僚のなかで、軍部に反発する者もあり、迎合する者もあったのは、さきに述べたとおりである。

第二。松本学は、新官僚という呼び名をつくったといわれており、当時、新官僚の代表的存在のひとりであるとみられていた人物である。その略歴をかいつまんでいうと、一八八六年（明治一九年）生れ、東京帝国大学法科大学政治学科卒業、一九一一年内務省入省、福岡県知事、社会局長官、警保局長などを歴任した。知事時代、政友会の田中内閣の鈴木喜三郎内相によって休職処分をうけ浪人、民政系とみられることになった。(6)社会局長官時代には、犬養内閣が成立、鈴木が法相に入ったので、自ら辞表を出して、二回目の浪人生活を送った。そのころ、新官僚たちの団体、国維会を結成した。同会は、陽明学の大家である安岡正篤を思想的指導者として迎え、理事には松本のほか、後藤文夫、湯沢三千男などの有力内務官僚や、近衛文麿、広田弘毅といったのちの首相経験者もいた。ただし、松本自身は、新官僚という名称は国維会の結成当時にはまだなかった、それがつかわれるようになったのは、かれが警保局長になってからだといっている。(7)

国維会の活動期間は短かった。これは、新官僚たちの（あるいはのちにそう呼ばれる官僚たちの）デモンストレイションのための団体にすぎなかったのではないか。(8)松本自身は、斎藤内閣の山本内相のもとで警保局長に返り咲きした。次官は潮恵之輔、警視総監は藤沼庄平。松本はその職位に二年二カ月いたが、このころが内務官僚としてのもっとものの仕事盛りであったとおもわれる。五・一五事件で犬養首相が暗殺された直後からの二年あまりである。むき出しの表現をすれば、軍部と右翼に政界の要人を殺させないことが警保行政の第一義の課題であったが、松本はそれをなしとげた。最重要の業績は一九三四年の三月一〇日事件を防止して未遂におわらせたことである。これは、のちに二・二六事件に参加した軍人、右翼が計画していたその事件と同じ規模のクーデタであった。このとき、警察は積極的に情報を収集して、それを林陸相や秦憲兵隊司令官に流すのだが、陸軍側の反応がにぶくて手を焼いている。それでも最終的には、陸相がクーデタに参加しそうな青年将校たちに当日禁足令を出して、事件は未然に防止された。(9)この経過からして、この事件はひろく社会に知られることはなかった。

これとは対照的にマス・メディアで派手に報道された警察と軍部の抗争が、ゴーストップ事件である。松本警保局長はこの事件の処理で勇名をはせることになった。一九三三年六月一七日、大阪市北区の交差点で、ひとりの兵士が交通信号を無視して車道を横断しようとしたので、交通巡査が注意したところ、いさかいとなり、巡査が兵士を交番に連行した。そこで双方の暴力沙汰になり、どちらがさきに手を出したかでは言い分に喰い違いがあった。これにたいして、第四師団参謀長井関隆昌少将が、「皇軍の威信を傷つけた」という抗議の談話を発表し、師団長寺内正毅中将も同調した。そのさい、師団側の言い分は「陛下の軍人」にたいして無礼である、統帥権が犯された、当の警察官を暴力傷害侮辱罪で告訴するというものであった。松本は大阪に乗りこみ、警察当局にたいして、軍隊に負けるなと激励した。かれらが「陛下の軍人」というのならば、われわれは「陛下の警察官」であり、対等の存在である。陛下の警察官という言葉は、そのときの松本の造語であった。軍が告訴するなら、警察は当の兵士を公務執行妨害罪で告訴する。そのあと五カ月にわたって、第四師団と大阪府警察は争い、東京では憲兵隊が警保局にはたらきかけるなどの折衝があったが、その経過の紹介は他書にゆずる。結末は要約していえば、警察と軍隊の痛みわけ、引きわけとなった。(10)

第三。大達茂雄は、世代としてみても、経歴、業績からみても、新官僚のひとりに数えられてよいとおもわれるが、かれをそうであるとみた文献を寡聞にして知らない。生年は一八九二年（明治二五年）、松本学より六歳年下である。東京帝国大学法科大学政治学科卒業、在学中に敬神家の筧克彦教授の人柄と講義に心酔し、生涯その影響下にあった。一九一六年、内務省入省、高等文官試験の成績があまりよくなく、最初は地方勤務が長かったが、本省にもどり、法令審査会の審査委員やジュネーヴの麻薬製造制限会議の全権委員をつとめて、能吏ぶりが注目された。そのあと、一九三二年から三四年にかけて、主として斎藤内閣時代、福井県知事としてはたらいたが、(11)ちょうどそのころ、東京で国維会の旗上げがあり、大達は地方にいてそこに積極的に参加することができず、それが新官僚のなかにかれが数えられない一因になったのかもしれない。

大達は、その後、満州国国務院総務庁長（日系官吏の最高位）、内務次官、昭南（シンガポール）市長、初代東京都長官、内務大臣を歴任するが、満州時代と東京都時代の軍部との抗争を各一例、紹介する。

関東軍で満州国指導を担当していた第三課に辻政信大尉が参謀として転任してきた。かれは「満州国の根本理念と協和会の本質」という文書を、関東軍の上層部とも充分には協議せず、国務院の大達などとは一切相談せず、勝手につくった。それは一言でいえば、満州国憲法のようなものであった。その内容の過激さには軍部内にも抵抗があり、辻は、一般向きに表現をやわらげたもの（白表紙）と極秘の原文（黄表紙）をつくり、前者を、建国記念日の式典において、板垣参謀長から関係者たちに手交させた。下克上の見本のような振舞いである。後日、大達のもとに黄表紙がとどけられたが、そこには、(1)関東軍司令官が満州国の政治の中心＝主権者である、(2)満州国皇帝は建国の理想に反するならば廃位される制度をおくなどと記されていた。大達は、これでは満州国は独立国家といいがたいと抗議し、黄表紙を関東軍につき返し、総務庁長の辞表を提出した。関東軍は問題が公然化して内外の非難が集中するのを恐れ、大達の慰留につとめた。最後には、黄表紙は実行しないでよい、辻はほかに転任させる、今後は総務庁長とよく連絡してやるというところまで譲歩したが、大達は辞任してしまった[12]。

敗戦まで二年たらずのある日、都長官室にいる大達のもとに一五、六人の陸軍将校が面会、談判にきたことがある。そのうちの数人は佩剣を帯し、参謀肩章をつけていた。大達は秘書官など二、三人を同席させただけであった。代表の将校が発言した。都の防衛のために高射砲陣地を急いで構築する必要がある、その適地は中央卸売市場以外にない、これは軍部の作戦からの要請なので都は即刻協力行動をはじめられたい。その発言がおわると、大達は

「いうことはそれだけかね」と念を押した。それから、すっくと立ち上がり、「馬鹿野郎、顔を洗って出なおしてこい」と大声一喝した。

そのあと、将校たちの申し入れを拒否する理由を述べたが、その要旨はつぎのとおりであった。軍部は軍部なりに努力しているのであろうが、戦局の非勢はかくすべくもない。一番の寒心事は民心がようやく戦いに飽き、その行方に不安を感じ、軍部への不信をつのらせていることである。近代の戦争は民と官と軍が一体となる国家総力戦であるが、民心がこのようであって、それが可能であるか。自分は軍人でないから戦術を云々しないが、高射砲が敵爆撃機にたいしてもつ抑止力には疑問をもつ。しかし、それはそれとして、どうしても承服しがたいのは、中央卸売市場を閉鎖して、高射砲陣地にかえようという発想の根本である。市場は都の台所である。都民の日々の生命、生活が、市場の活動にかかっている。その市場の機能を無視して、総力戦の作戦が成り立つはずはない。都民の生活を守る責任をもつ私は、それゆえ、君たちの申し入れに断固として反対するのだ。もうひとつ、我慢ならないことがある。なぜ、こんなに大勢で押しかけてくるのか。そんなに暇なのか。数の威力でおどそうというのか。自分はそんなことで怖気をふるう人間ではない。戦場の劣勢はみるに忍びないではないか。諸君はこんなことをやらずに、ただちに志願して前線に馳せ向かうべきではないか。

馬鹿野郎と怒鳴りつけられたときには、将校たちは怒りをあらわにして、大達をにらみすえていた。しかし、かれの情理をつくした説得には次第に聞きいっていった。かれの話がおわると、かれらは声もなく、別れの挨拶もそこそこに引き上げていった(13)。

第四。高村坂彦は一九〇二年(明治三五年)生れ、大達茂雄より一〇歳年下である。一九二五年、専検合格、二六年、高等文官試験の予備試験、本試験に合格、二九年、内務省入省(正式入省は二年さかのぼって認められた)。

一九四〇年、第二次近衛内閣の成立にともない、内務省から推薦されて首相秘書官となり、権力中枢ではたらくことになった。最初は日米戦争を回避するための工作で、高村は、同じ首相秘書官である細川護貞、牛場友彦、内閣書記官長の富田健治などとはたらいた。また、開戦後、かれは愛媛県警察部長に転出したが、東条内閣の打倒をめざして近衛の側近グループとたえず接触していた。一九四三年七月、かれは本省に戻って国土局総務課長となり、近衛の側近グループと戦争の終結工作に奔走した。四四年七月、高村は、特高警察に逮捕される危険を覚悟のうえで、安藤紀三郎内務大臣に戦争のなるべく早い終結の必要を訴える上申書を提出した(14)。

その前半の三分の二の要旨はつぎのとおり。サイパン島にアメリカ軍が上陸し、太平洋の戦局は一大危局に直面した。欧州ではイタリア軍、ドイツ軍が敗れつつある。中立諸国も次第に日本に好意的でなくなってきた。国内情勢をみるならば、国内生産力、とくに軍需生産は今後減産に向かうだろう。南方からの資源は入らなくなる。船舶は激減し、石油は不足し、それが戦争遂行の一大障害となり、国民生活への一段の重圧となる。敵の本土空襲は必至であり、軍需生産と国民生活におよぶ惨害の予想は戦慄すべきものがある。

後半三分の一の原文。「茲ニ於テ吾人ハ、冷静ニ開戦以来ノ戦局並国家内外ノ諸情勢ノ推移ヲ省察スルト共ニ、大胆率直ニ彼我国力ノ実体ヲ正視シテ、今後ノ世界戦局ノ進展ト国際政局ノ動向、並ニ我ガ国内外ノ情勢推移ニ対スル大局的ニシテ透徹シタル判断ノ下、之ガ見透シヲ誤タズ、此ノ局面ニ対処スルニ苟クモ違算ナカランコトヲ期セザルベカラズ。／万一之ガ対処策ヲ誤ランカ、千載ニ悔ヲ残スモ尚足ラザランコトヲ虞ル／伏シテ翼クバ君国ノタメ／天皇輔弼ノ重責ニ任セザルル、大臣閣下速カニ救国ノ決断ヲ賜ランコトヲ(15)」。

要するに、この戦争の敗北はまぬがれない。国家と国民のため、早く戦争を終わらせてくれと訴えている。安藤内相は軍人であったが、この上申書を手許にとどめて、高村を特高警察に告発することはなかった（当時、ふつうの軍人であれば、そうする可能性は大きかった)。日本の敗戦はそれから一年一カ月あまりのちであった。

(1) 矢部貞治編著『近衛文麿』下、弘文堂、一九五二年、一八一―二八ページ。
(2) 同右、三七九―三八一ページ。
(3) 『内務省史』第一巻、七一六ページ。
(4) 水谷三公『日本の近代13　官僚の風貌』中央公論新社、一九九九年、二四二、二四四―二四五、二四八―二五〇、二五七ページ。
(5) 同右、二五六ページ。
(6) 内政史研究会『内政史研究資料第五二、五三、五四、五五集　松本学氏談話速記録(上)』昭和四二年一〇月―一一月』一一〇ページ。
(7) 内政史研究会『内政史研究資料第五六、五七、五八集　松本学氏談話速記録(下)』昭和四二年一一月―一二月』七四―七六、八二―八四ページ。ただし、松本は、安岡と国維会の結びつきについては言葉をにごしている印象がある。前述の水谷著の二四一ページに国維会発会式の写真があり、そこに安岡が写っている。
(8) 同右、八五ページ。
(9) 同右、八六―八九、九五―九七ページ。
(10) 同右、九〇―九四ページ。
(11) 大達茂雄伝記刊行会『大達茂雄』同会、一九五六年、四七―五一、五三―九九ページ。ただし、高等文官試験の成績の件は、前出の水谷著、一四六―一四七ページ。
(12) 『大達茂雄』一〇八―一三六ページ。
(13) 藤井貞夫「大達茂雄毅然として軍の無理押しを拒絶す」『続内務省外史』四九六―四九九ページ。藤井は、当時、大達の秘書官たちのひとりで、この問答の場に同席していた。

(14) 安藤輝国『激動の世に生きた政治家　高村坂彦伝』徳山教育財団、一九八八年、二〇一二二、三四六一三五一ページ。

(15) 同右、二四一二七ページ。

第七章　内務省の解体

1945. 9. 2–1947. 12. 31

1　政治史素描

一九四五年八月一〇日、日本は中立国のスイスとスウェーデンに向けて「ポツダム宣言」受諾の正式英文を打電し、一四日の閣議で閣僚全員が終戦の詔書に副署をおこなった。九月二日にはアメリカ海軍の軍艦ミズーリ号上で日本が連合国に降伏する調印式がおこなわれている。連合国は日本を占領下におき、その総司令部（ＧＨＱ）は日本政府をつうじて、日本国民を間接統治した。内務省はその日から約二年四カ月存続して、その間接統治の一翼になったが、ＧＨＱのつよい意向によって、四七年一二月三一日に廃止された。本章は、内務省の社会史におけるこの最後の二年四カ月をあつかうのであるが、その歴史的時間の意味は理念型的にかんがえると二つに大別される。

第一。それは、内務省の歴史の最後の時期である。この省は、一八七三年（明治六年）一一月一〇日に創設されて、その廃止の日までに七四年あまりが経過していた。その歴史をつうじて、同省は一貫して日本の内政を専管し、時期によってその程度に変化はあったが、つよい政治的影響力を行使してきた。その省が、占領軍のＧＨＱによって、敗戦国の政府の一部門として、力づくで解体に追いこまれてゆくのである。内務省は、戦前期の内政の体制をそれなりに民主化していくらかなりと残そうとし、自省の存続をもとめてＧＨＱにねばり強く抵抗したが、力がおよばなかった。その最後の二年四カ月という意味がある。

第二。それは、一九四五年（昭和二〇年）九月二日以後の日本の内政の歴史の最初の時期である。その歴史はまず内務省が担い、同省が廃止されたあとは、長期にわたって同省が解体された結果としての諸省庁や元内務官僚たちが担った。その歴史的時間の全域としては、少なくとも三つのものがかんがえられる。すなわち、(1)占領期。敗戦以降、一九五一年九月八日のサンフランシスコ講和条約の調印の日までの約六年間。(2)戦後改革期。敗戦以降、占領期をふくんで一九五五年くらいまでの約一〇年間。(3)戦後史。敗戦以降、占領期、戦後改革期をふくんで、一九九〇年代半ばまでの約半世紀。三とおりの歴史的時間のそれぞれはその冒頭に内務省の最後の二年四カ月をもち、それによってそのありかたに大きな影響をうけたのである。

以下では、基本的に第一の観点に立って、内務省の二年四カ月を論じることにする。そのうえで、第二の観点からの見方は、その期間に生じた事柄のみにかぎって採用する。三とおりの歴史的時間のそれぞれの全域のなかで、内務省とそれが解体された結果としての諸省庁、元内務官僚たちがはたした役割にふれることは禁欲したい。この選択をする動機はもっぱら紙幅の制約に発している。第二の観点から内務省とその後を心ゆくまで論じる作業は、別の一冊の書物を必要とするはずである。

さて、例によって、ここであつかう二年四カ月あまりの期間の政治史的背景を、主要な五つのアクターズを整理・紹介しつつ、素描しておこう。

第一。最強の政治勢力はアメリカ合衆国であり、その具体的存在として連合国軍最高司令官（SCAP）ダグラス・マッカーサー元帥とそのもとにあった総司令部（GHQ）があった。マッカーサーは、日本政府と日本国民にたいして絶対的権限をもち、「天皇の上に位する超憲法的存在」、「碧い目の大君」(1)として日本に君臨した。以下に述べる日本の戦後改革全般にわたって、かれの意志は絶対的決定力をもった。ただし、アメリカの政治システムのなかでは、マッカーサーの上位に統合参謀本部議長、陸軍参謀総長、陸軍長官、大統領などがいて、トルーマン大統領がマッカーサーをSCAPに任命したのであり、また占領末期にはSCAPから解任している(2)。さらにいくらか正確にいえば、GHQには、連合国軍総司令部とアメリカ太平洋陸軍総司令部という二重の性格があったが、そのくわしい解説は他書にゆずる。(3) われわれの以下の論議では、GHQはもっぱら前者の意味でつかわれる。

GHQの組織は時期によって変化するが、内務省の最後の二年四カ月あまりの時間域で同省との関係にかぎっていえば、参謀部の参謀第二部（G2）と幕僚部の民政局（GS）がとくに重要であった。参謀部は全体として参謀長を補佐する機関であるが、そのなかでG2は諜報・保安・検閲などをうけもった。その部長のC・A・ウィロビー大佐はドイツ生れの反共主義者で、ナチスを礼讃していたといわれる。民政局は、占領初期の民主化改革を担当し、政治・行政のほか、経済、社会、文化の全般にわたりSCAPに助言することを任務としていた。その局長はC・ホイットニー准将で弁護士出身、次長はC・L・ケーディス大佐で、ハーバード・ロースクールを卒業したニューディーラーであった。G2とGSは内務省にたいして対照的な対応を示しがちであった。G2は、米ソ冷戦をつよく意識し、日本を反共国家にしておくためには内務省の存置が必要であるとした。これにたいして、GSは、日本の民主主義的改革を推進するためには内務省はてごわい妨害者であるとみていた。(4)

連合国の占領政策の基本的性格は、一九四五年七月二六日の「ポツダム宣言」によって、まず示された。その主要な内容はつぎのとおりである。(1)軍国主義を推進した権力・勢力の根絶。(2)新秩序の建設と潜在的戦争能力の破砕が確認されるまでの日本占領。(3)領土を本州、北海道、九州、四国などに限定。(4)軍隊の武装解除と復員。(5)戦争犯罪者の処罰。(6)民主的傾向の復活・強化。(7)言論・宗教・思想の自由をふくむ基本的人権の確立。(8)平和産業、外国貿易の許容。(9)日本国民が自由に表明する意思にしたがい、平和的かつ責任がある政府が樹立されたとき、占領軍は撤退する。(5)

占領政策の全体像を、簡略化した方法によってにせよ、説明することは紙幅の制約のためにできない。初期の重点目標を示すものとして、一〇月一一日のマッカーサーの「五大改革指令」がある。その主内容は、(1)婦人解放、(2)労働組合の助長、(3)教育の自由化・民主化、(4)秘密的弾圧機構の廃止、(5)経済の民主化、であった(6)。また、初期の占領政策の主要内容としては、戦争犯罪者の逮捕、選挙制度の改革、公職追放、「日本国憲法」の制定のための草案の提示、警察制度の改革、地方制度の改革、労働改革、農地改革、教育改革などがある。これらのうち、内務省の組織とその内政のありかたにとくに関連が深いものは次節以下でとりあげる。

第二。まえの時代に独裁権力であった日本の軍部は、敗戦後きわめて短期間に溶けるように消滅する。その事実自体が、日本の軍隊が天皇の軍隊であって、国民の軍隊でなかったことを証明している。このかぎりでは、内務省の最後の二年四カ月の政治史的背景において、日本の軍部は無視してさしつかえないと、まずいえる。しかし、その二年四カ月の最初に日本のポツダム宣言受諾、降伏という事実をおくと、その行為の主体としては、内閣＝官僚と天皇＝宮廷の連合が、軍部と対立し、これを押し切ったという関係があり、そのかぎりでは、軍部は有力なアクターズのひとつである。このような見方をすると、ポツダム宣言受諾をめぐる鈴木貫太郎内閣の八月九日、一二日、一三日、一四日の閣議における安倍源基内務大臣の発言の意味および政治的責任があきらかになる。

九日から一〇日にかけての最高戦争指導会議は、国体の護持のみを条件にポツダム宣言を受諾するべきだという者三名、それに反対する者三名で対立したが、天皇は前者を支持して、受諾を決定した。さきに述べたように、受諾の回答は、スイス、スェーデンに打電された。ところが、アメリカの対日回答に、天皇の統治大権の保証がなく、日本側に受諾をめぐって意見の混乱が生じた(7)。安倍は、九日の時点で国体を護持することができないのであれば、戦争をつづけるべきだとかんがえていた。かれは全閣僚がかれと同意見であったという。そのあと、さきの最高戦争指導会議の結論と混乱がつづく。一二日の閣議では、東郷外相はポツダム宣言の即時受諾を主張し、阿南陸相は連合国が国体の護持を認めるかどうか再照会が必要であると主張し、対立した。安倍は、松阪司法相とともに、陸相と同じ主張をした。一三日の閣議でも、阿南、安倍、松阪の三名は同じ主張をおこなったが、東郷外相以下一一名の閣僚は即時受諾を唱えた。(8)

このあと、一四日の御前会議で天皇が終戦の決断を再度下し、閣議はポツダム宣言の受諾を決定した。それから九カ月あまりのちに制定された「日本国憲法」は、主権在民の理念を明示して、天皇の統治大権を否認する。安倍は、「日本国憲法」で否認されることになる天皇の統治大権の旧思想に固執して、大量の国民の生命がすりつぶされてゆく戦争の続行を主張したのである。ポツダム宣言の受諾の決定は、さきにいったように、内閣＝官僚と天皇＝宮廷の連合が抵抗する陸軍を辛うじて押さえこんでえた成果であるが、その経過において、内務大臣はその連合から逸脱して、司法大臣とともに陸軍大臣を支持していた。かれら三人が最終的にはポツダム宣言受諾に賛成したことは、日本国民にとって幸運なことであった。しかし、安倍の戦後の著作をみると、このときの自らの言動にたいする反省、自責などの感情はうかがわれない。むしろ、内務大臣としての自己の大物ぶりを誇示するような表現が目につきがちである。この人物の政治的器量は敗戦時の内相をつとめるには及ばなかった。かれは精々、特高部長どまりの人材であったと感じられる。

第三。占領時代、日本政府はGHQにつぐ第二の政治勢力であった。その内閣は、内務省が存続した期間でいうと、東久邇内閣、幣原内閣、第一次吉田内閣、片山内閣である。ただし、東久邇内閣時代には政府はGHQとの位置関係を正確につかみかねていた、あるいは国体の護持という原理思想がGHQに通用するとかんがえていたらしい。内務省に関連する二つの事例をあげる。

(1)　一九四五年九月二六日、昭和天皇はGHQにマッカーサー元帥を訪問した。両者の会談の内容については諸説があるが、その詮索は他書にゆずる(9)。会談がおわったあと、天皇の帰りぎわ、元帥と天皇は記念撮影をした。この写真で、長身の元帥は略装でくつろいで立っており、そのかたわらに小柄な天皇がモーニング姿の正装でしゃちこばって立っている。だれがみても、勝者の余裕と敗者の緊張が対照的に感じられる。ときの内務大臣・山崎巌はこの写真を掲載した翌日の新聞を皇室の尊厳を傷つけるとして発売禁止を命令した。この命令はGHQから怒られて、取り消すことになった(10)。失笑をさそわれるエピソードである（二、三の文献がこのように事実をつたえているのだが、より正確にいうと、ことの経過はつぎのとおりであった。当時の警保局検閲課長の秦重徳の後年の回想によると、発行禁止の命令を下す実権は内閣情報局がもっており、警保局にはなかった。情報局には加藤祐三郎という部長がおり、これが頑固者で前出の新聞を発行禁止にするといってきかない。秦はそんなことをしたら大事件になりますよと注意したが、加藤は聞き入れず、発行禁止を強行して、GHQから禁止を解除しろという指令をうけることになった。その解除のために、秦は、山崎内相、橋本政寛警保局長の印を書類にもらわなければならなかった。発行禁止の実権は情報局にあったが、内務省がそれを実施する形式をとっていたということか。そのとき、山崎は「やっぱり進駐軍には勝てないか」とぼやいた。秦は「それは勝てませんよ」と答えた(11)）。

(2)　一〇月三日、アメリカの『シカゴ・トリビューン』紙は、治安維持法違反の罪で入獄中の哲学者・三木清が獄死したことを報道した。同日、山崎内務大臣は、同紙東京特派員やロイター通信東京特派員と会見して、つぎのように語った。①思想取締りを秘密警察がしているというのは誤解であって、特高警察は警察の正常な一部門であり、いまも活動している。②国体の変革を企図する共産主義者は取締まる。③政府を倒そうとする運動にたいしては、反政府運動であるという理由のみで取締まったことはないし、今後も取締まらない。④治安維持法は、共産主義者の取締りにはつかわれるが、私有財産を否認する運動にたいする同法による取締まりは将来緩和されるか、またはとり止められるだろう。これは、翌日のアメリカ軍機関紙『スターズ・アンド・ストライプス』で、より反共色をつよめた内容で報道された[12]。しかし、山崎が、天皇が統治大権をもつ国体を絶対視していること、国体の変革をめざす共産主義者を犯罪者とみていること、特高警察による共産主義者の取締まりを正常な警察活動とみていることは確かであった。

その日、一〇月四日、GHQは日本政府にたいして、「SCAPIN（最高司令官指令——以下では省略する——）第九三号、政治的、公民的、および宗教的自由にたいする制限除去の件」を発した。その主要内容はつぎのとおりであった。①治安維持法、思想犯保護観察法、国防保安法、宗教団体法、その他前記の諸自由を制限し、差別する諸法令を廃止し、かつただちにその適用を停止すること、②拘束または収監中、もしくは「保護または観察」下にある一切の者は、一〇月一〇日までに完全に釈放すること、③①でいう諸法令の施行のために設置された諸機関は廃止すること、④右の機関に関係する職員である内務大臣、警保局長、警視総監、大阪府警察局長、各道府県警察部長、各都市警察部長、特高警察全職員などを罷免し、かれらを、今後内務省、司法省、その他いかなる警察機関のいかなる地位にも再任命しないこと、⑤略。政府はこの指令に抵抗したが、それを変更することができず、内閣は総辞職した。内務省および地方庁の警察首脳部一〇六名、特高警察の警察官吏約四八〇〇名が休職処分をうけた。また、内務省や地方庁のなかの特高警察の組織はすべて廃止された[13]。

第四。天皇と宮廷は、ポツダム宣言の受諾の決定では大きい働きをしたが、敗戦後、しばらく目立つ動きをひかえていた。GHQの天皇にたいする処遇の仕方をみきわめようという動機もはたらいていただろう。また、戦争末期、国民の一部に天皇と天皇制への悪感情が広がっていたという事情もあった。一九四六年一月一日、「終戦翌年頭ニ於ケル詔書」の発布あたりから、天皇制の新しいありかたを探る動きがはじまる。これは当時から「天皇の人間宣言」と呼ばれたものであるが、このなかで天皇は現人神説を否定して、自分は人間であると宣言した。そのくわしい研究は私のほかの著作にゆずる。(14) 同年五月、極東国際軍事裁判がはじまり、六月にはキーナン主席検事が天皇を裁かないと声明した。一一月三日には「日本国憲法」が公布され、その第一条によって、天皇は「日本国の象徴」、「日本国民統合の象徴」であり、「その地位は、主権の存する日本国民の総意に基く」と規定された。敗戦時に大きな政治問題であった天皇の統治大権の規定は全面的に放棄された。保守派がこれにおおいに抗議したという事実もない。わずか一四カ月あまりで、かれらの多数は政治的に豹変したのである。このとき、主権在民であっても、日本の国体は変わらないという珍妙な論理が工夫されたが、その吟味に深入りはしない。以上は憲法社会学あるいはイデオロギー論の興味深い主題であるが、なぜかだれも手をつけていない。

第五。政治勢力としての民衆、政党、議会については、議会のばあいを一瞥しておこう。敗戦から内務省の廃止にいたるまでの期間に二回の総選挙がおこなわれている。一九四六年四月の第二二回総選挙と一九四七年四月の第二三回総選挙である。後者は最初の知事選挙、参議院議員選挙といっしょにおこなわれた。これらの選挙のために内務官僚が主導した選挙制度改革にはのちにわずかにふれる。第二二回総選挙では、直前の公職追放で戦時中のいわゆる翼賛議員が立候補を禁止され、多くの有力政治家が姿を消すことになった。婦人参政権がはじめて実現し、大選挙区、連記制投票などの制度改革がおこなわれたが、結果としては自由党が第一党となった。その直後、鳩山一郎自由党総裁が公職追放となり、後任の吉田茂が第一次吉田内閣を組織した。第二三回総選挙では社会党が第一党となり、同党委員長の片山哲が民主党などと連立して片山内閣を組織した。内務省はこの内閣の時代に廃止されるのだが、GHQによるその解体の策動はそれに先立ってはじまっていた。

(1)　竹前栄治『GHQ』岩波新書、一九九〇年、九七ページ。
(2)　同右、五二ページ。
(3)　同右、八八ページ。
(4)　同右、九九―一〇二、一〇七―一一〇ページ。
(5)　「ポツダム宣言（米英華三国宣言）」鹿島平和研究所編『日本外交史　第二五巻　大東亜戦争・終戦外交』鹿島研究所出版会、一九七二年、一九一―一九三ページ。
(6)　袖井林二郎『マッカーサーの二千日』中公文庫、一九八九年、一五六―一五七ページ。
(7)　五百旗頭真『日本の近代6　戦争・占領・講和　一九四一―一九五五』中央公論新社、二〇〇一年、二〇八―二一二ページ。
(8)　安倍源基『昭和動乱の真相』原書房、一九七八年、三六〇―三七二ページ。
(9)　『マッカーサーの二千日』九一―九三ページ。
(10)　油井大三郎『新しい世界史11　未完の占領改革』東京大学出版会、一九八九年、二一九―二二〇ページ。
(11)　秦重徳「マ元帥と会見の写真の発行禁止」『続内務省外史』三四九―三五〇ページ。
(12)　自治大学校研究部監修、地方自治研究資料センター編『戦後自治史VI（公職追放）』四八―四九ページ。
(13)　同右、三六、三八ページ。
(14)　副田義也『教育勅語の社会史――ナショナリズムの創出と挫折』有信堂、一九九七年、三二九―三四二ページ。

2　選挙制度の改革と公職追放

敗戦国日本を民主化するために最優先するべき政策課題は選挙制度の改革であった。その制度によって民主主義を体現する議会を創出するところから、すべてが始まるべきであった。歴代の内務大臣たちは思想的立場に多少の違いはあっても、その点では一致していたし、地方局の、あるいは同局出身の内務官僚たちは、それを強力にバック・アップした。東久邇内閣の山崎内相は、選挙制度にくわしいことでは定評があった古井喜実を、愛知県知事から内務次官に起用して、選挙法の改正にとりくませた。古井はなるべく早く総選挙をおこなうために意欲的に働いたが、前述のような経過で一〇月早々に内閣総辞職ということになってしまったので、古井の努力はみのらなかった。(1)つぎの幣原内閣の堀切善次郎内相は、自身が多年にわたって選挙制度の改正に打ちこんできており、内務次官には「選挙制度の神様」というニック・ネイムをもつ坂千秋が、北海道知事をやめて埼玉県に住んでいたのを起用した。(2)一九四五年一二月の衆議院議員選挙法の改正は、この堀切と坂のコンビネイションによるところが大きい。この改正された選挙法を以下では杣正夫に倣って一九四五年法と呼ぶことにする。坂のもとの地方局長は入江誠一郎、選挙課長が小林与三次であった。

堀切内相が一九四五年法のためにかんがえた根本的改正の内容は、(1)選挙権・被選挙権をもつ者の年齢の下限の引き下げ、(2)女性への参政権の附与、(3)大選挙区制の採用、であった。一〇月一一日に堀切は初閣議でこの三項目の改正方針を提案して、その基本的な賛成をえている。その日、閣議終了後、幣原首相はGHQにマッカーサー元帥をたずね、就任の挨拶をした。そのおり、前出のマッカーサーの五大改革の指示があり、その第一項目が婦人解放であった。幣原がこれに応じて、さきほどの閣議で女性への参政権附与を決定したところだといったところ、マッカーサーがおおいに喜び、これからもその調子でやってほしいと励ましたという事実はひろく知られている。開明派内務官僚の民主主義志向とＧＨＱの民主化政策がきれいに一致した事例のひとつであろう。なお、大選挙区制の採用は既成政治家の地盤の意義を小さくするねらいがあった。(3)

しかし、内務省は議会に提出する選挙法の改正案の作成を急いだ。そこにはＧＨＱの介入を避けてその改正をおこないたいという動機がはたらいていたらしい。改正案には、さきの三項目にあわせて、(4)選挙運動の制限の緩和が入れられた。これは坂が熱心に主張したものであった。(4) 坂はなるべく自由に選挙運動をやらせることで、新時代にふさわしい政治家があらわれやすくなることを期待していた。改正案は「衆議院議員選挙制度改正要綱」および「選挙運動及選挙運動の費用に関する制度改正要綱」としてまとまったが、その骨子はつぎのとおりであった。

選挙制度について。

(1)　選挙権と被選挙権にかんする事項。①選挙権年齢を二〇年に、被選挙権年齢を二五年に引き下げる。②女性に選挙権、被選挙権を認める。

(2)　選挙区と議員定数にかんする事項。①都道府県単位の大選挙区制（議員定数一五人以上の都道府県は二選挙区にわける）。②議員定数は現在通り、各選挙区の定数は一九四五年一一月一日現在調査の人口を基本にして定める。

(3)―(7)略。

選挙運動と選挙運動の費用について。

(1)　選挙運動の制限の緩和。①候補者の選挙運動の自由化、②第三者運動の自由化、③運動への制限は、戸別訪問の禁止、関係官公吏の関係区域内での運動の禁止をのぞいて、これを撤廃する。

(2)　選挙運動の費用。①費用の制限額は現行通り、②支出責任者の選任、③―⑤略。(5)

このほか、おくれて、投票方法に制限連記制をとることが閣議決定された。(6)

一九四五年法の衆議院における委員会の審議の経過をみると、先進的・開明的な内務官僚たちと保守的で自己保身のみをかんがえている議員たちの対抗がしばしばみられる。なにしろ、この議員たちの多数は戦時中に軍部に追従、迎合して当選してきた翼賛議員なのである。かれらが構成する議会で民主主義にふさわしい議員選挙法の制定をはかるのには原理的に無理があった。議員たちの時代錯誤的な、ときに珍妙な発言と内相の嚙んでふくめるような応答を一々紹介するゆとりがない。もっとも論議が集中した選挙運動の制限の緩和にかんする部分にわずかにふれる。議員たちは、言論の自由、表現の自由の意義にまったく無理解で、その緩和に反対した。内相は、事前運動の禁止の解除についてつぎのように説明した。選挙運動の効果は投票日に近づくほど高くなる。事前運動は投票日から離れているので、影響は少ない。また、地盤培養のための事前運動は事実上おこなわれている。政治家が自らの人格、識見、政見などを選挙民に知ってもらうための平常からの運動はむしろ望ましい。これにたいして、議員たちははげしく反発した。それでは、仕事がなくて資産がある者が事前運動を活発にやり、政治を真面目にやっている現職の議員はそれができない。これは公正・機会均等の原則に反する。議員たちは、自由な運動方法を嫌った。かれらは言論の競争に怯え、法や行政によるその制限を望んだ。(7)

選挙運動の制限解除の政府案は委員会審議で修正され、それが本会議で可決された。堀切内相はこの修正に反対したが、効果はなかった。かれは、貴族院の審議で政府原案への再修正をねらったが、それも成功しなかった。一九四五年法は、同年一二月一七日に公布されている。(8)

GHQは、議会における一九四五年法の審議にいっさい介入してこなかった。それがなぜかはわからない。その後の経過をみれば、GHQが、とくにGSのケーディスが、この法律に満足していたとはおもえない。ともかくその経過を駆け足で追ってみよう。同法が公布されたので、政府はかねてからの予定どおり、すみやかに議会を解散して総選挙を実施することにした。一二月一八日、衆議院は解散された。翌一九日、政府は閣議で一二月二三日に選挙期日の公布、翌年一月二二日に総選挙の施行を決定した。これにたいして、即日、GHQはその閣議決定の発表を禁止する旨を政府に伝達してきた。翌二〇日、釈放政治犯人に選挙権をあたえることを命じるSCAPIN第四五八号が内務省に伝達されてきた。ここでいう政治犯人とは、前節で言及した一〇月四日のSCAPIN第九三号によって釈放された連中である。内務省は、かれらの選挙権、被選挙権を回復する二つのポツダム勅令を立案し、これらは二九日の枢密院本会議で可決・確定され、同日に公布されている(9)。

一二月一九日の閣議決定の発表を禁じたGHQの指令は、総選挙の実施そのものの可否にはふれておらず、その日程の発表のみを禁止していた。内務省地方局には、GHQが議会の議員構成を一新するためになんらかの措置をとろうとして、総選挙を延期させるのではないかという観測が生じた。地方局は情報収集につとめたが要領をえない状態がつづいた。ようやく一二月二六日になって、GSの政党課長、ピーター・ロウスト中佐が入江地方局長に、GHQは改正選挙法が真に民主的であるか綿密に検討しているともらした。その後、一二月三〇日に地方局行政課長の鈴木俊一が終戦連絡中央事務局にゆき、GHQによる改正選挙法の検討はあと一週間くらいで終了すると聞きこんできた。翌年一月三日、GHQは総選挙の実施にかんしてはじめて見解を発表し、実施がおくれているのは日本政府の責任ではなく、連合国側の都合による、ただし、GHQの指示がなければ、日本政府は総選挙をおこなうことはできないと念を押してきた(10)。

翌一月四日、「ＳＣＡＰＩＮ第五五〇号、公務従事ニ適セザル者ノ公職ヨリノ除去ノ件」と「ＳＣＡＰＩＮ第五四八号、或種ノ政党、政治結社、協会及其他団体ノ廃止ノ件」という二つの指令が日本政府に発された。以下、前者を中心にして述べる。そこでいう「公職ヨリノ除去」は「公職追放」と当時呼ばれた。それは、日本社会の各方面の指導者層から軍国主義者、超国家主義者を追放することであり、自由主義、民主主義を行動原理とする指導者たちの登場をうながすものだとされた[11]。これには四六年一月からの全国レヴェルの第一次追放と同年八月からの地方レヴェルの第二次追放があった。

さきの標題でいう「公職」とは public office の訳語であるが、通常その語が意味するものより最終的にははるかに幅広く解釈された。指令のなかの長い定義の引用は避けるが、この指令の根拠のひとつとなる「降伏後ニ於ケル米国ノ初期ノ対日方針」からわかりやすい表現を引用すれば「公共的職務並ニ公的又ハ重要ナル私的責任アル如何ナル地位[12]」がある。

公職から「除去」されるべきはどのような人物であるとされたか。指令の「附属書Ａ号、罷免及排除スベキ種類」は、つぎの七種類をあげていた。

「Ａ　戦争犯罪人」

「Ｂ　職業陸海軍職員」（これだけではわかり辛いが、例示から判断すると、将校以上の軍人、憲兵隊の将校と兵士、陸軍省・海軍省の勅任官以上の文官など）。

「Ｃ　極端ナル国家主義的団体、暴力主義的団体又ハ秘密愛国団体ノ有力分子」（各団体は別にリスト・アップされており、有力分子の規定も示されている）。

「Ｄ　大政翼賛会、翼賛政治会及大日本政治会ノ活動ニ於ケル有力分子」

「E　日本ノ膨張ニ関係セル金融機関並ニ開発機関ノ役員」（これにも各機関のリストがつき、役員の規定がつけられている）。

「F　占領地ノ行政長官」

「G　其ノ他ノ軍国主義者及極端ナル国家主義者」[13]。

このG項には三項目の説明がついていたが、いずれも抽象的なもので、その解釈次第でG項に該当するか否かが動くものであった。これがのちに判定上の多くの争いをうむことになる。

このSCAPIN第五五〇号は、ときの幣原内閣に重大な危機をもたらした。堀切善次郎内相、前田多聞文相、松村謙三農相、田中武雄運輸相、次田大三郎内閣書記官長の五名が公職追放の明白な該当者であった。堀切のばあい、大政翼賛会の元総務という経歴で追放されることになった。内務次官の坂も、北海道知事として大政翼賛会の道支部長をやっていたので、追放をまぬかれなかった。幣原内閣は、五閣僚の更迭をおこなうか、五閣僚につき暫定的復職を申請するか、総辞職をするかで迷ったが、結局は一部改造の途をえらんだ。内相には三土忠造枢密顧問官が親任され、運輸相を兼任した。ほかに、農相には副島千八、文相には安倍能成、内閣書記官長には楢橋渡が親任された[14]。

この内閣改造がおわると、政府はホイットニー民政局長に非公式の書簡を送り、公職追放令の適用範囲を明確化することを求めるとともに、「附属書A号」の各カテゴリーに属する人物をただちに追放するのではなく、査問委員会を設置してその人物の経歴や活動が追放するに価するかどうか証拠にもとづいて調査させ、その裁決によって追放するか否かを決定するという方法を提案した。ホイットニーはこの提案を拒否した。その主要な理由はつぎのとおりであった。この指令の目的は、個人の罪にたいする懲罰ではなく、日本の侵略主義の再発にたいする予防である。だから日本の領土拡張に行為または協力によって加担した分子は政府から一掃されねばならない。これは少しわかり辛いが、その予防のためには「附属書A号」の各カテゴリーに属するという事実のみで追放することで充分であるということであろうか。[15]

一月一二日、GHQは三月一五日以降に総選挙を実施してさしつかえないと指令してきた。政府はこれをうけて、三月一日の告示、同月三一日の実施をいったん決定したが、のちにそれぞれが三月一一日、四月一〇日にくりさげられた。以下に述べる立候補予定者の資格審査に時間がかかったためである。SCAPIN第五五〇号の趣旨からみて、この総選挙では追放指令の該当者は立候補の段階で排除されておくことが必要であるとかんがえられた。一月三〇日、政府はこのための資格審査の手続きにかんする規定を内務省令として公布した。その内容の紹介は省略する。政府は二月二八日、「就職禁止、退官、退職等ニ関スル件」（昭和二一年勅令（ポツダム勅令）第一〇九号）およびその施行令を公布し、内閣に審査委員会を設置し、これによって公職資格審査事務を開始した。この委員会は委員長に内閣書記官長、委員には法制局長官、外務次官、内務次官、司法次官、文部次官、商工次官がそれぞれ任命された。[16]審査は難航し、予定どおり進行しなかった。その理由は三つあった。すなわち、(1)審査基準である「附属書A号」のいくつかのカテゴリーの具体的内容が容易に決定されなかった。(2)資格審査の申請件数が意外に多く三〇〇〇件を超えた。(3)審査の過程でGHQとの連絡・調査の必要がくり返し生じた。[17]

公式の記録によって書けるのはこのあたりまでだが、まさか各省の次官が審査の実務をやったとはおもえない。地方局の内務官僚たちがその主力になったようである。また、GHQは前議員で追放される者の範囲を拡大するために、「附属書A号」の各カテゴリーの解釈を変化させた。前出の小林与三次の後年の回顧談はつぎのとおり。

「私がその選挙法に関係していたおかげで、その追放令の制定から追放令にともなう資格審査の事務を事実上やらされたわけです。追放令は全部私が作文してつくったのですが、それで審査をすぐに始めて、それが終ったところで選挙に臨むと、こういうことになったわけです。追放令そのものは、極端な軍国主義者だとか、極端な政治団体とかを対象とするもので、普通の人はほとんどひっかからない。それで、ほとんどひっかからず皆通して、司令部へ持っていったら怒られてしまって、そこで向こうがだんだん資格基準を決めてきた。その第一弾が翼賛選挙です。翼賛会ならほとんど全部ひっかかります」[18]。

ほかの資料では、小林は、GHQが翼賛議員であったことを追放の条件にするというアイデアを発見して安心したのは二月一三日ごろであったと、日付まで特定している[19]。これによって、前議員の八三％が立候補することができなくなった[20]。

公職追放と大選挙区制限連記制は、敗戦後第一回の総選挙に大きな変化を生じさせた。

(1)立候補者数は一三六四人で、乱立気味であった。(2)当選者は四六四人、党派別にみると、自由一四〇、進歩九四、社会九二、協同一四、共産五、諸派三八、無所属八一。(3)新人の当選者は三七七人で、総定数の八一％におよび、新人進出の最高記録となった。(4)婦人の立候補者は七九人で、約半数の三九人が当選した。この結果に、とくに社会党議員の大幅な進出、少数とはいえ共産党議員が当選したことに、保守政党と官僚たちは警戒心をとがらせた。対照的に前出のロウスト少佐などはこの結果に満足していた[21]。

ただし、GHQ、とくにGSは、日本政府の第一次追放の実施状況について、あきたりない想いを次第につのらせていった。実務にあたる内務官僚たちのあいだにも、サボタージュとまではいわないが、追放の範囲を最小限にとどめようという気分がはたらいていたのは事実である。総選挙がおわったあと、五月一一日、GHQは、内務省をふくんだ各省庁、枢密院、議会事務局などの人事担当課長・係長二二名、ほかに終戦連絡事務局の次長以下を呼びつけ、追放実施の促進を要求した。ホイットニー民政局長の講話の要点はつぎのとおりであった。(1)このような会議を開かねばならないこと自体が遺憾である。追放令はマッカーサー元帥の日本占領管理方針にもとづく。(2)追放の実施計画が進んでいないのは非常に残念である。諸君が怠けるなら、連合国がそれをやることになる。(3)日本がこれを実行することが自国の再建に役立つのだ。今後は毎日、審査結果をGSに報告するように。

日本の官僚たちはひたすら沈黙して、この講話を聞き、質問も一切出ず、会合は散会した。かれらの態度は根深い抵抗感の表明であっただろう。会合のあと、ケーディス民政局次長は日本側の窓口となった係官にかさねて警告した。GHQが自身で追放令をおこなうことは、日本にとって悲惨な状態をもたらすだろう。日々の資格審査の結果を報告するように。(22)

一九四六年二月二八日から四七年一月四日までにえられた、第一次公職追放の成果は、つぎのとおりであった。審査人員数八八九九名、非該当者数七八三二名、該当者数一〇六七名。このうち、八〇七名が公職から罷免され、二六〇名が政府機関への就職を禁止された。(23)

(1)　杣正夫「選挙制度の改革」東京大学社会科学研究所編『戦後改革3　政治過程』東京大学出版会、一九八〇年、一〇三―一〇四ページ。
(2)　同右、一〇四―一〇五ページ。
(3)　地方自治研究資料センター編「戦後自治史Ⅳ（衆議院議員選挙法の改正）」『戦後自治史』第二巻、六―八ページ。
(4)　同右、一〇ページ。
(5)　同右、一〇―一三ページ。
(6)　同右、一四ページ。

（7）「選挙制度の改革」一一五―一一七ページ。
（8）同右、一一八ページ。
（9）「戦後自治史Ⅳ（衆議院議員選挙法の改正）」四六―四七ページ。
（10）同右、四七―五〇ページ。
（11）同右、五〇ページ。
（12）「戦後自治史Ⅵ（公職追放）」七ページ。
（13）同右、六七―六九ページ。
（14）同右、九八ページ。
（15）同右、九八―九九ページ。
（16）同右、一〇〇―一〇四ページ。
（17）同右、一三八ページ。
（18）小林与三次「公職追放令来る」『続内務省外史』三三五―三三六ページ。
（19）「戦後自治史Ⅵ（公職追放）」一一二ページ。
（20）草柳大蔵『内務省対占領軍』朝日文庫、一九八七年、八六ページ。
（21）「選挙制度の改革」一三三ページ。
（22）「戦後自治史Ⅵ（公職追放）」一四〇―一四二ページ。
（23）同右、一五四―一五五ページ。

3　地方自治制度の改革と公職追放

敗戦後の日本において地方自治制度の改革の動きが本格化するのは、一九四六年二月一三日、GHQが「日本国憲法」を制定するためのいわゆる「マッカーサー草案」を日本政府に手交したときからである。それにさきだって、前年一〇月一一日の会見でマッカーサー元帥は幣原首相に憲法を改正する必要があると示唆していたこと、これによって松本国務大臣を主任とする憲法問題調査会が作業をはじめたが、そこでつくられたいわゆる松本草案は明治憲法をわずかに修正したものでしかなかったこと、GHQはその草案の要綱や説明書が提出されると、それらの全面拒否を決定し、GSは短時間に前記のマッカーサー草案を作成したことなどについては、多くの研究文献があるので(1)、それらの記述を一々くり返さない。

当時、内閣法制局の第一部長であった佐藤達夫は、この草案の英文原文とそれを外務省が翻訳した日本文を、二月二六日にはじめて松本から見せられた。GHQは、これに準拠して、これの基本原則、根本形態を守って、日本案を至急につくれといっている。そのおりの佐藤の感想が印象的である。

「私は、まずマ草案の内容に目を通して、それが憲法問題調査委員会の案とはちがった飛躍的なものであり、思いがけない内容の、しかもエキゾチックな条文に充ちみちていることを知って非常に大きな衝撃を受けた(2)」。この一文に要約される佐藤の感想を、私の言葉で語りなおせば、そこには民主主義国家、平和主義国家にふさわしい根本法としての憲法のグランド・デザインがあった。当時の日本政府とその周辺には、そのデザインを創出する構想力が欠落していた。その立場からみたマッカーサー草案にたいする感嘆の念が、「思いがけない内容」、「エキゾチックな条文」という表現になっている。後者のフレーズが法学者にやや似つかわしくない文学的なものになっているところに、佐藤の感嘆の性質の表現をみるべきだろう。後年、この草案のはたした役割に注目していわゆる押しつけ憲法論がおこなわれるのであるが、そこで見落されているのは、当時の日本政府とＧＨＱのあいだにあった根本法をつくる構想力の質的隔絶である。

佐藤の感想が由来する主要な根拠は象徴天皇、戦争の放棄、国民の権利などになるアイディアであったとおもわれるが、それらについては深入りするゆとりがない。憲法問題調査委員会の案にはまったくなかったもので、マッカーサー草案ではじめてあらわれる地方政治にかんする章と条文も、その感想をさそいだすひとつの根拠であっただろうというところからはじめる。その外務省訳の全文はつぎのとおりであった。

「　第八章　地方政治

第八十六条　府県知事、市長、町長、徴税権ヲ有スル其ノ他ノ一切ノ下級自治体及法人ノ行政長、府県議会及地方議会ノ議員並ニ国会ノ定ムル其ノ他ノ府県及地方役員ハ夫レ夫レ其ノ社会内ニ於テ直接普通選挙ニ依リ選挙セラルヘシ

第八十七条　首都地方、市及町ノ住民ハ彼等ノ財産、事務及政治ヲ処理シ並ニ国会ノ制定スル法律ノ範囲内ニ於テ彼等自身ノ憲章ヲ作成スル権利ヲ奪ハルルコト無カルヘシ

第八十八条　国会ハ一般法律ノ適用セラレ得ル首都地方、市又ハ町ニ適用セラルヘキ地方的又ハ特別ノ法律ヲ通過スルヘカラス但シ右社会ノ選挙民ノ大多数ノ受諾ヲ条件トスルトキハ此ノ限ニ在ラス」(3)。

日本の法制官僚にも内務官僚にもそれまで憲法で地方政治を規定するという発想がなかった（つまり、地方自治を第一義的に国民の権利であるとする発想がなかった）。また、知事を住民が直接選挙するとか、住民が憲章を制

定する権利をもつとか、国会が特定の地域のみに適用される法律をつくるにあたっては、その住民の受諾が必要であるとか、という発想もなかった。精々似たようなものとして、知事を府県議会で選挙させるということを一部の内務官僚がかんがえるようになっていたくらいである。たとえば、堀切善次郎は内務大臣になった直後に新聞記者たちにそれが望ましいと語った(4)。しかし、これについても、つぎの三土忠造内務大臣は時期尚早といって反対であった(5)。

マッカーサー草案にもとづく日本案の起草は、二月二六日から三月二日にかけて、主として佐藤達夫によっておこなわれた。佐藤は、マッカーサー草案の「地方政治」の章にかんしては、標題を「地方自治」に改め、章のはじめに総則的条文を置いたが、あとは二、三の語句の表現を改めるにとどめた。この日本案が三月四日に民政局にとどけられ、日米双方で逐条審議をおこなって、「日本国憲法（三月五日案）」が作成された。この経過は佐藤の著作にくわしいが、第八章にかんしては、標題の変更をGHQ側に承認してもらい、GHQ側の示唆によって、知事などの選挙は日本案で「之ヲ選挙スヘシ」であったものが、三月五日案で「直接之ヲ選挙スヘシ」にかわったくらいで、格別の論議はなかった(6)。論者によっては、この「直接」が入ったことの意味を重くみるひともいるが(7)、佐藤自身は日本案で「選挙」といったときに「直接選挙」のつもりであったととれる発言をしている(8)。三月五日案から「憲法改正草案要綱（三月六日要綱）」がつくられ、公表された。その地方自治の部分はつぎのとおりであった。

「　　第八　地方自治

第八十八　地方公共団体ノ組織及運営ニ関スル事項ハ地方自治ノ本旨ニ基キ法律ヲ以テ之ヲ定ムベキコト

第八十九　地方公共団体ハ法律ノ定ムル所ニ依リ其ノ議事機関トシテ議会ヲ設クベキコト／地方公共団体ノ長、其ノ議会ノ議員及法律ノ定ムル其ノ他ノ吏員ハ当該地方公共団体ノ住民ニ於テ直接之ヲ選挙スベキコト

第九十　地方公共団体ハ其ノ財産ヲ管理シ、行政ヲ執行シ及事務ヲ処理スルノ権能ヲ有シ、且法律ノ範囲内ニ於テ条例ヲ制定スルコトヲ得ベキコト

第九十一　一ノ公共団体ニノミ適用アル特別法ハ法律ノ定ムル所ニ依リ当該地方公共団体ノ住民多数ノ承認ヲ得ルニ非ザレバ国会之ヲ制定スルコトヲ得ザルコト[9]」。

二月一三日からここまでは、GHQが強引に主導して、一気に日本政府を押し切っていった感がある。松本国務大臣は、三月四日の逐条審議のばあいなど意図的にサボタージュをして保守派に有利となる時間稼ぎをしようとしたが、結果としては、事態の展開からとり残されて、発言の機会さえ失う始末であった[10]。しかし、要綱が発表されると、各方面からの修正の多様な要求が噴出してきた。内務省は知事の直接選挙につよく反対し、法制局はその意見をとりこんで、四月初めにつぎの英文メモを作成した。

「第八章／第八九条二項

知事の直接選挙については、まだ政党の基盤の確立が見られない我が国の現状からいって、次のような困難が予想され、したがって間接の選挙が望ましいという意見がある。すなわち

(a)数百万の選挙人を対象として選挙運動を行うについては多額の費用を必要とする。よほどの資産家でない限り立候補できない。これは、りっぱな人物が選挙に出ることを期待しにくいことを示す。

(b)この選挙においては、投票の絶対多数を得た者が当選者とされるべきものと考えられるが、投票が各候補者に分散するため、多くの場合において決戦投票が必要となる。この場合、広い地域にわたって煩雑な手続がくり返されるわけである[11]」。

四月九日、法制局の入江長官たちがGHQにゆき、GSのケーディス次長たちと、要綱全般にわたっての修正に

ついて協議した。そのさい、法制局側は知事公選についても右のメモの趣旨を主張した。ケーディスは、その修正を拒否して、政党の基盤が永久に確立しない訳でもあるまいといい、さらに(a)には選挙運動費を制限するか、その公費による支弁をすればよい、(b)には絶対多数を要件とする必要はかならずしもあるまいと回答した。(12)赤子の手をひねるような拒否回答である。ケーディスは肚のなかで嗤っていたのではないか。しかし、秀才ぞろいの法制官僚、内務官僚たちが、この程度の回答を予想することができなかったともおもえないのだが。知事人事は内務省の地方支配の要である。長年にわたって当然自らのものとかんがえてきたその制度をとりあげられそうになって、狼狽し、出るはずのよい知恵がでなかったということだろうか。

一九四六年五月二二日、吉田内閣が発足し、内務大臣には大村清一が就任した。憲法改正案は六月八日、枢密院で可決された。六月二〇日、第九〇回帝国議会が開会されると、政府は同日、「帝国憲法改正案」を衆議院に提出した。このあと、衆議院での審議、修正可決、貴族院での審議、修正可決がつづき、最終的には一〇月七日、衆議院本会議で可決がおこなわれている。一一月三日に公布された「日本国憲法」の「第八章地方自治」は、前出の要綱の「第八地方自治」に条文ごとにタイトルがつき、平仮名表記になったが、大意に変化がないので、あらためて紹介することはしない。

さて、大村内相は憲法改正にさきだって地方制度の改正をおこなうことに意欲的であった。それによって、政府は、憲法改正を審議している第九〇回帝国議会に、七月四日、四つの法律案を提出した。すなわち、「東京都制の一部を改正する法律案」、「府県制の一部を改正する法律案」、「市制の一部を改正する法律案」、「町村制の一部を改正する法律案」である。大村内相はこれらの提案理由の説明において、改正の根本方針はつぎの三つであるとした。(1)地方自治団体の自主性、自律性の強化、(2)地方自治行政における住民が参与する部門の拡大、(3)地方行政の執行における公正の確保。これらのうち、(2)の説明では、憲法草案の地方自治にかんする部分と平仄をあわせて、府県知事、市町村長は住民の直接選挙によるとしたが、知事の身分は官吏とするとして、内務大臣の支配下に知事を置きつづける制度的工夫をしていた。[13]

内務省が内相をうごかして、憲法改正に先行して地方制度を改正しようとした真意は、自省の地方自治体への影響力をなるべく制度的に確保するところにあった。しかし、それは結果としてはかならずしも成功しなかった。それはひとつには、GSが議会審議の途中で介入、修正を要求して、地方政治に住民自治の原則を徹底させたためである。また、いまひとつには、一九四五年法による総選挙で当選してきた議員たちが構成する衆議院がつよい民主主義的志向をもち、GSに呼応したことである。九月二七日に公布された、改正された四つの法律のうち、選挙にかかわる主要な変化は以下のとおりであった。①選挙権、被選挙権を青年と女性に衆議院議員選挙のばあいと同様に拡大、②府県知事をはじめ地方公共団体の首長の住民による直接選挙、③住民による首長解職、議会解散の請求権、④選挙管理委員会の設置、⑤知事は新憲法の実施とともに地方自治体の職員となる、⑥東京都区長も公選にする、⑦選挙管理委員会の行政部からの独立性の強化。これらのうち、⑤、⑥、⑦は、審議過程で原案が修正された結果であった。[14]

さて、GHQは、さきの四つの法律案が審議されている途中、八月二〇日、公職追放を地方と経済界に拡張する計画を立案するように命ずる覚書を、終戦連絡中央事務局の山田政治部長に手交した。[15]この公職追放の範囲を拡大するGHQのねらいは、地方自治制度が改正されたあとにおこなわれる地方選挙で、公職追放の指令に該当する人物が当選するのを防止することにあった。しかも、このころGHQは、日本政府の公職追放へのとりくみかたにつよい不信の念をつのらせていた。ホイットニーがマッカーサーに提出した、この問題にかんする文章の一節を引用する。

「指令に特記されたカテゴリーに該当する人物はすべて、たとえ地方政府の職であろうとも、また、任命による職たると選挙による職たるとを問わず公職から排除することが追放指令の基盤をなす政策であることは、なんら疑いがない。しかるに、日本政府は、基本指令の精神および意図を無視するのみならず、追放指令の規定を極端に形式的、字句的に解釈して、これを逃れようとする傾向を次第に示しつつあり、多くの事件において明らかに政治的不正直さを表わしている。日本政府は、町村長または市町村会議員の資格審査はおこなわないむねの計画を非公式に提出してきた(16)」。

GHQと日本政府は、より限定的にいえばGSと内務省は、公職追放を地方公職に拡張するにあたり、資格審査基準をめぐって険しく対立した。GSは第一次追放のさいの基準のカテゴリーを拡大しようとし、内務省はそれを拡大するべきでないとした。GS側の言い分は、第一次追放の基準はもともと全国規模の政治指導者に適用するようにつくられており、「市民の権利にたいし苛酷に権力的に干渉した地方団体の役人を十分に把握」するようなものではないので、地方政府に新しい指導者を供給するという目的には役立たない。地方の公職追放には新しい基準と運営方法が必要であるというものであった。これにたいして、内務省は、真正面からつぎのように反論した。公職追放令の趣旨は「日本国民を欺瞞し之をして世界征服の挙に出ずるの過誤を犯さしめたる者の権力および勢力」を除去するため、軍国主義者と極端な国家主義者を公職から排除するところにある。軍国主義者などであるか否かが根本問題である。軍国主義者などであるという判断は、中央の公職においてであろうが、地方の公職においてであろうが、変わるはずがない。新しい基準をつくってある人物を地方の公職から追放したとしよう。かれはその基準では中央の公職からは追放されていない。そうすると、同一の軍国主義者が村会議員からは排除されるのに、衆

議院議員には自由になれることになる。これは不合理というよりナンセンスである。(17)

官僚らしい形式論理をつかってであるが、内務省はGSになかなか元気よく反論している。しかし、もともと両者の意図がちがうのである。GSは、日本の民主化を推進するために、中央と地方の双方で過去の政治指導者を大幅に追放しようとしている。その追放に役立つのであれば、中央の追放と地方のそれで基準が異なっても一向に差し支えがない。内務省は、地方の統治体制をなるべくそのまま残したい。また、地方の政治指導者の大多数は戦時中の政府がくだす命令のままにうごいただけであって、これからも政府の指示にしたがうであろうし、軍国主義者などというものではないとおもっている。

この問題をめぐるGSと内務省の対立は、一九四六年八月末から一二月末まで約三カ月にわたってつづいた。このあいだの全経過はどのように簡略化しても、以下のつかえる紙幅では記述されえない。内務省と日本政府がこの間に提出した主要な反論文書は一〇を越えた。地方局の職員課長であった前出の小林は、連日のようにGHQのCIS（民間諜報局）やGSに通って、日本側の言い分をくり返しつたえては、いやがられていた。日米が対立する論議の焦点のひとつは、新しい基準のカテゴリーに町内会長、部落会長であったことを入れるかどうかであった。GSは、町内会長などであったことを公職追放の条件のひとつにするべきだと主張した。内務省はこの件では九月、一〇月とまことにねばりづよく抵抗した。その経過をよんでいると、GSが内務省の解体をかんがえはじめたのはこのころかと、かんがえさせられる。この件では、いったんは内務省側の意見が認められたかとみえる時期があったが、一〇月二三日のホイットニー民政局長の覚書が一九四五年九月二日以前に町内会長、部落会長であった者は追放該当者であるべきだと断定してきた。この件については日本政府はさらに抵抗をつづけ、吉田首相とマッカーサー元帥が書簡で応酬するなどのいきさつもあったが、結局は日本政府が押し切られて、一一月八日、「地方公職に対する追放覚書の適用に関する件」を発表するにいたった。その後も年内一杯、この抗争の余波はつづいた。[18]

第二次公職追放は、昭和二二年勅令（ポツダム勅令）第一号「公職に関する就職禁止、退官、退職等に関する勅令」によって実施された。これは前年の勅令第一〇九号を改正したものである。[19] 一九四七年一月四日から四八年五月一〇日までに、中央と地方の公職適否審査委員会における審査結果はつぎのとおりであった。

中央公職適否審査委員会。審査人員数＝五万七一一六名、非該当と決定した者＝五万三四八三名、該当と決定した者＝三六三三名。

地方公職適否審査委員会。審査人員数＝六五万一四〇〇名、非該当と決定した者＝六四万七三一九名、該当と決定した者＝四〇八一名。

前節であつかった第一次追放者数と右で記した第一次追放者数、第二次追放者数を合計し、そこから訴願により指定を解除された者をのぞくと、八六七三名となる。[20]

なお、このほかに、公職追放には、「内閣総理大臣および都道府県知事の仮指定の手続き」によるものが、一九四七年からあった。GHQは、追放者の絶対数を増大させるために、この制度の採用をつよく日本政府に要請した。これは公職についていないために追放令該当者の指定をまぬかれている「潜在的該当者」を追放する制度である。首相や知事が追放の仮指定をしたうえで、所定の手続きにしたがって審査をおこない、追放するかどうかを決定する。該当者数はこちらの制度によるものが圧倒的に多かった。すなわち、仮指定者数は二〇万四三〇四名、該当者数一九万三一四二名。[21] 追放者の全数は二〇万一八一五名、そのうち、仮指定によった者は約九六％ということになる。

（1）たとえば、佐藤達夫『日本国憲法成立史』全四巻、有斐閣、一九六二、六四、一九九四、九四年、第三巻と第四巻は佐藤功補訂。村川一郎・初谷良彦『日本国憲法制定秘史――GHQ秘密作業「エラマン・ノート開封」』第一法規、一九九四年。
（2）『日本国憲法成立史』第三巻、一六ページ。
（3）同右、四二―四三ページ。
（4）地方自治研究資料センター編「戦後自治史II（昭和二一年の地方制度改正）」『戦後自治史』第一巻、文生書院、一九七七年、七ページ。
（5）同右、一三ページ。
（6）『日本国憲法成立史』第三巻、七四―一〇四、一〇五―一五四ページ。
（7）天川晃「地方自治制度の改革」東京大学社会科学研究所編『戦後改革3　政治過程』東京大学出版会、一九八〇年、二六一―二六二ページ。
（8）『日本国憲法成立史』第三巻、八九ページ。
（9）同右、一九八ページ。
（10）同右、一〇八ページなど。
（11）「戦後自治史II（昭和二一年の地方制度改正）」三〇ページ。
（12）同右、同右ページ。
（13）同右、五二―五五ページ。
（14）「地方自治制度の改革」二七四ページ。杣正夫「選挙制度の改革」、『戦後改革3　政治過程』二二四―二二五ページ。
（15）地方自治研究資料センター編「戦後自治史VI　公職追放」『戦後自治史』第三巻、一九七七年、一六四ページ。
（16）同右、一六六ページ。

(17) 同右、一六九―一七〇ページ。
(18) 同右、一六九―二四四ページ。
(19) 同右、二四五ページ。
(20) 同右、三三八―三三九ページ。
(21) 同右、三三五―三三六、三三九―三四〇ページ。

4　警察制度の改革

『内務省史』や『内務省外史』およびその続篇はいっさい口をつぐんでいることであるが、太平洋戦争末期から敗戦直後にかけて、日本の警察は極度に弱体化していた。警察内部からの証言を一、二あげてみる。

大橋秀雄は一九〇三年生れ、一九二八年に警視庁巡査になり、中野警察署特高主任、警視庁外事課欧米係などを歴任、ゾルゲ事件ではゾルゲの検挙取調主任をつとめて功績があった。敗戦時は巣鴨警察署次長、敗戦直後に上野警察署次長、世田谷警察署次長、のちに三つの警察署で署長になっている。たたきあげの警察官としては非常に優秀であったようだが、正義感が強く、警察界の因襲との妥協を嫌い、上司や政治家と衝突をくり返し、最後は警察権力によって職から追われた。著書『ある警察官の記録――戦中・戦後三〇年』（一九六七年）は、まことに興味深いドキュメントである。この書物から、二点を引用する。

戦時中、陸海軍は青壮年期の男たちのほとんどを召集してしまったので、警察官の数の不足と質の低下がはなはだしかった。数の不足をおぎなうためには、軍需工場要員の徴用場にまで出張して、警察官を志願すれば徴用を免除すると宣伝・勧誘し、さらに警察官に縁故者を募集させて成功例には奨励金まで出した。質の低下についての、つぎのような描写には、失笑させられる。「署員のうちには、警察官としての素質を欠く者が多く、職権をかさに役得ばかり追う者、民間人と結託して私利を計る者、女や酒で素行のわるい者、空襲になると逃げ隠れて姿が見えなくなる者や、隻眼、難聴で執務に支障のある者、また、空襲中制服警察官が倒れているというので、飛んで行って調べると、火を見ると癲癇でひっくりかえるという厄介な者までいた。／いかなる事情があっても退職させてはならぬという命令なので、勝手気ままなふるまいをする者がいて、統制がとれず、困りはてた」[1]。

敗戦とともに、警察官のなかで職務を放棄して逃亡する者が続出した。大橋がいた巣鴨署ではそれにさきだって問題の署員たちを整理していたので逃亡者は少なかったが、それでも柔道助教とほか二名が行方をくらました。ほかの警察署では署員の三分の一から半数くらいまでが出勤せず、なかには退職し帰郷するにさきだって署に寄り、同僚に退職を勧める者もいた。占領軍の出方次第で警察組織は崩壊していただろう。また、特高警察には当時の相対的には優秀な警察官を選抜して集めていたのに、これを一九四五年一〇月初めにまとめて罷免したことも、警察官の質の低下を加速させた。四七年ころでも、警察官のなかで共産主義革命の必然性を信じる者が多かった。日本共産党員や朝鮮人、中国人が警察署に押しかけてきて、署長をつるし上げることもめずらしくはなかった。「もし二・一ストが決行され、民主政権の樹立が宣言されていたら、警察は、革命政権に降伏するか、あるいは崩壊することはまちがいない情勢であった」[2]。

この引用文の判断は、当時の警保局の幹部たちも共有していた。加藤陽三は、一九一〇年生れ、大橋とほぼ同世代人であったが、こちらは高等試験行政科試験合格のエリートで、一九四七年二月には警保局企画課長であった。のちに防衛事務次官、衆議院議員をつとめている。かれは、後年の座談会で司会の田中二郎から、そのころの治安状況をたずねられて、つぎのように答えている。

「日本自体としてはほとんど（治安を維持する）能力がなかった。警察官自体も動揺しておりましたし、いままでの権威がくつがえったのですから、将来どうしたらいいのかわからぬというような気持があったと私は思います。一番心配しましたのは昭和二十二年の二・一ゼネストのときで、あのとき警保局で課長連中が集まって相談したが、どうにもならぬということでした。それでＧＨＱに話をもち込んで、とうとうマッカーサーが乗り出して、伊井弥四郎氏を呼び出してやってくれたのですが、それがなかったらゼネストは成功したかもしれませんね」(3)。

この警察の弱体化にたいして、早くも一九四五年一〇月五日に政府はGHQに警察力の約二倍への増強を認めるように要請するが、GHQは同月一一日にそれを拒否した。GHQはそれに先立って日本の警察制度の徹底した民主主義的変革を要求していたのである。GHQは一九四六年三月に、日本の警察制度の調査研究と新しい組織計画の立案のため、アメリカ本国から、L・J・ヴァレンタインを団長とする都市警察企画団とO・G・オランダーを委員長とする地方警察企画委員会を招いた。両委員会はそれぞれに五月、六月にG2の民間諜報課公安係に長文の報告書を提出し、ほどなくそれらの要旨がGHQ渉外局から発表されている(4)。日本政府は、より限定的にいえばその内務省警保局は、GHQが警察制度の民主主義的改革を要求しているということは一応認識していたが、四五年から四六年にかけてつぎつぎに作成した改革試案をみると、GHQの要求を全体として認識しているといいがたかった。

それでも日本側の対応の大きな流れを追うと、一九四六年三月に憲法改正案が発表され、それにもとづいて九月に地方制度が改正されたのは、前節で述べたとおりである。この改正された地方制度に整合するように新しい警察制度を構想するべきだという認識が生じ、その構想をまとめるために一〇月一一日、警察制度審議会が発足している。同審議会はGHQと連絡し、その意向を打診しつつ審議を進めた。そのさいのGHQの窓口は、G2の公安係であったとおもわれる。公安係は内務省・警保局に同調的であった。同審議会は一二月二三日に答申をおこない、翌年五月の日本国憲法の実施にあわせて、新しい警察制度の発足をねらった(5)。しかし、このやりかたにより、一九四七年一月段階で、警保局・内務省・日本政府の主張と、GS・GHQの意見のあいだでつぎのような隔りがあり、

それらは調整されていなかった。すなわち、

(1)　警保局は、警察事務を原則として道府県および都市にまかせ、一部を国家に留保することにし、都市への移管は大都市にとどめることにした。GSは、警察事務を自治体警察と国家地方警察に分離、分担させるべきであるとし、道府県にまとめてまかせることに不賛成であった。

(2)　都市警察については、警保局は大都市にかぎって認めるとしたが、GSは人口五万以上の都市に認めるとしていた。

(3)　中央機構については、GSは、警察事務執行の不偏性を確立するため、それを内務省から内閣にうつし、かつ、その長官は総理大臣が参議院の同意をえて任命し、その身分を保障すると主張した。日本側は、これについては、中央各省の機構改正の問題であって慎重な研究が必要であり、急速に結論を出すのは困難であるとみていた。

(4)　警保局は、首都の特殊性によって、警視庁は国家警察の一部として存続するべきだと主張した。GSはその主張にたいして消極的であった(6)。

政府は、警察制度審議会の答申にもとづき一九四七年二月二七日、「日本国憲法施行に伴う警察制度改革に関する件」を閣議決定し、翌二八日、その制度改革と増員計画にたいしてGHQの認可をもとめた。「この政府の要請に対する総司令部の回答は公式の記録にとどめられていないが、前後の事情から判断して、総司令部はこの提案に対しては承認を与えなかった(7)」と、『戦後自治史』第五巻は記している。くわしく述べることはしないが、外務省文書課に保存されているG2・公安係の「日本警察再組織案」と題された文書は、同係がさきの日本政府の要請を支持したことを示している。GHQ内部でGSはG2と烈しく争い、圧勝し、それが日本政府の要請の黙殺になったと推測される。一九四七年五月二四日、片山内閣が成立した。GSは七月一七日付の文書で、警察改革にかんす

る日本政府案とG2・公安係の考え方を長々と非難し、つぎの主張を結論としている。

「(前略) 民政局は日本の警察に関する提案で、次のことを認めないいかなる提案にも同意しえないであろう。

a　中央集権的な警察力の維持は占領の基本的な主義と、又新憲法の基本的な諸原則とに全く相反するし、降伏条件の下でのその義務を日本が履行するために満すべき諸基準とも一致しないということ。

b　警察力の分権化は遅滞なくなさるべく、何らかの猶予期間の完了をまってなさるべきではないこと。

c　分権主義は、完全かつ決定的であるべきこと。理想に対する口先だけの奉仕や、現存する日本政府の構造に適合しないような出まかせの方法は共に許されないこと。

d　このことをいつまでもやらないでいることは日本民主化の諸要求に対する非難となるのであり、又民主化された日本というものの将来に対する極めて現実的な、絶えざる脅威であるということ[8]」。

その後も警察制度の改革をめぐるGSとG2の対抗はつづいた。この問題をめぐって、片山内閣の鈴木義男法相はGSの信任があつく、曽根益官房長もGSと頻繁に連絡していた。これにたいして、内務省側はG2によく出入りし、公安係のブリアム大佐と意気投合していた。片山首相はグズ哲の異名があり、進んでリーダーシップによって、事態の打開をはかることは期待されえなかった。この状況のなかで、曽根はこのままではいつまでも警察法案がまとまらない、荒療治ではあるが、自分が演出して、片山首相がマッカーサー元帥に書簡を送り裁定をもとめるという方法をとってみよう、とかんがえた。その書簡は曽根が起草した。そのとき、かれは、内務省の主張をそのまま通すのも無理だろうし、そうかといってGSのいいなりになることもあるまいとかんがえていた。九月三日付で片山首相の書簡が送られ、九月一六日付でマッカーサー元帥の返書が送られてきた。マッカーサーの裁定は、曽根が予想したよりも、大幅にGSの言い分をとり入れたものになっていた[9]。

この裁定にもとづき、警保局は九月二〇日、警察改革要綱の試案を作成した。GSと公安係は、協議して、警察法案に盛るべき内容についてのGHQの意見をまとめ、九月二七日、それを日本政府に通告してきた。そこには日本政府として同意しがたいものがふくまれ、さらに折衝がつづけられたが、GHQはまったく譲歩しなかったとつたえられる。一一月一〇日の閣議で警察法の政府原案が決定された。同日、同法案は衆議院に提出され、治安及び地方制度委員会の審議、一部修正などをへて、最終的には一二月六日の本会議で可決された。参議院本会議での可決は一二月八日のことである。警察法は一二月一七日に公布、同月二七日に施行された。

「警察法」は前文で「日本国憲法の精神」と「地方自治の信義」にしたがうことを強調した。警察の責務は「国民の生命、身体及び財産の保護に任じ、犯罪の捜索、被疑者の逮捕及び公安の維持に当ること」と規定された。この法にもとづく警察の組織構造を理解するためには、「行政管理」と「運営管理」の規定が重要である。行政管理とは人事・組織・予算の管理であり、運営管理とはさきに警察の責務といったものの管理である。[10]

警察全体は国家地方警察と自治体警察にわけられた。両者は法的・制度的に対等の存在であり、それぞれの定員は前者が三万人を超えず、後者が九万五〇〇〇人を超えないと制限された。この制限の基底には日本の軍国主義復活への警戒があった。[11]自治体警察はすべての市と人口五〇〇〇以上の町村におかれ、国家地方警察はそれ以外の地域におかれた。この決定が、新しい警察制度がきわめて短期間のうちにゆきづまってしまった最有力の原因であった。その難点は、小さな町村に必要以上の規模の自治体警察をおくのがふつうとなった、その組織が管理職過剰の頭でっかちものになりがちであった、問題がある警察官がいても転勤のさせようがない、などであった。[12]

警察の組織についてくわしい説明は控えるが、政治的な中立性を入念に制度によって保障された公安委員会が警察組織を管理するところになによりもの特質があった。国家地方警察のばあい、全体としては国家公安委員会による行政管理をうけ、各都道府県国家地方警察としては都道府県公安委員会による運営管理をうけた。国家公安委員会には事務部局として国家地方警察本部がおかれ、そこに同委員会が任命した長官がおかれた。警察管区とその本部、本部長にかんする説明は省略する。自治体警察のばあい、市町村警察といいかえられるが、それぞれが市町村公安委員会によって管理される。[13]この公安委員会による警察組織の管理の制度は、警察活動の政治的中立性を確保して成功し、警察法が一九五一年、五四年に改正されたさいにも、この制度は残って日本社会に定着した。[14]

警察法が公布されて一四日後に内務省は廃止された。警保局官僚たちにとって、同法の成立過程とその内容はまことに不本意なものであった。その成立過程のきっかけとなった片山首相のマッカーサー元帥あての書簡についても、それが内務省の事務局と相談されずに作成されたことを怨む発言は多くの内務官僚たちによって語られている。[15]これにたいして、曽根は片山書簡を起草した事実について、後年つぎのように語っている。「あの結果については、あれはあれでよかったと思っている。とにかく、マッカーサーの指令一本で二・一ストが中止させられたように絶対的な力のある占領軍のいる間に徹底的な民主化を断行してみる、行き過ぎた面は時計の振子と同じように自然に戻る[16]」。

（1）大橋秀雄『ある警察官の記録——戦中・戦後三〇年』みすず書房、一九六七年、八〇ページ。

（2）同右、八五—八六、九四ページ。

（3）田中二郎・加藤陽三ほか「現行警察法制定二十年の回顧と展望」『警察研究』第四五巻第七号、良書普及会、一九七四年、一二ページ。

（4）自治大学校研究部監修、地方自治研究資料センター編「戦後自治史IX（警察および消防制度の改革）」『戦後自治史』第五巻、文生書院、一九七七年、三五ページ。
（5）同右、六一―六五ページ。
（6）同右、七〇ページ。
（7）同右、九三ページ。
（8）同右、一〇六―一〇七ページ。
（9）同右、一二二ページ。
（10）「警察法」編集代表我妻栄『旧法令集』有斐閣、一九六八年、五三ページ。
（11）星野安三郎「警察制度の改革」東京大学社会科学研究所編『戦後改革3　政治過程』東京大学出版会、一九八〇年、二九七―三〇一ページ。
（12）「現行警察法制定二十年の回顧と展望」二〇―二四ページ。
（13）「警察法」五三―五六ページ。
（14）「現行警察法制定二十年の回顧と展望」三一―三二ページ。
（15）同右、七ページ。「戦後自治史IX（警察および消防制度の改革）」一一一ページ。加藤陽三「警察制度改正」『続内務省外史』三七二―三七四ページ、など。
（16）「戦後自治史IX（警察および消防制度の改革）」一二二ページ。

5　内務省の解体

敗戦後の内務省の組織の変化とそれがGHQによって解体されたさいの経過について簡潔にとりまとめておく。その解体については、それ自体を主題とした独立の著作が複数あり、(1)くわしい記述はそれらにゆずる。

東久邇内閣は八月二一日の閣議で「官庁等ノ改廃ニ関スル件」を決定し、戦争遂行のために特設された官庁やその部局の廃止・改組・縮小をおこなうこととした。内務省では翌二二日に地方局の戦時業務課と管理課を廃止し、九月一日には防空総本部を廃止した。九月二八日には、敗戦直前に特設された地方総監府の廃止と地方行政事務局の新設を閣議決定して、一一月六日にGHQがこれを許可している。一〇月一三日のGHQによる特高警察組織の廃止は、さきにわずかにふれたが、あらためて確認するならば、警保局では保安課、検閲課、外事課が廃止された。警視庁では特高部、検閲部と外事課が廃止され、道府県の警察部でも特高課と外事課が廃止された。(2)

一二月一五日、「国家神道、神社神道ニ対スル政府ノ保証、支援、保全、監督並ニ弘布ノ廃止ニ関スル件昭和二十年十二月十五日終戦連絡中央事務局経由日本政府へ連合国軍最高司令官総司令部覚書」が発された。一般に神道指令と呼ばれるもので、その指令の冒頭で国家と神道の分離が命じられていた。その結果、国家神道自体が禁止されることになり、一九四六年一月三一日、内務省では神祇院と造神宮使庁が廃止された。なお、同日、朝鮮総督府などの事務を担当していた管理局も廃止された。(3)

内務省のなかで新設された部局としては、一九四五年一〇月一日に大臣官房に調査部が新設されており、これは翌四六年八月七日に調査局に昇格している。調査局の任務は占領軍の特殊物件などの要求に対応することとされた。(4)

内務省を解体するGHQの動きの最初は、一九四七年四月三〇日の民政局長ホイットニー准将が中央終戦連絡事務局総裁にあてたつぎの覚書の手交であった。

「　内務省の分権化に関する件

一、一九四五年十一月十七日付覚書で日本政府は政府組織の改正は全て当司令部に報告する様指令されて居る。日本国憲法第九十二条及び第九十四条並に右に従い議会で制定された各種の地方政府改正法を履行するためには、右に即応する様更に政府の内部組織の改正を必要とする。

二、内務省は日本の政府組織で中央集権的統制の中心点であるので同省の改組案を六月一日以前に当司令部に提出する様要請する。

三、地方分権並に地方自治の憲法的及び立法的方針を実行するため、前記改組案には(イ)同省の機能を中央政府の内部的事務に不可欠なことが証明し得られるものに限定すること。(ロ)同省内の局でその職務が地方政府により一般の福祉に適い遂行することの出来るものは全て廃止すること。(ハ)中央政府の他の省或は機関に対して、それ等各省、機関の責任と機能的に関連する事務を移管することにつき規定すべきである[5]」。

この覚書の手交からほぼ二カ月後に、日本政府は内務省の解体は避けられないと悟ることになる。そのかぎりでは、この覚書の実質的内容は内務省の解体の命令であったとみられる。しかし、当初、内務官僚たちはかならずしもそういう見方をしていなかった。当時の地方局長林敬三は、それからの二カ月間、内務省の廃止を避けようとしてGHQとの交渉の第一線に立ちつづけるのだが、後年、覚書をみたときの最初の感想を、解体の命令ではないという想いが三分の二、解体の命令であるという想いが三分の一であったと表現している[6]。覚書のタイトルも「内務省ノ分権化ニ関スル件」であって、「内務省ノ廃止ニ関スル件」ではなかった。しかし、終戦連絡事務局の官僚たちの多くは、この覚書は実質的には廃止の命令であり、それを日本側に自発的にやらせるためにこういういいかたをしているのだと理解していた。他省の官僚でGHQと接触している人びとのなかにも、GHQは内務省を廃止する意図をもつとみる者が多かった。(7)

この時期にGHQが内務省の廃止に踏みきった理由は、GHQ自身によってはかならずしも充分にあきらかにされていない。それらはつぎのように整理される。

第一。GHQは内務省を決定的に敵視していた。この理由のみはさきの覚書でも明示されている。「内務省は日本の政府組織で中央集権的統制の中心点である」。GSは報告書「日本の政治的再編成」の「内務省の廃止」の章で、内務省がおこなってきた国民にたいする抑圧の歴史をおどろおどろしく描いているが、それを虚心によめば、GSが内務省の組織的体質をどのように嫌悪していたかがよくわかる。もちろん、そこで描かれている歴史には事実が半面だけとらえられていたり、誇張されていたり、例外が一般化されていたりしているところがある。しかし、それらの真偽を一々論じるのは意味がない。その文書をつうじて、GSが内務省を権力的、抑圧的、ときに暴力的であった支配組織として認識していたことが確認されればよい。そのうえでGSは、内務省と内務官僚は新憲法に反する存在であり、だからその憲法下の最初の内閣によって廃止されたのだと主張した。(8)

第二。GHQと内務省は地方自治についての考えかたがまったく違っていた。GHQは「日本国憲法」と新しい「地方自治法」ができたあとは、中央政府に地方行政を所管する部門は不要であるとみていた。地方団体は充分な地方財源さえあたえられれば、うまくやっていける。そのためには、国会と地方団体の関係は重要だが、そこに中央政府が口出しすることはない。これにたいして、内務省は、他省の中央集権的圧力から地方自治を防衛するためには自省が必要であると主張していた。GHQの見解の背後には、各地方がさきに存在してそれらが連合して国家が成立したという、アメリカ合衆国の歴史的体験があった。これにたいして、内務省の主張の基礎には、統一国家がさきに建設され、その統治組織として地方制度が形成されたという日本の歴史的経過があった(9)。GHQは内務省を問答無用のやりかたで押し切った。ほかに、この機会にGHQの威力を利用して、内務省の地方にたいする権限を奪おうとする他省の動きも内務省を窮地に追いこんだ(10)。

第三。GHQは初期の占領改革、とくに選挙制度改革、地方制度改革、公職追放などで内務省を便利につかったが、それらの改革が一段落したので、内務省の役割は終ったとみて、その廃止に踏みきった。これは元内務官僚たちによくみられる言い分である。なかには、「武士の情け」がないとまでいう例もある(11)。自分たちは初期の占領改革のためによく協力したのに、用がすめばお払い箱にするのはひどいということであろうか。しかし、GHQと内務省を等距離においてながめる研究者の立場からは、その言い分にはかならずしも同意することはできない。私は、初期の占領改革のなかで実際的効果がもっとも大きかったのは公職追放であったとみる。その経過を追ってゆくと、GHQとくにGSの成員たちにいわせれば、かれらの率直な感想は、「内務官僚たちは邪魔ばかりしやがって」というものであっただろうと想像するのである。

第四。GHQは占領政策の一環として、日本の徹底した弱体化をはかり、そのための最有力の手段が分権化であった。その弱体化＝分権化のためには、強大な警察権と地方の人事権、財政権を掌握してきた内務省の解体が必要であると、GHQはかんがえた。これも元内務官僚たちによくみかける見解である(12)。この背景には大日本帝国を美化する強国幻想がある。これにたいして、GHQは日本を本当に民主主義的な国家にしようと真面目にかんがえて、内務省を廃止したのだと、田中二郎は反論している(13)。田中は東京帝国大学の行政法の教授として内務省に近く、戦後の行政改革、司法改革、教育改革の中心人物たちのひとりであり、のちに最高裁判所の裁判官をつとめた。そのバランス感覚に富んだ判断は尊重されるべきである。少なくとも、GHQは日本の弱体化と民主化の双方をねらって、内務省を解体したとみるべきであろうとおもわれる。

話をもとにもどしたい。四月三〇日に手交されたホイットニーの覚書に接して、内務官僚たちは、GHQがいっそう限定的にはGSが内務省を最終的に存置しようとしているのか、廃止しようとしているのか知りたいとおもった。五月一日、終戦連絡事務局の山田久就政治部長が民政局次長のケーディスと会見したさい、ケーディスは前日の覚書に言及して、内務省の徹底した改組案を提出するようにといった。山田がGHQ側にはどの程度の腹案があるのかと問うと、ケーディスは、たとえばといって、つぎのような案を喋った。地方局は廃止する、地方財政の権限は大蔵省にうつす、土木行政は適当なほかの省にうつす、警察は内務省から切りはなして、独立の機構をつくるか司法省にうつすか。その残りをひとつの省として残すか、委員会程度のものにするかは研究してみなければならない(14)。しかし、このような改組がおこなわれるならば、内務省に残される部分はほとんどなく、それが独立の省を形成することは不可能であろう。この時点でケーディスは内務省を解体するイメージを明確にもっていたというべきである。

しかし、五月五日、斎藤昇内務次官がGSの政治課長G・J・スウォープ中佐をたずねて覚書の真意をたずねたところ、スウォープは五月一日のケーディスの言い分はいいすぎであるとほのめかした(15)。これから判断すれば、このころ、GSが全体として内務省の解体で一致していたとはみられないこともない。五月一三日、今度は斎藤はケーディスと会談したが、そこにはスウォープが同席していた。ケーディスは五月一日にかれが山田に喋ったことと、五月五日にスウォープが斎藤に喋ったこととのあいだに喰い違いがあるように日本側が感じているのではないかとおもうので、スウォープに同席してもらって明確に話しておきたいと前置きして、つぎのように語った。結論をいえば、自分は、スウォープが斎藤に話したことと同意見である。自分は内務省を解体せよというようなことを、考えたことも話したこともない。そのとき、ケーディスは、斎藤さんも次官をやめて山梨県に帰る必要はないとジョークをいった。これは斎藤が次官に就任するまえは山梨県知事であったので、同県の出身であるとかんがえたためらしかった。これは下手なジョークであったが、それをいわれた斎藤が、GSは内務省の解体まではかんがえていないと理解したのは、無理がないことであった(16)。

なぜ、ケーディスはこのような言動をしたのだろうか。それから一カ月あまりのち、六月二一日、かれは日本政府に内務省の実質的廃止をつよく迫っている。それは後述する。五月一日から六月二一日まで、ケーディスの内務省の解体の要求はぶれなかったとみるべきであろう。しかし、その間の五月一三日にかれはその真意とは逆のことをいったのである。

草柳大蔵は名著『内務省対占領軍』のなかで、五月一三日から六月二一日までのあいだに、ケーディスは豹変したといい、かれの常套文句のひとつは「アイ・チェインジド・マイ・マインド」であったという(17)。私は草柳の前掲の著作から多くを学んだ者だが、この豹変説には同意しない。私の解釈をいえば、ケーディスが五月一三日の前出の発言をしたのは、日本政府がGHQからの命令によってではなく、自発的に内務省を解体するという形式を望んだからであろう。この解釈をとる直接の根拠は、さきに引用したGSの報告書「日本の政治的再編成」のなかで、内務省と内務官僚は新憲法に反する存在であり、だからその憲法下の最初の内閣によって廃止されたのだという主張である。この主張は事実とはちがうが、GSとケーディスが望ましいとおもっていた物語を示している。こうかんがえてくると、五月五日のスウォープのほのめかしも、GS内部の意見が統一されていなかったことの表われではなく、その望ましい物語を実現させるために、五月一日にケーディスが露骨に示した内務省の解体案という劇薬にかぶせたオブラートであったとみるべきか。

さて、くわしくいうゆとりはないのだが、GHQによる内務省の解体にあたって、日本側のアクターズは内務省だけでなく、もうひとつ、内閣直属の行政調査部があった。これは、行政改革に専念する組織として、四六年一〇月二八日に発足している。総裁斎藤隆夫、機構部長宮沢俊義。この行政調査部が四七年一月ごろから内務省の改組に関心をもちはじめ、五月八日には「中央行政機構改革試案」を作成し、そのなかに「内務省改革要綱」がふくまれていた。これは内務省の一部と厚生省を結びつける案であった[18]。内務省はその案に対抗して、五月二六日に公共省案をつくり組織防衛をはかっている[19]。当時の内務官僚たちは、自省とGHQが緊張関係にあるときに、行政調査部が仕事をもとめて内務省の改組に口を出してき、内務省をさしおいてGHQと直接交渉をするのは迷惑なことだとおもっていたらしい[20]。ただし、五月二七日に宮沢がケーディス、スウォープに会ったところ、GHQは内務省改組にかんする行政調査部の提案に反対だといいわたされている[21]。

四七年六月一日、片山内閣が発足した。内務大臣は木村小左衛門、官房長官は実力者の西尾末広、このとき西尾が内務大臣になるという観測もあった。その西尾にたいして、GHQの係官たちのひとりが、まもなくつぶされる省の大臣にならなくて良かったねといったという[22]。GHQの内部でも、日本の政界でも、内務省の解体は必至とみられるようになっていたらしい。しかし、内務省自身はこの危機の最終段階においても抵抗をあきらめなかった。同省では、その抵抗のために、片山内閣にたいして、斎藤次官、田中楢一郎警保局長、広岡謙二警視総監の三役は最強の補佐スタッフであるから、今回だけは更迭しないでほしいという声があった。GHQとの折衝の第一線にいた地方局長の林敬三がこれを木村内相に進言している。木村はいったんはそれを了承したが、片山首相と西尾官房長官が、内務省の三役を変えられないということでは、社会党内閣をつくった意味を疑われると強硬に申し入れてきて、木村は折れざるをえず、三役の更迭人事をやることになった[23]。

新しい三役は次官鈴木幹雄、警保局長久山秀雄、警視総監門叶宗雄となった。この更迭人事にたいしてGHQがなかなか承認をあたえず、木村がケーディスに会って、こんなことでは自分には内相がつとまらないから辞職させてもらうと迫り、ようやく承認がおりるという経緯などがあった。しかし、そのあとも、鈴木や久山がGSに会談をくり返し申し入れても、そのたびに拒否されるという事態がつづいた[24]。内務省の解体の問題はGHQと行政調査部のあいだでもっぱら折衝されるようになり、内務省自身は局外におかれてしまった。六月一三日に行政調査部はGHQと会談しているが、その席で内務省を残すことに反対だといいわたされている。ケーディスは、歴代の内務大臣はSinister（悪い）奴ばかりといって、その名前を一々よみあげた[25]。

行政調査部は、内務省と協議して、その言い分をなるべくとり入れ、六月一六日に最終案の民政省案を決定した。このいきさつから、その最終案は、内務省の単独改組であり、他省や地方団体への事務の委譲も、地方団体への監督権の縮小も、最小限にとどめられていた[26]。この案が六月二〇日に閣議了解をうけ、それが不完全なかたちで翌日、二一日に新聞で報道された。ケーディスはそのうち時事通信の報道をみて激怒した。かれは、滝川木一内閣官房次長、前田行政調査部総務部長、林地方局長をGHQに出頭させ、三人を相手に一時間にわたって大声で叱りつけた。ケーディスの主な言い分はつぎのとおりであった。記事の内容をもらした官僚の処分を要求する。内務官僚はこのような談話を出して人心を惑わす。自分たちは内務省の改組について、地方局の廃止、地方財政の大蔵省への移管、国土局の分離、警察の分権化、地方団体委員会の設立、地方選挙にたいする監督の廃止などを要求したが、どれひとつとして実現していない[27]。

ケーディスは荒れた。かれは六月二六日までにまったく新しい案をもってこいと要求した。前田が「新しい案は閣議の承認を得なければならない。閣議の承認を得るということは内務大臣を含めての閣議の承認である」と説明したところ、「自殺する省の大臣に相談する必要はない」といいはなつ始末であった。会談が終ったとき、林が時事通信の報道は閣議了解された案と三分の二くらいは符号しているが、まったく同じではない、閣議了解された案をもってきたので、一応みてもらえないかと頼んだ。ケーディスは、そんなものは破いて捨ててしまえと、いい返した。(28)

林は沈鬱な想いで内務省に帰り、木村内相と鈴木次官に進言した。GHQはどうしても内務省をつぶす気でいます。もうここで解体をうけいれる方針を決めましょう。GSは二六日までに最終案を持ってこい、と言っています。これ以上事態が紛糾して悪い事態になるよりは、今後、内務省廃止という方針の下に最善の措置を講ずるということを考える段階だと思います。内相と次官はこの地方局長の進言に同意した。(29)内務省のほかの首脳たちも、その同意の路線で一致した。その後、GHQがそれまで以上に積極的に内務省解体案の作成に関与してくるなどのいきさつがあったが、くわしくは述べない。

六月二五日、GHQと行政調査部は、内務省解体案を決定した。内務省は廃止され、地方自治委員会、建設院、および公安庁が新しく暫定的に設置されることになった。地方財政にかんする事務は大蔵省に移管されることにいったんは決まったが、のちGHQがこの件については日本政府の決定にゆだねると連絡してきたので、その移管は取り止めとなった。六月二七日の閣議は、この解体案にもとづき、二〇日の閣議了解を修正することを了解した。同日、政府はこの了解をGHQに回答し、二八日、GHQはこの回答に同意して、ホイットニー民政局長が同意書に署名した。七月一日、片山首相は、第一回国会の施政方針演説において内務省の廃止をふくむ行政機構の改革に着手すると言明した。七月八日、GHQは、片山内閣による内務省の廃止は、日本の民主主義への道程における長

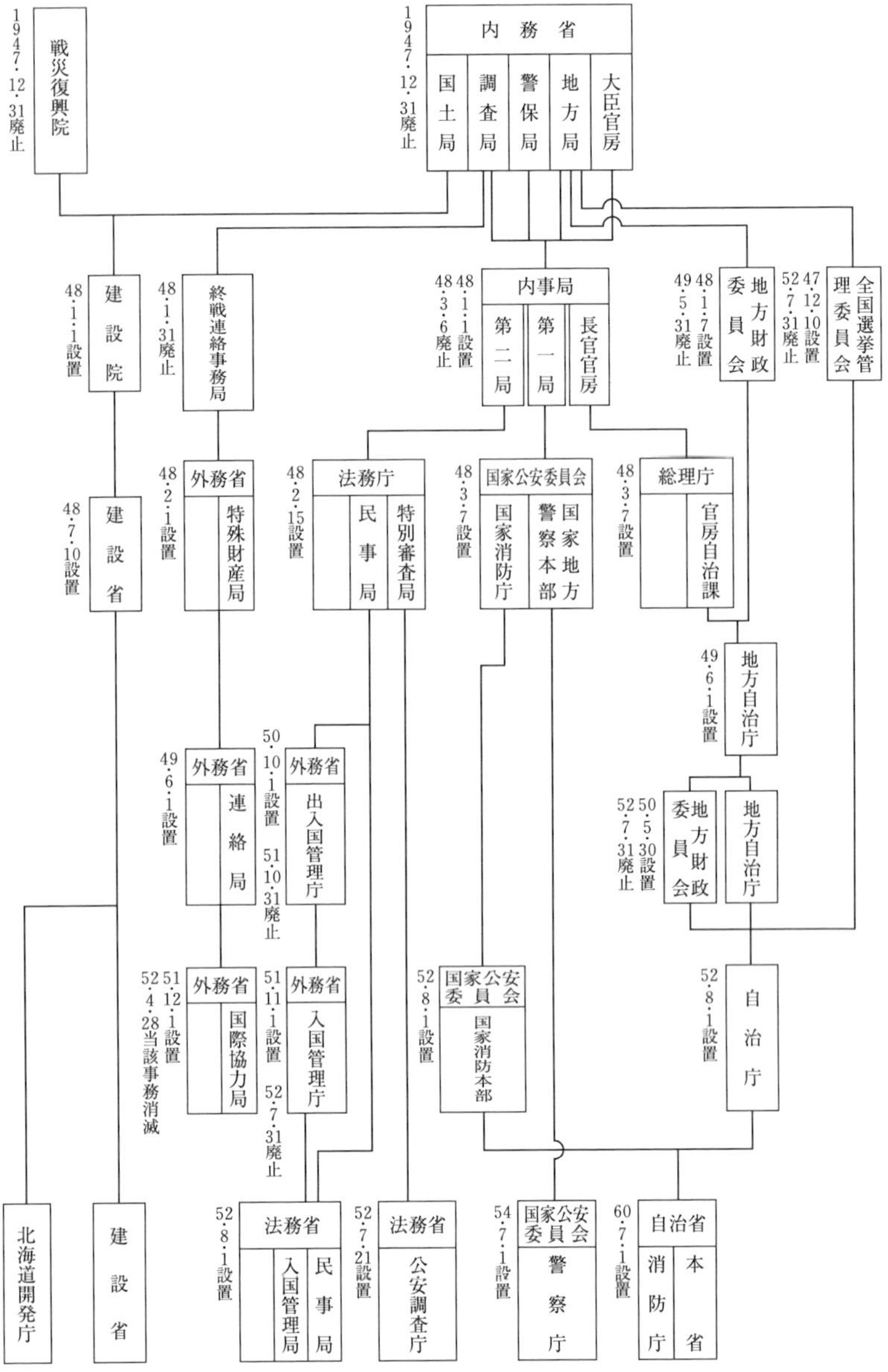

図 7-1　内務省関係機構変遷一覧表

注：空欄は，旧内務省に関係のない他の部局の在存を示す.

足の進歩であるという新聞発表をおこなった。[30]

四七年七月から一二月にかけて、主として内務官僚たちの手によって、内務省の廃止とそれにともなう新しい行政組織のため法律や政令がつくられていった。『戦後自治史』第四巻は「内務省解体関係法律」として、「警察法」、「内務省及び内務省の機構に関する勅令等を廃止する法律」、「地方財政委員会法」、「法務庁設置法」、「消防組織法」、「全国選挙管理委員会法」、「建設院設置法」、ほかひとつをあげている。[31] 一二月二七日、内務省の解体式がおこなわれた。約一〇分間の儀式であり、内相と次官が一四〇〇人の内務官僚たちに別れの挨拶をしたとつたえられる。[32] 一二月三一日、内務省は廃止された。

廃止された内務省の各局各部と新しく設置された行政組織の事務の継承関係、それらの組織のその後一九五〇年代初頭までの変遷を示す図7-1を、参考にさいごに掲げる。しかし、本章の冒頭で述べたとおり、これらについて論じることはこの章の課題を超えるものである。

（1）草柳大蔵『内務省対占領軍』朝日文庫、一九八七年。平野孝『内務省解体史論』法律文化社、一九九四年。
（2）『内務省史』第一巻、五二七ページ。
（3）佐藤秀夫編『続・現代史資料10　教育　御真影と教育勅語3』一五二ページ。『内務省史』第一巻、五二七ページ。
（4）「内務省及び地方庁の機構の変遷」『内務省史』第四巻、七四二—七四三ページ。
（5）地方自治研究資料センター編「内務省の解体」『戦後自治史』第四巻、一九七七年、二七ページ。
（6）同右、四二ページ。
（7）同右、三八ページ。
（8）「内務省の廃止（連合軍総司令部民政局報告書）」自治大学校史料編集室試訳、同右、二四〇—二四三ページ。

(9) 小林与三次「自治省の発足をめぐって」『自治研究』第三六巻第七号、良書普及会、一九六〇年、四―八ページ。
(10) 『内政史研究資料第一八一集　林敬三氏談話速記録　第五回』内政史研究会、一九七四年、五九―六〇ページ。
(11) 小林与三次『私の自治ノート』帝国地方行政学会、一九六六年、二〇八―二〇九ページ。
(12) 「内務省の解体」三〇ページ。
(13) 田中二郎の発言「地方自治の回顧と展望」山本悟編『自治論集IX』地方自治研究会、一九五八年、三四―三五ページ。
(14) 「内務省の解体」四二―四三ページ。
(15) 同右、四三ページ。
(16) 同右、四七―四八ページ。
(17) 『内務省対占領軍』二一五ページ。
(18) 「内務省の解体」六二―六三ページ。
(19) 同右、七三ページ。
(20) 『私の自治ノート』二一〇―二一四ページ。
(21) 「内務省の解体」七四ページ。
(22) 同右、八五ページ。
(23) 『内務省対占領軍』二〇五ページ。
(24) 同右、二〇五―二〇六ページ。
(25) 「内務省の解体」八七ページ。
(26) 同右、八八―八九ページ。
(27) 同右、九八―九九ページ。
(28) 同右、九八、一〇一ページ。

(29)『内務省対占領軍』二一八ページ。『内政史研究資料第一八一集　林敬三氏談話速記録　第五回』一七―一八ページ。
(30)「内務省の解体」一〇二―一〇四ページ。
(31) 同右、二四九―二七七ページ。
(32)「内務省の廃止（連合軍総司令部民政局報告書）」二四三―二四四ページ。

あとがき

1

最初に本書の執筆にかかわる私事を二、三記しておきたい。

私が、内務省の社会史という研究主題に最初に本格的にとりくんだのは、一九九七年から九九年にかけてのことであった。その三年度、私は研究代表者となり、三六名の同僚たちを研究分担者、研究協力者として、科学研究費補助金をあたえられ、「日本の近代化と内務行政の役割」という課題の研究をおこなった。その研究方法は、機軸部分を大霞会編『内務省史』全四巻をメイン・テキストにして批判的に検討する月例研究会の研究活動とし、これに収集した各時代の一次資料、二次資料の分析をくわえた。そのひとまずの達成は『日本の近代化と内務行政の役割（研究課題番号〇九三〇一〇〇七）内務省史の研究、平成九年度―平成一一年度科学研究費補助金（基盤研究A）研究成果報告書』として、二〇〇〇年三月に刊行されている。われわれはその後も、二〇〇四年まで内務省史研究会を定期的に開催して、共同研究をつづけてきた。その共同研究において、私は通史を担当し、同僚たちは内務省の歴史における個別の諸主題を担当した。本書『内務省の社会史』は、私が執筆したその通史である。

ここにいたるまでの経過について二点をいっておきたい。ひとつは、内務省の社会史という研究主題との出逢いについてである。これは一九九一年、九二年にさかのぼる。その両年度、私は研究代表者となり、同僚たちといっしょに、科学研究費補助金をあたえられ、厚生省史の研究に従事した。その作業をつうじて、厚生省の歴史を理解するためには、同省を産んだ内務省の歴史から理解しなければならないと、私はかんがえるようになった。したがって、内務省の社会史という研究主題は一九九〇年代の最初から私にとりついてきたのである。しかし、内務省の研究ははじめてみれば、それは厚生省の歴史的先行物であるにとどまらず、われわれは、戦前期の日本国家の権力中枢そのものに向いあってしまった。

いまひとつは、社会史あるいは歴史社会学という方法の会得についてである。ここは、それについてくわしくいう場所ではないが、こちらは一九八〇年代に話がさかのぼる。一九八一年から九二年にかけて、私は、東京大学社会科学研究所の三つの学際研究であいついではたらく機会をあたえられ、先輩・同僚たちの仕事ぶりをみながら、その方法を知った。それが次第に身についていったのは、つぎの三冊の著作を執筆・刊行したことによってである。

『日本文化試論――ベネディクト「菊と刀」を読む』新曜社、一九九三年。

『生活保護制度の社会史』東京大学出版会、一九九五年。

『教育勅語の社会史――ナショナリズムの創出と挫折』有信堂、一九九七年。

二番目の著作は、前記の社会科学研究所の二つの学際研究から直接にうまれた。

本書の草稿は、日録で確認すると、二〇〇一年の一二月末からかきはじめられ、二〇〇五年一杯でほぼかきおえられている。それだけで単純に計算すると、その執筆期間は四年間ということになる。けれども、そのあいだの二〇〇三年に私は、『あしなが運動と玉井義臣――歴史社会学的考察』（岩波書店）と『死者に語る――弔辞の社会学』（筑摩書房）を刊行しており、同年中に、前著は完成稿に多少の手直しをくわえたのみであったが、後著はまるごと書きおろしたので、本書の草稿の執筆は一年ちかく止まっていた。ただし、二〇〇六年に入ってから、とくにその後半、かなりの時間がこの草稿の修正についやされている。それらをかんがえあわせると、前出の執筆期間は、四年間を三年半くらいに訂正しておくべきであろう。

2

つぎに、本書の執筆を了えての、さしあたっての感想を四点、記しておく。

第一。約言すれば、本書で私がやった仕事は、大日本帝国と自称した戦前期の日本国家を官僚統治国家としてとらえ、その権力中枢としての内務省を社会史の方法によって描いたということである。官僚統治国家という言葉は、そこでは支配階級が国家官僚であるという判断を含意している。前節で言及した一九八〇年代後半から九〇年代前半にかけて、日本の社会科学にはマルクス主義の影響がまだつよく、支配階級といえば資本家階級とかパワー・エリートというのが常識であった。一九九三年の著作、前掲の『日本文化試論』のなかで、日本社会の支配階級は一貫して国家官僚であると述べるにあたって、多少の勇気が必要であったのを、私は記憶している。つづく二冊の著作で、私は、国家官僚が、戦後の生活保護制度を形成、実施し、また、戦前の「教育勅語」を作成、啓蒙した歴史を実証的に解明した。本書では、私は、内務省と内務官僚たちが、近代日本国家の内政装置を、警察、地方行財政、衛生、土木、労働、宗教などの諸分野でどのように形成、運用し、国民を管理、支配していったかを、より総合的に記述し、研究した。それは官僚統治国家の本質の研究であった。

第二。気がつけば、私は、日本の社会学の現役研究者たちのなかで最古参の世代に属することになっている。われわれは、子ども時代の体験にせよ、戦中・戦後の空襲と飢餓を実感をもって記憶する最後の世代の研究者である。そのような社会学の研究者として、私は、戦前期の日本国家が民族革命に成功し、大正デモクラシーへの道をたどったあと、昭和期に入って軍部独裁のもとに亡国の自爆戦争に突入していったのはなぜかと痛切に問いたい。民族革命の成功と大正デモクラシーの定着に内務省はそれなりに貢献している。しかし、内務官僚たちは政党による人事への干渉に束縛を感じていた。かれらは、軍部独裁による政党の凋落に解放を感じる始末であった。自爆戦争への決定的推進力が、自意識のみが病的に肥大した軍部であったのは確かである。しかし、この無残な失敗に内務省と内務官僚はどれほどの責任を負うべきか。内務省は、日本の国民生活の観点から国力を総合的に認識しうる内政専管の省として、その国力はアメリカ、イギリスなどとの長期戦にたえないと主張して、軍部と対抗することができなかったか。それとも、無力、無知であったことを理由に、歴史的責任の免責をもとめるか。

第三。内務省は近代日本国家を形成した。軍部が亡国の自爆戦争に向うとき、内務省はその協力者であった。内務省の栄光と悲惨はこのように約言される。私は、その歴史過程にたちあった。そのかぎりで、私は内務省を理解した、あえて不遜の言葉を吐けば、これまでに内務省の理解をめざしたどの先学よりも、私は、内務省をよく理解した。しかし、おまえは内務省を理解しつくしたかと問われたら、私は、即座に「否」と答える。本書の草稿の執筆を了えたあとの私の感想は、感性的な比喩をつかうことが許されるなら、巨大な迷宮をどうにか通りぬけてきたというところだろうか。その迷宮では、ある部屋では神官たちが神々に戦争の勝利をねがって祝詞をあげていたが、別の部屋では保険官僚たちが貧困層への所得の再分配をめざして社会政策を構想・指令していた。ある部屋では警部たちが女性の思想犯を性的に陵辱していたが、別の部屋では選挙官僚たちが婦人参政権を実現しようと法案をつくり、反対派の貴族たちを説得していた。そこでは古代（まがいものだが）と近代、暴力と理性、野蛮と文明、悪徳と美徳が混沌と共存していた。この迷宮の本質はなにか。それがとらえきれないから、これまで、内務省の通史を、大久保利謙の官製史を例外として、だれもかかなかったのだろう。（本書の草稿をかき悩んだとき、私は友人たちにしばしばぼやいたものである。「これまで半世紀以上にわたって内務省の通史をだれもかかなかった理由がよくわかるよ」)。あるいは、この迷宮の本質が近代日本国家の本質というべきか。

第四。本書の草稿の執筆に着手したとき、意識していなかったことだが、執筆中にときおりかんがえるようになり、執筆がおわったいまつよく意識するひとつの感想がある。私は一篇の社会変動論をかいたのではないか。内務省という観察眼を設定して、私は、そこから戦前期の日本の社会変動をみとどけたらしい。この観察眼からは、その社会変動のすべてをみることはもちろんできないが、その社会変動の重要部分が的確にピック・アップされるという利点がある。それは、支配階級である国家官僚の眼に重要であると映る社会変動である。かれらはその社会変動を主導する最有力要因でありつつ、その変動をどうながめていたか。これにたいして、凡百の社会変動論は観察眼が特定されていない。しいていえば、その観察眼は天上の神のそれであり、そこから変動の全局面が網羅的に識別される。しかも、その全局面の整理枠組がアメリカ産の社会学理論であり、その理論はアメリカ社会を観察材料としてつくられているということになると、日本の社会変動の独自性が把握されることは二重に困難になるといわねばならない。

3

最後になったが、本書の執筆と刊行にあたって恩恵をあたえられた制度・組織と人びとに謝辞を申しあげる。紙幅の制約ゆえに、制度と人びとの範囲を最小限にとどめることをお許し願いたい。

本書に結実した研究は、私が代表研究者としてうけた二つの科学研究費補助金によって可能になった。すなわち、さきにふれた一九九一年、九二年の補助金と、一九九七年から九九年にかけての補助金である。これらの費用があって、全国に散らばる多数の同学の研究者たちとの共同研究が成立したのだし、その研究にささえられて私は本書の草稿を執筆することができた。また、私個人としては、内務省史関連の一次資料、二次資料を、古書で必要なだけ買うことができるという幸運を享受することができた。前述した事情で、研究生活の比較的おそい時期になってから内務省の社会史の研究を志し、そのために必要な資料を一から新しく収集しなければならない研究者にとっては、これはまことにありがたいことであった。科学研究費補助金の制度と同制度を運用する日本学術振興会、旧文部省と現文部科学省にお礼を申しあげる。

科学研究費補助金による「内務省史の研究」では、さきに述べたように、多数の同僚研究者たちの参加をえた。それらの同僚のお名前は前掲の報告書の冒頭に記されている。その報告書刊行後、さらに四年ほど、参加者の約半数、私をふくめて二一名が内務省史研究会を定期的に開催した。本書は直接的にはこの研究会の産物であるとかんがえられる。管見のかぎりでは、同研究会の成員が、現在のところ、日本の社会学における内務省の社会史の研究者集団の中核であろう。以下にお名前を記して、親しみをこめたお礼を申しあげる。なお、括弧内は現在の所属先である。樫田美雄（徳島大学）、柏谷至（青森大学）、小高良友（東海女子大学）、嶋根克己（専修大学）、鍾家新（明治大学）、樽川典子（筑波大学）、藤崎宏子（お茶の水女子大学）、藤村正之（上智大学）、牧園清子（松山大学）、赤江達也（日本学術振興会）、遠藤惠子（城西国際大学）、加藤朋江（城西国際大学）、株本千鶴（椙山女学園大学）、川島知子（日本能率協会総合研究所）、嶋根久子、時岡新（金城学院大学）、中筋直哉（法政大学）、波内知津（筑波大学大学院）、村上貴美子（岡山県立大学）、川上裕子（お茶の水女子大学大学院）。皆さんの手によって、これから、内務省の社会史の諸問題にかんする研究が着実に展開することを期待し、エールをおくる。

さて、現在の出版事情のもとでは、本書のような大部の学術書の刊行は、たいそう困難なことである。その状況のなかで、私が勤務する金城学院大学は本書のために多額の出版補助費をあたえられ、その刊行を援助してくださった。この件につき、特別の御高配をたまわった柏木哲夫学長、小野知洋現代文化学部長、吉村清明事務部長に、あつくお礼を申しあげる。

東京の副田研究室の秘書、陶山節子氏は、本書の草稿の執筆・作成の過程において、余人の手によってはかえがたい、貴重な貢献をしてくださった。その主だった仕事のみかぞえても、つきることがない私の注文におうじての資料の探索と収集、研究会の設営と連絡、長大な手書きの原稿のすべてのパソコンへの入力、私がくり返す修正のその都度のパソコンへの入力、校正と索引の作成への援助などがあった。陶山さん、どうもありがとうございました。

東京大学出版会編集部、佐藤修氏は、昨年五月に本書の草稿がほぼ完成したところで同会からの刊行の可能性の有無を打診すると、日ならずして、刊行のための努力をしてみましょうという返事をくださった。自分の編集者としての職業人生の総決算の意味合いをこめて、この著作の刊行を実現したいという言葉がそえられていた。私はうれしかった。著者冥利につきるとはこういうことだろう。そのあとは、私は佐藤氏におまかせ状態で製作過程は進行したが、いつもどおり、私の文体を最大限に尊重してくださることで安心していられた。佐藤さん、どうもありがとうございました。

二〇〇七年一月二五日

副田義也

内務省再説のために――増補版のためのあとがきにかえて

副田　義也
藤村　正之

欠落していた内務省研究

副田　この対談で、私は、大きく三つほどの話題を準備しました。それらをめぐってご意見をうかがいたいとおもっております。

藤村　今回、この『内務省の社会史』と副田先生編の『内務省の歴史社会学』(東京大学出版会、二〇一〇年）をよんできたんですけれど、対談の趣旨をどこにおくかとなるとなかなかむずかしいなとおもいました。それは内務省のことを論ずるべきか、副田先生の『内務省の社会史』のほうを論ずるべきかというのが混在するような形におもえたからです。

副田　なるほど。

藤村　その意味では先生が三つの問題意識を用意されているのであれば、それをお話しいただいてからのやりとりのほうが、いいのではないでしょうか。

副田　大きく三つにわけた現在の問題意識のうち、まず第一点は日本社会学における内務省研究をかんがえます。日本の政治学、政治社会学の現状をみても、また社会福祉研究の現状をみても、内務省の研究でみるべきものがほとんどないわけですね。内務省研究ということが、これまで欠落していたと言わざるを得ません。

第二点として、私は社会史という概念について、あまり深い考察をしていなかったことです。便利な概念なものですから、『内務省の社会史』というタイトルをつかいましたが、この本を出してから社会史という概念については多少かんがえるところがありまして、その自分の考えが到達している現時点からみると、はなはだ浅いというか、便宜主義的に社会史という概念をつかっています。内務省の歴史的経過を見るとき、過去現在未来という三分法でかんがえますと、過去は現在を規定しているし、未来の予想もまた現代に影響をおよぼします。内務官僚たちがどのような過去現在未来をかんがえていたのかということを論じる必要があって、そこに社会主義の出現から崩壊していったという経過を、もう一度見なおしてみようとかんがえたのです。

第三点は、『内務省の社会史』をかいて続編を構想するなかで、日本の政治を支配する原理として武家制度の問題がうかびあがってきました。民主主義を否定して武家制度を肯定するという流れのなかで、日本の戦前の政治というものは大失敗をしたわけで、内務省の社会史を論じるならば、それは武家制度のひとつのバリエーションとしてかんがえればよいのではないか。方法論にかんしては、この本を出したあと、気になっていることを整理するとそんなことになろうかとおもいます。

『内務省の社会史』続編出版へのハードルと社会史の概念

藤村　三点、お話がありましたので、順番にひとつずついくのがいいかとおもうんですが、最初が日本社会学のなかで内務省研究をどう位置づけるかということでしょう。日本の歴史社会学をしようとする人たちが、やはり歴史学の研究との位置関係をかんがえるので、ある程度具体的でせばまったテーマのところで少し研究を深めていくことが多い。社会の大きな変動という形で三〇年、五〇年、一〇〇年ぐらいのスパンをとってかんがえようという志向がちょっと薄いのではないでしょうか。

副田　その薄さが『内務省の社会史』をかいた、ひとつの動機ではあります。

藤村　もうひとつは、若い研究者だと『内務省の社会史』ほどの通史をかいているひまがない。もうちょっと専門家として評価されることに焦点をしぼってやらざるをえないという、学問上の軋轢もあります。『内務省の社会史』にかんしては、副田先生クラスの経験と知見があって、はじめて出版事情が許される状況になったのではなかろうか、とおもいます。この二点は社会変動を今の日本で議論することのむずかしさということなのかもしれません。

副田　若い研究者に続編をかいてもらいたいと期待しているのですが、なかなかむずかしそうですね。

藤村　先生の『生活保護制度の社会史』(東京大学出版会、一九九五年)は、官僚の歴史、政策の歴史という形で成果を上げたとおもいます。生活保護は厚生省の仕事になりますし、厚生省は内務省の後継ですから、その原点をたどるということで、この『内務省の社会史』は『生活保護制度の社会史』をさらに過去にさかのぼる形であるのだろうと、そんなふうにおもいます。他方、先生は『日本文化試論』(新曜社、一九九三年)で、日本の大きな流れのなかでの文化とともに政治の支配が、天皇の支配なのか、武家の支配なのかを描かれているとおもうんですが、その意味で『日本文化試論』という歴史的に大きなテーマの話と『生活保護制度の社会史』という一九四〇年代から、実際は一九二〇年代ぐらいからかかれていたかとおもうんですが、一九八〇年代ぐらいまでのところを議論するテーマの話という二つに対して、ちょうどその間にはさまる中間の仕事としてこの『内務省の社会史』の七〇年ぐらいがあるのではないかなという印象をもちました。

副田　そこを見てくれたことは、書き手冥利に尽きます。

藤村　二点目が社会史の概念についてということです。先生は、実質的には歴史社会学という意味でのお仕事をされているとおもうのですが、社会史という言葉が政治史、経済史との兼ね合いであるならば、もう少し人びとのほう、民衆のほうに力点をおいたものとして描かれるのが期待されるのではないかとおもいます。ただ、先生は官僚たちのひとりひとりも行為者であるという見方をされており、政治がいわゆる政治家だけの政治ではなくて、その背後に優秀な官僚たちがいて、彼らが社会をどうみていたかというような観点で官僚史を描こうとしている。そこから、彼らの考えが政策となり、政策が国家全体にあたえる影響といったようなところに観点を広げていくということになるのでしょうか。おそらくそこが先生としては社会史という言葉をつかってみようかということかなともいます。

副田　政策の背景に優秀な官僚たちがいる、ということについては、まったくそのとおりです。

藤村　ただもう先生のなかで歴史社会学と社会史の使い分けにかんしては、ほぼ語感的なものではないかとおもいます。先生からみると、日本の近現代において官僚たちが主役となって国家をうごかしてきた、それをみていくためには官僚史、政策史を描く必要があったのではないでしょうか。二点目の、官僚たちの過去現在未来観をかんがえるとき、かれらが社会をどうみていたかという観点に立つのなら、社会史という言葉をつかうこともありうるのかもしれない、という感じがします。内務官僚たちの社会観史でしょうか。

副田　先ほどもすこしふれましたが、「社会史」と「歴史社会学」という概念を、私自身のなかでもう一度かんがえてみる必要があるようです。

日本の三角構造的支配

藤村　それから三点目の話ですが、日本の政治支配について武家政治と民主主義というものの対抗関係をどうかんがえてみるか、という問題があります。そういったとき、先生の『日本文化試論』のときの構図というのが浮かんできて、武家政治における武士の支配と貴族政治では天皇制の支配という大きなふたつの柱があったとおもいます。

副田　武士の権力による支配と天皇の権威による支配ということですね。

藤村　明治以降、武家の支配の延長上に藩閥体制などがあり、それからそれがだんだん官僚制の仕組みにかわっていきます。一方で、貴族支配というんでしょうか、その流れが天皇制という形となって、武家支配と貴族支配の両者が江戸時代とは違う形でうまく噛みあう関係ができて、明治以降の日本は、天皇制の国家を形成していくとおもうんですが、『日本文化試論』の大きなテーマである武家支配と貴族支配の拮抗関係に対して、『内務省の社会史』で内務官僚たちがそれらに対してどう動くのかをもう一度位置づけなおしたのではないでしょうか。

副田　明治から昭和戦前期にいたる歴史的史観を示すためには、内務省官僚たちをとりあげざるを得なかったともいえましょう。

藤村　もうひとつ、『内務省の社会史』では、先生の視点として日本の近代化と神の国になる神国化のせめぎ合いという形で描いているところがありました。これは神社局が、内務省のなかで筆頭局として位置づけられたことにも関係しているでしょう。貴族支配による日本の神国化と武家支配から生まれた軍隊を含む官僚制、近代的な思想・制度としての民衆の支配としての民主主義をかんがえてみますと、三角構造が見えてきます。貴族支配、武家支配、民衆支配、そういう三角構造でもう一度とらえなおせるのではないでしょうか。民主主義をかんがえるとき、普通選挙をどう入れていくかという大きな問題があります。武家支配の延長である官僚たちが欧米から学びながら、今後の国家づくりに必要なものとして普通選挙を位置づけていくという関係なのでしょう。それは、もしかしたら、自分たち官僚を否定するものになるのかもしれない。その意味では先生の問題提起として武家支配と民主主義ということでしたが、先生の文化史論の大きな枠のなかから貴族支配的なものを構図のなかにいれることはありうるのではないか、そうすると三角構造の形もあるのかなという印象をもちました。

内務省社会保障制度への無知と偏見

副田　内務省の功罪が論じられるばあいに、内務省が失策をおかしたので、日本の民主主義というものが衰弱をしたとあげつらわれることがあります。このことにかんして、内務官僚たちは日本の民主主義をだめにしようとおもって統治したのではなく、むしろ江戸時代までの過去の歴史的経過によって生まれた事態を打開するために統治をおこなった。つまり、大変乱暴な言いかたですが、『内務省の社会史』をかいてみての実感として、内務官僚たちは未来を切り開くこともちろんかんがえたわけですが、過去のくびきからどうやって逃れるかということをかんがえて仕事をしたのではないかということで、それをひとつの問題提起としたいとおもいます。

藤村　では、未来をどう切り開こうと考えていたのでしょうか。

副田　そこですが、かなり強引な言いかたになるかもしれませんが、内務官僚たちが戦前期、どのような統治をおこなったか本質的部分をとりあげてかんがえますと、実質的には、福祉国家体制をどうつくるかということでした。社会保険制度を実例としてあげたいとおもうんですが、農民のための医療保険、労働者階級ための年金制度などは、いずれも戦前期に制度の概要がつくられています。そのために内務官僚たちがどのように苦労したかということを忘れてはならないでしょう。端的にいうと、社会保険制度の萌芽形態は戦前期に内務官僚によってつくられているのです。

藤村　日本の福祉国家体制は、かなり早くから、実質的には、スタートしていたとみるのですね。

副田　そのとおりです。日本の社会福祉学者や社会保険の専門家たちは認めたがらないでしょうが、自分たちの重視してやまぬ制度がじつは戦前期の国家経営の一環として、あるいは国家経営が必要としたものとして成立をしているのです。社会保険制度というものは戦前期、内務官僚がつくって、戦後に発展させたのも、初期においては内務官僚の仕事でした。そういう意味では戦前期と戦後は連続している。そこに日本の福祉国家体制の特色のひとつがあるということを強調しておきたいとおもいます。

藤村　社会福祉の専門家からの反応はどうでしたか。

副田　いっせいの沈黙による反発ですね。年金制度の源泉は内務省の統治下の日本の政治家がうみだしたものであるということをいったときに、いならぶ専門家たちから一斉に黙殺による反発をうけました。社会保障、社会福祉の専門家にとって、福祉国家体制が内務省の統治下につくられたということは驚嘆すべき暴論だったからでしょう。社会福祉の専門家が、内務省統治時代の社会福祉政策の転換について、無知で偏見によってかためられているのかなというのが、私には不思議でしかたがないのです。こっちは証拠を全部出して議論を展開しているのですがね。

藤村　戦後体制の権利論重視だけでない機能論的見方の問題提起となるでしょうか。先生の健康状態がすぐれないと聞きましたが、なにかファイティングスピリットというか、意欲にあふれているようで、ほっとしました。

老人福祉と児童福祉

副田　いやいや、そうとう弱っていますよ。で、次の話題にいきます。地球社会の規模でかんがえますと老人福祉と児童福祉というのは性格がちがいます。地球社会規模で論じる枠組みが子どもの福祉に適応できることは、ユニセフやユネスコの問題などをかんがえても理解しやすい点なんですが、老人のばあいにはそれぞれの国民社会、それぞれの民族社会のなかで成立しているため、適応がなかなか難しい。

藤村　その考えは『内務省の社会史』を書くことからうまれてきたのですか。

副田　そうです。老人は特定の文化のなかで論じるのに向いているけれども、子どものばあいにはもっとユニバーサルな観点で論じることができるということを痛切に近頃感じておりまして、そういった問題意識をもったうえでかんがえますと、まず『厚生省の社会史』というのを『内務省の社会史』の続編として、藤村さんには大変迷惑な発言になるだろうとおもうんだけど、かいていただけたらとおもいます。そして『厚生省の社会史』をまとめる作業とともに、内務省の系譜をうける『警察庁の社会史』もつくりたい。従来の警察論議として、東大法学部の特定の学者たちがイデオロギー的にたいそう偏った警察論をかいていますが、それにとらわれず、『警察庁の社会史』を無知な偏見なしに、中立的な立場でかいてもらう必要があるでしょう。厚生省、警察庁とならんで、ぜひとも社会学的なすぐれた『自治省の社会史』もかいてもらいたい。内務省が終わったところから自治省がはじまるということをかんがえますと、少なくとも五つですね。内務省と厚生省と警察庁と自治省、建設省、この五つの省庁が社会学的なアプローチを待っているように私にはおもえます。その五つが完成するならば『省庁の社会学』という題で、日本で社会学が従来ないがしろにしてきた行政と国民生活の結びつきをあきらかにすることができるのではないか。内務省の社会史を発展させていくうえで、この五つの、ばあいによってはこれに労働省を入れるということをかんがえるわけでしょうが、五つの省庁の社会史というものを完成した形態でながめてみたいものだと願っております。

二局史観と五局史観

藤村　『内務省の社会史』の今後の展開をどうかんがえるか、先生から宿題をいただいたようです。これに関連して、二局史観から五局史観という形の視点の転換を図ろうとしたということが『内務省の社会史』の特徴のひとつでしょう。従来は二局史観で、警保局と地方局を中心にした内務省論に焦点が当たりすぎていましたが、『内務省の社会史』は五局史観にたって、警保局、地方局に衛生局、土木局、それから最後は神社局の観点もいれてかかれているとおもいます。神社局をのぞく四局が担った社会的課題というのは時代を通じてつながっていくわけですので、その後の省庁が課題を引きうけてつづいているという意味で四局後継の省庁の研究によって、内務省の全貌があきらかになるのでしょう。

副田　衛生局、土木局にかんしては、どのようにみていますか。

藤村　衛生局は、内務省から外局の社会局とともに戦前に分かれて厚生省となり、以後、医療、社会福祉、社会保険をになう省庁として国家財政に影響をあたえる巨大な存在になっていく。人口構造・家族構造や疾病構造という社会基盤の構造的変化、それへの社会的制御という観点でみるということの必要性があるとおもいます。土木局にかんしては、先生は『内務省の社会史』で土木局の位置づけを国土、あるいは自然を管理するという書きかたをされておりましたので、その意味では、土木局というのが外的自然という形を管理するもの、それから厚生省が人びとの身体を管理する、人間的自然、内的自然を管理するものということで、この二局を対極的に位置づけて、その後の七〇年ほどの歴史をかんがえるということも可能なのではないでしょうか。

副田　内務省をかくとき、土木局の後身としての建設省、現在の国土交通省というのを入れざるをえないわけです。ただおそらく建設省で一章たてると、その性格上、記述は自ずから急速に生ぐさくなるでしょう。また、戦後の日本の政治についていくつかの論点をあげていますが、その論点を踏まえながら、結局、自由民主党の政治というものは成功したというべきなのではないでしょうか。裏返すと、日本社会党と共産党の政治というものは、一定の広がりは持ちましたが、戦後史の全過程をとおしてみると、社共の革新勢力は失敗したということです。私が歯がゆくもおもい、残念だとおもうのは革新勢力を応援してきたシンパ派の学者たちが、その現実を直視しないことです。直視して内務省研究を展開するべきだろうと、そうおもっています。

藤村　長期的に政権を担っているという意味で、選挙運営もふくめ、自民党が成功したというか、結果的に日本の戦後の国民生活の向上をふくめ、ある程度の達成をはたしてきたというところは事実で、自民党の政権運営が、基本的には日本をここまでもってきたのだろうとおもいます。一方で、それがそろそろ制度疲労にきていて、これからのグローバル化のなかでどう立ちまわれるかが、どうも見すえられていないようです。経済的な側面では政権運営に成功したんだけど、国債による莫大な借金をかかえている点であるとか、日本がこれだけの国力があるなかで国際政治的な立ち位置をどうすべきかというところでは、なかなかきびしいところにきているのではないでしょうか。

副田　最後、私のほうからやや突拍子もない問題提起をしているわけですけれども、これにかんしては内務官僚と大蔵官僚がどういうふうにやり合ったかという点で、戦後政治の自民党支配の本質があきらかにできるのではないかとおもいますがね。

（副田義也／そえだ・よしや　筑波大学名誉教授）
（藤村正之／ふじむら・まさゆき　上智大学教授）

人名索引

ア

カ

サ

タ

ナ

ハ

マ

事項索引

著者略歴

1934 年　東京都に生れる

1957 年　東京大学文学部卒業

1959 年　東京大学大学院社会科学研究科修士課程修了

1977 年　筑波大学社会科学系教授

1999 年　金城学院大学現代文化学部教授

2021 年　逝去

主要業績

『日本文化試論――ベネディクト「菊と刀」を読む』（1993 年，新曜社）

『生活保護制度の社会史』（1995 年，東京大学出版会，2014 年，増補版）

『教育勅語の社会史――ナショナリズムの創出と挫折』（1997 年，有信堂高文社）

『福祉社会学宣言』（2008 年，岩波書店）

『内務省の歴史社会学』（編，2010 年，東京大学出版会）

『副田義也社会学作品集』（2017 年～，東信堂）

内務省の社会史［増補版］

2007 年 3 月 30 日　初　版第 1 刷
2018 年 5 月 10 日　増補版第 1 刷
2022 年 6 月 10 日　増補版第 2 刷

［検印廃止］

著　者　副田義也《そえだよしや》

発行所　一般財団法人　東京大学出版会

代表者　吉見俊哉

153-0041　東京都目黒区駒場 4-5-29
電話　03-6407-1069　Fax 03-6407-1991
振替　00160-6-59964

印刷所　株式会社三秀舎
製本所　誠製本株式会社

ISBN 978-4-13-050194-1　Printed in Japan